"十二五"国家重点图书出版规划项目·新编法学核心课程系列教材

刑法分论

——理论·实务·案例

（第二版）

- 主　编　严　励
- 副主编　江维龙
- 撰稿人　（以撰写章节先后为序）
  陈丽天　江维龙　朱沉沉
  卫　磊

中国政法大学出版社

2017·北京

主编简介

闫立（严励），男，法学博士。现任上海政法学院终身教授、博士生导师，上海高等学校教学名师，香港城市大学法学院、法国巴黎第二大学访问教授，中共上海市委党校客座教授，上海市人民检察院专家咨询委员，上海市法制讲师团高级讲师，上海市反邪教讲师团特邀专家，享受国务院政府特殊津贴专家。兼任中国犯罪学研究会副会长、中国犯罪学研究会预防犯罪专业委员会主任委员、上海市社会管理综合治理研究会副会长、上海市刑法学研究会副会长、上海市信访学会副会长、上海市监狱学会副会长、教育部全国高职高专教育法律类教学指导委员会委员、上海市哲学社会科学项目学科评审组专家、上海市政协社会法制委员会委员。

先后出版了《中国刑事政策原理》《中国刑事政策的理性建构》《刑事一体化视野中的犯罪研究》《秩序的中国解读——转型期中国社会矛盾之研究》《思考与言说——法治的理论与实践》等专著，以及《刑法案例教程》《刑法学》等教材20余部，在《中国法学》等核心期刊上发表论文150余篇，主持完成国家、省部级科研项目12项。荣获中国犯罪学研究会、中国青少年犯罪研究会优秀成果一等奖，吉林省青年研究优秀成果一等奖，上海市邓小平理论研究与宣传优秀成果一等奖（2004年）、三等奖（2009年），上海市育才奖（2004年），上海市优秀教学成果二等奖（2009年），上海市哲学社会科学优秀成果三等奖（2012年）等多个奖项。

出版说明

"十二五"国家重点图书出版规划项目是由国家新闻出版总署组织出版的国家级重点图书。列入该规划项目的各类选题，是经严格审查选定的，代表了当今中国图书出版的最高水平。

中国政法大学出版社作为国家良好出版社，有幸入选承担规划项目中系列法学教材的出版，这是一项光荣而艰巨的时代任务。

本系列教材的出版，凝结了众多知名法学家多年来的理论研究成果，全面而系统地反映了现今法学教学研究的最高水准。它以法学"基本概念、基本原理、基本知识"为主要内容，既注重本学科领域的基础理论和发展动态，又注重理论联系实际以满足读者对象的多层次需要；既追求教材的理论深度与学术价值，又追求教材在体系、风格、逻辑上的一致性。它以灵活多样的体例形式阐释教材内容，既推动了法学教材的多样化发展，又加强了教材对读者学习方法与兴趣的正确引导。它的出版也是中国政法大学出版社多年来对法学教材深入研究与探索的职业体现。

中国政法大学出版社长期以来始终以法学教材的品质建设为首任，我们坚信，"十二五"国家重点图书出版规划项目定能以其独具特色的高文化含量与创新性意识，成为集权威性和品牌价值于一身的优秀法学教材。

中国政法大学出版社

总 序

长期以来，由于大陆法系和英美法系法律渊源不同，法学教育模式迥异。大陆法系的典型特征是法律规范的成文化和法典化；而英美法系则以不成文法即判例法为其显著特征。从法律渊源来看，大陆法系以制定法为其主要法律渊源，判例一般不被作为正式法律渊源，对法院审判亦无约束力；而英美法系则以判例法作为其正式法律渊源，即上级法院的判例对下级法院在审理类似案件时有约束力。两大法系法律渊源的不同，导致归属于两大法系的法学教学存在较大差异。大陆法系的法学教育采用的是演绎法，教师多以法学基本概念和原理的讲解为主，即使部分采用了案例教学，也重在通过案例分析法律规定；而英美法系采用的是归纳法，判例就是法源，通过学习判例来学习法学原理。

在我国，制定法为法律规范的主要渊源，长期以来，沿用大陆法系的演绎法教学模式。众所周知，法学是一门实践性、应用性很强的学科，法学教育的目标之一就是培养学生运用法学知识分析和解决实际问题的能力。为此，改变传统教学模式，引入理论和实践相结合的案例教学法成为必需。多年来，我校在这方面进行了有益的尝试和探索，总结了一套行之有效的理论和实务案例相结合的教学模式，深受学生欢迎。这套教学模式，根据大陆法系成文法的教学要求，借鉴英美法系的案例教学模式，将两大法系的教学方法有机地融为一体，既能使学生系统地掌握法学原理，又培养了学生分析和解决实际问题的能力。

为了及时反映我校法学教育改革的新成果，更好地满足法学教育的需要，我校组织编写了这套《新编法学核心课程系列教材》。这套教材具有如下特点：①覆盖面广。涵盖了现今主要的法学核心课程。②体例格式新颖。本套教材各章均按本章概要、学习目标、学术视野、理论与实务、参考文献的体例格式安排，这种体例兼顾了系统掌握法学理论和应用法学理论分析、解决实际问题能力的双重教学目标。③案例选择科学合理。主要表现为：一是案例大多选自司法实践，具有新颖性和真实性；二是根据法学知识点的系统要求选择案例，具有全面性和典型性；三是反映理论和实务的密切联系，以案说法，以法解释法学知识和原理，理论与实务高度融合，相得益彰。④内容简洁。本套教材力争以简洁的语言阐述法学理论和相关问题，解析实例，说明法理，做到深入浅出，通俗易懂。⑤具有启发性。本套教材所列学术视野，多为本学科的焦点和热点问题，可帮助学生了解学术动态，激发其学术兴趣；理论思考题可引导学生思考温习所学知识，启迪其心志。

《新编法学核心课程系列教材》吸收了国内外优秀学术成果，在理论与实践相结合的基础上，达到了理论性、实践性和应用性相统一。在理论上具有较强的系统性和概括性，在应用上具有针对性和实用性，在内容上则反映了法学各学科的新发展和时代特征。总之，我真诚地希望这套教材能成为广大学生和读者学习法学知识的新窗口，并愿这套教材在广大读者和同行的关心与帮助下越编越好。

金国华

2010 年 10 月 28 日

第二版说明

鉴于本教材于 2010 年出版后,《刑法修正案》多次对刑法典作了诸多重要的修改和完善,刑法理论研究也有了一定的进展,刑法教义学的争论也丰富了刑法理论,为了及时反映最新的立法、司法与理论研究成果,更好地适应刑法学教学和科研的需要,在出版社的大力支持下,我们对本教材进行了修改并交付出版。本次修订,由江维龙教授统一协调,最后由严励主编和江维龙统一定稿。中国政法大学出版社有关领导对本书的修订和及时出版非常重视并全力支持,编辑马旭、艾文婷同仁为本书的及时而高质量的问世倾力相助,在此一并致以诚挚的谢意!

本教材具体编写分工如下:

陈丽天:第一至五、八、十一章;

江维龙:第六、七章;

朱沅沅:第九章;

卫 磊:第十章。

由于我们水平有限,本书难免出现错误,希望得到广大读者的批评指正!

作 者
2017 年 9 月

编写说明

本书是上海政法学院多年案例教学法实践的结晶和创新。它既是刑法教学有益探索实践活动的系统总结,又是刑法学教材编写的大胆尝试和突破。刑法学的教学不仅仅要注重理论,更要注重实务训练。案例教学法是我院使用多年的具有特色的教学方法,也是成功的刑法学课程教学中的一个不可缺少的组成部分。目前国内刑法教材主要是注释刑法学,侧重于对刑法理论的阐释和刑法条文的解释,突出理论性、系统性,对刑法基本理论、基本知识的讲解较多。而国外,特别是英美国家刑法学教材,注重案例分析,教师上课也大量运用案例教学法,通过将枯燥、呆板、抽象的法条与具体的案例相结合,既从案例中启发学生、引导学生,又在生动活泼的案例教学中使学生领悟到刑法学的基本原理和精神。1996年我们在刑法教学中进行了尝试,编写了《刑法案例教程》,并于1999年获上海出版界50年500种精品图书奖。之后,我们在本科生、研究生中普遍进行了案例教学法的讲授。通过几年的实践,学生反响良好。在运用此教材讲授刑法学过程中,听课的本科生、研究生人数达三千余人。多年的案例教学实践使我们受益匪浅,感触颇深。案例教学加强了对学生的实践能力和分析解决问题的能力的训练,使他们能以扎实的知识和能力适应社会的要求。同时,我们系统地收集了大量的刑法学案例并汇编成册,并运用到刑法学案例教学中,起到了很好的教学效果。这不仅体现了我院一贯坚持的刑法学案例教学特色,而且为我们今天新的刑法案例教程编写奠定了坚实的基础。

本书原则上是按刑法学的理论框架和现行刑法体系撰写的。不仅系统地论述了刑法学的基本原理,而且广泛吸收并剖析了近年来司法实践中的典型案例,充分体现了案例教学法的原则,坚持了理论性和实践性的统一,同时注意及时准确地反映近年来我国刑事立法、司法解释、司法实践中的新情况、新进展、新成果。本书的创新和突破还体现在编写体例上,每一章都包括了本章概要、学习目标、理论知识、学术视野、理论思考、实务应用等几大部分,可以使学生在学前有个预知,也可以使其在学后对知识点有个清晰的梳理。理论知识可以使学生准确、全面、系统地学习刑法学的基本原理;学术视野对不同学派或主要分歧意见予以系统归纳、简要阐述,特别是对相关前沿问题进行简介,可以为学生日后的深入研究抛砖引玉;理论思考能满足学生巩固基础、复习迎考的需求;案例评析不仅将理论具体化、形象化,使本书增强可读性,同时也培养了学生分析问题、解决问题的能力。编写中,我们根据教育部《全国高等学校法学专业核心课程基本要求》的规定，针对大学本科法学专业的教学特点和人才培养目标，在借鉴、吸收刑法实践和最新科研成果的基础上，结合刑法修正案和最新司法解释，由长期从事刑法教学和科研工作的教师精心编写。本书力求基本理论阐述清楚、明确，案例分析精辟、文字简练、观点明确、论述有力。

本书由主编严励设计编写规划及统稿，具体编写分工如下：

陈丽天：第一至五、八、十一章；

江维龙：第六、七章；

朱沅沅：第九章；

卫　磊：第十章。

本书适用于法学本科生及参加国家司法考试、法硕联考和法律职业人士，也可以作为理解刑法学的基本原理或提高分析问题、解决问题能力的辅助教材。由于我们水平有限，本书难免出现错误，希望得到广大读者的批评指正。在本书的编写过程中，我们借鉴了国内外刑法学学者和专家的研究成果，参考了他们的许多专著和论文，在此一并衷心致谢！

作　者

2010 年 10 月

目 录

第一章 罪刑各论概述 ... 1
- 第一节 刑法分则的体系 ... 1
- 第二节 刑法分则的条文结构 ... 2
- 第三节 刑法分则的法条竞合 ... 4

第二章 危害国家安全罪 ... 7
- 第一节 危害国家安全罪概述 ... 7
- 第二节 危害国家主权与领土完整的犯罪 ... 8
- 第三节 危害人民民主专政政权的犯罪 ... 9
- 第四节 投敌、间谍、资敌的犯罪 ... 11

第三章 危害公共安全罪 ... 16
- 第一节 危害公共安全罪概述 ... 16
- 第二节 以危险方法危害公共安全的犯罪 ... 18
- 第三节 破坏公共设备、设施的犯罪 ... 21
- 第四节 实施恐怖主义、极端主义活动的犯罪 ... 24
- 第五节 实施危险活动的犯罪 ... 27
- 第六节 违反枪支、弹药、爆炸物管理规定的犯罪 ... 29
- 第七节 重大责任事故的犯罪 ... 32

第四章 破坏社会主义市场经济秩序罪 ... 42
- 第一节 破坏社会主义市场经济秩序罪概述 ... 42
- 第二节 生产、销售伪劣商品罪 ... 44
- 第三节 走私罪 ... 48
- 第四节 妨害对公司、企业的管理秩序罪 ... 52
- 第五节 破坏金融管理秩序罪 ... 57
- 第六节 金融诈骗罪 ... 67
- 第七节 危害税收征管罪 ... 71
- 第八节 侵犯知识产权罪 ... 75
- 第九节 扰乱市场秩序罪 ... 78

第五章 侵犯公民人身权利、民主权利罪 ... 87
- 第一节 侵犯公民人身权利、民主权利罪概述 ... 87

第二节　侵犯公民人身生命、健康权利的犯罪 …………………………………… 88
第三节　侵犯公民性权利、儿童身心健康的犯罪 ……………………………… 91
第四节　侵犯人身自由的犯罪 …………………………………………………… 93
第五节　侵犯公民人格、名誉的犯罪 …………………………………………… 99
第六节　侵犯少数民族合法权益的犯罪 ………………………………………… 100
第七节　侵犯公民民主权利的犯罪 ……………………………………………… 101
第八节　侵犯婚姻、家庭关系的犯罪 …………………………………………… 103

第六章　侵犯财产罪 …………………………………………………………………… 113
第一节　侵犯财产罪概述 ………………………………………………………… 113
第二节　抢夺型犯罪 ……………………………………………………………… 114
第三节　秘密窃取型犯罪 ………………………………………………………… 121
第四节　骗取、诈取型犯罪 ……………………………………………………… 123
第五节　侵占型犯罪 ……………………………………………………………… 125
第六节　挪用型犯罪 ……………………………………………………………… 127
第七节　毁坏型犯罪 ……………………………………………………………… 129

第七章　妨害社会管理秩序罪 ………………………………………………………… 150
第一节　妨害社会管理秩序罪概述 ……………………………………………… 150
第二节　扰乱公共秩序罪 ………………………………………………………… 152
第三节　妨害司法罪 ……………………………………………………………… 184
第四节　妨害国（边）境管理罪 ………………………………………………… 198
第五节　妨害文物管理罪 ………………………………………………………… 204
第六节　危害公共卫生罪 ………………………………………………………… 211
第七节　破坏环境资源保护罪 …………………………………………………… 221
第八节　走私、贩卖、运输、制造毒品罪 ……………………………………… 233
第九节　组织、强迫、引诱、容留、介绍卖淫罪 ……………………………… 244
第十节　制作、贩卖、传播淫秽物品罪 ………………………………………… 247

第八章　危害国防利益罪 ……………………………………………………………… 293
第一节　危害国防利益罪概述 …………………………………………………… 293
第二节　非战时危害国防利益的犯罪 …………………………………………… 294
第三节　战时危害国防利益的犯罪 ……………………………………………… 300

第九章　贪污贿赂罪 …………………………………………………………………… 304
第一节　贪污贿赂罪概述 ………………………………………………………… 304
第二节　贪污犯罪 ………………………………………………………………… 305
第三节　贿赂犯罪 ………………………………………………………………… 316

第十章　渎职罪 ⋯⋯⋯⋯⋯⋯⋯⋯⋯⋯⋯⋯⋯⋯⋯⋯⋯⋯⋯⋯⋯⋯⋯⋯⋯⋯⋯⋯⋯⋯⋯⋯⋯ 337
第一节　渎职罪概述 ⋯⋯⋯⋯⋯⋯⋯⋯⋯⋯⋯⋯⋯⋯⋯⋯⋯⋯⋯⋯⋯⋯⋯⋯⋯⋯⋯ 337
第二节　一般国家机关工作人员的渎职罪 ⋯⋯⋯⋯⋯⋯⋯⋯⋯⋯⋯⋯⋯⋯ 338
第三节　司法工作人员的渎职罪 ⋯⋯⋯⋯⋯⋯⋯⋯⋯⋯⋯⋯⋯⋯⋯⋯⋯⋯⋯ 346
第四节　特定机关工作人员的渎职罪 ⋯⋯⋯⋯⋯⋯⋯⋯⋯⋯⋯⋯⋯⋯⋯⋯ 352

第十一章　军人违反职责罪 ⋯⋯⋯⋯⋯⋯⋯⋯⋯⋯⋯⋯⋯⋯⋯⋯⋯⋯⋯⋯⋯⋯⋯⋯ 366
第一节　军人违反职责罪概述 ⋯⋯⋯⋯⋯⋯⋯⋯⋯⋯⋯⋯⋯⋯⋯⋯⋯⋯⋯⋯ 366
第二节　战时军人违反职责的犯罪 ⋯⋯⋯⋯⋯⋯⋯⋯⋯⋯⋯⋯⋯⋯⋯⋯⋯ 367
第三节　非战时违反军人职责的犯罪 ⋯⋯⋯⋯⋯⋯⋯⋯⋯⋯⋯⋯⋯⋯⋯⋯ 370

参考文献 ⋯⋯⋯⋯⋯⋯⋯⋯⋯⋯⋯⋯⋯⋯⋯⋯⋯⋯⋯⋯⋯⋯⋯⋯⋯⋯⋯⋯⋯⋯⋯⋯⋯⋯⋯ 377

第一章 罪刑各论概述

【本章概要】本章从体系与结构上对刑法分则以及刑法分则的条文进行分析与介绍。首先分析了刑法分则的体系，介绍刑法分则与刑法总则之间的关系，刑法各论的研究对象以及刑法分则的体系与结构。其次从具体的刑法分则的条文入手，解析其结构模式，介绍组成刑法分则条文的罪状、罪名、法定刑以及相关的种类、特征。最后，针对刑法分则的条文竞合问题展开论述，分析法条竞合的概念、特征及其适用原则。

【学习目标】掌握刑法分则的条文结构；了解刑法分则条文的各个组成部分；掌握法条竞合的特征及其适用原则。

第一节 刑法分则的体系

一、刑法分则与刑法总则的关系

刑法是以总则和分则作为基本构成内容的，总则部分从总体上规定了犯罪以及对犯罪的处罚措施，是对犯罪、刑事责任和刑罚所作的一般性规定。而刑法分则是在总则的基础上，具体规定每一个犯罪行为所应具备的构成特征以及相应的刑事责任。刑法总则与刑法分则紧密联系，相互作用。

在研究刑法分则时，必须以刑法总则所规定的原理、原则作为指导。刑法总则规定了刑法的任务、基本原则、适用范围、犯罪的构成、刑事责任、共同犯罪、刑罚的种类、刑罚的具体应用制度等内容。而刑法分则是在此基础上，规定了各种具体犯罪的罪状、罪名以及相应的法定刑、量刑幅度。刑法总则是对刑法分则的抽象与概括，而刑法分则是刑法总则的具体化。

二、刑法各论的研究对象

刑法各论是我国刑法的重要组成部分，是以刑法分则作为具体的研究对象。刑法各论，既研究刑法所规定的具体的罪名、罪状、法定刑，又研究有关国家立法机关、司法机关对刑法分则所作的立法解释、司法解释。通过对刑法分则的研究，可以帮助我们了解具体的罪名的构成、罪与非罪、此罪与彼罪之间的界限，从而可以帮助我们正确地认定犯罪以及正确适用刑罚。

三、刑法分则的体系

所谓刑法分则的体系，是指刑法分则所规定的各类犯罪以及各类犯罪所包括的各种具体的犯罪，按照一定的次序排列而形成的体系结构。

（一）犯罪的分类及其依据

我国刑法分则是以犯罪的同类客体为标准对犯罪进行分类的；对于同类犯罪，则以各个犯罪的社会危害程度为依据进行分类排列。

1. 犯罪分类及其排列的依据。我国刑法分则根据我国犯罪的实际情况，按照各个不同犯罪所侵犯同类客体的不同，将各种犯罪分为十大类犯罪。分别为：①危害国家安全罪，其同类客体是国家安全；②危害公共安全罪，侵犯的同类客体是公共安全；③破坏社会主义市场经济秩序罪，侵犯的同类客体是社会主义市场经济秩序；④侵犯公民人身权利、民主权利罪，其同类客体为公民的人身权利、民主权利；⑤侵犯财产罪，其同类客体为公私财产的所有权；⑥妨害社会管理秩序罪，其同类客体为社会管理秩序；⑦危害国防利益罪，其同类客体为国防利益；⑧贪污贿赂罪，其同类客体为职务行为的廉洁性；⑨渎职罪，其同类客体为国家机关的正常工作秩序；⑩军人违反职责罪，其同类客体为军人职责。

我国刑法对犯罪的分类，是以不同犯罪所侵犯的同类客体为依据的，而这十大类犯罪进行排列的依据则是以各类犯罪的危害程度大小为先后顺序。在这类犯罪的排列中，基本上是根据其社会危害性的大小，由重到轻依次排列的。危害国家安全的犯罪，是社会危害性最为严重的犯罪。因此，刑法将其放在各类犯罪的首位。危害公共安全罪的社会危害性仅次于危害国家安全，因此排在刑法分则各类犯罪的第二位。各类犯罪的先后排列顺序表明社会危害性的大小程度，但不能简单地认为前一类犯罪中的任何一种具体犯罪的社会危害性必然大于后一类犯罪的社会危害性。例如，危害公共安全罪中的交通肇事罪、重大责任事故罪等犯罪，其社会危害性明显要小于侵犯公民人身权利、民主权利罪中的故意杀人罪、强奸罪、绑架罪等犯罪的社会危害性。

2. 具体犯罪的排列依据。犯罪的分类，是以不同的犯罪行为所侵犯的同类客体的不同划分的。而在每一类犯罪中，不同犯罪行为的排列顺序，则是以犯罪行为的社会危害性的大小为依据的，按照由重到轻的顺序进行排列，同时适当兼顾犯罪行为之间的近似关系。例如，侵犯公民人身权利、民主权利罪中，故意杀人罪排在首位，与故意杀人有近似关系的过失致人死亡罪被排在第二位。以后依次为故意伤害罪，过失致人重伤罪，强奸罪，强制猥亵、侮辱罪等犯罪。

（二）刑法分则对犯罪进行分类的意义

1. 对犯罪进行合理的分类和排列，有助于建立科学的刑法分则体系。

2. 对犯罪进行合理的分类和排列，有助于正确认识各种犯罪的一般特征和具体构成特征，正确区分罪与罪之间的界限，掌握各种犯罪的危害程度，从而为具体的定罪量刑服务。

第二节　刑法分则的条文结构

刑法分则的条文结构，是指刑法分则条文的具体表现形式。刑法分则的条文是规定具体的犯罪和相应的刑罚的，因此，刑法分则一般是由描述犯罪构成的罪状以及相应的法定刑构成的。同时，罪名是对罪状的概括，与罪状密切相关。

一、罪状

（一）罪状的概念

罪状，是我国刑法分则条文对具体犯罪的基本构成特征的描述。

（二）罪状的种类

根据我国刑法分则对具体犯罪的构成特征的描述方式的不同，可以把罪状分为以下五类：

1. 叙明罪状。叙明罪状是指对某一犯罪的构成特征进行详细描述的罪状形式。例如，《刑法》第305条规定："在刑事诉讼中，证人、鉴定人、记录人、翻译人对与案件有重要关系的情节，故意作虚假证明、鉴定、记录、翻译，意图陷害他人或者隐匿罪证的，……"这就是对伪证罪的构成特征所作的叙明描述。这一条文具体描述了伪证罪的构成特征，对伪证罪在客观方面的具体表现以及在主观上的心理状态作了非常详细的描述。这种罪状描述形式，有助于认识犯罪，分清罪与罪之间的界限。我国刑法分则中，多数条文采用叙明罪状的方式。

2. 简单罪状。简单罪状，是指刑法分则只对某一犯罪的构成特征进行简单描述或者只是简单规定罪名的罪状形式。例如，《刑法》第232条对故意杀人罪就是以简单罪状的形式进行描述的。

3. 引证罪状。引证罪状是指需要引用刑法条文中的其他条款来描述犯罪的构成特征的罪状形式。例如，《刑法》第115条第1款规定了放火罪、决水罪、爆炸罪、投放危险物质罪和以危险方法危害公共安全罪的罪状以及法定刑，第2款则规定："过失犯前款罪的，处3年以上7年以下有期徒刑；情节较轻的，处3年以下有期徒刑或者拘役。"在这里，第2款所规定的犯罪就需要引用第1款中对相关犯罪的规定。

4. 空白罪状。空白罪状，是指刑法分则条文不直接具体规定某一犯罪的构成特征，而是要引用其他法律、法规规定的罪状形式。例如，《刑法》第133条对交通肇事罪的规定，就是采用空白罪状的形式，对交通肇事罪的构成特征的认定，需要引用交通运输管理法规的相关规定。

5. 混合罪状。混合罪状，是指使用叙明、简单、空白、引证等四种罪状形式中的两种方式混合而形成的罪状。例如，《刑法》第330条妨害传染病防治罪，就是共同采用引证罪状、空白罪状与叙明罪状三种表述方式。

二、罪名

罪名，是指犯罪的名称，是对刑法分则所规定的犯罪具体构成特征的概括，也就是对罪状的概括。罪名的确定，必须合法、准确、简明。不得随意地确定罪名，所确定的罪名必须能够反映该种犯罪的本质特点，同时便于理解、记忆、适用。

三、法定刑

法定刑，是指我国刑法分则确定的，对某一具体犯罪所规定的量刑标准。法定刑是刑法分则条文的重要组成部分，是对罪状所描述的犯罪确立的量刑尺度。量刑标准，包括刑罚的种类——刑种，以及量刑幅度——刑度。

刑法理论根据法定刑的刑种、刑度是否确定，将法定刑分为三种形式：绝对确定的法定刑、绝对不确定的法定刑、相对确定的法定刑。

（一）绝对确定的法定刑

绝对确定的法定刑，是指刑法条文中对某种犯罪或者犯罪的某种情形只规定了单一的刑种或者刑度。绝对确定的法定刑使得法官没有自由裁量的权力，因此，不利于刑罚的个别化，也不利于达到良好的刑罚效果。在我国刑法中，绝对确定的法定刑的数量非常少。例如，《刑法》第121条规定，劫持航空器，"致人重伤、死亡或者使航空器遭受严重破坏的，处死刑"。《刑法》第239条第2款规定："犯前款罪，杀害被绑架人的，或者故意伤害被绑架人，致人重伤、死亡的，处无期徒刑或者死刑，并处没收财产。"

（二）绝对不确定的法定刑

绝对不确定的法定刑，是指刑种和刑度都不加以规定的法定刑。绝对不确定的法定刑，完全由法官自由裁量，由于没有统一的量刑标准，无法很好地贯彻执行罪责刑相一致原则，因此我国刑法不采用绝对不确定的法定刑。

（三）相对确定的法定刑

相对确定的法定刑，是指刑法分则条文对某种具体犯罪规定一定的刑种，同时还规定了一定的量刑幅度。这种法定刑，既规定了统一的量刑标准，又确立了一定的限度，同时还赋予法官自由裁量余地。因此，我国刑法广泛采用相对确定的法定刑。在我国刑法中，相对确定的法定刑主要有以下几种表现形式：

1. 确定最高执行限度的法定刑。刑法分则只确定某种犯罪法定刑的最高执行限度，其最低执行限度由刑法总则的有关规定确定。例如，《刑法》第258条规定："有配偶而重婚的，或者明知他人有配偶而与之结婚的，处2年以下有期徒刑或者拘役。"

2. 确定最低执行限度的法定刑。刑法分则只确定某种犯罪法定刑的最低执行限度，其最高执行限度由刑法总则的有关规定确定。例如，《刑法》第133条规定，交通肇事逃逸致人死亡的，处7年以上有期徒刑。

3. 同时规定最低与最高执行限度的法定刑。例如，《刑法》第236条第1款规定："以暴力、胁迫或者其他手段强奸妇女的，处3年以上10年以下有期徒刑……"

4. 规定两种以上主刑或者规定两种以上的主刑并有附加刑。例如，《刑法》第232条规定："故意杀人的，处死刑、无期徒刑或者10年以上有期徒刑；情节较轻的，处3年以上10年以下有期徒刑。"《刑法》第249条规定："煽动民族仇恨、民族歧视，情节严重的，处3年以下有期徒刑、拘役、管制或者剥夺政治权利；情节特别严重的，处3年以上10年以下有期徒刑。"

5. 援引性的法定刑。在刑法分则条文中，某些犯罪没有规定自己的法定刑，要对其进行量刑，就必须援引刑法分则其他条款的规定。例如，我国《刑法》第386条所规定的受贿罪，就必须援引贪污罪的有关处罚规定。

四、法定刑与宣告刑

所谓宣告刑，是指国家审判机关对具体犯罪案件中的犯罪人依照法定刑判处并宣告应当执行的刑罚。法定刑与宣告刑有着密切的联系，也有比较显著的不同。法定刑是根据某一犯罪的性质及其社会危害程度而确立的量刑标准；宣告刑则是在法定刑的基础上，对具体犯罪案件中的犯罪人依法判处并且宣告的应当执行的刑罚。法定刑是宣告刑的基础，宣告刑则是法定刑在司法实践中的具体运用。

第三节　刑法分则的法条竞合

一、法条竞合的概念

法条竞合，又称为法规竞合，是指一个犯罪行为同时触犯数个具有包容关系的刑法分则条文，只适用其中一个条文定罪量刑的情况。

法条竞合是由于在刑事立法中，所调整的社会关系互相之间具有包容关系产生的一种法律现象。由于社会关系相互之间具有包容性，这种包容性体现在犯罪现象中，就使得犯罪行为之间也会相互包容。比如，过失致人死亡罪与交通肇事罪之间就存在包容关系，交通肇事致人死亡是过失致人死亡的一种行为方式。盗窃罪与盗窃枪支、弹药罪之间也存在包容关系。法条竞合，是刑法分则中不可避免的现象。

法条竞合具有以下特征：①行为人实施了一个犯罪行为；②行为人实施的一个犯罪行为触犯了刑法分则所规定的数个罪名；③行为人所触犯的数个罪名，在内容上具有包容关系，即相互之间有从属或者交叉的逻辑关系。

二、法条竞合的适用原则

由于法条竞合存在着行为人的行为触犯数个罪名的情况，因此，就必须决定适用哪一个法条，确定为哪一个罪名。对此，我国解决这一问题主要采用以下的原则：

（一）特别法优于普通法

特别法优于普通法，是指当普通法与特别法竞合时，按照特别法的规定定罪量刑。所谓普通法，是指在一般场合普遍适用的法条；所谓特别法，是指以普通法的规定为基础，附加特别条件，适用于特别场合的法条。例如，过失致人死亡罪即为普通法，交通肇事罪即为特别法；盗窃罪为普通法，盗窃枪支、弹药罪为特别法。特别法优于普通法，是在处理法条竞合的问题时最基本、最主要的原则。

（二）重法优于轻法

重法优于轻法，是指某些犯罪行为既符合特别法的规定，又符合普通法的规定，但是由于情节特别严重，依照普通法定罪量刑，相对于依照特别法定罪量刑处罚更重时，依照处罚更重的普通法，即重法来定罪量刑。例如，生产、销售假药罪与生产、销售伪劣产品罪就存在法条竞合的关系。生产、销售伪劣产品罪是普通法，生产、销售假药罪是特别法。按照《刑法》第149条第2款的规定，构成生产、销售假药罪，同时又构成生产、销售伪劣产品罪的，依照处罚较重的规定定罪处罚。这就体现了重法优于轻法的适用原则。

学术视野

合同诈骗罪中法条竞合关系的认定

我国《刑法》在1997年修订之前，并没有规定合同诈骗罪，对于利用合同进行诈骗的犯罪行为，是以普通诈骗罪论处的。在刑法修订的过程中，考虑到对一些特殊的犯罪客体应当予以重点保护的需要，增设了合同诈骗这一新罪名，并和金融诈骗类的犯罪一起形成了一个诈骗类犯罪群。合同诈骗罪和普通诈骗罪以及其他金融诈骗罪存在着两层法条竞合的关系。

1. 合同诈骗与诈骗罪的法条竞合。合同诈骗罪是一种特殊的诈骗犯罪，是从普通诈骗罪中分离出来的。因此，合同诈骗罪包含于普通诈骗罪之中。行为人在触犯合同诈骗罪的同时，必然也会触犯诈骗罪这一罪名。在这种情况下，诈骗罪是普通法，合同诈骗罪是特别法，应当以"特别法优于普通法"的原则，以合同诈骗罪定罪量刑。同时，需要注意的是，由于我国刑法中，无论是合同诈骗还是普通的诈骗，要构成犯罪均需要达到数额较大的标准。而根据相关的司法解释的规定，构成合同诈骗罪的"数额较大"的标准要高于诈骗罪。因此，当行为人实施的合同诈骗行为尚未达到合同诈骗罪的"数额较大"的标准，但达到构成诈骗罪的"数额较大"的标准时，应以诈骗罪追究其刑事责任。

2. 合同诈骗与其他金融诈骗罪的法条竞合。如保险诈骗罪、贷款诈骗罪，与合同诈骗罪之间也存在法条竞合的关系。无论是保险诈骗还是贷款诈骗，行为人都要通过保险合同或者贷款合同实施诈骗行为，而保险合同、贷款合同无疑是两种特殊的合同。因此，相对于保险诈骗罪、贷款诈骗罪来说，合同诈骗罪是普通法，对此，按照特别法优于普通法，重法优于轻法的处理法条竞合的原则定罪处罚。

理论思考与实务应用

一、理论思考

（一）名词解释

罪状　叙明罪状　引证罪状　空白罪状　法定刑　法条竞合

（二）简答题

1. 引证罪状与空白罪状的区别是什么？

2. 法定刑与宣告刑有什么不同?
3. 法条竞合的特点是什么?

(三) 论述题

1. 简述罪状的种类及其含义。
2. 简述我国法定刑的种类。
3. 什么叫法条竞合,如何处理法条竞合? 法条竞合与想象竞合的区别是什么?

二、实务应用

(一) 案例分析示范

王某,男,40岁,某医药公司经理。

王某为牟取暴利于2002年4月~2002年8月间,多次派人至河南、安徽等地采购兽用消炎药,并就地换上人用药包装。王某利用其销售渠道将药发往各地,销售金额达50余万元。因发现及时,各地紧急封存了这批药物,没有造成人员伤亡。经鉴定,该药物对人体有较大的毒副作用。

问:王某的行为应当如何认定?

【评析】本案存在着法条竞合的关系。被告人王某在触犯生产、销售假药罪的同时,也触犯了生产、销售伪劣产品罪。相对于生产、销售伪劣产品罪而言,生产、销售假药罪为特别条款,原本按照特别法优于普通法的原则,应以生产、销售假药罪定罪量刑。但是,按照《刑法》第149条第2款的规定,构成生产、销售假药罪,同时又构成生产、销售伪劣产品罪的,依照处罚较重的规定定罪处罚。如以生产、销售假药罪追究其刑事责任,王某生产、销售假药,尚未对人体健康造成严重危害,应处3年以下有期徒刑或者拘役。但按照生产、销售伪劣产品罪论处,对王某应处7年以上有期徒刑。因此,按照重法优于轻法的原则,对王某应以生产、销售伪劣产品罪追究刑事责任。

(二) 案例分析实训

刘某,男,35岁,无业。

刘某一贯游手好闲,不务正业。2003年8月7日,刘某致电某市中亚饭店服务总台,声称在该饭店某处安放了定时炸弹,要求在2个小时之内向其指定的银行账号汇入50万元人民币,不然就引爆炸弹。该饭店立即报警,并马上疏散在饭店的用餐、住宿客人以及所有工作人员。公安人员到达现场后,立即封锁了饭店大楼以及周边地区,并安排专业警力实施排爆。经仔细搜查,并未发现任何爆炸物。由于该饭店位于火车站附近,导致周围交通一度陷于瘫痪。3天后,刘某被抓获。刘某交待,他并没有安放爆炸物,只是想借机吓唬一下被害单位,从中获取不义之财。

问:本案中,刘某触犯几个罪名,是否是法条竞合?

第二章 危害国家安全罪

【本章概要】危害国家安全罪，是指故意危害中华人民共和国国家安全的犯罪，是对中华人民共和国的主权、领土完整与安全以及人民民主专政的国家政权及社会主义制度的安全造成严重危害的行为，这是我国刑法所确定的社会危害性最大、性质最为严重的一大类犯罪。本章将危害国家安全的犯罪分为危害国家主权与领土完整的犯罪，危害人民民主专政政权的犯罪和投敌、间谍、资敌的犯罪三大类型进行论述，着重研究刑法分则第一章所确定的各种危害国家安全的犯罪的概念、构成特征，以及在认定这些犯罪时应当注意的问题，包括罪与非罪的界定、与类似的其他犯罪的区别、犯罪的停止形态以及罪数形态等，并介绍相关犯罪的刑事责任。

【学习目标】掌握本章各罪名的概念及构成特征；掌握本章各罪名在认定时应注意的问题；掌握本章各罪名的刑事责任。

第一节 危害国家安全罪概述

一、危害国家安全罪的概念

危害国家安全罪，是指故意危害中华人民共和国国家安全的行为。

二、危害国家安全罪的构成特征

（一）本类犯罪的客体是国家安全，即中华人民共和国的国家安全

所谓国家安全，是指中华人民共和国的主权、领土完整与安全以及人民民主专政的国家政权及社会主义制度的安全。国家的安全，是一个国家生存与发展的保障，是各民族根本利益之所在。因此，维护国家安全，是国家的首要任务，也是一国法律制度的根本任务之一。在我国刑法中，国家安全的重要性居于各类社会关系之首。危害中华人民共和国国家安全，既包括对中华人民共和国的主权、领土完整与安全的危害，也包括对人民民主专政的国体与社会主义制度的危害。

（二）本类犯罪客观方面表现为危害中华人民共和国国家安全的行为

危害中华人民共和国国家安全的行为，是指各种危害我国主权、领土完整与安全，分裂国家，颠覆国家政权，危害人民民主专政与社会主义制度的行为。我国《刑法》第102～112条规定了本类犯罪具体的行为表现形式，如背叛国家，武装叛乱、暴乱，颠覆国家政权，叛逃，间谍，资敌等行为。

（三）本类犯罪主体多为一般主体

达到刑事责任年龄，具有刑事责任能力的自然人即可构成。但少数犯罪要求主体为特殊主体，如背叛国家罪、叛逃罪。

（四）本类犯罪主观上出于故意

本类犯罪主观上只能是出于故意，且绝大多数为直接故意，即行为人明知自己的行为会危害国家安全，但仍然希望危害国家安全的结果的发生。极个别的犯罪也可以由间接故意与直接

故意两种心理态度构成,如为境外窃取、刺探、收买、非法提供国家秘密、情报罪,行为人既可以持希望的心理态度,也可以持放任的心理态度。

三、危害国家安全罪的种类

本章犯罪共规定了12个具体的罪名,可以分成危害国家主权与领土完整的犯罪,危害人民民主专政政权的犯罪和投敌、间谍、资敌的犯罪三大类型。所涉及的具体罪名有:背叛国家罪,分裂国家罪,煽动分裂国家罪,武装叛乱、暴乱罪,颠覆国家政权罪,煽动颠覆国家政权罪,资助危害国家安全犯罪活动罪,投敌叛变罪,叛逃罪,间谍罪,为境外窃取、刺探、收买、非法提供国家秘密、情报罪,资敌罪。

第二节 危害国家主权与领土完整的犯罪

一、背叛国家罪

(一)背叛国家罪的概念

背叛国家罪,是指勾结外国或与境外组织、机构、个人相勾结,危害中华人民共和国的主权、领土完整和安全的行为。

(二)背叛国家罪的特征

1. 本罪的客体是国家的主权、领土完整与安全。

2. 本罪在客观方面表现为行为人勾结外国或与境外机构、组织与个人相勾结,危害中华人民共和国主权、领土完整与安全的行为。所谓"勾结",是指与外国政府、政党,外国政治集团,外国社会势力或者境外机构、组织、个人相互联络、共同谋划。勾结的方式可以是多种多样的,其内容包括一切危害国家主权、领土完整与国家安全的行为,如签订卖国条约、策划对我国发动侵略战争、建立非法政权、干涉我国内政等。

3. 本罪主体是特殊主体,即只能是中国公民,而且一般是担任国家重要职务或具有一定社会影响的人,包括政党领导人,国家权力机关、行政机关、司法机关、军事机关的领导人,社会团体的负责人,以及其他具有一定社会影响的人。作为普通公民一般很难单独实施背叛国家的犯罪,但可以与上述人员共同构成背叛国家罪。

4. 本罪在主观上出于故意,并且是直接故意。

(三)背叛国家罪的刑事责任

根据《刑法》第102、113条的规定,犯本罪的,处无期徒刑或10年以上有期徒刑,可以并处没收财产;对国家和人民危害特别严重、情节特别恶劣的,可以判处死刑,可以并处没收财产。同时依照《刑法》第56条的规定,应当附加剥夺政治权利。

二、分裂国家罪

(一)分裂国家罪的概念

分裂国家罪,是指组织、策划、实施分裂国家、破坏国家统一的行为。

(二)分裂国家罪的特征

1. 本罪的客体是国家的统一。

2. 本罪在客观方面表现为行为人进行组织、策划、实施分裂国家、破坏国家统一的行为。所谓"组织",是指纠集人手,网罗成员,建立分裂国家组织的行为;"策划",是指商讨、密谋、制定分裂国家计划的行为;"实施",是指将分裂国家的计划付诸实践的行为。而分裂国家,破坏国家统一,主要是指两个方面:①割据一方,另立政权;②破坏民族团结,制造民族分裂。

3. 本罪主体为一般主体，年满16周岁，具有刑事责任能力的人均可构成本罪，包括外国公民和无国籍人。

4. 本罪主观上出于故意，并且以分裂国家、破坏国家统一为目的。

（三）分裂国家罪的刑事责任

根据《刑法》第103条第1款、第106条、第113条的规定，犯本罪的，对首要分子或者罪行重大者，处无期徒刑或者10年以上有期徒刑，可以并处没收财产。对国家和人民危害特别严重、情节特别恶劣的，可以判处死刑，可以并处没收财产；对积极参加者，处3年以上10年以下有期徒刑，可以并处没收财产；对其他参加者，处3年以下有期徒刑、拘役、管制或者剥夺政治权利，可以并处没收财产。与境外机构、组织、个人相勾结，犯分裂国家罪的，从重处罚。同时，根据《刑法》第56条的规定，犯本罪的，应当附加剥夺政治权利。

三、煽动分裂国家罪

（一）煽动分裂国家罪的概念

煽动分裂国家罪，是指煽动分裂国家、破坏国家统一的行为。

（二）煽动分裂国家罪的特征

1. 本罪的客体是国家的统一。

2. 本罪的客观方面，表现为煽动他人进行分裂国家、破坏国家统一的行为。所谓"煽动"，是指以语言、文字、广播、电视，以及其他各种形式鼓动他人实施分裂国家、破坏国家统一的行为。煽动的方式可以是口头的，也可以是书面的；可以在公共场所公然进行，也可以在暗中开展活动。至于煽动的对象，既可以是不特定的多数人，也可以是特定的个别人。

3. 本罪主体是一般主体，凡是年满16周岁，具有刑事责任能力的人均能成为本罪的主体。

4. 本罪的主观方面是故意，可以是直接故意，也可以是间接故意。

（三）煽动分裂国家罪的刑事责任

根据《刑法》第103条第2款、第106条的规定，犯本罪的，处5年以下有期徒刑、拘役、管制或者剥夺政治权利；首要分子或者罪行重大的，处5年以上有期徒刑；与境外机构、组织、个人相勾结犯本罪的，从重处罚。另外，根据《刑法》第56条、第113条第2款的规定，犯本罪的，应当附加剥夺政治权利，可以并处没收财产。

第三节 危害人民民主专政政权的犯罪

一、武装叛乱、暴乱罪

（一）武装叛乱、暴乱罪的概念

武装叛乱、暴乱罪，是指组织、策划、实施武装叛乱、武装暴乱的行为。

（二）武装叛乱、暴乱罪的特征

1. 本罪的客体，是我国的人民民主专政的政权和社会主义制度。

2. 本罪的客观方面，表现为组织、策划、实施武装叛乱或者武装暴乱的行为。武装叛乱和武装暴乱都表现为纠集多人制造暴力性骚乱事件，进行杀伤、抢掠、损毁活动，造成社会秩序的严重动荡，使人民群众的生命、财产安全以及国家利益蒙受重大损失。二者的区别在于，叛乱行为是指投靠境外组织或境外反动势力，聚众实施武力对抗的行为。暴乱则不具有投靠境外敌对势力的目的。组织武装叛乱或者武装暴乱，是指纠集、网罗人员以进行武装叛乱、暴乱的行为；策划武装叛乱、武装暴乱，是指为武装叛乱、暴乱行为出谋划策，制订叛乱、暴乱计划、方案的行为；实施武装叛乱或者武装暴乱，是指将叛乱、暴乱行为具体实行的行为。此外，《刑法》第104条第2款规定，策动、胁迫、勾引、收买国家机关工作人员、武装部队人员、人民警察、民兵进行武装叛乱或者武装暴乱的，也构成本罪。这就意味着，本罪除了策划、组织、实施三种行为方式之外，对国家机关工作人员、武装部队人员、人民警察、民兵这四类特定的对象，还可以实施策动、胁迫、勾引、收买等行为。策动是指鼓动他人进行武装叛乱、暴乱；胁迫是指以暴力或以其他内容相威胁、逼迫他人进行武装叛乱、暴乱；勾引是指以地位、女色、名誉等相引诱，诱使他人进行武装叛乱、暴乱的行为；收买是指以金钱、物资等为代价，收买他人进行武装叛乱、暴乱的行为。有以上行为之一的，即可构成本罪。

3. 本罪主体为一般主体。

4. 本罪主观上出于故意，即明知是武装叛乱、暴乱的行为而实施。如果行为人不知道自己参加的是武装叛乱、武装暴乱，则不构成本罪，构成其他犯罪的，按照其他犯罪予以处理。

（三）武装叛乱、暴乱罪的认定

1. 罪与非罪的界限。应将武装叛乱、暴乱罪与一般的聚众起哄、闹事、冲击国家机关的行为区分开。在司法实践中，由于对党和国家的某些方针、政策存在误解，或对某些国家机关的工作有所不满，部分群众会聚众采取一些过激行为，甚至还会采取暴力行为。但行为人主观上并没有实施叛乱、暴乱的故意，故此，对这种行为不应按照武装叛乱、暴乱罪处罚，对行为人应以说服教育为主。

2. 一罪与数罪的界限。在武装叛乱、暴乱罪中，往往伴有杀人、放火、伤害、爆炸、抢劫等行为。这些行为尽管又触犯了其他罪名，但事实上这些行为又都是叛乱、暴乱行为的一部分，因此，对此类行为不实行数罪并罚，而只能按照本罪一罪处理。

（四）武装叛乱、暴乱罪的刑事责任

根据《刑法》第104条的规定，犯本罪的，对首要分子或者罪行重大的，处无期徒刑或者10年以上有期徒刑；对积极参加者，处3年以上10年以下有期徒刑；对其他参加者，处3年以下有期徒刑、拘役、管制或者剥夺政治权利。根据《刑法》第106条的规定，与境外组织、机构、个人相勾结，实施武装叛乱、暴乱罪的，从重处罚。同时，根据《刑法》第113条的规定，犯武装叛乱、暴乱罪，对国家和人民危害特别严重，情节特别恶劣的，可以判处死刑；犯本罪的，可以并处没收财产。根据《刑法》第56条的规定，犯本罪，除单处剥夺政治权利的外，应当附加剥夺政治权利。

二、颠覆国家政权罪

颠覆国家政权罪，是指组织、策划、实施颠覆国家政权，推翻社会主义制度的行为。本罪的客体，是我国的人民民主专政的国家政权和社会主义制度。本罪在客观上表现为组织、策划、实施颠覆国家政权，推翻社会主义制度的行为。国家政权，既可以指我国中央人民政府和地方各级人民政府，也可以指我国各级国家权力机关、司法机关、军事机关等在内的整个政权。颠覆国家政权，既可以是颠覆我国人民民主专政的政权整体，也可以是颠覆中央或地方的某一个政权机关。而颠覆的手段，既可以是暴力行为，也可以是非暴力行为。本罪的主体为一般主体，凡是年满16周岁，具有刑事责任能力的自然人均可以构成。本罪在主观上出于故意，且具有颠覆国家政权的目的。

根据《刑法》第105条第1款的规定，犯本罪的，对首要分子或者罪行重大的，处无期徒刑或者10年以上有期徒刑；对积极参加的，处3年以上10年以下有期徒刑；对其他参加者，处3年以下有期徒刑、拘役、管制或者剥夺政治权利。根据《刑法》第106条的规定，与境外机构、组织、个人相勾结，实施颠覆国家政权罪的，从重处罚。根据《刑法》第113条第2款的规定，犯本罪的，可以并处没收财产。根据《刑法》第56条的规定，犯本罪的，除单处剥夺政治权利的外，应当附加剥夺政治权利。

三、煽动颠覆国家政权罪

煽动颠覆国家政权罪，是指以造谣、诽谤或者其他方式煽动颠覆国家政权、推翻社会主义制度的行为。本罪的客体，是我国的人民民主专政的政权和社会主义制度。本罪的客观方面，表现为以造谣、诽谤或其他方式煽动颠覆国家政权、推翻社会主义制度的行为。造谣，是指无中生有，制造、散布危害国家政权和社会主义制度的行为。诽谤，是指捏造事实，诋毁我国国家政权和社会主义制度的行为。其他方式，是指以造谣、诽谤以外的其他方式，引起社会公众对人民民主专政的国家政权以及社会主义制度的仇视，从而妄图达到颠覆国家政权、推翻社会主义制度的目的。本罪主体为一般主体，凡是年满16周岁，具有刑事责任能力的自然人均可构成本罪。本罪主观上出于故意，既可以是直接故意，也可以是间接故意。

根据《刑法》第105条第2款的规定，犯煽动颠覆国家政权罪的，处5年以下有期徒刑、拘役、管制或者剥夺政治权利；首要分子或者罪行重大的，处5年以上有期徒刑。根据《刑法》第106条的规定，与境外机构、组织、个人相勾结，实施本罪的，从重处罚。同时，根据《刑法》第113条第2款的规定，犯本罪的，可以并处没收财产。根据《刑法》第56条的规定，犯本罪的，除单处剥夺政治权利的外，应当附加剥夺政治权利。

第四节 投敌、间谍、资敌的犯罪

一、资助危害国家安全犯罪活动罪

资助危害国家安全犯罪活动罪，是指境内外的机构、组织或者个人资助境内组织或个人实施背叛国家罪，分裂国家罪，煽动分裂国家罪，武装叛乱、暴乱罪，颠覆国家政权罪，煽动颠覆国家政权罪的行为。本罪的客体，是国家安全。本罪在客观上，表现为资助境内组织或者个人实施我国《刑法》第102~105条所规定的各项犯罪活动的行为。资助，是指为上述犯罪活动提供经费、物资或提供场所。行为人既可以是事先提供资助，也可以在事中或者事后提供资助。本罪的主体，是特殊主体，即境内外的机构、组织或个人。本罪主观上出于故意。

根据《刑法》第107条的规定，犯本罪的，对直接责任人员，处5年以下有期徒刑、拘役、管制或剥夺政治权利；情节严重的，处5年以上有期徒刑。同时，根据《刑法》第113条第2款的规定，犯本罪的，可以并处没收财产。根据《刑法》第56条的规定，犯本罪的，除单处剥夺政治权利的外，应当附加剥夺政治权利。

二、投敌叛变罪

投敌叛变罪，是指中国公民投奔境外敌对势力，或者被捕、被俘后投降敌人，危害国家安全的行为。本罪的客体，是国家安全。本罪在客观上，表现为投敌叛变的行为。其具体行为方式有两种：①投奔敌对势力，即主动投靠与我国处于敌对关系的势力或机构、组织；②被捕、被俘后投降敌人，进行危害国家安全的活动。如果投敌叛变后又被派遣回到国内进行其他危害国家安全的犯罪活动，应以投敌叛变罪与其他犯罪数罪并罚。本罪的主体，只能是中国公民。本罪在主观上是出于故意，且具有危害国家安全的目的。

根据《刑法》第108条的规定，犯本罪的，处3年以上10年以下有期徒刑；情节严重的或者带领武装部队人员、人民警察、民兵投敌叛变的，处10年以上有期徒刑或者无期徒刑。

根据《刑法》第113条的规定，犯本罪的，对国家和人民危害特别严重、情节特别恶劣的，可以判处死刑；犯本罪的，可以并处没收财产。根据《刑法》第56条的规定，犯本罪的，应当附加剥夺政治权利。

三、叛逃罪

叛逃罪，是指国家机关工作人员在履行公务期间，擅离岗位，叛逃境外或者在境外叛逃，危害国家安全的行为。本罪的客体，是中华人民共和国的国家安全。本罪在客观上表现为在履行公务期间，擅离岗位，叛逃境外或者在境外叛逃，危害国家安全的行为。本罪在客观上要求具备三个条件：①履行公务期间。叛逃行为必须发生在履行公务期间。所谓履行公务期间，是指在职的国家机关工作人员在执行职务或在执行某项工作任务的期间。②实施了叛逃行为。叛逃行为有两种，其一为擅离岗位，叛逃境外；其二为擅离岗位，在境外叛逃。③叛逃行为危害了中华人民共和国的国家安全。本罪主体为特殊主体，即国家机关工作人员，包括各级国家权力机关、人民政府、审判机关、检察机关以及军事机关中的工作人员。此外，在中国共产党以及政协各级机关中从事公务的人员，也可以属于国家机关工作人员范畴。本罪主观上出于故意，且为直接故意。

根据《刑法》第109条的规定，犯本罪的，处5年以下有期徒刑、拘役、管制或者剥夺政治权利；情节严重的，处5年以上10年以下有期徒刑；掌握国家秘密的国家工作人员犯叛逃罪的，从重处罚。根据《刑法》第56条以及第113条第2款的规定，犯本罪的，除单处剥夺政治权利的外，应当附加剥夺政治权利，可以并处没收财产。

四、间谍罪

（一）间谍罪的概念

间谍罪，是指参加间谍组织或者接受间谍组织及其代理人的任务，或者为敌人指示轰击目标的行为。

（二）间谍罪的特征

1. 本罪的客体是国家安全。
2. 本罪在客观上表现为实施了间谍行为。具体的间谍行为，包括三种行为方式：①参加间谍组织。间谍组织，是指境外或潜伏于我国境内的，专门进行窃取、刺探我国秘密或情报，或者进行其他危害国家安全活动的组织。参加间谍组织，就是成为其组织成员。②接受间谍组织及其代理人的任务。③为敌人指示轰击目标。需要注意的是，行为人只要实施了参加间谍组织、接受间谍组织及其代理人的任务、为敌人指示轰击目标的三种行为之一，而不需要全部具备，即构成本罪，即使是实施了上述数种行为的全部，也只能以本罪一个罪名认定，而不认定为数罪，更不实行数罪并罚。而间谍组织的代理人，是指受间谍组织或者其成员的指使、委托、资助，进行或者授意、指使他人进行危害中华人民共和国国家安全活动的人。
3. 本罪主体为一般主体。年满16周岁，具有刑事责任能力的自然人即可构成本罪。
4. 本罪主观上出于故意，且为直接故意。

（三）认定间谍罪应注意的问题

1. 罪与非罪的界限。区分这一点，关键在于行为人主观上是否具有实施间谍行为的故意，如果行为人不知是间谍组织而加入，或不知是间谍组织或其代理人的任务而接受的，不构成本罪。

2. 与有关犯罪的界限。

（1）区分与叛逃罪的界限。叛逃罪系国家机关工作人员的叛逃行为，叛逃后参加间谍组织或者接受间谍任务的，应以间谍罪与叛逃罪进行数罪并罚，仅有叛逃行为而无间谍行为的，只成立一个叛逃罪。

（2）区分与为境外窃取、刺探、收买、非法提供国家秘密、情报罪的界限。两者的区别主要在于行为人明知对方是间谍组织而为其窃取、刺探、收买、非法提供国家秘密、情报的，构成间谍罪。而为非间谍组织窃取、刺探、收买、非法提供国家秘密、情报的，构成为境外窃取、刺探、收买、非法提供国家秘密、情报罪。

（四）间谍罪的刑事责任

我国《刑法》第110条、第113条第1款规定，犯本罪的，处10年以上有期徒刑或者无期徒刑；情节较轻的，处3年以上10年以下有期徒刑；对国家和人民危害特别严重、情节特别恶劣的，可以判处死刑。根据《刑法》第56条、第113条第2款的规定，犯本罪的，应当附加剥夺政治权利，可以并处没收财产。

五、为境外窃取、刺探、收买、非法提供国家秘密、情报罪

为境外窃取、刺探、收买、非法提供国家秘密、情报罪，是指为境外的机构、组织、个人窃取、刺探、收买、非法提供国家秘密或情报的行为。本罪的客体是国家安全。本罪在客观上表现为，为境外的机构、组织或人员窃取、刺探、收买、非法提供国家秘密、情报的行为。境外的机构、组织、人员，是指中华人民共和国国（边）境以外的机构、组织以及机构、组织以外的个人，同时还包括这些机构或组织在我国境内的分支机构、组织或派驻人员。这些机构、组织并非为间谍组织。本罪的行为方式表现为以窃取、刺探、收买、非法提供的方式将国家秘密、情报泄露给境外机构、组织或人员。行为人实施了上述四种方式中的一种，即可构成本罪。本罪主体为一般主体。年满16周岁，具有刑事责任能力的人即可构成本罪。本罪主观上出于故意。

我国《刑法》第111条、第113条第2款规定，犯本罪的，处5年以上10年以下有期徒刑，可以并处没收财产；情节特别严重的，处10年以上有期徒刑或者无期徒刑，可以并处没收财产；情节较轻的，处5年以下有期徒刑、拘役、管制或者剥夺政治权利，可以并处没收财产；对国家和人民危害特别严重、情节特别恶劣的，可以判处死刑，并可以并处没收财产。根据《刑法》第56条的规定，犯本罪的，除单处剥夺政治权利的以外，应当附加剥夺政治权利。

六、资敌罪

资敌罪，是指战时为敌人提供武器装备、军用物资的行为。本罪的客体为国家安全。客观方面表现为战时为敌人提供武器装备、军用物资的行为。具体包括三方面内容：①资敌行为发生于战时；②资助的对象是敌人；③资助方式仅限于向敌人提供武器装备、军用物资。本罪主体为一般主体，凡是年满16周岁，具有刑事责任能力的人均可构成本罪。本罪主观上出于故意，明知处于战时，明知是敌人仍然向其提供资助。

根据《刑法》第112条、第113条第1款的规定，犯本罪的，处10年以上有期徒刑或者无期徒刑；情节较轻的，处3年以上10年以下有期徒刑；对国家和人民危害特别严重、情节特别恶劣的，可以判处死刑。根据《刑法》第56条、第113条第2款的规定，犯本罪的，应当附加剥夺政治权利，可以并处没收财产。

学术视野

投敌叛变罪既遂的认定

在什么情况下，投敌叛变罪构成既遂，学术界存在不同观点。第一种观点认为中国公民投奔境外敌对势力，或者被捕、被俘后投降敌人即可构成既遂。[1] 而第二种观点认为，不但要有投敌的行为，而且其行为危害国家安全才构成既遂。[2] 还有一种观点认为，投敌叛变罪的既遂应当区分不同的情况。当行为人主动投奔敌人营垒，实施了为敌效力的行为，即构成既遂。如果行为人是因为被捕、被俘后投降敌人的，则还要以其是否实施了危害国家安全的行为作为既遂的判断标准。[3] 我们认为，相比较而言，第三种观点更为合理。

理论思考与实务应用

一、理论思考

（一）名词解释

危害国家安全罪　背叛国家罪　颠覆国家政权罪　间谍罪　资敌罪

（二）简答题

1. 简述背叛国家罪的构成特征。
2. 简述叛逃罪在客观上的表现方式。
3. 简述间谍罪的行为方式。
4. 简述间谍罪与资敌罪的区别。
5. 如何认识间谍罪一罪与数罪的界限？

（三）论述题

1. 试论述投敌叛变罪与叛逃罪的区别。
2. 试论述间谍罪与为境外窃取、刺探、收买、非法提供国家秘密、情报罪的区别。

二、实务应用

（一）案例分析示范

叶某，男，68岁，某大学教师。

叶某接受某国间谍组织的任务，通过各种手段大肆搜集我国的政治、军事情报。某年某月，叶某刺探并提供中国共产党和国家将有重大的人事变动，并将召开重要会议的情报。某年某月，叶某刺探了某地区驻军的编制以及领导干部调动的情报，并提供给国外间谍组织。

问：在本案中，被告人叶某是构成间谍罪一罪还是同时构成间谍罪与为境外窃取、刺探、收买、非法提供国家秘密、情报罪两罪，实行数罪并罚？

【评析】在本案中，被告人叶某参加了国外的间谍组织，其为国外间谍机构搜集、提供国家军事、政治情报的行为是其领受的间谍任务之一，其本身并没有单独构成为境外窃取、刺探、收买、非法提供国家秘密、情报罪，因此，叶某的行为构成间谍罪一罪。

（二）案例分析实训

被告人周某某，男，台湾籍商人。

被告人周某某于1993年6月到大陆经商，同年7月返台时，在其供职于台湾"国防部军事情报局"之兄周某的策动下加入该间谍组织。化名"周某甲"，月薪及补贴新台币6.5万元，并领取建案基金新台币10万元，接受训练和派遣，潜入兰州市进行间谍活动，定期返回台湾接受"归询"。1995年9月，被告人周某某又到厦门，继续从事间谍活动。1996年3月大陆军事演习期间，其同伙李某某（已判刑）受命到广东省汕头市一带刺探军事情报。被告人

---

[1] 肖扬主编：《中国新刑法学》，中国人民公安大学出版社1997年版，第313页。
[2] 高铭暄主编：《新编中国刑法学》（下册），中国人民大学出版社1998年版，第502页。
[3] 赵秉志主编：《中国刑法案例与学理研究》，法律出版社2004年版，第47~48页。

周某某接到李从汕头市澄海机场的公用电话打来的暗语报告：工厂有生产，但没有出货（意指有演习，但没有发现导弹发射），即转报"军情局"。"军情局"指示李继续留守观察。被告人周某某归案后如实交待了所犯罪行。

问：为台湾情报机关刺探情报是否构成危害国家安全罪中的间谍罪？

第三章

危害公共安全罪

【本章概要】 危害公共安全罪，是指行为人故意或者过失地实施危害不特定多数人的生命、健康、重大公私财产或者公共生活安全的行为。由于本类犯罪行为是针对公共安全所实施的，因此具有极大的社会危害性。本章将危害公共安全的犯罪分为以危险方法危害公共安全的犯罪，破坏公共设施、设备的犯罪，实施恐怖、危险活动的犯罪，违反枪支、弹药、爆炸物管理规定的犯罪以及重大责任事故的犯罪等五大类型进行论述，着重研究刑法分则第二章所确定的各种危害公共安全的犯罪的概念、构成特征，以及在认定这些犯罪时应当注意的问题，包括罪与非罪的界定、与类似的其他犯罪的区别、犯罪的停止形态以及罪数形态等，并介绍相关犯罪的刑事责任。

【学习目标】 掌握本章各罪名的概念及构成特征；掌握本章各罪名在认定时应注意的问题；掌握本章各罪名的刑事责任。

第一节 危害公共安全罪概述

一、危害公共安全罪的概念及其特征

（一）危害公共安全罪的概念

危害公共安全罪，是指行为人故意或者过失地实施危害不特定多数人的生命、健康、重大公私财产或者公共生活安全的行为。

（二）危害公共安全罪的特征

要构成危害公共安全的犯罪，必须具备以下特征：

1. 本类犯罪的客体为公共安全。所谓公共安全，即不特定多数人的生命、健康以及重大公私财产、公共生活的安全。"不特定多数人"包含两层涵义：①行为人的犯罪对象并不局限在一个特定的范围之内，或者犯罪行为所造成的损害后果不是局限在一个特定的范围之内的。并不能因为受害者众多，就认为行为人的行为就一定构成危害公共安全的犯罪。例如，某甲杀了其仇人某乙一家5口人，虽然受害者人数较多，但由于其犯罪对象是限定在特定的范围之内的，因此就不是危害公共安全的犯罪，而是故意杀人罪。需要注意的是，"不特定"并不意味着行为人的犯罪行为没有特定的犯罪对象。有的实施此类犯罪的行为人，其主观上往往也有特定的明确的犯罪对象，行为也指向特定的目标。但是在实施的过程中，其行为在对特定的对象造成侵害的同时，有可能还会对这一特定对象以外的其他人造成危害。因此，不能将"不特定"单纯地理解为没有特定的犯罪对象。②此类犯罪还要求对多数人的生命、健康以及重大公私财产的安全造成侵害或者威胁。如果行为人的犯罪对象虽不特定，但其行为根本不足以危及多数人的生命、健康以及重大公私财产的安全，行为人的行为仍然不构成危害公共安全罪。

2. 本类犯罪在客观上表现为行为人实施了危害公共安全的行为。危害公共安全的犯罪既可以以作为的方式实施，也可以以不作为的方式实施。从危害结果来看，行为人的行为即使没有造成实际的损害，但足以造成严重后果，对不特定的多数人的生命、健康以及重大公私财产

的安全造成威胁，也可以构成本类犯罪。

3. 本类犯罪主体大多为一般主体，如放火罪、爆炸罪、交通肇事罪等。少数犯罪由特殊主体构成，需要行为人从事特定的职业或者具有特定的职务，例如，重大飞行事故罪的主体只能是从事航空工作的人员，铁路运营安全事故罪的主体只能是铁路职工。同时，本类犯罪中，有的犯罪既可以由自然人实施，也可以由单位实施，如非法制造、买卖、运输、邮寄、储存枪支、弹药、爆炸物罪。还有的犯罪则只能由单位实施，如违规制造、销售枪支罪，工程重大安全事故罪等。

4. 本类犯罪主观上既有故意，又有过失。

二、危害公共安全罪的种类

根据刑法分则第二章以及全国人民代表大会常务委员会通过的刑法修正案的相关规定，危害公共安全罪的相关犯罪可以分成以下几个大类：

（一）以危险方法危害公共安全的犯罪

包括放火罪、失火罪、决水罪、过失决水罪、爆炸罪、过失爆炸罪、投放危险物质罪、过失投放危险物质罪、以危险方法危害公共安全罪、过失以危险方法危害公共安全罪。

（二）破坏公共设备、设施的犯罪

包括破坏交通工具罪，过失损坏交通工具罪，破坏交通设施罪，过失损坏交通设施罪，破坏电力设备罪，过失损坏电力设备罪，破坏易燃易爆设备罪，过失损坏易燃易爆设备罪，破坏广播电视设施、公用电信设施罪，过失损坏广播电视设施、公用电信设施罪。

（三）实施恐怖主义、极端主义活动犯罪

包括组织、领导、参加恐怖活动组织罪，帮助恐怖活动罪，准备实施恐怖活动罪，宣扬恐怖主义、极端主义罪，煽动实施恐怖活动罪，利用极端主义破坏法律实施罪，强制他人穿戴宣扬恐怖主义、极端主义服饰、标志罪，非法持有宣扬恐怖主义、极端主义物品罪。

（四）实施危险活动的犯罪

包括劫持航空器罪，劫持船只、汽车罪，暴力危及飞行安全罪。

（五）违反枪支、弹药、爆炸物管理规定的犯罪

包括非法制造、买卖、运输、邮寄、储存枪支、弹药、爆炸物罪，非法制造、买卖、运输、邮寄、储存危险物质罪，违规制造、销售枪支罪，盗窃、抢夺枪支、弹药、爆炸物、危险物质罪，抢劫枪支、弹药、爆炸物、危险物质罪，非法持有、私藏枪支、弹药罪，非法出租、出借枪支罪，丢失枪支不报罪，非法携带枪支、弹药、管制刀具、危险物品危及公共安全罪。

（六）重大责任事故的犯罪

包括重大飞行事故罪，铁路运营安全事故罪，交通肇事罪，危险驾驶罪，重大责任事故罪，强令违章冒险作业罪，重大劳动安全事故罪，大型群众性活动重大安全事故罪，危险物品肇事罪，工程重大安全事故罪，教育设施重大安全事故罪，消防责任事故罪，不报、谎报安全事故罪。

第二节 以危险方法危害公共安全的犯罪

一、放火罪

（一）放火罪的概念

放火罪，是指故意焚烧公私财物，危害公共安全的行为。

（二）放火罪的特征

1. 本罪客体为公共安全，即不特定多数人的生命、健康以及重大公私财产、公共生活的安全。

2. 本罪在客观方面表现为行为人实施了放火行为。所谓放火，是指行为人采取点燃公私财物的方法，制造火灾。对于本罪而言，行为人的行为无论是否造成了火灾，酿成不特定多数人的伤亡或者重大公私财产受害的后果，只要其行为足以造成上述危害，即可构成本罪。放火行为既可以以积极主动的作为的方式实施，也可以以不履行义务的不作为的方式实施。

3. 本罪主体为一般主体。凡已满14周岁，具有刑事责任能力的自然人均可构成本罪。

4. 本罪主观上出于故意，既可以是直接故意，也可以是间接故意。

（三）认定放火罪应注意的问题

1. 放火罪既遂的认定。放火罪为危险犯，即行为人的放火行为足以造成危险状态即告既遂。因此，我国刑法认为，当行为人实施放火行为之后，其所点燃的目的物能够脱离引火物独立燃烧，行为人的放火行为就达到既遂，至于其放火行为最后是否造成了严重后果，并不影响其既遂形态的成立。

2. 放火罪与以放火为手段的其他犯罪的区别。并非行为人只要实施了放火行为，其行为就必然构成放火罪。在司法实践中，有些行为人会以放火为手段实施故意杀人、故意毁坏财物等其他犯罪。要区分行为人的行为是放火罪还是以放火为手段的其他犯罪，关键要看行为人的放火行为是否足以危害公共安全。如果行为人在放火杀人的同时，其行为对公共安全造成了危害的，应认定为放火罪。如果放火行为尚不足以危害公共安全的，则是故意杀人罪。

3. 放火罪与失火罪的区别。区分二者的关键在于行为人的心理态度的不同。放火罪的行为人对其行为可能会产生的火灾的后果，在主观上是故意的。而失火罪的行为人在主观上则出于过失。同时，放火罪没有造成火灾的严重的后果也可以构成，而失火罪则必须出现火灾，造成严重危害才构成犯罪。

4. 放火罪中一罪与数罪的问题。行为人在一个放火故意支配下实施一个放火行为，造成多种结果的，只能认定为一个放火罪。但是行为人实施了其他犯罪行为后为了销毁罪证而放火，或者为了骗取保险金而放火并且骗取了保险金的，应实行数罪并罚。

（四）放火罪的刑事责任

根据《刑法》第114、115条的规定，犯本罪，尚未造成严重后果的，处3年以上10年以下有期徒刑；致人重伤、死亡或者使公私财产遭受重大损失的，处10年以上有期徒刑、无期徒刑或者死刑。

二、失火罪

失火罪，是指由于行为人的过失引起火灾，危害公共安全，致人重伤、死亡或者使公私财产遭受重大损失的行为。本罪客体为公共安全。本罪客观上表现为引起火灾，危害公共安全，致人重伤、死亡或者使公私财产遭受重大损失的行为。本罪一定要求出现严重后果才能构成犯罪。本罪主体为一般主体，凡年满16周岁，具有刑事责任能力的自然人均可构成本罪。本罪主观上出于过失，既可以是疏忽大意的过失，也可以是过于自信的过失。

根据《刑法》第115条第2款的规定，犯本罪的，处3年以上7年以下有期徒刑；情节较轻的，处3年以下有期徒刑或者拘役。

三、决水罪

决水罪，是指故意破坏水利设施，制造水灾，危害公共安全的行为。本罪客体为公共安全。本罪在客观上表现为破坏水利设施，制造水灾，危害公共安全的行为。决水行为，既可以以作为的方式实施，也可以以不作为的方式实施。行为人通过破坏堤坝、水闸、堵塞河道等方式，试图制造水灾，危害公共安全。本罪主体为一般主体，凡年满16周岁，具有刑事责任能力的自然人均可构成本罪。本罪主观上出于故意，既可以是直接故意，也可以是间接故意。

根据《刑法》第114、115条的规定，犯本罪，尚未造成严重后果的，处3年以上10年以下有期徒刑；致人重伤、死亡或者使公私财产遭受重大损失的，处10年以上有期徒刑、无期徒刑或者死刑。

四、过失决水罪

过失决水罪，是指过失破坏了水利设施，制造水患，危害公共安全，致人重伤、死亡或者使公私财产遭受重大损失的行为。本罪客体为公共安全。本罪在客观上表现为过失使水利设施受到损坏，造成水灾，危害公共安全，致人重伤、死亡或者使公私财产遭受重大损失的行为。本罪主体为一般主体，凡年满16周岁，具有刑事责任能力的自然人均可构成本罪。本罪主观上出于过失，既可以是疏忽大意的过失，也可以是过于自信的过失。

根据《刑法》第115条第2款的规定，犯本罪的，处3年以上7年以下有期徒刑；情节较轻的，处3年以下有期徒刑或者拘役。

五、爆炸罪

爆炸罪，是指故意使用爆炸方法，危害公共安全的行为。本罪客体为公共安全。本罪在客观上表现为行为人使用爆炸方法，危害公共安全的行为。行为人所采用的爆炸方法可以多种多样，既可以使用炸药包、手榴弹、雷管等爆炸物实施爆炸行为，也可以采用如使锅炉压力升高或者使化学药品混合产生化学反应等技术方法实施爆炸。其行为可以以作为方式实施，也可以以不作为方式实施。本罪主体为一般主体，凡年满14周岁，具有刑事责任能力的自然人均可构成本罪。本罪主观上出于故意，既可以是直接故意，也可以是间接故意。

根据《刑法》第114、115条的规定，犯本罪，尚未造成严重后果的，处3年以上10年以下有期徒刑；致人重伤、死亡或者使公私财产遭受重大损失的，处10年以上有期徒刑、无期徒刑或者死刑。

六、过失爆炸罪

过失爆炸罪，是指由于行为人的过失而引起爆炸事故，造成严重后果、危害公共安全的行为。本罪客体为公共安全。本罪在客观上表现为过失引起爆炸事故，危害公共安全，致人重伤、死亡或者使公私财产遭受重大损失的行为。本罪主体为一般主体，凡年满16周岁，具有刑事责任能力的自然人均可构成本罪。本罪主观上出于过失，既可以是疏忽大意的过失，也可以是过于自信的过失。

根据《刑法》第115条第2款的规定，犯本罪的，处3年以上7年以下有期徒刑；情节较轻的，处3年以下有期徒刑或者拘役。

七、投放危险物质罪

（一）投放危险物质罪的概念

投放危险物质罪，是指故意投放毒害性、放射性、传染病病原体等物质，危害公共安全的行为。

本罪是从投毒罪修改而成的罪名。刑法原本只规定了投放毒物的行为，但在实践中，与毒物危害相当的，甚至杀伤性远远大于毒物的危险物质大量存在，原先刑法的规定已经不能适应司法实践的需要。因此，《刑法修正案（三）》对投毒罪作了修改，将投放的物质范围扩大，除了原有的毒物之外，还增加了放射性、传染病病原体等物质，因此，这一罪名也相应地被修改为投放危险物质罪。

（二）投放危险物质罪的特征

1. 本罪的客体为公共安全。投放危险物质罪必须危害公共安全，因而，故意使用投毒方法杀害特定的个人或特定牲畜的，不构成本罪。

2. 本罪在客观上表现为投放毒害性、放射性、传染病病原体等物质，危害公共安全的行为。本罪既可以以作为的方式实施，也可以以不作为的方式实施。只要投放危险物质的行为足以危害公共安全，无论是否出现了他人伤亡以及重大公私财产的损失，都不影响本罪的成立。

3. 本罪主体为一般主体。凡年满14周岁，具有刑事责任能力的自然人均可构成本罪。

4. 本罪主观上出于故意，既可以是直接故意，也可以是间接故意。

（三）认定投放危险物质罪应注意的问题

在司法实践中，需要引起注意的是要将投放危险物质罪与以投放危险物质为手段的其他犯罪，如故意杀人罪、故意伤害罪、故意毁坏财物罪区别开来。要区分行为人的行为是投放危险物质罪还是以投放危险物质为手段的其他犯罪，关键要看行为人的投放行为是否足以危害公共安全。例如，甲在乙喝水的茶杯中放入毒药，致乙死亡。由于甲的行为在对犯罪对象造成危害时不足以危害公共安全，因此甲的行为构成的是故意杀人罪。如果甲为了杀死乙，在乙所在的车间的公用饮水机中放入毒药，甲在投毒杀人的同时，其行为还会对公共安全造成危害，应认定为投放危险物质罪。

（四）投放危险物质罪的刑事责任

根据《刑法》第114、115条的规定，行为人犯本罪，尚未造成严重后果的，处3年以上10年以下有期徒刑；致人重伤、死亡或者使公私财产遭受重大损失的，处10年以上有期徒刑、无期徒刑或者死刑。

八、过失投放危险物质罪

过失投放危险物质罪，是指过失投放毒害性、放射性、传染病病原体等物质，危害公共安全，致人重伤、死亡或者使公私财产遭受重大损失的行为。本罪客体为公共安全。本罪在客观上表现为过失投放毒害性、放射性、传染病病原体等物质，危害公共安全，致人重伤、死亡或者使公私财产遭受重大损失的行为。本罪主体为一般主体，凡年满16周岁，具有刑事责任能力的自然人均可构成本罪。本罪主观上出于过失，既可以是疏忽大意的过失，也可以是过于自信的过失。

根据《刑法》第115条第2款的规定，犯本罪的，处3年以上7年以下有期徒刑；情节较轻的，处3年以下有期徒刑或者拘役。

九、以危险方法危害公共安全罪

以危险方法危害公共安全罪，是指故意使用放火、决水、爆炸、投放危险物质以外的其他危险方法危害公共安全的行为。本罪客体为公共安全。本罪在客观上表现为行为人实施放火、决水、爆炸、投放危险物质以外的其他危险方法危害公共安全的行为。在实践中，能够危害公共安全的危险方法众多，刑法不可能一一列举。因此，刑法条文只是将最常见的放火、决水、爆炸、投放危险物质的犯罪方法列举出来，而对上述方法以外的、与其危险性相当的危险方法，则用"其他危险方法"加以概括。常见的有私设电网、驾车冲撞人群等方法。本罪的主体为一般主体，凡年满16周岁，具有刑事责任能力的自然人均可构成本罪。本罪主观上出于故意，既可以是直接故意，也可以是间接故意。

根据《刑法》第114、115条的规定，犯本罪，尚未造成严重后果的，处3年以上10年以下有期徒刑；致人重伤、死亡或者使公私财产遭受重大损失的，处10年以上有期徒刑、无期徒刑或者死刑。

十、过失以危险方法危害公共安全罪

本罪是指过失以放火、决水、爆炸、投放危险物质以外的其他危险方法危害公共安全，致人重伤、死亡或者使公私财产遭受重大损失的行为。本罪客体为公共安全。本罪在客观上表现为以放火、决水、爆炸、投放危险物质以外的其他危险方法危害公共安全，致人重伤、死亡或者使公私财产遭受重大损失的行为。本罪主体为一般主体，凡年满16周岁，具有刑事责任能力的自然人均可构成本罪。本罪主观上出于过失，既可以是疏忽大意的过失，也可以是过于自信的过失。

根据《刑法》第115条第2款的规定，犯本罪的，处3年以上7年以下有期徒刑；情节较轻的，处3年以下有期徒刑或者拘役。

第三节 破坏公共设备、设施的犯罪

一、破坏交通工具罪

（一）破坏交通工具罪的概念

破坏交通工具罪，是指故意破坏火车、汽车、电车、船只、航空器，足以使其发生倾覆、毁坏危险，危害公共安全的行为。

（二）破坏交通工具罪的特征

1. 本罪的客体为交通运输的安全。交通运输的安全是公共安全的重要组成部分，直接关系到社会公众的生命、健康以及重大公私财产的安全。本罪的犯罪对象必须是交通工具。根据刑法的规定，交通工具限于火车、汽车、电车、船只、航空器这五类，除此之外的诸如人力车、自行车、马车、手推车等，由于其即使发生事故，造成的危害后果也有限，因此不构成本罪。需要注意的是，并不是只有破坏公共交通工具才能构成本罪，那些毁坏私家车的行为也能够构成本罪。

2. 本罪在客观上表现为破坏火车、汽车、电车、船只、航空器，足以使其发生倾覆、毁坏危险，危害公共安全的行为。行为人所破坏的交通工具，是正在使用中的交通工具。所谓正在使用中的交通工具，并非单纯指正在行驶过程中的交通工具，而是指在使用过程中的交通工具。既包括正在行驶中的交通工具，也包括停放在车站、码头、机场、车库中的，可以随时使用的交通工具。同时，要构成本罪，行为人实施的破坏行为必须足以造成交通工具发生倾覆或者毁坏的危险。倾覆是指火车出轨，汽车、电车翻车，船只沉没，航空器坠毁等；毁坏是指交通工具的性能丧失、报废或者其他重大毁损；危险是指发生倾覆或者毁坏危险的可能性。如果行为人的行为仅仅只是破坏了交通工具的部分附属设备，例如，飞机座椅、火车卧具、汽车的音响设施等,由于这些设备被破坏并不足以造成交通工具发生倾覆、毁坏危险,因此并不构成本罪。

3. 本罪主体为一般主体。凡年满 16 周岁,具有刑事责任能力的自然人均可构成本罪。

4. 本罪主观上出于故意,既可以是直接故意,也可以是间接故意。

(三) 破坏交通工具罪的刑事责任

根据《刑法》第 116 条、第 119 条第 1 款的规定,犯本罪,尚未造成严重后果的,处 3 年以上 10 年以下有期徒刑;造成严重后果的,处 10 年以上有期徒刑、无期徒刑或者死刑。

二、过失损坏交通工具罪

过失损坏交通工具罪,是指过失造成火车、汽车、电车、船只、航空器的损坏,危害交通运输安全,造成严重后果的行为。本罪的客体为交通运输的安全。本罪在客观上表现为行为人损坏火车、汽车、电车、船只、航空器,危害交通运输安全,造成严重后果的行为。要构成本罪,行为人的行为必须造成了交通工具倾覆、毁坏事故的发生,严重危害了公共安全。如果行为人的行为仅仅只是造成危险,则不构成本罪。本罪主体为一般主体,凡年满 16 周岁,具有刑事责任能力的自然人均可构成本罪。本罪主观上出于过失,既可以是疏忽大意的过失,也可以是过于自信的过失。

根据《刑法》第 119 条第 2 款的规定,犯本罪的,处 3 年以上 7 年以下有期徒刑;情节较轻的,处 3 年以下有期徒刑或者拘役。

三、破坏交通设施罪

破坏交通设施罪,是指故意破坏轨道、桥梁、隧道、公路、机场、航道、灯塔、标志或者进行其他破坏活动,足以使火车、汽车、电车、船只、航空器发生倾覆、毁坏危险或者造成严重后果的行为。本罪的客体为交通运输的安全。犯罪对象为轨道、桥梁、隧道、公路、机场、航道、灯塔、标志等交通设施。本罪在客观方面表现为行为人实施了破坏交通设施,足以使交通工具发生倾覆或者毁坏危险的行为。本罪是危险犯,只要造成了危险状态,行为人的行为即构成既遂。所谓的"其他破坏活动",是指行为本身虽然不是直接对上述交通设施造成破坏,但其行为仍足以造成交通工具倾覆、毁坏危险的破坏行为。如故意错发交通指示、引导信号,故意扳动铁轨道岔等。本罪主体为一般主体,凡年满 16 周岁,具有刑事责任能力的自然人均可构成本罪。本罪主观上出于故意,既可以是直接故意,也可以是间接故意。

根据《刑法》第 117 条、第 119 条第 1 款的规定,犯本罪,尚未造成严重后果的,处 3 年以上 10 年以下有期徒刑;造成严重后果的,处 10 年以上有期徒刑、无期徒刑或者死刑。

四、过失损坏交通设施罪

过失损坏交通设施罪,是指过失破坏轨道、桥梁、隧道、公路、机场、航道、灯塔、标志,危害交通运输安全,造成严重后果的行为。本罪的客体为交通运输的安全。本罪在客观上表现为行为人损坏轨道、桥梁、隧道、公路、机场、航道、灯塔、标志等交通设施,危害交通运输安全,造成严重后果的行为。要构成本罪,行为人的损坏交通设施的行为必须造成了使用这些交通设施的交通工具倾覆、毁坏事故的发生,严重危害了公共安全。如果行为人的行为仅仅只是造成危险,则不构成本罪。本罪主体为一般主体,凡年满 16 周岁,具有刑事责任能力的自然人均可构成本罪。本罪主观上出于过失,既可以是疏忽大意的过失,也可以是过于自信的过失。

根据《刑法》第 119 条第 2 款的规定,犯本罪的,处 3 年以上 7 年以下有期徒刑;情节较轻的,处 3 年以下有期徒刑或者拘役。

五、破坏电力设备罪

破坏电力设备罪，是指故意破坏电力设备，危害公共安全的行为。本罪的客体为电力运行工作中的公共安全。本罪的对象为电力设备，既包括各种发电设备，也包括各种输变电设备以及电力设备的建筑物。需要注意的是，行为人所破坏的电力设备是正在运行过程中的电力设备，如果破坏的对象是废弃的电力设备或者尚未运行的电力设备，则不构成本罪。本罪在客观方面表现为行为人实施了破坏电力设备，并足以造成严重后果的行为。本罪主体为一般主体，凡年满16周岁，具有刑事责任能力的自然人均可构成本罪。本罪主观上出于故意，既可以是直接故意，也可以是间接故意。

根据《刑法》第118条、第119条第1款的规定，犯本罪，尚未造成严重后果的，处3年以上10年以下有期徒刑；造成严重后果的，处10年以上有期徒刑、无期徒刑或者死刑。

六、过失损坏电力设备罪

过失损坏电力设备罪，是指过失损坏电力设备，危害公共安全，造成严重后果的行为。本罪的客体为电力运行工作中的公共安全。本罪在客观上表现为行为人损坏电力设备，危害公共安全，造成严重后果的行为。要构成本罪，行为人的损坏行为必须造成了严重危害公共安全的后果。如果行为人的行为仅仅只是造成危险，则不构成本罪。本罪主体为一般主体，凡年满16周岁，具有刑事责任能力的自然人均可构成本罪。本罪主观上出于过失，既可以是疏忽大意的过失，也可以是过于自信的过失。

根据《刑法》第119条第2款的规定，犯本罪的，处3年以上7年以下有期徒刑；情节较轻的，处3年以下有期徒刑或者拘役。

七、破坏易燃易爆设备罪

破坏易燃易爆设备罪，是指故意破坏燃气或者其他易燃易爆设备，危害公共安全的行为。本罪客体为燃气供应以及易燃易爆设备使用中的公共安全。本罪的对象为燃气设备以及其他易燃易爆设备，如储油罐、储气罐、输油、输气管道等。本罪在客观上表现为行为人实施了破坏易燃易爆设备，足以严重危害公共安全的行为。本罪主体为一般主体，凡年满16周岁，具有刑事责任能力的自然人均可构成本罪。本罪主观上出于故意，既可以是直接故意，也可以是间接故意。

根据《刑法》第118条、第119条第1款的规定，犯本罪，尚未造成严重后果的，处3年以上10年以下有期徒刑；造成严重后果的，处10年以上有期徒刑、无期徒刑或者死刑。

八、过失损坏易燃易爆设备罪

过失损坏易燃易爆设备罪，是指过失损坏燃气或者其他易燃易爆设备，危害公共安全，造成严重后果的行为。本罪客体为燃气供应以及易燃易爆设备使用中的公共安全。本罪在客观上表现为行为人损坏易燃易爆设备，危害公共安全，造成严重后果的行为。要构成本罪，行为人的损坏行为必须造成了严重危害公共安全的后果。如果行为人的行为仅仅只是造成危险，则不构成本罪。本罪主体为一般主体，凡年满16周岁，具有刑事责任能力的自然人均可构成本罪。本罪主观上出于过失，既可以是疏忽大意的过失，也可以是过于自信的过失。

根据《刑法》第119条第2款的规定，犯本罪的，处3年以上7年以下有期徒刑；情节较轻的，处3年以下有期徒刑或者拘役。

九、破坏广播电视设施、公用电信设施罪

破坏广播电视设施、公用电信设施罪，是指故意破坏广播电视设施、公用电信设施，危害公共安全的行为。本罪客体为广播电视以及公用电信信号传送的安全。犯罪对象为正在使用中的广播电视设施、公用电信设施。如果上述设施尚未投入使用或者已经被废弃，则不能构成本

罪。本罪客观方面表现为，行为人实施了破坏正在使用中的广播电视设施、公用电信设施，危害公共安全的行为。本罪主体为一般主体，凡年满16周岁，具有刑事责任能力的自然人均可构成本罪。本罪主观上表现为故意。

根据《刑法》第124条第1款的规定，犯本罪的，处3年以上7年以下有期徒刑；造成严重后果的，处7年以上有期徒刑。

十、过失损坏广播电视设施、公用电信设施罪

过失损坏广播电视设施、公用电信设施罪，是指过失损坏广播电视设施、公用电信设施，危害公共安全，造成严重后果的行为。本罪客体为广播电视以及公用电信信号传送的安全。本罪客观方面表现为行为人的行为损坏了正在使用中的广播电视设施、公用电信设施，危害到公共安全。本罪一定要求出现了严重的后果才构成犯罪。本罪主观上出于过失。

根据《刑法》第124条第2款的规定，犯本罪的，处3年以上7年以下有期徒刑；情节较轻的，处3年以下有期徒刑或者拘役。

第四节　实施恐怖主义、极端主义活动的犯罪

恐怖活动是指以制造社会恐慌、危害公共安全或者胁迫国家机关、国际组织为目的，采取暴力、破坏、恐吓等手段，造成或意图造成人员伤亡、重大财产损失、公共设施损坏、社会秩序混乱等严重危害社会的行为，以及煽动、资助或者以其他方式协助实施上述活动的行为。近年来，恐怖主义犯罪已经成了危害全人类和平发展与安全的首要威胁。在我国，以暴力恐怖势力、民族分裂势力、宗教极端势力为代表的"三股势力"，在新疆境内以及北京、昆明等地，针对广大无辜的人民群众实施了多起暴力恐怖袭击事件，造成了严重的人员伤亡以及重大财产损失，严重破坏了社会的和谐稳定。面对越来越严峻的反恐形势，为了更有效、全面地打击恐怖主义、极端主义犯罪，《刑法修正案（九）》对刑法原先涉及恐怖主义活动的犯罪进行了修改，增加了许多新的罪名。需要指出的是，除了组织、领导、参加恐怖活动组织罪与资助恐怖活动罪之外，本节其他罪名均系根据《刑法修正案（九）》的规定而增加的新罪名，其最终的法定罪名尚待司法解释予以明确。

一、组织、领导、参加恐怖活动组织罪

（一）组织、领导、参加恐怖活动组织罪的概念

组织、领导、参加恐怖活动组织罪，是指组织、领导或者参加恐怖活动组织的行为。本罪是选择性罪名。

（二）组织、领导、参加恐怖活动组织罪的特征

1. 本罪的客体是公共安全。恐怖组织所实施的恐怖活动，是针对不特定的多数人实施的爆炸、放火、劫持民用航空器、绑架人质等犯罪行为，并且试图通过恐怖活动造成社会的恐慌。因此，是一种性质极其严重、危害极大的犯罪。

2. 本罪在客观方面表现为，行为人实施了组织、领导或者参加恐怖活动的组织的行为。所谓恐怖组织，是指为实施恐怖活动而组成的犯罪集团。"组织"是指召集、招募、雇用、拉拢行为；"领导"是指在恐怖活动组织中起决策、指挥作用；"参加"是指行为人明知为恐怖组织而积极加入的行为。

3. 本罪主体为一般主体，凡年满16周岁，具有刑事责任能力的自然人均可构成本罪。

4. 本罪主观上表现为故意。行为人明知恐怖活动危害公共安全，但以实施恐怖活动为目

的组织、领导或者参加恐怖活动组织。

（三）认定组织、领导、参加恐怖活动组织罪应注意的问题

1. 恐怖活动组织与一般犯罪集团的区别。恐怖活动组织是一种以实施恐怖活动为目的而建立起来的犯罪集团，是特殊的犯罪集团形式。一般的犯罪集团所实施的为一般的刑事犯罪案件，而并非是试图造成社会恐慌的恐怖主义犯罪案件。正因为恐怖活动组织比起一般的犯罪集团具有更大的危害性，因此，我国刑法将组织、领导、参加恐怖活动组织的活动认定为一个独立的罪名，而组织、领导、参加一般的犯罪集团的行为，则只能根据犯罪集团具体实施的行为确定罪名。

2. 组织、领导、参加恐怖活动组织并且实施其他犯罪行为的认定。行为人组织、领导或者参加恐怖活动组织，并且以恐怖活动组织的名义实施爆炸、杀人、绑架等犯罪活动的，依照数罪并罚的规定处罚。

（四）组织、领导、参加恐怖活动组织罪的刑事责任

根据《刑法》第120条第1、2款的规定，犯本罪的，处10年以上有期徒刑或者无期徒刑，并处没收财产；积极参加的，处3年以上10年以下有期徒刑，并处罚金；其他参加的，处3年以下有期徒刑、拘役、管制或者剥夺政治权利，可以并处罚金。犯本罪并实施杀人、爆炸、绑架等犯罪的，依照数罪并罚的规定处罚。

二、帮助恐怖活动罪

帮助恐怖活动罪，是指为恐怖活动组织、实施恐怖活动的个人或者恐怖活动培训提供资助的行为。本罪是《刑法修正案（三）》第4条新增加的罪名，《刑法修正案（九）》对此进行了修改。本罪的客体为公共安全。本罪在客观上表现为行为人实施了资助恐怖活动组织、实施恐怖活动的个人或者资助恐怖活动培训的行为。所谓"资助"，是指为恐怖活动组织、实施恐怖活动的个人或者恐怖活动培训提供经费、物资或提供场所的行为。本罪主体为一般主体，凡年满16周岁，具有刑事责任能力的自然人与单位均可构成本罪。本罪主观上表现为故意。行为人必须明知其资助的对象为恐怖活动组织或者实施恐怖活动的个人，或者明知是恐怖主义的培训活动而提供资助。

根据《刑法》第120条之一的规定，犯本罪的，处5年以下有期徒刑、拘役、管制或者剥夺政治权利，并处罚金；情节严重的，处5年以上有期徒刑，并处罚金或者没收财产。单位犯资助恐怖活动罪的，对单位判处罚金，并对其直接负责的主管人员和其他直接责任人员，依照上述的规定处罚。

三、准备实施恐怖活动罪

准备实施恐怖活动罪，是指为实施恐怖活动而进行各种准备活动的行为。本罪客体为公共安全。本罪在客观上表现为行为人为实施恐怖活动而进行各种准备活动的行为。这些准备活动包括：①为实施恐怖活动准备凶器、危险物品或者其他工具的。这里所说的"凶器"，既包括砍刀、三角刮刀、匕首等管制刀具，也包括菜刀、斧头等可以合法持有的工具。"危险物品"，既包括炸药、毒害性、放射性、传染病病原体等禁止个人持有的危险物品，也包括汽油、煤油、液化气罐等普通危险物品。需要注意的是，如果行为人为了实施恐怖活动而购买、制造枪支、弹药、危险物质的，则与本罪形成想象竞合关系，应择一重罪处罚。②组织恐怖活动培训或者积极参加恐怖活动培训的。③为实施恐怖活动与境外恐怖活动组织或者人员联络的。④为实施恐怖活动进行策划或者其他准备的。本罪主体为一般主体，年满16周岁，具有刑事责任能力的自然人均可构成本罪。本罪主观上出于故意，即行为人进行上述准备工作的目的，是为了实施恐怖活动。

根据《刑法》第120条之二的规定，犯本罪的，处5年以下有期徒刑、拘役、管制或者剥夺政治权利，并处罚金；情节严重的，处5年以上有期徒刑，并处罚金或者没收财产。同时构成其他犯罪的，依照处罚较重的规定定罪处罚。

四、宣扬恐怖主义、极端主义罪

宣扬恐怖主义、极端主义罪，是指以制作、散发宣扬恐怖主义、极端主义的图书、音频视频资料或者其他物品，或者通过讲授、发布信息等方式宣扬恐怖主义、极端主义的行为。本罪客体为公共安全。本罪在客观上表现为以制作、散发宣扬恐怖主义、极端主义的图书、音频视频资料或者其他物品，或者通过讲授、发布信息等方式宣扬恐怖主义、极端主义的行为。恐怖主义，是指企图通过暴力、破坏、恐吓等手段，引发社会恐慌、影响国家决策、制造民族仇恨、颠覆政权、分裂国家的思想、言论和行为。极端主义，是指歪曲宗教教义和宣扬宗教极端，以及其他崇尚暴力、仇视社会、反对人类等极端的思想、言论和行为。宣扬恐怖主义、极端主义的方式主要有以下两种：①以制作、散发图书、音频视频资料或者其他物品的方式宣扬恐怖主义、极端主义。②通过讲授、发布信息等方式宣扬恐怖主义。包括利用学校、寺院、网络、广播、电视、电讯或者散发传单、张贴大字报等各种形式，宣传、介绍、讲解、传授恐怖主义、极端主义思想，包括歌颂、美化恐怖主义、极端主义的行为。本罪主体为一般主体，年满16周岁，具有刑事责任能力的自然人均可构成本罪。本罪主观上出于故意。

根据《刑法》第120条之三的规定，犯本罪的，处5年以下有期徒刑、拘役、管制或者剥夺政治权利，并处罚金；情节严重的，处5年以上有期徒刑，并处罚金或者没收财产。

五、煽动实施恐怖活动罪

煽动实施恐怖活动罪，是指公然煽动不特定的多数人实施恐怖活动的行为。本罪的客体为公共安全。本罪在客观上表现为行为人煽动他人实施恐怖活动的行为。所谓煽动，是指怂恿、劝告、威胁、利诱、怂恿他人实施恐怖活动的行为。煽动的方式多种多样，可以是书面的，也可以是口头的，可以通过网络、电视、手机短信、广播、报纸、出版物、传单、大字报等多种方式进行。本罪要求公然进行，即煽动的影响必须是公开的。所谓"公然"，既包括在公共场所进行煽动活动，也包括在私下进行，但在公开场所造成影响的行为，如通过网络匿名进行煽动。还需要注意的是，煽动行为是针对不特定的多数人实施的，如果是对个别人或者某个特定群体实施上述行为，则不构成本罪，可以按照刑法关于教唆犯罪的相关规定追究刑事责任。本罪主体为一般主体，年满16周岁，具有刑事责任能力的自然人均可构成本罪。本罪主观上出于故意。

根据《刑法》第120条之三的规定，犯本罪的，处5年以下有期徒刑、拘役、管制或者剥夺政治权利，并处罚金；情节严重的，处5年以上有期徒刑，并处罚金或者没收财产。

六、利用极端主义破坏法律实施罪

利用极端主义破坏法律实施罪，是指利用极端主义煽动、胁迫群众破坏国家法律确立的婚姻、司法、教育、社会管理等制度实施的行为。本罪客体为国家法律所确立的社会制度。本罪在客观方面表现为利用极端主义煽动、胁迫群众破坏国家法律确立的婚姻、司法、教育、社会管理等制度实施的行为。本罪主体为一般主体，年满16周岁，具有刑事责任能力的自然人均可构成本罪。本罪主观上出于故意。

根据《刑法》第120条之四的规定，犯本罪的，处3年以下有期徒刑、拘役或者管制，并处罚金；情节严重的，处3年以上7年以下有期徒刑，并处罚金；情节特别严重的，处7年以上有期徒刑，并处罚金或者没收财产。

七、强制穿戴宣扬恐怖主义、极端主义服饰、标志罪

强制穿戴宣扬恐怖主义、极端主义服饰、标志罪，是指以暴力、胁迫等方式强制他人在公共场所穿戴宣扬恐怖主义、极端主义服饰、标志的行为。本罪的客体为公共场所的正常秩序以及他人的人身自由权利。近年来，伴随着"三股势力"在境内的发展，民族分裂分子、恐怖活动分子、宗教极端主义分子在公共场所穿戴或强迫他人穿戴宣扬恐怖主义、极端主义的服饰、标志，严重扰乱了公共场所的秩序，并容易引起公众的恐慌。同时，这一行为也侵犯了他人自由穿戴服饰的权利。本罪在客观上表现为以暴力、胁迫等方式强制他人在公共场所穿戴宣扬恐怖主义、极端主义服饰、标志的行为。恐怖主义、极端主义标志是指以文字、图案或者其组合形成的宣扬恐怖主义、极端主义的标志性符号，如代表恐怖组织"东突"的蓝底星月、黑底星月，代表藏独势力的雪山狮子等。同时，一些极端宗教主义也有着宣扬其极端思想的特有服饰，如宣扬原教旨主义精神的里切克、吉里巴普等服饰。行为人在公共场所强制他人穿戴印有以上这些标志的服装、饰品的，或者强制他人穿着宣扬极端主义的服装的即可构成本罪。需要注意的是，法律禁止的是穿戴宣扬恐怖主义、极端主义的服饰、标志的行为，并非禁止少数民族穿着本民族服饰，剥夺其穿着本民族服饰的合法权利。所谓暴力、胁迫，是指对他人采取的身体强制或者精神强制的行为方式。同时，构成本罪必须要求是强制他人在公共场所穿戴宣扬恐怖主义、极端主义的服饰、标志。如果行为人强制他人在家中或者其他私人场所穿戴上述服饰、标志的，不构成本罪。本罪主体为一般主体，年满16周岁，具有刑事责任能力的自然人均可构成本罪。本罪主观上出于故意。

根据《刑法》第120条之五的规定，犯本罪的，处3年以下有期徒刑、拘役或者管制，并处罚金。

八、非法持有宣扬恐怖主义、极端主义物品罪

非法持有宣扬恐怖主义、极端主义物品罪，是指明知是宣扬恐怖主义、极端主义的图书、音频视频资料或者其他物品而非法持有，情节严重的行为。本罪客体为国家对宣扬恐怖主义、极端主义物品的管理制度。国家的法律法规禁止任何人持有宣扬恐怖主义、极端主义的物品，而本罪就是对这一法律制度的破坏。本罪在客观上表现为明知是宣扬恐怖主义、极端主义的图书、音频视频资料或者其他物品而非法持有，情节严重的行为。除了图书、音频视频资料外，宣扬恐怖主义、极端主义的传单、标志、服饰等物品也在禁止持有之列。要构成本罪，行为人必须达到"情节严重"的程度，至于哪些情节可以认为是"情节严重"，尚有待相关司法解释予以明确。本罪主体为一般主体，年满16周岁，具有刑事责任能力的自然人均可构成本罪。本罪主观上出于故意，行为人必须明知是宣扬恐怖主义、极端主义的物品而持有的。如果行为人不知其持有的是上述物品，则不构成犯罪。

根据《刑法》第120条之六的规定，犯本罪的，处3年以下有期徒刑、拘役或者管制，并处或者单处罚金。

第五节 实施危险活动的犯罪

一、劫持航空器罪

（一）劫持航空器罪的概念

劫持航空器罪，是指以暴力、胁迫或者其他方法劫持航空器，危害公共安全的行为。

（二）劫持航空器罪的特征

1. 本罪的客体为航空运输的安全。航空运输的安全是公共安全的重要组成部分，劫持航空器的行为对广大乘客的生命、财产以及飞行器的安全造成了极大的危害。本罪所谓的航空器，根据《东京公约》《海牙公约》以及《蒙特利尔公约》的规定，指民用航空器，而军用、警用或者海关使用的航空器并不包括在内。

2. 本罪在客观上表现为以暴力、胁迫或者其他方法劫持航空器，危害公共安全的行为。所谓"暴力"，是指对航空器上的机组人员或乘客进行身体上的强制，如采用殴打、杀伤、捆绑等手段使被害人不能反抗，从而控制航空器。所谓"胁迫"，是指行为人以实施暴力相威胁，对被害人进行精神上的强制，使被害人不敢反抗从而控制航空器。所谓"其他方法"，是指以暴力、胁迫以外的方法对被害人进行强制，例如，使用麻醉药物，使机组人员不能反抗，从而控制航空器。

3. 本罪主体为一般主体，凡年满16周岁，具有刑事责任能力的自然人均可构成本罪。

4. 本罪主观上表现为故意。

（三）认定劫持航空器罪应注意的问题

1. 本罪与破坏交通工具罪的区别。破坏交通工具的犯罪行为包括破坏航空器的行为。二者的区别首先表现在行为的方式不同。劫持航空器罪，行为人采用暴力、胁迫或者其他方法对航空器上的人员施加影响；而破坏交通工具罪，行为人则是针对航空器采用破坏的方法。其次，二者在主观方面的内容不同。劫持航空器罪的行为人在主观上有取得航空器的控制权的意图；而破坏交通工具罪的行为人主观上则存在毁坏航空器的意图。

2. 本罪与暴力危及飞行安全罪的区别。二者的区别首先表现在行为方式上。劫持航空器罪除了可以实施暴力方法之外，还可以实施胁迫以及其他方法；而暴力危及飞行安全罪，行为人仅仅只是实施暴力手段。其次，二者的目的不同。劫持航空器罪的目的是取得航空器的控制权；而暴力危及飞行安全罪的行为人在主观上并不具备控制航空器的目的。最后，二者既遂的标准不同。劫持航空器罪是行为犯，行为人只要实施了劫持航空器的行为即构成既遂，不要求其实际取得航空器的控制权；而暴力危及飞行安全罪则是危险犯，行为人的暴力行为足以造成危害飞行安全的危险即告既遂。

（四）劫持航空器罪的刑事责任

根据《刑法》第121条的规定，犯本罪的，处10年以上有期徒刑或者无期徒刑；致人重伤、死亡或者使航空器遭受严重破坏的，处死刑。

二、劫持船只、汽车罪

劫持船只、汽车罪，是指使用暴力、胁迫或者其他方式劫持船只、汽车，危害公共安全的行为。本罪的客体为交通运输的安全。犯罪的对象为正在使用中的船只、汽车。本罪在客观上表现为以暴力、胁迫或者其他方法劫持船只、汽车，危害公共安全的行为。本罪主体为一般主体，凡年满16周岁，具有刑事责任能力的自然人均可构成本罪。本罪主观上表现为故意。

根据《刑法》第122条的规定，犯本罪的，处5年以上10年以下有期徒刑；造成严重后果的，处10年以上有期徒刑或者无期徒刑。

三、暴力危及飞行安全罪

暴力危及飞行安全罪，是指对飞行中的航空器上的人员使用暴力，危及飞行安全的行为。本罪的客体为航空运输的安全。本罪客观方面表现为对飞行中的航空器上的人员使用暴力，危及飞行安全的行为。本罪主体为一般主体，凡年满16周岁，具有刑事责任能力的自然人均可构成本罪。本罪主观方面表现为故意。

根据《刑法》第 123 条的规定，犯本罪，尚未造成严重后果的，处 5 年以下有期徒刑或者拘役；造成严重后果的，处 5 年以上有期徒刑。

第六节 违反枪支、弹药、爆炸物管理规定的犯罪

一、非法制造、买卖、运输、邮寄、储存枪支、弹药、爆炸物罪

（一）非法制造、买卖、运输、邮寄、储存枪支、弹药、爆炸物罪的概念

非法制造、买卖、运输、邮寄、储存枪支、弹药、爆炸物罪，是指违反国家有关枪支、弹药、爆炸物管理法规，非法制造、买卖、运输、邮寄、储存枪支、弹药、爆炸物的行为。

（二）非法制造、买卖、运输、邮寄、储存枪支、弹药、爆炸物罪的特征

1. 本罪的客体为公共安全以及国家对枪支、弹药、爆炸物的管理制度。根据《枪支管理法》的规定，"枪支"是指以火药或者压缩气体等为动力，利用管状器具发射金属弹丸或者其他物质，足以致人伤亡或者丧失知觉的各种枪支，包括军用枪支、运动枪支、猎枪、气枪以及自制火药枪等。"弹药"是指上述枪支所使用的弹药。"爆炸物"是指根据《民用爆炸物品安全管理条例》规定的各类炸药、雷管、导火索、导爆线、非电导爆系统、起爆药、爆破剂等。

2. 本罪在客观方面表现为违反国家有关枪支、弹药、爆炸物管理法规，非法制造、运输、买卖、邮寄、储存枪支、弹药、爆炸物的行为。行为人只要实施了上述行为中的一种，即可构成本罪。本罪是选择性罪名，行为人如果实施了其中的数行为，也只构成一罪，不实行数罪并罚。

3. 本罪主体为一般主体，凡年满 16 周岁，具有刑事责任能力的自然人以及单位均可构成本罪。

4. 本罪主观方面表现为故意，行为人明知是枪支、弹药、爆炸物而制造、买卖、运输、邮寄或储存。

（三）非法制造、买卖、运输、邮寄、储存枪支、弹药、爆炸物罪在认定时应注意的问题

1. 区分非法制造、买卖枪支罪与违规制造、销售枪支罪的区别。二者的区别在于：前罪是在未获得批准的情况下，私自非法制造、买卖枪支的行为；而后罪是指依法生产、销售枪支的企业不按照相关的规定制造、销售枪支的行为。前罪的主体可以是自然人，也可以是单位；而后罪则只能由单位构成。同时，在主观上，违规制造、销售枪支罪需要以非法销售作为犯罪目的。

2. 区分非法储存枪支、弹药罪与非法持有、私藏枪支、弹药罪的区别。二者在行为方式上有许多相似之处，但二者的区别在于：①二者的主体有差异。前罪的主体可以是自然人，也可以是单位，而后罪只能是自然人。②二罪的危害程度不同。储存一般数量较大，危害较为严重，而非法持有、私藏，一般数量较少，危害相对前罪而言较小。

（四）非法制造、买卖、运输、邮寄、储存枪支、弹药、爆炸物罪的刑事责任

根据《刑法》第 125 条第 1、3 款的规定，犯本罪的，处 3 年以上 10 年以下有期徒刑；情节严重的，处 10 年以上有期徒刑、无期徒刑或者死刑。单位犯本罪的，对单位判处罚金，并对其直接负责的主管人员和其他直接责任人员，按照上述规定处罚。

二、非法制造、买卖、运输、储存危险物质罪

非法制造、买卖、运输、储存危险物质罪，是指违反有关毒害性、放射性、传染病病原体等危险物质管理的规定，非法制造、买卖、运输、储存毒害性、放射性、传染病病原体等危险

物质的行为。本罪客体为公共安全与国家的相关危险物质管理制度。本罪的对象为危险物质，包括毒害性物质、放射性物质以及传染病病原体。由于这些物质对人体会造成严重的危害，因此，世界各国对此均制定了极其严格的管理制度，严禁非法制造、买卖、运输、储存这些危险物质的行为。本罪在客观上表现为违反有关危险物质管理的规定，非法制造、买卖、运输、储存毒害性、放射性、传染病病原体等危险物质的行为。本罪主体为一般主体，凡年满16周岁，具有刑事责任能力的自然人以及单位均可构成本罪。本罪主观上出于故意，必须明知是危险物质而进行非法制造、买卖、运输、储存的行为。

根据《刑法》第125条第2、3款的规定，犯本罪的，处3年以上10年以下有期徒刑；情节严重的，处10年以上有期徒刑、无期徒刑或者死刑。单位犯本罪的，对单位判处罚金，并对其直接负责的主管人员和其他直接责任人员，按照上述规定处罚。

三、违规制造、销售枪支罪

违规制造、销售枪支罪，是指依法被指定、确定的枪支制造企业、销售企业违反枪支管理规定，擅自制造、销售枪支的行为。本罪的客体是公共安全和国家在枪支制造、销售方面的管理制度。本罪在客观上表现为行为人实施了《刑法》第126条所规定的三种行为之一的行为，即：①以非法销售为目的，超过限额或者不按照规定的品种制造、配售枪支的；②以非法销售为目的，制造无号、重号、假号的枪支的；③非法销售枪支或者在境内销售为出口制造的枪支的。本罪主体为依法被指定、确定的枪支制造企业、销售企业，自然人与一般的单位不构成本罪。本罪主观上出于故意，并且具有非法销售的目的。

根据《刑法》第126条的规定，犯本罪的，对单位判处罚金，并对其直接负责的主管人员和其他直接责任人员，处5年以下有期徒刑；情节严重的，处5年以上10年以下有期徒刑；情节特别严重的，处10年以上有期徒刑或者无期徒刑。

四、盗窃、抢夺枪支、弹药、爆炸物、危险物质罪

盗窃、抢夺枪支、弹药、爆炸物、危险物质罪，是指以非法占有为目的，秘密窃取或者公然夺取枪支、弹药、爆炸物或者盗窃、抢夺毒害性、放射性、传染病病原体等物质，危害公共安全的行为。本罪客体为公共安全。本罪在客观上表现为秘密窃取或者公然夺取枪支、弹药、爆炸物或者秘密窃取、公然夺取毒害性、放射性、传染病病原体等危险物质，危害公共安全的行为。本罪主体为一般主体，凡年满16周岁，具有刑事责任能力的自然人均可构成本罪。本罪主观上出于故意，且只能为直接故意。

根据《刑法》第127条的规定，犯本罪的，处3年以上10年以下有期徒刑；情节严重的，处10年以上有期徒刑、无期徒刑或者死刑。盗窃、抢夺国家机关、军警人员、民兵的枪支、弹药、爆炸物的，处10年以上有期徒刑、无期徒刑或者死刑。

五、抢劫枪支、弹药、爆炸物、危险物质罪

抢劫枪支、弹药、爆炸物、危险物质罪，是指以暴力、胁迫或者其他方法抢劫枪支、弹药、爆炸物或者抢劫毒害性、放射性以及传染病病原体等危险物质，危害公共安全的行为。本罪客体为公共安全。本罪客观方面表现为使用暴力、胁迫或其他方式，劫取枪支、弹药、爆炸物，或抢劫毒害性、放射性以及传染病病原体等危险物质，危害公共安全的行为。本罪主体为一般主体，凡年满16周岁，具有刑事责任能力的自然人均可构成本罪。本罪主观上出于故意。

根据《刑法》第127条第2款的规定，犯本罪的，处10年以上有期徒刑、无期徒刑或者死刑。

六、非法持有、私藏枪支、弹药罪

非法持有、私藏枪支、弹药罪，是指违反枪支、弹药管理规定，非法持有、私藏枪支、弹

药的行为。本罪客体是公共安全以及国家对枪支、弹药的管理制度。本罪在客观上表现为违反枪支、弹药管理规定，非法持有、私藏枪支、弹药的行为。需要注意的是，非法制造枪支后又持有、私藏的，应该以非法制造枪支、弹药罪论处。同时，需要注意区分非法持有行为与私藏行为之间的界限。普通的社会民众拥有枪支、弹药的行为为非法持有。而例如，军人、警察、射击运动员等可以合法持有枪支、弹药的主体在因退休、退役等事项丧失持有枪支、弹药资格后仍然持有枪支、弹药的行为，应以私藏枪支、弹药罪论处。本罪主体为一般主体，凡年满16周岁，具有刑事责任能力的自然人均可构成本罪。本罪主观上出于故意。

根据《刑法》第128条第1款的规定，犯本罪的，处3年以下有期徒刑、拘役或者管制；情节严重的，处3年以上7年以下有期徒刑。

七、非法出租、出借枪支罪

非法出租、出借枪支罪，是指依法配备公务用枪的人员与单位非法出租、出借枪支，或者依法配置枪支的人员与单位非法出租、出借枪支，造成严重后果的行为。本罪的客体为公共安全以及国家的枪支管理制度。本罪在客观上表现为非法出租、出借枪支，造成严重后果的行为。本罪主体为特殊主体，为依法配备公务用枪的人员与单位或者依法配置枪支的人员与单位，如公安机关、国家安全机关、法院、检察院、监狱等单位以及人民警察、司法警察等，还包括从事射击运动的运动队、射击场等。本罪主观上出于故意，故意将枪支出租、出借给他人。

根据《刑法》第128条的规定，犯本罪的，处3年以下有期徒刑、拘役或者管制；情节严重的，处3年以上7年以下有期徒刑。单位犯本罪的，对单位判处罚金，并对其直接负责的主管人员和其他直接责任人员，依照上述的规定处罚。

八、丢失枪支不报罪

丢失枪支不报罪，是指依法配备公务用枪的人员，丢失枪支不及时报失，造成严重后果的行为。本罪的客体是公共安全与国家的枪支管理制度。本罪在客观方面表现为丢失枪支不及时报告，造成严重后果的行为。所谓"严重后果"，是指丢失的枪支被犯罪分子所利用，作为犯罪工具。如果丢失枪支后及时报告，则不构成犯罪。同时，如果虽然没有及时报告，但没有造成严重后果，也不构成犯罪。本罪主体为特殊主体，为依法配备公务用枪的人员。本罪主观上出于故意，行为人故意隐瞒枪支丢失的事实。

根据《刑法》第129条的规定，犯本罪的，处3年以下有期徒刑或者拘役。

九、非法携带枪支、弹药、管制刀具、危险物品危及公共安全罪

非法携带枪支、弹药、管制刀具、危险物品危及公共安全罪，是指非法携带枪支、弹药、管制刀具或者爆炸性、易燃性、放射性、毒害性、腐蚀性物品，进入公共场所或者公共交通工具，危及公共安全，情节严重的行为。本罪的客体是公共安全。本罪在客观方面表现为行为人非法携带枪支、弹药、管制刀具、危险物品危及公共安全的行为。所谓"情节严重"，主要指携带危险物品数量众多、多次携带、屡教不改等。本罪主体为一般主体，凡年满16周岁，具有刑事责任能力的自然人均可构成本罪。本罪主观上出于故意，行为人明知是枪支、弹药、管制刀具、危险物品而携带进入公共场所或公共交通工具。如果受人之托携带，行为人自己并不知情，则不构成犯罪。

根据《刑法》第130条的规定，犯本罪的，情节严重的，处3年以下有期徒刑、拘役或者管制。

第七节 重大责任事故的犯罪

一、重大飞行事故罪

重大飞行事故罪，是指航空人员违反规章制度，致使发生重大飞行事故，造成严重后果的行为。本罪的客体为航空运输的安全。本罪在客观方面表现为违反规章制度，致使发生重大飞行事故，造成严重后果的行为。所谓"重大飞行事故"，是指航空器在飞行过程中所发生的事故。"严重后果"，是指因重大飞行事故所造成的人员伤亡或者公私财产遭受严重损失。本罪主体为特殊主体，本罪只能由航空工作人员构成。"航空工作人员"，既包括在空中飞行的机组人员，也包括地面控制指挥、后勤供给、维修保养等地勤人员。本罪主观上出于过失。

根据《刑法》第131条的规定，犯重大飞行事故罪的，处3年以下有期徒刑或者拘役；造成飞机坠毁或者人员死亡的，处3年以上7年以下有期徒刑。

二、铁路运营安全事故罪

铁路运营安全事故罪，是指铁路职工违反规章制度，致使发生铁路运营安全事故，造成严重后果的行为。本罪的客体是铁路交通运输的安全。本罪在客观上表现为违反规章制度，致使发生铁路运营安全事故，造成严重后果的行为。"铁路运营安全事故"，是指致使火车发生倾覆或者毁坏危险的事故。"造成严重后果"，是指出现人员伤亡或者重大公私财产损失。本罪主体为特殊主体，只能由铁路工作人员构成本罪。本罪主观上出于过失。

根据《刑法》第132条的规定，犯铁路运营安全事故罪的，造成严重后果的，处3年以下有期徒刑或者拘役；造成特别严重后果的，处3年以上7年以下有期徒刑。

三、交通肇事罪

（一）交通肇事罪的概念

交通肇事罪，是指违反交通运输管理法规，因而发生重大交通事故，致人重伤、死亡或者使公私财产遭受重大损失的行为。

（二）交通肇事罪的特征

1. 本罪的客体为交通运输的安全。交通肇事罪所涉及的交通运输，是指航空、铁路之外的道路运输以及水路运输。

2. 本罪在客观方面表现为违反交通运输管理法规，因而发生重大交通事故，致人重伤、死亡或者使公私财产遭受重大损失的行为。要构成本罪，首先，要求行为人有违反交通运输管理法规的行为。交通运输管理法规，是指为保证交通运输的正常运行与交通运输的安全而制定的法律法规，如《道路交通安全法》《内河避碰规则》《内河渡口渡船安全管理规定》等。违反交通法规的行为方式多种多样，如酒后驾车，超载，超速，不在规定车道、航道内行驶，无证行驶，等等。如果行为人的行为虽然在客观上造成了严重的后果，但行为人并未有交通违法行为，则不构成犯罪。其次，行为人的违反交通运输管理法规的行为还必须造成严重的后果，即造成重大交通事故，致使他人重伤、死亡或使公私财产遭受重大损失。

3. 本罪主体为一般主体，凡年满16周岁，具有刑事责任能力的自然人均可构成本罪。尤其需要注意的是，并非只有机动车辆的驾驶人员才能构成本罪。

4. 本罪主观上只能出于过失。

（三）交通肇事罪在认定时应注意的问题

1. 交通肇事罪与一般交通事故的区别。交通肇事罪与一般交通事故的区别在于交通事所造成的结果以及行为人在交通事故中应承担的责任。根据最高人民法院《关于审理交通肇事刑事案件具体应用法律若干问题的解释》的规定，具有下列情形之一的，处3年以下有期徒刑或者拘役：①死亡1人或者重伤3人以上，负事故全部或者主要责任的；②死亡3人以上，负事故同等责任的；③造成公共财产或者他人财产直接损失，负事故全部或者主要责任，无能力赔偿数额在30万元以上的。另外，交通肇事致1人以上重伤，负事故全部或者主要责任，并具有下列情形之一的，以交通肇事罪定罪处罚：①酒后、吸食毒品后驾驶机动车辆的；②无驾驶资格驾驶机动车辆的；③明知是安全装置不全或者安全机件失灵的机动车辆而驾驶的；④明知是无牌证或者已报废的机动车辆而驾驶的；⑤严重超载驾驶的；⑥为逃避法律追究逃离事故现场的。

2. 交通肇事后逃逸致人死亡的认定。所谓"逃逸致人死亡"，是指由于行为人的逃逸行为，使交通事故的被害人得不到及时救治而死亡。因此，行为人在这里对他人的死亡后果在主观上是持过失的心理态度。如果行为人在交通肇事后为逃避法律追究，将被害人带离事故现场后隐藏或者遗弃，致使被害人无法得到救助而死亡或者造成严重残疾的，应当分别以故意杀人罪或者故意伤害罪定罪处罚。

3. 区分交通肇事罪与以制造交通事故为手段的其他犯罪。

（1）要能够区分交通肇事罪与以制造交通事故为手段的故意杀人、故意伤害罪的界限。它们之间最主要的区别在于行为人的主观心理态度。交通肇事罪的行为人主观上对所发生的交通事故是持过失的心理态度，行为人主观上并没有想造成重大交通事故的主观心理态度，而是由于疏忽大意或者过于自信导致重大交通事故的发生。而以交通事故为手段的故意杀人罪、故意伤害罪，行为人主观上是出于故意，行为人主观上是希望或者放任其行为造成重大交通事故的发生。

（2）要能够区分交通肇事罪与过失致人死亡罪的界限。事实上，二罪之间存在竞合关系，交通肇事罪是一种发生在交通运输领域的特殊的过失致人死亡的行为。《刑法》第233条规定，过失致人死亡的，处3年以上7年以下有期徒刑；情节较轻的，处3年以下有期徒刑。本法另有规定的，依照规定。因此，对于在交通运输的过程中由于行为人的过失导致他人死亡的，应当以交通肇事罪论处。

（四）交通肇事罪的刑事责任

根据《刑法》第133条的规定，犯本罪的，处3年以下有期徒刑或者拘役；交通运输肇事后逃逸或者有其他特别恶劣情节的，处3年以上7年以下有期徒刑；因逃逸致人死亡的，处7年以上有期徒刑。其中，"情节特别恶劣"，根据最高人民法院《关于审理交通肇事刑事案件具体应用法律若干问题的解释》的规定，是指以下几种情况：①死亡2人以上或者重伤5人以上，负事故全部或者主要责任的；②死亡6人以上，负事故同等责任的；③造成公共财产或他人财产直接损失，负事故全部或者主要责任，无能力赔偿数额在60万元以上的。需要注意的是，该解释第5条第2款规定："交通肇事后，单位主管人员、机动车辆所有人、承包人或者乘车人指使肇事人逃逸，致使被害人因得不到救助而死亡的，以交通肇事罪的共犯论处。"这一规定与刑法对共同犯罪的规定和相关的刑法理论有所冲突，值得商榷。

四、危险驾驶罪

（一）危险驾驶罪的概念

本罪是根据《刑法修正案（八）》新增加的罪名，《刑法修正案（九）》对这一罪名再次进行了修改。危险驾驶罪，是违反交通运输法规，以危险方式在道路上驾驶机动车辆的行为。

（二）危险驾驶罪的构成特征

1. 本罪的客体是道路交通运输的安全。醉酒后驾驶船舶、飞行器的行为不能以本罪认定。同时，如果在道路之外的场地有危险驾驶行为的，也不能以本罪认定。

2. 本罪在客观方面表现为在道路上以危险方式驾驶机动车辆的行为。本罪在客观上有以下几种形式：①在道路上驾驶机动车竞相追逐，情节恶劣的行为。所谓竞相追逐，是指两人以上在道路上互相高速追逐的行为。情节恶劣，是指行为人的追逐行为严重影响交通运输安全，对其他机动车辆的正常行驶或者道路上行人的人身财产安全足以造成严重威胁。②在道路上醉酒驾驶机动车。所谓醉酒，是指机动车驾驶人员每百毫升血液中的酒精含量大于或等于80毫升，在此状态下驾驶机动车辆的，构成本罪。驾驶人员每百毫升血液中的酒精含量大于或者等于20毫升，小于80毫升的，为酒后驾驶机动车，对此应按《道路交通安全法》进行行政处罚。③从事校车业务或者旅客运输，严重超过额定乘员载客，或者严重超过规定时速行驶的。需要注意的是，只有在从事校车业务以及旅客运输业务的过程中，有上述行为的，才构成危险驾驶罪。驾驶非营运性客车或者货运机动车辆的，不构成本罪。所谓"严重超过额定乘员载客""严重超过规定时速行驶"，按照《道路交通安全法》的规定，是指超过额定乘员20%和超过道路规定时速的50%。至于上述两种行为构成本罪是否以此作为标准，尚有待司法解释予以进一步明确。④违反危险化学品安全管理规定运输危险化学品，危及公共安全的。

3. 本罪主体为一般主体。按照《刑法》第133条之一第2款的规定，机动车所有人、管理人对前述第3项、第4项行为负有直接责任的，也应以本罪定罪量刑。

4. 本罪在主观上出于故意。

（三）危险驾驶罪在认定时应注意的问题

1. 危险驾驶罪与交通肇事罪的区别。首先，危险驾驶罪是行为犯，行为人只要实施了刑法所规定的危险驾驶行为，即构成本罪，并不要求发生重大交通事故的后果。如果由于行为人的危险驾驶行为而造成刑法所规定的重大交通事故，则应当以交通肇事罪追究刑事责任。其次，危险驾驶罪在主观上表现为故意，而交通肇事罪在主观上则为过失。

2. 危险驾驶罪与以危险方法危害公共安全罪的区别。二罪的区别主要表现在主观方面。危险驾驶罪的行为人主观上没有危害公共安全的故意，并不希望或者放任自己的危险驾驶行为造成危害公共安全的结果。而以制造交通事故的危险方法危害公共安全的犯罪，行为人在主观上则是希望或者放任自己的驾驶行为造成重大交通事故的结果。

（四）危险驾驶罪的刑事责任

根据《刑法》第133条之一的规定，犯本罪的，处拘役，并处罚金。同时构成其他犯罪的，依照处罚较重的规定定罪处罚。

五、重大责任事故罪

（一）重大责任事故罪的概念

重大责任事故罪，是指在生产、作业中，违反有关安全管理的规定，因而发生重大伤亡事故或者造成其他严重后果的行为。

（二）重大责任事故罪的特征

1. 本罪的客体是生产、作业的安全。

2. 本罪在客观方面表现为在生产、作业中，违反有关安全管理的规定，因而发生重大伤亡事故或者造成其他严重后果的行为。要构成本罪，行为人在客观方面必须符合以下三个条件：①行为人的行为必须违反了与安全生产、作业相关的规章制度。如果行为人违反的是其他方面的规章制度，如人事制度、劳动作息制度等，则不构成本罪。②违反规章制度的行为必须发生在生产、作业的过程中。如果事故发生在业余时间，与生产、作业没有关系，则不构成本罪。③违章生产、作业的行为必须造成重大伤亡事故或其他严重后果。重大事故一般而言是指死亡1人以上或者重伤3人以上的事故，其他严重后果一般是指事故造成了重大的经济损失。

3. 本罪主体必须是从事生产、作业的职工，单位本身不能成为本罪的主体。

4. 本罪在主观方面只能是过失。

（三）重大责任事故罪在认定时应注意的问题

1. 注意区分重大责任事故罪与一般事故之间的界限。在这里要注意两个方面的界限。①重大责任事故罪与生产、作业过程中的自然事故、技术事故等的区别。重大责任事故罪的行为人在客观上有违章作业的行为，在主观上具有过失。而自然事故、技术事故等，行为人客观上并未实施违章作业的行为，主观上也不存在过失。之所以造成事故，完全是由于自然条件或者技术条件的制约，行为人在主观上对事故的结果是不可预见或不可抗拒的。②要注意区分重大责任事故罪与一般的责任事故之间的区别。二者的区别主要体现在事故所造成的结果上。一般责任事故没有达到重大事故或其他严重后果的程度。

2. 注意区分重大责任事故罪与失火罪、过失爆炸罪、过失投放危险物质罪等罪的界限。本罪与上述犯罪在主观上均出于过失，并且都造成了危害结果。而重大责任事故罪的结果也可以是由于火灾、爆炸等事故造成。因此，有时候较容易混淆。本罪与上述犯罪的区别主要体现在场合上。重大责任事故罪是发生在生产、作业过程中的犯罪，而失火罪、过失爆炸罪、过失投放危险物质罪等犯罪则是发生在日常生活中。例如，行为人在仓库装卸货物时，违反禁烟规定，擅自吸烟引起火灾，造成严重后果的，应当认定为重大责任事故罪。而如果行为人在下班后路过仓库时随手扔了一个烟头导致火灾，造成严重后果的，则应当认定为失火罪。

（四）重大责任事故罪的刑事责任

根据《刑法》第134条第1款的规定，犯本罪的，处3年以下有期徒刑或拘役；情节特别恶劣的，处3年以上7年以下有期徒刑。

六、强令违章冒险作业罪

本罪系根据《刑法修正案（六）》第1条的规定，从原重大责任事故罪中分离出来的一个独立的罪名。强令违章冒险作业罪，是指强令他人违章冒险作业，因而发生重大伤亡事故或者造成其他严重后果的行为。本罪的客体是生产作业的安全。本罪在客观上表现为强令他人违章冒险作业，因而发生重大伤亡事故或者造成其他严重后果的行为。本罪在客观上包括两方面的构成要素：①要有强令他人违章冒险作业的行为。行为人必须明知自己的命令违反了相关的安全生产的规章制度，但仍然强迫他人接受其冒险作业的命令。②行为人强迫他人违章冒险作业的行为导致了严重的后果，即出现了重大伤亡事故或者其他严重后果。本罪主体为一般主体，主要是从事生产作业的管理人员以及相关负责人员。本罪主观上出于过失。虽然行为人在主观上明知自己的决定违反了相关的安全生产规章制度，但其主观上对最终造成的危害结果是持过失的心理态度的。

根据《刑法》第134条第2款的规定，犯本罪的，处5年以下有期徒刑或拘役；情节特别恶劣的，处5年以上有期徒刑。

七、重大劳动安全事故罪

重大劳动安全事故罪，是指安全生产设施或者安全生产条件不符合国家规定，因而发生重大伤亡事故或者造成其他严重后果的行为。本罪的客体是生产、作业的安全。本罪在客观上表现为安全生产设施或者安全生产条件不符合国家规定，因而发生重大伤亡事故或者造成其他严重后果的行为。本罪主体为在生产、作业过程中，承担着确保劳动者安全义务的单位。本罪主观上出于过失。

根据《刑法》第135条的规定，犯本罪的，对直接负责的主管人员和其他直接责任人员，处3年以下有期徒刑或者拘役；情节特别恶劣的，处3年以上7年以下有期徒刑。

八、大型群众性活动重大安全事故罪

大型群众性活动重大安全事故罪，是指举办大型群众性活动违反安全管理规定，因而发生重大伤亡事故或者造成其他严重后果的行为。本罪的客体为公共安全。本罪在客观上表现为在举办大型群众性活动时，违反安全管理规定，因而发生重大伤亡事故或者造成其他严重后果的行为。这里所说的"安全管理规定"，是指国家有关部门为保证大型群众性活动安全、顺利举行制定的管理规定，而不是国家有关安全生产、作业的管理规定。本罪主体为对发生大型群众性活动重大安全事故"直接负责的主管人员和其他直接责任人员"。"直接负责的主管人员"，是指大型群众性活动的策划者、组织者、举办者；"其他直接责任人员"，是指对大型活动的安全举行、紧急预案负有具体落实、执行职责的人员。本罪主观上出于过失。

根据《刑法》第135条之一的规定，犯本罪的，对直接负责的主管人员和其他直接责任人员，处3年以下有期徒刑或者拘役；情节特别恶劣的，处3年以上7年以下有期徒刑。

九、危险物品肇事罪

危险物品肇事罪，是指违反爆炸性、易燃性、放射性、毒害性、腐蚀性物品的管理规定，在生产、储存、运输、使用中发生重大事故，造成严重后果的行为。本罪的客体是公共安全和国家有关爆炸性、易燃性、放射性、毒害性、腐蚀性等危险物品的管理制度。本罪在客观上表现为违反爆炸性、易燃性、放射性、毒害性、腐蚀性物品的管理规定，在生产、储存、运输、使用中发生重大事故，造成严重后果的行为。本罪主体主要为从事生产、保管、运输、使用危险物品的职工，但其他人员也可构成本罪。本罪在主观上出于过失。

根据《刑法》第136条的规定，犯本罪的，处3年以下有期徒刑或者拘役；后果特别严重的，处3年以上7年以下有期徒刑。

十、工程重大安全事故罪

工程重大安全事故罪，是指建设单位、设计单位、施工单位、工程监理单位违反国家规定，降低工程质量标准，造成重大安全事故的行为。本罪客体为公共安全和国家对工程建设的管理制度。本罪在客观上表现为违反国家规定，降低工程质量标准，造成重大安全事故的行为。本罪主体为特殊主体，只有建设单位、设计单位、施工单位、工程监理单位才能构成本罪。本罪主观上出于过失。

根据《刑法》第137条的规定，犯本罪的，处5年以下有期徒刑或者拘役，并处罚金；后果特别严重的，处5年以上10年以下有期徒刑，并处罚金。

十一、教育设施重大安全事故罪

教育设施重大安全事故罪，是指明知校舍或者教育教学设施有危险，而不采取措施或者不及时报告，致使发生重大事故的行为。本罪客体为公共安全和国家的教育设施管理制度。本罪在客观上表现为对校舍、教育、教学设施存在的危险不采取措施或者不及时报告，致使发生重大事故的行为。本罪主体为特殊主体，即对校舍或者教育、教学设施负有直接责任的人员。本罪主观上出于过失。

根据《刑法》第138条的规定，犯本罪的，对直接责任人员，处3年以下有期徒刑或者拘役；后果特别严重的，处3年以上7年以下有期徒刑。

十二、消防责任事故罪

消防责任事故罪，是指违反消防管理法规，经消防监督机构通知采取改正措施而拒绝执

行，造成严重后果的行为。本罪客体为公共安全和国家的消防管理制度。本罪在客观上表现为违反消防管理法规，经消防监督机构通知采取改正措施而拒绝执行，造成严重后果的行为。所谓"严重后果"，是指发生火灾，造成人员伤亡或者重大公私财产损失。本罪主体为特殊主体，即对消防安全负有直接管理职责的人员。本罪主观上出于过失。

根据《刑法》第139条的规定，犯本罪的，对直接责任人员，处3年以下有期徒刑或者拘役；后果特别严重的，处3年以上7年以下有期徒刑。

十三、不报、谎报安全事故罪

不报、谎报安全事故罪，是指在安全事故发生后，负有报告职责的人员不报或者谎报事故情况，贻误事故抢救，情节严重的行为。本罪的客体是安全事故的报告制度以及公民的人身、财产安全。本罪在客观上表现为在安全事故发生后，负有报告职责的人员不报或者谎报事故情况，贻误事故抢救，情节严重的行为。所谓"不报事故情况"，是指不向相关机关报告或者隐瞒安全事故发生的情况。而"谎报事故情况"，是指虽然向有关部门报告了事故情况，但却未如实报告，如故意少报事故伤亡人数，缩小事故影响范围等。"贻误事故抢救，情节严重"，主要是指安全事故发生后，由于不报或者谎报，耽误了抢救的最佳时机，使一些本可以抢救出来的人员未能救出，或者造成财产损失进一步扩大等情形。本罪主体为在安全事故中"负有报告职责的人员"，通常是指生产经营单位的主要负责人，对安全生产、作业负有组织、监督、管理职能的部门的监督检查人员，地方政府负有安全生产监督管理职责的部门中直接负责的主管人员以及直接造成安全事故的责任人员。本罪主观上出于故意。

根据《刑法》第139条之一的规定，犯本罪的，情节严重的，处3年以下有期徒刑或者拘役；情节特别严重的，处3年以上7年以下有期徒刑。

学术视野

一、交通肇事后，肇事者在逃逸过程中再次发生交通事故，致他人死亡的，是否属于"因逃逸致人死亡"？

即"因逃逸致人死亡"，是指肇事后的逃逸行为导致本次交通事故的被害人死亡，还是将逃逸过程中再次发生交通事故致人死亡的情形也包括在内。例如，甲违反交通法规，将行人乙撞倒致重伤。甲肇事后，因害怕承担法律责任，遂开车离开现场逃逸。在其逃逸过程中，因精神恍惚，疏于观察，将正常过马路的行人丙撞死。对此，甲的行为是否属于"因逃逸致人死亡"？对此问题，存在两种不同的观点。一种观点认为，逃逸致人死亡是指在发生交通事故后，肇事者不及时抢救被害人，而是逃离现场，致使被害人因抢救不及时而死亡。因此，在逃逸过程中再次发生交通事故致人死亡，不应当认定为"因逃逸致人死亡"。也就是说，逃逸致人死亡是指本次事故的受害人，因肇事者逃离现场的行为而得不到及时救治而死亡。另一种观点则认为，交通肇事后，肇事人畏罪驾车逃走，以致延误抢救时机，引起被害人死亡，或者在仓皇逃跑的过程中又撞死他人的，都应当认定为"因逃逸致人死亡"。[1]

我们认为，最高人民法院《关于审理交通肇事刑事案件具体应用法律若干问题的解释》对逃逸致人死亡有明确的规定。该解释第5条规定："因逃逸致人死亡"，是指行为人在交通肇事后为逃避法律追究而逃跑，致使被害人因得不到救助而死亡的情形。从该司法解释的内容来看，很显然，"因逃逸致人死亡"，应当理解成致本次事故被害人死亡。至于肇事人在逃跑过程中再次造成交通事故，导致他人死亡，其行为构成另一个独立的交通肇事罪。因当与前一个

---

[1] 参见高铭暄、马克昌主编：《刑法学》，北京大学出版社、高等教育出版社2011年版，第362页。

交通肇事罪按照连续犯的处断原则进行定罪量刑。

二、"毒驾"行为是否应当入罪？

所谓"毒驾"，是指吸食毒品后驾驶机动车辆的行为。当前，我国禁毒形势严峻，吸毒人数众多。在2015年6月23日召开的"中国禁毒论坛"上，国家禁毒委副主任、公安部部长助理刘跃进透露，目前我国登记滥用合成毒品人员数量是2008年同期的6.5倍，年均增长速度超过40%。截至去年年底，全国累计登记的吸毒人员有295.5万名，估计实际吸毒人员超过1400万。"统计表明，隐性吸毒人员中持驾照者约占20%"[1]。这就意味着，有数量极其庞大的人群有可能在道路上驾驶机动车辆。

相对于海洛因、鸦片等从植物中提炼的传统毒品，人工化学合成的兴奋剂、致幻剂类毒品被称之为新型毒品，如冰毒（甲基苯丙胺）、摇头丸（二亚甲基双胺安非他命）、K粉（氯胺酮）等。这些新型毒品对人体的危害更大，同等剂量的新型毒品甚至比传统毒品的毒害性和成瘾性更大。同时，连续服用上述合成类毒品，会使人脑的神经系统受到严重的损害，导致精神疾病。吸食这些毒品后，会出现妄想、幻觉症状，致使认知混乱，行为失控。因此，一旦在这种状态下驾驶机动车辆，其危险性不亚于醉酒后驾驶机动车辆。因此，相当多的专家学者以及社会公共呼吁在此次《刑法修正案（九）》中，对有关"毒驾"行为进行刑法规制，追究其刑事责任。

然而遗憾的是，本次《刑法修正案（九）》在对危险驾驶罪进行修改时，并未将吸食毒品后驾驶机动车的行为规定为犯罪。对此，全国人大法工委的相关负责人作出了以下的解释：首先，当前中国刑法意义上的毒品，即国家管制的精神药品和麻醉药品，列入名录的有200多种。"这么多种品种，吸食哪一种毒品、有什么后果，如何划分吸毒和治疗，这些罪与非罪的界限划分起来也不容易。"其次，目前快速监测的技术手段还需要进一步完善。"目前快速监测'毒驾'的手段还需要发展，目前只有几种常见的毒品可以做到比较快速地检测，大多数的还做不到。"另外，涉及执法和保护公民权利的关系，"比如要把你拦住，怀疑你'毒驾'，要抽血或者提取唾液，你可能会有不配合的心理，认为他们无端怀疑你"[2]。

笔者认为，以上这些否决"毒驾"入刑的理由并不十分充分。首先，虽然毒品的名目繁多，然而吸毒人员主要吸食的致幻类、兴奋类的新型毒品，还是集中在冰毒、摇头丸、K粉等几种。因此，完全可以将这几种容易引起危险状态，又易于检测的毒品规定在刑法之中予以惩治。其次，当前，针对以上这些新型毒品的快速检测方式已经较为成熟，可以通过唾液、血液、尿液等实施快速检测，因此，虽然不可能快速检测所有毒品，但将一些主要毒品列入刑法的规制范围，完全具有技术保障的基础。也就是说，哪些毒品可以进行快速检测，就先规制哪些。待日后技术逐渐成熟，再进行逐步扩充。再次，至于执法与公民权利的保障问题，也并不是立法障碍。现在公众已经普遍接受执法部门的酒精检测，只要充分宣传"毒驾"的社会危害，并严格执法，公众对毒品检测自然不会有抵触情绪。最后，将"毒驾"行为规定为犯罪，符合世界各国的立法潮流。美国、德国、日本、新加坡等国均在刑法中有所规定，我国立法完全可以借鉴。

---

[1] "'毒驾'入刑，还要徘徊多久？"，载《兰州晚报》2015年4月8日，A05版。
[2] "全国人大常委会法工委回应'毒驾'缘何未入刑"，载凤凰网，http://finance.ifeng.com/a/20150829/13944576_0.shtml。

理论思考与实务应用

一、理论思考

（一）名词解释

危害公共安全罪　投放危险物质罪　以危险方法危害公共安全罪　破坏交通工具罪　危险物品肇事罪　重大责任事故罪　交通肇事罪

（二）简答题

1. 破坏交通工具罪的犯罪对象如何确定？
2. 恐怖活动组织与一般犯罪集团的区别是什么？
3. 劫持航空器罪与暴力危及飞行安全罪的区别是什么？
4. 非法持有枪支罪与私藏枪支罪之间的区别是什么？
5. 交通肇事罪与一般交通事故应当如何区分？

（三）论述题

1. 如何理解"不特定的多数人"？
2. 如何区分以危险方法危害公共安全的犯罪和以危险方法为手段的其他犯罪？
3. 交通肇事罪中"单位主管人员、机动车辆所有人、承包人或者乘车人指使肇事人逃逸，致使被害人因得不到救助而死亡的，以交通肇事罪的共犯论处"，这一司法解释是否值得商榷，为什么？

二、实务应用

（一）案例分析示范

案例一

被告人：靳某某，男，1960年12月出生，石家庄市无业人员。

郝某某，女，1954年6月出生，河北省鹿泉市黄壁镇北白沙村农民。

2000年5月起，郝某某与本村其他农民合伙制造硝铵炸药，卖给采石场崩山使用。2001年3月，自称是元氏县采石场的靳某某找到他们，以崩山用炸药为名，花950元买了575公斤炸药。靳某某潜回石家庄后，出于私人报复，将事先购买的炸药分别放在棉三宿舍15号楼、16号楼，建设大街市一建公司宿舍，电大街13号市五金公司宿舍和民进街2号院，于3月16日凌晨4时许，将放好的炸药分别点燃引爆，制造了楼房坍塌、108人死亡和38人重伤的特大惨案。

问：靳某某有特定的犯罪对象，其行为是否构成爆炸罪？郝某某的行为应如何认定？

【评析】靳某某的行为构成爆炸罪。在本案中，被告人靳某某为泄私愤，不惜置无数人的生命于不顾。虽然靳某某有明确的犯罪对象，但他在实施犯罪行为时，其行为在对特定的犯罪对象造成危害的同时，还会对特定对象周围的广大不特定的居民造成危害，因此构成爆炸罪。并且在本案中靳某某所造成的后果极其严重，情节极其恶劣。

郝某某的行为构成非法制造、买卖爆炸物罪。被告人郝某某，违反国家有关爆炸物品的管理规定，非法制造爆炸物，并且将其制造的爆炸物出售以牟取非法利益。其出卖的爆炸物被犯罪分子所使用，造成了极其严重的后果，属于"情节严重"的犯罪行为。

案例二

被告人胡某，男，湖南省长沙县人。

2008年3月，胡某在某厂担任门卫，厂房内另有一饮料公司，该公司员工多次与胡某因开门一事发生争执。2009年4月13凌晨，饮料公司司机驾驶一辆昌河面包车归来，要求胡某开门，双方发生口角，胡某欲寻机报复。当日凌晨2时许，胡某将面包车的刹车管掰断。上午7时许，司机驾车时发现刹车失灵，采取紧急措施避免了一场交通事故。4月15日，胡某被抓获。

问：胡某的行为是否构成破坏交通工具罪，其犯罪形态如何认定？

【评析】本案中，胡某的行为构成破坏交通工具罪，并且已经既遂。

在本案中，虽然胡某出于报复的动机，意图对面包车司机这一特定的对象加以侵害。但其破坏面包车的行为足以导致交通事故的发生，进而威胁不特定的多数人的生命、健康以及重大公私财产的安全，因此，其行为已经不是危害公民人身安全的犯罪，而是危害公共安全的犯罪，其行为完全符合破坏交通工具罪的构成要件，构成破坏交通工具罪。

破坏交通工具罪是危险犯，并不以造成实际的危害结果作为确定既遂与否的标准，而是以行为人的行为是否足以造成交通工具倾覆或者毁坏危险作为判断既遂的依据。本案中，胡某将面包车的刹车管掰断，虽然由于司机处置得当，没有最终造成交通事故，但其行为已足以使面包车发生倾覆或者毁坏危险，因此已经达到既遂。

案例三

被告人：李某，男，26岁，某单位司机。

被告人李某于某年5月27日上午，驾驶一辆东风牌卡车往某市红星市场运送家具。李某因为前一天晚上与朋友打了一个通宵的麻将，因此开车时非常疲劳，精神恍惚。当车行至红星市场西大门时，李某竟然在驾驶过程中睡着了。此时，吴某、韩某两人骑车正常骑行在非机动车道上。李某的车辆径直撞向二人。同车的刘某（系货主）高喊"小心，要撞人了！"李某猛然惊醒，刹车不及，将两人撞倒，致韩某当场死亡。李某见撞人后，非但不停车，反而试图加速逃离现场。刘某极力劝阻，李某说："快逃，要不然就完蛋了。"当车行至前方一十字路口时，正好遇到红灯，前方有车阻挡。此时李某从后视镜中发现后面有一辆警车开来，以为是来抓自己的。于是将卡车加速开上了非机动车道，试图借道逃离。又将在非机动车道上等待绿灯的黄某、张某与成某撞倒，致黄某、张某二人死亡，成某重伤。后李某在公安人员的堵截下被抓获。

问：李某先后两次造成车祸的行为性质是否相同？

【评析】本案中，被告人李某的两次车祸行为性质并不相同。

在第一次车祸中，李某违反交通法规，疲劳驾驶，导致车祸的发生。行为人在主观上对犯罪结果所持的心理态度为过失，行为人主观上并没有要制造交通事故的故意，因此其行为构成交通肇事罪。

在第二次车祸中，李某为了逃避法律的制裁，置他人的生死于不顾，主观上对其行为所可能造成的危害结果持放任的心态，因此是间接故意的犯罪而不是交通肇事罪。同时，李某的行为危害的是不特定的多数人的生命、健康的安全，因此，其第二次发生车祸的行为构成以危险方法危害公共安全罪。

（二）案例分析实训

案例一

被告人：孔某某，男，1987年2月22日生，汉族，初中文化，农民。

经依法审查查明：2009 年 12 月 25 日 2 时许，被告人孔某某至上海市某区一环保有限公司外墙处，采用长柄钳剪线的方法，偷割通电使用中的 70mm² 塑料铜芯线 120 米，价值人民币 3898 元，并造成上海市电力公司某区供电公司直接经济损失总计人民币 4898 元，本区 341 户居民、9 家企业停电约 3.5 小时。

2010 年 1 月 8 日 2 时许，被告人孔某某又在相同区域，采用同样方法，偷割通电使用中的 120mm² 塑料铝芯线 25 米，价值人民币 300 元，并造成上海市电力公司某区供电公司直接经济损失总计人民币 1300 元，本区 341 户居民、9 家企业停电约 3.5 小时。

2010 年 3 月 28 日 3 时许，被告人孔某某携带大力钳寻找作案目标时，因形迹可疑被巡逻民警抓获，随即主动交代上述破坏电力设备的事实。

问：（1）孔某某的行为是盗窃罪还是破坏电力设备罪？
（2）对于其 2010 年 3 月 28 日的行为应如何认定？
（3）孔某某的行为是否是自首？

案例二

被告人：陈某某，男，1971 年 8 月 8 日生，汉族，小学文化，农民。

经依法审查查明：2008 年 8 月 30 日凌晨 1 时许，被告人陈某某伙同他人，经事先预谋，驾驶小客车，先后至上海市某区绿科路、莲安西路等地，窃得铺设于莲溪路绿科路口北侧自行车道、莲安西路沪南路口南侧人行道、莲安西路 225 弄弄口北侧人行道上的铸铁窨井盖 3 个（价值人民币 945 元）。后被告人陈某某伙同他人驾车至该区沪南路杨莲路口，欲继续窃取铺设在杨莲路 1 号附近地面上的窨井盖时，因形迹可疑被公安机关盘问，被告人陈某某如实交代了上述事实。

问：本案中，陈某某的行为构成何罪？

案例三

被告人：黄某，男，1983 年 1 月 12 日出生，汉族，初中文化，农民。

经依法审查查明：2009 年 8 月 7 日下午，被告人黄某在其租借的农舍（左右均有相邻农宅）二楼南侧卧室内，因感情问题与女友胡某发生争执后，即以泼洒油漆并用打火机点燃的手段进行焚烧，致该卧室内电视机、空调、床柜及日常用品等被烧毁烧损，过火面积约 10 平方米。经上海市某区公安消防支队认定为火灾事故。

问：黄某的行为是放火罪还是故意毁坏财物罪，如被烧毁的财物系其自行购买的，是否构成犯罪？

第四章
破坏社会主义市场经济秩序罪

【本章概要】破坏社会主义市场经济秩序罪是指违反国家经济管理法规，从事非法经济活动，严重破坏社会主义市场经济秩序的行为。伴随着我国市场经济体制改革的逐渐深入，我国的市场经济秩序急需法律加以维护和巩固，其中，刑事法律在维护社会主义市场经济秩序方面发挥着重要的作用。本章根据刑法的有关规定，将破坏社会主义市场经济秩序的犯罪分为生产、销售伪劣商品罪，走私罪，妨害对公司、企业的管理秩序罪，破坏金融管理秩序罪，金融诈骗罪，危害税收征管罪，侵犯知识产权罪和扰乱市场秩序罪等 8 种类型的破坏社会主义市场经济秩序的犯罪进行论述。着重研究刑法分则第三章所确定的各种破坏社会主义市场经济秩序的犯罪的概念、构成特征，以及在认定这些犯罪时应当注意的问题，包括罪与非罪的界定、与类似的其他犯罪的区别、犯罪的停止形态以及罪数形态等，并介绍相关犯罪的刑事责任。

【学习目标】掌握本章各罪名的概念及构成特征；掌握本章各罪名在认定时应注意的问题；掌握本章各罪名的刑事责任。

第一节 破坏社会主义市场经济秩序罪概述

一、破坏社会主义市场经济秩序罪的概念及其特征

(一) 破坏社会主义市场经济秩序罪的概念

破坏社会主义市场经济秩序罪是指违反国家经济管理法规，从事非法经济活动，严重破坏社会主义市场经济秩序的行为。

(二) 破坏社会主义市场经济罪的特征

1. 本类犯罪的客体，是社会主义的市场经济秩序。社会主义市场经济秩序，是社会主义市场经济的正常运行秩序。社会主义市场经济从某种意义上讲就是法制经济。国家改变了在计划经济体制下大量运用行政干预手段介入市场的做法，转而运用法制手段维护公平竞争的市场秩序，运用法律营造市场环境与市场氛围。有了良好的市场经济秩序，社会主义的市场经济才能稳定健康的发展。而那些破坏社会主义市场经济秩序的犯罪行为，严重影响了公平公正、和谐有序的市场环境，阻碍了国民经济的顺利发展，侵犯了广大市场经济主体的合法权益。因此，我国新《刑法》在修订时，对原有的破坏社会主义市场经济秩序罪做了全面、系统的、大幅度的修改，制定了大量的新罪名，规定了相应的处罚措施，以充分发挥刑法维护社会主义市场经济秩序的重要作用。

2. 本类犯罪在客观上表现为违反国家经济管理法规，从事非法经济活动，严重破坏社会主义市场经济秩序的行为。本类犯罪多数要求出现了严重后果才构成犯罪，例如，本章所规定的犯罪往往规定有"数额较大""数额巨大"或者"造成严重后果"等必要条件。

3. 本类犯罪主体大多为一般主体，但部分犯罪的主体必须是特殊主体。例如，非国家工作人员受贿罪、为亲友非法牟利罪、抗税罪等。同时，在本章所规定的各种具体的犯罪中，大

多数犯罪单位与自然人均可以成为犯罪主体。

4. 本类犯罪在主观方面，绝大多数出于故意，并且往往还有牟取非法利益的目的。个别犯罪，如签订、履行合同失职被骗罪，则只能出于过失。

二、破坏社会主义市场经济秩序罪的种类

（一）生产、销售伪劣商品罪

包括 9 种具体犯罪，即生产、销售伪劣产品罪，生产、销售假药罪，生产、销售劣药罪，生产、销售不符合安全标准的食品罪，生产、销售有毒、有害食品罪，生产、销售不符合标准的医用器材罪，生产、销售不符合安全标准的产品罪，生产、销售伪劣农药、兽药、化肥、种子罪，生产、销售不符合卫生标准的化妆品罪。

（二）走私罪

包括 10 种具体犯罪，即走私武器、弹药罪，走私核材料罪，走私假币罪，走私文物罪，走私贵重金属罪，走私珍贵动物、珍贵动物制品罪，走私国家禁止进出口的货物、物品罪，走私淫秽物品罪，走私废物罪，走私普通货物、物品罪。

（三）妨害对公司、企业的管理秩序罪

包括 17 种具体犯罪，即虚报注册资本罪，虚假出资、抽逃出资罪，欺诈发行股票、债券罪，违规披露、不披露重要信息罪，妨害清算罪，隐匿、故意销毁会计凭证、会计账簿、财务会计报告罪，虚假破产罪，非国家工作人员受贿罪，对非国家工作人员行贿罪，对外国公职人员、国际公共组织官员行贿罪，非法经营同类营业罪，为亲友非法牟利罪，签订、履行合同失职被骗罪，国有公司、企业、事业单位人员失职罪，国有公司、企业、事业单位人员滥用职权罪，徇私舞弊低价折股、出售国有资产罪，背信损害上市公司利益罪。

（四）破坏金融管理秩序罪

包括 35 种具体犯罪，即伪造货币罪，出售、购买、运输假币罪，金融机构工作人员购买假币、以假币换取货币罪，持有、使用假币罪，变造货币罪，擅自设立金融机构罪，伪造、变造、转让金融机构经营许可证、批准文件罪，高利转贷罪，骗取贷款、票据承兑、金融票证罪，非法吸收公众存款罪，伪造、变造金融票证罪，妨害信用卡管理罪，窃取、收买、非法提供信用卡信息罪，伪造、变造国家有价证券罪，伪造、变造股票、公司、企业债券罪，擅自发行股票、公司、企业债券罪，内幕交易、泄露内幕信息罪，利用未公开信息交易罪，编造并传播证券、期货交易虚假信息罪，诱骗投资者买卖证券、期货合约罪，操纵证券、期货市场罪，职务侵占罪，贪污罪，非国家工作人员受贿罪，受贿罪，挪用资金罪，挪用公款罪，背信运用受托财产罪，违法运用资金罪，违法发放贷款罪，吸收客户资金不入账罪，违规出具金融票证罪，对违法票据承兑、付款、保证罪，逃汇罪，洗钱罪。

（五）金融诈骗罪

包括 9 种具体犯罪，即集资诈骗罪，贷款诈骗罪，票据诈骗罪，金融凭证诈骗罪，信用证诈骗罪，信用卡诈骗罪，盗窃罪，有价证券诈骗罪，保险诈骗罪。

（六）危害税收征管罪

包括 19 种具体犯罪，即逃税罪，抗税罪，逃避追缴欠税罪，骗取出口退税罪，虚开增值税专用发票、用于骗取出口退税、抵扣税款发票罪，虚开发票罪，伪造、出售伪造的增值税专用发票罪，非法出售增值税专用发票罪，非法购买增值税专用发票、购买伪造的增值税专用发票罪，虚开增值税专用发票罪，出售伪造的增值税专用发票罪，非法出售增值税专用发票罪，非法制造、出售非法制造的用于骗取出口退税、抵扣税款发票罪，非法制造、出售非法制造的发票罪，非法出售用于骗取出口退税、抵扣税款发票罪，非法出售发票罪，盗窃罪，诈骗罪，持有伪造的发票罪。

（七）侵犯知识产权罪

包括7种具体犯罪，即假冒注册商标罪，销售假冒注册商标的商品罪，非法制造、销售非法制造的注册商标标识罪，假冒专利罪，侵犯著作权罪，销售侵权复制品罪，侵犯商业秘密罪。

（八）扰乱市场秩序罪

包括13种具体犯罪，即损害商业信誉、商品声誉罪，虚假广告罪，串通投标罪，合同诈骗罪，组织、领导传销活动罪，非法经营罪，强迫交易罪，伪造、倒卖伪造的有价票证罪，倒卖车票、船票罪，非法转让、倒卖土地使用权罪，提供虚假证明文件罪，出具证明文件重大失实罪，逃避商检罪。

第二节 生产、销售伪劣商品罪

一、生产、销售伪劣产品罪

（一）生产、销售伪劣产品罪的概念

生产、销售伪劣产品罪，是指生产者、销售者违反国家产品质量管理法规与工商行政管理法规，在产品中掺杂、掺假，以假充真，以次充好或者以不合格产品冒充合格产品，生产、销售伪劣产品，销售金额较大的行为。

（二）生产、销售伪劣产品罪的特征

1. 本罪是复杂客体的犯罪，既侵犯了国家的产品质量管理制度，又侵犯了消费者的合法权益，同时还对公平竞争的市场秩序造成了破坏。犯罪对象是加工、生产的供市场销售的伪劣产品。所谓伪劣产品，主要是指产品的内在质量不符合国家制定的产品质量管理法规的产品，而不是指一切假冒产品，假冒厂名、产地、商标的而内在质量并非伪劣的产品等。

2. 本罪在客观上表现为违反国家质量管理法规与工商行政管理法规，在产品中掺杂、掺假，以假充真，以次充好或者以不合格产品冒充合格产品，生产、销售伪劣产品，销售金额在5万元以上的行为。生产、销售伪劣产品的行为，具体有以下几种行为方式：

（1）掺杂、掺假，即在产品中掺入不属于该产品的原料而降低产品质量的物质，如在牛奶中掺水。

（2）以假充真，即以低价物质冒充高价物质，如以人造革冒充真皮。

（3）以次充好，即以质量等级差的产品冒充优质产品，如以次品冒充正品，以旧产品冒充新产品。

（4）以不合格产品冒充合格产品，主要指产品质量没有达到国家标准的产品，冒充质量已经达到标准的产品。

行为人实施了以上四种行为之一的，即构成本罪。如果行为人的行为同时具备两种以上的上述行为方式，也只构成生产、销售伪劣产品一罪，不实行数罪并罚。同时，要构成本罪，还要求生产、销售伪劣产品的销售金额达到5万元以上。

3. 本罪主体为一般主体，自然人和单位都可构成本罪。

4. 本罪主观方面出于故意。

（三）生产、销售伪劣产品罪认定时应注意的问题

1. 生产、销售伪劣产品罪与非罪的界限。生产、销售伪劣产品罪与非罪的界限，关键是

从主客观两方面来区分：主观方面，生产、销售伪劣产品罪是故意犯罪，行为人必须明知自己在实施生产伪劣产品的行为或者明知自己销售的是伪劣产品。如果行为人出于过失而生产、销售伪劣产品，不构成犯罪。在客观上，生产、销售伪劣产品，销售金额达到 5 万元以上才构成犯罪，如果销售金额没有达到 5 万元，则属于一般违法行为，由工商行政管理部门给予行政处罚。

2. 生产、销售伪劣产品罪与销售假冒注册商标的商品罪的界限。二者的区别在于：①二者的客体不同。生产、销售伪劣产品罪所侵犯的客体是国家的质量管理制度和消费者的合法权益；销售假冒注册商标的商品罪侵犯的是国家的商标管理制度和注册商标的专用权。②二者的犯罪对象不同。生产、销售伪劣产品罪的犯罪对象是不符合国家质量标准的伪劣产品；而销售假冒注册商标的商品罪，所销售的商品，质量可以是符合国家质量标准的。如果行为人生产、销售假冒他人注册商标的伪劣产品，则属于牵连犯，应按照生产、销售伪劣产品罪论处。

（四）生产、销售伪劣产品罪的刑事责任

根据《刑法》第 140 条的规定，犯本罪的，销售金额 5 万元以上不满 20 万元的，处 2 年以下有期徒刑或者拘役，并处或者单处销售金额 50% 以上 2 倍以下罚金；销售金额 20 万元以上不满 50 万元的，处 2 年以上 7 年以下有期徒刑，并处销售金额 50% 以上 2 倍以下罚金；销售金额 50 万元以上不满 200 万元的，处 7 年以上有期徒刑，并处销售金额 50% 以上 2 倍以下罚金；销售金额 200 万元以上的，处 15 年有期徒刑或者无期徒刑，并处销售金额 50% 以上 2 倍以下罚金或者没收财产。根据《刑法》第 150 条的规定，单位犯本罪的，对单位判处罚金，并对其直接负责的主管人员和其他直接责任人员依照上述规定处罚。

二、生产、销售假药罪

生产、销售假药罪，是指违反国家药品管理法规，生产、销售假药的行为。本罪的客体是国家的药品管理制度和社会公众的身体健康权利。本罪在客观上表现为生产、销售假药，足以严重危害人体健康的行为。所谓假药，是指依照《药品管理法》的规定属于假药和按假药处理的药品、非药品。其中"属于假药的"，是指：①药品所含成分与国家药品标准规定的成分不符的；②以非药品冒充药品或者以他种药品冒充此种药品。"按假药处理的"，是指：①国务院药品监督管理部门规定禁止使用的；②依照本法必须批准而未经批准生产、进口，或者依照本法必须检验而未经检验即销售的；③变质的；④被污染的；⑤使用依照本法必须取得批准文号而未取得批准文号的原料药生产的；⑥所标明的适应症或者功能主治超出规定范围的。需要注意的是，本罪原本是危险犯，行为人所生产、销售的假药，必须足以严重危害人体健康，才构成本罪。若行为人所生产、销售的假药不会对人体健康造成严重危害，则不构成本罪。销售金额在 5 万元以上，可以生产、销售伪劣产品罪论处。但《刑法修正案（八）》将本罪修改为行为犯，行为人只要实施了生产、销售假药的行为，无论是否会严重危害人体健康，都构成本罪。本罪主体为一般主体，自然人和单位均可构成本罪。本罪主观方面只能出于故意。

根据《刑法》第 141 条的规定，犯本罪的，处 3 年以下有期徒刑或者拘役，并处罚金。对人体健康造成严重危害或有其他严重情节的，处 3 年以上 10 年以下有期徒刑，并处罚金；致人死亡或者有其他特别严重情节的，处 10 年以上有期徒刑、无期徒刑或者死刑，并处罚金或者没收财产。根据《刑法》第 150 条的规定，单位犯本罪，对单位判处罚金，并对其直接负责的主管人员和其他直接责任人员依照上述规定处罚。

三、生产、销售劣药罪

生产、销售劣药罪，是指违反国家药品管理法规，生产、销售劣药，对人体健康造成严重危害的行为。本罪的客体是国家的药品管理制度和社会公众的健康权利。本罪在客观上表现为违反国家药品管理法规，生产、销售劣药，对人体健康造成严重危害的行为。所谓劣药，是指依照《药品管理法》的规定属于劣药的药品。具体包括：①未标明有效期或者更改有效期的；②不注明或更改生产批号的；③超过有效期的；④直接接触药品的包装材料和容器未经批准的；⑤擅自添加着色剂、防腐剂、香料、矫味剂及辅料的；⑥其他不符合药品标准规定的。本罪是实害犯，必须对人体健康造成了严重危害，才构成本罪。如果生产、销售劣药，对人体健康没有造成严重危害，不构成本罪。但是销售金额在5万元以上的，可以以生产、销售伪劣产品罪论处。本罪主体为一般主体，自然人和单位均可构成本罪。本罪在主观方面只能出于故意。

根据《刑法》第142条的规定，犯本罪的，对人体健康造成严重危害的，处3年以上10年以下有期徒刑，并处销售金额50%以上2倍以下罚金；后果特别严重的，处10年以上有期徒刑或者无期徒刑，并处销售金额50%以上2倍以下罚金或者没收财产。根据《刑法》第150条的规定，单位犯本罪的，对单位判处罚金，并对其直接负责的主管人员和其他直接责任人员依照上述规定处罚。

四、生产、销售不符合安全标准的食品罪

生产、销售不符合安全标准的食品罪，是指违反国家食品卫生管理法规，生产、销售不符合食品安全标准的食品，足以造成严重食物中毒事故或者其他严重食源性疾患的行为。本罪的客体为国家的食品卫生管理制度和社会公众的身体健康权利。本罪在客观上表现为违反国家食品安全管理制度，生产、销售不符合安全标准的食品，足以造成严重食物中毒事故或者其他严重食源性疾患的行为。只要行为人生产、销售的食品足以造成严重食物中毒事故或者其他严重食源性疾患的，即可构成本罪。本罪主体为一般主体，自然人和单位均可构成本罪。本罪在主观方面只能出于故意。

根据《刑法》第143条的规定，犯本罪的，处3年以下有期徒刑或者拘役，并处罚金；对人体健康造成严重危害或者其他严重情节的，处3年以上7年以下有期徒刑，并处罚金；后果特别严重，处7年以上有期徒刑或者无期徒刑，并罚金或者没收财产。根据《刑法》第150条的规定，单位犯本罪，对单位判处罚金，并对其直接负责的主管人员和其他直接责任人员依照上述规定处罚。

五、生产、销售有毒、有害食品罪

（一）生产、销售有毒、有害食品罪的概念

生产、销售有毒、有害食品罪，是指违反国家食品卫生管理法规，在生产、销售的食品中掺入有毒、有害的非食品原料，或者销售明知掺有有毒、有害的非食品原料的食品的行为。

（二）生产、销售有毒、有害食品罪的特征

1. 本罪是复杂客体的犯罪，既侵犯了国家的食品卫生管理制度，又危害了社会公众的身体健康。

2. 本罪在客观上的表现为违反国家食品卫生管理制度，生产、销售有毒、有害食品的行为。本罪具体的行为方式表现为：①在食品生产的过程中，掺入有毒、有害的非食品原料；②在食品的销售过程中掺入有毒、有害的非食品原料；③明知是掺有有毒、有害非食品原料的食品而进行销售的。必须注意的是，要构成本罪，行为人在客观上必须是在食品的生产、加工的过程中掺入有毒、有害的非食品原料。如果掺入的是腐败、变质的食品原料和食品添加剂的，不构成本罪。

3. 本罪主体为一般主体，自然人与单位均可构成本罪。

4. 本罪主观方面只能出于故意。

（三）生产、销售有毒、有害食品罪与生产、销售不符合安全标准的食品罪的区别

二者的区别在于：①生产、销售有毒、有害食品罪，是指生产、销售食品的过程中掺入有毒、有害的非食品原料，或者销售明知是掺有有毒、有害的非食品原料的食品的行为；而生产、销售不符合安全标准的食品罪，是生产、销售的食品不符合食品卫生规定的标准，其使用的原材料并非是有毒、有害的非食品性原料。②生产、销售有毒、有害食品罪，不要求出现他人受害的结果即可构成犯罪；而生产、销售不符合安全标准的食品罪，则必须出现食物中毒事故或者其他食源性疾患的危害结果。

（四）生产、销售有毒、有害食品罪的刑事责任

根据《刑法》第144条的规定，犯本罪的，处5年以下有期徒刑，并处罚金；对人体健康造成严重危害或者有其他严重情节的，处5年以上10年以下有期徒刑，并处罚金；依照《刑法》第141条规定，致人死亡或者有其他特别严重情节的，处10年以上有期徒刑、无期徒刑或者死刑，并处罚金或者没收财产。根据《刑法》第150条的规定，单位犯本罪，对单位判处罚金，并对其直接负责的主管人员和其他直接责任人员依照上述规定处罚。

六、生产、销售不符合标准的医用器材罪

生产、销售不符合标准的医用器材罪，是指生产不符合保障人体健康国家标准、行业标准的医疗器械、医用卫生材料，或者销售明知是不符合保障人体健康的国家标准、行业标准的医疗器械、医用卫生材料，足以对人体健康造成严重危害的行为。本罪的客体是国家的医用器材生产、销售的管理制度和社会公众的身体健康权利。本罪在客观方面表现为生产不符合保障人体健康的国家标准、行业标准的医疗器械、医用卫生材料，或者销售明知是不符合保障人体健康国家标准、行业标准的医疗器械、医用卫生材料，足以对人体健康造成严重危害的行为。本罪主体为一般主体，自然人和单位均可构成本罪。本罪主观方面只能出于故意。

根据《刑法》第145条的规定，犯本罪的，足以严重危害人体健康的，处3年以下有期徒刑或者拘役，并处销售金额50%以上2倍以下罚金；对人体健康造成严重危害的，处3年以上10年以下有期徒刑，并处销售金额50%以上2倍以下罚金；后果特别严重的，处10年以上有期徒刑或者无期徒刑，并处销售金额50%以上2倍以下罚金或者没收财产。根据《刑法》第150条的规定，单位犯本罪的，对单位判处罚金，并对其直接负责的主管人员和其他直接责任人员依照上述规定处罚。

七、生产、销售不符合安全标准的产品罪

生产、销售不符合安全标准的产品罪，是指生产不符合保障人身、财产安全的国家标准、行业标准的电器、压力容器、易燃易爆产品或者其他不符合保障人身、财产安全的国家标准、行业标准的产品，或者销售明知是以上不符合保障人身、财产安全的国家标准、行业标准的产品，造成严重后果的行为。本罪的客体是国家的产品安全标准管理制度和消费者的人身安全。本罪在客观上表现为生产不符合保障人身、财产安全国家标准、行业标准的电器、压力容器、易燃易爆产品或者其他不符合保障人身、财产安全的国家标准、行业标准的产品，或者销售明知是以上不符合保障人身、财产安全的国家标准、行业标准的产品，造成严重后果的行为。造成严重后果，是本罪的构成要件。本罪主体为一般主体，自然人和单位均可构成本罪。本罪主观上出于故意。

根据《刑法》第146条的规定，犯本罪的，造成严重后果的，处5年以下有期徒刑，并处销售金额50%以上2倍以下罚金；后果特别严重的，处5年以上有期徒刑，并处销售金额50%以上2倍以下罚金。根据《刑法》第150条的规定，单位犯本罪的，对单位判处罚金，并对其直接负责的主管人员和其他直接责任人员依照上述规定处罚。

八、生产、销售伪劣农药、兽药、化肥、种子罪

生产、销售伪劣农药、兽药、化肥、种子罪,是指生产假农药、假兽药、假化肥,销售明知是假的或者失去效用的农药、兽药、化肥、种子,或者生产者、销售者以不合格的农药、兽药、化肥、种子冒充合格的农药、兽药、化肥、种子,使生产遭受较大损失的行为。本罪主体是国家的农药、兽药、化肥、种子管理制度和消费者的合法权益。本罪在客观上表现为生产假农药、假兽药、假化肥,销售明知是假的或者失去效用的农药、兽药、化肥、种子,或者生产者、销售者以不合格的农药、兽药、化肥、种子冒充合格的农药、兽药、化肥、种子,使生产遭受较大损失的行为。使生产遭受较大损失的结果是本罪构成的必要条件。本罪主体为一般主体,自然人和单位均可构成本罪。本罪主观方面只能出于故意。

根据《刑法》第147条的规定,犯本罪的,使生产遭受较大损失的,处3年以下有期徒刑或者拘役,并处或者单处销售金额50%以上2倍以下罚金;使生产遭受重大损失的,处3年以上7年以下有期徒刑,并处销售金额50%以上2倍以下罚金;使生产遭受特别重大损失的,处7年以上有期徒刑或者无期徒刑,并处销售金额50%以上2倍以下罚金或者没收财产。根据《刑法》第150条的规定,单位犯本罪的,对单位判处罚金,并对其直接负责的主管人员和其他直接责任人员依照上述规定处罚。

九、生产、销售不符合卫生标准的化妆品罪

生产、销售不符合卫生标准的化妆品罪,是指生产不符合卫生标准的化妆品,或者销售明知是不符合卫生标准的化妆品,造成严重后果的行为。本罪的客体是国家的化妆品质量管理制度和消费者的合法权益。本罪在客观上表现为生产不符合卫生标准的化妆品,或者销售明知是不符合卫生标准的化妆品,造成严重后果的行为。造成严重后果,是构成本罪的必要条件。本罪主体为一般主体,自然人和单位均可构成本罪。本罪在主观方面只能出于故意。

根据《刑法》第148条的规定,犯本罪的,处3年以下有期徒刑或者拘役,并处或者单处销售金额50%以上2倍以下罚金。根据《刑法》第150条的规定,单位犯本罪的,对单位判处罚金,并对其直接负责的主管人员和其他直接责任人员依照上述规定处罚。

十、本节犯罪的认定与处罚的特别规定

根据《刑法》第149条的规定,生产、销售假药,劣药,不符合安全标准的食品,有毒、有害食品,不符合标准的医用器材,不符合安全标准的产品,伪劣农药、兽药、化肥、种子,不符合卫生标准的化妆品,不构成各条款所规定的犯罪,但是销售金额在5万元以上的,按照生产、销售伪劣产品罪定罪处罚。

生产、销售假药,劣药,不符合安全标准的食品,有毒、有害食品,不符合标准的医用器材,不符合安全标准的产品,伪劣农药、兽药、化肥、种子,不符合卫生标准的化妆品,构成各条款所规定的犯罪,同时又构成生产、销售伪劣产品罪的,依照处罚较重的规定定罪处罚。

第三节 走私罪

一、走私武器、弹药罪

走私武器、弹药罪,是指违反海关法律法规,逃避海关监管,非法携带、运输、邮寄武器、弹药进出国(边)境的行为。本罪的客体为国家对外贸易管理制度中关于武器、弹药的监管制度。本罪在客观上表现为违反海关法规,逃避海关监管,携带、运输、邮寄武器、弹药进出国(边)境的行为。违反海关法规,是指违反《海关法》以及相关法律、法规。逃避海

关监管,是指采用藏匿、伪装等手段,欺骗海关工作人员或者在未设海关的国(边)境,运输、携带、邮寄武器、弹药的行为。本罪主体为一般主体,自然人与单位均可构成本罪。本罪主观方面只能出于故意。

根据《刑法》第151条第1款、第4款的规定,犯本罪的,处7年以上有期徒刑,并处罚金或者没收财产;情节特别严重的,处无期徒刑,并处没收财产;情节较轻的,处3年以上7年以下有期徒刑,并处罚金。单位犯本罪的,对单位判处罚金,并对其直接负责的主管人员和其他直接责任人员,按照上述规定处罚。

二、走私核材料罪

走私核材料罪,是指违反海关法规,逃避海关监管,携带、运输、邮寄核材料进出国(边)境的行为。本罪的客体是国家对外贸易管理制度中关于核材料的监管制度。本罪在客观上表现为违反海关法规,逃避海关监管,携带、运输、邮寄核材料进出国(边)境的行为。本罪主体为一般主体,自然人和单位均可构成本罪。本罪在主观方面只能出于故意。

根据《刑法》第151条第1款、第4款的规定,犯本罪的,处7年以上有期徒刑,并处罚金或者没收财产;情节特别严重的,处无期徒刑,并处没收财产;情节较轻的,处3年以上7年以下有期徒刑,并处罚金。单位犯本罪的,对单位判处罚金,并对其直接负责的主管人员和其他直接责任人员,依照上述规定处罚。

三、走私假币罪

走私假币罪,是指违反海关法规,逃避海关监管,运输、携带、邮寄伪造的货币进出国(边)境的行为。本罪的客体是国家对外贸易管理制度中对货币的监管制度和国家货币的管理制度。本罪的对象是假币,包括伪造的人民币和外国货币以及港、澳、台地区的货币。本罪在客观上表现为违反海关法规,逃避海关监管,运输、携带、邮寄伪造的货币进出国(边)境的行为。本罪主体为一般主体,自然人和单位均可构成本罪。本罪主观方面只能出于故意。在司法实践中应注意区分走私假币罪与运输假币罪的区别。走私假币罪在客观上要求将伪造的货币以运输、携带、邮寄的方法进出国(边)境;运输假币罪,则只是在我国大陆境内运输伪造的货币,没有进出国(边)境的行为。

根据《刑法》第151条第1款、第4款的规定,犯本罪的,处7年以上有期徒刑,并处罚金或者没收财产;情节特别严重的,处无期徒刑,并处没收财产;情节较轻的,处3年以上7年以下有期徒刑,并处罚金。单位犯本罪的,对单位判处罚金,并对其直接负责的主管人员和其他直接责任人员,依照上述规定处罚。

四、走私文物罪

走私文物罪,是指违反海关法规,逃避海关监管,运输、携带、邮寄禁止出口的文物出国(边)境的行为。本罪的客体是国家对外贸易管理制度中对文物的监管制度和国家的文物保护制度。本罪在客观上表现为违反海关法规,逃避海关监管,运输、携带、邮寄禁止出口的文物进出国(边)境的行为。所谓文物,是指具有重要历史、艺术、科学价值的文物。根据《文物保护法》的有关规定,在境内私自出售或者赠送禁止出口的文物给外国人的行为,以走私论处。需要注意的是,文物与贵重金属一样,都是国家禁止出口的物品,因此,将上述物品运输、携带、邮寄出国(边)境的行为才构成犯罪。而将这些物品运输、携带、邮寄入境则不构成犯罪。这是走私文物罪和走私贵重金属罪与其他走私犯罪的重大区别。本罪主体为一般主体,自然人和单位均可构成本罪。本罪主观方面只能出于故意。

根据《刑法》第151条第2款、第4款的规定,犯本罪的,处5年以上10年以下有期徒刑,并处罚金;情节特别严重的,处10年以上有期徒刑或者无期徒刑,并处没收财产;情节较轻的,处 5 年以下有期徒刑,并处罚金。单位犯本罪的,对单位判处罚金,并对其直接负责的主管人员和其他直接责任人员,依照上述规定处罚。

五、走私贵重金属罪

走私贵重金属罪,是指违反海关法规,逃避海关监管,运输、携带、邮寄贵重金属出国(边)境的行为。本罪的客体是国家对外贸易管理制度中的贵重金属监管制度和国家对贵重金属的管理制度。本罪在客观上表现为违反海关法规,逃避海关监管,运输、携带、邮寄贵重金属出国(边)境的行为。贵重金属,包括黄金、白银,以及与黄金、白银具有同等重要价值的铂、铱、铑等贵重金属。本罪主体为一般主体,自然人和单位均可构成本罪。本罪在主观上出于故意。

根据《刑法》第 151 条第 2 款、第 4 款的规定,犯本罪的,处 5 年以上 10 年以下有期徒刑,并处罚金;情节特别严重的,处 10 年以上有期徒刑或者无期徒刑,并处没收财产;情节较轻的,处 5 年以下有期徒刑,并处罚金。单位犯本罪的,对单位判处罚金,并对其直接负责的主管人员和其他直接责任人员,依照上述规定处罚。

六、走私珍贵动物、珍贵动物制品罪

走私珍贵动物、珍贵动物制品罪,是指违反海关法规,逃避海关监管,运输、携带、邮寄珍贵动物及其制品进出国(边)境的行为。本罪客体为国家的对外贸易管理制度中对珍贵动物及其制品的监管制度以及我国的珍贵动物保护管理制度。本罪在客观上表现为违反海关法规,逃避海关监管,运输、携带、邮寄珍贵动物及其制品进出国(边)境的行为。本罪主体为一般主体,自然人和单位均可构成本罪。本罪在主观方面只能出于故意。

根据《刑法》第 151 条第 2 款、第 4 款的规定,犯本罪的,处 5 年以上 10 年以下有期徒刑,并处罚金;情节特别严重的,处 10 年以上有期徒刑或者无期徒刑,并处没收财产;情节较轻的,处 5 年以下有期徒刑,并处罚金。单位犯本罪的,对单位判处罚金,并对其直接负责的主管人员和其他直接责任人员,依照上述规定处罚。

七、走私国家禁止进出口的货物、物品罪

本罪系根据《刑法修正案(七)》第 1 条修改后的罪名,原《刑法》第 151 条走私珍稀植物、珍稀植物制品罪被取消。走私国家禁止进出口的货物、物品罪,是指违反海关法规,逃避海关监管,运输、携带、邮寄珍稀植物及其制品等国家禁止进出口的其他货物、物品的行为。本罪的客体为国家对外贸易管理制度中对珍稀植物及其制品以及禁止进出口的其他货物、物品的监管制度。本罪在客观方面表现为违反海关法规,逃避海关监管,运输、携带、邮寄珍稀植物及其制品等国家禁止进出口的其他货物、物品的行为。所谓"国家禁止进出口的货物、物品",除了原《刑法》第 151 条规定的珍稀植物及其制品之外,古植物化石、无脊椎动物化石和来自境外疫区的动植物及其产品均属于国家禁止进出口的货物、物品。本罪主体为一般主体,自然人和单位均可构成本罪。本罪在主观方面只能出于故意。

根据《刑法》第 151 条第 3、4 款的规定,犯本罪的,处 5 年以下有期徒刑或者拘役,并处或者单处罚金;情节严重的,处 5 年以上有期徒刑,并处罚金。单位犯本罪的,对单位判处罚金,并对其直接负责的主管人员和其他直接责任人员,依照上述规定处罚。

八、走私淫秽物品罪

走私淫秽物品罪,是指违反海关法规,逃避海关监管,以牟利或者传播为目的,携带、运输、邮寄淫秽的影片、录像带、录音带、图书、书刊或者其他淫秽物品进出国(边)境的行为。本罪客体是国家对外贸易管理制度中对淫秽物品的监管制度以及社会管理秩序。本罪在客观上表现为违反海关法规,逃避海关监管,携带、运输、邮寄淫秽的影片、录像带、录音带、

图书、书刊或者其他淫秽物品进出国（边）境的行为。淫秽物品，是指具体描写性行为或露骨宣扬色情淫荡形象的录像带、录音带、影片、电视片、幻灯片、照片、图画、书籍、报刊、抄本、印有这类图照的玩具、用品以及淫药、淫具，还包括电子出版物。但是夹杂淫秽内容的有艺术价值的文艺作品，表现人体美的美术作品，有关人体生理、医学知识和其他自然科学的作品，不属于淫秽物品的范围。本罪主体为一般主体，自然人和单位均可构成本罪。本罪在主观方面只能出于故意，且有牟利或者传播的目的。如果行为人出于自己欣赏、使用的需要，不构成本罪。

根据《刑法》第152条第1、3款的规定，犯本罪的，处3年以上10年以下有期徒刑，并处罚金；情节严重的，处10年以上有期徒刑或者无期徒刑，并处罚金或者没收财产；情节较轻的，处3年以下有期徒刑、拘役或者管制，并处罚金。单位犯本罪的，对单位判处罚金，并对其直接负责的主管人员和其他直接责任人员，依照上述规定处罚。

九、走私废物罪

本罪系《刑法修正案（四）》对《刑法》原第152条走私固体废物罪所作的修改后的罪名。走私废物罪，是指逃避海关监管，将境外固体废物、液态废物、气态废物运输入境，情节严重的行为。本罪的客体为海关的监管制度以及国家对固体废物、液态废物、气态废物的管理制度。本罪在客观上表现为将境外固体废物、液态废物、气态废物运输入境，情节严重的行为。本罪主体为一般主体，自然人和单位均可构成本罪。本罪在主观方面只能出于故意。

根据《刑法》第152条第2款、第3款的规定，犯本罪的，情节严重的，处5年以下有期徒刑，并处或者单处罚金；情节特别严重的，处5年以上有期徒刑，并处罚金。单位犯本罪的，对单位判处罚金，并对其直接负责的主管人员和其他直接责任人员，依照上述规定处罚。

十、走私普通货物、物品罪

走私普通货物、物品罪，是指违反海关法规，逃避海关监管，运输、携带、邮寄国家限制进出口以及其他应缴纳关税的货物、物品进出国（边）境，偷逃应缴税数额较大或多次走私的行为。本罪的客体是国家的对外贸易管理制度。本罪在客观上表现为违反海关法规，逃避海关监管，运输、携带、邮寄普通货物、物品进出国（边）境，偷逃应缴税额较大的行为。普通货物、物品，是指除武器、弹药、核材料、伪造的货币、文物、贵重金属、珍贵动物及其制品、珍稀植物及其制品等国家禁止进出口的货物、物品以及淫秽物品、毒品以外的其他货物、物品。本罪需要偷逃应缴税额、数额较大，在5万元以上才构成犯罪。而所谓的"多次走私"，是指一年内曾因走私被给予2次行政处罚后又走私的。同时，根据《刑法》第154条的规定，以下两种行为构成犯罪的，依照走私普通货物、物品罪定罪处罚：①未经海关许可并且未补缴应缴税额，擅自将批准进口来料加工、来件装配、补偿贸易的原材料、零件、制成品、设备等保税货物，在境内销售牟利的；②未经海关许可并且未补缴应缴税额，擅自将特定减税、免税进口的货物、物品，在境内销售牟利的。本罪主体为一般主体，自然人和单位均可构成本罪。本罪主观方面只能出于故意。

根据《刑法》第153条的规定，走私货物、物品偷逃应缴税额较大或者一年内曾因走私被给予2次行政处罚后又走私的，处3年以下有期徒刑或者拘役，并处偷逃应缴税额1倍以上5倍以下罚金；走私货物、物品偷逃应缴税额巨大或者有其他严重情节的，处3年以上10年以下有期徒刑，并处偷逃应缴税额1倍以上5倍以下罚金；走私货物、物品偷逃应缴税额特别巨大或者有其他特别严重情节的，处10年以上有期徒刑或者无期徒刑，并处偷逃应缴税额1倍以上5倍以下罚金或者没收财产。

十一、关于走私罪应注意的特别问题

(一) 间接走私

间接走私,也被称之为准走私,是指《刑法》第 155 条所规定的各种行为。我国《刑法》第 155 条规定,下列行为,以走私罪论处,依照本节的有关规定处罚:

1. 直接向走私人非法收购国家禁止进口物品,或者直接向走私人非法收购走私进口的其他货物、物品,数额较大的。

2. 在内海、领海、界河、界湖运输、收购、贩卖国家禁止进出口物品的,或者运输、收购、贩卖国家限制进出口货物、物品,数额较大,没有合法证明的。

(二) 关于武装走私、抗拒缉私的认定

根据我国《刑法》第 157 条的规定,武装掩护走私的,依照《刑法》第 151 条第 1 款的规定从重处罚,不实行数罪并罚。行为人只要以武装掩护走私,即符合本条的规定。至于行为人是否使用了武器,不影响武装掩护走私犯罪的成立。

行为人以暴力、威胁方法抗拒缉私的,以走私罪和妨害公务罪实行数罪并罚。如果走私行为尚不构成犯罪的,则应当依照妨害公务罪论处。

第四节 妨害对公司、企业的管理秩序罪

一、虚报注册资本罪

虚报注册资本罪,是指申请公司登记使用虚假证明文件或者采用其他欺诈手段虚报注册资本,欺骗公司登记主管部门,取得公司登记,虚报注册资本数额巨大、后果严重或者有其他严重情节的行为。本罪的客体是国家的公司、企业的登记管理制度。本罪在客观上表现为申请公司登记使用虚假证明文件或者采用其他欺诈手段虚报注册资本,欺骗公司登记主管部门,取得公司登记,虚报注册资本数额巨大、后果严重或者有其他严重情节的行为。本罪主体为一般主体,自然人和单位均可构成本罪。本罪主观方面只能出于故意。

根据《刑法》第 158 条的规定,犯本罪的,处 3 年以下有期徒刑或者拘役,并处或者单处虚报注册资本金额 1% 以上 5% 以下罚金。单位犯本罪的,对单位判处罚金,并对其直接负责的主管人员和其他直接责任人员,处 3 年以下有期徒刑或者拘役。

二、虚假出资、抽逃出资罪

虚假出资、抽逃出资罪,是指公司发起人、股东违反公司法的规定未交付货币、实物或者未转移财产权,虚假出资,或者在公司成立后又抽逃其出资,数额巨大、后果严重或者有其他严重情节的行为。本罪的客体为公司的发起、设立制度。本罪在客观上表现为公司发起人、股东违反公司法的规定未交付货币、实物或者未转移财产权,虚假出资,或者在公司成立后又抽逃其出资,数额巨大、后果严重或者有其他严重情节的行为。本罪主体为一般主体,自然人和单位均可构成本罪。本罪在主观方面只能出于故意。

根据《刑法》第 159 条的规定,犯本罪的,处 5 年以下有期徒刑或者拘役,并处或者单处虚假出资金额或者抽逃出资金额 2% 以上 10% 以下罚金。单位犯本罪的,对单位判处罚金,并对其直接负责的主管人员和其他直接责任人员,处 5 年以下有期徒刑或者拘役。

三、欺诈发行股票、债券罪

欺诈发行股票、债券罪,是指在招股说明书、认股书、公司、企业债券募集办法中隐瞒重要事实或者编造重大虚假内容,发行股票或者公司、企业债券,数额巨大、后果严重或者有其

他严重情节的行为。本罪的客体是国家的股票、债券的管理制度和金融市场的正常秩序。本罪在客观上表现为在招股说明书、认股书、公司、企业债券募集办法中隐瞒重要事实或者编造重大虚假内容，发行股票或者公司、企业债券，数额巨大、后果严重或者有其他严重情节的行为。本罪主体是发行股票、债券的单位或个人。个人犯本罪只能发生在公司设立阶段。本罪在主观方面只能出于故意。

根据《刑法》第160条的规定，犯本罪的，处5年以下有期徒刑或者拘役，并处或者单处非法募集资金金额1%以上5%以下罚金。单位犯本罪的，对单位判处罚金，并对其直接负责的主管人员和其他直接责任人员，处5年以下有期徒刑或者拘役。

四、违规披露、不披露重要信息罪

本罪名系根据《刑法修正案（六）》第5条所确定的罪名，原提供虚假财会报告罪被取消。违规披露、不披露重要信息罪，是指依法负有信息披露义务的公司、企业向股东和社会公众提供虚假的或者隐瞒重要事实的财务会计报告，或者对依法应当披露的其他重要信息不按照规定披露，严重损害股东或者其他人利益，或者有其他严重情节的行为。本罪的客体是证券市场的正常秩序、企业会计制度以及股东和其他人的利益。本罪在客观上表现为依法负有信息披露义务的公司、企业向股东和社会公众提供虚假的或者隐瞒重要事实的财务会计报告，或者对依法应当披露的其他重要信息不按照规定披露，严重损害股东或者其他人利益，或者有其他严重情节的行为。构成犯罪的行为要件不仅限于提供虚假的或者隐瞒重要事实的财务会计报告，"对依法应当披露的其他重要信息不按照规定披露"的行为也在犯罪之列。这里的"依法应当披露的其他重要信息"不仅包括《证券法》《公司法》《银行业监督管理法》《证券投资基金法》及行政法规对于应当披露的信息事项的规定，而且还包括国务院证券管理机构依照《证券法》《公司法》的授权对信息披露事项的具体规定。所谓"其他严重情节"，主要是指隐瞒多项依法应当披露的重要信息事项、多次搞虚假信息披露，或者因不按规定披露受到处罚后又违反的等情形。本罪主体为依法负有信息披露义务的公司、企业，这包括依据《公司法》《证券法》《银行业监督管理法》《证券投资基金法》等法律、行政法规、规章规定的具有信息披露义务的股票发行人、上市公司，公司、企业债券上市交易的公司、企业，银行、基金管理人、基金托管人和其他信息披露义务人。本罪在主观方面只能出于故意。

根据《刑法》第161条的规定，犯本罪的，对其直接负责的主管人员和其他直接责任人员，处3年以下有期徒刑或者拘役，并处或者单处2万元以上20万元以下罚金。

五、妨害清算罪

妨害清算罪，是指公司、企业进行清算时，隐匿财产，虚假记载或者在未清偿债务前分配公司、企业财产，严重损害债权人或者其他人利益的行为。本罪的客体是国家破产制度以及债权人和其他人的利益。本罪在客观上表现为公司、企业进行清算时，隐匿财产，对资产负债表或者财产清单作虚假记载或者在未清偿债务前分配公司、企业财产，严重损害债权人或者其他人利益的行为。同时，上述行为必须给债权人或者其他人的利益造成严重损害，无此后果的不构成犯罪。本罪主体为单位。本罪主观方面只能出于故意。

根据《刑法》第162条的规定，犯本罪的，对其直接负责的主管人员和其他直接责任人员，处5年以下有期徒刑或者拘役，并处或者单处2万元以上20万元以下罚金。

六、隐匿、故意销毁会计凭证、会计账簿、财务会计报告罪

隐匿、故意销毁会计凭证、会计账簿、财务会计报告罪，是指隐匿或者故意销毁应当保存的会计凭证、会计账簿、财务会计报告，情节严重的行为。本罪的客体是国家的财务管理制度。本罪在客观上表现为隐匿或者故意销毁应当保存的会计凭证、会计账簿、财务会计报告，

情节严重的行为。本罪主体为一般主体，自然人与单位均可构成本罪。本罪在主观方面出于故意。

根据《刑法》第162条之一的规定，犯本罪的，处5年以下有期徒刑或者拘役，并处或者单处2万元以上20万元以下罚金。单位犯本罪的，对单位判处罚金，并对其直接负责的主管人员和其他直接责任人员，依照上述规定处罚。

七、虚假破产罪

虚假破产罪，是指公司、企业通过隐匿财产、承担虚构的债务或者以其他方法转移、处分财产，实施虚假破产，严重损害债权人或者其他人利益的行为。本罪的客体是债权人或者其他人的利益。本罪在客观上表现为公司、企业通过隐匿财产、承担虚构的债务或者以其他方法转移、处分财产，实施虚假破产，严重损害债权人或者其他人利益的行为。在这里，行为人不但要实施虚假破产的行为，而且其行为必须严重损害债权人或者其他人的利益才能构成犯罪。本罪主体为公司、企业。本罪在主观上出于故意。

根据《刑法》第162条之二的规定，犯本罪的，对其直接负责的主管人员和其他直接责任人员，处5年以下有期徒刑或者拘役，并处或者单处2万元以上20万元以下罚金。

八、非国家工作人员受贿罪

非国家工作人员受贿罪，是指公司、企业或者其他单位的工作人员利用职务上的便利，索取他人财物或者非法收受他人财物，为他人谋取利益，数额较大的行为。本罪是复杂客体的犯罪，既侵犯了公司、企业或其他单位的正常管理制度，又侵犯了公司、企业或其他单位工作人员职务行为的廉洁性。本罪在客观方面表现为公司、企业或者其他单位的工作人员利用职务上的便利，索取他人财物或者非法收受他人财物，为他人谋取利益，数额较大的行为。构成本罪必须符合以下几点：①行为人必须利用职务上的便利，如果没有利用职务上的便利，则不构成本罪。②行为人必须实施了索取或者收受他人贿赂的行为。根据《刑法》第163条第2款的规定，公司、企业工作人员在经济往来中，利用职务上的便利，违反国家规定，收受各种名义的回扣、手续费，归个人所有的，依照非国家工作人员受贿罪论处。③行为人索取或者收受他人财物，需要具有为他人谋取利益的主观想法。所谋取的利益是合法利益还是非法利益，不影响本罪的构成。④收受财物数额较大才构成本罪。本罪主体为特殊主体，只有公司、企业或者其他单位工作人员才能构成本罪。在国有公司、企业中或其他国有单位从事公务的人员和国有公司、企业或其他国有单位委派到非国有公司、企业或其他单位中从事公务的人员有上述行为的，应以受贿罪论处。本罪在主观方面只能出于故意。

根据《刑法》第163条第1款的规定，犯本罪的，处5年以下有期徒刑或者拘役；数额巨大的，处5年以上有期徒刑，可以并处没收财产。

九、对非国家工作人员行贿罪

对非国家工作人员行贿罪，是指为谋取不正当利益，给予公司、企业或其他单位的工作人员以财物，数额较大的行为。本罪客体为复杂客体，既侵犯了公司、企业或其他单位的正常管理秩序，又侵犯了公司、企业或者其他单位工作人员职务行为的廉洁性。本罪在客观上表现为为谋取不正当利益，给予公司、企业或其他单位的工作人员以财物，数额较大的行为。如果因被勒索而给予公司、企业或其他单位工作人员以财物，没有获得不正当利益的，不构成本罪。本罪主体为一般主体，自然人与单位均可构成。本罪在主观方面只能出于故意，并且必须有谋取不正当利益的目的。

根据《刑法》第164条第1、3、4款的规定，犯本罪的，处3年以下有期徒刑或者拘役，并处罚金；数额巨大的，处3年以上10年以下有期徒刑，并处罚金。单位犯本罪的，对单位判处罚金,并对其直接负责的主管人员和其他直接责任人员,依照上述规定处罚。行贿人在被追诉前主动交待行贿行为的,可以减轻处罚或者免除处罚。

十、对外国公职人员、国际公共组织官员行贿罪

本罪是根据《联合国反腐败公约》的需要,按照《刑法修正案(八)》新增加的罪名。对外国公职人员、国际公共组织官员行贿罪,是指为了谋取不正当商业利益,给予外国公职人员或者国际公共组织官员以财物的行为。由于外国公职人员或者国际公共组织官员的职务行为的廉洁性并不是我国刑法所保护的法益。因此,本罪的客体为国家对公司、企业的管理秩序。本罪在客观上表现为给予外国公职人员或者国际公共组织官员以财物的行为。外国公职人员,是指在外国公共机构或者公营公司中行使公共职能的人员。国际公共组织是具有国际性公共事务管理行为特征的组织,是依据其缔结的条约或其他正式法律文件建立的有一定规章制度的常设性机构。如联合国、世界卫生组织、世界银行等。在这些国际公共组织中履行职务的人员,即为国际公共组织官员。根据我国刑法对贿赂的认定,行贿的范围仅限于财物。因此,向外国公职人员、国际公共组织官员提供财物之外的非财产性利益,不构成本罪。本罪主体为一般主体,自然人以及单位均可构成本罪。本罪在主观上出于故意,且有谋取不正当商业利益的目的。

根据《刑法》第164条第2、3、4款的规定,犯本罪的,处3年以下有期徒刑或者拘役,并处罚金;数额巨大的,处3年以上10年以下有期徒刑,并处罚金。单位犯本罪的,对单位判处罚金,并对其直接负责的主管人员和其他直接责任人员,依照上述规定处罚。行贿人在被追诉前主动交待行贿行为的,可以减轻处罚或者免除处罚。

十一、非法经营同类营业罪

非法经营同类营业罪,是指国有公司、企业的董事、经理,利用职务便利,自己经营或者为他人经营与其所任职公司、企业同类的营业,获取非法利益,数额巨大的行为。本罪的客体为国有公司、企业的董事、经理对公司、企业的忠诚义务。本罪在客观上表现为国有公司、企业的董事、经理,利用职务便利,自己经营或者为他人经营与其所任职公司、企业同类的营业,获取非法利益的行为。本罪主体为国有公司的董事、经理,一般工作人员不构成本罪。本罪在主观方面只能出于故意,且有获得非法利益的目的。

根据《刑法》第165条的规定,犯本罪的,处3年以下有期徒刑或者拘役,并处或者单处罚金;数额特别巨大的,处3年以上7年以下有期徒刑,并处罚金。

十二、为亲友非法牟利罪

为亲友非法牟利罪,是指国有公司、企业、事业单位的工作人员,利用职务便利,为亲友非法牟利,使国家利益遭受重大损失的行为。本罪的客体是国有公司、企业、事业单位工作人员职务行为的廉洁性。本罪在客观上表现为利用职务上的便利,为亲友非法牟利,使国家利益遭受重大损失的行为。具体表现形式有以下三种:①将本单位的盈利业务交给自己的亲友进行经营的;②以明显高于市场的价格向自己的亲友经营管理的单位采购商品或者以明显低于市场的价格向自己的亲友经营管理的单位销售商品的;③向自己的亲友经营管理的单位采购不合格商品的。本罪主体为特殊主体,国有公司、企业、事业单位工作人员可以构成本罪。本罪在主观方面只能出于故意。

根据《刑法》第166条的规定,犯本罪的,处3年以下有期徒刑或者拘役,并处或者单处罚金;致使国家利益遭受特别重大损失的,处3年以上7年以下有期徒刑,并处罚金。

十三、签订、履行合同失职被骗罪

签订、履行合同失职被骗罪,是指国有公司、企业、事业单位直接负责的主管人员,在签

订、履行合同过程中，因严重不负责任而被诈骗，致使国家利益遭受重大损失的行为。本罪的客体是国家利益。本罪在客观上表现为国有公司、企业、事业单位直接负责的主管人员，在签订、履行合同过程中，因严重不负责任而被诈骗，致使国家利益遭受重大损失的行为。根据1998年全国人大常委会《关于惩治骗购外汇、逃汇和非法买卖外汇犯罪的决定》第7条的规定，本罪还指金融机构、从事对外贸易经营活动的公司、企业的工作人员严重不负责任，造成大量外汇被骗购或者逃汇，致使国家利益遭受重大损失的行为。本罪主体为特殊主体，国有公司、企业、事业单位负有直接责任的主管人员和金融机构、从事对外贸易经营活动的公司、企业的工作人员才能构成本罪。本罪在主观方面只能出于过失。

根据《刑法》第167条的规定，犯本罪的，处3年以下有期徒刑或者拘役；致使国家利益遭受特别重大损失的，处3年以上7年以下有期徒刑。

十四、国有公司、企业、事业单位人员失职罪

国有公司、企业、事业单位人员失职罪，是指国有公司、企业的工作人员，由于严重不负责任，造成国有公司、企业破产或者严重损失，或者国有事业单位工作人员严重不负责任，致使国家利益遭受重大损失的行为。这一罪名原来被称为"徇私舞弊造成破产、亏损罪"，根据2002年最高人民法院、最高人民检察院《关于执行〈中华人民共和国刑法〉确定罪名的补充规定》的规定，将这一罪名修改为"国有公司、企业、事业单位人员失职罪"。本罪客体是国家利益。本罪在客观上表现为国有公司、企业的工作人员，由于严重不负责任，造成国有公司、企业破产或者严重损失，或者国有事业单位工作人员严重不负责任，致使国家利益遭受重大损失的行为。本罪主体为国有公司、企业、事业单位工作人员，包括在国有公司、企业、事业单位工作的所有工作人员。本罪主观方面只能出于过失。

根据《刑法》第168条的规定，犯本罪的，处3年以下有期徒刑或者拘役；致使国家利益遭受特别重大损失的，处3年以上7年以下有期徒刑。国有公司、企业、事业单位工作人员，徇私舞弊犯本罪的，从重处罚。

十五、国有公司、企业、事业单位人员滥用职权罪

国有公司、企业、事业单位人员滥用职权罪，是指国有公司、企业的工作人员滥用职权，造成国有公司、企业破产或者严重损失，或者国有事业单位工作人员滥用职权，致使国家利益遭受重大损失的行为。这一罪名原来被称为"徇私舞弊造成破产、亏损罪"，根据2002年最高人民法院、最高人民检察院《关于执行〈中华人民共和国刑法〉确定罪名的补充规定》的规定，将这一罪名修改为"国有公司、企业、事业单位人员滥用职权罪"。本罪的客体是国家利益。本罪在客观上表现为国有公司、企业的工作人员滥用职权，造成国有公司、企业破产或者严重损失，或者国有事业单位工作人员滥用职权，致使国家利益遭受重大损失的行为。本罪主体为特殊主体，国有公司、企业、事业单位的工作人员均可构成本罪。本罪在主观方面只能出于过失。

根据《刑法》第168条的规定，犯本罪的，处3年以下有期徒刑或者拘役；致使国家利益遭受特别重大损失的，处3年以上7年以下有期徒刑。国有公司、企业、事业单位工作人员徇私舞弊犯本罪的，从重处罚。

十六、徇私舞弊低价折股、出售国有资产罪

徇私舞弊低价折股、出售国有资产罪，是指国有公司、企业或者其上级主管部门直接负责的主管人员，徇私舞弊，将国有资产低价折股或者低价出售，致使国家利益遭受重大损失的行为。本罪客体是国家利益。本罪在客观上表现为国有公司、企业或者其上级主管部门直接负责的主管人员，徇私舞弊，将国有资产低价折股或者低价出售，致使国家利益遭受重大损失的行

为。本罪主体为国有公司、企业或者其上级主管部门直接负责的主管人员。本罪在主观方面只能出于故意。

根据《刑法》第169条的规定，犯本罪的，处3年以下有期徒刑或者拘役；致使国家利益遭受特别重大损失的，处3年以上7年以下有期徒刑。

十七、背信损害上市公司利益罪

背信损害上市公司利益罪，是指上市公司的董事、监事、高级管理人员违背对公司的忠实义务，利用职务便利，操纵上市公司，致使上市公司利益遭受重大损失的行为。本罪的客体是上市公司的正常管理秩序和合法利益。本罪在客观上表现为行为人违背对公司的忠实义务，利用职务便利，操纵上市公司，致使上市公司利益遭受重大损失的行为。根据《刑法》第169条之一第1款的规定，操纵上市公司，损害上市公司利益的行为具体包括以下六种：①无偿向其他单位或者个人提供资金、商品、服务或者其他资产的；②以明显不公平的条件，提供或者接受资金、商品、服务或者其他资产的；③向明显不具有清偿能力的单位或者个人提供资金、商品、服务或者其他资产的；④为明显不具有清偿能力的单位或者个人提供担保，或者无正当理由为其他单位或者个人提供担保的；⑤无正当理由放弃债权、承担债务的；⑥采用其他方式损害上市公司利益的。本罪主体为特殊主体，即上市公司的董事、监事、高级管理人员。同时，《刑法》第169条之一第2款规定："上市公司的控股股东或者实际控制人，指使上市公司董事、监事、高级管理人员实施前款行为的，依照前款的规定处罚。"本罪主观上出于故意。

根据《刑法》第169条之一第1、3款的规定，犯本罪的，处3年以下有期徒刑或者拘役，并处或者单处罚金；致使上市公司利益遭受特别重大损失的，处3年以上7年以下有期徒刑，并处罚金。犯本罪的上市公司的控股股东或者实际控制人是单位的，对单位判处罚金，并对其直接负责的主管人员和其他直接责任人员，依照上述的规定处罚。

第五节　破坏金融管理秩序罪

一、伪造货币罪

（一）伪造货币罪的概念

伪造货币罪，是指违反国家货币管理法规，仿照货币的式样、票面、图案、色彩、防伪标记等特征，使用各种方法非法制造假货币的行为。

（二）伪造货币罪的特征

1. 本罪的客体是国家对货币的管理制度，既包括国家对本国货币的管理制度，也包括国家对外国货币的管理制度。伪造对象包括本国货币和外国货币。本国货币包括人民币、港币以及澳门、台湾地区的货币。外国货币既包括能够在我国境内兑换的外币，如美元、日元、欧元等，也包括不能在我国境内兑换的外币，如卢布等。

2. 本罪在客观上表现为伪造货币的行为。伪造货币的行为，是指仿照真货币的形状、式样、票面、色彩、防伪标记等特征，以手描、复印、影印、制版印刷、计算机扫描打印等方法，非法制造假货币，冒充真货币的行为。伪造货币，必须有非法制造货币的行为。如果行为人用纸张夹在货币中冒充货币，或者以货币图案冒充货币的，不构成本罪。同时行为人伪造的是正在流通的货币，如果伪造的是银元或已停止流通的人民币，则不构成本罪。

3. 本罪主体是一般主体，凡年满16周岁，具有刑事责任能力的自然人均可构成本罪。

4. 本罪主观方面只能出于故意，并且行为人在主观上有将伪造的货币冒充真货币投入流通的目的。如果行为人出于个人欣赏的目的绘制货币的，不构成本罪。

（三）伪造货币罪的认定

1. 伪造货币罪与非罪的界限。我国刑法并未对伪造货币罪的数量进行规定，但是按照2010年最高人民检察院、公安部《关于公安机关管辖的刑事案件立案追诉标准的规定（二）》第19条的规定：伪造货币总面额在2000元以上或者币量在200张（枚）以上的，构成犯罪。如果伪造货币没有达到上述数量，但因伪造或者贩运伪造的国家货币受过刑事处罚的，利用职务便利伪造或者贩运伪造的国家货币的，或者有其他严重情节的，也构成犯罪。

2. 伪造货币罪的一罪与数罪的认定。伪造货币并出售或者运输的，按照《刑法》第171条第3款的规定，不能认定为数罪进行并罚，而应只按伪造货币罪定罪从重处罚。对于本人伪造货币后而持有，持有行为不独立成为犯罪，而是包含在伪造货币行为之中，也应只以伪造货币罪定罪处罚。对于本人伪造货币后而使用的，其使用伪造的货币的行为也应只按照伪造货币罪处罚。

（四）伪造货币罪的刑事责任

根据《刑法》第170条的规定，犯本罪的，处3年以上10年以下有期徒刑，并处罚金；有下列情形之一的，处10年以上有期徒刑或者无期徒刑，并处罚金或者没收财产：①伪造货币集团的首要分子；②伪造货币数额特别巨大的；③有其他特别严重情节的。

二、出售、购买、运输假币罪

出售、购买、运输假币罪，是指出售、购买、运输伪造的货币或明知是伪造的货币而运输，数额较大的行为。本罪的客体是国家的货币管理制度。本罪在客观上表现为出售、购买、运输伪造的货币或明知是伪造的货币而予以运输，数额较大的行为。本罪主体为一般主体，凡年满16周岁，具有刑事责任能力的自然人均可构成本罪。本罪在主观方面只能出于故意。本罪是选择性罪名，应根据具体案情选择适用或合并适用。

根据《刑法》第171条第1款的规定，犯本罪的，处3年以下有期徒刑或者拘役，并处2万元以上20万元以下罚金；数额巨大的，处3年以上10年以下有期徒刑，并处5万元以上50万元以下罚金；数额特别巨大的，处10年以上有期徒刑或者无期徒刑，并处5万元以上50万元以下罚金或者没收财产。

三、金融工作人员购买假币、以假币换取货币罪

金融工作人员购买假币、以假币换取货币罪，是指银行或者其他金融机构工作人员购买伪造的货币，或者利用职务上的便利，以伪造的货币换取真货币的行为。本罪的客体是国家的货币管理制度。本罪在客观上表现为银行或者其他金融机构工作人员购买伪造的货币，或者利用职务上的便利，以伪造的货币换取真货币的行为。本罪主体为特殊主体，即金融机构工作人员。本罪在主观方面只能出于故意。

根据《刑法》第171条第2款的规定，犯本罪的，处3年以上10年以下有期徒刑，并处2万元以上20万元以下罚金；数额巨大或者有其他严重情节的，处10年以上有期徒刑或者无期徒刑，并处2万元以上20万元以下罚金或者没收财产；情节较轻的，处3年以下有期徒刑或者拘役，并处或者单处1万元以上10万元以下罚金。

四、持有、使用假币罪

持有、使用假币罪，是指违反国家货币管理法规，明知是伪造的货币而持有、使用，数额较大的行为。本罪客体是国家的货币管理制度。本罪在客观上表现为持有、使用伪造的货币，数额较大的行为。所谓持有，是指由行为人进行实际控制。使用，是指由行为人将伪造的货币进行流通。本罪主体为一般主体，凡年满16周岁，具有刑事责任能力的自然人均可构成本罪。

本罪在主观方面只能出于故意,明知是伪造的货币而持有或使用。

根据《刑法》第 172 条的规定,犯本罪的,处 3 年以下有期徒刑或者拘役,并处或者单处 1 万元以上 10 万元以下罚金;数额巨大的,处 3 年以上 10 年以下有期徒刑,并处 2 万元以上 20 万元以下罚金;数额特别巨大的,处 10 年以上有期徒刑,并处 5 万元以上 50 万元以下罚金或者没收财产。

五、变造货币罪

变造货币罪,是指违反国家货币管理法规,变造货币,数额较大的行为。本罪的客体是国家的货币管理制度。本罪在客观上表现为违反国家货币管理法规,变造货币,数额较大的行为。所谓变造货币,是指对真的货币采取涂改、拼接、剪贴、挖补等方法,对货币进行加工改造,使货币的面值增大、数量增加的行为。本罪主体为一般主体,凡年满 16 周岁,具有刑事责任能力的自然人均可构成本罪。本罪在主观方面只能出于故意,且有将变造的货币进入市场流通的目的。

根据《刑法》第 173 条的规定,犯本罪的,处 3 年以下有期徒刑或者拘役,并处或者单处 1 万元以上 10 万元以下罚金;数额巨大的,处 3 年以上 10 年以下有期徒刑,并处 2 万元以上 20 万元以下罚金。

六、擅自设立金融机构罪

擅自设立金融机构罪,是指未经国家金融主管部门批准,擅自设立商业银行、证券交易所、期货交易所、证券公司、期货经纪公司、保险公司或者其他金融机构的行为。本罪的客体是国家的金融管理制度。本罪在客观上表现为未经国家金融主管部门批准,擅自设立商业银行、证券交易所、期货交易所、证券公司、期货经纪公司、保险公司或者其他金融机构的行为。本罪主体为一般主体,自然人及单位均可构成本罪。本罪主观方面只能出于故意。

根据《刑法》第 174 条第 1、3 款的规定,犯本罪的,处 3 年以下有期徒刑或者拘役,并处或者单处 2 万元以上 20 万元以下罚金;情节严重的,处 3 年以上 10 年以下有期徒刑,并处 5 万元以上 50 万元以下罚金。单位犯本罪的,对单位判处罚金,并对其直接负责的主管人员和其他直接责任人员,依照上述规定处罚。

七、伪造、变造、转让金融机构经营许可证、批准文件罪

伪造、变造、转让金融机构经营许可证、批准文件罪,是指伪造、变造、转让商业银行、证券交易所、期货交易所、证券公司、期货经纪公司、保险公司或者其他金融机构的经营许可证或者批准文件的行为。本罪的客体为国家对金融机构的管理制度。本罪在客观上表现为伪造、变造、转让商业银行、证券交易所、期货交易所、证券公司、期货经纪公司、保险公司或者其他金融机构的经营许可证或者批准文件的行为。本罪主体为一般主体,自然人及单位均可构成本罪。本罪主观方面只能出于故意。

根据《刑法》第 174 条的规定,犯本罪的,处 3 年以下有期徒刑或者拘役,并处或者单处 2 万元以上 20 万元以下罚金;情节严重的,处 3 年以上 10 年以下有期徒刑,并处 5 万元以上 50 万元以下罚金。单位犯本罪的,对单位判处罚金,并对其直接负责的主管人员和其他直接责任人员,依照上述规定处罚。

八、高利转贷罪

(一)高利转贷罪的概念

高利转贷罪,是指以转贷牟利为目的,套取金融机构信贷资金高利转贷他人,违法所得数额较大的行为。

(二) 高利转贷罪的特征

1. 本罪的客体是金融机构的信贷资金管理制度。
2. 本罪在客观上表现为套取金融机构信贷资金高利转贷他人，违法所得数额较大的行为。所谓套取信贷资金，是指编造某种正当理由，从金融机构骗取贷款；所谓高利转贷，是指把从金融机构套取的信贷资金以高于金融机构贷款利率的利率转贷他人的行为。
3. 本罪主体为一般主体，自然人与单位均可构成本罪。
4. 本罪在主观方面只能出于故意。

(三) 高利转贷罪的认定

要分清高利转贷罪与一般的放高利贷的行为的界限。高利转贷罪的行为对象是信贷资金及金融机构用于发放贷款的资金。而放高利贷的行为，则是行为人自己的财产。高利转贷罪的行为方式是将套取的金融机构信贷资金高利转贷他人。而一般的放高利贷的行为，则是将自己的资金高利转贷于他人。高利转贷罪所侵犯的客体是金融机构的信贷资金管理制度，而放高利贷行为则侵犯了他人的财产权利。

(四) 高利转贷罪的刑事责任

根据《刑法》第175条的规定，犯本罪的，处3年以下有期徒刑或者拘役，并处违法所得1倍以上5倍以下罚金；数额巨大的，处3年以上7年以下有期徒刑，并处违法所得1倍以上5倍以下罚金。单位犯本罪的，对单位判处罚金，并对其直接负责的主管人员和其他直接责任人员，处3年以下有期徒刑或者拘役。

九、骗取贷款、票据承兑、金融票证罪

骗取贷款、票据承兑、金融票证罪，是指以欺骗手段取得银行或者其他金融机构贷款、票据承兑、信用证、保函等，给银行或者其他金融机构造成重大损失或者有其他严重情节的行为。本罪的客体为银行或者其他金融机构的正常工作秩序以及合法利益。本罪在客观上表现为行为人以欺骗手段取得银行或者其他金融机构贷款、票据承兑、信用证、保函等，给银行或者其他金融机构造成重大损失或者有其他严重情节的行为。本条罪与非罪的界限除了看其是否采用欺骗手段外，是否"给银行或者其他金融机构造成重大损失或者有其他严重情节"也是一个非常重要的判断标准。这主要是指以欺骗手段获得贷款、票据承兑、信用证、保函等银行信用以后，造成骗用的贷款不能归还，给银行造成重大损失的；采用的欺骗手段十分恶劣；多次欺骗金融机构；因采用欺骗手段受到处罚后又欺骗金融机构的等情形。对于虽然采用欺骗手段从银行获取贷款，但数额不大的，或者虽然数额较大但在案发前已经归还了贷款或者在案发后立即归还了贷款的，可以认为不属于本条规定的"其他严重情节"。本罪主体为一般主体。本罪在主观上出于故意。需要注意的是，本罪在主观上并不需要"以非法占有为目的"，这是本罪区别于贷款诈骗罪的重要界限。

根据《刑法》第175条之一的规定，犯本罪的，处3年以下有期徒刑或者拘役，并处或者单处罚金；给银行或者其他金融机构造成特别重大损失或者有其他特别严重情节的，处3年以上7年以下有期徒刑，并处罚金。单位犯本罪的，对单位判处罚金，并对其直接负责的主管人员和其他直接责任人员，依照上述的规定处罚。

十、非法吸收公众存款罪

非法吸收公众存款罪，是指违反国家金融管理法规，非法吸收公众存款或者变相吸收公众存款，扰乱金融秩序的行为。本罪客体为国家金融管理秩序。本罪在客观上表现为违反国家金融管理法规，非法吸收公众存款或者变相吸收公众存款，扰乱金融秩序的行为。非法吸收公众存款，表现为以下两种情况：①不具备吸收公众存款资格的个人或者单位开展吸收公众存款业

务,如私设银行、钱庄、储蓄所,非法办理存款、贷款业务,吸收公众存款的行为;②具备吸收公众存款资格的单位采用非法手段吸收公众存款,如擅自提高存款利率、先期支付存款利息等。变相吸收公众存款,是指行为人以存款名义以外的其他形式吸收公众资金的方式,如违反国家规定,以基金会、集资等方式吸收公众存款的。本罪主体为一般主体,自然人与单位均可构成本罪。本罪主观方面只能出于故意。

根据《刑法》第176条的规定,犯本罪的,处3年以下有期徒刑或者拘役,并处或者单处2万元以上20万元以下罚金;数额巨大或者有其他严重情节的,处3年以上10年以下有期徒刑,并处5万元以上50万元以下罚金。单位犯本罪的,对单位判处罚金,并对其直接负责的主管人员和其他直接责任人员,依照上述的规定处罚。

十一、伪造、变造金融票证罪

伪造、变造金融票证罪,是指违反国家金融管理法规,伪造、变造金融票证的行为。本罪客体为国家的金融管理秩序。本罪在客观上表现为违反国家金融管理法规,伪造、变造金融票证的行为。具体的行为方式表现为以下几种:①伪造、变造汇票、本票、支票的;②伪造、变造委托收款凭证、汇款凭证、银行存单等其他银行结算凭证的;③伪造、变造信用证或者附随的单据、文件的;④伪造信用卡的。本罪主体为一般主体,自然人和单位均可构成本罪。本罪在主观方面只能出于故意。

根据《刑法》第177条的规定,犯本罪的,处5年以下有期徒刑或者拘役,并处或者单处2万元以上20万元以下罚金;情节严重的,处5年以上10年以下有期徒刑,并处5万元以上50万元以下罚金;情节特别严重的,处10年以上有期徒刑或者无期徒刑,并处5万元以上50万元以下罚金或者没收财产。单位犯本罪的,对单位判处罚金,并对其直接负责的主管人员和其他直接责任人员,依照上述规定处罚。

十二、妨害信用卡管理罪

妨害信用卡管理罪,是指违反国家信用卡管理制度,妨害信用卡管理秩序的行为。本罪的客体为国家的信用卡管理制度。本罪在客观方面,其行为方式主要表现为以下几种:①明知是伪造的信用卡而持有、运输的,或者明知是伪造的空白信用卡而持有、运输,数量较大的;②非法持有他人信用卡,数量较大的;③使用虚假的身份证明骗领信用卡的;④出售、购买、为他人提供伪造的信用卡或者以虚假的身份证明骗领的信用卡的。所谓"信用卡",是指由商业银行或者其他金融机构发行的,具有消费支付、信用贷款、转账结算、存取现金等全部功能或者部分功能的电子支付卡。本罪主体为一般主体,凡年满16周岁,具有刑事责任能力的自然人可构成本罪。本罪在主观方面只能出于故意。

根据《刑法》第177条之一第1款的规定,犯本罪的,处3年以下有期徒刑或者拘役,并处或者单处1万元以上10万元以下罚金;数量巨大或者有其他严重情节的,处3年以上10年以下有期徒刑,并处2万元以上20万元以下罚金。

十三、窃取、收买、非法提供信用卡信息罪

窃取、收买、非法提供信用卡信息罪,是指以秘密手段获取或者以收买的方式获取他人信用卡信息资料,或者违反有关规定,私自提供他人信用卡信息资料的行为。本罪的客体为国家的信用卡管理制度。本罪在客观方面,其行为方式表现为以秘密手段获取或者以收买的方式获取他人信用卡信息资料,或者违反有关规定,私自提供他人信用卡信息资料的行为。本罪主体为一般主体,自然人和单位均可构成本罪。本罪在主观方面只能出于故意。

根据《刑法》第177条之一的规定,犯本罪的,处3年以下有期徒刑或者拘役,并处或者单处1万元以上10万元以下罚金;数量巨大或者有其他严重情节的,处3年以上10年以下有

期徒刑，并处2万元以上20万元以下罚金。银行或者其他金融机构的工作人员利用职务上的便利犯本罪的，从重处罚。

十四、伪造、变造国家有价证券罪

伪造、变造国家有价证券罪，是指违反国家金融管理法规，伪造、变造国家有价证券，数额较大的行为。本罪客体是国家的金融管理秩序。本罪在客观上表现为违反国家金融管理法规，伪造、变造国家有价证券，数额较大的行为。国家有价证券包括国库券和国家发行的其他债券，如财政债券、国家投资债券、国家建设债券、国家重点建设债券等。本罪主体为一般主体，自然人和单位均可构成本罪。本罪在主观方面只能出于故意。

根据《刑法》第178条第1、3款的规定，犯本罪的，处3年以下有期徒刑或者拘役，并处或者单处2万元以上20万元以下罚金；数额巨大的，处3年以上10年以下有期徒刑，并处5万元以上50万元以下罚金；数额特别巨大的，处10年以上有期徒刑或者无期徒刑，并处5万元以上50万元以下罚金或者没收财产。单位犯本罪的，对单位判处罚金，并对其直接负责的主管人员和其他直接责任人员，依照上述规定处罚。

十五、伪造、变造股票、公司、企业债券罪

伪造、变造股票、公司、企业债券罪，是指伪造、变造股票或者公司、企业债券，数额较大的行为。本罪客体是国家对股票、公司、企业债券的管理制度。本罪在客观上表现为伪造、变造股票、公司、企业债券，数额较大的行为。本罪主体为一般主体，自然人和单位均可构成本罪。本罪在主观方面只能出于故意。

根据《刑法》第178条第2、3款的规定，犯本罪的，处3年以下有期徒刑或者拘役，并处或者单处1万元以上10万元以下罚金；数额巨大的，处3年以上10年以下有期徒刑，并处2万元以上20万元以下罚金。单位犯本罪的，对单位判处罚金，并对其直接负责的主管人员和其他直接责任人员，依照上述规定处罚。

十六、擅自发行股票、公司、企业债券罪

擅自发行股票、公司、企业债券罪，是指未经国家有关主管部门批准，擅自发行股票或者公司、企业债券，数额巨大、后果严重或者有其他严重情节的行为。本罪客体为国家对股票、债券市场的管理制度。本罪在客观上表现为未经国家有关主管部门批准，擅自发行股票或者公司、企业债券，数额巨大、后果严重或者有其他严重情节的行为。包括未经批准，不具有发行资格而擅自发行股票、公司、企业债券的行为和具有合法发行资格，但违反《证券法》等法律法规发行股票、公司、企业债券的行为。本罪主体为一般主体，自然人和单位均可构成本罪。在一般情况下，本罪大多由法人或者非法人组织构成。本罪在主观方面只能出于故意。

根据《刑法》第179条的规定，犯本罪的，处5年以下有期徒刑或者拘役，并处或者单处非法募集资金金额1%以上5%以下罚金。单位犯本罪的，对单位判处罚金，并对其直接负责的主管人员和其他直接责任人员，处5年以下有期徒刑或者拘役。

十七、内幕交易、泄露内幕信息罪

内幕交易、泄露内幕信息罪，是指证券、期货交易内幕信息的知情人员或者非法获取证券、期货交易内幕信息人员，在涉及证券的发行，证券、期货交易或者其他对证券、期货交易的价格有重大影响的信息尚未公开前，买入或者卖出该证券，或者从事与该内幕信息有关的期货交易，或者泄露该信息，或者明示、暗示他人从事上述交易活动，情节严重的行为。本罪客体为国家对证券、期货市场的管理制度和其他证券、期货投资者的合法权益。本罪在客观上表现为证券、期货交易内幕信息的知情人员或者非法获取证券、期货交易内幕信息人员，在涉及证券的发行，证券、期货交易或者其他对证券、期货交易的价格有重大影响的信息尚未公开

前，买入或者卖出该证券，或者从事与该内幕信息有关的期货交易，或者泄露该信息，情节严重的行为。所谓内幕交易行为，主要表现为以下几种行为方式：①内幕人员利用内幕信息买卖证券或者根据内幕信息建议他人买卖证券；②内幕人员向他人泄露内幕信息，使他人利用该信息进行内幕交易；③非内幕人员通过不正当手段或者其他途径获得内幕信息，并根据该信息买卖证券或者建议他人买卖证券；④其他内幕交易行为。所谓泄露内幕信息，是指掌握内幕信息的人员，将内幕信息透露给不应当知道内幕信息的人员的行为。至于获悉该内幕信息的人员是否利用该信息进行内幕交易，并不影响本罪的成立。本罪主体为特殊主体，证券、期货交易内幕信息的知情人员和单位，以及非法获取证券、期货交易内幕信息的其他人员和单位才能构成本罪。本罪主观方面只能出于故意。

根据《刑法》第180条第1、2款的规定，犯本罪的，处5年以下有期徒刑或者拘役，并处或者单处违法所得1倍以上5倍以下罚金；情节特别严重的，处5年以上10年以下有期徒刑，并处违法所得1倍以上5倍以下罚金。单位犯本罪的，对单位判处罚金，并对其直接负责的主管人员和其他直接责任人员，处5年以下有期徒刑或者拘役。

十八、利用未公开信息交易罪

利用未公开信息交易罪，是指证券、期货交易内幕信息的知情人员或者非法获取证券、期货交易内幕信息的人员，在涉及证券的发行，证券、期货交易或者其他对证券、期货交易价格有重大影响的信息尚未公开前，买入或者卖出该证券，或者从事与该内幕信息有关的期货交易，或者泄露该信息，或者明示、暗示他人从事上述交易活动，情节严重的行为。本罪的客体为国家对证券、期货市场的管理制度和其他证券、期货投资者的合法权益。本罪在客观上表现为行为人在涉及证券的发行，证券、期货交易或者其他对证券、期货交易价格有重大影响的信息尚未公开前，买入或者卖出该证券，或者从事与该内幕信息有关的期货交易，或者泄露该信息，或者明示、暗示他人从事上述交易活动，情节严重的行为，即所谓的"老鼠仓"。所谓"内幕信息以外的其他未公开的信息"，主要是指资产管理机构、代客投资理财机构，即将用客户资金投资购买某个证券、期货等金融产品的决策信息。因不属于法律规定的"内幕消息"，也未要求必须公开，故称"内幕信息以外的其他未公开的信息"。所谓"违反规定，从事与该信息相关的证券、期货交易活动"，不仅包括《证券投资基金法》等法律、行政法规所规定的禁止基金等资产管理机构的从业人员从事损害客户利益的交易等行为，也包括证监会发布的禁止资产管理机构从业人员从事违背受托义务的交易活动等行为。具体行为主要是指，资产管理机构的从业人员在用客户资金买入证券或者其衍生品、期货或者期权合约等金融产品前，自己先行买入，或者在卖出前，自己先行卖出等行为。"情节严重"主要指多次建立"老鼠仓"的，建"老鼠仓"非法获利数额巨大的，或者由于建立"老鼠仓"对客户资产造成严重损失的等情形。本罪主体为特殊主体，即证券、期货交易内幕信息的知情人员或者非法获取证券、期货交易内幕信息的人员。《刑法》第180条同时规定，证券交易所、期货交易所、证券公司、期货经纪公司、基金管理公司、商业银行、保险公司等金融机构的从业人员以及有关监管部门或者行业协会的工作人员也可以构成本罪。本罪在主观上出于故意。

根据《刑法》第180条第1、4款的规定，犯本罪的，处5年以下有期徒刑或者拘役，并处或者单处违法所得1倍以上5倍以下罚金；情节特别严重的，处5年以上10年以下有期徒刑，并处违法所得1倍以上5倍以下罚金。

十九、编造并传播证券、期货交易虚假信息罪

编造并传播证券、期货交易虚假信息罪，是指编造并传播证券、期货交易的虚假信息，扰乱证券、期货交易市场，造成严重后果的行为。本罪客体是国家对证券、期货市场的管理制度以及证券、期货投资者的合法权益。本罪在客观上表现为编造并传播证券、期货交易的虚假信息，扰乱证券、期货交易市场，造成严重后果的行为。本罪主体为一般主体，自然人和单位均可构成本罪。本罪在主观方面只能出于故意。

根据《刑法》第181条第1、3款的规定，犯本罪的，处5年以下有期徒刑或者拘役，并处或者单处1万元以上10万元以下罚金。单位犯本罪的，对单位判处罚金，并对其直接负责的主管人员和其他直接责任人员，处5年以下有期徒刑或者拘役。

二十、诱骗投资者买卖证券、期货合约罪

诱骗投资者买卖证券、期货合约罪，是指证券交易所、期货交易所、证券公司、期货经纪公司的从业人员，证券业协会、期货业协会或者证券、期货管理监督部门工作人员，故意提供虚假信息或者伪造、变造、销毁交易记录，诱骗投资者买卖证券、期货合约，造成严重后果的行为。本罪客体为证券、期货投资者的合法权益和国家对证券、期货市场的管理制度。本罪在客观上表现为证券交易所、期货交易所、证券公司、期货经纪公司的从业人员，证券业协会、期货业协会或者证券、期货管理监督部门工作人员，故意提供虚假信息或者伪造、变造、销毁交易记录，诱骗投资者买卖证券、期货合约，造成严重后果的行为。本罪主体为特殊主体，证券交易所、期货交易所、证券公司、期货经纪公司的从业人员，证券业协会、期货业协会或者证券、期货管理监督部门工作人员才能构成本罪。本罪在主观方面只能出于故意。

根据《刑法》第181条第2、3款的规定，犯本罪的，处5年以下有期徒刑或者拘役，并处或者单处1万元以上10万元以下罚金；情节特别恶劣的，处5年以上10年以下有期徒刑，并处2万元以上20万元以下罚金。单位犯本罪的，对单位判处罚金，并对其直接负责的主管人员和其他直接责任人员，处5年以下有期徒刑或者拘役。

二十一、操纵证券、期货市场罪

操纵证券、期货市场罪，是指以各种手段，操纵证券、期货交易市场，情节严重的行为。本罪客体为国家对证券、期货市场的管理制度和其他证券、期货投资者的合法权益。本罪在客观上表现为操纵证券、期货交易市场，情节严重的行为。其具体的行为方式主要表现为以下四种：①单独或者合谋，集中资金优势、持股或者持仓优势或者利用信息优势联合或者连续买卖，操纵证券、期货交易价格或者证券、期货交易量的；②与他人串通，以事先约定的时间、价格和方式相互进行证券、期货交易，影响证券、期货交易价格或者证券、期货交易量的；③在自己实际控制的账户之间进行证券交易，或者以自己为交易对象，自买自卖期货合约，影响证券、期货交易价格或者证券、期货交易量的；④以其他方法操纵证券、期货市场的。本罪主体为一般主体，自然人与单位均可构成本罪。本罪在主观方面只能出于故意。

根据《刑法》第182条的规定，犯本罪的，处5年以下有期徒刑或者拘役，并处或者单处罚金；情节特别严重的，处5年以上10年以下有期徒刑，并处罚金。单位犯本罪的，对单位判处罚金，并对其直接负责的主管人员和其他直接责任人员，依照上述的规定处罚。

二十二、背信运用受托财产罪

背信运用受托财产罪，是指商业银行、证券交易所、期货交易所、证券公司、期货经纪公司、保险公司或者其他金融机构，违背受托义务，擅自运用客户资金或者其他委托、信托的财产，情节严重的行为。本罪的客体为国家对金融机构受托的客户资金或者其他委托、信托的财产的管理制度。本罪在客观上表现为金融机构违背受托义务，擅自运用客户资金或者其他委托、信托的财产，情节严重的行为。本罪主体为特殊主体，仅限于商业银行、证券交易所、期货交易所、证券公司、期货经纪公司、保险公司或者其他金融机构，自然人以及其他非金融单位不能成为本罪的主体。本罪在主观上出于故意。

根据《刑法》第 185 条之一第 1 款的规定，犯本罪的，对单位判处罚金，并对其直接负责的主管人员和其他直接责任人员，处 3 年以下有期徒刑或者拘役，并处 3 万元以上 30 万元以下罚金；情节特别严重的，处 3 年以上 10 年以下有期徒刑，并处 5 万元以上 50 万元以下罚金。

二十三、违法运用资金罪

违法运用资金罪，是指社会保障基金管理机构、住房公积金管理机构等公众资金管理机构，以及保险公司、保险资产管理公司、证券投资基金管理公司，违反国家规定运用资金的行为。本罪客体为公众资金管理机构以及相关金融机构的公众资金管理秩序。本罪在客观上表现为行为人有违规运用公众资金的行为。所谓"公众资金"，是指社会保障基金、住房公积金等关系到公众切身利益的资金。对于公众资金的投资、利用，国家有严格、明确的规定，不得违反。而本罪在客观上就是违反国家的相关规定，违规运用公众资金。本罪主体为特殊主体，即社会保障基金管理机构、住房公积金管理机构等公众资金管理机构，以及保险公司、保险资产管理公司、证券投资基金管理公司等金融机构。本罪在主观上出于故意。

根据《刑法》第 185 条之一第 2 款的规定，犯本罪的，对其直接负责的主管人员和其他直接责任人员，处 3 年以下有期徒刑或者拘役，并处 3 万元以上 30 万元以下罚金；情节特别严重的，处 3 年以上 10 年以下有期徒刑，并处 5 万元以上 50 万元以下罚金。

二十四、违法发放贷款罪

本罪系根据《刑法修正案（六）》第 13 条对违法向关系人发放贷款罪和违法发放贷款罪进行修改的基础上产生的。违法发放贷款罪，是指银行或其他金融机构的工作人员违反国家规定发放贷款，数额巨大或造成重大损失的行为。本罪客体为国家的贷款管理制度。本罪在客观上表现为银行或其他金融机构工作人员违反国家规定发放贷款，数额巨大或者造成重大损失的行为。本罪主体为特殊主体，银行或者其他金融机构以及银行或者其他金融机构工作人员可以构成本罪。本罪在主观方面只能出于故意。

根据《刑法》第 186 条的规定，犯本罪的，处 5 年以下有期徒刑或者拘役，并处 1 万元以上 10 万元以下罚金；数额特别巨大或者造成特别重大损失的，处 5 年以上有期徒刑，并处 2 万元以上 20 万元以下罚金。单位犯本罪，对单位判处罚金，并对其直接负责的主管人员和其他直接责任人员，依照上述规定处罚。银行或者其他金融机构的工作人员违反国家规定，向关系人发放贷款的，依照上述的规定从重处罚。

二十五、吸收客户资金不入账罪

吸收客户资金不入账罪，是指银行或者其他金融机构的工作人员吸收客户资金不入账，数额巨大或者造成重大损失的行为。本罪客体是国家的贷款管理制度以及金融机构的商业信誉。本罪在客观上表现为行为人吸收客户资金不入账，数额巨大或者造成重大损失的行为。本罪主体为特殊主体，银行或者其他金融机构以及银行或者其他金融机构的工作人员才能构成本罪。本罪在主观方面出于故意。

根据《刑法》第 187 条的规定，犯本罪的，处 5 年以下有期徒刑或者拘役，并处 2 万元以上 20 万元以下罚金；数额特别巨大或者造成特别重大损失的，处 5 年以上有期徒刑，并处 5 万元以上 50 万元以下罚金。单位犯本罪的，对单位判处罚金，并对其直接负责的主管人员和其他直接责任人员，依照上述规定处罚。

二十六、违规出具金融票证罪

违规出具金融票证罪，是指银行或者其他金融机构的工作人员违反规定，为他人出具信用证或者其他保函、票据、存单、资信证明，情节严重的行为。本罪客体是银行、金融机构的金融票证管理制度。本罪在客观上表现为银行或者其他金融机构的工作人员违反规定，为他人出具信用证或者其他保函、票据、存单、资信证明,情节严重的行为。本罪主体为特殊主体,只有银行或者其他金融机构以及银行或者其他金融机构的工作人员才能构成本罪。本罪在主观方面出于故意。

根据《刑法》第188条的规定,犯本罪的,处5年以下有期徒刑或者拘役;情节特别严重的,处5年以上有期徒刑。单位犯本罪的,对单位判处罚金,并对其直接负责的主管人员和其他直接责任人员,依照上述规定处罚。

二十七、对违法票据承兑、付款、保证罪

对违法票据承兑、付款、保证罪,是指银行或其他金融机构的工作人员在票据业务中,对违反票据法规定的票据予以承兑、付款或者保证,造成重大损失的行为。本罪客体是国家的票据制度。本罪在客观上表现为银行或其他金融机构的工作人员在票据业务中,对违反票据法规定的票据予以承兑、付款或者保证,造成重大损失的行为。本罪主体为特殊主体,只有银行或者其他金融机构以及银行或者其他金融机构的工作人员才能够成为本罪主体。本罪在主观方面出于故意。

根据《刑法》第189条的规定,犯本罪的,处5年以下有期徒刑或者拘役;造成特别重大损失的,处5年以上有期徒刑。单位犯本罪,对单位判处罚金,并对其直接负责的主管人员和其他直接责任人员,依照上述规定处罚。

二十八、逃汇罪

根据《关于惩治骗购外汇、逃汇和非法买卖外汇犯罪的决定》及《刑法》第190条的规定,逃汇罪,是指公司、企业或者其他单位,违反国家规定,擅自将外汇存放境外,或者将境内的外汇非法转移到境外,数额较大的行为。本罪客体为国家的外汇管理制度。本罪在客观上表现为公司、企业或者其他单位,违反国家规定,擅自将外汇存放境外,或者将境内的外汇非法转移到境外,数额较大的行为。本罪主体为单位,无论是国有单位和非国有单位,均可构成本罪。本罪主观方面出于故意。

根据《关于惩治骗购外汇、逃汇和非法买卖外汇犯罪的决定》第3条、《刑法》第190条的规定,对犯逃汇罪的单位,判处逃汇数额5%以上30%以下罚金,并对其直接负责的主管人员和其他直接责任人处5年以下有期徒刑或者拘役;数额巨大或者有其他严重情节,判处逃汇数额5%以上30%以下罚金,并对其直接负责的主管人员和其他直接责任人员处5年以上有期徒刑。

二十九、洗钱罪

洗钱罪,是指明知是毒品犯罪、黑社会性质的组织犯罪、恐怖活动犯罪和走私犯罪、贪污贿赂犯罪、破坏金融管理秩序犯罪、金融诈骗犯罪的所得及其产生的收益,而采用掩饰、隐瞒其来源和性质的方法,使其合法化的行为。

本罪的客体是国家金融活动管理制度以及司法机关的正常工作秩序。本罪在客观方面表现为掩饰、隐瞒毒品犯罪、黑社会性质的组织犯罪、恐怖活动犯罪和走私犯罪、贪污贿赂犯罪、破坏金融管理秩序犯罪、金融诈骗犯罪所得及其所产生的收益的来源和性质的行为。其主要方式表现为以下几种:①提供资金账户的;②协助将财产转换为现金、金融票据、有价证券的;③通过转账或者其他结算方式协助资金转移的;④协助将资金汇往境外的;⑤以其他方法掩饰、隐瞒犯罪所得及其收益的来源和性质的。本罪主体为一般主体,自然人和单位均可构成本罪。本罪在主观方面出于故意,并且具有掩饰、隐瞒毒品犯罪、黑社会性质的组织犯罪、恐怖活动犯罪和走私犯罪、贪污贿赂犯罪、破坏金融管理秩序犯罪、金融诈骗犯罪的违法所得及其产生的收益并使之合法化的目的。

根据《刑法》第191条的规定,犯本罪的,除没收实施毒品犯罪、黑社会性质的组织犯罪、恐怖活动犯罪和走私犯罪、贪污贿赂犯罪、破坏金融管理秩序犯罪、金融诈骗犯罪的所得及其产生的收益以外,对犯罪人处5年以下有期徒刑或者拘役,并处或者单处洗钱数额5%以上20%以下罚金;情节严重的,处5年以上10年以下有期徒刑,并处洗钱数额5%以上20%以下罚金。单位犯本罪的,对单位判处罚金,并对其直接负责的主管人员和其他直接责任人员,处5年以下有期徒刑或者拘役;情节严重的,处5年以上10年以下有期徒刑。

第六节 金融诈骗罪

一、集资诈骗罪

(一) 集资诈骗罪的概念

集资诈骗罪,是指以非法占有为目的,使用诈骗方法非法集资,数额较大的行为。

(二) 集资诈骗罪的特征

1. 本罪的客体是国家金融活动的管理制度和出资人的财产所有权。

2. 本罪在客观上表现为使用诈骗方法非法集资,数额较大的行为。非法集资,是指单位或者个人未经有权机关批准,向社会公众募集资金的行为。构成本罪必须符合以下几个条件:①行为人采用了诈骗方法,即虚构事实,隐瞒真相的方法。所谓诈骗方法,是指行为人采用虚构集资用途,以虚假的证明文件、良好的经济效益和高额回报率为诱饵,骗取集资款的行为。②行为人实施了非法集资的行为。③非法集资的数额较大。

3. 本罪主体为一般主体,自然人与单位均可构成本罪。

4. 本罪主观上出于故意,并且有非法占有的目的。

(三) 集资诈骗罪的认定

1. 集资诈骗罪与非罪的界限。本罪必须是以非法占有为目的,使用诈骗方法骗取数额较大的集资款。这两个条件必须同时具备。如果数额不大,或者并非将集资款非法占有,则不构成犯罪。

2. 集资诈骗罪与非法吸收公众存款罪的界限。二罪的区别在于:①犯罪的客体不同。集资诈骗罪侵犯了金融管理活动秩序和出资人的财产所有权;非法吸收公众存款罪则只侵犯了金融活动管理秩序。②客观方面的表现不同。集资诈骗罪是使用诈骗方法进行非法集资;非法吸收公众存款罪则不采用诈骗方法。③主观方面不同。集资诈骗罪,行为人在主观上有非法占有的目的;而非法吸收公众存款罪,则没有将非法吸收的存款占为己有的目的。

(四) 集资诈骗罪的刑事责任

根据《刑法》第192条、第200条的规定,犯本罪的,处5年以下有期徒刑或者拘役,并处2万元以上20万元以下罚金;数额巨大或者有其他严重情节的,处5年以上10年以下有期徒刑,并处5万元以上50万元以下罚金;数额特别巨大或者有其他特别严重情节的,处10年以上有期徒刑或者无期徒刑,并处5万元以上50万元以下罚金或者没收财产。单位犯本罪,对单位判处罚金,并对其直接负责的主管人员和其他直接责任人员,处5年以下有期徒刑或者拘役,可以并处罚金;数额巨大或者有其他严重情节的,处5年以上10年以下有期徒刑,并处罚金;数额特别巨大或者有其他特别严重情节的,处10年以上有期徒刑或者无期徒刑,并处罚金。

二、贷款诈骗罪

(一) 贷款诈骗罪的概念

贷款诈骗罪,是指以非法占有为目的,使用欺诈方法,诈骗银行或者其他金融机构的贷款,数额较大的行为。

(二) 贷款诈骗罪的特征

1. 本罪的客体是国家的贷款管理制度和银行或者其他金融机构的财产所有权。

2. 本罪在客观方面表现为诈骗银行或者其他金融机构的贷款,数额较大的行为。其具体的诈骗形式有以下几种:①编造引进资金、项目等虚假理由的;②使用虚假的经济合同的;③使用虚假的证明文件的;④使用虚假的产权证明作担保或者超出抵押物价值重复担保的;⑤以其他方法诈骗贷款的。行为人只要实施上述五种行为方式之一,数额较大,即构成贷款诈骗罪。

3. 本罪主体为一般主体,凡年满 16 周岁,具有刑事责任能力的自然人均可构成本罪。

4. 本罪在主观上出于故意,且有非法占有的目的。

(三) 贷款诈骗罪的认定

1. 贷款诈骗罪与非罪的界限。

(1) 区分贷款诈骗罪与贷款纠纷的界限。贷款纠纷,是指拖欠银行或者其他金融机构的贷款的行为。贷款纠纷不构成犯罪,因为行为人主观上不具有诈骗的目的,并非以非法占有的目的占有银行或者其他金融机构的贷款,而只是因为经营、管理不善致使贷款无法按期偿还。而贷款诈骗罪,行为人主观上有非法占有的目的,根本不具有偿还贷款的心理态度。

(2) 区分贷款诈骗罪与一般的骗取银行贷款行为的界限。二者的区别主要在骗取贷款的数额上。贷款诈骗罪,必须骗取银行或者其他金融机构数额较大的贷款。

2. 贷款诈骗罪与高利转贷罪的界限。二者区别主要在于:①主观目的不同。贷款诈骗罪目的在于非法占有贷款本身;而高利转贷罪,则是意图通过转贷牟利,并没有占有贷款本身的目的。②行为方式不同。本罪是通过实施各种诈骗手段获得贷款;高利转贷罪是通过套取信贷资金又高利转贷他人的方法取得违法所得。

(四) 贷款诈骗罪的刑事责任

根据《刑法》第 193 条的规定,犯本罪的,处 5 年以下有期徒刑或者拘役,并处 2 万元以上 20 万元以下罚金;数额巨大或者有其他严重情节的,处 5 年以上 10 年以下有期徒刑,并处 5 万元以上 50 万元以下罚金;数额特别巨大或者有其他特别严重情节的,处 10 年以上有期徒刑或者无期徒刑,并处 5 万元以上 50 万元以下罚金或者没收财产。

三、票据诈骗罪

票据诈骗罪,是指以非法占有为目的,利用金融票据进行诈骗活动,数额较大的行为。本罪的客体是国家的金融管理秩序和公私财产的所有权。本罪在客观上表现为利用金融票据进行诈骗活动,数额较大的行为。具体的表现形式有以下几种:①明知是伪造、变造的汇票、本票、支票而使用的;②明知是作废的汇票、本票、支票而使用的;③冒用他人的汇票、本票、支票的;④签发空头支票或者与其预留印鉴不符的支票,骗取财物的;⑤汇票、本票的出票人签发无资金保证的汇票、本票或者在出票时作虚假记载,骗取财物的。本罪主体为一般主体,自然人和单位均可构成本罪。本罪在主观上出于故意,且有非法占有的目的。

根据《刑法》第 194 条第 1 款、第 200 条的规定,犯本罪的,处 5 年以下有期徒刑或者拘役,并处 2 万元以上 20 万元以下罚金;数额巨大或者有其他严重情节的,处 5 年以上 10 年以下有期徒刑,并处 5 万元以上 50 万元以下罚金;数额特别巨大或者有其他特别严重情节的,处 10 年以上有期徒刑或者无期徒刑，并处 5 万元以上 50 万元以下罚金或者没收财产。单位犯本罪，对单位判处罚金，并对其直接负责的主管人员和其他直接责任人员，处 5 年以下有期徒刑或者拘役，可以并处罚金；数额巨大或者有其他严重情节的，处 5 年以上 10 年以下有期徒刑，并处罚金；数额特别巨大或者有其他特别严重情节的，处 10 年以上有期徒刑或者无期徒刑，并处罚金。

四、金融凭证诈骗罪

金融凭证诈骗罪，是指以非法占有为目的，使用伪造、变造的委托收款凭证、汇款凭证、银行存单等其他银行结算凭证，骗取数额较大的财物的行为。本罪客体为国家的金融管理秩序和公私财产的所有权。本罪在客观上表现为使用伪造、变造的委托收款凭证、汇款凭证、银行存单等其他银行结算凭证，骗取财物数额较大的行为。本罪主体为一般主体，自然人与单位均可构成本罪。本罪主观上出于故意。

根据《刑法》第 194 条、第 200 条的规定，犯本罪的，处 5 年以下有期徒刑或者拘役，并处 2 万元以上 20 万元以下罚金；数额巨大或者有其他严重情节的，处 5 年以上 10 年以下有期徒刑，并处 5 万元以上 50 万元以下罚金；数额特别巨大或者有其他特别严重情节的，处 10 年以上有期徒刑或者无期徒刑，并处 5 万元以上 50 万元以下罚金或者没收财产。单位犯本罪，对单位判处罚金，并对其直接负责的主管人员和其他直接责任人员，处 5 年以下有期徒刑或者拘役，可以并处罚金；数额巨大或者有其他严重情节的，处 5 年以上 10 年以下有期徒刑，并处罚金；数额特别巨大或者有其他特别严重情节的，处 10 年以上有期徒刑或者无期徒刑，并处罚金。

五、信用证诈骗罪

信用证诈骗罪，是指以非法占有为目的，利用信用证进行诈骗活动的行为。本罪客体为国家的金融管理秩序。本罪在客观上表现为利用信用证进行诈骗活动的行为。所谓信用证，是指开证银行根据进口商的申请，开给受益人的保证付款的书面凭证。本罪具体的行为方式有以下几种：①使用伪造、变造信用证或者附随的单据、文件的；②使用作废的信用证的；③骗取信用证的；④以其他方法进行信用证诈骗活动的。本罪主体为一般主体，自然人与单位均可构成本罪。本罪主观上出于故意，且有非法占有的目的。

根据《刑法》第 195 条、第 200 条的规定，犯本罪的，处 5 年以下有期徒刑或者拘役，并处 2 万元以上 20 万元以下罚金；数额巨大或者有其他严重情节的，处 5 年以上 10 年以下有期徒刑，并处 5 万元以上 50 万元以下罚金；数额特别巨大或者有其他特别严重情节的，处 10 年以上有期徒刑或者无期徒刑，并处 5 万元以上 50 万元以下罚金或者没收财产。单位犯本罪，对单位判处罚金，并对其直接负责的主管人员和其他直接责任人员，处 5 年以下有期徒刑或者拘役，可以并处罚金；数额巨大或者有其他严重情节的，处 5 年以上 10 年以下有期徒刑，并处罚金；数额特别巨大或者有其他特别严重情节的，处 10 年以上有期徒刑或者无期徒刑，并处罚金。

六、信用卡诈骗罪

（一）信用卡诈骗罪的概念

信用卡诈骗罪，是指以非法占有为目的，利用信用卡进行诈骗活动，骗取数额较大的财物的行为。

（二）信用卡诈骗罪的特征

1. 本罪的客体是国家的金融管理秩序和公私财产的所有权。
2. 本罪在客观上表现为利用信用卡进行诈骗活动，骗取数额较大财物的行为。具体的行为方式表现为以下几种：①使用伪造的信用卡或者以虚假的身份证明骗领信用卡的；②使用作废的信用卡的；③冒用他人信用卡的；④恶意透支的。所谓恶意透支，是指持卡人以非法占有为目的，超过规定限额或者规定期限透支，并且经发卡银行催收后仍不归还的行为。盗窃信用卡并使用的，按照盗窃罪处罚。

3. 本罪主体为一般主体，凡年满16周岁，具有刑事责任能力的自然人均可构成本罪。

4. 本罪主观上出于故意，并且有非法占有的目的。

（三）信用卡诈骗罪的认定

1. 信用卡诈骗罪与非罪的界限。信用卡诈骗罪，行为人在主观上有非法占有的目的，并且诈骗了数额较大的财物。而误用他人信用卡，或者实施了信用卡诈骗行为，但未达到数额较大的标准，则不构成本罪。

2. 信用卡诈骗罪与伪造信用卡、盗窃信用卡构成的犯罪的界限。伪造信用卡构成伪造金融票证罪，行为人伪造信用卡又使用的，如果达到数额较大的标准，应按照牵连犯择一重罪处罚。如果未达到数额较大标准，则按照伪造金融票证罪定罪量刑。盗窃信用卡并使用，以盗窃罪论处。

（四）信用卡诈骗罪的刑事责任

根据《刑法》第196条第1款的规定，犯本罪的，处5年以下有期徒刑或者拘役，并处2万元以上20万元以下罚金；数额巨大或者有其他严重情节的，处5年以上10年以下有期徒刑，并处5万元以上50万元以下罚金；数额特别巨大或者有其他特别严重情节的，处10年以上有期徒刑或者无期徒刑，并处5万元以上50万元以下罚金或者没收财产。

七、有价证券诈骗罪

有价证券诈骗罪，是指以非法占有为目的，使用伪造、变造的国库券或者国家发行的其他有价证券，进行诈骗活动，数额较大的行为。本罪的客体是国家的有价证券管理制度和公私财产的所有权。本罪在客观上表现为使用伪造、变造的国库券或者国家发行的其他有价证券，进行诈骗活动，数额较大的行为。主体为一般主体，凡年满16周岁，具有刑事责任能力的自然人均可构成本罪。本罪在主观上出于故意。

根据《刑法》第197条的规定，犯本罪的，处5年以下有期徒刑或者拘役，并处2万元以上20万元以下罚金；数额巨大或者有其他严重情节的，处5年以上10年以下有期徒刑，并处5万元以上50万元以下罚金；数额特别巨大或者有其他特别严重情节的，处10年以上有期徒刑或者无期徒刑，并处5万元以上50万元以下罚金或者没收财产。

八、保险诈骗罪

（一）保险诈骗罪的概念

保险诈骗罪，是指以非法占有保险金为目的，采取虚构保险标的、虚构保险事故或者故意制造保险事故等方法，骗取数额较大的保险金的行为。

（二）保险诈骗罪的特征

1. 本罪的客体是国家的保险制度以及保险人的财产所有权。

2. 本罪在客观上表现为骗取数额较大的保险金的行为。具体的行为方式表现为以下几种：①投保人故意虚构保险标的，骗取保险金的；②投保人、被保险人或者受益人对发生的保险事故编造虚假的原因或者夸大损失的程度，骗取保险金的；③投保人、被保险人或者受益人编造未曾发生的保险事故，骗取保险金的；④投保人、被保险人故意造成财产损失的保险事故，骗取保险金的；⑤投保人、受益人故意造成被保险人死亡、伤残或者疾病，骗取保险金的。

3. 本罪主体为特殊主体，包括投保人、被保险人或者受益人。

4. 本罪在主观上出于故意，且有非法占有保险金的目的。

（三）保险诈骗罪的认定

1. 保险诈骗罪与非罪的界限。区分的关键在于骗取保险金的数额是否达到较大的标准。没有达到数额较大的标准，则不构成犯罪。

2. 保险诈骗罪与其他犯罪的关系。依照《刑法》第198条第2款的规定，投保人、受益人故意制造保险事故或者故意造成被保险人死亡、伤残或者疾病，而骗取保险金的，按照数罪并罚的规定处罚。如果行为人以放火、爆炸、故意杀人、故意伤害等方式制造保险事故，骗取保险金的，不按照牵连犯处理，而应按分别构成的罪名与保险诈骗罪进行数罪并罚。

（四）保险诈骗罪的刑事责任

根据《刑法》第198条第1、3款的规定，犯本罪的，处5年以下有期徒刑或者拘役，并处1万元以上10万元以下罚金；数额巨大或者有其他严重情节的，处5年以上10年以下有期徒刑，并处2万元以上20万元以下罚金；数额特别巨大或者有其他特别严重情节的，处10年以上有期徒刑，并处2万元以上20万元以下罚金或者没收财产。单位犯本罪的，对单位判处罚金，并对其直接负责的主管人员和其他直接责任人员，处5年以下有期徒刑或者拘役；数额巨大或者有其他严重情节的处5年以上10年以下有期徒刑；数额特别巨大或者有其他特别严重情节的，处10年以上有期徒刑。

第七节　危害税收征管罪

一、逃税罪

逃税罪，是指纳税人或者扣缴义务人，违反税收法律、法规，逃避缴纳应缴税款，数额较大并且占应纳税额10%以上的行为。本罪客体是国家的税收征管制度。本罪在客观上表现为违反税收法律、法规，逃避应缴税额，数额较大的行为。逃税行为主要概括为两类：①纳税人采取欺骗、隐瞒手段进行虚假纳税申报；②"不申报"，是指不向税务机关进行纳税申报的行为。同时，本罪还要求逃避应缴税款数额较大，并且占应纳税额10%以上。本罪主体为特殊主体，纳税人或者扣缴义务人可以构成本罪。本罪在主观上出于故意，并且有逃避纳税义务，谋取非法利益的目的。

根据《刑法》第201条、第204条第2款、第211条的规定，犯本罪的，处3年以下有期徒刑或者拘役，并处罚金；数额巨大并且占应纳税额30%以上的，处3年以上7年以下有期徒刑，并处罚金。扣缴义务人采取上述所列手段，不缴或者少缴已扣、已收税款，数额较大的，依照上述的规定处罚。对多次实施逃税行为，未经处理的，按照累计数额计算。有《刑法》第201条第1款行为，经税务机关依法下达追缴通知后，补缴应纳税款，缴纳滞纳金，已受行政处罚的，不予追究刑事责任；但是，5年内因逃避缴纳税款受过刑事处罚或者被税务机关给予2次以上行政处罚的除外。单位犯本罪的，对单位判处罚金，并对其直接负责的主管人员和其他直接责任人员，依照上述规定处罚。根据《刑法》第212条的规定，犯本罪，被判处罚金的，在执行前，应当先由税务机关追缴税款。

二、抗税罪

抗税罪，是指纳税人以暴力、威胁方法拒不缴纳税款的行为。本罪的客体是国家的税收征管秩序和税务人员的人身安全。本罪在客观上表现为行为人采用暴力、威胁方法拒不缴纳税款的行为。如果在暴力抗税中故意致税务人员重伤、死亡的，应按照故意伤害罪、故意杀人罪定罪处罚。如果在暴力抗税过程中过失致税务人员重伤、死亡的，以抗税罪处罚。本罪主体为一般主体，凡年满 16 周岁，具有刑事责任能力的自然人均可构成本罪。本罪在主观上出于故意，且有抗拒缴纳税款的目的。

根据《刑法》第 202、212 条的规定，犯本罪的，处 3 年以下有期徒刑或者拘役，并处拒缴税款 1 倍以上 5 倍以下罚金；情节严重的，处 3 年以上 7 年以下有期徒刑，并处拒缴税款 1 倍以上 5 倍以下罚金。在对判处罚金的犯罪分子执行罚金前，应当先由税务机关追缴其所逃避的税款。

三、逃避追缴欠税罪

逃避追缴欠税罪，是指纳税义务人欠缴应纳税款，采取转移或者隐匿财产的手段，致使税务机关无法追缴欠缴的税款，数额较大的行为。本罪客体为国家的税收征管制度。本罪在客观上表现为纳税义务人欠缴应纳税款，采取转移或者隐匿财产的手段，致使税务机关无法追缴欠缴的税款，数额较大的行为。数额较大，是指逃避税款数额在 1 万元以上。本罪主体为一般主体，自然人与单位均可构成本罪。本罪在主观上出于故意。

根据《刑法》第 203、211、212 条的规定，犯本罪的，处 3 年以下有期徒刑或者拘役，并处或者单处欠缴税款 1 倍以上 5 倍以下的罚金；数额在 10 万元以上的，处 3 年以上 7 年以下有期徒刑，并处欠缴税款 1 倍以上 5 倍以下的罚金。单位犯本罪的，对单位判处罚金，并对其直接负责的主管人员和其他直接责任人员，依照上述规定处罚。在对判处罚金的犯罪分子执行罚金前，应当先由税务机关追缴其所逃避的税款。

四、骗取出口退税罪

骗取出口退税罪，是指以假报出口或者其他欺骗手段，骗取国家出口退税款，数额较大的行为。本罪客体是国家的出口退税的管理制度和国家财产的所有权。所谓出口退税，是指税务机关根据国家法律、法规和政策的规定，对于在国内已征税款的产品，在其出口时，将已征税款的全部或者部分给予返还的制度。本罪在客观上表现为以假报出口或者其他欺骗手段，骗取国家出口退税款，数额较大的行为。本罪主体为一般主体，自然人与单位均可构成。本罪在主观上出于故意，并有骗取国家出口退税款的目的。

根据《刑法》第 204、211、212 条的规定，犯本罪的，处 5 年以下有期徒刑或者拘役，并处骗取税款 1 倍以上 5 倍以下的罚金；数额巨大或者有其他严重情节的，处 5 年以上 10 年以下有期徒刑，并处骗取税款 1 倍以上 5 倍以下的罚金；数额特别巨大或者有其他特别严重情节的，处 10 年以上有期徒刑或者无期徒刑，并处骗取税款 1 倍以上 5 倍以下的罚金或者没收财产。单位犯本罪，对单位判处罚金，并对其直接负责的主管人员和其他直接责任人员，依照上述规定处罚。在对判处罚金、没收财产的犯罪分子执行罚金、没收财产前，应当先由税务机关追缴其所逃避的税款。

五、虚开增值税专用发票、用于骗取出口退税、抵扣税款发票罪

虚开增值税专用发票、用于骗取出口退税、抵扣税款发票罪，是指故意违反国家发票管理规定，虚开增值税专用发票或者虚开用于骗取出口退税、抵扣税款的其他发票的行为。本罪客体是国家的发票管理制度和税收征管制度。所谓增值税专用发票，是指国家税务部门根据增值税征收管理需要，根据货物或者劳务所负担的增值税税额而设定的一种专用发票。本罪在客观上表现为虚开增值税专用发票或者虚开用于骗取出口退税、抵扣税款的其他发票的行为。根据《刑法》第 205 条第 3 款的规定，虚开增值税专用发票的行为包括为他人虚开、为自己虚开、让他人为自己虚开、介绍他人虚开四种。行为人具备上述行为之一者，即可构成本罪。本罪主体为一般主体，自然人和单位均可构成本罪。本罪在主观上出于故意。

根据《刑法》第 205 条第 1、2 款的规定，犯本罪的，处 3 年以下有期徒刑或者拘役，并处 2 万元以上 20 万元以下罚金；虚开的税款数额较大或者有其他严重情节的，处 3 年以上 10 年以下有期徒刑，并处 5 万元以上 50 万元以下罚金；虚开的税款数额巨大或者有其他特别严重情节的，处 10 年以上有期徒刑或者无期徒刑，并处 5 万元以上 50 万元以下罚金或者没收财产。单位犯本罪的，对单位判处罚金，并对其直接负责的主管人员和其他直接责任人员，处 3 年以下有期徒刑或者拘役；虚开的税款数额较大或者有其他严重情节的，处 3 年以上 10 年以下有期徒刑；虚开的税款数额特别巨大或者有其他特别严重情节的，处 10 年以上有期徒刑或者无期徒刑。

六、虚开发票罪

虚开发票罪，是指为了牟取非法经济利益，违反国家发票管理规定，虚开增值税专用发票和用于骗取出口退税、抵扣税款发票以外的发票，情节严重的行为。本罪客体是国家的发票管理制度和税收征管制度。本罪在客观上表现为虚开增值税专用发票和用于骗取出口退税、抵扣税款发票以外的发票，情节严重的行为。本罪主体为一般主体，自然人以及单位均可构成本罪。本罪主观上出于故意，虚开发票罪为直接故意，即行为人明知违反税收法律制度，还虚开增值税专用发票和用于骗取出口退税、抵扣税款发票以外的其他发票。

根据《刑法》第 205 条之一的规定，犯本罪情节严重的，处 2 年以下有期徒刑、拘役或者管制，并处罚金；情节特别严重的，处 2 年以上 7 年以下有期徒刑，并处罚金。单位犯本罪的，对单位判处罚金，并对其直接负责的主管人员和其他直接责任人员，依照上述规定处罚。

七、伪造、出售伪造的增值税专用发票罪

伪造、出售伪造的增值税专用发票罪，是指仿照增值税专用发票的式样，非法印制假增值税专用发票或者出售非法印刷的假增值税专用发票的行为。本罪的客体是国家的发票管理制度。本罪在客观上表现为仿照增值税专用发票的式样，非法印制假增值税专用发票或者出售非法印刷的假增值税专用发票的行为。本罪主体为一般主体，自然人及单位均可构成本罪。本罪在主观上出于故意。

根据《刑法》第 206 条的规定，犯本罪的，处 3 年以下有期徒刑、拘役或者管制，并处 2 万元以上 20 万元以下罚金；数量较大或者有其他严重情节的，处 3 年以上 10 年以下有期徒刑，并处 5 万元以上 50 万元以下罚金；数量巨大或者有其他特别严重情节的，处 10 年以上有期徒刑或者无期徒刑，并处 5 万元以上 50 万元以下罚金或者没收财产。单位犯本罪，对单位判处罚金，并对其直接负责的主管人员和其他直接责任人员，处 3 年以下有期徒刑、拘役或者管制；数量较大或者有其他严重情节的，处 3 年以上 10 年以下有期徒刑；数量巨大或者有其他特别严重情节的，处 10 年以上有期徒刑或者无期徒刑。

八、非法出售增值税专用发票罪

非法出售增值税专用发票罪，是指违反国家发票管理法规，非法出售增值税专用发票的行为。本罪客体是国家的发票管理制度。本罪在客观上表现为违反发票管理法规，非法出售增值税专用发票的行为。本罪主体为一般主体，自然人与单位均可构成本罪。本罪在主观上出于故意。

根据《刑法》第 207、211 条的规定，犯本罪的，处 3 年以下有期徒刑、拘役或者管制，并处 2 万元以上 20 万元以下罚金；数量较大的，处 3 年以上 10 年以下有期徒刑，并处 5 万元以上 50 万元以下罚金；数量巨大的，处 10 年以上有期徒刑或者无期徒刑，并处 5 万元以上 50 万元以下罚金或者没收财产。单位犯本罪的，对单位判处罚金，并对其直接负责的主管人员和其他直接责任人员，按照上述规定处罚。

九、非法购买增值税专用发票、购买伪造的增值税专用发票罪

非法购买增值税专用发票、购买伪造的增值税专用发票罪，是指违反国家发票管理法规，非法购买增值税专用发票或者购买伪造的增值税专用发票的行为。本罪的客体是国家的发票管理制度。本罪客观上表现为违反国家发票管理法规，非法购买增值税专用发票或者购买伪造的增值税专用发票的行为。本罪主体为一般主体，自然人与单位均可构成本罪。本罪在主观上出于故意。

根据《刑法》第208条第1款、第211条的规定，犯本罪的，处5年以下有期徒刑或者拘役，并处或者单处2万元以上20万元以下罚金。单位犯本罪的，对单位判处罚金，并对其直接负责的主管人员和其他直接责任人员，依照上述规定处罚。

十、非法制造、出售非法制造的用于骗取出口退税、抵扣税款发票罪

非法制造、出售非法制造的用于骗取出口退税、抵扣税款发票罪，是指违反国家发票管理法规，伪造、擅自制造或者出售伪造、擅自制造的用于骗取出口退税、抵扣税款发票的行为。本罪的客体是国家的发票管理制度。本罪在客观上表现为违反国家发票管理法规，非法制造、出售非法制造的用于骗取出口退税、抵扣税款发票的行为。伪造，是指没有印制权的人印制足以使一般人误认为是可以用于骗取出口退税、抵扣税款的发票；擅自制造，是指印制发票的指定企业，超出税务部门批准的范围私自印制上述发票的行为。本罪主体为一般主体，自然人与单位均可构成本罪。本罪在主观上出于故意。

根据《刑法》第209条第1款、第211条的规定，犯本罪的，处3年以下有期徒刑、拘役或者管制，并处2万元以上20万元以下罚金；数量巨大的，处3年以上7年以下有期徒刑，并处5万元以上50万元以下罚金；数量特别巨大的，处7年以上有期徒刑，并处5万元以上50万元以下罚金或者没收财产。单位犯本罪的，对单位判处罚金，并对其直接负责的主管人员和其他直接责任人员，依照上述规定处罚。

十一、非法制造、出售非法制造的发票罪

非法制造、出售非法制造的发票罪，是指违反国家发票管理法规，故意伪造、擅自制造或者出售伪造、非法制造的发票的行为。本罪的客体是国家的发票管理制度。本罪所说的发票，是指用于出口退税、折抵税款的发票以外的其他发票。本罪在客观上表现为违反国家发票管理法规，非法制造、出售非法制造的发票的行为。本罪主体为一般主体，自然人与单位均可构成本罪。本罪在主观上出于故意。

根据《刑法》第209条第2款、第211条的规定，犯本罪的，处2年以下有期徒刑、拘役或者管制，并处或者单处1万元以上5万元以下罚金；情节严重的，处2年以上7年以下有期徒刑，并处5万元以上50万元以下罚金。单位犯本罪的，对单位判处罚金，并对其直接负责的主管人员和其他直接责任人员，依照上述规定处罚。

十二、非法出售用于骗取出口退税、抵扣税款发票罪

非法出售用于骗取出口退税、抵扣税款发票罪，是指违反国家发票管理法规，非法出售可以用于骗取出口退税、抵扣税款的非增值税专用发票的行为。本罪的客体是国家的发票管理制度。本罪在客观上表现为违反国家发票管理法规，非法出售可以用于骗取出口退税、抵扣税款的非增值税专用发票的行为。行为人所出售的必须是真发票，如果出售的是伪造、擅自制造的可以用于骗取出口退税、抵扣税款的发票，则构成非法出售非法制造的用于骗取出口退税、抵扣税款发票罪。本罪主体为一般主体，自然人与单位均可构成本罪。本罪在主观上出于故意。

根据《刑法》第209条第3款、第211条的规定，犯本罪的，处3年以下有期徒刑、拘役或者管制，并处2万元以上20万元以下罚金；数量巨大的，处3年以上7年以下有期徒刑，并

处 5 万元以上 50 万元以下罚金；数量特别巨大，处 7 年以上有期徒刑，并处 5 万元以上 50 万元以下罚金或者没收财产。单位犯本罪的，对单位判处罚金，并对其直接负责的主管人员和其他直接责任人员，依照上述规定处罚。

十三、非法出售发票罪

非法出售发票罪，是指违反国家发票管理法规，故意非法出售除增值税专用发票、可以用于骗取出口退税、抵扣税款的非增值税专用发票以外的普通发票的行为。本罪的客体为国家的发票管理制度。本罪在客观上表现为违反国家发票管理法规，非法出售除增值税专用发票、可以用于骗取出口退税、抵扣税款的非增值税专用发票以外的普通发票的行为。本罪主体为一般主体，自然人与单位均可构成本罪。本罪在主观上出于故意。

根据《刑法》第 209 条、第 211 条的规定，犯本罪的，处 2 年以下有期徒刑、拘役或者管制，并处或者单处 1 万元以上 5 万元以下罚金；情节严重的，处 2 年以上 7 年以下有期徒刑，并处 5 万元以上 50 万元以下罚金。单位犯本罪的，对单位判处罚金，并对其直接负责的主管人员和其他直接责任人员，依照上述规定处罚。

十四、持有伪造的发票罪

持有伪造的发票罪，是指明知是伪造的发票而持有，数量较大的行为。本罪的客体是国家的发票管理制度。本罪客观上表现为持有数量较大的伪造的发票的行为。本罪所说的发票，既包括增值税发票，也包括普通发票。同时，要构成本罪，必须持有伪造的发票数量较大。如果行为人持有少量的伪造发票，则不构成本罪。本罪主体为一般主体，自然人以及单位均可构成本罪。本罪主观上出于故意，行为人必须明知是伪造的发票而持有。如果行为人不知自己持有的发票为伪造的发票，不构成本罪。

根据《刑法》第 210 条之一的规定，犯本罪的，处 2 年以下有期徒刑、拘役或者管制，并处罚金；数量巨大的，处 2 年以上 7 年以下有期徒刑，并处罚金。单位犯前款罪的，对单位判处罚金，并对其直接负责的主管人员和其他直接责任人员，依照上述的规定处罚。

第八节　侵犯知识产权罪

一、假冒注册商标罪

(一) 假冒注册商标罪的概念

假冒注册商标罪，是指未经注册商标所有人的许可，在同一种商品上使用与其注册商标相同的商标，情节严重的行为。

(二) 假冒注册商标罪的特征

1. 本罪的客体是复杂客体，包括国家的商标管理制度和注册商标所有人的商标专用权。

2. 本罪在客观上表现为违反国家商标管理法规，未经注册商标所有人许可，在同一种商品上使用与其注册商标相同的商标，情节严重的行为。违反《商标法》是本罪成立的前提。

3. 本罪主体为一般主体，自然人和单位均可构成本罪。

4. 本罪主观上出于故意。

(三) 假冒注册商标罪的认定

假冒注册商标罪与非罪的界限在于：①假冒注册商标罪必须侵犯的是他人已经注册的商标，使用他人未到国家商标管理部门注册登记的商标，不构成本罪；②假冒注册商标罪是在同一种商品上使用与其注册商标相同的商标，行为人在不同种类的商品上使用与其注册商标相同的商标或者在同一种商品上使用与其注册商标相类似的商标,均不构成本罪;③必须情节严重才构成假冒注册商标罪,没有达到情节严重的程度则不构成本罪。至于情节是否严重,一般取决于假冒注册商标违法所得或者销售金额的数额是否较大,是否多次实施假冒注册商标的行为,假冒注册商标是否在国内外造成恶劣的影响,等等。

(四)假冒注册商标罪的刑事责任

根据《刑法》第213、220条的规定,犯本罪的,处3年以下有期徒刑或者拘役,并处或者单处罚金;情节特别严重的,处3年以上7年以下有期徒刑,并处罚金。单位犯本罪的,对单位判处罚金,并对其直接负责的主管人员和其他直接责任人员,依照上述规定处罚。

二、销售假冒注册商标的商品罪

销售假冒注册商标的商品罪,是指明知是假冒注册商标的商品而予以销售,销售金额数额较大的行为。本罪的客体是国家的商标管理制度和注册商标所有人的商标专用权。本罪在客观上表现为违反国家商标管理法规,销售明知是假冒注册商标的商品,销售金额数额较大的行为。本罪主体为一般主体,自然人与单位均可构成本罪。本罪在主观上出于故意,并且要明知是假冒注册商标的商品而予以销售。

根据《刑法》第214、220条的规定,犯本罪的,处3年以下有期徒刑或者拘役,并处或者单处罚金;销售金额数额巨大的,处3年以上7年以下有期徒刑,并处罚金。单位犯本罪的,对单位判处罚金,并对其直接负责的主管人员和其他直接责任人员,依照上述规定处罚。

三、非法制造、销售非法制造的注册商标标识罪

非法制造、销售非法制造的注册商标标识罪,是指违反国家商标管理法规,故意伪造、擅自制造他人的注册商标标识,或者销售伪造、擅自制造注册他人的商标标识,情节严重的行为。本罪的客体是国家的商标管理制度和注册商标所有人的商标专用权。本罪在客观上表现为违反国家商标管理法规,伪造、擅自制造他人的注册商标标识,或者销售伪造、擅自制造注册他人的商标标识,情节严重的行为。本罪主体为一般主体,自然人与单位均可构成本罪。本罪在主观上出于故意。

根据《刑法》第215、220条的规定,犯本罪的,处3年以下有期徒刑、拘役或者管制,并处或者单处罚金;情节特别严重的,处3年以上7年以下有期徒刑,并处罚金。单位犯本罪的,对单位判处罚金,并对其直接负责的主管人员和其他直接责任人员,依照上述规定处罚。

四、假冒专利罪

假冒专利罪,是指违反国家专利法规,故意假冒他人专利,情节严重的行为。本罪的客体为国家的专利管理制度和专利权人的专利专用权。本罪在客观上表现为违反国家专利法规,假冒他人专利,情节严重的行为。本罪成立必须具备两个条件:①假冒专利的行为发生在专利权的有效期限内。根据《专利法》的规定,发明专利的有效期限为20年,实用新型和外观设计的有效期限为10年。②行为人实施了假冒他人专利权的行为。假冒专利的行为,主要表现为未经专利权人许可而擅自使用他人专利。本罪主体为一般主体,自然人与单位均可构成本罪。本罪在主观上出于故意。

根据《刑法》第216、220条的规定,犯本罪的,处3年以下有期徒刑或者拘役,并处或者单处罚金。单位犯本罪的,对单位判处罚金,并对其直接负责的主管人员和其他直接责任人员,依照上述规定处罚。

五、侵犯著作权罪

侵犯著作权罪,是指违反国家著作权管理法规,以营利为目的,侵犯他人著作权,违法所得数额较大或者有其他严重情节的行为。本罪的客体为国家的著作权管理制度和著作权人的合

法权益。本罪在客观上表现为违反国家著作权管理法规，侵犯他人著作权，违法所得数额较大或者有其他严重情节的行为。主要表现为以下几种形式：①未经著作权人许可，复制发行其文字作品、音乐、电影、电视、录像作品、计算机软件及其他作品的；②出版他人享有专有出版权的图书的；③未经录音录像制作者许可，复制发行其制作的录音录像的；④制作、出售假冒他人署名的美术作品的。本罪要求数额较大或者有其他严重情节才能构成。所谓"数额较大"，根据最高人民法院1998年通过的《关于审理非法出版物刑事案件具体应用法律若干问题的解释》的规定，是指个人违法所得在5万元以上20万元以下，单位违法所得数额在20万元以上100万元以下。所谓"有其他严重情节"，指下列三种情况：①因侵犯著作权曾经2次以上被追究行政责任或者民事责任，2年内又实施《刑法》第217条所列侵犯著作权的行为之一的；②个人非法经营数额在20万元以上，单位非法经营数额在100万元以上的；③造成其他严重后果的。本罪主体为一般主体，自然人和单位均可构成本罪。本罪在主观上出于故意，并且以营利为目的。

根据《刑法》第217、220条的规定，犯本罪的，处3年以下有期徒刑或者拘役，并处或者单处罚金；违法所得数额巨大或者有其他特别严重情节的，处3年以上7年以下有期徒刑，并处罚金。单位犯本罪的，对单位判处罚金，并对其直接负责的主管人员和其他直接责任人员依照上述规定处罚。

六、销售侵权复制品罪

销售侵权复制品罪，是指以营利为目的，销售明知是侵犯他人著作权的复制品，违法所得数额巨大的行为。本罪的客体为国家的著作权管理制度和著作权人的合法权益。本罪在客观上表现为违反国家著作权管理法规，销售侵权复制品，违法所得数额巨大的行为。所谓"数额巨大"，根据最高人民法院1998年通过的《关于审理非法出版物刑事案件具体应用法律若干问题的解释》的规定，是指个人违法所得数额在10万元以上，单位违法所得数额在50万元以上。

根据《刑法》第218、220条的规定，犯本罪的，处3年以下有期徒刑或者拘役，并处或者单处罚金。单位犯本罪的，对单位判处罚金，并对其直接负责的主管人员和其他直接责任人员，依照上述规定处罚。

七、侵犯商业秘密罪

（一）侵犯商业秘密罪的概念

侵犯商业秘密罪，是指违反国家有关商业秘密的保护法规，以盗窃、利诱、胁迫、披露或者擅自使用等不正当手段，侵犯他人商业秘密，给商业秘密权利人造成重大损失的行为。

（二）侵犯商业秘密罪的特征

1. 本罪的客体是复杂客体，包括商业秘密权利人的合法权益和国家有关商业秘密的保护制度。商业秘密，是指不为公众所知悉，能为权利人带来经济利益，具有实用性并经权利人采取保密措施的技术信息和经营信息。

2. 本罪在客观上表现为侵犯他人商业秘密，给商业秘密的权利人造成重大损失的行为。商业秘密的权利人，是指商业秘密的所有人和经商业秘密所有人许可的商业秘密使用人。侵犯商业秘密的行为主要有三种表现形式：①以盗窃、利诱、胁迫或者其他不正当手段获取权利人的商业秘密的；②披露、使用或者允许他人使用以前项手段获取的权利人的商业秘密的；③违反约定或者违反权利人有关保守商业秘密的要求，披露、使用或者允许他人使用其所掌握的商业秘密的。同时根据《刑法》第219条第2款的规定，明知或者应知是上述三种行为，获取、使用或者披露他人的商业秘密的，以侵犯商业秘密论。

3. 本罪主体为一般主体，自然人与单位均可构成本罪。

4. 本罪在主观上出于故意。

（三）侵犯商业秘密罪的认定

1. 划清侵犯商业秘密罪与不正当竞争行为的界限。二者的区别主要在于侵犯商业秘密罪的构成必须要求造成重大损失。所谓重大损失，一般应该从商业秘密的研制开发成本，商业秘密的使用、转让情况，商业秘密所具有的市场价值，商业秘密权利人所遭受的实际损失，行为人对商业秘密的窃取、披露、使用程度等各方面进行综合考虑。没有造成重大损失的，则为不正当竞争的违法行为，应由工商行政管理部门进行行政处罚。

2. 划清侵犯商业秘密罪与故意泄露国家秘密罪、非法获取国家秘密罪的界限。它们的区别主要在于对象不同。侵犯商业秘密罪所侵犯的是商业秘密，而故意泄露国家秘密罪、非法获取国家秘密罪所侵犯的是国家秘密。如果该商业秘密又被规定为国家秘密的，则应以故意泄露国家秘密罪、非法获取国家秘密罪论处。

（四）侵犯商业秘密罪的刑事责任

根据《刑法》第219条第1款、第220条的规定，犯本罪的，处3年以下有期徒刑或者拘役，并处或者单处罚金；造成特别严重后果的，处3年以上7年以下有期徒刑，并处罚金。单位犯本罪的，对单位判处罚金，并对其直接负责的主管人员和其他直接责任人员，依照上述规定处罚。

第九节　扰乱市场秩序罪

一、损害商业信誉、商品声誉罪

损害商业信誉、商业声誉罪，是指违反反不正当竞争的管理法规，捏造并散布虚假事实，损害他人商业信誉、商业声誉，给他人造成重大损失或者有其他严重情节的行为。本罪的客体是他人的商业信誉、商品声誉。本罪在客观上表现为违反反不正当竞争的管理法规，捏造并散布虚假事实，损害他人商业信誉、商品声誉，给他人造成重大损失或者有其他严重情节的行为。本罪主体为一般主体，自然人与单位均可构成本罪。本罪在主观上出于故意，且行为人具有损害他人商业信誉、商品声誉的目的。

根据《刑法》第221、231条的规定，犯本罪的，处2年以下有期徒刑或者拘役，并处或者单处罚金。单位犯本罪的，对单位判处罚金，并对其直接负责的主管人员和其他直接责任人员，依照上述规定处罚。

二、虚假广告罪

（一）虚假广告罪的概念

虚假广告罪，是指广告主、广告经营者、广告发布者违反国家规定，利用广告对商品或者服务作虚假宣传，情节严重的行为。

（二）虚假广告罪的特征

1. 本罪的客体是复杂客体，包括国家的广告管理制度和消费者的合法权益。

2. 本罪在客观上表现为违反国家规定，利用广告对商品或者服务做虚假宣传，情节严重的行为。虚假宣传包括两种情况：①对商品或者服务做夸大失实的宣传；②对商品或者服务做含义模糊、令人费解的宣传。所谓"国家规定"，主要是指行为人的行为违反了《广告法》《反不正当竞争法》以及相关的有关广告管理的法律、行政法规以及规章制度。

3. 本罪是特殊主体的犯罪，广告主、广告经营者、广告发布者才能构成本罪。

4. 本罪在主观上出于故意。

（三）虚假广告罪的认定

1. 注意划清虚假广告罪与非罪的界限。虚假广告宣传必须情节严重才构成犯罪。所谓"情节严重"，刑法上并没有作明确的规定，在司法实践中一般是指虚假广告使用户和消费者蒙受重大损失，引起不良的社会反映，广告主、广告经营者、广告发布者获得巨大的非法利益，使同类的生产经营者遭受重大损失等。如果没有达到情节严重的程度，则不构成犯罪，应当由工商行政管理部门进行行政处罚。

2. 注意划清虚假广告罪与损害商业信誉、商品声誉罪的界限。二者的区别在于：

（1）侵犯的客体不同。虚假广告罪侵犯的是国家的广告管理制度和消费者的合法权益；损害商业信誉、商品声誉罪侵犯的是他人的商业信誉、商品声誉和财产所有权。

（2）客观方面不同。虚假广告罪是以广告手段进行虚假宣传，并不要求对他人的商业信誉、商品声誉造成损害；而损害商业信誉、商品声誉罪，则必然造成使他人商业信誉、商品声誉受到损害的结果。

（3）主体不同。虚假广告罪的主体是广告主、广告经营者、广告发布者；而损害商业信誉、商品声誉罪的主体是一般主体。

3. 注意划清虚假广告罪与诈骗罪的界限。利用广告手段进行的诈骗罪，行为人在主观上具有非法占有他人财物的目的，不存在提供给消费者以商品或者服务的目的。而虚假广告罪，在内容上虽然虚构事实，但并没有非法占有他人财物的目的，而是意图利用欺骗和误导的手段提供商品或者服务，在经济上获利。

（四）虚假广告罪的刑事责任

根据《刑法》第222、231条的规定，犯本罪的，处2年以下有期徒刑或者拘役，并处或者单处罚金。单位犯本罪的，对单位判处罚金，并对其直接负责的主管人员和其他直接责任人员，依照上述规定处罚。

三、串通投标罪

串通投标罪，是指投标人相互串通投标报价，损害招标人或者其他投标人的权益，情节严重的行为，或者投标人与招标人串通投标，损害国家、集体、公民的合法权益的行为。本罪的客体是投标人、招标人以及国家、集体、公民的合法权益。本罪在客观上表现为两种方式：①投标人相互串通投标报价，损害招标人或者其他投标人的利益，情节严重的行为；②投标人与招标人串通投标，损害国家、集体、公民的合法权益的行为。后者的串通行为，不限于对投标报价的串通，还包括就报价以外的其他事项进行串通。由于后者的危害性重于前一种行为，故后者成立犯罪不以情节严重为要件。本罪主体为投标人与招标人，自然人与单位均可构成本罪。本罪在主观上出于故意。

根据《刑法》第223、231条的规定，犯本罪的，处3年以下有期徒刑或者拘役，并处或者单处罚金。单位犯本罪的，对单位判处罚金，并对其直接负责的主管人员和其他直接责任人员，依照上述规定处罚。

四、合同诈骗罪

（一）合同诈骗罪的概念

合同诈骗罪，是指以非法占有为目的，在签订、履行合同过程中，骗取对方当事人财物，数额较大的行为。

（二）合同诈骗罪的特征

1. 本罪的客体是复杂客体，包括国家对经济合同的管理制度和合同对方当事人的合法权益。

2. 本罪在客观上表现为在签订、履行合同过程中，骗取对方当事人财物，数额较大的行为。具体的行为方式有以下几种：①以虚构的单位或者冒用他人名义签订合同的；②以伪造、变造、作废的票据或者其他虚假的产权证明作担保的；③没有实际履行能力，以先履行小额合同或者部分履行合同的方法，诱骗对方当事人继续签订和履行合同的；④收受对方当事人给付的货物、货款、预付款或者担保财产后逃匿的；⑤以其他方法骗取对方当事人财物的。

3. 本罪主体为一般主体，自然人与单位均可构成本罪。

4. 本罪在主观上出于故意，并且有非法占有合同对方当事人财物的目的。

（三）合同诈骗罪的认定

1. 注意合同诈骗罪与合同纠纷的区别。合同纠纷，是指合同当事人双方对合同内容产生的争议。造成合同纠纷的原因主要有：因合同的订立所引起的纠纷，因合同的履行所引起的纠纷，因合同的变更、解除所引起的纠纷等。合同当事人一方或者双方并没有非法占有他人财物的目的。因此，一般的合同纠纷，合同当事人违约一方应承担民事责任。合同诈骗罪，则是利用合同手段骗取他人财物，与合同纠纷有着本质的区别。

2. 注意合同诈骗罪与诈骗罪的区别。二者区分的关键在于合同诈骗罪是采用特定的手段，即利用签订、履行合同的方式进行诈骗，与诈骗罪之间存在着普通条款与特殊条款的关系。

（四）合同诈骗罪的刑事责任

根据《刑法》第224、231条的规定，犯本罪的，处3年以下有期徒刑或者拘役，并处或者单处罚金；数额巨大或者有其他严重情节的，处3年以上10年以下有期徒刑，并处罚金；数额特别巨大的或者有其他特别严重情节的，处10年以上有期徒刑或者无期徒刑，并处罚金或者没收财产。单位犯本罪的，对单位判处罚金，并对其直接负责的主管人员和其他直接责任人员，依照上述规定处罚。

五、组织、领导传销活动罪

组织、领导传销活动罪，是指组织、领导以推销商品、提供服务等经营活动为名，要求参加者以缴纳费用或者购买商品、服务等方式获得加入资格，并按照一定顺序组成层级，直接或者间接以发展人员的数量作为计酬或者返利依据，引诱、胁迫参加者继续发展他人参加，骗取财物，扰乱经济社会秩序的传销活动的行为。本罪客体为正常的社会经济秩序。本罪在客观上表现为组织、领导传销活动的行为。所谓的"传销活动"，应当具备以下几个条件：①以推销商品、提供服务等经营活动为名，要求参加者以缴纳费用或者购买商品、服务等方式获得加入资格；②按照一定顺序组成层级；③直接或者间接以发展人员的数量作为计酬或者返利依据，引诱、胁迫参加者继续发展他人参加；④骗取财物；⑤扰乱经济社会秩序。需要注意的是，进行传销活动本身并不构成犯罪，刑法打击的是组织、领导传销活动的行为。本罪主体为一般主体，是传销活动的组织者、领导者。本罪在主观上出于故意。

根据《刑法》第224条之一的规定，犯本罪的，处5年以下有期徒刑或者拘役，并处罚金；情节严重的，处5年以上有期徒刑，并处罚金。

六、非法经营罪

非法经营罪，是指违反国家规定，故意从事非法经营，扰乱市场秩序，情节严重的行为。本罪的客体是国家对市场的管理制度。本罪在客观方面表现为违反国家规定，从事非法经营活动，扰乱市场秩序，情节严重的行为。根据《刑法》第225条和全国人大常委会《关于惩治骗购外汇、逃汇和非法买卖外汇犯罪的决定》的规定，非法经营的活动主要有以下几种表现形式：①未经许可经营法律、行政法规规定的专营、专卖物品或者其他限制买卖的商品的；②买卖进出口许可证、进出口原产地证明以及其他法律、行政法规规定的经营许可证或者批准文件的;③在国家规定的交易场所以外非法买卖外汇,扰乱市场秩序,情节严重的;④未经国家有关部门批准,非法经营证券、期货或者保险业务的,或者非法从事资金支付结算业务的;⑤其他严重扰乱市场管理秩序的非法经营行为,例如,传销、哄抬物价、压价倾销等。本罪要求情节严重才能构成。本罪主体为一般主体,自然人与单位均可构成本罪。本罪在主观上出于故意。

根据《刑法》第225、231条以及全国人大常委会《关于惩治骗购外汇、逃汇和非法买卖外汇犯罪的决定》的规定,犯本罪的,处5年以下有期徒刑或者拘役,并处或者单处违法所得1倍以上5倍以下的罚金;情节特别严重的,处5年以上有期徒刑,并处违法所得1倍以上5倍以下的罚金或者没收财产。单位犯本罪的,对单位判处罚金,并对其直接负责的主管人员和其他直接责任人员,依照上述规定处罚。

七、强迫交易罪

强迫交易罪,是指以暴力、胁迫手段强行与他人进行交易活动,情节严重的行为。本罪的客体为国家的市场管理制度和他人的财产权益、人身权利。本罪在客观上表现为以暴力、胁迫手段,实施下列情节严重的行为之一:①强买强卖商品的;②强迫他人提供或者接受服务的;③强迫他人参与或者退出投标、拍卖的;④强迫他人转让或者收购公司、企业的股份、债券或者其他资产的;⑤强迫他人参与或者退出特定的经营活动的。本罪主体为一般主体,自然人或者单位均可构成本罪。本罪在主观上出于故意。

根据《刑法》第226、231条的规定,犯本罪的,处3年以下有期徒刑或者拘役,并处或者单处罚金;情节特别严重的,处3年以上7年以下有期徒刑,并处罚金。单位犯本罪的,对单位判处罚金,并对其直接负责的主管人员和其他直接责任人员,依照上述规定处罚。

八、伪造、倒卖伪造的有价票证罪

伪造、倒卖伪造的有价票证罪,是指伪造或者倒卖伪造的车票、船票、邮票或者其他有价票证,数额较大的行为。本罪客体为国家对有价票证的管理制度。本罪在客观上表现为伪造或者倒卖伪造的车票、船票、邮票或者其他有价票证,数额较大的行为。本罪主体为一般主体,自然人或者单位均可构成本罪。本罪在主观上出于故意。

根据《刑法》第227条第1款、第231条的规定,犯本罪的,处2年以下有期徒刑、拘役或者管制,并处或者单处票证价额1倍以上5倍以下的罚金;数额巨大的,处2年以上7年以下有期徒刑,并处票证价额1倍以上5倍以下的罚金。单位犯本罪的,对单位判处罚金,并对其直接负责的主管人员和其他直接责任人员,依照上述规定处罚。

九、倒卖车票、船票罪

倒卖车票、船票罪,是指以非法牟利为目的,倒卖车票、船票,情节严重的行为。本罪客体是国家对车票、船票的管理制度。本罪在客观上表现为倒卖车票、船票,情节严重的行为。本罪主体为一般主体,自然人与单位均可构成本罪。本罪在主观上出于故意。

根据《刑法》第227条第2款、第231条的规定,犯本罪的,处3年以下有期徒刑、拘役或者管制,并处或者单处票证价额1倍以上5倍以下的罚金。单位犯本罪的,对单位判处罚金,并对其直接负责的主管人员和其他直接责任人员,依照上述规定处罚。

十、非法转让、倒卖土地使用权罪

非法转让、倒卖土地使用权罪,是指以牟利为目的,违反土地管理法规,非法转让、倒卖土地使用权,情节严重的行为。本罪的客体是国家的土地管理制度。本罪在客观上表现为违反土地管理法规,非法转让、倒卖土地使用权,情节严重的行为。根据最高人民法院《关于审理破坏土地资源刑事案件具体应用法律若干问题的解释》的规定，具有下列情形之一的，属于非法转让、倒卖土地使用权"情节严重"：①非法转让、倒卖基本农田5亩以上的；②非法转让、倒卖基本农田以外的耕地10亩以上的；③非法转让、倒卖其他土地20亩以上的；④非法获利50万元以上的；⑤非法转让、倒卖土地接近上述数量标准并具有其他恶劣情节的，如曾因非法转让、倒卖土地使用权受过行政处罚或者造成严重后果等。具有下列情形之一的，属于转让、倒卖土地使用权"情节特别严重"：①非法转让、倒卖基本农田10亩以上的；②非法转让、倒卖基本农田以外的耕地20亩以上的；③非法转让、倒卖其他土地40亩以上的；④非法获利100万元以上的；⑤非法转让、倒卖土地接近上述数量标准并具有其他恶劣情节，如造成严重后果等。本罪主体为一般主体，自然人或者单位均可构成本罪。本罪在主观上出于故意。

根据《刑法》第228、231条的规定，犯本罪的，处3年以下有期徒刑或者拘役，并处或者单处非法转让、倒卖土地使用权价额5%以上20%以下的罚金；情节特别严重的，处3年以上7年以下有期徒刑，并处非法转让、倒卖土地使用权价额5%以上20%以下罚金。单位犯本罪的，对单位判处罚金，并对其直接负责的主管人员和其他直接责任人员，依照上述规定处罚。

十一、提供虚假证明文件罪

提供虚假证明文件罪，是指承担资产评估、验资、验证、会计、审计、法律服务等职责的中介组织的人员，故意提供虚假的证明文件，情节严重的行为。本罪的客体是国家对中介市场的管理制度。本罪在客观上表现为承担资产评估、验资、验证、会计、审计、法律服务等职责的中介组织的人员，故意提供虚假的证明文件，情节严重的行为。本罪是特殊主体的犯罪，承担资产评估、验资、验证、会计、审计、法律服务等职责的中介组织及其人员均可构成本罪。本罪在主观上出于故意。

根据《刑法》第229条第1、2款、第231条的规定，犯本罪的，处5年以下有期徒刑或者拘役，并处罚金；索取他人财物或者非法收受他人财物的，处5年以上10年以下有期徒刑，并处罚金。单位犯本罪的，对单位判处罚金，并对其直接负责的主管人员和其他直接责任人员，依照上述规定处罚。

十二、出具证明文件重大失实罪

出具证明文件重大失实罪，是指承担资产评估、验资、验证、会计、审计、法律服务等职责的中介组织的人员，严重不负责任，出具的证明文件有重大失实，造成严重后果的行为。本罪的客体是国家对中介市场的管理制度。本罪在客观上表现为承担资产评估、验资、验证、会计、审计、法律服务等职责的中介组织的人员，严重不负责任，出具的证明文件有重大失实，造成严重后果的行为。本罪是特殊主体的犯罪，承担资产评估、验资、验证、会计、审计、法律服务等职责的中介组织及其人员均可构成本罪。本罪在主观上出于过失。

根据《刑法》第229条第3款、第231条的规定，犯本罪的，处3年以下有期徒刑或者拘役，并处或者单处罚金。单位犯本罪的，对单位判处罚金，并对其直接负责的主管人员和其他直接责任人员，依照上述规定处罚。

十三、逃避商检罪

逃避商检罪，是指违反进出口商品检验法的规定，逃避商品检验，将必须经商检机构检验的进口商品未报经检验而擅自销售、使用，或者将必须经商检机构检验的出口商品未报经检验合格而擅自出口，情节严重的行为。本罪的客体是国家的进出口商品检验制度。本罪在客观上表现为违反进出口商品检验法的规定，逃避商品检验，将必须经商检机构检验的进口商品未报经检验而擅自销售、使用，或者将必须经商检机构检验的出口商品未报经检验合格而擅自出口,情节严重的行为。本罪主体为一般主体,自然人与单位均可构成本罪。本罪在主观上出于故意。

根据《刑法》第230、231条的规定,犯本罪的,处3年以下有期徒刑或者拘役,并处或者单处罚金。单位犯本罪的,对单位判处罚金,并对其直接负责的主管人员和其他直接责任人员,依照上述规定处罚。

学术视野

一、保险诈骗罪的共同犯罪形态的认定

保险诈骗罪的共同犯罪的认定,主要应当注意以下两个问题:

(一)保险事故的鉴定人、证明人、财产评估人参与保险诈骗的认定

《刑法》第198条第4款规定:"保险事故的鉴定人、证明人、财产评估人故意提供虚假的证明文件,为他人诈骗提供条件的,以保险诈骗的共犯论处。"需要注意的是,以上人员的行为是否构成保险诈骗罪,取决于两个条件:①其所帮助的行为人所实施的保险诈骗行为是否构成保险诈骗罪。如果投保人、被保险人、受益人所实施的保险诈骗行为尚没有达到刑法规定的犯罪的程度,那么,为其提供帮助的行为人自然也不构成共同犯罪。②保险事故的鉴定人、证明人、财产评估人与保险诈骗的行为人之间是否存在着共同的犯罪故意,即是否明知其所作的虚假证明文件是用于保险诈骗的。只有这两个条件同时具备,才能成为保险诈骗罪的共犯。

(二)保险公司工作人员与投保人、被保险人、受益人相互勾结,共同实施保险诈骗罪的认定

由于根据《刑法》第183条的规定,保险公司的工作人员利用职务上的便利,故意编造未曾发生的保险事故进行虚假理赔,骗取保险金归自己所有的,以职务侵占罪或贪污罪定罪处罚。因此,当保险公司工作人员与投保人、被保险人或者受益人相勾结,共同诈骗保险金时,究竟是按照保险诈骗罪定罪处罚,还是按照职务侵占罪、贪污罪定罪处罚,刑法理论界与司法实践界对此有较大的争议,形成了不同的理论观点。有主犯决定说,即根据各自在共同犯罪中的作用来确定。如果保险公司的工作人员为主犯,则应根据该工作人员是否具有国家工作人员身份,认定为职务侵占罪或贪污罪;如果投保人、被保险人、受益人为主犯,则各共同犯罪人均应认定为保险诈骗罪。有特殊身份说,即按照保险公司工作人员这一特殊身份,将各共同犯罪人认定为职务侵占罪或者贪污罪。有一般主体说,即保险公司工作人员与保险诈骗行为人共同诈骗的,以保险诈骗的共犯论处。还有区别对待说,即保险公司的工作人员如果利用了职务之便,实施了共同的保险诈骗行为,则应认定为职务侵占罪或贪污罪;若是没有利用职务之便,则应认定为保险诈骗罪。我们认为,相对而言,区别对待说更加具有合理性。

二、合同诈骗罪的犯罪对象的认定

合同诈骗罪是复杂客体的犯罪。合同诈骗的犯罪,既破坏了国家的合同管理制度,也破坏了正常的市场交易秩序,同时,还对合同对方当事人的财产的所有权造成了侵犯。

本罪的对象是公私财产。由于财产的种类繁多,因此,在司法实践中,一些较为特殊的财产能否成为本罪的对象呢?具体说来,财产包括以下几个问题:

(一)不动产能否成为本罪的对象

不动产,就是指不能移动的财产,如土地、房屋等。虽然在司法实践中,利用合同诈骗他人不动产的犯罪较为少见,但也并非不可能实施。行为人完全有可能通过签订合同的方式骗取他人房产、厂房等不动产。因此,本罪的犯罪对象应当包括不动产。

（二）知识产权能否成为本罪的对象

有学者认为，知识产权不能成为合同诈骗罪的犯罪对象。其理由是商标权、专利权、著作权等，是依附于有形的载体之上的，"行为人骗取了有形的知识产权载体，并不意味着权利人就失去了对这些知识产权的所有权"。笔者认为，这一观点值得商榷。虽然权利人对这些知识产权的所有权确实有可能并没有受到侵害，然而，知识产权原本具有专属性，在权利人没有将相关权利转让给他人之前，知识产权只能归属于权利人自己所有。在实际中，行为人完全可以通过虚构事实、隐瞒真相的方式，骗取权利人与之签订技术转让合同、注册商标转让合同，以此骗得知识产权，破坏了知识产权人原本所有的专属权，并从中获取非法利益。因此，笔者认为，知识产权是可以成为合同诈骗罪的犯罪对象的。

（三）非法占有的财产能否成为本罪的对象

对于他人非法占有的财产，如赃物能否成为本罪的对象，一度也曾有过争议。有观点认为，公民个人的财物，仅限于公民个人所有的合法财物，公民非法占有的财物不能成为本罪的对象。这一观点无疑有失偏颇。如果据此推论，抢劫小偷偷来的财物，由于该财物并非小偷合法占有，因此不能成为抢劫的对象，这一结论明显是不妥的。我们认为，合法占有还是非法占有，仅仅表明的是对财物的一种占有状态，而这种状态并不能改变依附在财物上的权利关系。对于犯罪人而言，他所关心的，并不是该财物归谁所有，而是要通过自己的行为侵犯该财产的权利。因此，无论财产是合法占有的还是非法占有的，均不影响合同诈骗罪的成立。

（四）违禁物品能否成为本罪的对象

违禁物品是指根据国家法律、法规的规定，禁止公民个人持有、使用的物品，如枪支、弹药、毒品等。对于违禁物品能否成为合同诈骗罪的对象，我国司法界一般对此持肯定的态度。同时，最高人民法院、最高人民检察院2013年颁布的《关于办理盗窃刑事案件适用法律若干问题的解释》中，明确规定违禁品可以成为盗窃犯罪的对象。作为同样是侵财类的犯罪，违禁品自然也能成为合同诈骗罪的犯罪对象。

理论思考与实务应用

一、理论思考

（一）名词解释

走私普通货物、物品罪　非法经营同类营业罪　非法吸收公众存款罪　洗钱罪　集资诈骗罪　逃税罪　虚假广告罪　非法经营罪

（二）简答题

1. 简述生产、销售伪劣产品罪的行为方式。
2. 简述走私普通货物、物品罪的构成特征。
3. 简述洗钱罪的构成特征。
4. 简述信用卡诈骗罪的行为方式。
5. 简述合同诈骗罪与合同纠纷的界限。
6. 简述强迫交易罪与寻衅滋事罪的界限。

（三）论述题

1. 生产、销售伪劣产品罪与生产、销售假药罪，生产销售劣药罪等罪名之间是什么关系，应如何适用刑法？
2. 间接走私是如何认定的？武装掩护走私或者暴力抗拒缉私的行为应如何认定？
3. 如何认识伪造、出售、贩卖、运输以及持有、使用假币行为的罪数？

4. 论述金融诈骗犯罪、合同诈骗罪与诈骗罪的界限。

二、实务应用
（一）案例分析示范

案例一

某冷冻设备有限公司系某市冷气机厂与国外某制冷设备企业合资成立的独立公司。1997年，某冷气机厂与外方合作，共同开发环保制冷设备，并获得100套制冷压缩机的免税额度。1998年12月~2000年7月间，某冷冻设备有限公司利用冷气机厂免税进口制冷压缩机的额度，采取伪报贸易性质的方式，免税进口制冷压缩机75台，然后生产制成制冷压缩机组在国内销售，经海关核定，偷逃应缴税款290余万元。

问：如何理解《刑法》第154条的规定？

【评析】本案中，被告单位构成走私普通货物罪。根据《刑法》第154条的规定，以下两种行为构成犯罪的，依照走私普通货物、物品罪定罪处罚：①未经海关许可并且未补缴应缴税额，擅自将批准进口的来料加工、来件装配、补偿贸易的原材料、零件、制成品、设备等保税货物，在境内销售牟利的；②未经海关许可并且未补缴应缴税额，擅自将特定减税、免税进口的货物、物品，在境内销售牟利的。本案中的被告人擅自将免税的制冷压缩机在境内销售牟利，从中赚取巨额差价，偷逃应缴海关关税数额特别巨大，完全符合《刑法》第154条的有关规定，因此构成走私普通货物罪。

案例二

庞某，男，34岁，无业。

王某，男，40岁，无业。

被告人庞某自2001年下半年起多次参与赌博，先后欠下3万余元的赌债，其中欠王某1万元。2002年5月，庞某从他人处购得伪造的人民币5万元，并试图以此归还赌债，但被王某识破。庞某表示愿将5万元假币全部交给王某抵债，王某表示同意。2002年8月，庞某在参与赌博时被抓获。经过政策教育，庞某交待了上述行为。公安人员从王某的床下查获了全部5万元假币。

问：庞某是否构成使用假币罪，王某的行为如何界定？

【评析】本案中，庞某不构成使用假币罪。本案中，从表面上看，庞某使用了假币冲抵赌债，看似使用假币，但其行为从实质上看是一种出售假币的行为，等于是庞某将5万元假币以1万元的价格出卖给了王某。庞某的出售行为与王某的购买行为形成了一种对合关系。而使用假币罪则不存在这种对合关系，是使用者单方面的行为。因此，本案中庞某应构成出售假币罪。

王某构成购买假币罪。虽然王某的行为从表面上看并不是一种购买行为，但在实质上却是用庞某欠自己的1万元购买庞某的5万元假币的行为，因此，王某构成购买假币罪。

案例三

余某，男，1982年8月19日生，汉族。

被告人余某于2002年7月起，在易趣网上注册了"yuyedatou"的网名，通过网上交易进行公开销售假冒世界名牌"阿迪达斯""耐克"注册商标的运动鞋。在2003年2月~2004年10月期间，共计销售假冒"阿迪达斯""耐克"注册商标的品牌运动鞋近1800双，销售金额达人民币19万余元。

问：本案中，余某的行为构成销售伪劣产品罪还是销售假冒注册商标的商品罪？

【评析】本案中，余某构成销售假冒注册商标的商品罪。销售伪劣产品罪与销售假冒注册商标的商品罪有类似之处，但是销售伪劣产品罪要求销售的是质量低劣的产品。如果"伪而不劣"，其产品的质量符合国家的有关质量要求，那么就不构成销售伪劣产品罪。本案中，被告人余某销售的假冒世界名牌的产品，并不是劣质产品，其行为侵害相关产品的商标权，因此构成销售假冒注册商标的商品罪。如果余某销售的产品既是假冒产品，又是劣质产品的话，其行为同时触犯销售伪劣产品罪和销售假冒注册商标的商品罪，二者之间存在想象竞合的关系，应择一重罪，即按销售伪劣产品罪定罪处罚。

(二) 案例分析实训

案例一

被告人朱某某，男，1968年6月10日生，无业。

被告人詹某某，女，1972年6月5日生，无业。

经依法审查查明：2009年10月起，被告人朱某某、詹某某经合谋，利用租用的上海市某区一农户房屋进行假烟销售活动。2010年4月15日，公安民警在上述地点查获"大前门""利群"等各品牌卷烟4873条，并当场将朱某某、詹某某抓获。经鉴定，上述查获的卷烟均系假冒伪劣卷烟，共计价值人民币248 539元。

问：香烟属于国家专卖商品，两名被告人的行为构成非法经营罪还是销售伪劣产品罪？

案例二

被告人宋某某，女，1957年11月18日生，无业。

经依法审查查明：2009年9月，被告人宋某某向被害人朱某某谎称自己拥有上海市某区一居民新村95号201室和某县长征农场某村1号101室两套房产，打算将上述二套房屋以30万元人民币的价格出售给被害人朱某某，并与其签订虚假的《购房协议书》。期间，被告人宋某某以收取定金为名先后骗得被害人人民币127 000元，被其用于偿还个人债务。

2005~2007年期间，被告人宋某某向被害人朱某某谎称自己有能力帮助其儿子参军，并能帮助被害人朱某某及家属等人动迁分房，之后以动迁分房需要通关系、所分房屋需要装修、安装防盗门等理由，先后骗取被害人朱某某人民币380 000元，后被告人宋某某归还给朱某某人民币21 650元，尚有人民币358 350元被被告人宋某某占为己有。

问：本案中，被告人宋某某的行为性质是否一致，应当如何认定？

案例三

被告人凌某甲，女，1974年2月4日生，无业。

经依法审查查明：2004年1月，被告人凌某甲在负债人民币181 000元且无正常收入的情况下，以申请消费贷款为名从被害人凌某乙（系被告人胞兄）处骗得凌某乙位于上海市某区某居民小区26号401室的房屋产权证、凌某乙的户口本、身份证等证明材料，于同年1月30日假冒凌某乙的名义与其本人签订房屋买卖合同，将该房产权转至自己名下，并以该房屋为抵押与中国银行浦东开发区支行签订《个人住房（二手房）抵押借款合同》，骗得银行贷款人民币181 000元，用于个人偿还债务。

问：本案中，被告人凌某甲的行为是合同诈骗还是贷款诈骗？

第五章

侵犯公民人身权利、民主权利罪

【本章概要】侵犯公民人身权利、民主权利罪是指故意或者过失地侵犯公民的人身权利和其他与人身有直接关系的权利,以及公民参与国家政治活动的权利。本章所涉及的犯罪包括侵犯公民人身权利的犯罪和侵犯公民民主权利的犯罪,共分为侵犯公民人身生命、健康权利的犯罪,侵犯妇女、儿童身心健康的犯罪,侵犯人身自由的犯罪,侵犯公民人格、名誉的犯罪,侵犯少数民族合法权益的犯罪,侵犯公民民主权利的犯罪以及侵犯婚姻、家庭关系的犯罪等七大类型进行论述。着重研究刑法分则第四章所确定的各种侵犯公民人身权利、民主权利的犯罪的概念、构成特征,以及在认定这些犯罪时应当注意的问题,包括罪与非罪的界定、与类似的其他犯罪的区别、犯罪的停止形态以及罪数形态等,并介绍相关犯罪的刑事责任。

【学习目标】掌握本章各罪名的概念及构成特征;掌握本章各罪名在认定时应注意的问题;掌握本章各罪名的刑事责任。

第一节 侵犯公民人身权利、民主权利罪概述

一、侵犯公民人身权利、民主权利罪的概念以及特征

(一)侵犯公民人身权利、民主权利罪的概念

侵犯公民人身权利、民主权利罪是指故意或者过失地侵犯公民的人身权利和其他与人身有直接关系的权利,以及公民参与国家政治活动的权利。

侵犯公民人身权利、民主权利罪包括两个方面的犯罪,即侵犯公民人身权利的犯罪和侵犯公民民主权利的犯罪。公民的人身权利和民主权利紧密相联,人身权利是民主权利的基础,民主权利是人身权利的保障,因此,我国刑法将这两类犯罪合并在一章之内。

(二)侵犯公民人身权利、民主权利罪的特征

1. 本类犯罪侵犯的客体是公民的人身权利和民主权利以及其他和公民人身有直接关系的权利。所谓人身权利,是指与公民人身不可分割的权利,包括生命权、健康权、性的不可侵犯权、人身自由权、人格权、名誉权、婚姻自由权等多项权利。所谓民主权利,是指公民参与国家管理和社会政治活动的权利,包括批评、申诉、检举、控告的权利,选举权与被选举权,宗教信仰自由的权利。其他与公民人身有直接关系的权利包括居民住宅不受侵犯权、通信自由权、劳动权、休息权、受扶养权等权利。

2. 本类犯罪在客观上表现为侵犯公民人身权利、民主权利的行为。其中绝大多数犯罪只能以作为的方式实施,如强奸罪,强制猥亵、侮辱罪,拐卖妇女、儿童罪,刑讯逼供罪等。而如故意杀人罪、故意伤害罪等罪名,则既可以以作为方式实施,也可以以不作为方式实施。

3. 本类犯罪主体大多为一般主体,但如刑讯逼供罪,私自开拆、隐匿、毁弃邮件、电报罪等犯罪,要求主体具有特定的身份或从事特定的职业,因而是特殊主体的犯罪。

4. 本类犯罪除了过失致人死亡罪和过失致人重伤罪以外,其他罪都只能是出于故意,其

中有些犯罪如诬告陷害罪还要求行为人具有特定的目的。

二、侵犯公民人身权利、民主权利罪的种类

本类犯罪共涉及刑法31个条文，有41个具体的罪名，可以分成以下几大类：

1. 侵犯公民生命权利、健康权利的犯罪。包括故意杀人罪、过失致人死亡罪、故意伤害罪、组织出卖人体器官罪、过失致人重伤罪。

2. 侵犯公民性权利以及儿童身心健康的犯罪。包括强奸罪，强制猥亵、侮辱罪，猥亵儿童罪。

3. 侵犯公民人身自由的犯罪。包括非法拘禁罪，绑架罪，拐卖妇女、儿童罪，收买被拐卖的妇女、儿童罪，聚众阻碍解救被收买的妇女、儿童罪，诬告陷害罪，强迫劳动罪，雇用童工从事危重劳动罪，非法搜查罪，非法侵入住宅罪，刑讯逼供罪，暴力取证罪，虐待被监管人罪。

4. 侵犯人格、名誉的犯罪。包括侮辱罪、诽谤罪。

5. 侵犯少数民族合法权益的犯罪。包括煽动民族仇恨、民族歧视罪，出版歧视、侮辱少数民族作品罪，非法剥夺公民宗教信仰自由罪，侵犯少数民族风俗习惯罪。

6. 侵犯公民民主权利的犯罪。包括侵犯通信自由罪，私自开拆、隐匿、毁弃邮件、电报罪，侵犯公民个人信息罪，报复陷害罪，打击报复会计、统计人员罪，破坏选举罪。

7. 侵犯婚姻家庭的犯罪。包括暴力干涉婚姻自由罪，重婚罪，破坏军婚罪，虐待罪，虐待被监护、看护人罪，遗弃罪，拐骗儿童罪，组织残疾人、儿童乞讨罪，组织未成年人进行违反治安管理活动罪。

第二节 侵犯公民人身生命、健康权利的犯罪

一、故意杀人罪

（一）故意杀人罪的概念

故意杀人罪，是指故意非法剥夺他人生命的行为。

（二）故意杀人罪的特征

1. 本罪侵犯的客体是公民的生命权利。公民的生命权利，是公民享有权利、行使权利的基础，也是公民人身权利中最重要的权利。任何人的生命权利都必须受到法律的保护，因为生命对于每个人来说只有一次，因此侵犯他人生命权利的行为就成为严重的刑事犯罪。公民的生命权利开始于胎儿脱离母体、独立呼吸，直至脑死亡——大脑机能完全丧失为止。在母体中的胎儿不能被认定为有生命的人。

2. 本罪在客观上表现为非法剥夺他人生命的行为。①行为人实施的剥夺他人生命的行为是非法的，如果因正当防卫或者是执行死刑等原因而剥夺他人的生命，则不能被认为是故意杀人的行为；②行为人所实施的行为必须是剥夺他人生命的行为，如果剥夺的是自己的生命，即自杀行为，则不构成犯罪。故意杀人的行为方式，既可以是作为，也可以是不作为。

3. 本罪主体为一般主体。凡年满14周岁，具有刑事责任能力的自然人均可构成本罪。

4. 本罪在主观上出于故意，不论是直接故意还是间接故意，均可构成本罪。至于杀人的动机，不影响故意杀人罪的成立。

（三）认定故意杀人罪时应注意的问题

1. 关于自杀问题的认定。

（1）故意杀人罪是剥夺他人生命权利的行为，因此自己剥夺自己生命的自杀行为不符合故意杀人罪的构成特征，不认为是故意杀人罪。

（2）帮助他人自杀。帮助他人自杀是否构成故意杀人罪，关键取决于帮助行为与他人死亡的结果之间的关系。如果行为人的帮助直接导致他人的死亡，如应自杀人的要求将被害人杀死，行为人构成故意杀人罪。如果行为人的帮助行为只是为他人的自杀提供某种便利条件，如提供自杀场所，或者在精神上予以鼓励，则不应认定为构成故意杀人罪。如果帮助的对象是不具备刑事责任能力的人，则行为人的行为符合故意杀人罪的构成特征，应以故意杀人罪论处。

（3）教唆他人自杀。教唆他人自杀，是指使没有自杀意图的人产生自杀意图，实施自杀行为。如果被教唆者是意志完全自由的人，由于其自杀行为最终仍然出于本人的自由意志，因此对教唆者不以犯罪论处。如果被教唆者是无刑事责任能力人，对教唆者则应按照间接正犯处理，以故意杀人罪论处。

（4）胁迫、诱骗他人自杀，应按照故意杀人罪追究刑事责任。

（5）相约自杀。相约自杀是指自杀人相互约定共同自杀。相约自杀在司法实践中存在以下几种具体情况：①双方相约共同自杀，彼此之间不存在教唆、诱骗或者帮助的，自杀没有死亡的一方不应该对另一方的死亡承担故意杀人的刑事责任；②双方相约共同自杀，其中一方将另一方杀死后自杀未果或者放弃自杀意图，对此应以故意杀人罪论处；③以相约自杀的方式欺骗他人自杀，本人在主观上并没有自杀意图的，对此应以故意杀人罪论处；④在相约自杀的过程，自杀未果的一方对死亡的一方实施教唆或者帮助的，按照教唆、帮助他人自杀等有关处理原则进行处理。

2. 关于安乐死问题的认定。安乐死在本质上是一种受嘱托而杀人的行为。在司法实践中，一般将病人身患绝症，处于无法忍受的痛苦状态之中，由本人提出，并由医生以无痛苦方式实施的致其死亡的行为视为安乐死。在我国，目前还没有安乐死合法性的立法规定，因此，安乐死应按照故意杀人罪定罪量刑，但应被看成是情节较轻的情形。

（四）故意杀人罪的刑事责任

根据我国《刑法》第232条的规定，犯本罪的，处死刑、无期徒刑或者10年以上有期徒刑；情节较轻的，处3年以上10年以下有期徒刑。

二、过失致人死亡罪

（一）过失致人死亡罪的概念

过失致人死亡罪，是指行为人因过失而导致他人死亡的行为。

（二）过失致人死亡罪的特征

1. 本罪侵犯的客体是他人的生命权利。

2. 本罪在客观上表现为行为人实施了过失致人死亡的行为。行为人所实施的过失致人死亡的行为必须与他人死亡的后果之间存在因果关系。

3. 本罪主体为一般主体，凡年满16周岁，具有刑事责任能力的自然人均可构成本罪。

4. 本罪在主观上出于过失。

（三）过失致人死亡罪认定时应注意的问题

1. 过失致人死亡罪与故意杀人罪的区别。过失致人死亡罪和故意杀人罪的区别主要在于二者主观方面的不同。尤其应该注意的是过于自信的过失致人死亡罪与间接故意杀人罪的区别，二者的主要区别如下：①过于自信的过失致人死亡罪的行为人虽然已经预见到了行为可能造成危害结果，但轻信能够避免，因此事实上行为人认为他人死亡的结果不会发生；而间接故意杀人罪的行为人对于所预见到的他人死亡的危害结果，在主观上则是认为很有可能会发生。②过于自信的过失致人死亡罪，行为人对他人死亡的结果持反对态度；而间接故意杀人罪则不反对他人死亡的结果出现，对此持放任的心理态度。

2. 过失致人死亡罪与意外事件之间的区别。过失致人死亡罪与意外事件之间，主要应当区分疏忽大意的过失致人死亡与意外事件之间的区别。二者的界限在于，疏忽大意的过失，行为人在主观上是能够预见他人死亡的危害结果发生的；而意外事件，行为人对于危害结果则无法预见。

3. 如何理解"本法另有规定的"？《刑法》第 233 条规定："……本法另有规定的，依照规定。"这里是指刑法规定的其他的能够造成他人死亡的过失犯罪，例如失火罪、过失爆炸罪、重大责任事故罪、交通肇事罪等犯罪。这些犯罪与过失致人死亡罪之间存在着法条竞合的关系，对此，应按照特别法优于普通法的原则，以特别条款处理。

（四）过失致人死亡罪的刑事责任

我国《刑法》第 233 条规定，犯本罪的，处 3 年以上 7 年以下有期徒刑；情节较轻的，处 3 年以下有期徒刑。

三、故意伤害罪

（一）故意伤害罪的概念

故意伤害罪，是指故意非法损害他人身体健康的行为。

（二）故意伤害罪的特征

1. 本罪侵犯的客体是他人的身体健康权利。

2. 本罪在客观上表现为非法损害他人健康的行为。①伤害行为必须是非法的，如果是由于职务行为、正当防卫、紧急避险等原因造成他人伤害，不构成犯罪；②伤害行为必须是侵害他人身体健康的行为，伤害自己的身体健康，不构成犯罪，但如果军人在战时自伤身体逃避作战义务的，构成战时自伤罪；③伤害行为必须造成他人身体健康受到伤害的结果。根据我国刑法的规定，故意伤害罪要造成他人受伤的结果。受伤被界定为轻伤、重伤、死亡三种情况，并规定了相应的处罚。如果行为人的伤害行为造成他人轻微伤，则不构成犯罪。

3. 本罪主体为一般主体，故意伤害致人重伤、死亡的，年满 14 周岁，具有刑事责任能力的自然人即可构成；致人轻伤的，年满 16 周岁，具有刑事责任能力的自然人可以构成。

4. 本罪在主观上出于故意。

（三）故意伤害罪在认定时应注意的问题

1. 分清罪与非罪。故意伤害行为必须造成他人轻伤以上的伤害才构成犯罪，因此，致他人轻微伤的伤害行为不构成犯罪。但是，随意殴打他人，情节恶劣的，应当以寻衅滋事罪论处。

2. 分清故意伤害（致死）罪与故意杀人罪的界限。二者的区别在于故意的内容不同，故意伤害（致死）罪行为人在主观上有伤害的故意，但并没有杀人的故意，因此他人死亡的结果超出了其故意的内容，违背了其意愿；而故意杀人罪行为人在主观上存在杀人意图，行为人在事先已经预料到自己的行为会造成他人死亡的结果，因此他人死亡的结果并不违背其本意。

3. 分清故意伤害（致死）罪与过失致人死亡罪的界限。二者的区别在于行为人对他人死亡的主观心理态度不同。故意伤害（致死）罪的行为人在主观上有伤害他人的故意，因此他人受伤害的结果并不违背其本意，而他人死亡的结果则出乎其意料；而过失致人死亡罪，行为人既没有杀人的故意，也没有伤害的故意，无论是他人受伤害还是死亡的结果都出乎了行为人的意料，违背其意愿。

(四) 故意伤害罪的刑事责任

根据《刑法》第234条的规定，犯本罪的，处3年以下有期徒刑、拘役或者管制。致人重伤的，处3年以上10年以下有期徒刑；致人死亡或者以特别残忍手段致人重伤造成严重残疾的，处10年以上有期徒刑、无期徒刑或者死刑。

四、组织出卖人体器官罪

组织出卖人体器官罪，是指通过领导、策划、指挥、招募、雇佣、强迫、引诱等方式，组织他人实施出卖人体器官的行为。本罪的客体具有双重性。组织他人出卖人体器官的行为，既侵犯了器官出卖者的身体健康权，也危害了国家有关器官移植的医疗管理秩序。被组织出卖的必须是活体器官，如果组织出卖的是尸体器官的，不构成本罪。违背本人生前意愿摘取其尸体器官，或者本人生前未表示同意，违反国家规定，违背其近亲属意愿摘取其尸体器官的，依照《刑法》第302条（盗窃、侮辱尸体罪）的规定定罪处罚。本罪的客观方面是组织他人进行出卖人体器官的行为。这里的"组织"是指行为人实施领导、策划、控制、招募、雇佣、强迫、引诱行为使他人出卖人体器官的活动。只要行为人所从事的行为中包含了使他人出卖人体器官的内容，即可成立本罪。使用强迫、欺骗手段组织他人出卖人体器官的，并不妨碍本罪的成立（可能同时触犯其他罪名）。但是，组织他人捐献人体器官的行为，不成立本罪。本罪的主体是一般主体，凡是年满16周岁，具有刑事责任能力的自然人都可以成为本罪的主体。本罪的主观方面应该是故意，过失不能构成本罪。

根据《刑法》第234条之一的规定，犯本罪，处5年以下有期徒刑，并处罚金；情节严重的，处5年以上有期徒刑，并处罚金或者没收财产。未经本人同意摘取其器官，或者摘取不满18周岁的人的器官，或者强迫、欺骗他人捐献器官的，依照本法第234条、第232条的规定定罪处罚，即按照故意伤害罪、故意杀人罪进行处罚。违背本人生前意愿摘取其尸体器官，或者本人生前未表示同意，违反国家规定，违背其近亲属意愿摘取其尸体器官的，依照本法第302条的规定定罪处罚，即依照盗窃、侮辱尸体罪进行定罪处罚。

五、过失致人重伤罪

过失致人重伤罪，是指行为人过失造成他人身体健康受到严重损害的行为。本罪侵犯的客体是他人的健康权利。在客观上的表现为过失致人重伤的行为。①构成本罪要求出现他人重伤的结果，如果仅造成轻伤，则不构成本罪；②他人重伤的结果与自己的过失行为之间存在因果关系。本罪主体为一般主体，凡年满16周岁，具有刑事责任能力的自然人均可构成本罪。本罪在主观上出于过失，既可以是疏忽大意的过失，也可以是过于自信的过失。

根据《刑法》第235条的规定，犯本罪的，处3年以下有期徒刑或者拘役。

第三节　侵犯公民性权利、儿童身心健康的犯罪

一、强奸罪

(一) 强奸罪的概念

强奸罪，是指违背妇女意志，采用暴力、胁迫或者其他手段，强行与妇女发生性交关系或奸淫幼女的行为。

(二) 强奸罪的特征

1. 本罪侵犯的客体是妇女性的不可侵犯的权利。妇女性的不可侵犯的权利，是妇女的人

身权利的一部分，即妇女根据自己的意愿发生性行为的权利。本罪的对象是有生命的妇女，只有有生命的妇女才享有性的不可侵犯的权利。奸污女尸，不构成强奸罪，但可按照侮辱尸体罪定罪量刑。

2. 本罪在客观上表现为违背妇女意志，采用暴力、胁迫或者其他手段，强行与妇女发生性交关系或奸淫幼女的行为。

（1）强奸罪必须违背妇女意志。违背妇女意志，是指在妇女不愿意与行为人发生性交关系的情况下，强行与妇女发生性交行为。如果在性交当时征得妇女同意，而事后妇女又反悔的，不构成强奸罪。这是强奸罪构成的内在属性。

（2）强奸罪在行为上表现为以暴力、胁迫或者其他手段强行与妇女发生性交关系的行为。通过这些行为，使被害妇女处于不敢反抗、不能反抗或者不知反抗的情况下，而为行为人达到强奸的目的服务。所谓暴力手段，是指行为人采用殴打、捆绑、伤害等手段，对被害妇女实施人身强制。胁迫，是指行为人对被害妇女采用如揭发隐私、暴力伤害、加害亲属等方式，同时，还可以利用教养关系、从属关系，对被害人进行精神上的强制。其他手段，是指利用暴力、胁迫以外的其他方法，强行与妇女发生性交关系。例如，利用妇女身患重病、醉酒、昏迷等方式与妇女发生性交关系，利用欺骗方式、催眠方式与妇女发生性交关系等。这是强奸罪的外在属性。违背妇女意志这一内在属性与采用暴力、胁迫或者其他手段这一外在属性两者必须紧密结合，才能符合强奸罪在客观方面的要求。

3. 本罪主体为一般主体，凡年满14周岁，具有刑事责任能力的自然人，均可构成本罪。应该注意的是，妇女不能单独成为强奸罪的主体，但可以在共同犯罪中成为强奸的共犯。

4. 本罪在主观上出于故意。

（三）强奸罪在认定时应注意的问题

1. 注意区分强奸与通奸的区别。通奸，是指有配偶的男女或是一方有配偶的男女与他人发生性交关系的行为。通奸与强奸的本质区别在于通奸并不违背妇女意志，因此并不构成强奸罪，但是要注意以下几点：①有的妇女与他人通奸后因出于种种考虑，将通奸说成是强奸的，不能认为构成强奸罪；②男女双方先有通奸关系，当女方不愿保持通奸关系，男方强行与之发生性交关系的，应该认定为强奸；③男方先对女方实施强奸行为，而后双方又保持通奸关系的，不宜认定为构成强奸罪。但如果女方是在男方的胁迫、威逼下才与男方保持性交关系的，则可以认定男方构成强奸罪。

2. 与幼女发生性交关系的认定。与不满14周岁的幼女发生性交关系，并不要求违背幼女的意志，无论幼女是否同意，行为人采用何种手段，均构成强奸罪。需要注意的是，与幼女发生性交关系，以前一直被认定为奸淫幼女罪。但这一罪名现已被取消，奸淫幼女的行为视为强奸罪的一种犯罪情节。

3. 与女精神病人发生性交关系的认定。与丧失辨认和控制能力的女精神病人发生性交关系的，无论是否违背其意志，是否采用暴力、胁迫或者其他手段，均可构成强奸罪。但是应当注意的是，如果女精神病人为间歇性精神病人，处于精神正常时期，或者尚未完全丧失辨认和控制能力的女精神病人，只要不是违背其意志，与之发生性交关系，不应当认为构成强奸罪。

4. 强奸罪既遂与未遂的认定。对于被害人是已满14周岁的女性，强奸的既遂以插入说为标准，即以男女双方的性器官的结合作为既遂的标准。对于被害女性是不满14周岁的幼女，是以双方的性器官发生接触为既遂的标准。

（四）强奸罪的刑事责任

根据《刑法》第236条的规定，犯本罪的，处3年以上10年以下有期徒刑。奸淫不满14

周岁的幼女的,以强奸论,从重处罚。强奸妇女、奸淫幼女,有下列情形之一,处10年以上有期徒刑、无期徒刑或者死刑:①强奸妇女、奸淫幼女情节恶劣的。情节恶劣,一般是指强奸的手段残酷,在社会上造成恶劣影响。②强奸妇女、奸淫幼女多人的。多人,一般应理解为3人以上。③在公共场所当众强奸妇女的。④2人以上轮奸的。⑤致使被害人重伤、死亡或者造成其他严重后果的。造成其他严重后果,是指因强奸引起被害人自杀、精神失常以及其他严重的后果。

二、强制猥亵、侮辱罪

本罪系《刑法修正案(九)》在对《刑法》原有的强制猥亵妇女罪的基础上修改而形成的新罪名。

强制猥亵、侮辱罪,是指以暴力、胁迫或者其他方法强制猥亵他人或者侮辱妇女的行为。本罪侵犯的客体是他人的人身权利,包括人格尊严、名誉以及人身安全等权利。《刑法修正案(九)》扩大了保护主体范围,本罪犯罪的对象不仅限于14周岁以上的妇女,而且包括14周岁以上的男性。如果猥亵不满14周岁的男女儿童,则构成猥亵儿童罪。本罪在客观方面表现为以暴力、胁迫或者其他方法强制猥亵、侮辱他人的行为。所谓猥亵、侮辱,是指行为人用以满足其性欲的、除性交行为以外的其他性行为。以暴力、胁迫或者其他方法表明行为人违背了被害人的意愿,体现了本罪具有强制性的突出特点。强制猥亵、侮辱他人一般都是利用暴力手段使被害人不能抗拒,或者对被害人采取胁迫,即精神上的强制,使被害人不敢抗拒的手段来实施的。利用被害人患重病、醉酒、熟睡、昏迷等状态而实施的猥亵、侮辱行为,在本质上是违背被害人意志的,其猥亵、侮辱手段可视为"暴力""胁迫"以外的"其他手段",因此,应认定为强制猥亵、侮辱罪。如行为人使用非强制的方法,不应当认定为犯本罪。本罪主体为一般主体,凡年满16周岁,具有刑事责任能力的自然人,包括妇女均可构成本罪。本罪在主观方面出于故意,表现为猥亵、侮辱他人的故意,但不以发生性交关系为目的。

根据《刑法》第237条第1款、第2款的规定,犯本罪的,处5年以下有期徒刑或者拘役;聚众或者在公共场所当众犯本罪的,或者有其他恶劣情节的,处5年以上有期徒刑。

三、猥亵儿童罪

猥亵儿童罪,是指猥亵不满14周岁儿童的行为。本罪的客体是儿童的身心健康权利。本罪对象是不满14周岁的儿童,包括男女儿童。本罪在客观方面表现为猥亵儿童的行为。猥亵既可以以强制手段实施,也可以非强制手段实施,如进行欺骗、利诱等。本罪主体为一般主体,凡年满16周岁,具有刑事责任能力的自然人均可构成本罪。本罪的主体并不仅限于男性。本罪在主观上出于故意。

根据《刑法》第237条第3款的规定,犯本罪的,依照强制猥亵、侮辱妇女罪的法定刑从重处罚。即一般犯罪的,处5年以下有期徒刑或者拘役;聚众或者在公共场所当众猥亵儿童的,处5年以上有期徒刑。

第四节 侵犯人身自由的犯罪

一、非法拘禁罪

(一)非法拘禁罪的概念

非法拘禁罪,是指非法拘押、禁闭或者以其他强制方法非法剥夺他人人身自由的行为。

（二）非法拘禁罪的特征

1. 本罪的客体，是他人人身自由的权利。所谓人身自由的权利，是指公民根据自己的意愿自由支配自己活动的权利。

2. 本罪在客观方面表现为行为人以拘禁或者其他方法，非法剥夺他人人身自由的行为。

3. 本罪主体为一般主体，凡年满16周岁，具有刑事责任能力的自然人均可构成本罪。

4. 本罪在主观上出于故意。

（三）非法拘禁罪在认定时应注意的问题

1. 非法拘禁罪与非罪的界限。根据司法解释的规定，具有以下情节的，即应当以本罪论处：①非法拘禁持续时间超过24小时的；②3次以上非法拘禁他人或者一次非法拘禁3人以上的；③非法拘禁他人，并实施捆绑、殴打、侮辱等行为的；④非法拘禁他人，致人伤残、死亡、精神失常的；⑤为索取债务，非法扣押、拘禁他人，具有上述情形之一的；⑥司法工作人员对明知是无罪的人而非法拘禁的。如果行为人虽有非法拘禁行为，但是情节显著轻微的，则不应当以犯罪论处。

2. 非法拘禁罪既遂的认定。非法拘禁罪是持续犯，即拘禁行为与被害人被拘禁的状态在一定时间内同时处于持续状态，具有不间断性。行为人只要实施了非法剥夺他人人身自由的行为，造成公民的人身自由处于被非法剥夺的状态之中即可构成既遂，时间的长短可以作为量刑情节予以考虑。但是，如果非法拘禁时间过于短暂，则不构成本罪。

3. 非法拘禁罪的转化。根据《刑法》第238条第2款的规定，在非法拘禁过程中，使用暴力致人伤残、死亡的，应以故意伤害罪、故意杀人罪论处。需要注意的是，《刑法》第238条第2款规定的非法拘禁致人重伤、死亡，是指在非法拘禁过程中，由于行为人的过失行为导致被拘禁人重伤、死亡，这属于非法拘禁罪的结果加重犯，应以非法拘禁罪定罪处罚。如果在拘禁过程中实施暴力，故意造成被害人死亡、伤残的，其行为已经超出了非法拘禁罪的犯罪构成要件范畴，则应按照故意伤害罪或者故意杀人罪定罪处罚。

（四）非法拘禁罪的刑事责任

根据《刑法》第238条的规定，犯本罪的，处3年以下有期徒刑、拘役、管制或者剥夺政治权利。具有殴打、侮辱情节的，从重处罚。致人重伤的，处3年以上10年以下有期徒刑；致人死亡的，处10年以上有期徒刑。使用暴力致人伤残、死亡的，按照故意伤害罪、故意杀人罪的规定定罪处罚。为索取债务非法扣押、拘禁他人的，依照上述规定处罚。国家机关工作人员利用职权犯上述罪的，依照上述的规定从重处罚。

二、绑架罪

（一）绑架罪的概念

绑架罪，是指以勒索财物或者其他要求为目的，采取暴力、胁迫或其他方法，绑架他人为人质的行为。

（二）绑架罪的特征

1. 本罪的客体是复杂客体。包括公民人身自由权利、生命权利、健康权利以及公私财产的所有权。

2. 本罪在客观上表现为绑架他人或者偷盗婴幼儿的行为。所谓绑架，是指以暴力、胁迫或者其他手段强行挟持他人的行为。其他手段，主要包括药物麻醉、醉酒、诱骗等方式。偷盗婴幼儿，是指采用秘密窃取的方式，使婴幼儿脱离其监护人控制的行为。

3. 本罪主体为一般主体，凡年满16周岁，具有刑事责任能力的自然人均可构成本罪。

4. 本罪主观上出于故意。根据刑法的规定，构成本罪既可以以勒索财物为目的，也可以有其他目的，如进行某种利益交换或者满足某种政治目的。

（三）绑架罪在认定时应注意的问题

1. 绑架罪与非法拘禁罪的区别。二罪的区别主要在于：①主观方面不同。绑架罪是以勒索财物或者进行某种利益交换为目的；非法拘禁罪则是以剥夺公民人身自由为目的。②客观方面不同。绑架罪既实施了非法剥夺他人人身自由的行为，又实施勒索财物或者要求进行其他权益交换的行为；非法拘禁罪在客观上只实施了剥夺他人人身自由的行为。③客体不同。绑架罪是复杂客体的犯罪，而非法拘禁罪是简单客体的犯罪。

2. 已满14周岁未满16周岁的行为人绑架并杀害被绑架人的认定。按照全国人大常委会法制工作委员会答复意见的精神，已满14周岁、未满16周岁的行为人，虽然其绑架行为不追究刑事责任，但对其故意杀害被绑架人的行为应当以故意杀人罪追究刑事责任。

（四）绑架罪的刑事责任

根据《刑法》第239条的规定，犯本罪的，处10年以上有期徒刑或者无期徒刑，并处罚金或者没收财产；情节较轻的，处5年以上10年以下有期徒刑，并处罚金。根据《刑法》第239条第2款，犯前款罪，杀害被绑架人的，或者故意伤害被绑架人，致人重伤、死亡的，处无期徒刑或者死刑，并处没收财产。以勒索财物为目的偷盗婴幼儿的，依照前两款的规定处罚。

三、拐卖妇女、儿童罪

（一）拐卖妇女、儿童罪的概念

拐卖妇女、儿童罪，是指以出卖为目的，拐骗、绑架、收买、贩卖、接送、中转妇女、儿童的行为。

（二）拐卖妇女、儿童罪的特征

1. 本罪侵犯的客体是妇女、儿童的人身不受买卖的权利。本罪的对象是妇女和儿童，拐卖已满14周岁的男子的行为，不构成本罪，有拘禁行为的，以非法拘禁罪论处。

2. 本罪在客观上表现为拐骗、绑架、收买、贩卖、接送、中转妇女、儿童的行为。应该注意的是，构成本罪，不以"违背他人意志"作为必要条件，即使被拐卖人同意，也可构成本罪。

3. 本罪主体为一般主体，凡年满16周岁，具有刑事责任能力的自然人均可构成本罪。

4. 本罪在主观上出于故意，且以出卖为目的。

（三）拐卖妇女、儿童罪的认定

1. 分清拐卖妇女、儿童罪与绑架罪的界限。二者的区别在于：①主观目的不同。拐卖妇女、儿童罪在主观上要求以出卖为目的；绑架罪则要求以勒索财物或者要求某种利益交换为目的。②对象不同。拐卖妇女、儿童罪的对象是妇女、儿童；绑架罪的对象则可以是任何人。③行为方式不同。拐卖妇女、儿童罪的行为人意图以出卖的方式获取财物；绑架罪则是以勒索的方式取得财物或者获得利益。

2. 分清拐卖妇女、儿童罪与拐骗儿童罪的界限。拐卖妇女、儿童罪，行为人在主观上以出卖为目的；拐骗儿童罪，行为人则不以出卖为目的，一般主要是为了自己收养。

3. 正确认识拐卖妇女、儿童罪的罪数形态。在拐卖妇女、儿童的过程中实施其他犯罪的，应根据刑法有关规定，区分不同情况进行处理：①在拐卖过程中，因为捆绑、殴打等行为过失导致被害人重伤、死亡的，按照本罪从重处罚；②因被拐卖人反抗等原因而对被拐卖人实施故意伤害或者杀害被拐卖人的，以拐卖妇女、儿童罪与故意杀人罪、故意伤害罪数罪并罚；③强奸被拐卖妇女或者诱骗、强迫被拐卖妇女卖淫的，以本罪从重处罚。

（四）拐卖妇女、儿童罪的刑事责任

根据《刑法》第240条第1款的规定，犯本罪的，处5年以上10年以下有期徒刑，并处罚金；有下列情形之一的，处10年以上有期徒刑或者无期徒刑，并处罚金或者没收财产；情节特别严重的，处死刑，并处没收财产：①拐卖妇女、儿童集团的首要分子；②拐卖妇女、儿童3人以上的；③奸淫被拐卖的妇女的；④诱骗、强迫被拐卖的妇女卖淫或者将被拐卖的妇女卖给他人迫使其卖淫的；⑤以出卖为目的，使用暴力、胁迫或者麻醉方法绑架妇女、儿童的；⑥以出卖为目的，偷盗婴幼儿的；⑦造成被拐卖妇女、儿童或者其亲属重伤、死亡或者其他严重后果的；⑧将妇女、儿童卖往境外的。

四、收买被拐卖的妇女、儿童罪

收买被拐卖的妇女、儿童罪，是指明知是被拐卖的妇女、儿童而予以收买的行为。本罪侵犯的客体是妇女、儿童的人身不受买卖的权利。本罪在客观方面表现为收买被拐卖的妇女、儿童的行为。只有实施了收买行为，并且收买了被拐卖妇女、儿童的，才构成犯罪。本罪主体为一般主体，凡年满16周岁，具有刑事责任能力的自然人均可构成本罪。本罪在主观上出于故意，并且要求明知是被拐卖的妇女、儿童仍然收买。

根据《刑法》第241条的规定，犯本罪的，处3年以下有期徒刑、拘役或者管制。收买被拐卖的妇女，强行与其发生性关系的，或者收买被拐卖的妇女、儿童，非法剥夺、限制其人身自由或者有伤害、侮辱等犯罪行为的，实行数罪并罚。收买被拐卖的妇女、儿童又出卖的，依照拐卖妇女、儿童罪定罪论处。收买被拐卖的妇女、儿童，对被买儿童没有虐待行为，不阻碍对其进行解救的，可以从轻处罚；按照被买妇女的意愿，不阻碍其返回原居住地的，可以从轻或者减轻处罚。

五、聚众阻碍解救被收买的妇女、儿童罪

聚众阻碍解救被收买的妇女、儿童罪，是指纠集众人，对国家机关工作人员解救被收买的妇女、儿童的活动进行阻碍的行为。本罪侵犯的客体是国家机关的公务活动以及被收买的妇女、儿童的人身权利。本罪在客观方面表现为聚众阻碍国家机关工作人员解救被收买的妇女、儿童的行为。"聚众"，是指纠集、组织、策划、指挥多人共同阻碍国家机关工作人员的解救行为。"阻碍"，是指阻止、妨碍国家机关工作人员执行解救被收买的妇女、儿童的职务行为。如果阻碍解救活动的行为不是以聚众方式进行的，不能构成本罪，可以以《刑法》第277条规定的妨害公务罪追究刑事责任。本罪主体为一般主体，凡年满16周岁，具有刑事责任能力的自然人均可构成本罪。本罪在主观上出于故意，并且应当明知是国家机关工作人员正在执行解救被收买的妇女、儿童的公务行为而进行阻碍。

根据《刑法》第242条第2款的规定，犯本罪的，对首要分子处5年以下有期徒刑或者拘役；其他参与者使用暴力、威胁方法的，依照妨害公务罪论处。

六、诬告陷害罪

（一）诬告陷害罪的概念

诬告陷害罪，是指捏造犯罪事实，向国家机关或有关单位告发，意图使他人受到错误的刑事追究，情节严重的行为。

（二）诬告陷害罪的特征

1. 本罪侵犯的客体，是公民人身权利和国家司法机关的正常活动。

2. 本罪在客观方面表现为捏造他人的犯罪事实，进行告发，情节严重的行为。①行为人需要捏造事实；②捏造的是犯罪事实；③行为人有特定的犯罪对象；④行为人要向司法机关或者有关部门进行告发。

3. 本罪主体为一般主体，凡年满 16 周岁，具有刑事责任能力的自然人均可构成本罪。

4. 本罪主观方面是出于故意，并且有使他人受到刑事追究的目的。

（三）诬告陷害罪的认定

划清诬告陷害罪与错告、检举失实的界限。诬告陷害的行为人具有诬告陷害他人的故意，并以使他人受到刑事追究为目的，并且在客观上捏造他人的犯罪事实进行告发。而错告、检举失实的行为人并没有捏造犯罪事实的行为，也没有诬告他人的故意。行为人认为自己所告发的，都是真实的。

（四）诬告陷害罪的刑事责任

根据《刑法》第 243 条第 1 款、第 2 款的规定，犯本罪的，处 3 年以下有期徒刑、拘役或者管制；造成严重后果的，处 3 年以上 10 年以下有期徒刑。国家机关工作人员犯本罪的，从重处罚。

七、强迫劳动罪

强迫劳动罪，是指违反劳动管理法规，以暴力、威胁或者限制人身自由的方法强迫他人劳动的行为。本罪侵犯的客体是他人的休息权利和人身自由的权利。犯罪对象不再要求是用人单位的职工，只要是被强迫劳动的人，都可以是本罪的犯罪对象。本罪在客观上表现为以暴力、威胁或者限制人身自由的方法强迫他人劳动的行为。同时，明知他人实施了以暴力、威胁或者限制人身自由的方法强迫他人劳动的行为，为其招募、运送人员的，或者有其他协助强迫他人劳动行为的，依照强迫劳动罪的规定处罚。本罪主体可以为用人单位，也可以是自然人。本罪在主观上出于故意，即违背他人的意志，迫使其进行劳动，其目的一般是追求经济利益。至于劳动是有偿的，还是无偿的，不影响本罪成立。

根据《刑法》第 244 条的规定，犯本罪的，处 3 年以下有期徒刑或者拘役，并处罚金；情节严重的，处 3 年以上 10 年以下有期徒刑，并处罚金。明知他人实施前款行为，为其招募、运送人员或者有其他协助强迫他人劳动行为的，依照上述的规定处罚。单位犯前两款罪的，对单位判处罚金，并对其直接负责的主管人员和其他直接责任人员，依照上述的规定处罚。

八、雇用童工从事危重劳动罪

雇用童工从事危重劳动罪，是指用人单位违反劳动管理法规，雇用未满 16 周岁的未成人从事超强体力的劳动，或者在危险环境下从事体力劳动，情节严重的行为。本罪侵犯的客体为国家的劳动用工管理制度和未成年人的身心健康。本罪在客观方面表现为用人单位违反劳动管理法规，雇用未满 16 周岁的未成年人从事超强体力的劳动，或者从事高空、井下作业，或者在爆炸性、易燃性、放射性、毒害性等危险环境下从事劳动，情节严重的行为。本罪的主体是一般主体，既可以是单位，也可以是自然人。本罪在主观上出于故意。

根据《刑法》第 244 条之一的规定，犯本罪的，对直接责任人员，处 3 年以下有期徒刑或者拘役，并处罚金；情节特别严重的，处 3 年以上 7 年以下有期徒刑，并处罚金。有上述行为，造成事故，又构成其他犯罪的，依照数罪并罚的规定处罚。

九、非法搜查罪

非法搜查罪，是指对他人的身体或者住宅进行非法搜查的行为。本罪侵犯的客体是公民的人身和住宅不受侵犯的权利。本罪在客观上表现为对他人的人身或住宅进行非法搜查的行为。本罪的主体为一般主体，凡年满 16 周岁，具有刑事责任能力的自然人均可构成本罪。本罪在主观上出于故意。

根据《刑法》第 245 条的规定，犯本罪的，处 3 年以下有期徒刑或者拘役。司法工作人员滥用职权犯本罪的，从重处罚。

十、非法侵入住宅罪

非法侵入住宅罪,是指非法强行闯入他人住宅或者经要求仍无故拒不退出他人住宅的行为。本罪的客体是公民住宅不受侵犯的权利。本罪在客观上表现为侵入他人住宅或者在进入他人住宅之后,经要求退出而无故拒不退出的行为。本罪主体为一般主体,凡年满16周岁,具有刑事责任能力的自然人均可构成本罪。本罪在主观上出于故意。

根据《刑法》第245条的规定,犯本罪的,处3年以下有期徒刑或者拘役。司法工作人员滥用职权犯本罪的,从重处罚。

十一、刑讯逼供罪

(一) 刑讯逼供罪的概念

刑讯逼供罪,是指司法工作人员对犯罪嫌疑人、被告人实施肉刑或者变相肉刑,以逼取口供的行为。

(二) 刑讯逼供罪的特征

1. 本罪侵犯的客体是复杂客体。既包括公民人身权利,也包括司法机关的正常工作秩序。本罪的对象是犯罪嫌疑人和被告人,至于犯罪对象是否构成犯罪,并不影响本罪的成立。

2. 本罪在客观上表现为对嫌疑人、被告人刑讯逼供的行为。所谓刑讯逼供,是指使用肉刑或者变相使用肉刑,获取口供的行为。如果行为人采取诱供、骗供的方式获取口供,但是没有使用肉刑或者变相肉刑,不构成本罪。

3. 本罪主体为特殊主体,司法工作人员才能构成本罪。

4. 本罪在主观上出于故意,且有获取口供的目的。

(三) 刑讯逼供罪的认定

1. 刑讯逼供罪与非罪的界限。对于在办案工作中出现轻微的逼供、诱供行为,不能认为构成刑讯逼供。根据最高人民检察院《关于人民检察院直接受理立案侦查案件立案标准的规定(试行)》中的规定,有下列情形之一,应予立案查处:①手段残忍、影响恶劣的;②致人自杀或者精神失常的;③造成冤、假、错案的;④3次以上或者对3人以上进行刑讯逼供的;⑤授意、指使、逼迫他人刑讯逼供的。

2. 刑讯逼供罪与非法拘禁罪的区别。二者的区别主要体现在:①目的不同。刑讯逼供罪的目的在于获取口供;而非法拘禁罪,则以剥夺他人人身自由为目的。②刑讯逼供罪对被害人使用肉刑或者变相使用肉刑,对被害人的身体进行折磨;非法拘禁罪则不一定要对被害人的身体进行摧残。③刑讯逼供罪的客体是公民的人身权利以及司法机关的正常工作秩序;非法拘禁罪则只侵犯了公民的人身自由。④刑讯逼供罪的主体为特殊主体,司法工作人员才能构成本罪;非法拘禁罪则是一般主体的犯罪。⑤刑讯逼供罪的对象是犯罪嫌疑人和被告人;非法拘禁罪则可以针对任何公民。

(四) 刑讯逼供罪的刑事责任

根据《刑法》第247条的规定,犯本罪的,处3年以下有期徒刑或者拘役。致人伤残、死亡的,以故意伤害罪、故意杀人罪从重处罚。

十二、暴力取证罪

暴力取证罪,是指司法工作人员使用暴力,逼取证人证言的行为。本罪侵犯的客体是公民的人身权利以及司法机关的正常工作秩序。本罪的对象是证人。本罪在客观上表现为使用暴力获取证人证言的行为。对不知案件情况的人使用暴力逼迫其作证的,也可以构成本罪。本罪主体为特殊主体,即司法工作人员。本罪在主观上出于故意。

根据《刑法》第247条的规定,犯本罪的,处3年以下有期徒刑或者拘役。致人伤残、死亡的,依照故意伤害罪、故意杀人罪从重处罚。

十三、虐待被监管人罪

虐待被监管人罪,是指监狱、拘留所、看守所等监管机构的监管人员,对被监管人进行殴打或者体罚虐待,或者监管人员指使被监管人员殴打或者体罚虐待其他被监管人员,情节严重的行为。本罪客体为复杂客体,包括被监管人的人身权利和监管活动的正常工作秩序。本罪的对象为被关押在监狱、拘留所、看守所等监管设施中的被监管人,劳教人员也可以成为本罪的对象。本罪在客观上表现为对被监管人进行虐待,情节严重的行为。虐待行为,具体表现为殴打或者体罚,致使被监管人的身心倍受摧残折磨。虐待行为需要情节严重才构成犯罪。情节严重,一般是指虐待手段特别残忍、多次虐待被监管人员或者虐待被监管人员多人、造成严重的不良影响,等等。本罪主体为特殊主体,只有监管人员才能构成本罪。本罪在主观上出于故意。

根据《刑法》第248条的规定,犯本罪的,处3年以下有期徒刑或者拘役;情节特别严重的,处3年以上10年以下有期徒刑。致人伤残、死亡的,依照故意伤害罪、故意杀人罪从重处罚。监管人员指使被监管人殴打或者体罚虐待其他被监管人,依照本罪处罚。

第五节 侵犯公民人格、名誉的犯罪

一、侮辱罪

(一)侮辱罪的概念

侮辱罪,是指以暴力或者其他方法公然贬低他人人格、破坏他人名誉,情节严重的行为。

(二)侮辱罪的特征

1. 本罪侵犯的客体是公民的人格权、名誉权。本罪的对象是特定的自然人,国家机关、企事业单位、人民团体等组织不能成为本罪的对象。

2. 本罪在客观上表现为使用暴力或者其他方法公然贬低他人人格、破坏他人名誉,情节严重的行为。①侮辱行为必须采用暴力或者其他方法进行;②侮辱行为必须公然进行;③侮辱行为必须有明确的、特定的侮辱对象。

3. 本罪主体为一般主体,凡年满16周岁,具有刑事责任能力的自然人均可构成本罪。

4. 本罪在主观上出于故意,且有损害他人人格、名誉的目的。

(三)侮辱罪与强制猥亵、侮辱罪的区别

二者区别在于侮辱罪的目的是要损害他人人格、名誉,而强制猥亵、侮辱罪的目的则在于满足性欲。同时,侮辱罪要求公然进行,而强制猥亵、侮辱罪则不要求公然进行。

(四)侮辱罪的刑事责任

根据《刑法》第246条第1款、第2款的规定,犯本罪的,处3年以下有期徒刑、拘役、管制或者剥夺政治权利。犯本罪的,告诉的才处理,但是严重危害社会秩序和国家利益的除外。

二、诽谤罪

(一)诽谤罪的概念

诽谤罪,是指捏造并散布虚构的事实,以损害他人人格和名誉,情节严重的行为。

(二)诽谤罪的特征

1. 本罪侵犯的客体是他人的人格权和名誉权。

2. 本罪在客观方面表现为捏造并散布虚构事实，损害他人人格和名誉，情节严重的行为。诽谤罪必须以捏造事实的方式进行。所谓捏造事实，是指无中生有，虚构事实。同时，诽谤罪必须散布捏造事实。最后，诽谤行为必须针对特定的人进行。

3. 本罪主体为一般主体，凡年满16周岁，具有刑事责任能力的自然人均可构成本罪。

4. 本罪在主观上出于故意。

（三）诽谤罪认定时应注意的问题

1. 分清诽谤罪与侮辱罪的界限。二者的区别在于：①行为手段不同。侮辱罪可以用口头、文字等形式实施，也可以以暴力方式实施；诽谤罪只能由口头、文字等形式实施。②侮辱罪不使用捏造并散布事实的方法；而诽谤罪要求行为人捏造并散布虚构事实。

2. 分清诽谤罪与诬告陷害罪的界限。二者区别主要在于：①侵犯客体不同。诬告陷害罪既侵犯了公民的人身权利，又扰乱司法机关的正常工作秩序；诽谤罪侵犯的是公民的人格权和名誉权。②行为方式不同。诬告陷害罪在客观上表现为捏造犯罪事实，并向有关国家机关告发；而诽谤罪则是捏造有损他人人格、名誉的事实，并公然散布的行为。③二者的目的不同。诬告陷害罪的目的是使他人受到刑事追究；而诽谤罪的目的是损害他人人格和名誉。

（四）诽谤罪的刑事责任

根据《刑法》第246条第1款、第2款的规定，犯本罪的，处3年以下有期徒刑、拘役、管制或者剥夺政治权利。犯本罪的，告诉的才处理，但是严重危害社会秩序和国家利益的除外。

第六节　侵犯少数民族合法权益的犯罪

一、煽动民族仇恨、民族歧视罪

煽动民族仇恨、民族歧视罪，是指故意以语言、文字或其他方式煽动民族仇恨、民族歧视，破坏民族团结，情节严重的行为。本罪侵犯的客体是各民族的平等权利以及各民族之间的和睦相处关系。本罪在客观上表现为以语言、文字或者其他方式煽动民族仇恨、民族歧视，情节严重的行为。所谓"煽动民族仇恨"，是指公然挑起民族之间的仇恨。"煽动民族歧视"，是指公然煽动对其他民族进行排斥、限制等民族歧视，损害民族平等。本罪主体为一般主体，凡年满16周岁，具有刑事责任能力的自然人均可构成本罪。本罪在主观上出于故意。

根据《刑法》第249条的规定，犯本罪，情节严重的，处3年以下有期徒刑、拘役、管制或者剥夺政治权利；情节特别严重的，处3年以上10年以下有期徒刑。

二、出版歧视、侮辱少数民族作品罪

出版歧视、侮辱少数民族作品罪，是指故意在出版物中刊载歧视、侮辱少数民族的内容，情节恶劣，造成严重后果的行为。本罪侵犯的客体是少数民族的民族尊严和各民族之间的和睦相处关系。本罪在客观上表现为在出版物中刊载歧视、侮辱少数民族的内容，情节恶劣，造成严重后果的行为。所谓"出版物"，是指报纸、期刊、图书、音像制品以及电子出版物等。"造成严重后果"，一般指引发民族纠纷，造成民族冲突甚至发生骚乱事件等。本罪主体为在出版物中刊载歧视、侮辱少数民族内容的直接责任人员。本罪主观上出于故意。

根据《刑法》第250条的规定，犯本罪的，对直接责任人员，处3年以下有期徒刑、拘役或者管制。

三、非法剥夺公民宗教信仰自由罪

非法剥夺公民宗教信仰自由罪，是指国家机关工作人员非法剥夺公民宗教信仰自由，情节严重的行为。本罪侵犯的客体是公民的宗教信仰自由。本罪在客观方面表现为非法剥夺公民宗教信仰自由，情节严重的行为。所谓"非法剥夺公民宗教信仰自由"，是指使用暴力、胁迫或者其他方法，剥夺公民宗教信仰的自由的行为。所谓"情节严重"，是指手段恶劣，造成被害人伤残、死亡或者精神失常等严重后果。本罪的主体为特殊主体，国家机关工作人员才能构成本罪。本罪在主观上出于故意。

根据《刑法》第251条的规定，犯本罪的，处2年以下有期徒刑或者拘役。

四、侵犯少数民族风俗习惯罪

侵犯少数民族风俗习惯罪，是指国家机关工作人员侵犯少数民族风俗习惯，情节严重的行为。本罪侵犯的客体是少数民族保持本民族的风俗习惯的权利。本罪在客观上表现为侵犯少数民族风俗习惯，情节严重的行为。所谓"侵犯少数民族的风俗习惯"，是指破坏少数民族风俗习惯或者强迫少数民族改变风俗习惯的行为。情节严重才构成犯罪。本罪的主体为特殊主体，国家机关工作人员才能构成本罪。本罪在主观上出于故意。

根据《刑法》第251条的规定，犯本罪的，处2年以下有期徒刑或者拘役。

第七节 侵犯公民民主权利的犯罪

一、侵犯通信自由罪

侵犯通信自由罪，是指隐匿、毁弃或者非法开拆他人信件，侵犯公民通信自由权利，情节严重的行为。本罪侵犯的客体是公民的通信自由权利。本罪在客观方面表现为隐匿、毁弃或者非法开拆他人信件，情节严重的行为。国家机关工作人员因依法执行公务而扣押、开拆他人信件，不是犯罪行为。本罪主体为一般主体，凡年满16周岁，具有刑事责任能力的自然人均可构成本罪。本罪在主观上出于故意。

根据《刑法》第252条的规定，犯本罪的，处1年以下有期徒刑或者拘役。

二、私自开拆、隐匿、毁弃邮件、电报罪

私自开拆、隐匿、毁弃邮件、电报罪，是指邮政工作人员私自开拆或者隐匿、毁弃邮件、电报的行为。本罪侵犯的客体是公民的通信自由权利和邮政机关的正常工作秩序。本罪的对象是邮件、电报、各种信件、印刷品、包裹等。本罪在客观上表现为邮政工作人员利用职务上的便利，私自开拆、隐匿、毁弃邮件、电报的行为。本罪主体为特殊主体，只有邮政工作人员才能构成本罪。本罪在主观上出于故意。

根据《刑法》第253条的规定，犯本罪的，处2年以下有期徒刑或者拘役。为窃取财物而私自开拆、隐匿、毁弃邮件、电报的，以盗窃罪从重处罚。

三、侵犯公民个人信息罪

（一）侵犯公民个人信息罪的概念

侵犯公民个人信息罪，是指违反国家规定，将在履行职责或者提供服务过程中获得的公民个人信息，出售或者非法提供给他人的，或采取窃取或者以其他方法非法获取公民个人信息的行为。

（二）侵犯公民个人信息罪的特征

1. 本罪的客体为公民个人信息的安全。近年来，公民个人信息被大肆泄露，扰乱公民的

正常生活，侵害公民合法权益的事件时有发生，对公民的人身、财产安全、个人隐私以及正常的工作、生活构成了严重威胁。同时，伴随着网络时代的到来，互联网和网上银行、网上购物、网上证券交易的普及，如果公民个人信息被大量非法泄露，将会使恶意利用公民个人信息实施各类犯罪更加容易。因此，它不仅侵犯公民的人身权利，而且也威胁到社会管理秩序、经济秩序和公民个人财产安全甚至公共安全。公民个人信息的安全已经越来越引起社会各界的广泛关注，并最终被立法者所重视，运用刑法对此加以保护。

2. 本罪在客观上表现为违反国家规定，将在履行职责或者提供服务过程中获得的公民个人信息，出售或者非法提供给他人的，或采取窃取或者以其他方法非法获取公民个人信息的行为。这里的"公民个人信息"包括：姓名、职业、职务、年龄、婚姻状况、学历、专业资格、工作经历、家庭住址、电话号码、信用卡号码、指纹、网上登录账号和密码等能够识别公民个人身份的信息。"出售"，是指将自己掌握的公民信息卖给他人，自己从中牟利的行为。"非法提供"，是指不应将自己掌握的公民信息提供给他人而予以提供的行为。

3. 本罪主体为一般主体，同时，单位也可以成为本罪的主体。

4. 本罪在主观上出于故意。

（三）侵犯公民个人信息罪的刑事责任

根据《刑法》第253条之一第1款、第4款的规定，犯本罪的，处3年以下有期徒刑或者拘役，并处或者单处罚金；情节特别严重的，处3年以上7年以下有期徒刑，并处罚金。单位犯本罪的，对单位判处罚金，并对其直接负责的主管人员和其他直接责任人员，依照上述规定处罚。

四、报复陷害罪

（一）报复陷害罪的概念

报复陷害罪，是指国家机关工作人员滥用职权、假公济私，对控告人、申诉人、批评人、举报人实行报复陷害的行为。

（二）报复陷害罪的特征

1. 本罪侵犯的客体是公民的控告、申诉、批评、举报等民主权利和国家机关的正常工作秩序。本罪的对象是控告人、申诉人、批评人、举报人。

2. 本罪在客观上表现为滥用职权、假公济私，对控告人、申诉人、批评人、举报人进行报复陷害的行为。

3. 本罪的主体为特殊主体，国家机关工作人员才能构成本罪。

4. 本罪在主观上出于故意，且有报复陷害他人的目的。

（三）报复陷害罪与诬告陷害罪的区别

二者的主要区别在于：①犯罪的客体不同。报复陷害罪的客体是公民的批评、建议等民主权利以及国家机关的正常工作秩序；诬告陷害罪的客体是公民人身权利和司法机关的正常工作秩序。②犯罪的对象不同。报复陷害罪的对象是控告人、申诉人、批评人、举报人；诬告陷害罪的对象可以是任何人。③行为方式不同。报复陷害罪表现为滥用职权、假公济私，对控告人、申诉人、批评人、检举人进行报复陷害的行为；诬告陷害罪则是捏造犯罪事实并向有关机关进行告发，意图使他人受到刑事追究的行为。④犯罪主体不同。报复陷害罪的主体是国家机关工作人员；诬告陷害罪的主体是一般主体。⑤犯罪的目的不同。报复陷害罪的目的是进行报复；诬告陷害罪的目的是使他人受到刑事追究。

（四）报复陷害罪的刑事责任

根据《刑法》第254条的规定，犯本罪的，处2年以下有期徒刑或者拘役；情节严重的，处 2 年以上 7 年以下有期徒刑。

五、打击报复会计、统计人员罪

打击报复会计、统计人员罪，是指公司、企业、事业单位、机关、团体的领导人，对依法履行职责，抵制违反会计法、统计法行为的会计、统计人员实行打击报复，情节恶劣的行为。本罪侵犯的客体是国家的会计、统计工作的正常工作秩序以及会计、统计人员的人身权利。本罪的客观方面表现为对依法履行职责，抵制违反会计法、统计法行为的会计人员、统计人员实行打击报复，情节恶劣的行为。必须情节恶劣才能构成本罪。本罪主体为特殊主体，公司、企业、事业单位、机关、团体的领导人才能构成。本罪在主观上出于故意。

根据《刑法》第 255 条的规定，犯本罪的，处 3 年以下有期徒刑或者拘役。

六、破坏选举罪

破坏选举罪，是指在选举各级人民代表大会代表和国家机关领导人时，以暴力、威胁、欺骗、贿赂、伪造选举文件、虚报选举票数等手段破坏选举或者妨害选民和代表自由行使选举权和被选举权，情节严重的行为。本罪侵犯的客体是国家的选举制度以及公民的选举权和被选举权。本罪在客观方面表现为在选举各级人民代表大会代表和国家机关领导人时，以暴力、威胁、欺骗、贿赂、伪造选举文件、虚报选举票数等手段破坏选举或者妨害选民和代表自由行使选举权和被选举权，情节严重的行为。本罪主体为一般主体，某些破坏选举的行为，如虚报选举票数，只能由选举工作人员才能构成犯罪。本罪在主观上出于故意。

根据《刑法》第 256 条的规定，犯本罪的，处 3 年以下有期徒刑、拘役或者剥夺政治权利。

第八节 侵犯婚姻、家庭关系的犯罪

一、暴力干涉婚姻自由罪

（一）暴力干涉婚姻自由罪的概念

暴力干涉婚姻自由罪，是指以暴力手段干涉他人婚姻自由的行为。

（二）暴力干涉婚姻自由罪的特征

1. 本罪的客体是复杂客体。包括公民的人身权利和公民的婚姻自由权利。公民的婚姻自由的权利，既包括结婚自由的权利，也包括离婚自由的权利。

2. 本罪在客观上表现为以暴力方法干涉他人婚姻自由的行为。①行为人必须是暴力行为；②暴力行为必须是为干涉婚姻自由而实施的。

3. 本罪主体为一般主体，凡年满 16 周岁，具有刑事责任能力的自然人均可构成本罪。

4. 本罪在主观上出于故意。

（三）暴力干涉婚姻自由罪的认定

要注意暴力干涉婚姻自由引起的他人死亡与为干涉婚姻自由而故意杀死他人的犯罪的区别。暴力干涉婚姻自由致使被害人死亡的，是指由于暴力干涉婚姻自由而直接引起被害人自杀身亡或者在使用暴力的过程中，过失致使被害人死亡。对此应当以暴力干涉婚姻自由罪认定。而以杀死他人为方式干涉他人婚姻自由的，以故意杀人罪论处。

（四）暴力干涉婚姻自由罪的刑事责任

根据《刑法》第 257 条的规定，犯本罪的，处 2 年以下有期徒刑或者拘役。而且本罪是告诉才处理。但是，由于暴力干涉他人婚姻自由致使被害人死亡的，处 2 年以上 7 年以下有期徒刑，不属于告诉才处理的范畴。

二、重婚罪

（一）重婚罪的概念

重婚罪，是指有配偶而与他人结婚，或者明知他人有配偶而与之结婚的行为。

（二）重婚罪的特征

1. 本罪侵犯的客体是一夫一妻制的婚姻制度。

2. 本罪在客观方面表现为有配偶而与他人结婚，或者明知他人有配偶而与之结婚的行为。这里所说的结婚，包括登记结婚和事实婚姻两种情况。登记结婚，是指行为人到国家的婚姻登记机关登记结婚的行为。事实婚姻，是指公开以夫妻名义共同生活在一起，形成事实上的婚姻关系的行为。

3. 本罪主体为特殊主体。主要由两部分人构成：重婚者，即有配偶而又与他人结婚的人；相婚者，即明知他人有配偶而与之结婚的人。

4. 本罪在主观上出于故意。

（三）重婚罪的认定

应注意重婚罪与非罪的界限。在实践中，以下几种行为不应以重婚罪论处：因遭受自然灾害外出谋生而重婚的；因配偶外出长期下落不明，造成家庭生活困难而又与他人结婚的；被拐卖后再婚的；因强迫、包办婚姻或者婚后受虐待外逃而重婚的。

（四）重婚罪的刑事责任

根据《刑法》第258条的规定，犯本罪的，处2年以下有期徒刑或者拘役。

三、破坏军婚罪

（一）破坏军婚罪的概念

破坏军婚罪，是指明知是现役军人的配偶而与之同居或者结婚的行为。

（二）破坏军婚罪的特征

1. 本罪侵犯的客体是现役军人的婚姻关系。现役军人，是指具有军籍，并在中国人民解放军、中国人民武装警察部队中服役的军人。复员退伍军人、转业军人、人民警察以及在中国人民解放军、中国人民武装警察部队中工作，但不具有军籍的人，不是现役军人。

2. 本罪在客观上表现为明知是军人的配偶而与之结婚或者同居的行为。军人的配偶，是指与现役军人建立合法婚姻关系的人，即现役军人的丈夫或者妻子，不包括现役军人的未婚夫、未婚妻。这里的合法婚姻关系，既包括因登记结婚而建立的婚姻关系，也包括因事实婚姻而建立的婚姻关系。只有与现役军人配偶结婚或者同居才构成本罪。对于与现役军人的配偶有通奸关系，不构成本罪。在认定这类案件性质时要注意，利用职权、从属关系，以胁迫手段奸淫现役军人的妻子，依照强奸罪的规定定罪处罚。

3. 本罪的主体为一般主体。

4. 本罪在主观上出于故意，并且明知对方是现役军人的配偶而与之结婚或者同居。

（三）破坏军婚罪与重婚罪的界限

二者的区别在于：①客观方面不完全相同。破坏军婚罪是与现役军人的配偶结婚或者同居；而重婚罪则是有配偶而重婚或者明知他人有配偶而与之结婚。②对象不同。破坏军婚罪的对象是现役军人的配偶；重婚罪的对象则是现役军人配偶以外的任何人。③侵犯的客体不同。破坏军婚罪侵犯的是现役军人的婚姻关系；重婚罪侵犯的是一般的婚姻关系。

（四）破坏军婚罪的刑事责任

根据《刑法》第259条第1款的规定，犯本罪的，处3年以下有期徒刑或者拘役。

四、虐待罪

虐待罪，是指虐待家庭成员，情节恶劣的行为。本罪侵犯的客体是家庭成员在家庭中的平等权利和人身权利。本罪在客观上表现为虐待家庭成员，情节恶劣的行为。虐待家庭成员，是指对共同生活的家庭成员经常以打骂、捆绑、冻饿、有病不给治疗、强迫超体力的劳动、限制人身自由等方式，从肉体上或者精神上进行摧残折磨的行为。本罪主体为特殊主体，即共同生活的家庭成员。本罪在主观方面是出于故意。在认定这类案件时，需要注意以下两个问题：①区分罪与非罪的界限。在虐待罪中，行为人的虐待行为应当具有经常性，如果只是偶尔有打骂行为，不应当认定为本罪。②区分虐待与其他犯罪。在虐待案件中，如果由于行为人的一次暴力行为而造成被害人受伤或者死亡的，其行为已经超出了虐待罪的范畴，应当认定为故意伤害罪或者故意杀人罪。由于虐待行为本身而造成被害人重伤、死亡的，则属于虐待罪的结果加重犯，应当认定为虐待罪从重处罚。

根据《刑法》第260条的规定，犯本罪的，处2年以下有期徒刑、拘役或者管制。犯本款罪告诉才处理。致使被害人重伤、死亡的，处2年以上7年以下有期徒刑。此时不属于告诉才处理的范畴。

五、虐待被监护、看护人罪

本罪是《刑法修正案（九）》第19条新增设的罪名。虐待被监护、看护人罪，是指对未成年人、老年人、患病的人、残疾人等负有监护、看护职责的人对被监护、看护的人以打骂、捆绑、冻饿、限制自由、凌辱人格、不给治病或者强迫做过度劳动等方法，从肉体上和精神上进行摧残迫害，情节恶劣的行为。本罪客体是复杂客体。一方面侵害了被监护、看护的未成年人、老年人、患病的人、残疾人的被保护、被看护的合法权益权利；另一方面由于虐待行为所采取的方法，也侵犯了受害者的人身权利。基于委托关系的被监护、看护的未成年人、老年人、患病的人、残疾人才能成为虐待被监护、看护人罪之侵害对象。本罪客观方面表现为经常虐待被监护、看护的未成年人、老年人、患病的人、残疾人的行为。虐待是指对被监护、看护的未成年人、老年人、患病的人、残疾人不履行监护、看护职责，经常以打骂、捆绑、冻饿、有病不给治疗、强迫超体力的劳动、限制人身自由等方式，从肉体上或者精神上进行摧残折磨的行为。本罪主体为一般主体，虽非家庭成员，但对未成年人、老年人、患病的人、残疾人等负有监护、看护职责的自然人或单位，才能成为本罪的主体。本罪主观方面表现为故意。过失不能构成本罪。

根据《刑法》第260条之一的规定，犯本罪的，处3年以下有期徒刑或者拘役。单位犯本罪的，对单位判处罚金，并对其直接负责的主管人员和其他直接责任人员，处3年以下有期徒刑或者拘役。虐待被监护、看护人同时构成其他犯罪的，依照处罚较重的规定定罪处罚。

六、遗弃罪

（一）遗弃罪的概念

遗弃罪，是指对于负有扶养义务的年老、年幼、患病或者其他没有独立生活能力的人，拒绝扶养，情节恶劣的行为。

（二）遗弃罪的特征

1. 本罪侵犯的客体是家庭成员受扶养的权利。本罪的对象，是家庭成员中年老、年幼、患病或者没有独立生活能力的人。

2. 本罪在客观方面表现为对于年老、年幼、患病或者其他没有独立生活能力的人，负有扶养义务而拒绝扶养，情节严重的行为。

3. 本罪主体为特殊主体，对被遗弃人有扶养义务的人才能构成。

4. 本罪在主观上出于故意。

(三) 遗弃罪的认定

遗弃行为，情节恶劣的才构成本罪。同时应当注意区分遗弃罪与其他相关的犯罪。如将婴儿遗弃在医院或他人家门口，但因无人照料导致婴儿死亡的，应当以遗弃罪论处；如将婴儿遗弃在人迹罕至的场所导致婴儿死亡，以故意杀人罪（间接）论处。

(四) 遗弃罪的刑事责任

根据《刑法》第261条的规定，犯本罪的，处5年以下有期徒刑、拘役或者管制。

七、拐骗儿童罪

拐骗儿童罪，是指拐骗不满14周岁的未成年人，脱离家庭或者监护人的行为。本罪的客体为未成年人合法权益以及他人的家庭关系。本罪的对象是未满14周岁的未成年人。本罪客观方面表现为，拐骗不满14周岁未成年人，脱离家庭或者监护人的行为。本罪主体为一般主体，凡年满16周岁，具有刑事责任能力的自然人均可构成本罪。本罪在主观方面出于故意。

根据《刑法》第262条的规定，犯本罪的，处5年以下有期徒刑或者拘役。

八、组织残疾人、儿童乞讨罪

组织残疾人、儿童乞讨罪，是指以暴力、胁迫手段组织残疾人或者不满14周岁的未成年人乞讨的行为。本罪的客体是残疾人、儿童的人身自由的权利和人格尊严。本罪在客观上表现为以暴力、胁迫手段组织残疾人或者不满14周岁的未成年人乞讨的行为。本罪主体为一般主体，凡年满16周岁，具有刑事责任能力的自然人均可构成本罪。本罪在主观方面出于故意。

根据《刑法》第262条之一的规定，犯本罪的，处3年以下有期徒刑或者拘役，并处罚金；情节严重的，处3年以上7年以下有期徒刑，并处罚金。

九、组织未成年人进行违反治安管理活动罪

组织未成年人进行违反治安管理活动罪，是指组织未成年人进行盗窃、诈骗、抢夺、敲诈勒索等违反治安管理活动的行为。本罪的客体是未成年人的合法权益和公民的财产安全。本罪在客观上表现为组织未成年人进行盗窃、诈骗、抢夺、敲诈勒索等违反治安管理活动的行为。需要注意的是，本罪所称的"违反治安管理活动的行为"，是指尚未构成犯罪的盗窃、诈骗、抢夺、敲诈勒索等违法活动。如果未成年人的行为构成犯罪的话，对组织者应当按照教唆犯追究其刑事责任。本罪主体为一般主体，凡年满16周岁，具有刑事责任能力的自然人均可构成本罪。本罪在主观方面出于故意。

根据《刑法》第262条之二的规定，犯本罪的，处3年以下有期徒刑或者拘役，并处罚金；情节严重的，处3年以上7年以下有期徒刑，并处罚金。

> **学术视野**

《刑法修正案（七）》增设"组织未成年人进行违反治安管理活动罪"的立法背景

近年来，社会上一些不法分子利欲熏心，往往利用未成年人生理、心理的不成熟或因某种原因造成其精神上的空虚、物质上的缺乏等弱点，组织其从事一些牟利性的违法活动。目前，组织、诱骗、胁迫未成年人进行违反治安管理活动在全国一些大中城市比较突出。主要表现形式有：一些不法分子通过组织、诱骗辍学未成年人、在校学生或者社会流浪少年，成立帮派团伙，以为他们提供食宿为诱饵，组织、诱骗、胁迫未成年人对中小学在校学生实施敲诈勒索、抢夺、故意伤害等不法侵害，或者在大型商贸区域、繁华地带，从事扒窃活动，实施盗窃、抢夺、敲诈勒索等违反治安管理的活动，而把所有违法所得都上交给这些幕后成年人组织者。在

一些大的团伙中，每个人分工明确，配合密切。有专管内勤的"管家"，有负责培训的"教练"，有负责"公关"的"外联"，有负责惩罚的"打手"。一般每人每天都会被分配一定量的任务，超额完成，会受到"表扬"；没有完成，会受到相应的"处罚"。处罚的方式，可能会是挨一顿饿，也可能是招来一顿打。由于参加团伙的未成年人的生活自理能力很差，也缺乏必要的生存技能，因此，对团伙能够提供基本的食宿产生了依赖心理，一些未成年人就是受到体罚，也愿意继续留下来。由于未成年人从事的这些违反治安管理的活动大都未构成犯罪，对幕后组织者追究刑事责任也遇到困难。

这种组织未成年人进行违法活动的情况，严重危害社会治安秩序和学校的正常教学秩序，性质恶劣，影响很坏，不仅剥夺了未成年人的受教育权、健康权，而且会诱使他们逐步走上犯罪道路，毁掉他们的一生。有的很可能因为一个小小的偷摸行为，慢慢发展成为犯罪行为，从而使一个健康向上的未成年人堕落为罪犯，对未成年人的健康成长十分不利，对国家、对家庭都会造成不良的影响。《刑法修正案（六）》已在《刑法》第262条之一中将"以暴力、胁迫手段，组织残疾人或者不满14周岁的未成年人乞讨"的行为规定为犯罪。为了打击这类行为，更好地维护社会治安秩序，保护公民的合法财产不受侵犯，保护未成年人的合法权益，《刑法修正案（七）》规定，在《刑法》第262条之一后增加一条，将组织未成年人实施诸如盗窃、诈骗、敲诈勒索等违反治安管理处罚法的相关违法行为认定为犯罪。

理论思考与实务应用

一、理论思考

（一）名词解释

绑架罪　刑讯逼供罪　暴力取证罪　诬告陷害罪　侵犯公民个人信息罪

（二）简答题

1. 简述绑架罪与非法拘禁罪的区别。
2. 简述刑讯逼供罪与暴力取证罪的区别。
3. 简述诽谤罪与诬告陷害罪的区别。
4. 简述报复陷害罪与诬告陷害罪的区别。
5. 简述拐卖儿童罪与拐骗儿童罪的区别。

（三）论述题

1. 如何认识"安乐死"？
2. 如何区分故意杀人、过失致人死亡与故意伤害致人死亡的界限？
3. 论述刑讯逼供致人重伤、死亡与故意杀人、故意伤害的区别。

二、实务应用

（一）案例分析示范

案例一

被告人王某，男，21岁，某大学化学系学生。

1997年5月，被告人王某因不满其好友江某对自己的疏远，准备用该大学化学实验室的有毒化学试剂硫酸亚铊进行报复。为此，王某查阅了相关书籍，了解了硫酸亚铊中毒的相关症状，同时了解到该毒物的致死量为每公斤8~14毫克。在偷到硫酸亚铊之后，王某于5月1日在江某的水杯中投入了200毫克的硫酸亚铊，同时，王某为了验证硫酸亚铊的毒性，还将与其有过节的同宿舍同学陆某作为实验对象，"看他会不会死，症状如何"，5月3日，在宿舍中向陆某的奶粉中投入500毫克的硫酸亚铊。因陆某与江某的中毒症状均不明显，王某又于5月5日在江某的水杯中投入了200毫克硫酸亚铊。此后，王某多次向江某提出和解要求，均遭江某拒绝，王某见和解无望，于5月15日加大剂量，在江某的水杯中投入300毫克硫酸亚铊。5月17日，江某出现严重的中毒症状，王某于心不忍，将江某主动送到医院进行治疗，并告诉医生是自己下的毒，并告知毒物的种类和剂量，使医生得以及时地采取抢救措施。同时，由于陆某也出现了一致的症状，被送往同一医院抢救。陆、江二人经抢救脱险，经法医鉴定，二人均构成轻伤。

问：被告王某的行为如何认定？

【评析】王某主观上出于杀死江某的直接故意，客观上实施了杀人行为。王某明知其投放的毒物剂量足以致人死亡，仍然实施了投放毒物的行为。王某对江某先后实施了三次投放毒物的行为，但应该看到，这三次行为出于一个完整的杀人故意，并不是三个相对独立的故意杀人行为，而是一个完整的杀人行为。王某出于自己的意愿自动有效地防止犯罪结果的发生，因此不是犯罪未遂，而是犯罪中止。

对于陆某而言，王某构成故意伤害罪。王某为了检验毒物的药效，而在陆某的奶粉中下毒，其主观上并没有希望陆某死亡的直接故意，而是不顾陆某死活，放任犯罪结果发生的间接故意。本案中，陆某并没有死亡，由于间接故意不存在未遂形态，因此，王某不构成故意杀人罪。但王某的行为导致陆某轻伤，其行为完全符合故意伤害罪的构成要件。

案例二

被告人：胡某，男，25岁，公司职员。

2000年8月14日晚，被告人驾车外出。途中，遇被害人王某（男，35岁，农民）酒后骑车横穿机动车道。胡某躲闪不及，与王某碰擦，致其自行车损坏。胡某下车后与王某发生争执，进而扭打起来。在打斗中，胡某用拳猛击王某胸口，将其打倒在地。王某起身后，胡某又当胸一推，王某倒地时后脑重重地撞到路沿上，当即昏迷不醒。胡某见状立即驾车将王某送至医院，但王某因抢救无效死亡。法医鉴定结果表明，王某因颅脑受外力作用而死亡。同时，法医还在王某身上发现多处挫伤及瘀血，但均为轻微伤。

问：胡某的行为是故意伤害（致死）还是过失致人死亡？

【评析】本案的关键在于故意伤害（致死）罪与过失致人死亡罪的区别。这也是司法实践中最容易产生争议的问题之一。

需要注意的是，故意伤害（致死）罪属于结果加重犯，因此，要构成故意伤害（致死）罪，行为人的行为首先要构成故意伤害罪，具备故意伤害罪的基本犯罪构成。在本案中，胡某确实对被害人王某实施了伤害行为，但从法医的鉴定结论来看，胡某对王某实施的行为并未达到故意伤害罪成立所要求的轻伤以上的程度。至于导致王某死亡的直接原因在于脑部的损伤，但胡某并没有击打其头部，其推王某的行为本身也不足以导致轻伤以上伤害程度的出现，其故意实施的伤害行为本身并没有达到构成故意伤害罪的程度，因此，故意伤害（致死）罪自然也就不能成立。但其主观上存在疏忽大意的过失，胡某应该预见到自己的行为的危险性，所以是其过失行为导致王某的死亡结果的出现。

综上所述，胡某的行为构成过失致人死亡罪而不是故意伤害（致死）罪。

案例三

刘某，男，18岁，职校学生。

陈某，男，18岁，职校学生。

苏某，男，17岁，职校学生。

2002年4月17日晚7时许，三名被告人在街上闲逛，路遇周某（女，1988年2月20日出生）与周某的同学洪某（女，1988年4月17日出生）。因陈某与周某相识，遂邀请二女一起去看电影。在看电影的过程中，三被告得知当天是洪某的生日，遂于电影散场后到附近的一家小饭馆喝酒祝贺。当晚10时许，三名被告提出送二女回家。当行至一小树林时，陈某向刘某表示周某行为一向不检点，可以与其发生性关系。刘某即向周某提出要求，要与其发生性关系，并表示以后可以关照周某。周某提出要刘某帮忙教训一下和她有积怨的同学，刘某满口答应，周某随即应允。见到周某答应，陈某也乘机向洪某提出发生性关系的要求，洪某也未予以拒绝。于是，他们让苏某等在树林外，刘某与周某、陈某与洪某各自发生了性关系。等在树林外的苏某见刘某与周某性关系结束后，走进树林，要求与周某发生性关系，而周某因感觉身体不适予以拒绝。苏某将周某按倒在地，欲强行与其发生性关系。周某高声呼救，惊动了树林外的行人。此时，刘某、陈某、洪某见状匆忙逃离现场。苏某见不能得逞，恼羞成怒，掏出随身携带的水果刀，在周某的阴部连刺数刀后逃走。周某下体严重出血，被闻讯赶来的行人送至医院抢救后脱险，但已造成重伤。

问：与不满14周岁的幼女发生性关系如何认定，如何区分"强奸致人重伤"与故意伤害？

【评析】本案中，刘某不构成犯罪。违背妇女意志是强奸罪成立的必要条件。刘某在征得周某的同意下与其发生性关系，并没有违背妇女意志，因此不构成犯罪。

本案中，陈某构成强奸罪。虽然陈某同样征得了被害人洪某的同意，但由于当天是洪某的14岁生日，因此，洪某并未年满14周岁。对于未满14周岁的幼女来说，并不需要具备"违背妇女意志"的必要条件。陈某明知洪某未年满14周岁，仍然与其发生性交关系，因此构成强奸罪。

本案中，苏某构成强奸罪（未遂）与故意伤害罪。苏某意图与周某发生性交关系，被周某拒绝，苏某遂采用暴力手段，违背了周某的意志，但由于周某呼救，有行人赶来而未能得逞，因此构成强奸罪（未遂）。至于周某身受重伤，则完全是由于苏某独立实施的伤害行为造成的，并不是刑法所规定的"强奸致人重伤"，因此应进行数罪并罚。

案例四

赵某，男，27岁，农民。

肖某，男，22岁，农民。

陈某，男，30岁，农民。

被告人赵某与肖某于1998年9月至包工头江某承包的工地打工。至2000年春节，江某共欠二人工钱25 000余元。二人急于回家过年，多次向江某索要未果，遂于2000年2月将江某16岁的女儿江某某扣为人质，要江某还工钱赎人，江某报警。二人从他人处得知江某报警，商议决定将江某某带回河南老家出卖。途中，肖某多次强奸江某某。回到老家后，二人以5000元的价格将江某某卖与陈某为妻。陈某害怕江某某逃脱，将江某某关在自家的菜窖中，时间长达一周。江某某整日啼哭，并向陈某苦苦哀求。陈某见其可怜，遂将其放出，并给江某某路费让其回家。

问：因债务纠纷而挟持人质是否构成绑架罪？在拐卖妇女的过程中强奸被拐卖妇女是否进行数罪并罚？

【评析】本案中，被告人赵某、肖某构成非法拘禁罪、拐卖妇女罪。两名被告人将江某某扣为人质，逼迫其父偿还工钱，二人是为索取合法债务，并非出于勒索财产或者其他非法目的，因此，不构成绑架罪，而应认定为非法拘禁罪。同时，二人将江某某予以出卖，构成拐卖妇女罪。其中，肖某多次强奸江某某，不实行数罪并罚，而是以情节严重的拐卖妇女罪定罪量刑。

本案中，陈某构成非法拘禁罪。陈某以5000元的价格收买了江某某，已经构成收买被拐卖的妇女罪。但陈某出于同情，将江某某放走，不阻碍其返回原居住地，可以不追究刑事责任。根据《刑法》第241条前4款的规定，犯收买被拐卖的妇女、儿童罪的，处3年以下有期徒刑、拘役或者管制。收买被拐卖的妇女，强行与其发生性关系的，或者收买被拐卖的妇女、儿童，非法剥夺、限制其人身自由或者有伤害、侮辱等犯罪行为的，实行数罪并罚。因此，可以不追究陈某收买被拐卖的妇女罪的刑事责任，但其非法拘禁行为构成了犯罪。

案例五

被告人黄某，女，38岁，下岗工人。

2001年7月某日下午，黄某因生活琐事与邻居叶某（女，21岁）发生争吵，双方恶言相向。在争吵中，黄某突然跑上前去，将叶某所穿的睡裙从下往上撩起，并强行脱掉。叶某因午睡刚起，上身未穿内衣，致使上身完全裸露。叶某欲用手遮挡，被黄某攥住双手。黄某同时拖着叶某在弄堂里巡游示众，并高声招呼邻居观看，致使上百人围观。后被闻讯赶来的居委会干部和民警制止。

问：如何区分侮辱罪与强制猥亵、侮辱罪？

【评析】 本案中，被告人黄某构成侮辱罪。侮辱罪是损害公民人格、名誉的犯罪，而强制猥亵、侮辱罪，行为人在主观上则有满足性欲的目的。黄某使用强制手段，使被害人上身裸露，其目的在于损害叶某的人格，而并非追求性欲的满足。黄某在大庭广众之下公然侮辱叶某，情节严重，构成侮辱罪。

（二）案例分析实训

案例一

被告人王某某，男，26岁，某建筑工地负责人。

被告人席某某，男，24岁，某建筑工地工人。

被告人郑某某，男，23岁，某建筑工地工人。

被告人邓某某，女，21岁，无业。

1997年4月，四川仪陇县第三建筑公司（以下简称"三建公司"）与北京市第二建筑公司（以下简称"二建公司"）签订了建筑劳务合作合同，合同规定仪陇县三建公司向北京二建公司提供工人100名参与某综合楼的建设，劳务费由北京二建公司第六直属工程部结算。仪陇县三建公司派王某某为施工现场负责人。截至1999年2月，北京二建公司称尚拖欠仪陇三建公司工程款10万余元，但王某某认为计算有误，实际拖欠13万元。

1999年2月13日晚，席某某、郑某某找王某某索要工钱（王应支付席3600元，支付郑5000元），王某某称没有钱，但提出北京二建公司第六直属工程部欠其劳务费13万元，让二人与其一起去找第六直属工程部的经理郝某某要钱，要到钱后即支付二人工钱，二人表示同意。当日晚8时许，三人携带尖刀、绳子、胶布等工具到郝某某家中索要劳务费。郝某某称没有钱，要王某某春节后到公司结算。王某某见要债不成，便指挥席、郑二人拿郝某某家的东西。郝某某上前阻拦，三人随即拿出尖刀进行威胁，并将郝某某一家三口捆绑起来。王某某拿走两部手机（价值4400元），席、郑两人从郝某某身上搜出现金900元，并从郝某某家中拿走手表两块（价值800元）、皮衣3件（价值3500元）。三人离开时，将郝某某的儿子郝某绑走，并威胁郝某某不许报警。

2月14日凌晨3时，王某某给郝某某打电话，让郝某某当天上午10时准备15万元（其中2万元为利息）到某餐厅交换郝某。上午8时，王某某再次致电郝某某，称手下有兄弟需要打发，因此必须带17万元，郝某某表示同意。

2月14日上午，王某某找到其女友邓某某，称有人欠了他的工程款一直不还，现已将该人的儿子绑架，让邓某某与郑某某一起到某餐厅取款，取到钱即放人，邓某某表示同意。上午10时，邓、郑在取款时被守候的公安人员抓获。根据郑某某的交代，公安人员将王某某与席某某抓获，解救出人质。

问：本案中，各被告人的行为应如何认定？

案例二

被告人丁某，男，21岁。
被告人刘某，男，19岁。
被告人陈某，男，20岁。
被告人赵某，男，19岁。

被告人丁某与王某素有积怨，丁某遂与其好友刘某、陈某商量，要"收拾王某"。刘、陈二人表示同意。一日，三人怀揣凶器去找王某。路上，遇到刘某的朋友赵某，刘某叫赵某同去。赵某问刘某去干什么，刘某说去朋友家玩。四人到王某家门口，丁某用斧头劈开王某家房门，四人冲进王某家中。丁某让王某向他磕3个头，被王某拒绝。丁某即对赵某说："去把他的门牙拔下来。"并递给赵某一把老虎钳。赵某害怕，不肯上前。丁某在其屁股上踢了一脚，骂道："胆小鬼，滚到外面把门去，要敢跑小心我宰了你。"赵某遂退出屋子，蹲在王某家门口。在王某家中的刘某、陈某抓住王某的双手，丁某用老虎钳将王某的门牙拔掉了两颗，正准备拔第三颗时，王某用尽全力，一脚踢中丁某的下身。丁某疼痛难忍，勃然大怒。突然拔出随身携带的尖刀，朝王某胸部连刺两刀，王某昏死在地。刘某、陈某见状大惊，责备丁某："说好给他点颜色看看，你怎么杀人呢！"三人跑出屋子，刘某对蹲在地上的赵某说："快跑，出人命了。"赵某惊恐得大喊："不关我的事。"丁某上前打了赵某一记耳光，喝令其住嘴，四人遂匆匆逃离现场。丁某在逃离王某家时，将未掐灭的烟头随手扔在墙角的废报纸上，半小时后引起大火，王某家及周围三家房屋均被烧毁，王某也被烧死。

问：本案中，各被告人的行为如何认定？

案例三

被告人吴某，男，19岁，无业。
被告人江某，男，15岁，学生。
被告人江某某，男，42岁，江某之父，工人。

被告人江某在校读书期间不好好学习，一味崇拜江湖人物。后经人介绍，加入了以吴某为首的不良少年团体。一日，吴某与江某、王某（另案处理）一起将一个体老板赵某的儿子赵某某（男，7岁）绑架，并向赵某勒索10万元现金。赵某某被拘禁在吴某家中，整日哭闹不止。为防败露，吴某决定将赵某杀死。吴某将匕首交给江某，让其杀人。江某犹豫再三，不敢下手。吴某多次催促未果，于是将匕首夺下，在江某的大腿上刺了一刀，并威胁江某，如果不杀人就会被杀。江某无奈，将赵某某用刀刺死。江某回家后惶恐不已，遂向其父江某某谎称自己在外面偷钱被人用刀刺伤，被偷之人是黑道人物，现在正在追杀自己，要求其父帮助其逃跑。江某某遂买了车票，将江某送至乡下亲戚处。后吴某、江某均被抓获。

问：本案中，各被告人的行为如何认定？

第六章 侵犯财产罪

【本章概要】 侵犯财产罪是指以非法占有为目的,攫取公私财物、故意毁坏公私财物以及破坏生产经营的行为。本章主要阐述各种侵犯财产犯罪的概念、构成特征,罪与非罪、此罪与彼罪的界限,犯罪形态,一罪与数罪的区别,以及刑事责任。

【学习目标】 掌握各种侵犯财产罪的概念和特征,罪与非罪、此罪与彼罪的界限,犯罪形态,一罪与数罪的区别,以及部分犯罪的刑事责任。

第一节 侵犯财产罪概述

一、侵犯财产罪的概念

侵犯财产罪是指以非法占有为目的,攫取公私财物、故意毁坏公私财物以及破坏生产经营的行为。

二、侵犯财产罪的特征

1. 本类犯罪侵犯的客体是公私财产的所有权。侵犯的对象是公共财产和公民个人所有的财产。所谓公共财产,根据《刑法》第91条的规定,是指国有财产、劳动群众集体所有的财产、用于扶贫和其他公益事业的社会捐助或者专项基金的财产。在国家机关、国有公司、企业、集体企业和人民团体管理、使用或者运输中的私人财产,以公共财产论。这些财产如果受到损失,将由国家或者集体单位负担赔偿责任。所谓公民个人所有的财产,根据《刑法》第92条的规定,是指公民的合法收入、储蓄、房屋和其他生活资料,依法归个人、家庭所有的生产资料,个体户和私营企业的合法财产,依法归个人所有的股份、股票、债券和其他财产。公私财产的表现形式,通常是各种各样的财物。它们可以是有形的,如生产资料、生活资料、动产、不动产、货币、有价证券和有价票证等。公私财物还可以是无形的财产,如电力、煤气以及凝聚了智力劳动成果的技术资料等精神性财产。它们具有以下两个条件:①它们必须具有经济价值,犯罪分子就是为了利用它们的经济价值才去非法占有的;②它们必须具有合法的所有权关系,即是有主物。

2. 客观方面表现为实施了攫取或者毁坏公私财物的行为。攫取具体包括两种行为:①通过各种方式使他人的财产转变为自己所有的财产;②暂时非法占有、使用他人财产。毁坏也包括两种行为:①直接使财产丧失或者减少使用价值的行为;②通过使生产资料的使用价值丧失或者减少来破坏生产经营。本章犯罪侵犯的是公私财产所有权或需要采取法定程序恢复应有状态的占有。

3. 犯罪主体,多数为一般主体。除抢劫罪可以由年满14周岁的人构成以外,其他犯罪则由年满16周岁,具备刑事责任能力的人才能构成。另外,职务侵占罪、挪用资金罪、挪用特定款物罪要求具有特殊身份,其主体为特殊主体。挪用特定款物罪的主体还可以由单位构成,但刑法规定只对其直接责任人员追究刑事责任。

4. 本章犯罪在主观方面表现为故意。攫取表现为直接故意，毁坏表现为直接故意和间接故意。关于非法占有的目的，这是一个值得研究的问题。即财产罪的成立，除了要求行为人有故意（夺取财物的意思）之外，是否还要求其有非法占有目的（不法取得的意思）这一主观的要素？尤其是盗窃、抢劫、抢夺罪的成立，除了有相应的犯罪故意以外，是否还应要求行为人有非法占有目的？对于取得型财产罪的成立，一般认为需要行为人有非法占有目的。但是，对于如何理解非法占有目的这一概念，则存在两种比较有影响的观点。意图占有说认为，非法占有目的是指明知是公共的或他人的财物，而意图把它非法转归自己或第三者占有。利用、处分说认为，非法占有目的除包括意图占有或控制财物之外，还应该包括利用和处分意思在内。[1]

关于侵犯财产罪的类型，理论上可将其归纳为：①抢夺型犯罪，包括抢劫罪、抢夺罪、聚众哄抢罪；②秘密窃取型犯罪，包括盗窃罪；③骗取、诈取型犯罪，包括诈骗罪、敲诈勒索罪；④侵占型犯罪，包括侵占罪、职务侵占罪；⑤挪用型犯罪，包括挪用资金罪、挪用特定款物罪；⑥毁坏型犯罪，包括故意毁坏财物罪、破坏生产经营罪。

第二节 抢夺型犯罪

一、抢劫罪

（一）抢劫罪的概念与特征

抢劫罪，是指以非法占有为目的，使用暴力、胁迫或者其他方法，强行劫取公私财物的行为。本罪的主要特征是：

1. 本罪侵犯的客体是复杂客体，即不仅包括公私财产的所有权，同时也包括被害人的人身权利。这是抢劫罪区别于其他侵犯财产罪和一般侵犯人身权利罪的本质特征。

2. 客观方面行为人必须具有对财物的所有人、保管人或者其他在场的人，当场实施暴力、胁迫或者其他侵犯人身的强制方法，迫使被害人立即交出财物或者强行劫走财物的行为。这种当场对被害人身体实施强制的犯罪手段，是抢劫罪区别于其他侵犯财产罪的行为特征。

所谓"暴力"，是指犯罪分子对被害人的身体实行打击或者强制。这种暴力是犯罪人用来排除被害人抵抗从而劫取财物的手段。它可以使被害人无法反抗或是丧失反抗能力。暴力一般是针对人实施的，有时可以不直接针对人，而是通过对物使用有形力，抑制被害人的行动自由，也属于使用暴力，但这种暴力最终还是指向人。

所谓"胁迫"，是指以立即实施暴力相威胁，对被害人实行精神强制，使其产生恐惧，不敢反抗，以达到劫取财物的目的。胁迫的方法是多种多样的，可以用语言，也可以用动作或示意进行威胁。但胁迫的内容是以实施暴力相威胁。胁迫的特点是对被害人或在场的人当面发出暴力威胁，如遇反抗，会立即实施暴力，劫取财物。

所谓"其他方法"，是指犯罪人采用了除暴力、胁迫以外的可以使被害人处于不知抗拒或丧失抗拒能力的状态，而当场劫取财物的方法。这些方法包括用酒灌醉、用药物麻醉、催眠等。

暴力、胁迫或者其他方法，必须是犯罪人当场实施，才能构成抢劫罪。如果犯罪人准备了

---

[1] 参见陈兴良主编：《刑法学》，复旦大学出版社2003年版，第404页。

凶器，企图以暴力、胁迫的方法抢劫财物，但到现场后由于某种原因，没有使用这种方法取得了财物，此时须对犯罪人行为的性质作具体分析。假如犯罪人预谋入户抢劫，但潜入室内后发现室内无人，于是乘机窃取大量财物，只能认定为盗窃罪。反之，行为人如果事先准备盗窃，但在实施盗窃时被发觉，于是当场使用暴力或以暴力相威胁，强行劫走财物，其行为只能是抢劫罪而非盗窃罪。如果预谋抢劫而携带凶器，但在当场没有对被害人使用暴力、胁迫手段，就强行夺取财物，根据《刑法》第267条第2款的规定，按抢劫罪定罪处罚。

所谓"强行劫取财物"，是指：①行为人当场直接夺取、取走被害人占有的财物；②迫使被害人当场交付财物。所谓"当场"不能狭窄理解，劫持行为未间断的也应认为是当场，如逼迫被害人从家中取财的。[1]

3. 犯罪主体是一般主体。根据我国《刑法》第17条第2款的规定，已满14周岁不满16周岁的人犯抢劫罪的应当负刑事责任。

4. 主观方面只能由故意构成。故意的内容是通过实施暴力、胁迫或者其他方法非法占有公私财物。基于抢劫的意思，在实施暴力、胁迫压制对方反抗之后，夺取财物的；基于抢劫的意思先夺取财物，立即对被害人实施暴力、胁迫，以确保自己对财物的占有的；出于盗窃的意思，在夺取财物后立即主动实施足以压制被害人的暴力、胁迫行为的，都属于有实施暴力、胁迫的意思和强取财物的意思。有人认为，为实现其他犯罪目的而对被害人实施暴力、胁迫行为，在此过程中产生夺取财物的意思并取得财物的，也应当认为有抢劫的意思。[2]

（二）抢劫罪的认定

1. 转化型抢劫罪的认定。根据《刑法》第269条的规定，犯盗窃、诈骗、抢夺罪，为窝藏赃物、抗拒抓捕或者毁灭罪证而当场使用暴力或者以暴力相威胁的，依照抢劫罪定罪处罚。认定转化型抢劫罪，需要具备以下三个条件：首先，前提条件是行为人必须先"犯盗窃、诈骗、抢夺罪"，而不是其他犯罪行为。至于犯罪的性质和危害程度，既不要求达到"数额较大"，也不宜排除"数额较小"，无论是既遂还是未遂，只要结合全案不属于"情节显著轻微、危害不大的"，都可以作为转化型抢劫罪的前提。根据最高人民法院《关于审理抢劫、抢夺刑事案件适用法律若干问题的意见》第5条关于转化抢劫的认定的规定，行为人实施盗窃、诈骗、抢夺行为，未达到"数额较大"，为窝藏赃款，抗拒抓捕或者毁灭罪证当场使用暴力或者以暴力相威胁，情节较轻，危害不大的，一般不以犯罪论处，但是有下列情节之一的，可依照《刑法》第269条的规定，以抢劫罪定罪处罚：①盗窃、诈骗、抢夺接近"数额较大"标准的；②入户或者在公共交通工具上盗窃、诈骗、抢夺后在户外或交通工具外实施上述行为的；③使用暴力致人轻微伤以上后果的；④使用凶器或以凶器相威胁的；⑤具有其他严重情节的。其次，行为人的目的在于窝藏赃物、抗拒抓捕或者毁灭罪证。"窝藏赃物"是指行为人把已经非法盗得、骗得、夺得的赃物护住，不让被害人或其他人制止、夺回。"抗拒抓捕"，是指抗拒司法机关或者任何公民特别是失主的抓捕、扭送。"毁灭罪证"，是指湮灭罪案现场上遗留的痕迹、物品等，以掩盖其罪行。如果出于其他目的，不能构成抢劫罪。最后，行为人必须是当场使用暴力或者以暴力相威胁。"当场"包括实施犯罪行为的现场，或者刚离开现场就被发觉追捕过程中的场所。"使用暴力或者以暴力相威胁"，是指犯罪分子对抓捕他的人实施殴打、伤害等足以危及身体健康和生命安全的行为，或者以立即实施这种行为相威胁。如果使用暴力或者以暴力相威胁，情节不严重、危害不大或者没有伤害意图，只是为了挣脱抓捕而冲撞他人

---

[1] 参见李晓明主编：《刑法学》（下），法律出版社2001年版，第475页。
[2] 参见陈兴良主编：《刑法学》，复旦大学出版社2003年版，第409页。

的，可以不认为是使用暴力的情况，而仍然以原来的犯罪论处。

实践中，实施暴力或以暴力相威胁的，情形比较复杂，可能存在盗窃、诈骗、抢夺的过程中或者得逞后实施暴力或以暴力相威胁行为，但是不能适用《刑法》第269条的情形，例如，行为人在盗窃、诈骗、抢夺过程中，被人发现或者发现现场有人或者遭遇到了反抗等阻力，临时转变犯罪意图，强行非法排除障碍，以暴力或者暴力相威胁的手段来非法取得财物，这就直接具备抢劫罪的条件。再如，行为人实施盗窃、诈骗、抢夺行为后，担心他人检举，出于灭口、报复等其他动机杀害、伤害他人的情况，应当数罪并罚。

2. 罪与非罪的界限。刑法没有规定对抢劫罪的起刑数额与定罪情节，但对情节显著轻微，危害不大的，不宜以抢劫罪论处。实践中，对以下情形一般不以犯罪论处：①因婚姻家庭纠纷一方抢回彩礼、陪嫁物，或者强行分割并拿走家庭共同财产的；②为子女离婚、出嫁女儿暴死等事情所激怒，叫来亲友多人去抢对方财物要求赔偿损失的，属于泄愤报复行为的；③在借贷等民间纠纷中，强行拿走或者扣留对方财物，用以抵债抵物，或者借以偿还债务的。

3. 抢劫罪与故意伤害罪、故意杀人罪的界限。两罪在实施过程中都使用暴力的行为，但两者的区别在于：①实施暴力的目的不同。抢劫罪是以非法劫取财物为目的；故意伤害罪、故意杀人罪是以损害他人健康和剥夺他人生命为目的。②在抢劫过程中，使用暴力致人重伤、死亡的，不以故意伤害罪或者故意杀人罪论处，也不以抢劫罪和故意伤害罪或者故意杀人罪数罪并罚，应以抢劫罪定罪处罚。因为抢劫罪中已经包含有暴力行为。③出于复仇或者其他个人目的而伤害或者杀死被害人，然后产生非法占有财物的意图，乘机取得其财物的，不以抢劫罪论处。应认定为故意伤害罪或者故意杀人罪与盗窃罪。因为行为人是出于两个犯罪故意，实施了两个犯罪行为。④在抢劫行为完成之后，行为人出于灭口或者其他目的而杀死被害人的，应定抢劫罪和故意杀人罪，实行数罪并罚。因为行为人同样是出于两个犯罪故意，实施了两个犯罪行为。[1]

4. 抢劫罪与绑架罪的界限。抢劫罪与绑架罪一般都会实施一定的暴力，并且都是为了获取财物，但两者的主要区别在于：①主要客体不同。抢劫罪的主要客体是财产所有权，绑架罪的主要客体是公民人身权利。②客观行为方式不同。抢劫罪是以暴力、胁迫或其他方法施加于被害人，当场强行劫取财物的行为。绑架罪是将人掳走限制其人身自由后，以杀害、重伤或长期禁闭被害人等来威胁被害人及其家属或有关人员，迫使其在一定期限内交出索取的财物。③犯罪主体年龄要求不同。前者要求已满14周岁，后者要求已满16周岁。但如果绑架行为中故意杀人、故意伤害致人重伤的，已满14周岁未满16周岁的人构成故意杀人罪或故意伤害罪。④犯罪故意内容有所不同。前者是通过强行的方法非法占有他人财物；后者是通过将他人扣押为人质来勒索财物。

5. 既遂与未遂。对此问题争议颇多。有人认为以行为人是否占有他人财物为标准；有人认为以行为是否侵害了他人的人身权利为标准；也有人认为基本以是否占有了他人财物为标准，致人重伤、死亡的即使没有占有他人财物也是既遂。也有人认为，应以被害人是否失去对财物的控制为标准，致人重伤、死亡的，可视为被害人失去对财物的控制，按既遂处理，也可按未遂，不从轻、减轻处理。我们认为，上述观点都有一定的合理性，既然刑法将抢劫罪归为侵犯财产罪，其主要侵犯的客体是财产所有权，那么应以行为人是否实际控制财物为标准来判断抢劫罪的既遂与未遂。抢劫致人重伤、死亡的，可按结果加重犯来处理。

---

〔1〕 参见最高人民法院《关于抢劫过程中故意杀人案件如何定罪问题的批复》（2001年5月22日最高人民法院审判委员会第1176次会议通过，2001年5月26日起施行）。

（三）抢劫罪的刑事责任

犯本罪的，处3年以上10年以下有期徒刑，并处罚金；有下列情形之一的，处10年以上有期徒刑、无期徒刑或者死刑，并处罚金或者没收财产：①入户抢劫的；②在公共交通工具上抢劫的；③抢劫银行或者其他金融机构的；④多次抢劫或者抢劫数额巨大的；⑤抢劫致人重伤、死亡的；⑥冒充军警人员抢劫的；⑦持枪抢劫的；⑧抢劫军用物资或者抢险、救灾、救济物资的。

"入户抢劫"，是指为实施抢劫行为而非法进入他人生活的与外界相对隔离的住所进行抢劫的行为，包括封闭的院落、牧民的帐篷、渔民作为家庭生活场所的渔船、为生活租用的房屋等进行的抢劫行为。[1] "在公共交通工具上抢劫"，是指在从事旅客运输的各种公共汽车，大、中型出租车，火车，船只，飞机等正在运营中的机动公共交通工具上对旅客、司售、乘务人员实施的抢劫，也包括对运行途中的机动公共交通工具加以拦截后，对公共交通工具上的人员实施的抢劫。"抢劫银行或其他金融机构"，是指抢劫其经营资金、有价证券和客户的资金。"多次抢劫"，是指3次或者3次以上。[2] 抢劫数额巨大的标准参照盗窃罪的数额巨大的标准。"抢劫致人重伤、死亡"，是指行为人在实施抢劫过程中因使用暴力直接致人重伤、死亡。"持枪抢劫"，是指行为人使用枪支或者向被害人显示持有、佩带的枪支进行抢劫的行为。

二、抢夺罪

（一）抢夺罪的概念与特征

抢夺罪是指以非法占有为目的，公然夺取数额较大的公私财物，或者多次抢夺的行为。本罪的主要特征是：

1. 本罪侵犯的客体是公私财物的所有权。犯罪对象是公私财物。如果抢夺枪支、弹药、爆炸物或公文、证件、印章等特定财物，应照刑法分则有关规定论处，不以本罪论处。

2. 客观方面表现为公然夺取公私财物数额较大，或者多次抢夺的行为。"公然夺取"，是指当着财物所有人、保管人、看护人、持有人的面或者在上述被害人可以立即发现的情况下，乘其不备，使其来不及抗拒夺取财物，但并不要求必须在不特定人或多数人面前实施抢夺行为。行为人在夺取财物时并没有使用暴力或以暴力相威胁。多次抢夺一般是指三次以上。抢夺公私财物"数额较大""数额巨大""数额特别巨大"的标准如下：①抢夺公私财物价值人民币1000～3000元以上的，为"数额较大"；②抢夺公私财物价值人民币3万～8万元以上的，为"数额巨大"；③抢夺公私财物价值人民币20万～40万元以上的，为"数额特别巨大"。[3] 最高人民法院《关于审理抢劫、抢夺刑事案件适用法律若干问题的意见》第11条规定：对于驾驶机动车、非机动车夺取他人财物的，一般以抢夺罪从重处罚。但具有下列情形之一，应当以抢劫罪定罪处罚：①驾驶车辆，逼挤、撞击或强行逼倒他人以排除他人反抗，乘机夺取财物的；②驾驶车辆强抢财物时，因被害人不放手而采取强拉硬拽方法劫取财物的；③行为人明知其驾驶车辆强行夺取他人财物的手段会造成他人伤亡的后果，仍然强行夺取并放任造成财物持有人轻伤以上后果的。

---

[1] 参见最高人民法院《关于审理抢劫案件具体应用法律若干问题的解释》（2000年11月17日最高人民法院审判委员会第1141次会议通过）。

[2] 对"多次抢劫"有两个值得思考的问题：①多次抢劫是否要求每次抢劫行为都构成犯罪；②"多次"的计算是否有时间上的限制，是否以追诉时效为标准。

[3] 参见最高人民法院、最高人民检察院《关于办理抢夺刑事案件适用法律若干问题的解释》（2013年9月30日最高人民法院审判委员会第1592次会议、2013年10月22日最高人民检察院第十二届检察委员会第12次会议通过）。

3. 犯罪主体是一般主体。

4. 主观方面是直接故意，而且必须以非法占有为目的。

（二）对携带凶器抢夺的理解

《刑法》第267条第2款规定，携带凶器抢夺的，以抢劫罪定罪处罚。按照司法解释的规定，"携带凶器抢夺"，是指行为人随身携带枪支、爆炸物、管制刀具等国家禁止个人携带的器械进行抢夺或者为了实施犯罪而携带其他器械进行抢夺的行为。[1] 虽然司法解释为认定携带凶器抢夺的行为提供了指导，但是在适用刑法的这一规定时，仍有一些问题需要探讨。

1. 本款是特别规定而非注意规定。所谓特别规定，是指在特殊情况下改变行为性质和处罚方式的规定。即某种行为在一般情形下，不符合某一行为的性质，但在特殊情形下则可按某一行为论处。如前述《刑法》第269条规定的抢劫转化犯就是这一情形。所谓注意规定，是指在刑法已有规定的情形下再行规定，以提示司法人员注意，防止其适用时忽略的规定。注意规定并没有改变相关规定的内容，只是对相关规定内容的重申，即使没有注意规定，也应按相关规定处理。如《刑法》第384条规定了挪用公款罪，《刑法》第185条第2款则规定，国有金融机构工作人员和国有金融机构委派到非国有金融机构从事公务的人员挪用本单位或者客户资金的，以挪用公款罪定罪处罚。《刑法》第185条第2款的规定就属于注意规定。

《刑法》第267条第2款的规定如果是属于注意规定，那么就意味着携带凶器抢夺的行为，只有同时符合《刑法》第263条关于抢劫罪的规定，才能以抢劫罪论处；如果是属于特别规定，则意味着只要携带凶器抢夺，即使不符合《刑法》第263条关于抢劫罪的规定，也必须以抢劫罪论处。我们认为，《刑法》第267条第2款属于特别规定，即只要求行为人携带凶器抢夺的，就以抢劫罪论处，而不要求行为人使用暴力、胁迫或者其他方法。如果没有《刑法》第267条第2款的特别规定，司法机关对携带凶器抢夺的行为，只能认定为抢夺罪，而不能认定为抢劫罪。

2. 凶器。凶器，按照字典的解释，在古代是指兵器，《史记·平津侯主父列传》："兵者，凶器也。"而在今天则是指凶手在行凶时所用的器械。[2]

3. 携带。携带，是指提和牵引。[3] 即将某种物品提在手上或牵引在身旁。但是在这里携带和持有没有本质区分。手持凶器和怀中、手提包中藏着凶器都属于携带凶器。只要行为人具有随时使用的可能性，在客观上就符合了携带凶器的条件。因此，携带凶器不要求行为人显示凶器，也不要求行为人向被害人暗示自己携带着凶器。如果行为人使用所携带的凶器强取他人财物，则完全符合抢劫罪的构成要件，应直接适用《刑法》第263条的规定；只有当行为人在携带凶器而又没有使用凶器的情况下抢夺他人财物的，才适用第267条第2款的规定。

4. 主观故意。行为人必须以实施抢夺犯罪或其他犯罪的目的而携带某种足以杀人、伤人的工具才能构成抢劫罪。换言之，对凶器的携带必须是行为人有意为之，否则不成立携带凶器抢夺。如果行为人并不是为了实施犯罪而携带某种工具，实施抢夺时也没有准备使用的意识，则不能适用《刑法》第267条第2款。在司法实践中，有的行为人随身携带具有一定杀伤力的工具四处游荡，看见有抢夺之机就见机行事的，也是有明显的携带意识。如果实施抢夺，应认定为携带凶器抢夺，按抢劫罪论处。

---

[1] 参见最高人民法院《关于审理抢劫案件具体应用法律若干问题的解释》（2000年11月17日最高人民法院审判委员会第1141次会议通过）。

[2] 参见《辞海》（语词分册）（上），上海辞书出版社1977年版，第403页。

[3] 参见《辞海》（语词分册）（上），上海辞书出版社1977年版，第711页。

（三）抢夺罪既遂与未遂的区分标准

如何区分抢夺罪的既遂与未遂，目前理论界有以下两种观点：第一种观点认为，应以财物是否已经脱离所有人或保管人的完全控制、支配及行为人是否已经实际控制为准。行为人已抢到财物，不论占有时间多么短暂，即使被追赶就弃赃逃逸，也应视为既遂。[1] 第二种观点认为，行为人只有夺取数额较大的公私财物并且携赃逃离现场，即实际控制所夺取的财物，才能认定是抢夺罪的既遂；未实际控制所夺取的财物，是抢夺罪未遂。理由是：①公然夺取是抢夺罪的客观特征，其特点就是行为人已实际控制了财物，才达到非法占有的目的，而要完成夺取这个动作，行为人就必须携财物逃离现场；②抢夺罪是结果犯，这就要求其既遂是发生法定的危害结果，即将他人数额较大的公私财物据为己有；③这样符合罪刑相适应原则的要求；④有利于鼓励犯罪中止。[2]

上述第一种观点实际上是"失控＋控制"说，但抢夺罪的情况是非常复杂的，所有人、保管人对被抢夺的财物失去控制并不等于行为人控制了所夺取的财物，因此，这种观点不甚科学；第二种观点主张夺取数额较大的公私财物并且携带逃离现场才认定为既遂也不科学，因为行为人夺取了财物后不一定要逃离现场才能控制财物，如行为人在列车即将开动时，在站台上公然夺取列车上的乘客的财物（提包、手表等），这时火车很快离开了车站，行为人不需逃离现场就可以占有财物，达到抢夺罪的既遂状态。这种观点同时又主张实际控制所夺取的财物是既遂，前后表述存在矛盾，因此也为笔者所不主张。笔者认为，应以行为人是否实际控制所夺取的财物为标准，夺取行为人已实际控制所夺取的财物为抢夺既遂，未实际控制所夺取的财物为抢夺未遂。具体理由如下：

1. 区分抢夺罪既遂未遂的标准，应当贯彻犯罪构成要件说。区分犯罪既遂未遂的犯罪构成要件说，就是以抢夺罪犯罪构成要件齐备与否，作为抢夺罪既遂与未遂的区分标准。抢夺罪犯罪构成要件齐备的客观标志，就是公然夺取的犯罪行为造成了行为人非法占有所夺取的公私财物的犯罪结果。因此，非法占有财物的犯罪结果是否发生，是抢夺罪既遂与未遂的区分标准。那么，什么是发生了非法占有财物的犯罪结果，是以所有人或保管人脱离了对财物的控制为标准，还是以行为人对财物获得了实际控制为标准呢？笔者认为，"非法占有"这一犯罪结果的发生，只能理解为是行为人获得对财物的实际控制，而不能是其他含义。这里的"实际控制"，并非指财物一定就在行为人手里，而是说行为人能够支配该项财物。这种实际控制并无时间长短的要求，也不要求行为人实际上已经利用了该财物。

2. 以控制说为标准，也是由抢夺罪本身的特点所决定的。抢夺罪的行为表现为公然夺取。这说明，它包括两个方面，"夺"和"取"。"夺"是从所有人、保管人身上直接抢，或当着所有人、保管人的面拿走其所有或保管的财物；"取"即为实际控制财物。当然，抢夺罪的"夺取"是非常复杂的，行为人公然夺取财物的当场又被财物所有人、保管人夺回去或者行为人由于当场被人追捕而扔掉了抢夺的财物，由于行为人还没有实际控制被夺取的财物，非法占有的目的还没有达到，故仍然认定为行为人抢夺未遂。例如，被告人张某在石家庄市新华集贸市场趁个体户李某不备，从李某手中抢走装有290余元现金的银灰色皮包一个，当被告人逃离现场时，被三轮车绊倒，遂被抓获。[3] 本案中被告人张某夺取财物逃离现场时，因意志以外的原

---

[1] 金子桐等：《罪与罚——侵犯财产罪和妨害婚姻、家庭罪的理论与实践》，上海社会科学院出版社1987年版，第119页。
[2] 唐若愚："抢夺罪犯罪既遂标准之我见"，载《法学与实践》1992年第4期。
[3] 石磊："从张某抢夺一案看抢夺罪的既遂与未遂"，载《法学与实践》1991年第2期。

因即被三轮车绊倒而被抓获，虽然短暂占有了所夺取的财物，但仍未实际控制该财物，故仍属抢夺罪未遂。综上所述，应以行为人是否实际控制了所夺取的财物作为区分抢夺罪既遂与未遂的标准。

（四）特殊情况下抢夺财物行为的认定

对于暴力作用于财物而影响到财物持有者身体的情形，究竟以抢劫罪还是抢夺罪认定，同样要根据两罪中暴力的危害来区分。如果在获取财物的同时，以侵犯人身安全为获取财物的手段，就应以抢劫罪认定；如果只是获取财物而没有以侵犯人身安全为手段，则只能以抢夺罪来认定。

实践中，行为人通过使用暴力于财物而影响到财物持有者人身安全，一般存在以下两种情况：①财物附于被害人身体，暴力作用于财物，被害人来不及反抗而失去财物；②财物附于被害人身体，暴力作用于财物时，被害人反抗而失去财物。

在第一种情况下，因为财物依附于被害人身体，行为人作用于财物之力间接作用被害人身体，但由于行为人作用于财物之暴力并未使被害人的人身权利受到实际损害或威胁，以至于处于不能或不敢抗拒之状态，被害人失去财物只是因为其来不及反抗。因此，对这种情况应按抢夺罪认定。

在第二种情况下，由于被害人为护住财物而进行反抗，行为人为获取财物就必须加大用力或更多地利用有利于获取财物的条件，而被害人也就必须进一步阻止这种对财物的作用力。具体而言，这种情况又可以进一步作以下几种划分和考虑：

如果行为人遭遇到反抗时立即放弃财物，且其暴力行为并未危害或威胁到被害人的人身，其行为就只能按照抢夺罪（未遂或中止）认定。

如果行为人遭遇到反抗时并未放弃且继续用力于财物，被害人若继续反抗就有可能被拉倒在地或撞上障碍物，面临着要么受伤，要么死亡的可能性结果，或者在拉扯财物的过程中，被害人受伤或死亡，最后只好放弃财物或财物被夺走。这时，尽管行为人只是用力于财物，但由于行为人使用于财物的暴力使被害人的人身自由或意志自由受限制，暴力就成为抢劫罪中获取财物的手段，这就完全符合抢劫罪的基本特征，因此，应以抢劫罪认定。

（五）抢夺罪的刑事责任

根据《刑法》第267条的规定，犯本罪数额较大，或者多次抢夺的，处3年以下有期徒刑、拘役或者管制，并处或者单处罚金；数额巨大或者有其他严重情节的，处3年以上10年以下有期徒刑，并处罚金；数额特别巨大或者有其他特别严重情节的，处10年以上有期徒刑或者无期徒刑，并处罚金或者没收财产。

实施抢夺公私财物行为，构成抢夺罪，同时造成被害人重伤、死亡等后果，构成过失致人重伤罪、过失致人死亡罪等犯罪的，依照处罚较重的规定定罪处罚。[1]

三、聚众哄抢罪

（一）聚众哄抢罪的概念与特征

聚众哄抢罪，是指以非法占有为目的，聚集多人，公然夺取公私财物，数额较大或情节严重的行为。本罪的主要特征是：

1. 侵犯的客体是公私财物所有权。
2. 客观方面表现为组织、策划、指挥众人，公然夺取公私财物或者积极参与聚众公然夺

---

[1] 参见最高人民法院《关于审理抢夺刑事案件具体应用法律若干问题的解释》（2002年7月15日最高人民法院审判委员会第1231次会议通过）。

取公私财物，数额较大或者有其他严重情节的行为。哄抢过程中一般不使用暴力或仅轻微使用暴力，且不是针对人身而是针对财物，这是本罪与抢劫罪的主要区别。

3. 犯罪主体是一般主体。

4. 主观方面是直接故意，并以非法占有为目的。

（二）聚众哄抢罪的刑事责任

根据《刑法》第 268 条的规定，犯本罪的，对首要分子和积极参加的，处 3 年以下有期徒刑、拘役或者管制，并处罚金；数额巨大或者有其他特别严重情节的，处 3 年以上 10 年以下有期徒刑，并处罚金。

第三节 秘密窃取型犯罪

一、盗窃罪的概念与特征

盗窃罪，是指以非法占有为目的，秘密窃取公私财物，数额较大，或者多次盗窃、入户盗窃、携带凶器盗窃、扒窃公私财物的行为。本罪的主要特征是：

1. 侵犯的客体是公私财物的所有权。本罪的犯罪对象是公私财物，但是刑法另有规定的，依规定处理。关于盗窃罪对象的外延范围存在着争议。本罪对象一般是动产，但也包括不动产上可移动的部分。不动产是否可成为盗窃的对象，国内外学者观点不一。肯定论者认为，刑法规定盗窃公私财物，没有限定为动产，而且不动产也可以用秘密的方法占为己有。例如，盗卖他人的不动产，应以盗窃罪论处。否定论者认为，窃取是指将他人控制下的财物秘密转移到行为人手中，不动产不能移动，故不能成为盗窃的对象。各国刑法对此问题的规定也不尽相同。有些国家刑法明文规定为动产，如瑞士、奥地利等国刑法；有些国家刑法规定为他人财物，如日本刑法、西班牙刑法，但实践中一般认为是指动产；也有些国家刑法把盗窃动产与窃占不动产分别加以规定，前者定盗窃罪，后者定窃占不动产罪，如意大利刑法。我国刑法没有明文规定盗窃的财物仅限于动产，有人认为，从有利于保护公私财产权出发，不应对财物作限制解释。[1] 我们认为，不动产不应成为盗窃罪的对象，不动产如果被移动，其价值就会发生变化，如果是被盗卖或盗占，则除盗窃以外，还应有卖（诈骗出卖）或占（非法占有）的行为，刑法已有相应的犯罪规定。

盗窃罪的对象一般是金钱、有价票证和表现为各种形态的财物。有的表现为固体，如各种实物；有的表现为液体，如油等；有的表现为气体，如煤气、天然气等；有的表现为电子能量，如电力等。[2] 根据《刑法》第 265 条的规定，盗接他人通信线路、复制他人电信码号或者明知是盗接、复制的电信设备、设施而使用的，依照盗窃罪的规定定罪处罚。因此电信码号资源也可成为盗窃罪的对象。根据《刑法》第 196 条第 3 款的规定，盗窃信用卡并使用的，依照盗窃罪的规定定罪处罚。因此，信用卡也可成为盗窃罪的对象。根据《刑法》第 210 条第 1 款的规定，盗窃增值税专用发票或者可以用于骗取出口退税、抵扣税款的其他发票的，依照盗窃罪的规定定罪处罚。因此，增值税专用发票或者可以用于骗取出口退税、抵扣税款的其他发

---

[1] 高铭暄、马克昌主编：《刑法学》，北京大学出版社、高等教育出版社 2011 年版，第 500 页。
[2] 国内绝大多数著作将上述财物分为有形物和无形物，或分为有体物和无体物。笔者认为这样的分法有欠科学，气体、电力、电子信息等同样是有形物、有体物，在物理学上还存在着反粒子、宇宙场等，这些都是物质的表现形式。

票也可成为盗窃罪的对象。

根据2013年最高人民法院、最高人民检察院《关于办理盗窃刑事案件适用法律若干问题的解释》规定，偷拿自己家的财物或者近亲属的财物，一般可不按犯罪处理；对确有追究刑事责任必要的，处罚时也应与在社会上作案的有所区别。自己的财物，不是盗窃的对象。但是，家庭共有的财物或者近亲属所有的财物可以成为盗窃罪的对象。

2. 客观方面表现为具有以秘密窃取的方法，将公私财物非法占有，数额较大的行为。秘密窃取是指行为人采用自认为不使他人发觉的方法占有他人财物。只要行为人主观上是意图秘密窃取，即使客观上已被他人发觉或者注视，也不影响盗窃性质的认定。数额较大是指达到1000~3000元，但这不是唯一的标准，盗窃罪的认定，应将取得财物的数额和作案的原因、手段、社会影响、行为人的一贯表现、动机与目的等情节相结合，进行综合评价。盗窃公私财物接近数额较大的起点，具有下列情形之一的，可以追究刑事责任：①以破坏性手段盗窃造成公私财产损失的；②盗窃残疾人、孤寡老人或者丧失劳动能力人的财物的；③造成严重后果或者具有其他恶劣情节的。根据《刑法修正案（八）》的规定，多次盗窃、入户盗窃、携带凶器盗窃、扒窃公私财物的行为，即使数额没有达到较大，也认定为构成盗窃罪。多次盗窃一般是指3次以上。

3. 犯罪主体是一般主体，即年满16周岁、具有刑事责任能力的自然人。邮政工作人员私自开拆邮件，从中窃取财物的，以盗窃罪论处，从重处罚。

4. 主观方面是直接故意，即明知是他人或者单位所有或持有的财物，以非法占有为目的，实施窃取财物的行为。

二、盗窃罪的认定

关于盗窃罪既遂与未遂划分的标准，中外刑法理论均存在不同观点。主要有：①"接触说"，认为应以行为人是否接触到被盗财物为标准，接触到财物就是既遂；②"移动说"，认为应以行为人是否移动被盗财物为标准，已移动的为既遂；③"转移说"，认为应以行为人是否将被盗财物转移到安全地带为标准，已转移到安全地带的为既遂；④"失控说"，认为应以被害人是否失去对财物的控制为标准，失去控制的为既遂；⑤"控制说"，认为应以行为人是否已经取得对被盗财物的实际控制为标准，已实际控制的为既遂；⑥"失控加控制说"，认为应以被害人是否失去对财物的控制，并且该财物已置于行为人的实际控制之下为标准，失去控制的为既遂。我们认为，"接触说"过于宽泛，"移动说"和"转移说"缺乏明确的标准。盗窃罪是结果犯，应以给公私财产所有权造成直接损害结果为完成形态，所有权的损害结果表现在财物所有人或持有人失去对财物的控制。所有人对财物的失去控制，并不意味着行为人对财物的实际控制，因此，"控制说"和"失控加控制说"超过刑法的规定。所以，我们认为"失控说"是合理的。

三、盗窃罪的刑事责任

根据《刑法》第264条的规定，犯本罪的，处3年以下有期徒刑、拘役或者管制，并处或者单处罚金；数额巨大或者有其他严重情节的，处3年以上10年以下有期徒刑，并处罚金；数额特别巨大或者有其他特别严重情节的，处10年以上有期徒刑或者无期徒刑，并处罚金或者没收财产。

第四节 骗取、诈取型犯罪

一、诈骗罪

（一）诈骗罪的概念与特征

诈骗罪，是指以非法占有为目的，采用虚构事实或者隐瞒真相的方法，骗取数额较大的公私财物的行为。本罪的主要特征是：

1. 侵犯的客体是公私财产所有权。诈骗罪的犯罪对象是公私财物，包括动产，也包括不动产。根据《刑法》第210条第2款的规定，使用欺骗手段骗取增值税专用发票或者可以用于骗取出口退税、抵扣税款的其他发票的，成立诈骗罪。

2. 客观方面表现为使用虚构事实或者隐瞒真相的方法，骗取数额较大的公私财物的行为。虚构事实，是指捏造不存在的事实，骗取受害人的信任，虚构事实可以是全部，也可以是部分。隐瞒真相，是指对受害人掩盖某种客观存在的事实，使之产生错误的认识，从而"自愿"地交出财物。欺诈可以用语言也可以用动作，可以是作为也可以是不作为。根据《刑法》第300条第3款的规定，组织和利用会道门、邪教组织或者利用迷信破坏国家法律、行政法规实施的又有奸淫妇女、诈骗财物等犯罪行为的，依照数罪并罚的规定从重处罚。根据我国《刑法》规定，诈骗公私财物数额较大，才构成犯罪。根据有关司法解释，诈骗罪的"数额较大"，以2000元为起点。

3. 犯罪主体是一般主体。

4. 主观方面表现为故意，并且具有非法占有公私财物的目的。

（二）诈骗罪的认定

1. 罪与非罪的界限。根据刑法规定，诈骗公私财物数额较大的，才成立诈骗罪。因此构成诈骗罪应达到诈骗财物2000元的起点要求，否则不成立诈骗罪。但是，诈骗未遂，情节严重的，应当定罪并依法处罚。

2. 诈骗罪与民间借贷之间的界限。司法实践中，有的借款人由于某种原因，长期拖欠债务不还，或者编造谎言或者隐瞒真相而骗借款物，到期不能偿还，这和诈骗罪非常相似，因为都产生在民事交往过程中，客观上都有虚构事实、隐瞒真相的行为，而且都使被害人的财产权利受到侵害。有的行为人甚至以民间借贷为名，行诈骗之实，骗取大量财物，当被害人诉至法院时，行为人往往以民间借贷纠纷为由，企图逃避刑事追究。而区分二者的关键就在于行为人是否有"非法占有的目的"。即使行为人在取得财物时有欺诈行为，只要没有非法占有的目的，也没有挥霍一空，不赖账，不再弄虚作假，确实打算偿还的，仍属于借贷纠纷，不宜认定为诈骗罪。但是以非法占有为目的，以借贷为名，行诈骗之实，骗取大量财物，大肆挥霍，根本无意归还，也无力归还，应以诈骗罪论处。

3. 诈骗罪与以诈骗手段破坏社会主义市场经济秩序的犯罪的界限。这些罪包括：集资诈骗罪、贷款诈骗罪、票据诈骗罪、金融凭证诈骗罪、信用证诈骗罪、信用卡诈骗罪、有价证券诈骗罪、保险诈骗罪、骗取出口退税罪、合同诈骗罪。诈骗罪和这些新型诈骗罪的区别主要在于：①犯罪客体不同。前者是单一客体，后者是复杂客体。②客观方面表现不同。诈骗罪的欺骗手法多种多样，法律上没有限制，而后者则具体表现为在某一特定领域内以特定的欺骗方法进行诈骗活动。③犯罪主体不同。除贷款诈骗罪、信用卡诈骗罪的主体只能是自然人外，其他几种新型诈骗犯罪其主体既可以是自然人，也可以是单位，诈骗罪的犯罪主体只能是自然人。

此外，诈骗罪与其他各种具体诈骗犯罪是一般法条与特殊法条竞合关系。应按照法条竞合的处理原则"特别法优于普通法"来处理。

4. 诈骗罪与盗窃罪的界限。在行为人实施犯罪活动中既使用了欺骗的手段，又使用了秘密窃取的手段的情况下，要判断其是诈骗罪，还是盗窃罪存在一定的困难。关键在于行为人最终取得财物是基于秘密窃取的手段还是因为被害人上当受骗，产生了错误的认识后，而"自愿"地交付财物。如果取得财物的手段不是对被害人产生实际心理影响而使被害人"自愿"地交付财物，而是从被害人的直接控制下秘密地窃取财物，则应当以盗窃罪论处。反之，则是诈骗罪。

（三）诈骗罪的刑事责任

根据《刑法》第266条的规定，犯本罪的，处3年以下有期徒刑、拘役或者管制，并处或者单处罚金；数额巨大或者有其他严重情节的，处3年以上10年以下有期徒刑，并处罚金；数额特别巨大或者有其他特别严重情节的，处10年以上有期徒刑或者无期徒刑，并处罚金或者没收财产。

二、敲诈勒索罪

（一）敲诈勒索罪的概念与特征

敲诈勒索罪，是指以非法占有为目的，对公私财物的所有人、管理人实施威胁或者要挟的方法，强行索取数额较大的公私财物，或者多次敲诈勒索的行为。本罪的主要特征是：

1. 侵犯的客体是公私财物的所有权，同时也侵犯了公民的人身权利或者其他权益。

2. 客观方面表现为对公私财物的所有人、管理人实施威胁或要挟，迫使其当场或者限期交出数额较大的公私财物，或者多次敲诈勒索的行为。使用威胁和要挟的方法，即精神强制的方法，使被害人在心理上产生恐惧或压力，然后向被害人强行索取财物。威胁或要挟的内容包括对被害人及其亲属的生命、身体自由、名誉以及通过宣扬、揭露不利于被害人的事项等进行威胁。只要是能够使被害人产生恐惧心理即可。在方式上，可以是口头的，也可以是书面的；可以是当面提出，也可以由第三者转达；可以是明示，也可以是暗示。一般来说，威胁、要挟的内容在实现方面一般不具有当场性，[1] 而是扬言在以后某个时间付诸实施。至于行为人取得财物的时间，可以是当场，也可以是在规定的期限以内。而且威胁内容不要求自身是违法的。比如，行为人知道他人的犯罪事实，以向司法机关告发相威胁进而索取财物的，同样可以构成敲诈勒索。多次敲诈勒索一般是指3次以上。

3. 犯罪主体为一般主体。

4. 犯罪主观方面是故意，且具有非法占有公私财物的目的。

（二）敲诈勒索罪的认定

1. 敲诈勒索罪与抢劫罪的区别。两罪在侵犯的客体、犯罪主体、犯罪主观方面等都极为相似，两罪在客观方面也有相似之处，都具有威胁的形式，但两者威胁的内容、方式以及取得财物的时间等都具有一定的差别，具体表现为：①实施威胁的内容不同，抢劫罪以当场实施暴力相威胁；敲诈勒索罪也以实施暴力相威胁，但一般不当场实施暴力。②威胁方式不同，抢劫罪的威胁只能当着被害人的面实施，一般是用语言或动作来表示；敲诈勒索的威胁不仅可以当着被害人的面发出，还可以通过第三者，或者以书面的形式发出。③威胁内容付诸实施的时间不同，抢劫罪是如果不满足行为人的要求，威胁就当即实现；而敲诈勒索罪则表现为将来某个

---

[1] 以实施暴力相威胁的敲诈勒索罪，一般行为人没有当场实施暴力，但如果实施了，是构成敲诈勒索罪还是抢劫罪，请参阅下文的本章争议问题讨论。

时间实现或者当场实现。④取得财物的时间不同，抢劫罪是当场取得财物；而敲诈勒索罪取得财物可以是当场，也可以是在限定的时间内取得。⑤从要求取得的内容来看，抢劫罪只能是财物，且只能是动产；而敲诈勒索罪主要是财物，也可以包括一些财产性利益（如提供劳务等），而且敲诈勒索罪以数额较大作为构成要件。

2. 敲诈勒索罪与受贿（索贿）罪的区别。两罪在行为方式上都表现为索要财物，但两罪还是有明显的区别：①犯罪主体不同。前罪为一般主体，后罪是特殊主体，只能是国家工作人员。②客观方面表现不同。敲诈勒索罪是使用威胁、要挟的方法，造成被害人心理上的恐惧从而迫使被害人交出财物；受贿罪则是通过主动索要，而被害人"自愿"交出财物，索贿人在索贿的过程中也包括使用威胁的方法进行索贿，但其是通过利用职务、职权来实施的威胁。如果国家工作人员没有利用其职权来实施威胁，而是通过其他的方式对被害人实施威胁来索取财物，同样还是应当认定为敲诈勒索罪。③两罪被害人交出财物是否"自愿"不同。敲诈勒索罪被害人交出财物是不自愿的，索贿犯罪一般没有被害人。因为被索贿的人能获得一定的利益（主要是不正当利益），其被索贿心理虽然不高兴或者不愿意，但最后交钱时一般还是主动送上。因此，被索贿同样要以行贿罪论处。但是，根据《刑法》第389条第3款的规定，因被勒索给予国家工作人员以财物，没有获得不正当利益的，不是行贿。

（三）敲诈勒索罪的刑事责任

根据《刑法》第274条的规定，犯本罪的，处3年以下有期徒刑、拘役或者管制，并处或者单处罚金；数额巨大或有其他严重情节的，处3年以上10年以下有期徒刑，并处罚金；数额特别巨大或者有其他特别严重情节的，处10年以上有期徒刑，并处罚金。

第五节 侵占型犯罪

一、侵占罪

（一）侵占罪的概念与特征

侵占罪，是指以非法占有他人财物为目的，将代为保管的他人财物、他人的遗忘物、埋藏物非法占为己有，数额较大，拒不退还的行为。本罪的主要特征是：

1. 侵犯的客体是公私财物的所有权。侵害的对象是代为保管的他人财物、他人的遗忘物、埋藏物等。

（1）代为保管的他人财物。①代为保管。代为保管不能仅仅理解为委托保管，而包括基于委托租赁、借用、担保、无因管理等原因而保管他人财物。此外，因为雇佣关系、居间关系、违法行为等，都可能出现代为保管他人财物的情形。代为保管比直接的委托保管内容更为广泛。②他人财物。是指除本人以外的其他自然人和单位的财物，也可以是属于国家的财物。本人的财物一般不能成为侵占罪的对象。但是，如果财物虽然属于自己，但已依法律作出处分，只是归自己保管的情形下，则是他人的财物，对其加以侵占的，仍然构成犯罪。例如，将已设定担保的自己财物进行处分，即是适例。但对已被司法机关查封、冻结而处于自己保管状态下的财产加以侵占的，应认定构成《刑法》第314条所规定的非法处置查封、扣押、冻结的财产罪。共同共有财物，未征得其他共有人的同意而侵占的，应对共有财物先进行分割，超过自己所有的部分可认定为侵占罪。

（2）遗忘物。遗忘物是指一定时间内脱离财物占有人的控制的财物。遗忘物不同于遗失物，遗忘物是指占有人偶然遗忘于特定场所的物品。遗忘人对财物的控制能力并未完全丧失。

一旦占有人恢复记忆，就很容易恢复对此财物的控制。遗失物是非出于遗失人自己的意思而丧失占有，同时又不为其他人占有的非无主财产。遗失人已经对财物失去控制。他人占有之物不是遗忘物。如行为人有意识放置之物，即使时间、距离较远也不应当认定为遗忘物。例如，日本判例认为，未上锁的自行车在停放了14小时之后被盗，由于车牌上记载了车主姓名，车筐内留有被害人的雨伞，而且停放自行车的桥事实上成了停车场，所以该车属于他人占有之物，不法取得者对此能够认识，所以其构成盗窃而不是侵占遗忘物。[1]

（3）埋藏物。埋藏物是指埋藏于土地及他物中，其所有权归属不能判明之动产。这里的所有人不明，并不等于无主，只是说该物在被他人发现、持有当时的具体情况下，所有人不明确。如果某种埋藏物在被偶然发现时所有人不明，后来出现了明确的所有人，其自然可以依法主张所有权，行为人拒不交出的，构成侵占罪。根据《民法通则》第79条第1款的规定，所有人不明的埋藏物，归国家所有。因此，国家也可以对不明所有人的埋藏物主张所有权。有人认为，埋藏物具有以下特征：①埋藏于他物之中，不易由外部窥视或目睹其实际状态；②无他人持有；③被偶然发现。[2] 行为人如果明知某处埋藏有他人之物，以非法占有为目的进行挖掘，将财物占为己有，应成立盗窃罪；在不知道有埋藏物的情况下进行挖掘，偶然发现财物的，该财物才是埋藏物，对之非法加以占有的，成立侵占罪；在这些偶然发现物周围继续挖掘，试图发现更多财物的，后续行为可以成立盗窃罪或者盗掘古人类化石、古脊椎动物化石罪等。

2. 客观方面表现为行为人将代为保管的他人财物、他人的遗忘物、埋藏物非法占为己有，数额较大，拒不退还或拒不交出的行为。所谓"非法占为己有"，是指行为人将其保管的他人财物、他人的遗忘物、埋藏物加以扣留为自己所有。所谓"拒不退还""拒不交出"，是指行为人非法侵占他人财物，被人发现后，经所有人要求退还或交出仍不予退还或交出的行为。如果行为人主观上愿意退还或者交出，但客观上已无法退还或者交出的，不以侵占罪论处。行为人将他人财物非法占为己有，其行为就已经具有非法性，但是要构成侵占罪必须要求行为人具有拒不交出、拒不退还的行为。因而要认定行为人具有拒不退还、拒不交出的故意，必须先认定行为人具有非法占有的事实。

3. 犯罪主体是一般主体。

4. 主观方面表现为故意，并且具有将他人财物非法占有的目的。

（二）侵占罪的既遂与未遂

关于侵占罪的既遂与未遂问题，有人认为只存在既遂不存在未遂，也有人认为两者均存在。后者认为侵占罪属于结果犯，结果犯一般以造成法定的危害结果作为犯罪既遂的标准。侵占罪以他人告诉前是否给所有人造成财物损失结果，并达到一定数额为既遂标准。同时结果犯也存在着未遂状态。认为行为人在着手实施侵占行为以后，可能会因为自己意志以外未出现预期的犯罪结果，这就是侵占罪的未遂状态。[3] 我们认为，侵占罪的完成应以实施完成侵占过程而构成既遂。而侵占过程的完成不但要求行为人具有非法占有的行为，而且必须具有拒不退还、拒不交出的行为。这一过程的完成也表明侵占罪的危害结果已经产生。

（三）侵占罪的刑事责任

根据《刑法》第270条第1款、第3款的规定，犯本罪，数额较大，拒不退还的，处2年

---

[1] 参见陈兴良主编：《刑法学》，复旦大学出版社2003年版，第440页。
[2] 参见陈兴良主编：《刑法学》，复旦大学出版社2003年版，第442页。
[3] 参见李晓明主编：《刑法学》（下），法律出版社2001年版，第492页。

以下有期徒刑、拘役或者罚金；数额巨大或有其他严重情节的，处 2 年以上 5 年以下有期徒刑，并处罚金。侵占罪，告诉的才处理。

二、职务侵占罪

（一）职务侵占罪的概念与特征

职务侵占罪，是指公司、企业或者其他单位的人员，利用职务上的便利，将本单位财物非法占为己有，数额较大的行为。本罪的主要特征是：

1. 侵犯的客体是公司、企业或者其他单位财产所有权。犯罪的对象是单位所有的财物。"其他单位"是指除公司、企业以外的单位，如事业单位、人民团体。财产包括这些单位中的国有财产、集体财产和管理、使用、运输过程中的个人财产，包括动产和不动产。

2. 客观方面表现为行为人利用职务或者工作便利，侵吞、骗取、窃取本单位的财物数额较大的行为。"利用职务的便利"，主要是指公司、企业或其他单位的管理人员，利用在职务上主管、经营、管理公司、企业财物的权力，或者因执行职务而经手公司、企业财物的便利。利用职务上的便利，是构成职务侵占罪的必要条件。"侵占"有广义、狭义之分。广义的侵占，泛指一切非法占有他人财物的行为；狭义的侵占，指合法持有他人财物，非法转为己有。职务侵占罪中的"侵占"指的是广义的侵占，不仅仅是指自己合法持有的财物，非法转为己有，而且还包括采用盗窃（监守自盗）、骗取或者其他方法占有他人财物。

3. 犯罪主体是特殊主体，必须是公司、企业或者其他单位的人员才能构成。

4. 主观方面是故意，并且有非法占有的目的。

（二）职务侵占罪的认定

1. 本罪与侵占罪的区别。①侵犯的直接权利不同。前者侵犯的是单位财物的所有权，后者侵犯的是他人财物的所有权。②犯罪对象不同。前者侵犯的对象是本单位财物，后者侵犯的对象是代为保管的他人的财物、他人的遗忘物和埋藏物。③主体不同。前者是特殊主体，后者是一般主体。④司法程序不同。前者是公诉罪，后者是自诉罪。

2. 本罪与贪污罪的区别。①侵犯的客体不同。前者侵犯的是公私财产所有权，后者侵犯的是公共财产所有权及国家机关的正常活动与威信。②犯罪主体不同。前者是公司、企业或者其他单位的职工，后者是国家工作人员。③定罪标准不同。前者以 1000 元为定罪标准，而后者以 5000 元为定罪标准。④法定刑不同。前者最高刑期是 15 年有期徒刑，而贪污罪的最高法定刑是死刑。

（三）职务侵占罪的刑事责任

根据《刑法》第 271 条的规定，犯本罪的，处 5 年以下有期徒刑或者拘役；数额巨大的，处 5 年以上有期徒刑，可以并处没收财产。公司、企业或者其他单位的国家工作人员犯本罪的，依照贪污罪定罪处罚。

第六节　挪用型犯罪

一、挪用资金罪

（一）挪用资金罪的概念与特征

挪用资金罪，是指公司、企业或者其他单位的工作人员，利用职务上的便利，挪用单位资金归个人使用或者借贷给他人，数额较大，超过 3 个月未还的，或者虽未超过 3 个月，但数额较大，进行营利活动或者非法活动的行为。本罪的主要特征是：

1. 侵犯的客体是公司、企业或者其他单位资金的占有权、使用权和收益权。侵犯的对象包括国有的、集体的资金，也包括个人的资金，中外合资及外国独资的公司企业的资金。

2. 客观方面表现为行为人利用职务上的便利，挪用本单位资金归个人使用或者借贷给他人使用的行为。首先，要有挪用资金的行为。根据挪用资金的用途不同，分别以数额的大小和挪用时间的长短不同，构成本罪的客观要件。具体分为以下三种情况：①挪用本单位资金归个人使用或者借贷给他人，数额较大、超过3个月未还的。这里规定的是一般挪用犯罪，即没有进行非法活动或者营利活动。这一情形必须是数额较大，并且超过3个月未还的，才能构成本罪。"未还的"是指案发前（被司法机关、主管部门或者有关单位发现以前）未还。②挪用本单位资金归个人使用或者借给他人，虽未超过3个月，但数额较大，进行营利活动的。这里规定的是挪用单位资金进行营利活动，如炒股票、做期货，只要数额较大，不受挪用时间长短以及是否归还的限制，均构成本罪。③挪用本单位资金归个人使用或者借贷给他人，进行非法活动的，如走私、赌博等非法活动，因为其社会危害性大，所以，不论数额多少，不管挪用时间长短，也不问是否归还，都构成本罪。其次，挪用单位资金必须是利用了职务上的便利，一般是指上述公司、企业或者其他单位中具有管理、经营或经手财物职责的经理、厂长、财会人员、购销人员等，利用其具有的管理、调配、使用、经手本单位资金的便利条件，将资金挪作他用。

3. 犯罪主体是特殊主体，即公司、企业或者其他单位的人员，包括董事、监事或者经理，也包括职员和工人。根据《刑法》第185条第1款的规定，商业银行、证券交易所、期货交易所、证券公司、期货经纪公司、保险公司或者其他金融机构的工作人员利用职务之便，挪用本单位或客户资金的，依本条规定处罚。

4. 主观方面只能是故意，即行为人明知是公司、企业或其他单位的资金而拿来归个人使用或借贷给他人，但没有非法占有的目的，而是准备日后归还的。

（二）挪用资金罪的认定

1. 本罪与职务侵占罪的区别。①侵犯的对象不同。本罪侵犯的是单位的资金；而后罪侵犯的可以是资金，也可以是财物。②犯罪客观方面不同。本罪的行为方式是挪用；而后罪的行为方式为侵占。③犯罪主观方面不同。本罪的主观方面是挪用，准备以后归还；而后罪是想非法占有。

2. 本罪与挪用公款罪的区别。①侵犯的对象不同。本罪侵犯的是单位的资金；而后罪侵犯的是公款。②犯罪主体不同。本罪的主体为公司、企业人员；而后罪的主体是国家工作人员以及在国有公司、企业或者其他国有单位中从事公务的人员。

（三）挪用资金罪的刑事责任

根据《刑法》第272条的规定，犯本罪的，处3年以下有期徒刑或者拘役；挪用单位资金数额巨大，或者数额较大不退还的，处3年以上10年以下有期徒刑。公司、企业或者其他单位中的国家工作人员犯本罪的，依照挪用公款罪定罪处罚。

二、挪用特定款物罪

（一）挪用特定款物罪的概念与特征

挪用特定款物罪，是指违反国家财经管理制度，挪用用于救灾、抢险、防汛、优抚、扶贫、移民、救济等特定款物，情节严重，致使国家和人民群众利益遭受重大损失的行为。本罪的主要特征是：

1. 侵犯的客体是复杂客体，既侵犯了救灾、抢险、防汛、优抚、扶贫、移民、救济款物的使用权，又侵犯了国家关于这七项救援款物专用的财经管理制度。侵犯的对象是国家用于救灾、抢险、防汛、优抚、扶贫、移民、救济的特定款物，具体包括国家财政预算中支出的特定款物，国家临时调拨的特定款物，以及由国家募集、来自集体单位、公民个人捐献的款物。

2. 客观方面表现为挪用救灾、抢险、防汛、优抚、扶贫、移民、救济等七项特定款物，情节严重，致使国家和人民群众的利益受到重大损害的行为。所谓挪用特定款物，是指行为人擅自将特定用于救灾、抢险、防汛、优抚、扶贫、移民、救济的专项款物，挪作其他公用。如用于修建楼堂馆所、搞经济开发项目、购置房屋、轿车等。根据《刑法》第384条第2款的规定，挪用用于救灾、抢险、防汛、优抚、扶贫、移民、救济款物归个人使用的，应以挪用公款罪定罪，并且从重处罚。根据刑法规定，挪用社会救援款物，必须是情节严重，并且使国家和人民利益遭受重大损害的行为。如果只有挪用救援款物的行为，但没有造成国家和人民群众利益重大损害的，不构成犯罪。"情节严重"主要指挪用救援款物数额巨大的；利用挪用款物大肆挥霍浪费的；对生产和人民群众生活造成重大困难和影响的，等等。

3. 犯罪主体是特殊主体，即管理、分配、发放这些救援款物的直接责任人员。

4. 主观方面是故意，即明知是救援款物而故意挪作其他公用。

（二）挪用特定款物罪的认定

1. 本罪与挪用公款罪的区别。①侵犯的对象范围不同。本罪侵犯的对象仅限于救灾、抢险、防汛、优抚、扶贫、移民、救济的款物；而后者侵犯的对象限于公款。②客观方面表现不同。本罪在客观方面表现为实施了将救灾、抢险、防汛、优抚、扶贫、移民、救济款物挪作其他公用事项，情节严重，致使国家和人民群众利益遭受重大损害的行为；而后者表现为行为人利用职务上的便利，挪用公款归个人使用，进行非法活动的，或者挪用公款数额较大，进行营利活动的，或者挪用公款数额较大，超过3个月未还的行为。③犯罪主体不同。本罪的主体是经营、支配上述款物的直接职权人员；而后者的主体是国家工作人员。④犯罪主观方面不同。本罪主观方面是将特定款物挪作其他公用事业；而后罪的主观意图是将公款挪作个人使用。

2. 本罪与贪污罪的区别。①侵犯的对象不同。本罪侵犯的对象是用于救灾、抢险、优抚、扶贫、防汛、移民、救济的款物；而后罪侵犯的是公共财物。②犯罪主体不同。本罪的主体是经手、掌管特定款物的人员；而后罪的主体是经手、管理公共财物的人员。③主观目的不同。本罪的目的是将特定款物挪作其他公用事项；而后罪的目的是将公共财物占为己有。

（三）挪用特定款物罪的刑事责任

根据《刑法》第273条的规定，犯本罪的，对直接责任人员，处3年以下有期徒刑或者拘役；情节特别严重的，处3年以上7年以下有期徒刑。根据《刑法》第384条第2款的规定，挪用特定款物归个人使用的，以挪用公款罪定罪，从重处罚。

第七节 毁坏型犯罪

一、故意毁坏财物罪

（一）故意毁坏财物罪的概念与特征

故意毁坏财物罪，是指故意毁灭或者损坏公私财物，数额较大或者有其他严重情节的行为。本罪的主要特征是：

1. 侵犯的客体是公私财物的所有权。犯罪的对象包括各种公私财物。既包括生产资料也包括生活资料，既包括动产也包括不动产。

2. 客观方面表现为行为人具有非法毁坏公私财物的行为。它既包括"毁灭",即使物品的价值或使用价值全部丧失;也包括"损坏",即使物品的价值或使用价值部分丧失。依照刑法的规定,故意毁坏财物的行为,必须是数额较大或者有其他严重情节的,才构成犯罪。因此,数额是否较大,情节是否严重是认定本罪罪与非罪的标志。

3. 犯罪主体是一般主体。

4. 主观方面是直接故意。本罪不以非法占有财物为目的,而是以故意毁坏财物为目的。这是本罪与其他侵犯财产罪的本质区别。

(二) 故意毁坏财物罪的刑事责任

根据《刑法》第275条的规定,犯本罪的,处3年以下有期徒刑、拘役或者罚金;数额巨大或者有其他严重情节的,处3年以上7年以下有期徒刑。

二、破坏生产经营罪

(一) 破坏生产经营罪的概念与特征

破坏生产经营罪,是指由于泄愤报复或者其他个人目的,毁坏机器设备、残害耕畜或者以其他方法破坏生产经营的行为。本罪的主要特征是:

1. 侵犯的客体是复杂客体,既侵犯了公私财物的所有权,也侵犯了生产经营秩序。这里的生产经营,既指国家、集体企业的生产经营,也指个体、私营以及中外合资、中外合作、外国独资企业的生产经营;既包括工业、农业,也包括第二产业的生产经营。侵犯的对象必须是与生产经营活动密切相关的生产资料。

2. 客观方面表现为行为人实施了毁坏机器设备、残害耕畜或者以其他方法破坏生产经营的行为。犯罪手段主要表现为"毁坏""残害"以及"其他方法"。"毁坏"主要是指使用暴力或借助其他手段毁灭、损坏机器设备。"残害"是指使用残酷的方法对耕畜进行伤害或杀戮,也包括用毒药毒死耕畜。"其他方法"是指除"毁坏""残害"以外的破坏生产经营的方法。构成本罪,并不要求损坏的某项财物价值很大,如果破坏行为使生产、经营无法进行下去,就可以认定构成本罪。但是,如果破坏的是未使用的闲置的或保存中的生产工具或设备,不影响生产经营活动的正常进行,则不构成本罪。如果是属于数额较大或者情节严重的,可构成故意毁坏财物罪。

3. 犯罪主体是一般主体。

4. 主观方面是故意,并且必须具有泄愤报复或其他个人目的。"其他个人目的"一般是指出于个人恩怨而产生的憎恨、不满等不正当的目的。

(二) 破坏生产经营罪的认定

1. 本罪与放火、投放危险物质、决水、爆炸罪的区别。区分的关键在于是否足以危害公共安全。如果用放火、投放危险物质、决水、爆炸的方法破坏厂矿、企业的机器设备、生产设施和耕畜、家具以及其他生产资料等,破坏生产经营,足以危害公共安全的,应当分别以放火罪、投放危险物质罪、决水罪、爆炸罪论;如果这些破坏生产经营的行为,尚不足以危害公共安全,以破坏生产经营罪论。

2. 本罪与破坏交通工具罪、破坏交通设施罪、破坏广播电视设施、公用电信设施罪、破坏电力设备罪、破坏易燃易爆设备罪的区别。区分的关键同样在于是否危害公共安全。如果这些破坏行为破坏的只是生产经营,而非公共安全的,以破坏生产经营罪论;如果这些行为既破坏了生产经营,又危害了公共安全,则属于刑法理论中的想象竞合犯,应以破坏交通工具等罪论处。

(三) 破坏生产经营罪的刑事责任

根据《刑法》第 276 条的规定，犯本罪的，处 3 年以下有期徒刑、拘役或者管制；情节严重的，处 3 年以上 7 年以下有期徒刑。

三、拒不支付劳动报酬罪

(一) 拒不支付劳动报酬罪的概念和特征

拒不支付劳动报酬罪，是指负有向劳动者支付劳动报酬义务的雇主和用人单位，以转移财产、逃逸等方法逃避支付劳动者的劳动报酬或者有能力支付而不支付劳动者的劳动报酬，数额较大，经政府有关部门责令支付仍不支付的行为。

1. 本罪的客体。本罪所侵犯的客体为劳动者的财产权，因为劳动者因劳动所得的报酬是其财产的来源之一。同时，劳动者获得报酬的权利是我国《宪法》《劳动法》和《劳动合同法》等法律规范所确定的，用工单位拒不支付劳动报酬的行为妨碍了正常的劳动用工关系，其因违反国家的市场经济管理法规，破坏了社会主义经济秩序，危害了市场经济发展，因此，本罪所侵害的客体还有社会主义市场经济秩序。

2. 本罪的客观方面。本罪的客观方面表现为以转移财产、逃匿等方法逃避支付劳动者的劳动报酬或者有能力支付而不支付劳动者的劳动报酬，数额较大，经政府有关部门责令支付仍不支付的行为。

行为人拒不支付报酬的类型分为两种：一种为以转移财产、逃匿等方法逃避支付劳动者的劳动报酬，另一种为有能力支付而不支付劳动者的劳动报酬。虽然拒不支付报酬的行为类型有两种，但均是以行为人有支付能力为前提的。事实上，行为人转移财产就表明了行为人有支付能力，而行为人没有支付劳动报酬的能力，那么，其即使逃匿也不会构成该罪。

3. 本罪的主体。本罪的犯罪主体为负有向劳动者支付劳动报酬义务的自然人和单位。犯罪主体包括年满 16 周岁具有刑事责任能力的自然人、公司、企业、事业单位以及个体工商户、农村承包经营户和个人合伙。

4. 本罪的主观方面。本罪的主观方面为故意，既包括直接故意又包括间接故意。因为该罪为不履行支付劳动报酬义务的不作为犯罪，因此，行为人在主观上既可能是根本不愿给付劳动者劳动报酬，又可能是尽量拖延给付劳动者劳动报酬，前者是"明知＋追求"的直接故意主观形态，后者为"明知＋放任"的间接故意主观形态。

(二) 拒不支付劳动报酬罪的刑事责任

根据《刑法》第 276 条之一的规定，犯本罪的，处 3 年以下有期徒刑或者拘役，并处或者单处罚金；造成严重后果的，处 3 年以上 7 年以下有期徒刑，并处罚金。单位犯前款罪的，对单位判处罚金，并对其直接负责的主管人员和其他直接责任人员，依照前款的规定处罚。有前两款行为，尚未造成严重后果，在提起公诉前支付劳动者的劳动报酬，并依法承担相应赔偿责任的，可以减轻或者免除处罚。

> **学术视野**

一、关于抢劫罪对象的问题

(一) 抢劫罪的行为对象是否包括不动产

否定说认为，"抢劫罪的财物只限于动产，非法抢占不动产的，不属于抢劫罪"[1] "强行霸占他人之不动产……虽带有抢劫性质，但同刑法规定的抢劫罪之特征并不吻合，因此，值

---

[1] 何秉松主编：《刑法教科书》，中国法制出版社 2000 年版，第 907 页。

得研究。"[1] 肯定说认为，"抢劫罪的对象既可以是动产，也可以是不动产，如使用暴力手段当场非法占有、控制他人房屋的，使用暴力手段，迫使他人当场写出免除债务的承诺书的，应认定为抢劫罪"[2] 折中说认为，如果采取抢劫方法将不动产可分离的部分，如房屋的门窗、土地上的树木、庄稼、果实等当场劫走，行为也可以构成抢劫罪[3] 不动产能否成为抢劫对象，各国刑法的规定也不尽相同，一般可作三种分类：①明文规定抢劫对象仅限于动产。《德国刑法典》第249条规定："意图为自己或第三人不法占有他人财物，以暴力或危害身体或生命相胁迫抢劫他人动产的，处1年以上自由刑……"[4]《西班牙刑法典》也有类似规定。②明文规定抢劫对象是动产，同时规定侵夺他人不动产的，作为独立犯罪加以处罚。如《意大利刑法典》。③只规定抢劫对象是财物，对其性质不加限定。如《俄罗斯刑法典》《泰国刑法典》等。

我们认为，所谓不动产，是指依一般观念认为在空间上不能移动，否则会损害其经济价值的物。抢劫罪的客观方面对取得财物有两点要求：①财物能被行为人占有、携带、移离；②要求有取得财物当场实现的可能性。而当场可以取得的财物只能是动产，因为只有动产才可以携带、移离，并实际控制据为己有。门窗、林木、庄稼在和房屋、土地分离之前属于不动产的一部分，在分离以后，已从形式上转化为动产，对此实施抢劫实质上抢劫的是动产，而非不动产。行为人若以暴力、胁迫或以其他方法强令被害人签订不动产买卖、赠与合同等书面文件并办理登记过户手续，这种情况下，不动产并不能认为已被移离，因为这些合同的签订违背了民法与合同法的诚实信用原则和契约自由原则，缺乏合法要件，受胁迫的一方亦可行使撤销权，使上述合同行为归于无效，由此进行的登记手续当然无法实现所有权的移转。对于使用暴力胁迫、强行入住，霸占他人房屋的，可以定非法侵入他人住宅罪。行为人有伤害、杀人行为的，可以定故意伤害罪、故意杀人罪等。

（二）违禁品、赃物能否成为抢劫罪的行为对象

一种观点认为，被害人对违禁品、赃物的持有本身即是非法的，持有人对违禁品、赃物并不享有所有权，"作为财产罪保护对象的财物，理应是足以体现一定所有权关系的物，违禁品既然是法律禁止持有的物品，不能体现所有权，合理的结论应该是不能成为财产罪的侵害对象"[5] 另一种观点认为，财产罪侵犯的客体是所有权以及其他需要通过法律程序恢复应有状态的占有，没收违禁品也需要通过法律程序，故对违禁品的占有也是刑法所保护的客体，违禁品能成为刑法上的财物。[6]

我们认为，违禁品、赃物能否成为抢劫罪的行为对象不能一概而论，应作具体分析。我国《刑法》第127条第2款规定，抢劫枪支、弹药、爆炸物的，构成抢劫枪支、弹药、爆炸物罪，因此，枪支、弹药、爆炸物虽属违禁品，但不是抢劫罪的行为对象。而对于抢劫其他违禁品或者赃物的，则构成抢劫罪，理由是：①抢劫罪属于财产犯罪，这类犯罪的主要特征是侵犯他人财产所有权，将本不属本人所有之物非法占为己有，抢劫违禁品、赃物具备了劫取他人之物的客观特征；②事实上的持有本身就是财产罪保护的法益，即便是违禁品、赃物，只要是在他人

---

[1] 高西江主编：《中华人民共和国刑法的修订与适用》，中国方正出版社1997年版，第594页。
[2] 赵秉志主编：《侵犯财产罪研究》，中国法制出版社1998年版，第51页。
[3] 张明楷：《刑法学》（下），法律出版社1997年版，第760页。
[4] 金子桐等：《罪与罚——侵犯财产罪和妨害婚姻、家庭罪的理论与实践》，上海社会科学院出版社1987年版，第15页。
[5] 苏惠渔主编：《刑法学》，中国政法大学出版社1994年版，第569页。
[6] 张明楷：《刑法学》（下），法律出版社1997年版，第760页。

掌握之下，刑法就应予以有限度地保护；③抢劫违禁品，同样侵害他人财产所有权。违禁品、赃物并不是无主之物，依照法律规定，有的应当由国家没收归公，如毒品、走私物品等，有的则应由国家职能部门依法剥夺，然后归还合法持有人，无合法持有人的，则应上缴国库。

（三）抢劫欠条能否构成抢劫罪

例如，甲从乙处借得20 000元现金并向乙出具了欠条，一段时间后甲产生赖账念头，遂某天在路上对乙大打出手，逼其交出欠条，使其失去请求偿还20 000元现金的依据。对甲的行为应如何处理？有人认为，甲构成抢劫罪。①行为人欠债应当归还，故意使用上述手段，达到不归还的目的，是对他人财产权利的侵犯；②行为人虽未当场将他人财物非法转归己有，但其抢走欠条，使被害人可能因无法提供证据而丧失在法律上讨回债务的机会；③虽然行为人未当场取得财物，但实际以另一种方式增加了自己的财产，结果与当场抢到财物无异，故应构成抢劫罪[1]。

我们认为，甲的行为不构成抢劫罪。欠条（借据）是债权人与债务人之间以货币为标准的确认双方债权债务关系的凭证，欠条不是财物，抢劫欠条不等于抢劫财物，不应构成抢劫罪。①抢劫欠条侵犯的是被害人的向甲请求偿还债务的权利，而不是财产所有权。乙将20 000元钱交给甲以后，这20 000元钱的所有权就属于甲。欠条只是这20 000元借款凭据，现在凭据被抢劫了，这就侵犯了乙对债权的行使，给乙行使债权制造障碍，侵害的是欠条所记载表现的债权。而抢劫罪侵犯的客体是他人的财产所有权，所以抢欠条并不符合抢劫罪的客体特征。②欠条只是记载双方当事人债权债务关系的一种凭证，欠条的灭失并不完全意味着债权人必定丧失财产，债权人可以通过其他证据，甚至可以通过甲的行为所派生的证据向法庭请求实现债权。③如果抢走欠条即是抢走财物，构成抢劫罪，那么行为人没有把欠条抢走，而是当场把欠条损毁，是否要构成毁坏公私财物罪呢？显然不能。因此，抢劫欠条从本质上讲是一种赖账不还的行为，双方债权债务关系应通过民事法律去调整。如果刑法涉及这一领域，有违刑法谦抑性原则。但如果行为人使用暴力胁迫手段，对债权人造成伤害，或者有故意杀人情节的，应按故意伤害罪或故意杀人罪定罪处罚。

二、转化型抢劫罪的共犯问题

1. 在共同犯罪中，数人共同实施盗窃、诈骗、抢夺行为，如果其中一人为抗拒抓捕、窝藏赃物或者毁灭罪证而当场使用暴力或以暴力相威胁，能否以共犯论处？我们认为不能，因为按照我国刑法的共同犯罪理论，构成共犯必须具备主观上有共同的犯罪故意，客观上有共同的犯罪行为，且每个人的行为，又是相互结合、相互配合的，二者缺一不可。但是，在司法实践中，认定有一定难度。例如，甲、乙、丙三人盗窃某厂财务室，甲、乙入室盗窃，丙望风。此时，恰逢保安巡夜，丙速叫甲、乙逃走，自己先逃离现场。甲、乙与保安发生冲突，甲用砖头击伤保安。次日，丙才从甲、乙口中得知，他逃走后，甲、乙伤害了保安。此案，某法院对丙以转化型抢劫罪的共犯作了判决，理由是，甲、乙与保安搏斗，并用砖头击伤保安的行为，阻止了保安对丙的追捕。笔者认为，此案的定性值得研究，虽然三人之间有共同盗窃的故意，但没有共同以暴力抗拒抓捕的故意，且抗拒抓捕的行为仅发生在甲、乙身上，应当承认客观上甲、乙施暴于保安，确实起到阻止保安追捕的作用，但我们不能因此将抗拒抓捕而施暴于保安的罪责归于丙，这样做是客观归罪。

2. 没有共同实施盗窃、诈骗、抢夺行为，但为窝藏赃物、抗拒抓捕或毁灭罪证目的，行

---

[1] 高铭暄主编：《新编中国刑法学》（下），中国人民大学出版社1998年版，第762页。

为人共同实施暴力或以暴力相威胁，是否构成转化型共同抢劫罪？我们认为，此种情况构成事前无通谋的共同犯罪。根据共同犯罪理论，事前无通谋的共同犯罪是指共同犯罪人不是在着手实行以前，而是在刚着手或正在实行犯罪的过程中形成共同故意的共同犯罪。就转化型抢劫罪而言，不仅在盗窃、诈骗、抢夺阶段可以形成共同犯罪，在实施暴力或者以暴力相威胁阶段也可以形成共同犯罪，是不是盗窃、诈骗、抢夺共犯并不是构成转化型共同抢劫犯罪的必备条件。

三、转化型抢劫罪既遂与未遂标准

转化型抢劫罪既遂与未遂标准问题，有的观点认为转化型抢劫罪是按《刑法》第263条所规定的一般抢劫罪处罚，其既遂与未遂的标准也应该与一般抢劫罪相同；有的观点认为只要行为人实施了暴力或者以暴力相威胁行为，转化型抢劫犯罪就是既遂，换言之，转化型抢劫罪没有未遂。

我们认为第一种观点较为合理。转化型抢劫罪与一般抢劫罪是罪质相同的犯罪，一般抢劫罪把财物取得与否作为既遂未遂的标准，作为与其罪质相同、危险性和危害性一致的转化型抢劫罪就没有理由采取与此不同的标准。

具体说来，就是在盗窃、诈骗、抢夺取得财物后，为窝藏赃物、抗拒抓捕或者毁灭罪证而实施暴力、胁迫行为时，以行为人是否最终获得了财物为标准区分既遂和未遂。如果行为人最终取得了财物，就是转化型抢劫罪的既遂，反之就是未遂。因为行为人出于拒绝交还财物的目的而实施暴力、胁迫行为，那么行为人最终是否取得了财物就能反映出犯罪得逞与否。但行为人如果是基于避免抓捕或者毁灭罪证的目的而实施暴力、胁迫行为，该如何认定呢？行为人在取得财物后，出于上述两种特定目的而实施暴力、胁迫行为客观上也起着保护、控制赃物的作用。因此，即使行为人是出于避免抓捕或者毁灭罪证的目的而实施暴力、胁迫行为，也以行为人最终是否取得了赃物作为既遂未遂的标准。

区分转化型抢劫罪的既遂与未遂是以行为人最终是否取得财物为标准，因此当盗窃、诈骗、抢夺没有取得赃物，出于抗拒抓捕、毁灭罪证这两种特定目的而实施暴力、胁迫行为的，成立转化型抢劫罪的未遂。它抓住了此类犯罪属于贪利型犯罪这一本质特征，把着重点放在了是否夺取财物上，而不在于是否实施了暴力、胁迫行为，不是以是否实施了暴力、胁迫行为作为决定既遂与未遂的区别。如果对这种情况认定为既遂，出现的后果是：在普通抢劫的场合，采用暴力手段而未得到财物，或者当场被物主夺回了财物，一般只能是抢劫罪的未遂。事后抢劫的危害性和危险性不至于超过普通抢劫罪，把普通抢劫当未遂处罚的情形，在转化型抢劫罪中按既遂处理，显然有失公允。

四、遗忘物和遗失物的区分

（一）遗忘物和遗失物的区分问题

有的国家或地区在刑法中，只有遗失物而无遗忘物之提法，我国刑法则规定了遗忘物，因此，有必要对遗忘物与遗失物之间的区别进行分析。

肯定说认为，两者含义不同，应当进行区分，区分的标准主要是财物遗置人能否回忆其丧失财物的时间、地点等；否定说则认为，遗忘物与遗失物词异义同，没有必要进行区分。

肯定说是以民法学的研究为立论根据的。民法上认为，遗失物是非出于遗失人自己的意思而丧失占有，同时又不为其他人占有的非无主财产。遗失人对财物的控制能力已经完全丧失。而遗忘物则是指占有人偶然遗忘于他人的车船、飞机、住宅等特定场所的物品。遗忘人对财物的控制能力并未完全丧失。但是，将民法上的区分标准借用到刑法中是否妥当值得商榷。把财物遗置的时间、场所、遗置人的记忆能力等作为区分遗忘物、遗失物的标准，并不科学；同时也不合理。对被告人是否定罪,取决于被害人的记忆能力,被害人能够记得遗置的时间、地点,就是遗忘物,被告人就有罪,反之,被告人无罪,这就违反了犯罪是危害行为的刑法学基本原理。所以,对遗忘物与遗失物在刑法上不作区分的观点似乎更有道理。

根据《刑法》第270条的规定,我们不难看出,立法者的目的是要保护财物所有人对于财产的所有权不被非法侵犯。而无论是遗忘物还是遗失物,所有人都未放弃其所有权,占有他人的遗忘物或遗失物在本质上都是对他人财物所有权的一种侵犯,应当纳入刑法调整的范围,否则将不利于保护公民财产的合法权益,不利于预防和打击犯罪,并与立法精神相背驰。

遗忘物和遗失物在界限上模糊不清,在实际工作中很难加以区分,容易造成执法上的混乱,很有必要对此加以统一,以利于法律的正确实施。

因此,有人认为侵占罪中的遗忘物,就是遗失物,是指非基于合法占有人抛弃的意思偶然丧失占有,现又无人占有之物。它具有以下特征:①他人之物;②须为动产;③遗失人占有之丧失须出于偶然原因,并且非出于本意;④非隐藏之物。[1]

(二) 关于拒不退还和拒不交出问题

我们认为,拒不退还与拒不交出的基本内容是相同的,所以下文将主要探讨拒不退还问题,拒不交出可以参照理解。

拒不退还是指行为人怀着坚定的非法占有的目的,无正当理由,有能力退还、退赔而不退还、退赔。在司法实践中正确判定拒不退还这一要素的成立,就应结合行为人的主观意志与客观实际来具体分析。

1. 对由于行为人意志以外原因而导致客观上不能退还代为保管物的情况,我们认为,不应认定为拒不退还。因为行为人主观上并没有过错,其对代为保管物也不具备非法占为己有的故意,因而这种情形只可依照民事法律的规定处理。

2. 行为人仍占有完整的代为保管物,却拒绝了权利人退还的要求,这就是我们通常所说的能还而不还,是典型的侵占行为。行为人借口代为保管物丢失、被盗、遗失等,或将代为保管物藏匿,准备占为己有,拒绝权利人退还要求的行为,也是能还而不还的一种表现,应认定为拒不退还。

3. 拒不退还是一种意思表示,但并非要求行为人仅仅向权利人表明不退还的态度才可认定,有时我们可以从行为人的行为上得出他意思表示的内容。如行为人携带代为保管物潜逃,使权利人不知其下落而无法追索的,虽然行为人没有明确不退还的意思表示,仍应认定为拒不退还,因为行为人潜逃已表明他对代为保管物有永久占有的故意。

4. 对于行为人故意逃避权利人的追索,但又不明确表示不退还的行为如何认定。此种行为一般不宜认定为拒不退还,但对于一些情节特别严重的情况也应区别对待。如行为人占有代为保管物的数额特别巨大,且利用该物获得较大的收益,经权利人长时间追索仍不退还的,应考虑以侵占罪追究行为人的责任。因为行为人对代为保管物长时间的使用,对该物产生利益的占有,表明了他主观上不想退还的故意。

5. 认定拒不退还有无时间限制,这一问题学者们有不同的看法。第一种观点认为在司法机关立案后,实体审理以前仍不退还为最终不退还;第二种观点认为在一审判决以前仍不退还为最终不退还;第三种观点认为在二审终审以前仍不退还为最终不退还[2];第四种观点认为,拒不退还认定最后时间限制以该案件是否需要侦查来区分,对于需要侦查的案件,以侦查人员

---

[1] 参见陈兴良主编:《刑法学》,复旦大学出版社2003年版,第441页。
[2] 以上三种观点均转引自王钧柏:"侵占罪主要争议问题研究",载《人民检察》1999年第4期。

抓获行为人时其是否拒不退还为最后时间限制，对于不需要侦查的案件，以权利人或占有人向人民法院告诉时行为人是否拒不退还为最后时间限制。第一种观点认为在司法机关立案后，实体审理以前仍不退还为最终不退还，笔者同意第一种观点。将拒不退还认定的最终时间定于一审判决前，就违反了刑事司法审理应是确定的行为事实这一刑事诉讼原理。另一个无法解释的问题是，拒不退还是行为人构成侵占罪必不可少的情节，如认为一审判决前退还就不成立拒不退还，那么告诉人起诉侵权人犯罪就失去了依据，一审法院将案件定性为刑事案件审理就更无法解释法律依据何在。将时间定于二审终审前就更加没有道理。第四种观点采取分类的办法，有其可取之处，但新刑法将侵占罪规定为自诉案件，而侦查则是公安机关在刑事诉讼中的基本职权之一，该职权不会出现于自诉案件之中。此种分类方法将侦查列入是不妥当的，但精神可取，有时行政执法部门依法行使行政职权要求行为人退还或交出被侵占之物，如文物管理部门要求行为人交出代为保管物中的文物，行为人拒绝的，也可将此认定为拒不退还。

五、侵占非依法成立的单位财物应如何定性

公司、企业并不是依法成立的，有关登记手续还没有完全取得就开展业务，行为人侵占单位财物的；或者行为人从事的业务本身从性质上看具有违法性或者在程序上有重大缺陷，行为人侵占单位财物的行为，是否构成职务侵占罪？

笔者认为，公司、企业虽尚未依法成立，或者业务行为本身有重大缺陷的，这并不妨碍其从事特定的业务。行为人利用业务上的便利非法侵占单位的财物，其行为侵犯财产所有权的性质是明显的，即在公司、企业的主体资格尚不具备的情况下，侵占行为是对合法投资主体财产所有权的侵犯，所以仍然可以构成本罪。如果单位业务行为本身具有违法性，但行为本身的业务性质依然存在，同样是一种利用职务便利侵占财物的行为。所以，仍应构成本罪。

六、当面非暴力占有他人财物行为的定性

行为人当着被害人的面，在被害人因其他原因没有能力或者条件反抗的情况下，不以暴力手段平和占有其财物，这样的行为应如何定性呢？

我国刑法争论中的第一种观点就认为这种情形可按盗窃罪来认定；第二种观点认为，这种情形可以按照抢夺罪来认定。但是，严格来讲，盗窃罪需以"秘密窃取"为特征，抢夺罪需以"乘人不备"为特征。

我们认为，当面平和占有财物的行为属于抢夺的性质。因为行为当时，就行为人而言，他是利用了财物持有人所处的不能够反抗或者缺乏反抗条件的状态；对于财物持有人来说，他也知道行为人利用了自己被强制力量限制的状态。行为人和被害人都认识到了被害人受强制状态的存在和行为人对强制状态的利用。虽然不能将该状态归因于行为人，但可以确定行为人仍然是通过这种状态强制取得被害人财物的。行为人占有财物时，明知被害人无法反抗，而被害人也知道自己财物被占有，自己不能够实施反抗行为，这种行为是当着被害人的面进行的，具有"公然性"的特点；行为人又没有使用暴力或者胁迫手段，具有不针对人身的特点，因而完全符合抢夺罪中不对被害人实施暴力或者胁迫而公然占有其财物的特征。抢夺罪具有平和（不针对人身）地、公然地占有财物的本质特征，自然可以包容当面平和占有财物这种公然犯罪活动。因此，笔者认为，当着被害人的面，在被害人因其他原因没有能力或者条件反抗的情况下，不以暴力手段平和占有其财物的行为按抢夺罪来认定比较合理。

理论思考与实务应用

一、理论思考

(一) 名词解释

抢劫罪　抢夺罪　聚众哄抢罪　盗窃罪　诈骗罪　敲诈勒索罪　侵占罪　职务侵占罪　挪用资金罪　挪用特定款物罪　故意毁坏财物罪　破坏生产经营罪

(二) 简答题

1. 简述抢劫罪的概念和构成特征。
2. 简述挪用资金罪的概念和构成特征。
3. 简述敲诈勒索罪的概念和构成特征。
4. 简述侵占罪的构成特征。
5. 简述职务侵占罪和侵占罪的不同点。
6. 抢劫罪和敲诈勒索罪的界限何在?
7. 盗窃罪和侵占罪如何区分?
8. 诈骗罪和侵占罪如何区分?
9. 挪用资金罪与职务侵占罪如何区分?
10. 诈骗罪与敲诈勒索罪如何区分?

(三) 论述题

1. 如何理解侵犯财产罪中的财物概念?
2. 抢劫罪中的暴力、胁迫和强行取得财物之间有何关系?
3. 如何理解抢劫致人死亡?
4. 如何理解诈骗罪中的财产损失?
5. 如何理解携带凶器抢夺以抢劫罪论处的规定?
6. 试述盗窃、诈骗、抢夺罪转化为抢劫罪的条件。

二、实务应用

(一) 案例分析示范

案例一

2002 年 11 月 13 日上午,被告人何某(现年 18 岁)、李某(现年 17 岁)、周某(现年 18 岁)三人手持匕首、水果刀等凶器在吉水县公园门口拦住正去上学的初中一年级学生王某(现年 16 岁),逼其交出家里的钥匙,并威胁王某讲出家里的地址,否则,将对其"放血",王某害怕,被迫就范,交出了钥匙,告知了该三人他家的地址。接着由何某把王某劫持到一偏僻处看守,由李某、周某二人持钥匙进入王某家,劫取现金 1500 元,金耳环一对(价值 1000 元)、金戒指一枚(价值 800 元)。李、周返回与何某会合后将王某放走,王某被限制人身自由达三个多小时。案发后,三被告人被公安机关抓捕归案。

问:对何某、李某、周某的行为应如何定性?

【评析】在上述案例中,法院审理该案时,对何某、李某、周某三被告人如何定罪处罚存在以下两种分歧意见:第一种意见认为应定绑架罪。何、李、周三被告人在主观上具有非法占有他人财物的目的,客观上实施了绑架行为,既侵犯了王某的人身权利又侵犯了他家的财产权利,符合绑架罪的构成要件。第二种意见认为应定抢劫罪。何、李、周三被告人手持凶器采用了暴力手段、威胁王某交出了其家钥匙,且威逼王某提供其住址,为他们劫取王家财物制造了抢劫的便利条件,在致使王某不能反抗的情况下,积极地劫取了其家财产。对此,三被告人的行为既侵犯了王某的人身自由权,也侵犯了他家的财产权,符合抢劫罪的构成要件,这种抢劫行为与一般常见的抢劫行为在时间上和空间上有所不同,即他们三人绑架王某的目的,是为劫取财物提供抢劫条件,并没有以绑架王某为人质去勒索财物,不应仅依据有绑架行为而定绑架罪。

我们同意第二种意见,即本案不构成绑架罪,而应定抢劫罪。理由是:所谓绑架罪,是指以勒索财物为目的绑架他人的,或者绑架他人作为人质的行为。本案三被告人在主观上虽然具有非法占有王某家财物的目的,客观上也对王某实施了绑架行为,但其绑架他人,并非是以此向被害人亲友索取钱物的行为,而是以劫取王某家庭财物为目的,显然不符合绑架罪的构成要件。而抢劫罪的特征是以非法占有为目的,当场使用暴力、胁迫或者其他方法强行劫取公私财物的行为。本案三被告人为了劫取王某家的财产,用匕首、水果刀等凶器,对王某进行胁迫、威吓,要求其交出钥匙和告知家庭住址,并限制其人身自由,然后入户劫取王某家的财物,故构成抢劫罪。

案例二

陈某、何某、向某、林某四人预谋以摩托车撞摩托车的方法敲诈摩托车工的钱并进行分工,由何某载向某到邻镇去请摩托车工,陈某与林某在一弯道处等候,当向某坐摩托车工郑某的车行至该弯道处时,陈某即驾车载林某故意与郑某的车相撞,随后陈、林二人不由分说即挥拳殴打郑某,同时提出赔钱修车的要求,向某也在一旁对郑某说陈某是本地的地头蛇,郑见状只好答应赔钱修车。在陈某家中,陈提出要赔4000元并说不赔就不让郑某回去,见郑没有答应,陈即装作要打向某,向某也催郑某快点赔钱,否则自己会被打,要找郑某算账。郑某只好叫来与陈某同村的关某,由其出面说情并最终等其妻子送来2000元后才得以回家。

问:本案陈某等四人的行为应如何定性?

【评析】在上述案例中,存在着两种观点:第一种观点认为,陈某等四人主观上具有敲诈的故意,客观方面按照预谋和分工实施了威胁和要挟的行为,强行索取他人的财物,虽然也有使用一定的暴力,但使用暴力并没有当场劫取到财物,因此,对陈某等人的行为只能认定为敲诈勒索罪。第二种观点认为,陈某等四人自始至终都有非法占有他人财物的目的,虽然预谋时只有敲诈的内容,但其随后实施的暴力、胁迫和要挟等一系列行为都是针对他人的财物,其主观故意已由敲诈演变为抢劫,客观方面也正是通过上述行为才最终实现了对他人财物的占有,其行为完全符合抢劫罪的本质特征和构成要件,应认定为抢劫罪。

我们认为第二种观点是合理的,理由是:①抢劫罪中行为人实施暴力、胁迫或其他方法的手段行为必须达到足以抑制和排除对方反抗,使被害人处于"不能反抗、不敢反抗或无法反抗"的状态。这是抢劫罪与有轻微暴力的敲诈勒索罪本质上的区别。在本案中,陈某等人实施了"直接殴打郑某并提出'赔钱修车'要求"的行为,"对郑某称陈某是本地地头蛇"的行为,"对郑某称不赔钱修车就不放人回去"的行为,"装作要打向某,由向某催郑某快点赔钱,否则自己会被打,要找郑某算账"的行为,都是在郑某不明"事故"真相,单身一人孤立无援的情况下进行的,显然对其精神上有强制作用,郑某始终处于"不敢反抗"的状态。②注意抢劫罪中对当场劫取财物时间即"当场"的理解不能过于狭窄。一般认为,在抢劫罪中,对于实施暴力、胁迫或其他方法的行为后取得财物的时间应限于"马上""随即""立即"等,笔者认为是否属于"当场",应当看行为人实施暴力、胁迫或其他方法的行为与其取得公私财物的行为之间有无间断,如果行为人实施暴力、胁迫或其他方法的行为与其取得财物的行为虽然也持续了一段时间或者两个行为分处于不同的场所,但两个行为之间并没有间断,仍应当认为是"当场"取得财物。本案中,陈某等人实施了前述的一系列行为,虽然有时间上的跨度和空间上的移动,但郑某自始至终都在陈某等人的控制之下,直到其妻子送来2000元后才得以回家,符合这一特征。

案例三

2002年某月某日8时许,李某携带其偷配的被害人杨某家的钥匙及平头旋凿等作案工具,至本市某路20号203室开门入室,窃得人民币3万余元。当李某欲携款逃跑时,被杨某之妻发现。李某为制止杨某之妻的抓捕,扼住其颈部,用一条睡裤猛勒其颈部,致其机械性窒息而死亡。事后,李某携款逃逸。

问:本案李某的行为应如何定性?

【评析】在上述案例中,主要争议的焦点在于被告人李某在入户盗窃被发现后,为逃避抓捕而当场使用暴力构成转化型抢劫的情况下,能否适用《刑法》第263条中规定的"入户抢劫"这一加重情节。

最高人民法院《关于审理抢劫案件具体应用法律若干问题的解释》第1条第2款规定:"对于入户盗窃,因被发现而当场使用暴力或者以暴力相威胁的行为,应当认定为入户抢劫。"但该解释没有对本意为入户盗窃但后来为获取财物而"当场使用暴力"和"为窝藏赃物、抗拒抓捕或者毁灭罪证"而使用暴力进行区分。前者,在盗窃还未完成的情况下,使用暴力的目的在于排除障碍而获取财物,故一般认为应直接认定为抢劫,当然也应适用"入户抢劫"这一加重情节。但对后者,因使用暴力的目的不同,是否能认定为"入户抢劫"存在争论。

有的观点认为,本案李某已窃得钱款并放于自己的衣袋中,该钱款已为李某所控制,李某的盗窃行为已得逞,属盗窃既遂。李某为摆脱户主的抓捕而当场使用暴力并致户主死亡,其使用暴力的目的是迫使对方放弃或无力抓捕,而不是获取财物,因此又构成故意杀人罪。《刑法》第269条将这种犯盗窃罪和故意杀人罪的行为合并为抢劫一罪而不实行数罪并罚,是刑法的特别规定,与典型抢劫罪中入户并在户内以获取财物为目的使用暴力构成的"入户抢劫"有所不同,故不能认定李某有"入户抢劫"的加重情节。

我们认为,李某在入户盗窃得逞后,为抗拒户主抓捕而当场使用暴力,致户主死亡,其行为已转化为抢劫罪且具有"入户抢劫"的加重情节。理由是:立法者将"入户抢劫"作为抢劫罪的一个加重情节主要原因在于,公民的住宅(即"户")不仅是公民日常生活的场所,更是公民的人身权利和财产权利赖以自我保护的场所,公民对保障自己生活场所安全的要求极为强烈。另外"户"与外界具有相对隔离、呈相对封闭的特征,在遭到外界侵入时,公民常身处孤立无援的境地,最容易受到侵害,因而法律必然应对侵犯公民"户"的行为予以更严厉的打击。因此,对《刑法》第269条关于入户盗窃得逞后欲逃离时被人发现,或盗窃尚未完成被人发现后放弃了盗窃,或为抗拒抓捕而当场使用暴力的情景,只要暴力发生在户内,并致人轻伤以上的,这种行为就不仅侵害了公民的人身权利、财产权利,还侵害了公民的住宅安全,完全符合"入户抢劫"的立法本意。当然,如果暴力行为发生在"户"外,行为人的行为就不能认定为"入户抢劫"。

案例四

李某深夜潜入本单位财务室,意图盗窃保险柜中的财物。李某用尽了各种方法,也未能将保险柜打开,感到十分沮丧。正要离开时,恰逢保安员巡逻至此。保安员发现财务室的门虚掩，即进去查看，与李某撞个正着。李某用撬棍将保安员打昏后逃走。回到家中后，李某恐保安员醒来以后认出自己，就拿了一把匕首，欲将保安员杀死灭口。刚刚返回单位大门，即被接到报案赶来的公安人员抓获。

问：（1）李某的盗窃未遂属于犯罪未遂中的哪种类型？

（2）李某盗窃未遂后将保安员打昏的行为应当如何定性？为什么？

（3）李某返回作案现场（本单位）欲将保安员杀死灭口的行为属于犯罪的哪种形态？

（4）对李某应当如何定罪处罚？

【评析】（1）李某的盗窃未遂属于未实行终了的未遂、能犯未遂。刑法理论从不同的角度对于犯罪未遂作了不同的分类：以犯罪实行行为是否终了为标准，可将犯罪未遂分为实行终了的未遂与未实行终了的未遂。以犯罪人实施犯罪能否构成犯罪既遂为标准，可将犯罪未遂分为能犯的未遂与不能犯的未遂。所谓能犯的未遂，是指犯罪行为有实际可能达到既遂，但由于行为人意志以外的原因而未能达到既遂的情况；所谓不能犯的未遂，是指因犯罪人对有关犯罪事实认识错误而使犯罪行为不可能达到既遂的情况。根据上述理论，李某盗窃保险柜中的财物而不能将保险柜打开的行为未实行终了，即未能将保险柜打开，故而是未实行终了的未遂；李某不能将保险柜打开，是由于其本人能力有限，而非是由于李某对犯罪事实认识的错误，因而是能犯未遂。

（2）李某盗窃未遂后将保安员打昏的行为性质是抢劫犯罪。李某实施盗窃后，与保安员迎面相撞即将其打昏，属于当场使用暴力或者以暴力相威胁，情节严重的行为，可以按照抢劫罪论处。

（3）李某返回作案现场（本单位）欲将保安员杀死灭口的行为属犯罪预备。所谓犯罪预备，是指为犯罪准备工具，制造条件的行为。李某为杀人灭口，持刀前往作案现场的行为并未着手实行杀人行为，只是为犯罪准备条件，故而是犯罪预备。

（4）对李某应当以抢劫罪和故意杀人罪（预备）数罪并罚。因为李某的杀人预备行为是在抢劫行为完成之后，出于杀人灭口的目的而实施的又一个独立犯罪行为，符合一个新的犯罪构成，又构成了故意杀人罪，因而应定抢劫罪和故意杀人罪，按数罪并罚原则处理。

案例五

2003年10月，某县检察机关接到举报后进驻某国有公司调查该公司财务部经理陈某涉嫌受贿一案，公司总经理安排副总经理李某协助检察机关的调查。同年12月李某对陈某谎称：检察机关提出要财务部给8万元人民币解决购买电脑等办案经费不足的困难，并对陈某讲只有这样做才有利于澄清陈某的问题。2天后，陈某指使财务部的财务人员将人民币8万元汇入李某提供的账户。李某收到该笔款后，用于自家房屋装修。

问：本案李某的行为应如何定性？

【评析】在上述案例中，存在着两种不同的观点。第一种观点认为李某的行为构成敲诈勒索罪。李某趁陈某正被检察机关调查之机，利用陈某有求于己相要挟，使其产生恐惧心理，致使陈某为了使自己免受刑事追究，被迫将公司的8万元汇给李某。因此应以敲诈勒索罪对其定罪量刑。第二种观点认为，李某的行为构成贪污罪。即李某利用其职务上的便利，以检察机关需要办案经费为借口，通过被检察机关审查的陈某，骗取公司财物据为己有，符合贪污罪"以其他手段非法占有国有财物"的特征。我们认为李某的行为构成诈骗罪。

（1）在本案中，李某主观上出于非法占有的目的，客观上借检察机关对陈某进行立案侦查之机，利用陈某急于避免受到司法机关处罚的心理，虚构了检察院办案人员需要办案经费的情形，诱骗陈某向其给付 8 万元钱款，这正符合了诈骗罪的构成要件。需要注意的是，本案中，李某虽有向陈某暗示给付 8 万元将有助于其解决问题的情节，但在李某的主观故意中，这只是促成陈某尽快给付钱款的手段，在李某看来，让陈某给付该笔钱的根本手段还是要使其信以为真，误认为检察机关的确提出需要这笔钱；客观上，陈某也确实因受此蒙骗而陷入了该错误认识，而主动给付钱款。因此，陈某是因受骗而付钱，并非受胁迫而付款，因此，本案不能定敲诈勒索罪。

（2）本案不能定贪污罪。就贪污罪而言，是指国家工作人员利用职务之便，侵吞、盗窃、骗取公共财产的行为。本案行为人李某虽然接受了单位的临时工作指派，协助检察机关调查陈某涉嫌受贿一事，从这一项临时性工作的单位授权性质而言，李某协助检察机关调查的有关行为的确具有了公务性质；但是，当李某虚构所谓检察机关需要 8 万元办案经费，并向陈某陈述时，此时的李某并未行使其职权，即并未行使协助检察机关调查案件的职权，因为，按照李某所虚构的情形，李某此时仅仅是将办案人员的想法（即解决办案经费）告知陈某，换言之，李某只是代办案人员传话给陈某而已，而这显然不是李某协助检察机关调查这一职务活动的范畴。所以，既然李某虚构事实这一行为并未利用其职务便利，显然不符合贪污罪的客观方面要件，应当排除贪污罪。

案例六

2003 年某日上午，朱某到某市土地庙 5 号其朋友许某家玩，并在许某家吃午饭。饭后许某上厕所，朱某便将许某的诺基亚手机拿走，同时朱某留下一张便条，上面言明其已将手机拿走借用几天，月底再还。3 日后朱某以人民币 1400 元的价格卖给王某。该手机价值人民币 2480 元。

问：本案朱某的行为应如何定性？

【评析】在上述案例中，主要存在三种观点：

第一种观点认为，朱某的行为不构成犯罪。朱某与许某系朋友关系，朱某当日在许某家中聊天、吃午饭，朱某拿许某的手机时留有一便条，便条已写明借许某的手机用几天，并言明了归还时间。朱某留下的便条是一种民事要约，许某见此条后，并没有及时到有关部门报案，也未将该手机报停，从实际情况看，许某已对朱某的行为予以了默认。因而对该起事实应认为朱某的行为属民事行为，不构成犯罪。

第二种观点认为朱某的行为构成诈骗罪。朱某拿许某的手机时确实是趁无人之机，秘密窃取，但朱某离开时留下了一张便条告知许某手机的下落，因此该行为不符合秘密窃取的特征，不应构成盗窃罪。朱某留下的便条并不是一种民事要约。从朱某 3 日后将该手机以人民币 1400 元的价格卖给王某的事实可看出，朱某根本不是向许某发出要约，其留下便条只是一种幌子。许某见此条后，没有及时报案、停机，是被朱某的行为所欺骗。朱某主观上具有以非法占有为目的，这从朱某 3 日后以人民币 1400 元的价格将手机卖给王某的客观行为可知道，朱某根本没打算将手机归还。

第三种观点认为朱某的行为构成盗窃罪。朱某趁许某上厕所，客厅无人之机，将手机秘密窃取并放入自己口袋中，随即偷偷溜走。3 日后朱某即将该手机以人民币 1400 元的价格卖掉。其留下便条只是一种幌子。朱某主观上具有非法占有许某财物的目的，客观上又实施了秘密窃取的行为，其行为符合盗窃罪的特征。

我们认为，从朱某事后将手机卖掉的行为看，朱某具有非法占有他人财物的目的，其行为侵犯了他人的财产所有权。认定朱某的行为构成什么罪，关键在于朱某留下便条的目的是什么？认定其留下便条只是一种幌子，笔者倾向于定盗窃罪。司法实践中也有盗窃留名的现象。留下便条并没有隐瞒其私自拿走手机的真相，因此不宜认定构成诈骗罪。

案例七

1997年6月~2000年10月期间，居住在湖北省武汉市的刘某等12户居民，得知祁某在自来水公司有关系，能以较快的速度办理报装用水手续，先后找到祁某，要其帮忙。祁某在收取了上述12户居民的水表报装费、用户装表工程费33 900元后，并未向自来水公司办理正规报装手续，而是私自找到自来水公司的临时工，未经自来水公司批准，擅自在自来水公司的供水管网上连接水管，供12户居民用水。其中5户未安装水表，7户安装了水表并已用水3299吨，造成自来水公司水费损失2048元。祁某所获赃款均已用于挥霍，后公安机关将祁某抓获归案。

在上述案例中，法院审理认定祁某构成盗窃罪、诈骗罪，依照《刑法》第264、266条的规定，对祁某以盗窃罪和诈骗罪数罪并罚。

问：本案中祁某的行为应如何定性？

【评析】我们认为，祁某的行为已构成犯罪，而且构成盗窃罪，不宜定其他罪；祁某的行为不构成数罪，不应实行数罪并罚；祁某的犯罪数额应包括安装费和水费两部分。

(1) 本案应定盗窃罪，不应定诈骗罪。在本案中，祁某侵害的是自来水公司的合法财产权益，而不是12户居民的财产权益；本案的真正受害者是自来水公司，而不是12户居民。本案12户居民并没有受骗，也没有遭受实际损失。12户居民是为了尽快办理报装用水手续，先后主动找到祁某要其帮忙代为办理。这一口头授权委托虽然由于祁某主体身份缺陷而无效，但祁某提供了相应的产品和服务，并未从12户居民中骗取财物，12户居民也没有遭受实际损失。12户居民已交纳了安装费，祁某采取盗接的方法通水，所侵害的直接对象是自来水公司。祁某是从自来水公司盗窃自来水，虽然不是直接非法占为己有，但却是通过收取12户居民的安装费和水费来非法占为己有。因此，祁某的行为应定盗窃罪。

(2) 如何计算本案的犯罪数额。我们认为本案盗窃数额应当包括如下两部分：①自来水公司应得的安装费；②窃水费用。水费包括7户安装水表的居民已用水3299吨，所造成自来水公司水费损失2048元，还包括5户未安装水表的用户其实际已用的水给自来水公司造成的损失。对5户未安装水表的水费，可按7户用水2048元取其平均数再乘以5，计算出另5户居民所用的水费，即为盗窃水费数额。安装费和被窃水费二者之和，即为盗窃数额。

案例八

朱某为泄私愤，于2002年4月29日~5月10日期间，利用事先窃获的陆某夫妇在国泰证券上海营业部的资金账号和股票交易账户密码，非法侵入并修改、重新设置了股票交易账户密码，然后使用陆某夫妇的股票和资金采用"高进低出"的方法进行恶意交易，造成陆某夫妇资金损失达19余万元。5月16日，朱某再次侵入陆某的股票交易账户时，被查获。

问：本案中朱某的行为应如何定性？

【评析】在上述案例中，对朱某出于泄愤目的，采用修改他人资金账号和股票交易账户密码并以"高进低出"的方式进行恶意交易的行为如何定性，争论颇大。归结起来，主要有以下三种意见：

第一种意见认为，朱某的行为构成盗窃罪。主要理由是：①朱某具有非法占有的目的。所谓非法占有目的，是指"明知是公共的或他人的财物，而意图把它非法转归自己或第三者所有"。朱某明知陆某夫妇在证券公司的资金及股票都不是自己的，仍然通过修改密码的形式，使该笔资金及股票处于自己的控制之下。从其行为来看，朱某控制、占有他人财物的意图是十分明显的。②朱某的行为符合"秘密窃取"的特征。秘密窃取包括主客观两方面的内容，即客观上是采取隐秘方式取走其财物，主观上行为人自认为被害人不知晓。当代社会由于高科技的发展，"秘密窃取"的手段发生了许多变化，呈现多样化的特征。朱某修改密码的行为与传统的窃取方式有所不同，但在本质上仍不失为"秘密窃取"。

第二种意见认为，朱某的行为构成故意毁坏财物罪。主要理由是：朱某没有非法占有陆某夫妇账户资金及股票的目的。其真正目的是：①通过恶意交易行为来使陆某夫妇资金减少，达到毁坏之目的；②通过这种毁坏行为来进一步追求泄私愤的目的。修改密码只是进行后面的毁坏行为的预备，是为毁坏行为创造条件，是附属于毁坏行为的从行为。因此，对朱某在毁坏财物目的支配下实施的毁坏行为，应定故意毁坏财物罪。

第三种意见认为，朱某修改密码的行为构成盗窃罪，恶意交易行为构成故意毁坏财物罪，应数罪并罚。主要理由是：朱某的行为符合有关司法解释的规定，盗窃后，为掩盖盗窃罪行或者报复等，故意破坏公私财物构成犯罪的，应当以盗窃罪和构成的其他罪实行数罪并罚。

我们认为，本案应定盗窃罪。①应该认识到，按照有关规定，股票投资者必须先在证券公司开立资金账户和股票账户，然后可以通过电话等方式向自己所开户的证券公司下达代为买进或卖出有关股票的委托指令。因此只要掌握了特定股票投资者的股票交易信息，就可以控制、买卖、处置该投资者的股票。本案中朱某利用事先窃获的陆某夫妇的资金账号和股票交易账户密码，非法秘密侵入并修改了股票交易账户密码，而这个密码不为被害人所知，这就等于朱某非法控制了陆某的资金和股票，非法占有了他人财产。②朱某是否有非法占有的目的。本案中朱某并没有交代有非法占有的目的，但从其实施的一系列行为，如事先窃取密码、修改密码等行为就已经非法占有了账户中的资金。虽然这一资金要变成现金到手还存在着一定的难度，但这并不代表没有非法占有目的。③朱某的"恶意交易"行为属于对赃物的处理。按照刑法规定"恶意交易"行为不构成独立的犯罪。

案例九

被告人高某出资人民币 20 万元，周某和姚某各出资人民币 15 万元，在本市某经济开发区注册成立了慧豪建筑工程材料有限责任公司（以下简称"慧豪公司"），但各发起人实际未将上述资金投入慧豪公司。慧豪公司由高某和周某二人经营管理，高某担任公司的法定代表人。在公司运作过程中，高某因与周某合作不愉快欲脱离慧豪公司。2000 年 3 月，高某与公司部分员工集体离开慧豪公司，同时划走该公司资金人民币 11 万元并搬走了公司的部分办公用品及样品。之后，在双方对纠纷进行协商的过程中，高某又于 2000 年 4 月 18 日、4 月 27 日让公司财务人员以贷记凭证两次从慧豪公司账上划走合计人民币 9 万元至上海某机电设备有限公司，并提取现金，其中大部分用于高某为法定代表人的上海某建筑工程材料有限公司的运作。

一审法院认为，高某为维护自己的经济利益，而将公司资金划走，属股东之间争夺财产的行为，不构成犯罪。

区人民检察院以原判决定性不当，高某构成挪用资金罪为由，提出抗诉。上级检察院第二分院以相同的理由支持抗诉。

二审法院经审理认为，高某擅自转出资金 9 万元的行为显属不当，但其在慧豪公司有可分割的利益是不争的事实；高某前后共转出慧豪公司资金 20 万元，未超出其拥有的股份；其他股东在资金使用上的不规范行为，亦证明高某的行为属事出有因。综上，高某的行为不构成挪用资金罪。据此，驳回抗诉，维持原判。

问：本案中高某的行为应如何定性？

【评析】在本案中，争议焦点是高某是否具有挪用资金的故意。检察机关认为，高某与周某发生矛盾后，离开公司并划走11万元。事后高某就11万元中自己占有6万元份额的事实得到周某的认可，在仍需归还周某5万元的前提下，其又利用职务便利挪用公司资金9万元用于其他公司运作，其行为及挪用资金的用途，足以证明其主观上存在故意，目的是挪用本单位资金归个人使用，而不是维护自身经济权益。笔者认为对此要具体分析，不能一概而论。①在慧豪公司中，高某控制公司账户，周某掌握客户并自行办理银行"龙卡"用于慧豪公司部分资金的往来，双方在慧豪公司名存实亡的情况下，为了维护自身利益，想方设法控制公司资金，划资金即是重要手段之一。高某将慧豪公司部分资金划入其他公司运作，并非将资金暂时挪作他用，而是为了在与周某争抢公司资金中处于有利地位。②高某系慧豪公司法定代表人，拥有慧豪公司的股份，其在与周某发生矛盾后，咨询了律师和部分员工，并在多数人认为只有转移公司资金才能保护自己利益的情况下才划出慧豪公司的资金，因此高某在主观上不具有挪用慧豪公司资金的犯罪故意。

我们认为，本案一、二审的判决及上述观点值得商榷：①本案中被告人高某的行为确实不能认定为挪用资金罪，但笔者不同意上述分析的理由。因为，本案中被告人高某在主观上根本就没有要归还的意思，而挪用资金罪必须要有归还的意思。因此，本案中高某的行为不属于挪用资金罪。②本案中高某利用担任法定代表人这一职务的便利，将单位的资金半公开地转移到另一家公司，其行为的性质应属于《刑法》第271条所规定的职务侵占行为，应定职务侵占罪。

案例十

张某在某非国有股份有限公司做业务员，工作职责是从本公司客户处结回货款并于当日上交本公司。张某利用自己的职务便利，不按时将结回货款上交公司，在半年多的时间里，多次采用后款补前款的方式，将结回货款滞留，在案证据无法证明滞留期间货款用途。至案发尚有货款6万余元未归还，但是均未超过3个月，账面未平。案发前已归还的货款中，累计有4万余元挪用时间超过3个月，但是每单笔数额均未达到法定追诉标准。

问：本案中张某的行为如何定性？

【评析】（1）张某的行为成立职务侵占罪吗？根据《刑法》第271条第1款的规定，只有行为人"将本单位财物非法占为己有的"，其行为才可能成立职务侵占罪，因此，"非法占有的目的"是成立职务侵占罪所必备的主观要件。根据2003年11月13日最高人民法院发布施行的《全国法院审理经济犯罪案件工作座谈会纪要》第4条第8款的规定，"……应当按照主客观相一致的原则，具体判断和认定行为人主观上是否具有非法占有公款的目的……"。具体而言，如果行为人"携带挪用的公款潜逃的""挪用公款后采取虚假发票平账、销毁有关账目等手段，使所挪用的公款已难以在单位财务账目上反映出来，且没有归还行为的""截取单位收入不入账，非法占有，使所占有的公款难以在单位财务账目上反映出来，且没有归还行为的""有能力归还所挪用的公款而拒不归还，并隐瞒挪用的公款去向的"就应当认定行为人具有"非法占有公款的目的"。由于职务侵占罪与贪污罪具有客观行为的相似性，因此，可以采用认定贪污罪中"非法占有的目的"的方法来认定行为人是否具有成立职务侵占罪所必需的"非法占有的目的"。在本案中，虽然"至案发尚有货款六万余元未归还"，但是，张某多次以后款补前款，并且，账面未平，并非有能力归还而拒不归还，也非没有归还能力而作假账骗取结回货款，没有证据表明张某不能在适当的时候以某种方式（例如，哪怕是借高利贷）筹借到6万余元归还公司，因此，不能认定张某具有"非法占有的目的"，张某的行为也就不成立职务侵占罪。

（2）张某的行为成立挪用资金罪吗？①挪用的用途。在本案中，张某的行为似乎是"挪用"，但是，要证明张某的行为是《刑法》第272条规定的挪用资金罪中的"挪用"，则缺乏证据。问题的关键在于："在案证据无法证明滞留期间货款用途。"因为"在案证据无法证明滞留期间货款用途"，所以，就不能证明张某是"挪用本单位资金归个人使用或者借贷给他人"，而在挪用资金罪中，"数额较大、超过3个月未还的"，或者"虽未超过3个月，但数额较大、进行营利活动的"，或者"进行非法活动的"，这三种具体表现行为都必须以"挪用本单位资金归个人使用或者借贷给他人"为前提。[1] 不能证明存在张某"挪用本单位资金归个人使用或者借贷给他人"这个前提，就不能得出张某的行为是《刑法》第272条规定的挪用资金罪中的"挪用"这个结论。②挪用的时间。"案发前已归还的货款中，累计有4万余元挪用时间超过3个月，但是每单笔数额均未达到法定追诉标准"。如何计算挪用资金罪的定罪时间？是把每单笔数额累计计算确定达到"数额较大"后从第一单笔货款被挪用之时起计算"挪用时间超过3个月"？还是把每单笔数额累计计算确定达到"数额较大"后从满足"数额较大"的那一单笔货款被挪用之时起计算"挪用时间超过3个月"？这个问题在学界是有争论的。[2] 我们认为，挪用资金罪并非严重犯罪，刑法之所以将"数额较大"规定为挪用资金罪的定罪情节，是为了在刑事政策上限制处罚范围，因此，应当把每单笔数额累计计算确定达到"数额较大"后从满足"数额较大"的那一单笔货款被挪用之时起计算"挪用时间超过3个月"，只有这样解释，才能说明为什么刑法规定的是"数额较大、超过3个月未还的"，而不是"超过3个月未还、数额较大的"。

（3）如何确定张某的挪用数额？在数额犯中，对未经处理（既没有受过刑事处罚，包括免予起诉、免予刑事处分，也没有受过行政处理）的数额，应当累计计算，这是我国刑法（参照《刑法》第153条第3款、第201条第3款）和司法解释（参见最高人民法院《关于审理挪用公款案件具体应用法律若干问题的解释》第4条）所确立的犯罪数额计算方法。但是，在本案中，关于如何确定张某的挪用数额，即张某挪用时间超过3个月但在"案发时已归还的4万余元"是否应该被累计计算在挪用数额之中。

关于如何理解《刑法》第272条中规定的"超过3个月未还"，学者们存在严重的意见分歧。[3] 主要的分歧在于，有学者把"超过3个月未还"理解为"在3个月之后没有归还，即使案发时已经归还"；有学者则把"超过3个月未还"理解为"在3个月之后没有归还，不包括在案发时已经归还"。相关的司法解释把这个问题搅得更乱。1989年11月6日最高人民法院、最高人民检察院发布的《关于执行〈关于惩治贪污罪贿赂罪的补充规定〉若干问题的解答》（现已失效）第2条第1款第1项规定："挪用公款归个人使用，数额较大、超过3个月未还的，构成挪用公款罪。'未还'是指案发前（被司法机关、主管部门或者有关单位发现前）未还。如果挪用公款数额较大，超过3个月后在案发前已全部归还本息的，可不认为是犯罪，由主管部门按政纪处理；挪用公款在5万元以上，超过3个月后，虽在案发前已全部归还本息，只要属于依法应予追诉的，仍应按挪用公款罪追究刑事责任，可以视不同情况，从轻或者

---

[1] 参见卢泰山主编：《最高人民检察院司法解释评析（1979～1989）》，中国民主法制出版社1991年版，第151页；张明楷：《刑法学》，法律出版社2003年版，第787页。
[2] 赵秉志：《侵犯财产罪》，中国人民公安大学出版社2003年版，第321页。
[3] 高铭暄、马克昌主编：《中国刑法解释》，中国社会科学出版社2005年版，第1915页以下。

减轻处罚。"这表明"超过3个月后在案发前已全部归还的,可不认为是犯罪",但是,限于"挪用公款数额在5万元以下"的情形。1998年4月6日最高人民法院审判委员会第972次会议通过、1998年4月29日发布、自1998年5月9日起施行的最高人民法院《关于审理挪用公款案件具体应用法律若干问题的解释》(以下简称《解释》)第2条第1项规定:"……挪用正在生息或者需要支付利息的公款归个人使用,数额较大,超过3个月但在案发前全部归还本金的,可以从轻处罚或者免除处罚。给国家、集体造成的利息损失应予追缴。挪用公款数额巨大,超过3个月,案发前全部归还的,可以酌情从轻处罚。"这表明"超过3个月未还"是"在3个月之后没有归还,即使案发时已经归还","案发前已经归还"只是量刑情节,不影响犯罪的成立,哪怕挪用的公款只是"数额较大"。但是,《解释》第4条规定:"多次挪用公款不还,挪用公款数额累计计算;多次挪用公款,并以后次挪用的公款归还前次挪用的公款,挪用公款数额以案发时未还的实际数额认定。"这又表明"超过3个月未还"是"在3个月之后没有归还,不包括在案发时已经归还",只有"案发时未还的实际数额"才能认定为犯罪数额,案发时已经归还的挪用数额不是挪用公款罪的犯罪数额。因为挪用公款罪与挪用资金罪在客观方面具有类似性,因此,在犯罪数额的计算上,学者们一致主张采用挪用公款罪的犯罪数额计算方法来计算挪用资金罪的犯罪数额。

笔者认为,应该把"超过3个月未还"理解为"在3个月之后没有归还,不包括在案发时已经归还"。行为人挪用资金,即使自挪用之时起超过了3个月,但是,在案发时已经归还了挪用资金,既没有给被挪用的公司、企业造成直接的财产损失,也没有使公司的资金蒙受极大的损失风险的,就不是"超过3个月未还",已归还的挪用资金不应当被计算在挪用资金罪的犯罪数额之中。如果把"超过3个月未还"理解为"在3个月之后没有归还,即使案发时已经归还",那么,《刑法》第272条规定为"超过3个月"就够了,没有必要再加上"未还"二字。[1]

(二) 案例分析实训

案例一

2008年6月17日下午6时许,江西省某县职工黄女士骑电动自行车下班回家。当她行至工业园区人比较少的路段时,突然两男青年(王某、刘某)骑着一辆摩托车疾驶而至。黄女士还没来得及反应,坐在后座的刘某迅速伸过手来,用力拉住了黄女士的手提包。黄女士虽然被吓呆,但并没有马上松手,仍紧紧地拉住手提包的带子。就在这一瞬间,摩托车加大油门往前冲去,黄女士整个人被一股巨大的力量拖出去,电动自行车摔倒在地,黄女士头部撞在水泥路面上,致黄女士受伤。

问:本案中对王某、刘某的行为应如何处理?

案例二

2003年11月30日,被告人袁某、郭某在陈某的引诱下,从分宜来到新余城区,陈某还教唆袁某、郭某去抢单身女青年的手机,要他们选择手机挂在脖子上或正在用手机打电话的女青年抢劫,并带他们到新余城区熟悉环境。同年12月3日晚,被告人袁某、郭某携带两把菜刀窜至新余市城北广场、北湖公园等地寻找作案对象未果,当晚11时许,被告人袁某、郭某返

---

[1] 赵秉志:《刑法各论问题研究》,中国法制出版社1996年版,第340页。

回租房途中，见林某长得漂亮，故意碰了一下林某的肩，与林某走在一起的张某等人见状，将被告人袁某、郭某扭送至公安机关。

问：本案中对袁某、郭某的行为应如何处理？

案例三

2002年8月28日，张某吃过晚饭后，一人闲逛至重庆市巴南区鱼洞镇徐家岩加油站附近。当晚10时许，王某（女，18岁）上完课后回家，在该加油站附近与张某相遇，张某见提着手提袋的王某年纪较轻，估计王某的包内有钱，便产生了抢王某手提袋的想法。便尾随在王某身后，伺机作案。到了鱼洞镇白马山的一条小路上，王某发现形迹可疑的张某一直跟踪着自己，心里非常害怕，不知所措，就站在原地不动，观察张某的动向。这时，张某走到王某的旁边，用极其下流的语言对王某进行调戏，要求与王某发生性关系。为了摆脱张某的纠缠，王某向其左侧的红苕地里跑，但没跑几步，慌乱之中的王某便被红苕藤绊倒在地，手中的手提袋被抛在了一边，张某见状，遂上前抓起地上的手提袋，随即逃离现场。经王某呼救，群众将已经逃离现场的张某捉获归案，并追回了王某被抢的波导手机一部，价值1400余元。

问：本案中对张某的行为应如何处理？

案例四

2006年2月24日4时，犯罪嫌疑人唐某窜至某市西江苑二期工程三单元7-2号翻窗入室，乘房主钟某某熟睡之机，盗走现金90元及床头柜边比特6228手机一部，在下楼时被房主钟某某之夫赵某某发现，在逃跑过程中窜至西江苑工程项目部旁代某某开的早餐店内，夺取店内一把菜刀，对追赶至店外的赵某某进行威胁，并扬言要砍死赵某某。唐某逃至长城路驻军某部大门前，拦截一辆出租车准备逃跑时，被站岗的战士陈某、梁某、赵某抓获并扭送至派出所，经审查，唐某对自己的犯罪事实供认不讳。手机经某市价格认证中心鉴定，价值250元。

问：本案被告人的行为如何定性？

案例五

2003年10月某日凌晨，被告人彭某同王某携带手电筒、剪刀等工具来到庐山附近某县城，由王某望风，被告人彭某用找来的竹竿从居民李某卧室内挑出一条长裤，见口袋内无钱财，彭某又用剪刀剪卧室纱窗，此时被李某夫妻发现并出门欲抓彭某。为逃避抓捕，彭某对失主叫嚷："你们抓我，我今后就要报复你。"双方在争斗中，失主李某的手被作案工具剪刀划伤，但仍将彭某抓获并送至公安机关。

本案在审理过程中，就案情事实引发了罪名之争。其中有三种意见：第一种是公诉意见，认为被告人彭某在实施盗窃时被失主发现，为抗拒抓捕，当场使用暴力及以暴力相威胁，其行为已触犯《刑法》第263、269条，应当以转化型抢劫罪论罪。第二种意见认为被告人行为只构成盗窃罪（未遂），理由是：被告人在盗窃过程中，虽然当场讲了威胁的言语，且在争斗中划伤了失主的手，但是构不上使用暴力或以暴力相威胁，因为失主手受伤并不是被告人故意实施了暴力，而是因为害怕被抓在挣脱过程中套在手指上的剪刀碰到失主的手，且携带剪刀的目的在于充当盗窃作案工具，而不是抗拒抓捕，所以，被告人的行为仍构成盗窃罪（未遂）。第三种意见认为被告人的行为不构成犯罪。被告人盗窃时只盗得一条普通长裤，显然不构成"数额较大"，也就不构成盗窃罪，而且被告人并没有以暴力伤害失主的意图，只是为了摆脱抓捕，尽快逃走，挣脱过程中碰伤了失主的手，情节构不上严重，危害不大，不认为是犯罪。

问：本案被告人的行为如何定性？

案例六

2009年3月21日，被告人唐某、雷某、邓某、王某经商量来到永州市冷水滩区普利桥镇，被告人雷某以寻访名医为由搭讪认识被害人邹某，被告人王某随后上前谎称认识名医，愿意带路，被告人邓某在附近"放风"。尔后，被告人雷某、王某将被害人邹某带至被告人唐某所在地，被告人唐某冒充名医的孙子谎称邹某儿子有血光之灾，要求邹某拿出财物给其念经消灾后予以归还。邹某信以为真，回家拿出人民币25 000元交给被告人唐某，被告人唐某趁机用事先准备好的2块立白肥皂调包。尔后，四被告人逃离现场，每人分得赃款6250元。

问：本案被告人的行为如何定性？

案例七

2007年7月11日，被告人王某、刘某、贾某、何某、左某事先预谋敲诈勒索杨某。便于当日下午在淮安市淮阴区境内的淮高路上，由被告人刘某和贾某驾车逼停杨某的车，以杨某骗过贾某大哥经营的商店的钱为由，要求杨某交出同伙，被告人王某、何某和左某假装路过，进行调解，让杨某给点钱了事。后杨经过讨价还价，交给被告人贾某等人人民币6000元。

问：本案被告人的行为应如何定性？

案例八

黑龙江省青冈县的两个女孩孙某和王某，在网络上结识了河南省中牟县的女孩邵某，于2007年8月11日来到中牟县约会网友。没想到邵某对远道而来的朋友心存歹意。邵某于2007年8月13日借用他人的信用卡，声称自己欠别人3万元钱，让孙某和王某各自通知家人向该卡汇款1.5万元为其还账，两人不从。邵某又于2007年8月18日将两人带到中牟县委党校招待所228房间，向两人谎称其朋友已向该银行卡汇款3万元，但银行卡丢失，于是电话通知翟某，翟某又通知李某一起来到228房间，要求查看两人的包里是否有丢失的银行卡。经搜查，果然在孙某的包里找到了该银行卡。邵某和翟某便对孙某进行了殴打，称银行卡上的钱已丢失，逼迫孙某承认盗窃了邵某的银行卡，打电话让家人向邵某的银行卡上汇款3万元。为防止两人逃跑，邵、翟逼迫两人脱光衣服，并将两人控制在228房间，对其威胁恐吓，如果不拿来钱，就找几个男人将两人强奸，还用烟头烫孙某。孙某不堪忍受殴打和恐吓，趁邵、翟不注意从窗户跳下，造成腰椎受轻伤。

问：本案被告人的行为应如何定性？

案例九

犯罪嫌疑人凤某，女，24，汉族，中等专科学校，无业人员。2002年5月1日凤某在朝阳区建外大街租了一套一居室的房子（租住期为1年），后于2002年5月27日将该住房转租给于某（租住期为6个月），于某住进后，凤某以其房子装修为名，经于某同意后两人暂共住一处，2002年6月1日于某出差，之前允许凤某使用她放在客厅的笔记本电脑（价值15 000元）上网。2002年6月8日，在于某出差期间，凤某以该笔记本电脑是自己的名义，卖给熟人魏某某后获利2000元，离开该住处。于某2002年6月11日发现笔记本电脑丢失后报案。

问：凤某的行为应如何定性？

案例十

在湖南某铝材公司工作的被告人毛某，系该公司生产部调度员，负责3个车间材料的调拨。其因被公司罚款且拖欠工资而怀恨在心，遂找到同在公司工作的被告人徐某（该公司司机），商量共同窃取公司的铝材卖钱，并答应事成后给被告人徐某2000元。从2007年4月20日起，毛某利用工作时间（大约半个月）将成品车间打包剩下的零星材料收集起来，然后在工作过程中从计量员那里偷偷扯下一张空白的材料转运单备用。2007年5月31日1时40分左右，被告人毛某在公司一生产区2号机台将2筐平时收集起来的全新的各种不同型号的成品铝材放在被告人徐某驾驶的湘A05971东风货车上，并将事先备好的转运单填好，由徐某持填好的转运单骗过门卫将铝材运出厂区。之后，在新河三角洲卸掉价值人民币9618元的铝材343.5公斤。

问：本案被告人的行为应如何定性？

案例十一

2003年~2007年5月，被告人于某在任河南省某纺织有限公司业务员期间，销售棉纱不按公司规定及时回款，累计共欠公司1 933 625.40元。除从广州市新塘镇元田纺织有限公司要回裤子500条，价值17 500元，退回公司各种棉纱3.85吨，价值58 350元外，还有宏泰公司欠款47 000元，刘某欠款47 800元，陈某欠款15 000元，王某欠款378 085元未收回，其余客户均已清账，即共收回棉纱款1 369 890.40元。被告人于某利用职务上的便利，将其中的138 000元用于个人购买一辆捷达轿车，余款归自己使用至今。案发后，追回捷达轿车一辆，价值35 000元，牛仔裤634条，价值22 190元，短袖上衣2720件，价值54 400元。

公诉机关据此指控被告人的行为已触犯《刑法》第271条第1款的规定，应当以职务侵占罪追究被告人于某的刑事责任。

被告人于某辩解说，不是本人占为己有，而是客户欠的款。买车也是为了业务，已经跟单位领导说了。

辩护人辩称：①指控于某犯职务侵占罪属定性错误，于某的行为符合挪用资金罪的特征；②关于本案的涉案数额，对于挪用13.8万元购买捷达车，辩护人没有异议，但于某挪用的是哪些客户的棉纱款不清，王某所涉及的棉纱款的数额也不清；③指控于某将棉纱款"用于支付个人费用"没有证据支持。举出了于某交给公司的10万元风险金收据和2000元的股金证明，认为应当从涉案数额中扣除。

法院审理认为，被告人于某身为纺织有限公司的工作人员，利用职务上的便利，挪用本单位资金，数额巨大，归个人使用超过3个月未还，其行为已构成挪用资金罪，公诉机关指控的罪名不能成立，不予采纳。另外，公诉机关指控的数额与事实不符，没有扣除王某的欠款数额，不予采纳。被告人于某的辩解意见无证据证明，不予采纳。辩护人提出的辩护意见中关于定性的问题及挪用13.8万元购买捷达车的观点有事实和法律依据，予以采纳。其他观点，没有相应证据支持，不予采纳。举出的风险金及股金应在欠款总额中冲销，而不应在挪用数额中冲销。涉案赃款，应予追缴。依照《刑法》第272条第1款的规定，判决被告人于某犯挪用资金罪，判处有期徒刑6年。

问：本案控、辩、审三方观点如何？

第七章

妨害社会管理秩序罪

【本章概要】妨害社会管理秩序罪，是指妨害国家对社会管理活动，破坏社会正常秩序，情节严重的行为。本章主要论述妨害社会管理秩序罪的概念、特征、犯罪形态、共同犯罪、一罪与数罪、罪与非罪的界限、此罪与彼罪的区别及其刑事责任。各种具体的妨害社会管理秩序罪又分为扰乱公共秩序罪，妨害司法罪，妨害国（边）境管理罪，妨害文物管理罪，危害公共卫生罪，破坏环境资源保护罪，走私、贩卖、运输、制造毒品罪，组织、强迫、引诱、容留、介绍卖淫罪，制作、贩卖、传播淫秽物品罪。

【学习目标】掌握各类妨害社会管理秩序罪的概念和构成特征，一些重要犯罪的罪与非罪、此罪与彼罪的界限，犯罪形态，一罪与数罪的区别，以及部分犯罪的刑事责任。

第一节 妨害社会管理秩序罪概述

一、妨害社会管理秩序罪的概念

妨害社会管理秩序罪，是指妨害国家对社会管理活动，破坏社会正常秩序，情节严重的行为。

二、妨害社会管理秩序罪的特征

1. 侵害的客体是国家确立，并用法律保护的正常社会秩序。社会秩序有广义和狭义之分。从广义上说，社会秩序是指各行各业、各个部门、各项工作、各个方面的秩序，它不仅包括生产秩序、工作秩序、教学科研和人民群众正常生活的秩序，还包括诸如社会治安、商品交换、环境保护、卫生管理等各方面的秩序。正常的社会秩序是维护社会稳定的基础。无论是专制社会还是民主社会，国家都将维护社会秩序作为其重要任务。社会秩序一旦失控，社会将会处于无政府状态，不但广大公民的生命、财产无法得到保护，整个社会也难以向前发展。

2. 客观方面表现为违反各种社会管理法规，妨害国家机关依法对社会的管理活动，破坏社会正常秩序，情节严重的行为。正常的社会秩序，必须由国家机关根据有关的社会管理法规经过管理活动才能实现。国家机关对社会的管理活动，包括行政机关、司法机关以及各种社会事务机关的管理活动。国家机关通过这些管理活动，创造一个良好的社会秩序，使人民群众能够安心地劳动、工作、学习和生活。妨害社会管理秩序的犯罪行为，就是违反社会管理法规、妨害国家机关对社会的管理活动。但是，只有情节严重的妨害国家机关的管理活动，破坏社会秩序的行为才构成犯罪，情节显著轻微、危害不大的，不认为是犯罪。

3. 犯罪主体，大多数是一般主体，个别的是特殊主体。有的犯罪主体既可以由个人构成，也可以由单位构成。对单位犯罪，采取两罚制，既对单位判处罚金，又对直接负责的主管人员和其他直接责任人员追究相应的刑事责任。其中，贩卖毒品罪年满14周岁即可构成。

4. 主观方面，多数为故意，少数为过失。而且某些具体犯罪还以特定的目的作为构成犯罪的必要条件。如引诱、容留、介绍卖淫罪，制作、复制、出版、贩卖、传播淫秽物品牟利罪等，都必须以牟利为目的。这种特定的犯罪目的，是构成这些犯罪的必要要件。

本章内容包含《刑法》第277~367条，共计91条。本章是所有刑法章节中条文最多，罪名最多，分节最多，涉及社会关系最为广泛、复杂的一章。

如果说1979年的《刑法》是将不宜列入其他各章的罪名都归于本章，那么，新刑法的这一章，仍含有这种意义。所不同的是，新刑法又按犯罪侵害的不同方面的具体的社会管理秩序，将本章犯罪分为9节，每一节犯罪还有自己的同类客体：即扰乱公共秩序罪；妨害司法罪；妨害国（边）境管理罪；妨害文物管理罪；危害公共卫生罪；破坏环境资源保护罪；走私、贩卖、运输、制造毒品罪；组织、强迫、引诱、容留、介绍卖淫罪；制作、贩卖、传播淫秽物品罪等。

第一节，扰乱公共秩序罪。本节规定的犯罪有：妨害公务罪；煽动暴力抗拒法律实施罪；招摇撞骗罪；伪造、变造、买卖国家机关公文、证件、印章罪；盗窃、抢夺、毁灭国家机关公文、证件、印章罪；伪造公司、企业、事业单位、人民团体印章罪；伪造、变造、买卖身份证件罪；使用虚假身份证件、盗用身份证件罪；非法生产、买卖警用装备罪；非法获取国家秘密罪；非法持有国家绝密、机密文件、资料、物品罪；非法生产、销售专用间谍器材、窃听、窃照专用器材罪；非法使用窃听、窃照专用器材罪；组织考试作弊罪；非法出售、提供试题、答案罪；代替考试罪；非法侵入计算机信息系统罪；非法获取计算机信息系统数据、非法控制计算机信息系统罪；提供侵入、非法控制计算机信息系统程序、工具罪；破坏计算机信息系统罪；拒不履行信息网络安全管理义务罪；非法利用信息网络罪；帮助信息网络犯罪活动罪；扰乱无线电通讯管理秩序罪；聚众扰乱社会秩序罪；聚众冲击国家机关罪；扰乱国家机关工作秩序罪；组织、资助非法聚集罪；聚众扰乱公共场所秩序、交通秩序罪；投放虚假危险物质罪；编造、故意传播虚假恐怖信息罪；编造、故意传播虚假信息罪；聚众斗殴罪；寻衅滋事罪；组织、领导、参加黑社会性质组织罪；入境发展黑社会组织罪；包庇、纵容黑社会性质组织罪；传授犯罪方法罪；非法集会、游行、示威罪；非法携带武器、管制刀具、爆炸物参加集会、游行、示威罪；破坏集会、游行、示威罪；侮辱国旗、国徽罪；组织、利用会道门、邪教组织、利用迷信破坏法律实施罪；组织、利用会道门、邪教组织、利用迷信致人重伤、死亡罪；聚众淫乱罪；引诱未成年人聚众淫乱罪；盗窃、侮辱、故意毁坏尸体、尸骨、骨灰罪；赌博罪；开设赌场罪；故意延误投递邮件罪。

第二节，妨害司法罪。本节规定的犯罪有：伪证罪；辩护人、诉讼代理人毁灭证据、伪造证据、妨害作证罪；妨害作证罪；帮助毁灭、伪造证据罪；虚假诉讼罪；打击报复证人罪；泄露不应公开的案件信息罪；披露、报道不应公开的案件信息罪；扰乱法庭秩序罪；窝藏、包庇罪；拒绝提供间谍犯罪、恐怖主义犯罪、极端主义犯罪证据罪；掩饰、隐瞒犯罪所得、犯罪所得收益罪；拒不执行判决、裁定罪；非法处置查封、扣押、冻结的财产罪；破坏监管秩序罪；脱逃罪；劫夺被押解人员罪；组织越狱罪；暴动越狱罪；聚众持械劫狱罪。

第三节，妨害国（边）境管理罪。本节规定的犯罪有：组织他人偷越国（边）境罪；骗取出境证件罪；提供伪造、变造的出入境证件罪；出售出入境证件罪；运送他人偷越国（边）境罪；偷越国（边）境罪；破坏界碑、界桩罪；破坏永久性测量标志罪。

第四节，妨害文物管理罪。本节规定的犯罪有：故意损毁文物罪；故意损毁名胜古迹罪；过失损毁文物罪；非法向外国人出售、赠送珍贵文物罪；倒卖文物罪；非法出售、私赠文物藏品罪；盗掘古文化遗址、古墓葬罪；盗掘古人类化石、古脊椎动物化石罪；抢夺、窃取国有档案罪；擅自出卖、转让国有档案罪。

第五节，危害公共卫生罪。本节规定的犯罪有：妨害传染病防治罪；传染病菌种、毒种扩散罪；妨害国境卫生检疫罪；非法组织卖血罪；强迫卖血罪；非法采集、供应血液、制作、供应血液制品罪；采集、供应血液、制作、供应血液制品事故罪；医疗事故罪；非法行医罪；非法进行节育手术罪；妨害动植物防疫、检疫罪。

第六节，破坏环境资源保护罪。本节规定的犯罪有：污染环境罪；非法处置进口的固体废物罪；擅自进口固体废物罪；非法捕捞水产品罪；非法猎捕、杀害珍贵、濒危野生动物罪；非法收购、运输、出售珍贵、濒危野生动物、珍贵、濒危野生动物制品罪；非法狩猎罪；非法占用农用地罪；非法采矿罪；破坏性采矿罪；非法采伐、毁坏国家重点保护植物罪；非法收购、运输、加工、出售国家重点保护植物、国家重点保护植物制品罪；盗伐林木罪；滥伐林木罪；非法收购、运输盗伐、滥伐的林木罪。

第七节，走私、贩卖、运输、制造毒品罪。本节规定的犯罪有：走私、贩卖、运输、制造毒品罪；非法持有毒品罪；包庇毒品犯罪分子罪；窝藏、转移、隐瞒毒品、毒赃罪；非法生产、买卖、运输制毒物品、走私制毒物品罪；非法种植毒品原植物罪；非法买卖、运输、携带、持有毒品原植物种子、幼苗罪；引诱、教唆、欺骗他人吸毒罪；强迫他人吸毒罪；容留他人吸毒罪；非法提供麻醉药品、精神药品罪。

第八节，组织、强迫、引诱、容留、介绍卖淫罪。本节规定的犯罪有：组织卖淫罪；强迫卖淫罪；协助组织卖淫罪；引诱、容留、介绍卖淫罪；引诱幼女卖淫罪；传播性病罪。

第九节，制作、贩卖、传播淫秽物品罪。本节规定的犯罪有：制作、复制、出版、贩卖、传播淫秽物品牟利罪；为他人提供书号出版淫秽书刊罪；传播淫秽物品罪；组织播放淫秽音像制品罪；组织淫秽表演罪。

第二节　扰乱公共秩序罪

公共秩序，是指公共场所秩序，社会生活的安宁、稳定以及国家机关、企业、事业单位的工作、生产、营业和教学、科研秩序。它是通过一定社会结构中人们必须共同遵守的生活规则来维持的公共生活有条不紊的状态。违反了这种公共生活规则，也就打破了公共生活有条不紊的状态。公共秩序是社会管理秩序的重要组成部分。扰乱公共秩序的犯罪，会造成社会秩序的混乱，影响社会功能的发挥，具有较大的危害性。

一、妨害公务罪

（一）妨害公务罪的概念与特征

妨害公务罪，是指以暴力、威胁方法阻碍国家机关工作人员依法执行职务的行为。本罪的主要特征是：

1. 侵犯的客体是国家机关的公务活动。公务活动是指国家机关工作人员，按照法律、法规的规定所进行的职务活动。比如海关人员依法缉私、税务人员依法征收税款、司法工作人员依法拘捕犯罪嫌疑人、被告人等。根据《刑法》第277条第2、3款的规定，本罪侵害的客体还包括全国人大代表、地方各级人大代表依法执行代表职务的活动和红十字会工作人员在自然灾害、突发事件中依法履行职责的活动，以及以暴力、威胁方法阻碍国家机关工作人员、红十字会工作人员依法履行为防治突发传染病疫情等灾害而采取的防疫、检疫、强制隔离、隔离治疗等预防、控制措施的。[1] 本罪侵害的对象，是依法正在执行职务的国家机关工作人员、各级人大代表和红十字会工作人员。阻碍非上述人员从事某种活动，或者虽是上述人员，但其执行的不是职务活动，或者其活动不是依法正在进行的职务范围的活动，均不构成本罪。

2. 客观方面表现为行为人以暴力、威胁方法阻碍国家机关工作人员、全国人民代表、地方各级人民代表和红十字会工作人员依法执行职务、履行职责的行为，以及故意阻碍国家安全机关、公安机关依法执行国家安全工作任务，虽未使用暴力、威胁方法，但造成严重后果的行为。所谓"暴力"，是指殴打、捆绑、损伤、人身侮辱、拘禁等暴力打击或者人身强制。如果行为人的暴力行为造成重伤结果或因重伤导致死亡结果，甚至故意杀害上述工作人员的，应按处理牵连犯的原则，按故意伤害（重伤）罪或者故意杀人罪定罪，从重处罚。所谓"威胁"，是指行为人以杀害、伤害、毁坏财产、破坏名誉、扣押人质等对正在依法执行职务的上述人员进行精神上的强制，企图迫使他们放弃执行职务。暴力、威胁是本罪客观方面的特征，如果行为人并未使用暴力或威胁方法，而是采用谩骂、吵闹等其他方法，虽然对执行职务也会有一定程度的妨害，但不构成本罪。对于故意阻碍依法执行国家安全工作任务而构成犯罪的，不以"使用暴力、威胁方法"为必要条件，而以客观上是否造成"严重后果"为必要条件。"严重后果"，一般指使国家安全工作任务受挫，未能及时制止、侦破危害国家安全的犯罪，损害了国家安全，影响了国家形象，或者造成危害国家安全的犯罪分子逃脱等。

3. 犯罪主体是一般主体。

4. 主观方面是故意。即明知对方是在依法执行职务的国家机关工作人员、全国人大代表和地方各级人大代表、红十字会工作人员，而故意对其实施暴力或者威胁，使其不能执行职务。

（二）妨害公务罪认定时应注意的问题

1. 本罪与非罪的界限。①应当注意把本罪与一般干部群众之间的纠纷区别开来。有些国家机关工作人员在执行职务时对国家的政策法律宣传不够或言语过激，使群众产生反感和不满而发生冲突，或者因某些群众对国家工作人员执行职务不理解，因而偶然发生争吵、顶撞等态度过硬的做法，这属于认识方面的问题，因不具有妨害公务的故意，不构成本罪。②应当将妨害公务的一般违法行为与本罪区别开。适用本条时应注意与《治安管理处罚法》规定的内容相衔接。对于妨害公务的一般违法行为，例如未使用暴力、威胁等方法的，属于情节显著轻微、危害不大的，不构成犯罪。如果有一定的社会危害性的，可以按违反治安管理行为处罚。

2. 本罪与聚众阻碍解救被收买的妇女、儿童罪的界限。两罪在以暴力、威胁方法阻碍国家机关工作人员执行公务上具有相似性，而且《刑法》第242条第2款将聚众阻碍解救被收买的妇女、儿童的行为分为两种情况定罪处罚：①首要分子以聚众阻碍解救被收买的妇女、儿童罪论处；②其他参与者以妨害公务罪论处。这说明了两罪之间的联系。两罪的区别在于：①主观故意不同。聚众阻碍解救被收买的妇女、儿童罪在主观上要求行为人必须明知国家机关工作人员正在解救被收买的妇女、儿童而加以阻碍，而本罪只要求行为人明知国家机关工作人员或红十字会工作人员正在依法执行职务即可。②客观行为特征不同。聚众阻碍解救被收买的妇女、儿童罪在客观上不仅要求有暴力、威胁方法阻碍公务的行为，而且还必须"聚众"，只是单个人实施或纠集一两个人实施不构成本罪。③主体不同。构成聚众阻碍解救被收买的妇女、

---

[1] 最高人民法院、最高人民检察院《关于办理妨害预防、控制突发传染病疫情等灾害的刑事案件具体应用法律若干问题的解释》（2003年5月13日最高人民法院审判委员会第1269次会议、2003年5月13日最高人民检察院第十届检察委员会第3次会议通过，2003年5月15日起施行）。

儿童罪必须是首要分子，不是首要分子不构成本罪。这里的首要分子，是指在聚众阻碍解救被收买的妇女、儿童过程中起组织、筹划、纠集、指挥、煽动作用的犯罪分子。而凡是实施以暴力威胁方法阻碍公务行为的人都可以构成妨害公务罪。

3. 本罪与其他严重犯罪想象竞合或构成牵连犯的情况。在一种行为同时触犯本罪与其他严重犯罪而构成想象竞合犯的情况下，应依照想象竞合犯从一重处断原则处理。例如妨害公务的暴力超过轻微伤害的程度，而同时触犯故意伤害罪或故意杀人罪的情况。在实施本罪的过程中，其方法行为又牵连触犯其他严重犯罪而构成牵连犯的情况下，应依牵连犯从一重处断的原则处理。例如，行为人以抢夺军警人员、公安司法人员枪支的手段阻碍其依法执行职务的，是本罪与抢夺枪支罪的牵连犯，应以抢夺枪支罪论处。

4. 本罪中故意阻碍国家安全机关、公安机关依法执行国家安全任务的行为与窝藏、包庇罪的界限。两罪在客观上都可能造成危害国家安全的犯罪分子逃避法律制裁的后果，但两者在客观、主观方面的差别是很明显的。①主观故意不同。前罪是明知国家安全机关、公安机关正在依法执行国家安全任务而故意加以阻碍，后罪是明知他人是犯罪分子，故意为其提供隐蔽处所、财物，帮助其逃匿或者进行包庇，使其逃避法律制裁。②客观表现不同。由于前罪不以使用暴力方法为必要条件，因此两罪的行为在有的时候（如依法执行的公务是侦查、逮捕危害国家安全的犯罪分子时）就显得比较模糊。但是，由于国家安全工作任务很广泛，并不限于侦查、逮捕罪犯，因此涉及阻碍国家安全机关、公安机关依法执行国家安全任务的行为范围很广，而后罪的行为则相对单一。

5. 本罪与抗税罪的界限。本罪与抗税罪是一般与特别、整体与部分的关系。抗税罪包括在妨害公务罪中，是一种特殊的妨害公务罪。两罪有相似之处，如侵犯的客体都包含国家机关工作人员的人身权利，客观上都采取了暴力、威胁方法，主观上都出于故意。但两罪又存在差异。妨害公务罪侵犯的是国家机关的正常管理秩序和活动，而抗税罪侵犯的客体是国家税收征管制度和国家机关工作人员中的税务机关工作人员的人身权利。两罪存在部分法条竞合的关系，按照特别法优于普通法的原则，对抗税行为优先适用特别法规定。

（三）妨害公务罪的刑事责任

根据《刑法》第277条第1款规定，犯本罪的，处3年以下有期徒刑、拘役、管制或者罚金。

二、煽动暴力抗拒法律实施罪

（一）煽动暴力抗拒法律实施罪的概念与特征

煽动暴力抗拒法律实施罪，是指以言语、传单、标语或其他宣传方式，故意煽动群众以暴力抗拒国家法律、行政法规正常实施，扰乱社会秩序的行为。本罪的主要特征是：

1. 侵犯的客体是国家实施法律的活动。

2. 客观方面表现为行为人具有面向社会煽动广大群众抗拒国家法律、行政法规实施的行为。行为方式可以是口头的，也可以是以标语、传单等书面形式。煽动行为多在公开场合实施，但并不排除对个别人进行的煽动。煽动的内容为造谣、诬蔑、诋毁、攻击国家的法律、行政法规，挑拨群众以暴力方式抵制、破坏国家法律、行政法规的实施，扰乱社会公共秩序。本罪的构成不以结果的发生为条件，行为人只要实施了上述行为，无论结果是否发生，即构成本罪。本罪是行为犯。行为人只要实施了煽动暴力抗拒法律、行政法规实施的行为，即构成本罪既遂。如果行为人实施了煽动暴力抗拒法律、行政法规实施的行为，而被煽动群众没有实施或者没有完全实施暴力抗拒法律、行政法规实施的行为，不影响本罪的成立。

3. 犯罪主体是一般主体。

4. 主观方面是故意。犯罪的目的是煽动群众以暴力方式抵制、破坏国家法律、行政法规的实施，扰乱正常的社会秩序。犯罪的动机多种多样，有的是出于对法律制度的不满；有的是出于发泄自己心中的怨气和不满；有的甚至是出于对现行的政权和社会制度的不满，但不论其动机如何，只要行为人故意煽动群众暴力抗拒国家法律实施、扰乱了社会正常秩序，即构成本罪。

（二）煽动暴力抗拒法律实施罪认定时应注意的问题

1. 罪与非罪的界限。①煽动群众以和平的方式抗拒国家法律和行政法规的实施，或者煽动一两个人暴力抗拒法律和行政法规的实施，均不构成本罪；②区分本罪与群众发牢骚、闹情绪之间的区别，在司法实践中，经常有一些群众对某些涉及自身利益的法律法规的实施，发牢骚、闹情绪，在公开场合有一些过激的言行，但因其不具备煽动暴力抗拒法律实施的故意，不构成本罪。

2. 本罪与煽动分裂国家罪、煽动颠覆国家政权罪的区别。①侵害的客体不同。本罪侵害的是国家法律的实施秩序，而后两罪侵害的是国家安全。②客观方面的内容不同。本罪是煽动群众暴力抗拒法律、行政法规的实施，而后两罪则是煽动分裂国家、煽动分裂国家政权。③主观方面不同。本罪成立不要求有特定的犯罪目的，而后两罪必须有分裂国家、颠覆国家政权的目的。

（三）煽动暴力抗拒法律实施罪的刑事责任

根据《刑法》第278条的规定，犯本罪的，处3年以下有期徒刑、拘役、管制或者剥夺政治权利；造成严重后果的，处3年以上7年以下有期徒刑。所谓"严重后果"，主要是指国家的法律、法规的实施受到了严重的阻碍。

三、招摇撞骗罪

（一）招摇撞骗罪的概念与特征

招摇撞骗罪，是指为谋取非法利益，冒充国家机关工作人员招摇撞骗的行为。本罪的主要特征是：

1. 侵犯的客体是国家机关的威信及其对社会的正常管理活动，同时也损害了公共利益和公民的合法权益。由于行为人采取的是冒充国家机关工作人员的手段致使人民群众以为这些不法行为是国家机关工作人员所为，这就直接破坏了国家机关的威信及其正常的活动。这也是本罪特殊的、实质的危害所在。

2. 客观方面表现为行为人冒充国家机关工作人员进行招摇撞骗的行为。冒充国家机关工作人员的身份或者职称，不单是指非国家机关工作人员冒充国家机关工作人员，而且包括此种国家机关工作人员冒充他种国家机关工作人员的身份或职称，甚至还包括本不是领导干部，冒充某领导干部的行为。如普通机关的行政干部冒充检察机关的干部，普通国家干部冒充高级职务的国家干部等。根据《刑法》第279条第2款的规定，冒充人民警察招摇撞骗的，依法从重处罚。但是如果行为人冒充的是非国家工作人员的身份，如冒充党团员、高干子弟、烈士子弟、私营或集体企业单位的管理人员、采购员等，进行招摇撞骗活动的，不能构成本罪。构成本罪，行为人不仅要有假冒国家机关工作人员身份或职称的行为，同时还要有招摇撞骗的行为。即行为人假冒国家机关工作人员身份或职称，招摇炫耀，利用人民群众对国家机关工作人员的信任，实施骗取非法利益的行为。如果行为人仅有冒充行为，但未借此实施骗取非法利益的行为或骗取非法利益的行为并未以假冒的身份为手段，即两行为之间不存在有机的联系，不构成本罪。

3. 犯罪主体是一般主体，非国家工作人员和国家工作人员均可构成。

4. 主观方面是故意，犯罪的目的在于谋取非法利益。这里的非法利益，不单包括物质利益，也包括各种非物质性利益。如骗取某种政治待遇或荣誉待遇，甚至骗取"爱情"，玩弄异性等。

（二）招摇撞骗罪认定时应注意的问题

本罪与诈骗罪都使用虚构事实、隐瞒真相的方法，骗取被害人的信任，实现其犯罪目的。两罪的区别在于：①侵犯的客体不同。本罪侵犯的客体是国家机关的威信及其对社会的正常管理活动，同时也损害了公共利益和公民的合法权益；后罪侵犯的是公私财产的所有权。②犯罪的手段不同。本罪的手段只限于冒充国家工作人员的身份或职称进行诈骗；而诈骗罪的手段则无此限制，行为人可以利用任何虚构事实、隐瞒真相的手段和方式进行，或者冒充其他人员进行诈骗。③犯罪的目的有所不同。本罪的目的在于获取非法利益，可以是骗取财物、某种职位、政治待遇、他人的爱情或其他权利和利益；而后罪目的只限于骗取财物。④构成犯罪有无数额限制的不同。本罪的构成对骗取的财物数额没有什么要求，因为这种犯罪未必一定表现为诈骗财物，而有可能是骗取其他非法利益，其社会危害性首先和集中表现为对国家机关的威信及其正常活动的破坏；后罪的构成则要求诈骗数额较大的公私财物。

（三）招摇撞骗罪的刑事责任

根据《刑法》第279条第1款的规定，犯本罪的，处3年以下有期徒刑、拘役、管制或者剥夺政治权利；情节严重的，处3年以上10年以下有期徒刑。根据第279条第2款的规定，冒充人民警察招摇撞骗的，从重处罚。所谓"情节严重"，一般是指多次冒充国家机关工作人员进行招摇撞骗或者造成恶劣影响，严重损害国家机关的威信及其正常活动等行为。

四、伪造、变造、买卖国家机关公文、证件、印章罪

（一）伪造、变造、买卖国家机关公文、证件、印章罪的概念与特征

伪造、变造、买卖国家机关公文、证件、印章罪，是指伪造、变造、买卖国家机关的公文、证件、印章的行为。本罪的主要特征是：

1. 侵犯的客体是国家机关的正常活动及其信誉。国家机关的公文、证件、印章，是国家机关用以行使职权，对社会实行管理的重要凭证和手段。任何伪造、变造、买卖公文、证件、印章的行为，都会影响到国家机关的正常管理活动，损害它们的名誉，从而破坏社会管理秩序。本罪侵害的对象是国家机关的公文、证件、印章。

2. 客观方面具有伪造、变造、买卖国家机关的公文、证件、印章的行为。所谓"伪造"，是指制作机关或单位以外的人在无权限的情况下冒用制作机关或单位的名义，非法制造、伪造。所谓"变造"，是指利用涂改、抹擦、拼接等方法，对公文、证件、印章进行改制，改变其真实内容，以便形成与原制作内容不一致的虚假内容，如涂改证件的有效时间、姓名等。所谓"买卖"，是指出卖或买进国家机关的公文、证件和印章。所谓"公文"，是指以国家机关的名义制作的，用以联系事务、指导工作、处理问题的书面文件，包括指示、决议、通知、命令、决定、请示报告、批复、信函、电文，等等。这些公文，以某国家机关的名义制作，加盖该机关公章，或以指定的负责人的名义代表组织签发生效。所谓"证件"，是指国家机关制作、颁发的，用以证明身份、职务、权利义务关系或其他有关事项的凭证。如工作证、结婚证、户口迁移证、营业执照等。所谓"印章"，是指国家机关刻制的以文字、图形表明主体同一性的公章或国家机关特殊用途的专用章。如外调、财务等专用章。它们是国家机关行使职权的符号和标记。各种公文、证件须加盖公章才能生效。用于国家机关事务的私人印鉴、图章也应视为本款所称印章。伪造高等院校印章制作学历、学位证明的行为，以本罪论处。明知是伪

造高等院校印章制作的学历、学位证明而贩卖的,以伪造事业单位印章罪的共犯论处。[1] 伪造、变造、买卖国家机关颁发的野生动物允许进出口证明书、特许猎捕证、狩猎证、驯养繁殖许可证等公文、证件构成犯罪的,依照本罪定罪处罚。[2] 本罪是选择性罪名,只要行为人实施了三种行为之一的,便可构成本罪。

3. 犯罪主体是一般主体。

4. 主观方面是故意。

(二) 伪造、变造、买卖国家机关公文、证件、印章罪的刑事责任

根据《刑法》第280条第1款的规定,犯本罪的,处3年以下有期徒刑、拘役、管制或者剥夺政治权利,并处罚金;情节严重的,处3年以上10年以下有期徒刑,并处罚金。所谓情节严重,是指伪造、变造、买卖国家重要机关和领导机关、军警机关、司法机关的公文、证件、印章的;多次或大量伪造、变造、买卖公文、证件、印章的;因伪造、变造、买卖公文、证件、印章的犯罪行为而严重损害国家机关的名誉或给其造成重大损失的等。

五、盗窃、抢夺、毁灭国家机关公文、证件、印章罪

(一) 盗窃、抢夺、毁灭国家机关公文、证件、印章罪的概念与特征

盗窃、抢夺、毁灭国家机关公文、证件、印章罪,是指盗窃、抢夺、毁灭国家机关公文、证件、印章的行为。本罪的主要特征是:

1. 侵犯的客体是国家机关的正常活动及其信誉。

2. 客观方面具有盗窃、抢夺、毁灭国家机关公文、证件、印章,妨害国家机关正常管理活动及其信誉的行为。盗窃,是指秘密窃取;抢夺,是指乘人不备而夺走;毁灭,是指将公文、证件、印章烧毁、撕毁或者损坏,使其不能使用或灭失。本罪是选择性罪名,只要行为人实施了三种行为之一的,便可构成本罪。

3. 犯罪主体是一般主体。

4. 主观方面是故意。

(二) 盗窃、抢夺、毁灭国家机关公文、证件、印章罪的刑事责任

本罪的刑事责任与伪造、变造、买卖国家机关公文、证件、印章罪的刑事责任相同。

六、伪造公司、企业、事业单位、人民团体印章罪

(一) 伪造公司、企业、事业单位、人民团体印章罪的概念与特征

伪造公司、企业、事业单位、人民团体印章罪,是指伪造公司、企业、事业单位、人民团体印章的行为。

本罪与伪造、变造、买卖国家机关公文、证件、印章罪在特征上的区别在于:①本罪所侵犯的直接客体是公司、企业、事业单位、人民团体的正常活动和声誉,同时构成对社会公共秩序的侵犯,而后者侵犯的客体是国家机关的正常管理活动和声誉。②本罪的犯罪对象是公司、企业、事业单位、人民团体的印章,而后者则是国家机关的公文、证件和印章。③本罪在客观方面仅表现为伪造公司、企业、事业单位、人民团体的印章的行为,而后者除了伪造以外,还包括变造、买卖国家机关公文、证件、印章的行为。

---

[1] 最高人民法院、最高人民检察院《关于办理伪造、贩卖伪造的高等院校学历、学位证明刑事案件如何适用法律问题的解释》。

[2] 最高人民法院《关于审理破坏野生动物资源刑事案件具体应用法律若干问题的解释》(2000年11月17日最高人民法院审判委员会第1141次会议通过)。

（二）伪造公司、企业、事业单位、人民团体印章罪的刑事责任

根据《刑法》第280条第2款的规定，犯本罪的，处3年以下有期徒刑、拘役、管制或者剥夺政治权利，并处罚金。

七、伪造、变造、买卖身份证件罪

（一）伪造、变造、买卖身份证件罪的概念与特征

伪造、变造、买卖身份证件罪，是指违反国家有关身份证管理的法规，伪造、变造、买卖身份证件的行为。本罪的主要特征是：

1. 侵害的客体是国家对身份证件的管理制度及国家机关的信誉。侵害的对象是身份证、护照、社会保障卡、驾驶证等依法可以用于身份证明的证件。这一特征也是它区别于其他妨害公文、证件、印章等犯罪行为的主要标志。

2. 客观方面表现为具有伪造、变造、买卖身份证件的行为。

（1）《居民身份证法》第6条规定，身份证由公安机关统一印制、颁发、管理，任何单位和个人均无权制作。

（2）中华人民共和国护照是中华人民共和国公民出入国境和在国外证明国籍和身份的证件。中华人民共和国护照分为外交护照、公务护照、普通护照和特区护照。公务护照又分为公务护照和公务普通护照。特区护照分为香港特别行政区护照和澳门特别行政区护照。外交护照、公务护照和公务普通护照统称为"因公护照"，普通护照俗称"因私护照"。在国内，因公务出境的中国公民持用的护照由外交部或外交部授权的地方外事部门颁发；因私事出境的中国公民持用的护照由公安部或公安部授权的地方公安机关颁发；香港特别行政区护照由中央人民政府授权香港特别行政区政府依照法律签发，具体负责签发护照的机关是香港特别行政区入境事务处。在国外，中华人民共和国的外交代表机关、领事机关以及外交部授权的其他驻外机关受理申请并颁发护照事宜。颁发护照机关根据法律规定有权拒绝发给护照，并对已经发出的护照，有权宣布吊销。我国《中华人民共和国护照法》第2条规定，中华人民共和国护照是中华人民共和国公民出入国境和在国外证明国籍和身份的证件。任何组织或者个人不得伪造、变造、转让、故意损毁或者非法扣押护照。

（3）中华人民共和国社会保障卡是由人力资源和社会保障部统一规划，由各地人力资源和社会保障部门面向社会发行，用于人力资源和社会保障各项业务领域的集成电路（IC）卡。社会保障卡卡面和卡内均记载持卡人姓名、性别、公民身份号码等基本信息，卡内标识了持卡人的个人状态（就业、失业、退休等），可以记录持卡人社会保险缴费情况、养老保险个人账户信息、医疗保险个人账户信息、职业资格和技能、就业经历、工伤及职业病伤残程度等。社会保障卡是劳动者在劳动保障领域办事的电子凭证。持卡人可以凭卡就医，进行医疗保险个人账户结算；可以凭卡办理养老保险事务；可以凭卡到相关部门办理求职登记和失业登记手续，申领失业保险金，申请参加就业培训；可以凭卡申请劳动能力鉴定和申领享受工伤保险待遇等。此外，社会保障卡还是握在劳动者手中开启与系统联络之门的钥匙，凭借这把钥匙，持卡人可以上网查询信息，将来还可以在网上办理有关劳动和社会保障事务。

（4）驾驶证，简称驾证、驾照，俗称车本，台湾地区、港澳特别行政区、新加坡、马来西亚称驾驶执照，粤语俗称车牌，是政府交通部门发给具有驾驶资格人士的证明文件，通常是一张卡片。驾驶证通常列明持有人可驾驶的机动车辆种类，例如摩托车、小客车等。伪造、变造或者使用伪造、变造的机动车驾驶证的，由公安机关交通管理部门予以收缴，依法拘留，并处2000元以上5000元以下罚款；构成犯罪的，依法追究刑事责任。

3. 犯罪主体是一般主体。

4. 主观方面是故意。

（二）伪造、变造、买卖身份证件罪的刑事责任

根据《刑法》第 280 条第 3 款的规定，犯本罪的，处 3 年以下有期徒刑、拘役、管制或者剥夺政治权利，并处罚金；情节严重的，处 3 年以上 7 年以下有期徒刑，并处罚金。

八、使用虚假身份证件、盗用身份证件罪

（一）使用虚假身份证件、盗用身份证件罪的概念与特征

使用虚假身份证件、盗用身份证件罪，是指违反国家有关使用身份证明管理规定，在应当提供身份证明的活动中，使用伪造、变造的或者盗用他人的居民身份证明、护照、社会保障卡、驾驶证等依法可以用于身份证明的证件，情节严重的行为。本罪的主要特征是：

1. 侵害的客体是国家对居民身份证及相关能证明身份的证件的管理制度及国家机关的信誉。侵害的对象是居民身份证、护照、社会保障卡、驾驶证等依法可以证明身份的证件。这一特征也是它区别于其他妨害公文、证件、印章等犯罪行为的主要标志。

2. 客观方面表现为具有在应当提供身份证明的活动中，使用伪造、变造的或者盗用他人的居民身份证明、护照、社会保障卡、驾驶证等依法可以用于身份证明的证件，情节严重的行为。

所谓"情节严重"，一般是指：多次使用的；用于其他违法犯罪活动的；给他人或者社会造成严重后果的。

3. 犯罪主体是一般主体。

4. 主观方面是故意。

（二）使用虚假身份证件、盗用身份证件罪的刑事责任

根据《刑法》第 280 条之一规定，犯本罪的，处拘役或者管制，并处或者单处罚金。实施本罪，实施本罪同时又构成其他犯罪的，依照处罚较重的规定定罪处罚。

九、非法生产、买卖警用装备罪

（一）非法生产、买卖警用装备罪的概念与特征

非法生产、买卖警用装备罪，是指违反国家规定，未经许可生产、买卖人民警察制式服装、车辆号牌等专用标志、警械，情节严重的行为。本罪的主要特征是：

1. 侵犯的客体是警用服装、专用标志和警械的管理制度。人民警察的警用标志、制式服装、警械、证件是人民警察身份的标志，也是其执行职务行使职权的证件之一，为人民警察专用，其他个人和组织不得持有和使用。它由国务院公安部门统一监制。非国家指定，任何单位与个人均不得私自生产或买卖上述物品。本罪的犯罪对象是人民警察制式服装、专用标志、警械。所谓"人民警察制式服装"，是指国家依法规定其特有的样式专供人民警察穿着以便标志身份、依法执行警务的服装，即警服。所谓"专用标志"，是指警服专用标志和其他警察专用标志。警服专用标志包括现行警服纽扣、警服专用布以及帽徽、领花、符号、领带、领带卡等。其他警察专用标志如警徽、警灯等。所谓"警械"，指警察专用的器械，如手铐、警棍等。

2. 客观方面表现为行为人具有非法生产、买卖人民警察制式服装、专用标志和警械，情节严重的行为。"情节严重"，主要应从非法生产、买卖的营利数额、数量及涉及范围等诸方面综合考虑。

3. 犯罪主体是一般主体，自然人和单位均可构成本罪。

4. 主观方面是故意。

（二）非法生产、买卖警用装备罪的刑事责任

根据《刑法》第 281 条第 1 款的规定，犯本罪的，处 3 年以下有期徒刑、拘役或者管制，

并处或者单处罚金。

十、非法获取国家秘密罪

（一）非法获取国家秘密罪的概念与特征

非法获取国家秘密罪，是指以窃取、刺探、收买方法非法获取国家秘密的行为。本罪的主要特征是：

1. 侵害的客体是国家对秘密的保护、管理制度和国家安全以及经济建设、科学等各方面的重大利益。本罪犯罪对象是国家秘密，它是指关系国家的安全和利益，依照法定程序确定，在一定时间内只限于一定范围的人员知晓的事项，包括国家重大决策、国防建设、武装力量、外交与外事活动、国民经济和社会发展、科学技术、维护国家安全和追查刑事犯罪等各方面的秘密。根据其重要性，可分为"绝密""机密""秘密"三级。

2. 客观方面表现为行为人具有以窃取、刺探、收买方法，非法获取国家秘密的行为，所谓"窃取"，是指采取秘密的方式，偷取属于国家秘密的文件、资料和其他物品。窃取的方式多种多样，如直接窃取，利用计算机或通过电磁波窃取，偷拍国家秘密，等等。所谓"刺探"，是指行为人暗中对掌握有国家秘密的人，采取各种手段，探听、侦察、了解国家秘密的行为。探听的主要方式有：利用特殊身份或利用社交手段打通关系，向知密者探询；利用公开合法形式，如贸易洽谈会、学术交流会等探听国家秘密。侦察的主要方式有：使用窃听装置、电子监控及远红外线扫描等高科技手段，或采用色情引诱、向有关部门渗透等形式侦察国家秘密。所谓"收买"，是指用金钱、物质、色情以及其他方法，向掌握有国家秘密的人交换国家秘密的行为，如有用小恩小惠、低价收买的，也有采用重金收买、高价拉拢的。上述窃取、刺探、收买都属于非法获取国家秘密的行为。非法获取，是指依法不应知悉、取得某项国家秘密的人从知悉、取得某项国家秘密的人那里知悉、取得该项国家秘密或者可以知悉的人未经办理手续取得该项国家秘密。本罪是选择性罪名，实施其中任何一种行为都构成犯罪。

3. 犯罪主体是一般主体。

4. 犯罪主观方面是故意，出于何种目的，不影响本罪构成。

（二）非法获取国家秘密罪的刑事责任

根据《刑法》第282条第1款的规定，犯本罪的，处3年以下有期徒刑、拘役、管制或者剥夺政治权利；情节严重的，处3年以上7年以下有期徒刑。

十一、非法持有国家绝密、机密文件、资料、物品罪

（一）非法持有国家绝密、机密文件、资料、物品罪的概念与特征

非法持有国家绝密、机密文件、资料、物品罪，是指非法持有属于国家绝密、机密的文件、资料或者其他物品，拒不说明来源与用途的行为。本罪的主要特征是：

1. 本罪在犯罪客体，犯罪主体，犯罪主观方面与非法获取国家秘密罪相同。本罪的主要特点在于本罪的犯罪对象仅限于国家绝密级和机密级秘密的物品。

2. 客观方面表现为具有非法持有属于国家绝密、机密物品且拒不说明来源与用途的行为。所谓非法持有属于国家绝密、机密的文件、资料或者其他物品，是指不应知悉某项国家绝密、机密的人员携带、存放属于该项国家绝密、机密的文件、资料和其他物品的；可以知悉某项国家绝密、机密的人员，未经办理规定的手续，私自携带、留存属于该项国家绝密、机密的文件、资料和其他物品。所谓拒不说明来源和用途，是指经调查询问仍不肯说明所非法持有的机密材料从何处获取、在什么方面或范围内使用，这是构成本罪的必要条件。

（二）非法持有国家绝密、机密文件、资料、物品罪的刑事责任

根据《刑法》第282条第2款的规定，犯本罪的，处3年以下有期徒刑、拘役或者管制。

十二、非法生产、销售专用间谍器材、窃听、窃照专用器材罪

（一）非法生产、销售专用间谍器材、窃听、窃照专用器材罪的概念与特征

非法生产、销售专用间谍器材、窃听、窃照专用器材罪，是指违反国家法律规定，生产、销售专用间谍器材或者窃听、窃照专用器材的行为。本罪的主要特征是：

1. 侵犯的客体是国家安全机关对专用间谍器材、窃听、窃照专用器材的管理活动。专用间谍器材，是指进行间谍活动特殊需要的下列器材：①暗藏式窃听、窃照器材。②突发式收发报机、一次性密码本、密写工具。③用于获取情报的电子监听、截收器材。④其他专用间谍器材。专用间谍器材的确认，由国家安全部负责，而且国家安全部门是间谍专用器材的唯一指定生产、销售的权力机构，任何单位和个人未经批准或许可，不得非法生产和销售。窃听、窃照专用器材是用来进行秘密监听、录音、拍摄影象的专用工具，所以非法使用是指使用窃听、窃照专用器材进行非法窃听、窃照。如果使用窃听、窃照专用器材公开录音、拍摄影象，其持有窃听、窃照专用器材的行为可能是非法的，但其使用行为不属于本罪客观方面的"非法使用"。非法窃听是指非法使用窃听专用器材，秘密监听窃听对象的言谈、动静。监听对象既可以是我国公民，也可以是外国人、无国籍人、企事业单位。监听内容包括私人谈话、电话、日常生活起居、会议等。当然，如果行为人利用窃听专用器材窃听国家秘密的，则构成妨害国家秘密的犯罪。

2. 客观方面表现为非法生产、销售专用间谍器材、窃听、窃照专用器材的行为。所谓"非法生产"，是指未经批准，运用各种手段加工、制作窃听、窃照等专用间谍器材的行为。所谓"非法销售"，是指未经批准擅自经营专用间谍器材或者向没有法定使用许可手续的单位或个人出售专用间谍器材的行为。

3. 主体是一般主体，自然人和单位均可成为本罪。

4. 主观方面是故意，无论其是否有营利的目的，只要行为人出于故意非法生产、销售专用间谍器材、窃听、窃照专用器材的，都构成本罪。

（二）非法生产、销售专用间谍器材、窃听、窃照专用器材罪的刑事责任

根据《刑法》第283条的规定，犯本罪的，处3年以下有期徒刑、拘役或者管制，并处或者单处罚金；情节严重的，处3年以上7年以下有期徒刑，并处罚金。单位犯前款罪的，对单位判处罚金，并对其直接负责的主管人员和其他直接责任人员，依照前款的规定处罚。

十三、非法使用窃听、窃照专用器材罪

（一）非法使用窃听、窃照专用器材罪的概念与特征

非法使用窃听、窃照专用器材罪，是指非法使用窃听、窃照专用器材，造成严重后果的行为。本罪的主要特征是：

1. 侵犯的客体是国家安全机关对窃听、窃照专用器材的使用管理权。在我国只有具有侦查权的司法机关、军事、国防部门根据侦查工作需要，有权使用窃听、窃照专用器材。如果不是这些单位的工作人员，或虽是这些单位的工作人员，但不是为工作需要而擅自使用，皆为非法使用。

2. 客观方面表现为具有非法使用窃听、窃照专用器材，情节严重的行为。非法窃听是指非法使用窃听专用器材，秘密监听窃听对象的言谈、动静。非法窃照是指行为人非法使用窃照专用器材偷拍、偷录他人活动或其他目标的行为。监听、窃照的对象和内容不受限制。如果行为人利用窃听专用器材窃听国家秘密的，则构成窃取国家秘密的犯罪。如果未使用专用的窃听、窃照专用器材或者未造成严重后果的不构成本罪。

3. 主体是一般主体。

4. 主观方面是故意。

（二）非法使用窃听、窃照专用器材罪的刑事责任

根据《刑法》第284条的规定，犯本罪的，处2年以下有期徒刑、拘役或者管制。

十四、组织考试作弊罪

（一）组织考试作弊罪的概念和特征

组织考试作弊罪，是指在法律规定的国家考试中，组织他人作弊的行为。本罪的主要特征是：

1. 侵犯的客体是国家的考试制度。当代社会，考试作为发现人才、培养人才、选拔人才、衡量人才的一种重要手段，有其无以替代的功用。对于一些重要的考试，国家往往自己进行组织，以显示其严肃性和规范性，并期望达到最大限度的公平和公正。任何考试作弊及其相关的行为，破坏了国家设立的考试制度。违反了基本的公平、公正原则。

2. 客观方面表现为在法律规定的国家考试中有组织作弊的行为。首先，必须是在法律规定的国家考试中。什么是国家考试，目前没有司法解释。教育部规定，国家教育考试指的是国家组织的普通和成人高校招生考试、全国研究生招生考试、高等教育自学考试等取得学历学位证书的活动。国家教育考试是国家考试的一个部分，但不是全部，所以国家考试的范围应比国家教育考试的范围更广。我们一般理解国家考试是指国家组织的考试。目前有如中考、高考、司法考试、公务员考试等。其次，组织作弊，是指组织他人从事作弊行为，如果单纯是自己作弊，则不构成本罪。这里的他人既包括其他作弊的人，也包括参加考试作弊的人。

3. 主体是一般主体。

4. 主观方面是故意。

（二）组织考试作弊罪的刑事责任

根据《刑法》第284条之一第1款的规定，犯本罪的，处3年以下有期徒刑或者拘役，并处或者单处罚金；情节严重的，处3年以上7年以下有期徒刑，并处罚金。所谓"情节严重"，一般是指：①作案次数多；②参与作弊的考生人数多；③考试作弊的内容多；④造成其他严重后果或者影响的。

十五、非法出售、提供试题、答案罪

（一）非法出售、提供试题、答案罪的概念和特征

非法出售、提供试题、答案罪，是指明知他人是去实施考试作弊的行为，还非法向其出售或者提供法律规定的国家考试的试题、答案的行为。本罪的主要特征是：

1. 侵犯的客体是国家的考试制度。当代社会，考试作为发现人才、培养人才、选拔人才、衡量人才的一种重要手段，有其无以替代的功用。对于一些重要的考试，国家往往自己进行组织，以显示其严肃性和规范性，并期望达到最大限度的公平和公正。任何考试作弊及其相关的行为，破坏了国家设立的考试制度。违反了基本的公平、公正原则。

2. 客观方面表现为明知他人是去实施考试作弊的行为，还非法向其出售或者提供法律规定的国家考试的试题、答案的行为。首先，向他人出售或者提供试题和答案是非法的，这里的非法既包括合法持有者违反规定的非法出售或者提供，也包括非法持有者的非法出售或者提供。其次，非法出售或者提供考试的试题和答案是为了他人去实施考试作弊行为。

3. 主体是一般主体。

4. 主观方面是故意。

（二）非法出售、提供试题、答案罪的刑事责任

根据《刑法》第284条之一第3款的规定，犯本罪的，处3年以下有期徒刑或者拘役，并

处或者单处罚金；情节严重的，处 3 年以上 7 年以下有期徒刑，并处罚金。所谓"情节严重"，一般是指：①非法出售或者提供的试题、答案次数多，数量大；②参与作弊的考生人数多；③考试作弊的内容多；④造成其他严重后果或者影响的。

十六、代替考试罪

（一）代替考试罪的概念和特征

代替考试罪，是指代替他人或者让他人代替自己参加法律规定的国家考试的行为。本罪的主要特征是：

1. 侵犯的客体是国家的考试制度。当代社会，考试作为发现人才、培养人才、选拔人才、衡量人才的一种重要手段，有其无以替代的功用。对于一些重要的考试，国家往往自己进行组织，以显示其严肃性和规范性，并期望达到最大限度的公平和公正。任何考试作弊及其相关的行为，破坏了国家设立的考试制度。违反了基本的公平、公正原则。

2. 客观方面表现为具有代替他人或者让他人代替自己参加法律规定的国家考试的行为。一是代替他人参加考试。二是让他人代替自己参加考试。

3. 主体是一般主体。

4. 主观方面是故意。

（二）代替考试罪的刑事责任

根据《刑法》第 284 条之一第 4 款的规定，犯本罪的，处拘役或者管制，并处或者单处罚金。

十七、非法侵入计算机信息系统罪

（一）非法侵入计算机信息系统罪的概念与特征

非法侵入计算机信息系统罪，是指违反国家规定，故意侵入国家事务、国防建设、尖端科学技术领域的计算机信息系统的行为。本罪的主要特征是：

1. 侵犯的客体是计算机信息系统的安全。其中包括计算机及其相关和配套的设备的安全、运行环境的安全、信息的安全、信息系统功能的安全。侵犯的对象是计算机信息系统。计算机信息系统，是指由计算机及其相关的配套的设备、设施（含网络）构成的，按照一定的应用目标和规则对信息进行采集、加工、存储、传输、检索等处理的人机系统，即通常人们所说的用于生产、营业、科研、管理的微机系统。这里并不包括家庭电脑。本罪的犯罪对象是特指国家事务、国防建设和尖端科学技术领域计算机信息系统，其中储存着有关国家内政、外交、国防建设、经济建设、尖端科学技术的重要信息资料。这些领域信息的保密及计算机信息系统的正常运行，关系着国家的重大利益。非法侵入这些领域的计算机信息系统，是阅读、窃取计算机内储存的信息资料，删除、修改、复制、增加干扰计算机信息系统功能（程序和数据）的必要步骤。可见非法侵入这些领域的计算机信息系统的后果是十分严重的。

2. 客观方面表现为行为人具有非法侵入国家事务、国防建设、尖端科技领域的计算机信息系统的行为。非法侵入是指未经允许擅自以非法解密等手段进入有关重要的计算机信息系统。根据国务院颁布的《计算机信息系统安全保护条例》的规定，计算机信息系统的安全保护，应当保障计算机及其相关和配套的设备、设施（含网络）的安全，运行环境安全，保障信息的安全，保障计算机功能的正常发挥，以维护计算机信息系统的安全运行。计算机信息系统的安全保护工作，重点是维护国家事务、经济建设、国防建设、尖端科学技术等重要领域的计算机信息系统的安全。任何组织或者个人，不得利用计算机信息系统从事危害国家利益、集体利益和公民合法利益的活动，不得危害计算机信息系统的安全。

3. 主体是一般主体。

4. 主观方面是故意。只要行为人故意非法进入上述特定计算机信息系统，就构成本罪。过失进入后，已经发觉而不主动退出的，也构成本罪。

（二）非法侵入计算机信息系统罪的刑事责任

根据《刑法》第285条第1款的规定，犯本罪的，处3年以下有期徒刑、拘役。对于非法侵入计算机信息系统后又有其他犯罪行为，按牵连犯归罪，择一重罪定罪处罚。

十八、非法获取计算机信息系统数据、非法控制计算机信息系统罪

（一）非法获取计算机信息系统数据、非法控制计算机信息系统罪的概念与特征

非法获取计算机信息系统数据、非法控制计算机系统罪，是指违反国家规定，侵入《刑法》第285条第1款规定以外的计算机信息系统或者采用其他技术手段，获取该计算机信息系统中存储、处理或者传输的数据，或者对该计算机信息系统实施非法控制，情节严重的行为。本罪的主要特征是：

1. 侵犯的客体是计算机信息系统的安全。其中包括计算机及其相关和配套的设备的安全、运行环境的安全、信息的安全、信息系统功能的安全。计算机信息系统，是指由计算机及其相关的配套的设备、设施（含网络）构成的，按照一定的应用目标和规则对信息进行采集、加工、存储、传输、检索等处理的人机系统，即通常人们所说的用于生产、营业、科研、管理的微机系统。这里并不包括家庭电脑。本罪的犯罪对象是特指国家事务、国防建设和尖端科学技术领域以外的计算机信息系统。

2. 客观方面表现为行为人具有非法侵入国家事务、国防建设、尖端科技领域以外的计算机信息系统，或者采用其他技术手段，获取该计算机信息系统中存储、处理或者传输的数据，或者对该计算机信息系统实施非法控制，情节严重的行为。非法侵入，是指未经允许擅自以非法解密等手段进入计算机信息系统。常见的方式是利用他人网上认证信息进入计算机信息系统，或者在系统中植入木马、后门程序，获取存储、处理或传输的信息数据，或对系统实施非法控制。其他技术手段，是指除了侵入以外的手段，主要是指假冒或者设立虚假网站，或者利用网关欺骗技术，行为人并不需要进入他人的计算机信息系统就可获取其他计算机处理、传输的数据信息。所谓"假冒"网站，一般指冒充国家机关、金融系统已建立的网站；"设立"虚假网站，一般是指以国家机关、金融系统的名义建立并不存在的网站；"网关欺骗"技术是通过ARP欺骗技术建立假网关，让被它欺骗的个人电脑向假网关发送数据而窃取。获取包括复制和直接拿走。非法控制，是指未经授权操控计算机系统，包括计算机的部分功能和全部功能。常见的是行为人利用网站漏洞将木马植入到网站上，在用户访问网站时利用客户端漏洞将木马移植到用户计算机上，或在互联网上传播捆绑有木马的程序或文件。当用户连接到因特网上时，这个程序就会报告其IP地址以及预先设定的端口。行为人收到这些信息后，再利用这个潜伏在其中的程序，就可任意地修改用户的计算机的参数设定、复制文件、窥视硬盘中的内容等，从而达到控制用户计算机的目的。

3. 主体是一般主体。

4. 主观方面是故意。

（二）非法获取计算机信息系统数据、非法控制计算机系统罪的刑事责任

根据《刑法》第285条第2款的规定，犯本罪的，处3年以下有期徒刑或者拘役，并处或者单处罚金；情节特别严重的，处3年以上7年以下有期徒刑，并处罚金。

十九、提供侵入、非法控制计算机信息系统程序、工具罪

（一）提供侵入、非法控制计算机信息系统程序、工具罪的概念与特征

提供侵入、非法控制计算机信息系统程序、工具罪，是指提供专门用于侵入、非法控制计

算机信息系统的程序、工具，或者明知他人实施侵入、非法控制计算机信息系统的违法犯罪行为而为其提供程序、工具，情节严重的行为。本罪的主要特征是：

1. 侵犯的客体是计算机信息系统的安全。

2. 客观方面表现为行为人具有提供专门用于侵入、非法控制计算机信息系统的程序、工具，或者明知他人实施侵入、非法控制计算机信息系统的违法犯罪行为而为其提供程序、工具，情节严重的行为。专门用于侵入计算机系统的程序、工具，主要是指专门用于非法获取他人登录网络应用服务、计算机系统的账号、密码等认证信息以及智能卡等认证工具的计算机程序、工具；专门用于非法控制计算机信息系统的程序、工具，主要是指可用于绕过计算机信息系统或者相关设备的防护措施，进而实施非法入侵或者获取目标系统中数据信息的计算机程序，如具有远程控制、盗取数据等功能的木马程序、后门程序等恶意代码；提供，则不论是否以营利为目的，也不论提供的对象是否特定。

3. 主体是一般主体。

4. 主观方面是故意。

（二）提供侵入、非法控制计算机信息系统程序、工具罪认定时应注意的问题

1. 本罪与非罪行为的界限。是否达到"情节严重"是构成犯罪的关键所在。

2. 本罪与非法侵入计算机信息系统罪、非法获取计算机信息系统数据、非法控制计算机信息系统罪的界限。实践中本罪的行为常常与后二罪的行为密切关联，本罪行为人常常为后二罪行为的实施提供程序、工具，帮助后二罪的顺利实施，但法律规定本罪行为为独立犯罪行为，故其因客观行为的表现不同而区分为不同的犯罪。

（三）提供侵入、非法控制计算机信息系统程序、工具罪的刑事责任

依据《刑法》第 285 条第 3 款的规定，犯本罪的，处 3 年以下有期徒刑或者拘役，并处或者单处罚金；情节特别严重的，处 3 年以上 7 年以下有期徒刑，并处罚金。

二十、破坏计算机信息系统罪

（一）破坏计算机信息系统罪的概念与特征

破坏计算机信息系统罪，是指违反国家规定，对计算机信息系统功能和信息系统中存储、处理、传输的数据和应用程序进行破坏，造成计算机信息系统无法正常运行，后果严重的行为。本罪的主要特征是：

1. 侵犯的客体是计算机信息系统的安全及其正常运行。

2. 客观方面表现为行为人具有违反国家《计算机信息系统安全保护条例》的规定，通过程序操纵、输入操纵和制作、输入计算机病毒的方法破坏计算机信息系统。具体表现为三个方面：①破坏计算机信息系统功能。即计算机信息系统按照一定的应用目标和规定对信息进行收集、加工、存储、传输、检索等处理的能力。由于对计算机信息系统功能进行删除、修改、增加、干扰，计算机就会不执行指令，或错误地执行指令，甚至瘫痪。这种情况带来的后果，轻者妨碍计算机使用单位的正常工作，重者不仅给计算机功能造成难以修复的损坏，甚至造成不可修复的危害。②破坏计算机数据和应用程序。所谓"数据"，是指在计算机信息系统中存储、处理或者传输的信息资料。所谓"应用程序"，是指为了得到某种结果而由计算机信息系统执行的代码化指令序列，或者可被自动转换成代码化指令序列的符号化指令序列或者符号化语句序列。计算机的应用，离不开计算机数据和程序。按照上述序列（应用程序）使用数据，进行计算机操作，才能得到预想的结果。如果删除、修改、增加计算机信息系统中的数据和应用程序，会导致计算机不能按照指令工作，得不到想要得到的结果，或提供错误的数据，甚至是难以立即发现的错误数据，并由此误导出错误结论。③故意制作、传播计算机病毒。计算机

病毒,是指编制或者在计算机程序中播入的破坏计算机功能或者毁坏数据,影响计算机使用,并能自我复制的一组计算机指令或者程序代码。它具有可传播、可激发和可潜伏性,作为隐藏在可执行程序中或数据文件中,在计算机内部运行的一种干扰程序,已经成为计算机犯罪的一种有效手段,也是对计算机进行攻击的最严重的方法。"制作",即编制破坏性程序,一种是将其直接编制在计算机上;另一种是编制在磁盘、光盘上。制作包括复制。"传播",是指使其他计算机染上计算机病毒等破坏性程序。传播的方式有两种:①在计算机上编制,通过网络直接传输到其他计算机上;②通过磁盘交换把带病毒的磁盘、光盘插入其他计算机,使之感染病毒。本罪是结果犯。故意制作、传播计算机病毒等破坏性程序的行为只有造成严重后果时才构成犯罪。所谓严重后果,是指使计算机信息系统网络瘫痪、使计算机因功能不可恢复而报废、计算机内存储的重要资料消失或不可能提取或其他严重后果。

3. 主体是一般主体,往往都是精通计算机知识的人员。

4. 主观方面是故意,对于以破坏计算机信息系统为手段而施行其他犯罪行为的,按牵连犯归罪,择一重罪定罪处罚。

(二)破坏计算机信息系统罪的刑事责任

根据《刑法》第286条第1款的规定,犯本罪的,处5年以下有期徒刑或者拘役;后果特别严重的,处5年以上有期徒刑。根据《刑法》第287条的规定,利用计算机实施金融诈骗、盗窃、贪污、挪用公款、窃取国家秘密或者其他犯罪的,依照刑法的有关规定定罪处罚。行为人利用计算机实施犯罪,计算机在其中只是一种犯罪工具,并不影响相关行为的定罪量刑。

二十一、拒不履行信息网络安全管理义务罪

(一)拒不履行信息网络安全管理义务罪的概念和特征

拒不履行信息网络安全管理义务罪,是指信息网络服务提供者不履行法律、行政法规规定的信息网络安全管理义务,经监管部门责令采取改正措施而拒不改正的行为。本罪的主要特征是:

1. 侵犯的客体是信息网络安全的管理秩序。信息网络安全关系到国家、社会和公民生活的方方面面。保护信息网络安全是现代信息社会安全的一个重要方面。

2. 客观方面表现为信息网络服务提供者具有不履行法律、行政法规规定的信息网络安全管理义务,经监管部门责令采取改正措施而拒不改正的行为。首先是信息网络服务提供者具有不履行法律、行政法规规定的信息网络安全管理义务的行为。其次是经监管部门责令采取改正措施而拒不改正的行为。再次是造成一定的后果。后果包括以下几种情形:①致使违法信息大量传播的;②致使用户信息泄露,造成严重后果的;③致使刑事案件证据灭失,情节严重的;④有其他严重情节的。

3. 主体是特别主体,即信息网络服务提供者。单位也能成为本罪主体。

4. 主观方面是故意。

(二)拒不履行信息网络安全管理义务罪的刑事责任

根据《刑法》第286条之一的规定,犯本罪的,处3年以下有期徒刑、拘役或者管制,并处或者单处罚金。单位犯前款罪的,对单位判处罚金,并对其直接负责的主管人员和其他直接责任人员,依照前款的规定处罚。有前两款行为,同时构成其他犯罪的,依照处罚较重的规定定罪处罚。

二十二、非法利用信息网络罪

(一)非法利用信息网络罪的概念和特征

非法利用信息网络罪,是指行为人利用信息网络发布实施违法犯罪活动信息,情节严重的

行为。本罪的主要特征是：

1. 侵犯的客体是信息网络安全的管理秩序。
2. 客观方面表现为行为人具有利用信息网络实施下列情节严重的行为：①设立用于实施诈骗、传授犯罪方法、制作或者销售违禁物品、管制物品等违法犯罪活动的网站、通讯群组的；②发布有关制作或者销售毒品、枪支、淫秽物品等违禁物品、管制物品或者其他违法犯罪信息的；③为实施诈骗等违法犯罪活动发布信息的。所谓"情节严重"，一般是指：①利用信息网络实施犯罪时间长，次数多；②发布的事实犯罪的信息量大；③后果严重。
3. 主体是一般主体，单位也能成为本罪主体。
4. 主观方面是故意。

（二）非法利用信息网络罪的刑事责任

根据《刑法》第287条之一的规定，犯本罪的，处3年以下有期徒刑、拘役，并处或者单处罚金。单位犯前款罪的，对单位判处罚金，并对其直接负责的主管人员和其他直接责任人员，依照第1款的规定处罚。有前两款行为，同时构成其他犯罪的，依照处罚较重的规定定罪处罚。

二十三、帮助信息网络犯罪活动罪

（一）帮助信息网络犯罪活动罪的概念和特征

帮助信息网络犯罪活动罪，是指行为人明知他人是利用信息网络发布诈骗信息，为其提供帮助，情节严重的行为。本罪的主要特征是：

1. 侵犯的客体是信息网络安全的管理秩序。
2. 客观方面表现为行为人明知他人是利用信息网络发布诈骗信息，为其犯罪提供互联网接入、服务器托管、网络存储、通讯传输等技术支持，或者提供广告推广、支付结算等帮助，情节严重的行为。所谓"情节严重"，一般是指：①利用信息网络实施犯罪时间长，次数多；②发布的事实犯罪的信息量大；③后果严重。
3. 主体是一般主体，单位也能成为本罪主体。
4. 主观方面是故意。

（二）帮助信息网络犯罪活动罪的刑事责任

根据《刑法》第287条之二的规定，犯本罪的，处3年以下有期徒刑、拘役，并处或者单处罚金。单位犯前款罪的，对单位判处罚金，并对其直接负责的主管人员和其他直接责任人员，依照第1款的规定处罚。有前两款行为，同时构成其他犯罪的，依照处罚较重的规定定罪处罚。

二十四、扰乱无线电通讯管理秩序罪

（一）扰乱无线电通讯管理秩序罪的概念与特征

扰乱无线电通讯管理秩序罪，是指违反国家规定，擅自设置、使用无线电台（站），或者擅自占用频率，经责令停止使用后拒不停止使用，干扰无线电通讯正常运行，造成严重后果的行为。本罪的主要特征是：

1. 侵犯的客体是国家对无线电通讯的管理秩序。
2. 客观方面表现为行为人实施了妨害无线电通信，后果严重的行为。无线电台，是指用无线电发送设备将电磁波向空间辐射传播的场所，其中装有一部或若干部无线电发射机及其附属设备和天线。频率，是指无线电管理机构核准给某电台在规定的条件下占用的无线电频段或频道。非法擅自设置、使用无线电台（站），或者擅自占用频率，会干扰无线电通信设备正常运行，对无线电通信业务与无线电通信系统的接收产生有害影响。通常表现为接收性能下降、

误解或信息遗漏等。构成本罪，不仅须有违反国家规定，擅自设置、使用或占用无线电台（站）或频率的行为，而且还必须是经责令停止使用后拒不停止使用，干扰无线电通讯正常进行，造成严重后果的行为。所谓严重后果，一般是指干扰重要无线电通信系统的接收，造成重大误解或信息遗漏，危害严重的；干扰无线电导航或其他安全业务的正常进行，造成人身伤亡或财产损失；干扰按照规划开展的无线电广播电视业务，严重地损害、阻碍或一再阻断广播电视的接收，后果严重的；其他因干扰而造成严重后果的，如严重妨害公安机关对重大案犯的抓捕行动；妨害军事行动；等等。

3. 犯罪主体是一般主体。自然人和单位均可构成。

4. 主观方面是故意。

（二）扰乱无线电通讯管理秩序罪的刑事责任

根据《刑法》第288条的规定，犯本罪的，处3年以下有期徒刑、拘役或者管制，并处或者单处罚金；情节特别严重的，处3年以上7年以下有期徒刑，并处罚金。单位犯本罪的，对单位判处罚金，并对其直接负责的主管人员和其他直接责任人员，依照上述的规定处罚。

二十五、聚众扰乱社会秩序罪

（一）聚众扰乱社会秩序罪的概念与特征

聚众扰乱社会秩序罪，是指聚众扰乱社会秩序，情节严重，致使工作、生产、营业和教学、科研和医疗无法进行，造成严重损失的行为。本罪的主要特征是：

1. 侵犯的客体是国家对社会的管理秩序。具体是指国家机关与人民团体的工作秩序，企业单位的生产与营业秩序，事业单位的教学与科研、医疗秩序。侵犯的对象是国家机关、企事业单位和人民团体。

2. 客观方面表现为行为具有聚众扰乱党政机关、企事业单位、人民团体的工作、生产、营业、教学、科研秩序，情节严重的行为。所谓"聚众"，是指聚集众多的人参加，其特点是在首要分子的组织、煽动、指挥下，纠集多人共同进行的。除首要分子外，参加活动的人员往往是不确定的，人数也有可能随时有所增减。所谓"扰乱"，是指对国家机关、企事业单位与人民团体正常工作的各种干扰与破坏活动。可以是暴力性扰乱，也可以是非暴力性扰乱，只要足以阻碍国家机关、企事业单位与人民团体正常工作的行为，都属于扰乱行为。实施扰乱社会秩序的行为，必须情节严重，才构成本罪。情节严重，通常表现为扰乱社会秩序，致使工作、生产、营业、教学与科研无法进行，造成严重损失的情形。

3. 犯罪主体是一般主体，但并非一切聚众扰乱社会秩序的人都能构成本罪。构成本罪的只能是扰乱社会秩序的首要分子和其他积极参加者。所谓首要分子，即在扰乱社会秩序犯罪中起组织、策划、指挥作用的犯罪分子。其他积极参加者，是指除首要分子以外的在犯罪活动中起主要作用的犯罪分子。对于一般参加者，不追究其刑事责任。

4. 主观方面只能由故意构成，而且必须是基于众多行为人的共同故意。通常表现为因为某种要求得不到满足而在有关机关、单位聚众无理取闹、纠缠，妨碍机关单位的正常活动。

（二）聚众扰乱社会秩序罪的刑事责任

根据《刑法》第290条第1款的规定，犯本罪的，对首要分子，处3年以上7年以下有期徒刑；对其他积极参加的，处3年以下有期徒刑、拘役、管制或者剥夺政治权利。

二十六、扰乱国家机关工作秩序罪

（一）扰乱国家机关工作秩序罪的概念与特征

扰乱国家机关工作秩序罪，是指聚集多人，非法闯入国家机关，致使国家机关工作无法进行，造成严重损失的行为。本罪的主要特征是：

1. 侵犯的客体是国家机关的正常工作秩序。犯罪对象仅限于国家机关,即各级国家机关办公地点。它和以依法执行职务（职责）的人员为侵害对象的妨害公务罪有区别；同时和以党政机关、企业、事业单位、人民团体为侵害对象的聚众扰乱社会秩序罪也不相同。

2. 客观方面表现为行为人具有聚众强行进入国家机关,致使国家机关无法进行工作,造成重大损失的行为。

3. 主体是一般主体。本罪只能由聚众冲击国家机关的首要分子和其他积极参加分子才能构成。

4. 主观方面是故意。

（二）扰乱国家机关工作秩序罪的刑事责任

根据《刑法》第290条第3款的规定,多次扰乱国家机关工作秩序,经行政处罚后仍不改正,造成严重后果的,处3年以下有期徒刑、拘役或者管制。

二十七、组织、资助非法聚集罪

（一）组织、资助非法聚集罪的概念与特征

组织、资助非法聚集罪,是指多次组织、资助他人非法聚集,扰乱社会秩序,情节严重的行为。本罪的主要特征是：

1. 侵犯的客体是国家对社会的管理秩序。具体是指国家机关与人民团体的工作秩序,企业单位的生产与营业秩序,事业单位的教学、科研、医疗秩序。侵犯的对象是国家机关、企事业单位和人民团体。

2. 客观方面表现为行为人具有多次组织、资助他人非法聚集、扰乱社会秩序,情节严重的行为。所谓"多次",是指3次以上。所谓"组织",是指谋划、策划、安排、联络他人非法聚集。所谓"资助",是指在经济上或者财产上帮助他人非法聚集。所谓"聚集",是指集合、凑在一起,如聚集力量,聚集资金,广场上聚集了很多人。所谓"情节严重",是指：①组织、资助他人非法聚集次数多,资助的财产数额大；②造成社会秩序严重混乱的；③造成人员或者财产严重损失的。

3. 犯罪主体是一般主体。

4. 主观方面是故意构成。

（二）组织、资助非法聚集罪的刑事责任

根据《刑法》第290条第4款的规定,犯本罪的,处3年以下有期徒刑、拘役或者管制。

二十八、聚众扰乱公共场所秩序、交通秩序罪

（一）聚众扰乱公共场所秩序、交通秩序罪的概念与特征

聚众扰乱公共场所秩序、交通秩序罪,是指聚众扰乱车站、码头、民用航空站、商场、公园、影剧院、展览会、运动场及其他公共场所秩序,或者聚众堵塞交通或破坏交通秩序,抗拒、阻碍国家治安管理工作人员依法执行职务,情节严重的行为。本罪的主要特征是：

1. 侵犯的客体是正常的公共场所秩序和交通秩序。

2. 客观方面表现为行为人具有聚众扰乱公共场所或交通秩序的行为。构成本罪还必须是抗拒、阻碍国家治安管理工作人员执行职务,而且情节严重。如果虽扰乱公共场所秩序,但听从制止,没有抗拒、阻拦治安工作人员或者扰乱秩序不严重的,属于一般的治安违法行为。

3. 主体是一般主体。但本罪主体只能是聚众扰乱公共场所秩序、交通秩序的首要分子。

4. 主观方面是故意。其目的是制造事端,给有关机关、部门施加压力,以满足其某些无理要求。

(二) 聚众扰乱公共场所秩序、交通秩序罪的刑事责任

根据《刑法》第291条的规定，犯本罪的，对首要分子处5年以下有期徒刑、拘役或者管制。

二十九、投放虚假危险物质罪

(一) 投放虚假危险物质罪的概念与特征

投放虚假危险物质罪，是指投放虚假的爆炸性、毒害性、放射性、传染病病原体等物质，严重扰乱社会秩序的行为。本罪的主要特征是：

1. 侵犯的客体是社会公共安全管理秩序。投放虚假的危险物质，会严重扰乱国家对社会公共安全的管理秩序。

2. 客观方面表现为行为人具有投放虚假的爆炸性、毒害性、放射性、传染病病原体等物质，严重扰乱社会秩序的行为。

3. 犯罪主体是一般主体。

4. 主观方面是故意。

(二) 投放虚假危险物质罪的刑事责任

根据《刑法》第291条之一第1款的规定，犯本罪的，处5年以下有期徒刑、拘役或者管制；造成严重后果的，处5年以上有期徒刑。

三十、编造、故意传播恐怖信息罪

(一) 编造、故意传播恐怖信息罪的概念与特征

编造、故意传播恐怖信息罪，是指编造爆炸威胁、生化威胁、放射威胁等恐怖信息，或者明知是编造的恐怖信息而故意传播，严重扰乱社会秩序的行为。本罪的主要特征是：

1. 侵犯的客体是社会公共安全管理秩序。虚假的恐怖信息，会严重扰乱国家对社会公共安全的管理秩序。

2. 客观方面表现为行为人具有编造爆炸威胁、生化威胁、放射威胁等恐怖信息，或者明知是编造的恐怖信息而故意传播，严重扰乱社会秩序的行为。如编造与突发传染病疫情等灾害有关的恐怖信息，或者明知是编造的此类恐怖信息而故意传播，严重扰乱社会秩序的，也构成本罪。[1]

3. 犯罪主体是一般主体。

4. 主观方面是故意。

(二) 编造、故意传播恐怖信息罪的刑事责任

根据《刑法》第291条之一第1款的规定，犯本罪的，处5年以下有期徒刑、拘役或者管制；造成严重后果的，处5年以上有期徒刑。

三十一、编造、故意传播虚假信息罪

(一) 编造、故意传播虚假信息罪的概念与特征

编造、故意传播虚假信息罪，是指编造虚假的险情、疫情、灾情、警情，在信息网络或者其他媒体上传播，或者明知是上述虚假信息，故意在信息网络或者其他媒体上传播，严重扰乱社会秩序的行为。本罪的主要特征是：

1. 侵犯的客体是社会公共安全管理秩序。虚假的信息，会严重扰乱国家对社会安全的管

---

[1] 参见最高人民法院、最高人民检察院《关于办理妨害预防、控制突发传染病疫情等灾害的刑事案件具体应用法律若干问题的解释》(2003年5月13日最高人民法院审判委员会第1269次会议、2003年5月13日最高人民检察院第十届检察委员会第3次会议通过，2003年5月15日起施行)。

理秩序。

2. 客观方面表现为行为人具有编造虚假的险情、疫情、灾情、警情，在信息网络或者其他媒体上传播，或者明知是上述虚假信息，故意在信息网络或者其他媒体上传播，严重扰乱社会秩序的行为。

3. 犯罪主体是一般主体。

4. 主观方面是故意。

（二）编造、故意传播虚假信息罪的刑事责任

根据《刑法》第291条之一第2款的规定，犯本罪的处3年以下有期徒刑、拘役或者管制；造成严重后果的，处3年以上7年以下有期徒刑。

三十二、聚众斗殴罪

（一）聚众斗殴罪的概念与特征

聚众斗殴罪，是指故意组织、策划、指挥聚众斗殴或者积极参加聚众斗殴的行为。本罪的主要特征是：

1. 侵犯的客体是公共秩序。在实际生活中，聚众斗殴犯罪往往同时会造成公民的人身权利和公私财产权利受到侵害。但是，其所侵犯的主要不是特定的个人或者特定的公私财物，而是用聚众斗殴行为向社会挑战，从而形成对社会秩序的严重威胁。聚众斗殴犯罪可以是在公共场所，也可以是发生在较僻静的私人场所。公然藐视法纪和社会公德，破坏公共秩序，是聚众斗殴罪的特征。有人认为，本罪侵犯的客体是复杂客体，既侵犯了社会公共秩序，同时也侵犯了公民的人身权利。[1] 我们认为，聚众斗殴者其人身权利已经不再受法律保护，而客体必须是受刑法所保护的社会关系。因此，其人身权利不能再成为犯罪的客体。

2. 客观方面表现为行为人具有聚集多人进行殴斗的行为。"聚众"应理解为纠集3人以上打架斗殴。"斗殴"，主要是指采用暴力相互搏斗，但使用暴力的方式各有不同。聚众斗殴多表现为流氓团伙之间互相殴斗，他们往往是约定时间、地点，拿刀动棒，大打出手，置公共秩序于不顾，往往造成伤亡和社会秩序的混乱，是一种严重影响社会公共秩序的恶劣犯罪行为。

3. 犯罪主体是一般主体，但本罪只追究聚众斗殴的首要分子和积极参加者的刑事责任，对一般参加者，可以按《治安管理处罚法》追究行政责任，不构成本罪。

4. 主观方面是故意。犯罪的动机，一般不是完全为了某种个人的利害冲突，也不是单纯为了取得某种物质利益，而是具体表现为公然藐视国家法纪和社会公德，故意进行聚众斗殴活动，来寻求精神刺激，填补其精神上的空虚。行为人在思想上已经丧失了道德观念和法制观念，是非荣辱标准已被颠倒。这种心理状态，是聚众斗殴犯罪故意的最明显的特点。

（二）聚众斗殴罪的刑事责任

根据《刑法》第292条第1款的规定，犯本罪的，对首要分子和其他积极参加者，处3年以下有期徒刑、拘役或者管制。具有下列情形之一的，对首要分子和其他积极参加者，处3年以上10年以下有期徒刑：①多次聚众斗殴的；②聚众斗殴人数多，规模大，社会影响恶劣的；③在公共场所或者交通要道聚众斗殴，造成社会秩序严重混乱的；④持械聚众斗殴的。

根据《刑法》第292条第2款的规定，聚众斗殴致人重伤的，应以故意伤害罪定罪处罚；致人死亡的，应以故意杀人罪定罪处罚。即聚众斗殴罪不包括致人重伤、死亡的结果。

---

[1] 参见张影："论聚众斗殴罪"，载《浙江工业大学学报》2002年第3期。

三十三、寻衅滋事罪

（一）寻衅滋事罪的概念与特征

寻衅滋事罪，是指在公共场所，无事生非，肆意挑衅，起哄闹事，扰乱社会公共秩序，情节严重的行为。本罪的主要特征是：

1. 侵犯的客体是正常的公共秩序。

2. 客观方面表现为行为人在公共场所肆意挑衅，无事生非，进行骚扰、破坏的行为。主要表现为：以打人取乐，随意殴打群众，或多次向人身、车辆、住宅抛投石块、污物等造成后果引起公愤的；追逐堵截妇女造成恶劣影响的；结伙、持械追逐堵截妇女的，以极其下流的语言辱骂他人引起公愤的；在城乡市场强拿硬要，欺行霸市，扰乱正常贸易活动，引起公愤的；结伙哄抢、哄拿或任意毁坏公私财物，情节严重的；在公共场所起哄闹事，造成公共场所秩序严重混乱的。本罪具体行为表现，或要求情节严重，或要求情节恶劣，才构成犯罪。在预防、控制突发传染病疫情等灾害期间，强拿硬要或者任意损毁、占用公私财物情节严重，或者在公共场所起哄闹事，造成公共场所秩序严重混乱的，依照本罪从重处罚。[1]

3. 主体是一般主体。

4. 主观方面是故意。公然藐视国家法纪和社会公德，通过寻衅滋事活动，追求精神刺激，填补精神上的空虚。但是，寻衅滋事罪主要是破坏公共秩序，它所能包容的对人身权利、财产权利的损害是比较轻微的。如果给上述权利造成重大损害，比如杀人取乐、抢劫巨额财物，应按故意杀人罪、抢劫罪等定罪处罚。

（二）寻衅滋事罪的认定

1. 罪与非罪的区别。本罪的罪与非罪的区别，关键是看行为人的行为是否属于"情节严重""情节恶劣"或者"造成公共场所秩序严重混乱"。对于尚未达到上述情节的，则不能以犯罪论处，应按照《治安管理处罚法》的有关规定予以行政处罚。

2. 一罪与数罪的区别。本罪与强制猥亵、侮辱罪存在着法条上的竞合。当行为人以暴力、威胁手段追逐、拦截受害人时，两罪存在着法条竞合。本罪为普通法，后罪为特别法，根据特别法优于普通法的原则，适用强制猥亵、侮辱罪定罪处罚。

3. 本罪与聚众扰乱社会秩序罪的区别。①主观方面不同。本罪是出于流氓动机；后罪主要是出于实现个人的无理要求。②客观方面不同。本罪客观方面主要表现为随意殴打他人，追逐、拦截、辱骂他人，强拿硬要或者任意损毁、占用公共财物，在公共场所起哄闹事，造成公共场所秩序严重混乱；后罪客观方面主要表现为聚集多人闹事，给政府施加压力。③本罪不一定是聚众犯罪，对本罪的共同犯罪分子都要按照刑法规定追究刑事责任；后罪必是聚众犯罪，但只追究首要分子和积极参加者的刑事责任。

（三）寻衅滋事罪的刑事责任

根据《刑法》第293条第1款的规定，犯本罪的，处5年以下有期徒刑、拘役或者管制。

三十四、组织、领导、参加黑社会性质组织罪

（一）组织、领导、参加黑社会性质组织罪的概念与特征

组织、领导、参加黑社会性质组织罪，是指组织、领导和积极参加黑社会性质组织的行为。本罪的主要特征是：

---

[1] 参见最高人民法院、最高人民检察院《关于办理妨害预防、控制突发传染病疫情等灾害的刑事案件具体应用法律若干问题的解释》（2003年5月13日最高人民法院审判委员会第1269次会议、2003年5月13日最高人民检察院第十届检察委员会第3次会议通过，2003年5月15日起施行）。

1. 侵犯的客体是复杂客体，既侵犯了经济秩序、社会生活秩序，又侵犯了公民的人身权利。

2. 客观方面具有组织、领导、积极参加黑社会组织的行为。其中包括：纠集、创建、培植发展黑社会性质的组织；领导、指挥黑社会性质组织进行活动；积极参加黑社会性质组织。根据司法解释，其主要特征表现为：①组织结构比较紧密，人数较多，有比较明确的组织者、领导者，骨干成员基本固定，有较为严格的组织纪律；②通过违法犯罪活动或者其他手段获取经济利益，具有一定的经济实力；③通过贿赂、威胁等手段，引诱、逼迫国家工作人员参加黑社会性质组织活动，或者为其提供非法保护；④在一定区域或者行业范围内，以暴力、威胁、滋扰等手段，大肆进行敲诈勒索、欺行霸市、聚众斗殴、寻衅滋事、故意伤害等违法犯罪活动，严重破坏经济、社会生活秩序。[1]《刑法》第 294 条规定："黑社会性质的组织应当同时具备以下特征：①形成较稳定的犯罪组织，人数较多，有明确的组织者、领导者，骨干成员基本固定；②有组织地通过违法犯罪活动或者其他手段获取经济利益，具有一定的经济实力，以支持该组织的活动；③以暴力、威胁或者其他手段，有组织地多次进行违法犯罪活动，为非作恶，欺压、残害群众；④通过实施违法犯罪活动，或者利用国家工作人员的包庇或者纵容，称霸一方，在一定区域或者行业内，形成非法控制或者重大影响，严重破坏经济、社会生活秩序。"在更高的立法层次上提出了更为凝练的要件特征，有助于在刑法实践中更加全面、准确地认定黑社会性质组织。

3. 犯罪主体是一般主体。

4. 犯罪主观方面是直接故意。

（二）组织、领导、参加黑社会性质组织罪的司法认定问题

1. 犯罪形态。本罪属于行为犯，存在犯罪既遂和未遂形态的区分。由于我国刑法要求只有组织性特征和行为特征兼备，黑社会性质组织才能成立。组织性特征对黑社会性质组织较强的组织性要求和行为特征对黑社会性质组织"称霸一方"的要求，反映在实践中，黑社会性质组织的形成不是一蹴而就的，必然表现为一个过程。在这一过程中行为人的行为从性质上可以分为两个部分：①形成犯罪组织的部分，这一犯罪组织既可以表现为犯罪团伙，也可以表现为一般犯罪集团，这一部分主要是黑社会性质组织组织性特征的形成和强化部分；②犯罪组织形成过程中或者形成之后，通过实施各种违法犯罪活动和暴力、威胁、滋扰等手段，达到在一定的区域或者行业范围内形成一定的权威，具有一定的支配力或者威慑力的部分，这一部分主要是黑社会性质组织行为特征的形成和强化部分。只有组织性和行为特征都达到黑社会性质组织的要求，黑社会性质组织才告成立。只有黑社会性质组织成立，本罪的犯罪构成要件才是齐备的，按照我国刑法的犯罪构成齐备说的犯罪既遂的通说，此时本罪才达到犯罪既遂形态。如果在黑社会性质组织形成之前，行为人试图组织、领导、参加黑社会性质组织的行为即停止下来，则是本罪的未完成形态。由此可见，对于黑社会性质组织成立之前的组织、领导、参加行为来说，本罪完成形态与未完成形态的区别在于黑社会性质组织的成立与否，如果黑社会性质组织成立，本罪成立犯罪既遂，如果黑社会性质组织尚未成立，行为人的行为即已停止，则本罪成立犯罪未遂、犯罪预备或者犯罪中止等犯罪未完成形态。

2. 一罪与数罪。《刑法》第 294 条第 4 款规定，犯组织、领导、参加黑社会性质组织罪又有其他犯罪行为的，依照数罪并罚的规定处罚。对于组织、领导、参加黑社会性质组织和该组

---

[1] 最高人民法院《关于审理黑社会性质组织犯罪的案件具体应用法律若干问题的解释》（2000 年 12 月 5 日法释〔2000〕42 号）。

织实施其他犯罪的关系问题，表面上看起来构成本罪与其他犯罪的牵连犯，但是如果我们联系黑社会性质组织的特征深入分析，就会发现这两者之间并非是牵连犯的关系，而是构成了想象竞合犯。由于只有组织性特征和行为特征兼备，黑社会性质组织才能成立，而行为特征即"通过实施其他违法犯罪活动，称霸一方"实际上包括黑社会性质组织实施的其他犯罪在内。换言之，黑社会性质组织所实施的其他犯罪行为既是组织、领导、参加黑社会性质组织罪不可缺少的一部分，又触犯了其他罪名。这表明，黑社会性质组织所实施的其他犯罪行为在组织、领导、参加黑社会性质组织罪和黑社会性质组织所实施的其他犯罪的犯罪构成中都起着不可替代的作用。事实上，在组织、领导、参加黑社会性质组织罪中，行为人只实施了一个组织、领导、参加的行为，而这一行为兼具两种性质。对于组织、领导行为来说，既是本罪的实行行为，又是黑社会性质组织所实施的其他犯罪行为的组织、领导行为。对于参加行为来说，如前文所述，由于实施其他犯罪行为是参加行为内容的一部分，因而参加行为同时至少是本罪和参加者所实施的其他某种犯罪两种犯罪的实行行为。行为人只实施了一个行为，自然不能构成要求实施两个以上都能单独构成犯罪的行为才能构成的牵连犯，而行为人只实施了一个行为，因这个行为具有双重或多重性质，触犯了两个以上罪名，实际上构成了想象竞合犯。由于黑社会性质组织本身的社会危害性甚巨，刑法将这种本属犯罪预备的行为实行行为化，单独规定了罪名，对本罪与黑社会性质组织实施的其他犯罪所形成的想象竞合犯，没有按照"从一重处断"的原则处罚，而是例外地规定实行数罪并罚。

（三）组织、领导、参加黑社会性质组织罪的刑事责任

根据《刑法》第294条第1款的规定，犯本罪的，对于组织、领导者处7年以上有期徒刑，并处没收财产；积极参加的，处3年以上7年以下有期徒刑，可以并处罚金或者没收财产；其他参加的，处3年以下有期徒刑、拘役、管制或者剥夺政治权利，可以并处罚金。根据《刑法》第294条第4款的规定，犯本罪又有其他犯罪行为的，依照数罪并罚的规定处罚。

三十五、入境发展黑社会组织罪

（一）入境发展黑社会组织罪的概念与特征

入境发展黑社会组织罪，是指境外的黑社会组织的人员到中华人民共和国境内发展组织成员的行为。本罪的主要特征是：

1. 侵犯的客体是复杂客体，既侵犯了经济秩序、社会生活秩序，又侵犯了公民的人身权利。

2. 客观方面表现为境外的黑社会组织有到我国境内发展黑社会组织成员的行为。所谓"境外的黑社会组织"，是指在中华人民共和国境外的黑社会组织，包括国外的黑社会组织和我国港、澳、台地区的黑社会组织，如意大利、美国的黑手党，日本的山口组，我国台湾地区的竹联帮等。境外的黑社会组织成员进入中国境内，在中国境内招收新的组织成员，则构成本罪。

3. 犯罪主体是特殊主体，即境外的黑社会组织的成员。

4. 犯罪主观方面是故意。

（二）入境发展黑社会组织罪的刑事责任

根据《刑法》第294条第2款的规定，犯本罪的，处3年以上10年以下有期徒刑。第4款规定，犯前罪又有其他犯罪行为的，依照数罪并罚的规定处罚。

三十六、包庇、纵容黑社会性质组织罪

（一）包庇、纵容黑社会性质组织罪的概念与特征

包庇、纵容黑社会性质组织罪，是指国家机关工作人员包庇黑社会性质的组织，或者纵容

黑社会性质组织进行违法犯罪活动的行为。本罪的主要特征是：

1. 侵犯的客体是复杂客体，既侵犯了经济秩序、社会生活秩序，又侵犯了公民的人身权利。

2. 客观方面具有包庇、纵容黑社会性质组织的行为。所谓"包庇"，是指为了使黑社会性质的组织避免被指控、审判、取缔而为其掩盖犯罪事实、湮灭罪证或者以其他方式阻碍侦查、起诉、审判活动。所谓"纵容"，是指不履行职责，放纵、听任、允许黑社会性质组织进行违法犯罪活动。国家机关工作人员有责任阻止自己职责范围内发生的违法犯罪活动，尤其是应当阻止危害一方安宁、稳定的黑社会性质的组织进行的违法犯罪活动。因此，对国家机关工作人员的"纵容"行为应追究刑事责任。"纵容"含有不履行职务上的责任而纵容之意。实践中应注意它和知情不举的区别：纵容以负有职务上的责任为前提，单纯的知情不举不属于纵容。此外，还应注意纵容与共犯的区别：纵容仅有不履行职责放任他人违法犯罪的行为，而未参与黑社会性质的组织进行违法犯罪的活动。

3. 犯罪主体是特殊主体，即国家机关的工作人员。

4. 主观方面是故意。

（二）包庇、纵容黑社会性质组织罪的刑事责任

根据《刑法》第294条第3款的规定，犯本罪的，处5年以下有期徒刑；情节严重的，处5年以上有期徒刑。所谓"情节严重"，一般指包庇重大黑社会性质的组织的；利用职权严重阻碍惩治黑社会性质的组织的；包庇行为导致严重后果的；主管政法、治安工作的负责人或者负有直接责任的司法工作人员纵容而导致严重后果的等。

三十七、传授犯罪方法罪

（一）传授犯罪方法罪的概念与特征

传授犯罪方法罪，是指故意以语言、文字、动作或其他方法把实施犯罪的具体经验、技能传授给他人的行为。本罪的主要特征是：

1. 侵犯的客体是复杂客体，既侵犯了社会治安管理秩序，又侵犯了公私财产所有权和公民的人身安全。

2. 客观方面具有传授犯罪方法的行为。行为人传授的必须是刑法和有关法律上规定的犯罪方法，即犯罪的经验与技能。如果传授的是实施一般违法或者不道德行为的方法，就不构成本罪。犯罪方法的内容包括预备或实施某种犯罪的具体方法、手段、技能、步骤以及作案后隐匿、毁灭罪证、逃避打击的方法。传授犯罪方法的方式是多种多样的，可以口授，也可以书面传授；可以当面直接传授，也可以托人转达间接传授；既可以"言传"也可以"身教"，甚至相互传授。传授的方式不影响本罪的成立，但有时可影响量刑。传授某种犯罪方法既可以是概括传授，如不指向特定对象的传授扒窃技术，也可以具体传授，如指向具体对象扒窃某家某人，具体的传授具有付诸实施并可能成功的更大可能性，在量刑时应予考虑。传授的对象和场所，法律上没有特殊限制。但没有达到刑事责任年龄的人和无责任能力的人接受传授的犯罪方法去实施犯罪不负刑事责任，传授者要负刑事责任。传授犯罪方法是行为犯而不是结果犯，即只要实施了传授犯罪方法的行为就构成本罪既遂，不要求被传授者必须接受传授，更不要求对方接受传授后一定要去实施所传授的犯罪。

3. 犯罪主体是一般主体。实践中多为具有犯罪经验和技能的人，如盗窃、抢劫、诈骗等犯罪分子，尤其是惯犯、累犯。

4. 主观方面是故意，并且只能是直接故意。这是区别本罪与非罪界限的重要标志。至于本罪的犯罪动机，是多种多样的，有的为拉帮结派、网罗犯罪成员；有的出于对社会进行捣乱

的目的；有的为牟取非法利益而拉拢他人等。不论出于什么动机，只要有传授犯罪方法故意，即可构成本罪。

(二) 传授犯罪方法罪的刑事责任

根据《刑法》第295条的规定，犯本罪的，处5年以下有期徒刑、拘役或管制；情节严重的，处5年以上10年以下有期徒刑；情节特别严重的，处10年以上有期徒刑或者无期徒刑。所谓"情节严重"，是指传授的内容是较为严重的犯罪方法，可能对国家、社会、公民等造成严重的威胁；多次向他人传授犯罪方法；传授的对象人数较多；向未成年人传授犯罪方法；被传授人实施了所传授的犯罪行为，给社会造成了危害。所谓"情节特别严重"，是指所传授的犯罪方法已经造成了严重后果；传授的对象人数特别多；多次向未成年人传授犯罪方法且传授的人数众多等。

三十八、非法集会、游行、示威罪

(一) 非法集会、游行、示威罪的概念与特征

非法集会、游行、示威罪，是指举行集会、游行、示威，未依照法律规定申请或者申请未获许可，或者未按照主管机关许可的起止时间、地点、路线进行，又拒不服从解散命令，严重破坏社会秩序的行为。本罪的主要特征是：

1. 侵犯的客体是国家对集会、游行、示威活动的管理。

2. 客观方面包括两种情形：①"未依照法律规定申请或者申请未获许可"，擅自举行集会、游行、示威的；②"未按照主管机关许可的起止时间、地点、路线进行"，未按许可的方式举行集会、游行、示威的。且这两种情形均以"拒不服从解散命令"并严重破坏社会秩序为构成犯罪的必要条件。根据《集会游行示威法》及其实施条例的规定，集会，是指聚集于露天公共场所，发表意见、表达意愿的活动；游行，是指在公共道路、露天公共场所列队行进、表达共同意愿的活动；示威，是指在露天公共场所，或者在公共道路上以集会、游行、静坐等方式，表达要求，抗议或者支持、声援等共同意愿的活动。举行集会、游行、示威，必须向主管机关提出申请并获得许可。公民在行使集会、游行、示威这些自由权利时，既要符合法律的规定，又要注意不得损害国家的、社会的、集体的利益和其他公民合法的自由和权利。

3. 犯罪主体是一般主体，但刑法规定只处罚集会、游行、示威活动的负责人和直接责任人员。举行集会、游行、示威必须有负责人，只有举行集会、游行、示威的负责人和直接责任人员才能成为本罪主体。不服从负责人或者现场组织者的指挥，自行其是，因而直接严重破坏社会秩序的人，不是负责人或者直接责任人员，不能构成本罪。

4. 主观方面是故意。无论其动机如何，其要求是否合理，均不影响本罪的成立。

(二) 非法集会、游行、示威罪的认定

1. 罪与非罪的区别。行为人虽然有非法举行集会、游行、示威的行为，但是没有拒不服从解散命令，或者没有造成严重破坏社会秩序的结果的，不应当以犯罪论处。

2. 本罪与其他犯罪的区别。本罪与聚众扰乱社会秩序罪，聚众冲击国家机关罪，聚众扰乱公共场所秩序、交通秩序罪，都具有聚众性，都可能发生在公共场所，都会造成严重破坏社会秩序的结果，区别的关键在于，本罪是以举行具有集会、游行、示威性质的活动为前提。

(三) 非法集会、游行、示威罪的刑事责任

根据《刑法》第296条的规定，犯本罪的，处5年以下有期徒刑、拘役、管制或者剥夺政治权利。

三十九、非法携带武器、管制刀具、爆炸物参加集会、游行、示威罪

（一）非法携带武器、管制刀具、爆炸物参加集会、游行、示威罪的概念与特征

非法携带武器、管制刀具、爆炸物参加集会、游行、示威罪，是指违反法律规定，携带武器、管制刀具或者爆炸物参加集会、游行、示威的行为。本罪的主要特征是：

1. 侵犯的客体是复杂客体，既侵犯了国家对集会、游行、示威的管理制度，又侵犯了社会治安管理秩序。根据《集会游行示威法》第5条的规定，集会、游行、示威应当和平地进行，不得携带武器、管制刀具和爆炸物，不得使用暴力或者煽动使用暴力。本罪的犯罪对象是各种武器、管制刀具或者爆炸物。

2. 客观方面具有携带武器、管制刀具、爆炸物参加集会、游行、示威的行为。鉴于携带以上物品具有潜在的重大危害性，《刑法》第297条将在举行集会、游行、示威中携带武器、管制刀具或者爆炸物规定为犯罪，它不仅可以维护社会管理秩序，也可以保障社会的公共安全。应当指出即使是依法规定或者经有关部门批准，准予持有武器的人员违反法律规定，在举行集会、游行、示威时携带了武器、管制刀具或者爆炸物的，同样构成本罪。也就是说，合法配备的枪支弹药，在参加集会、游行、示威时，也不准携带。当然，在集会、游行、示威活动中，为维护秩序而依法执行职务的人员除外。携带主要包括随身佩带、暗藏在其他物品中夹带或手中携持，将武器、管制刀具和爆炸物运往集会、游行、示威的举行地也视为携带。在举行集会、游行、示威活动时，只要具有上述任何一种"携带"行为的，即构成本罪。

3. 犯罪主体是一般主体。

4. 主观方面是故意。

（二）非法携带武器、管制刀具、爆炸物参加集会、游行、示威罪的刑事责任

根据《刑法》第297条的规定，犯本罪的，处3年以下有期徒刑、拘役、管制或者剥夺政治权利。

四十、破坏集会、游行、示威罪

（一）破坏集会、游行、示威罪的概念与特征

破坏集会、游行、示威罪，是指扰乱、冲击或者以其他方法破坏依法举行的集会、游行、示威，造成公共秩序混乱的行为。本罪的主要特征是：

1. 侵犯的客体是复杂客体，既侵犯了国家对集会、游行、示威的管理制度，又侵犯了社会治安管理秩序。

2. 客观方面具有扰乱、冲击或者以其他方法破坏依法举行的集会、游行、示威，造成公共秩序混乱的行为。集会、游行、示威自由是公民的民主自由权利。依法进行的集会、游行、示威受法律保护。《宪法》和《集会游行示威法》为集会、游行、示威依法进行提供了法律依据和强有力的法律保障。依法举行的集会、游行、示威，任何人不得以暴力、胁迫或者其他非法手段进行扰乱、冲击和破坏。"扰乱"，是对集会、游行、示威的秩序进行干扰，制造混乱，如起哄、播放高音喇叭、制造事端；"冲击"，是指冲散游行队伍或冲进会场，以及拦截游行队伍，造成冲撞，公共秩序混乱等。本罪为结果犯，造成公共秩序混乱，是构成本罪的必要条件。

3. 犯罪主体是一般主体。

4. 主观方面是故意。

（二）破坏集会、游行、示威罪的刑事责任

根据《刑法》第298条的规定，犯本罪的，处5年以下有期徒刑、拘役、管制或者剥夺政治权利。

四十一、侮辱国旗、国徽罪

（一）侮辱国旗、国徽罪的概念与特征

侮辱国旗、国徽罪，是指在公众场合故意以焚烧、毁损、涂划、玷污、践踏等方式侮辱中华人民共和国国旗、国徽的行为。本罪的主要特征是：

1. 侵犯的客体是国家对国旗、国徽的管理制度。国旗、国徽是国家的象征和标志，代表着国家的主权和尊严。中华人民共和国的每一个公民和组织都应当尊重和爱护国旗、国徽。本罪的犯罪对象只限于中华人民共和国国旗、国徽。

2. 在客观方面具有在公共场合故意以焚烧、毁损、涂划、玷污、践踏等方式，侮辱中华人民共和国国旗、国徽的行为。①行为必须发生在公共场合；②侮辱行为必须带有公然性，而且是明目张胆地在众人在场或者能够使多人知晓的情况下进行侮辱。行为人如果将国旗、国徽受侮辱后呈现的不法状态呈现在能够使公众看到的地方，并被众人知晓或可能知晓的，也应视为具有公然侮辱的性质。不具有公然性，即使行为人侮辱了国旗、国徽，也不构成本罪。侮辱国旗、国徽罪的主要行为方式表现为焚烧、毁损、涂划、玷污、践踏及其他积极作为的形式。如将国旗、国徽倒置，或置于坟场，等等。行为人只要实施了上述行为之一的，即可构成本罪。

3. 犯罪主体是一般主体。

4. 主观方面是故意，并具有使国旗、国徽受辱的目的。如果因意外事件或出于过失而使国旗、国徽在客观上受辱的不构成犯罪。如果行为人出于占有目的而拆走国旗、国徽，或在公共场所抢走国旗、国徽，即使在盗窃、抢夺或抢劫过程中侮辱了国旗、国徽，也应按盗窃、抢夺或抢劫论处。还有的行为人以暴力方法妨碍审判人员、检察人员依法执行职务时，侮辱了其佩带的国徽甚至砸坏了审判庭内悬挂的国徽的，或者行为人以满足无理要求为目的，聚众以各种手段在机关、单位、人民团体门前或院内肆意哄闹，有侮辱国旗、国徽情况发生的，都应按想象竞合犯处理，应分别按妨害公务罪、扰乱法庭秩序罪和聚众扰乱社会秩序罪论处，而不再以侮辱国旗、国徽罪处罚。

（二）侮辱国旗、国徽罪的刑事责任

根据《刑法》第299条的规定，犯本罪的，处3年以下有期徒刑、拘役、管制或者剥夺政治权利。

四十二、组织、利用会道门、邪教组织、利用迷信破坏法律实施罪

（一）组织、利用会道门、邪教组织、利用迷信破坏法律实施罪的概念与特征

组织、利用会道门、邪教组织、利用迷信破坏法律实施罪，是指组织和利用会道门、邪教组织或者利用迷信破坏国家法律、行政法规实施的行为。本罪的主要特征是：

1. 侵犯的客体是国家实施法律、法规的正常秩序。会道门是封建迷信活动组织的总称，主要是指类似于一贯道、九宫道、先天道等封建迷信团体。邪教组织，是指以妖道魔法、异端邪说为信条教义，迷惑人心的组织。

2. 客观方面具有组织和利用会道门、邪教组织或者利用迷信破坏国家法律、行政法规实施的行为。犯罪分子主要是在会道门、邪教团体中利用教义、邪说进行宣传煽动，使其成员、信徒抗拒国家法律、行政法规的实施或者利用迷信，造谣惑众，鼓动他人抗拒国家法律、行政法规的实施。

3. 犯罪主体是一般主体，但实践中往往由那些以迷信为职业的会道门、邪教组织的头目或神汉、巫婆构成。

4. 主观方面是故意。

(二) 组织、利用会道门、邪教组织、利用迷信破坏法律实施罪的刑事责任

根据《刑法》第 300 条第 1 款的规定,犯本罪的,处 3 年以上 7 年以下有期徒刑,并处罚金;情节特别严重的,处 7 年以上有期徒刑或者无期徒刑,并处罚金或者没收财产;情节较轻的,处 3 年以下有期徒刑、拘役、管制或者剥夺政治权利,并处或者单处罚金。这里的"情节特别严重"主要是指破坏国家法律、行政法规实施造成重大的损失或者后果严重的;造成特别严重的社会影响的。

根据《刑法》第 300 条第 3 款的规定,凡是组织和利用会道门、邪教组织又有利用迷信奸淫妇女的,按数罪并罚的规定处罚;凡是组织和利用会道门、邪教组织又有利用迷信诈骗财物的,按数罪并罚的规定处罚。

四十三、组织、利用会道门、邪教组织、利用迷信致人重伤、死亡罪

(一) 组织、利用会道门、邪教组织、利用迷信致人重伤、死亡罪的概念与特征

组织、利用会道门、邪教组织、利用迷信致人重伤、死亡罪,是指组织利用会道门、邪教组织或者利用迷信蒙骗他人,致人重伤、死亡的行为。本罪的主要特征是:

1. 侵犯的客体是社会治安管理秩序和他人的生命权利。
2. 客观方面主要表现为行为人在会道门、邪教团体中宣扬、灌输异端邪说或者造谣惑众使其成员信徒自杀死亡等,或利用迷信迷惑愚弄他人,使他人自残、自杀等的行为。
3. 犯罪主体是一般主体。
4. 主观方面是故意。

(二) 组织、利用会道门、邪教组织、利用迷信致人重伤、死亡罪的刑事责任

根据《刑法》第 300 条第 2 款的规定,犯本罪的,处 3 年以上 7 年以下有期徒刑,并处罚金;情节特别严重的,处 7 年以上有期徒刑或者无期徒刑,并处罚金或者没收财产;情节较轻的,处 3 年以下有期徒刑、拘役、管制或者剥夺政治权利,并处或者单处罚金。

四十四、聚众淫乱罪

(一) 聚众淫乱罪的概念与特征

聚众淫乱罪,是指聚众进行淫乱活动的行为。本罪的主要特征是:

1. 侵犯的客体是社会的优风良俗。
2. 客观方面具有组织、策划、指挥 3 人以上共同进行猥亵、性交的行为或者多次参加的行为。聚众淫乱是一种违反社会公共生活中的交往规则,败坏社会风尚习俗的行为,从这个角度讲,它破坏了公共秩序,即破坏了公共秩序中的交往秩序。行为人破坏公共秩序的目的是寻求下流无耻的精神刺激,如果是为了其他个人目的,就不构成聚众淫乱罪。因此,寻求下流无耻的精神刺激,在聚众淫乱犯罪中具有决定性的意义,是区别本罪和其他犯罪的主要标志。
3. 犯罪主体是一般主体。但是根据刑法的规定,构成本罪的仅限于聚众淫乱的首要分子和多次参加者。非首要分子或偶然参加聚众淫乱的,不构成本罪。
4. 主观方面是故意。

(二) 聚众淫乱罪的刑事责任

根据《刑法》第 301 条第 1 款的规定,犯本罪的,对首要分子或者多次参加的,处 5 年以下有期徒刑、拘役或者管制。

四十五、引诱未成年人聚众淫乱罪

(一) 引诱未成年人聚众淫乱罪的概念与特征

引诱未成年人聚众淫乱罪,是指引诱未成年人参加聚众淫乱活动的行为。本罪的主要特征是:

1. 侵犯的客体是社会的优风良俗。
2. 客观方面表现为行为人实施了引诱未成年人参加聚众淫乱的行为。这里的"引诱",既可以是用口头语言对未成年人相勾引,也可以用书面文字、画像诱劝,还可以是用表演、示范、收听、观看淫秽音像制品等手段挑逗未成年人,从而将未成年人拉入聚众淫乱活动。
3. 犯罪主体是一般主体。
4. 主观方面是故意。

(二) 引诱未成年人聚众淫乱罪的刑事责任

根据《刑法》第301条第2款的规定,犯本罪的,对首要分子或者多次参加的,处5年以下有期徒刑、拘役或者管制,从重处罚。

四十六、盗窃、侮辱、故意毁坏尸体、尸骨、骨灰罪

(一) 盗窃、侮辱、故意毁坏尸体、尸骨、骨灰罪的概念与特征

盗窃、侮辱、故意毁坏尸体、尸骨、骨灰罪,是指秘密窃取死体、公然侮辱尸体或者毁坏死体、尸骨、骨灰的行为。本罪的主要特征是:

1. 侵犯的客体是社会优风良俗和社会公共生活的准则。犯罪对象是死体、尸骨、骨灰,即自然人死亡之后遗留的躯体、骨头或者骨灰。尚未死亡的被害人的身体,不是尸体。无生命的尸体如已脱化分离的,则为遗骨、遗发,整具遗骨、遗发是遗骸,属于尸骨。火化后的粉状遗留物认定为骨灰。盗窃、侮辱、毁坏尸体、尸骨、骨灰的行为,在我国的传统文化中具有较大的社会危害性,会对死者的家属造成比较严重的感情上的伤害。
2. 客观方面表现为行为人具有秘密窃取死体、公然侮辱尸体或者毁坏死体、尸骨、骨灰的行为。盗窃尸体后加以侮辱的,只需按一罪论处。如果杀人后,为侮辱死者的尊严或者生者的感情而故意侮辱尸体的,应当数罪并罚。
3. 犯罪主体是一般主体。
4. 主观方面是故意。

(二) 盗窃、侮辱、故意毁坏尸体、尸骨、骨灰罪的刑事责任

根据《刑法》第302条的规定,犯本罪的,处3年以下有期徒刑、拘役或者管制。

四十七、赌博罪

(一) 赌博罪的概念与特征

赌博罪,是指以营利为目的,聚众赌博或者以赌博为业的行为。本罪的主要特征是:

1. 侵犯的客体是社会风尚和社会管理秩序。
2. 客观方面表现为行为人具有聚众赌博、以赌博为业的行为。"聚众赌博",是指组织、召集、引诱多人进行赌博,本人从中抽头渔利的行为。这种人员俗称"赌头"。赌头本人不一定直接参加赌博。以营利为目的,有下列情形之一的,属于"聚众赌博":①组织3人以上赌博,抽头渔利数额累计达到5000元以上的;②组织3人以上赌博,赌资数额累计达到5万元以上的;③组织3人以上赌博,参赌人数累计达到20人以上的;④组织中华人民共和国公民10人以上赴境外赌博,从中收取回扣、介绍费的。[1] "以赌博为业",是指经常进行赌博,以赌博获取钱财为其生活或者主要经济来源的行为。这种人员俗称"赌棍"。长期受雇于赌场,代表赌场与顾客赌博的人,也应属于"以赌博为业"。以营利为目的,在计算机网络上建立赌博网站,或者为赌博网站担任代理,接受投注的,属于"开设赌场"。[2] 只要具备聚众赌博、

---

[1] 参见最高人民法院、最高人民检察院《关于办理赌博刑事案件具体应用法律若干问题的解释》。
[2] 参见最高人民法院、最高人民检察院《关于办理赌博刑事案件具体应用法律若干问题的解释》。

以赌博为业或者开设赌场行为之一的,即符合赌博罪的客观要件。可见,立法者的意图是打击那些"赌头""赌棍"和开设赌场的人。赌博犯罪中用作赌注的款物、换取筹码的款物和通过赌博赢取的款物属于赌资。通过计算机网络实施赌博犯罪的,赌资数额可以按照在计算机网络上投注或者赢取的点数乘以每一点实际代表的金额认定。

3. 犯罪主体是一般主体。但刑法规定只有"赌头""赌棍"的人才构成犯罪。

4. 主观方面是故意。在处理赌博罪案件时,应当注意区分行为人主观上是否以营利为目的。赌博罪主观上是故意,并且以营利为目的。即行为人聚众赌博或者一贯参加赌博,是为了获得钱财,而不是为了消遣、娱乐。只要是为了获取财物,即使实际上未能赢得钱财,甚至输了钱,也不影响具备赌博罪的主观要件。因此,虽有赌博行为但不以营利为目的的,不构成本罪。

(二)赌博活动中涉及其他犯罪的处理

1. 赌博罪与贪污贿赂犯罪。党员领导干部、国家公职人员、国有企业负责人等参与赌博、热衷赌博,主要原因就在于赌博已成为受贿、索贿的一种手段。陪这类人员去赌场的人一般都有所求,他们会故意把钱输给这些官员或为其提供赌资。最高人民法院、最高人民检察院《关于办理赌博刑事案件具体应用法律若干问题的解释》第7条规定:"通过赌博或者为国家工作人员赌博提供资金的形式实施行贿、受贿行为,构成犯罪的,依照刑法关于贿赂犯罪的规定定罪处罚。"有些参与境外赌博的领导干部,其赌资来源往往不是贪污、受贿所得就是挪用的公款。该解释只规定了赌博活动中涉及的行贿、受贿处理,对于赌博活动中涉及的贪污、挪用公款的行为,则未予规定,我们认为对这些行为除依法按照贪污罪、挪用公款罪处理外,其行为如果还构成赌博罪的,应实行数罪并罚。

2. 赌博罪与诈骗犯罪。赌博犯罪中往往也伴有欺骗活动,但这种欺骗与诈骗罪中的欺骗是不同的。总的来说,赌博罪中的欺骗即制造虚假事实,是要引诱他人参加赌博,而赌博活动本身则是凭偶然之事实决定输赢,其行为的性质仍属于赌博,这一般没有争议。但是如果有的参与者在具体的赌博过程中使用欺诈手段来支配胜负(俗称"出千"),对此认定,有两种不同意见。一种意见认为应按诈骗罪认定,另一种意见认为应按赌博罪认定。最高人民法院曾在1995年的《关于对设置圈套诱骗他人参赌又向索还钱财的受骗者施以暴力或暴力威胁的行为应如何定罪问题的批复》中规定"出千"应以赌博罪从重处罚。目前通说认为,赌博罪要求决定输赢的偶然事实必须为共赌者所不能预知,如果参与者的一方使用欺诈手段来支配胜负,不再具有赌博的偶然性,只能成立诈骗罪,而不是赌博罪,其他人的行为也不成立赌博罪。也有不少学者认为,在上述情况下,使用欺诈手段的人固然成立诈骗罪,而其他参与人主观上仍是想侥幸取胜,如果符合赌博罪客观要件的应可成立赌博罪。[1]

3. 赌博罪与抢劫罪。对抢赌场的行为的定性,应视具体情况,区别对待。一种是没有参加赌博的人抢赌场,另一种是参加赌博的人,因输了钱不甘心而抢了赢钱的人。前一种情况,不管行为人是否冒充军警人员,只要采用暴力或者胁迫手段就应定为抢劫罪;如果没有采取暴力或胁迫手段,可认定为抢夺罪;如果数额较小,则属于一般抢夺违法行为,不能一概地定为抢劫罪。对于后一种情况也应区分对待,如果行为人没有采取暴力、胁迫手段夺得赌资,考虑到夺取行为发生在赌博的当时,且行为人也是赌博活动的参与者,可以认为是赌博行为的继续,作吸收犯处理,仍应定为赌博罪。如果参赌之人采用暴力或胁迫手段抢劫他人赌资的,应

---

[1] 周林:"赌博犯罪初论",载《西南民族大学学报(人文社科版)》2004年第6期。

定为抢劫罪，与赌博罪实行并罚。按有关司法解释，行为人设立圈套诱骗他人赌博并在赌博中使用欺骗手段骗取其他参赌人员钱财，参赌者识破骗局要求退还所输钱财，设赌者又使用暴力或以暴力相威胁，拒绝退还的，应以赌博罪从重处罚。

4. 赌博罪与洗钱罪。对于通过赌博进行洗钱的行为的处理，我们认为，通过赌博活动进行洗钱与刑法明确规定的洗钱方式并无本质区别，属于以其他方法掩饰、隐瞒犯罪的违法所得及其收益的来源和性质的范畴，应可构成洗钱罪。随着社会经济的发展和科技的进步，犯罪分子的洗钱手段也日益多样化。当前，赌博网站的兴起使洗钱更容易得逞，只需洗钱者在这些赌博网站开设一个账户，然后将来源不同的钱款汇入该账户，洗钱者可以向赌博网站提出取消账户的要求，并要求赌博网站以支票或银行汇票方式将账户上的余款退还给他们，整个洗钱过程轻而易举。如果我们认为通过赌博进行洗钱不构成洗钱罪，而行为人的行为既不属于"聚众赌博"，也不属于"开设赌场"或"以赌博为业"，因而也不成立赌博罪，这显然无法阻止其行为的社会危害性，会放纵犯罪分子。认定通过赌博进行洗钱构成洗钱罪，能够充分体现罪责刑相适应的原则，因为洗钱罪处刑较赌博罪要重得多。[1]

（三）赌博罪的刑事责任

根据《刑法》第303条的规定，以营利为目的，聚众赌博或者以赌博为业的，处3年以下有期徒刑、拘役或者管制，并处罚金。开设赌场的，处3年以下有期徒刑、拘役或者管制，并处罚金；情节严重的，处3年以上10年以下有期徒刑，并处罚金。中华人民共和国公民在我国领域外周边地区聚众赌博、开设赌场，以吸引中华人民共和国公民为主要客源，构成赌博罪的，可以依照刑法规定追究刑事责任。明知他人实施赌博犯罪活动，而为其提供资金、计算机网络、通信、费用结算等直接帮助的，以赌博罪的共犯论处。有下列情形之一的，从重处罚：①具有国家工作人员身份的；②组织国家工作人员赴境外赌博的；③组织未成年人参与赌博，或者开设赌场吸引未成年人参与赌博的。[2]

四十八、开设赌场罪

（一）开设赌场罪的概念和特征

开设赌场罪，是指为赌博提供场所、设定赌博方式、提供赌具、资金等组织赌博的行为。

1. 侵犯的客体是社会风尚和社会管理秩序。

2. 客观方面表现为行为人具有开设赌场的行为。开设赌场，是指提供赌博的场所及用具，供他人在其中进行赌博，本人从中营利的行为。"开设赌场"，包括两种方式：①开设赌场者不直接参加赌博，仅以收取场地、用具使用费或抽头获利的；②开设赌场者直接参加赌博，如设置游戏机、吃角子老虎等赌博机器或者雇用人员与顾客赌博。只有"开设赌场"的人，即赌场老板或合伙开办经营赌场者才构成犯罪，普通雇员不属于开设赌场的人。以营利为目的，在计算机网络上建立赌博网站，或者为赌博网站担任代理，接受投注的，属于"开设赌场"。[3]根据2010年8月31日最高人民法院、最高人民检察院、公安部《关于办理网络赌博犯罪案件适用法律若干问题的意见》的规定，利用互联网、移动通讯终端等传输赌博视频、数据，组织赌博活动，具有下列情形之一的，属于"开设赌场"行为：①建立赌博网站并接受投注的；②建立赌博网站并提供给他人组织赌博的；③为赌博网站担任代理并接受投注的；④参与赌博网站利润分成的。明知是赌博网站，而为其提供下列服务或者帮助的，属于开设赌

---

[1] 毛建军："浅析赌博罪认定中的几个疑难问题"，载《吉林公安高等专科学校学报》2005年第6期。

[2] 参见最高人民法院、最高人民检察院《关于办理赌博刑事案件具体应用法律若干问题的解释》。

[3] 参见最高人民法院、最高人民检察院《关于办理赌博刑事案件具体应用法律若干问题的解释》。

场罪的共同犯罪：①为赌博网站提供互联网接入、服务器托管、网络存储空间、通讯传输通道、投放广告、发展会员、软件开发、技术支持等服务，收取服务费数额在 2 万元以上的；②为赌博网站提供资金支付结算服务，收取服务费数额在 1 万元以上或者帮助收取赌资 20 万元以上的；③为 10 个以上赌博网站投放与网址、赔率等信息有关的广告或者为赌博网站投放广告累计 100 条以上的。

具有下列情形之一的，应当认定行为人"明知"，但是有证据证明确实不知道的除外：①收到行政主管机关书面等方式的告知后，仍然实施上述行为的；②为赌博网站提供互联网接入、服务器托管、网络存储空间、通讯传输通道、投放广告、软件开发、技术支持、资金支付结算等服务，收取服务费明显异常的；③在执法人员调查时，通过销毁、修改数据、账本等方式故意规避调查或者向犯罪嫌疑人通风报信的；④其他有证据证明行为人明知的。

3. 犯罪主体是一般主体。但刑法规定只有"赌头""赌棍""开设赌场"的人才构成犯罪。

4. 主观方面是故意。在处理赌博罪案件时，应当注意区分行为人主观上是否以营利为目的。赌博罪主观上是故意，并且以营利为目的。即行为人聚众赌博或者一贯参加赌博，是为了获得钱财，而不是为了消遣、娱乐。只要是为了获取财物，即使实际上未能赢得钱财，甚至输了钱，也不影响具备赌博罪的主观要件。因此，虽有赌博行为但不以营利为目的的，不构成本罪。

（二）开设赌场罪的刑事责任

根据《刑法》第 303 条第 2 款的规定，犯本罪的，处 3 年以下有期徒刑、拘役或者管制，并处罚金；情节严重的，处 3 年以上 10 年以下有期徒刑，并处罚金。具有下列情形之一的，应当认定为"情节严重"：①抽头渔利数额累计达到 3 万元以上的；②赌资数额累计达到 30 万元以上的；③参赌人数累计达到 120 人以上的；④建立赌博网站后通过提供给他人组织赌博，违法所得数额在 3 万元以上的；⑤参与赌博网站利润分成，违法所得数额在 3 万元以上的；⑥为赌博网站招募下级代理，由下级代理接受投注的；⑦招揽未成年人参与网络赌博的；⑧其他情节严重的情形。

四十九、故意延误投递邮件罪

（一）故意延误投递邮件罪的概念与特征

故意延误投递邮件罪，是指邮政工作人员严重不负责任，故意延误投递邮件，致使公共财产、国家和人民利益遭受重大损失的行为。本罪的主要特征是：

1. 侵犯的客体是国家邮政管理秩序。

2. 客观方面表现为邮政工作人员具有严重不负责任，故意延误投递邮件，致使公共财产、国家和人民利益遭受重大损失的行为。邮件是指通过邮政企业寄递的信件、印刷品、邮包、汇款通知、报刊等。邮政工作人员放弃职守，明知应当履行及时投递邮件的职责而不及时投递，致使公共财产、国家和人民利益遭受重大损失的，构成本罪。这里所称"重大损失"主要是指由于邮件延误投递致使重要的公务活动受到影响，紧急事务无法及时得到处理；重要经济合同的签订和履行受到影响；治病、救灾等被耽误；升学、出国等机遇丧失等。

3. 犯罪主体是特殊主体，仅限于邮政工作人员才能构成本罪。

4. 主观方面是故意。

（二）故意延误投递邮件罪的刑事责任

根据《刑法》第 304 条的规定，犯本罪的，处 2 年以下有期徒刑或者拘役。

第三节 妨害司法罪

妨害司法罪,是指妨害法院、检察院、公安机关、国家安全机关以及刑罚执行机关行使国家赋予的司法职权活动的犯罪行为。本节犯罪具有以下主要特征:

妨害司法罪侵犯的客体是司法活动的正常秩序,即国家司法权的行使。司法活动具有多样化和阶段性,无论在哪个环节上妨害了司法活动的顺利进行,都是对国家司法权的侵犯。

客观方面表现为行为人具有各种妨害司法活动的行为。根据行为所侵害的不同直接客体及不同行为方式,可划分出许多具体的罪名。有些犯罪只能由作为构成,有些既可由作为也可由不作为构成。如伪证罪只能由积极的作为构成,而私放在押人员罪,则既可由作为也可由不作为构成。有些犯罪行为一经实施终了,犯罪即告结束,如脱逃罪。另一些则犯罪虽已既遂,其犯罪行为仍然继续进行,如包庇罪、窝藏罪等。有的犯罪构成客观上要求有一定的犯罪结果,如聚众持械劫狱罪,而有的则不要求,如伪证罪。

犯罪主体,绝大多数是一般主体,其中有的犯罪是特殊主体,必须是具备特殊主体资格才能构成,如伪证罪、组织越狱罪等。

犯罪主观方面只能由故意构成,过失不能构成。

现行刑法把原分散在各章的、涉及妨害司法活动的罪名都集中规定到本节,使我国刑法分则更具条理性、系统化,也便于审判人员及其他法律工作者对法律的掌握与操作。本节共13个条文,规定了20种犯罪。

一、伪证罪

(一) 伪证罪的概念与特征

伪证罪,是指在刑事诉讼中,证人、鉴定人、记录人、翻译人对与案件有重要关系的情节,故意作虚假的证明、鉴定、记录、翻译,意图陷害他人或者隐匿罪证的行为。本罪的主要特征是:

1. 侵犯的客体是司法机关在刑事诉讼过程中的正常工作活动以及他人的人身权利。证人、鉴定人、记录人、翻译人作为刑事诉讼的参与人,必须如实陈述所见所闻,对需要其作鉴定的事项实事求是地作出结论,如实地记录、翻译有关人员的陈述内容,否则刑事诉讼活动就无法正常进行,司法机关就难以公正执法,甚至会殃及无辜。

2. 客观方面表现为在刑事诉讼过程中,证人、鉴定人、记录人、翻译人对与案件有重要关系的情节,作虚假的证明、鉴定、记录、翻译的行为。其中包含三层意思:①本罪的实施时间是始于立案,终于撤销案件、不起诉、终止审理、宣告无罪、刑罚执行完毕等几种不同情况,即包括刑事诉讼的整个过程;②虚假的证明、鉴定、记录、翻译是指不符合客观实际的证明、鉴定、记录、翻译;③这些虚假的行为是"与案件有重要关系的情节",即能决定案件性质及罪行轻重的事实和证据。

3. 犯罪主体是特殊主体,即刑事诉讼中的证人、鉴定人、记录人、翻译人。

4. 主观方面是故意。即具有故意隐瞒真相,歪曲事实,影响司法人员公正执法的直接故意。目的在于使有罪的人逃避法律制裁或无罪的人被刑事追究。如果因记忆不清,表述或翻译不够准确,鉴定或记录中因疏忽出差错,或业务水平不高而使证明、鉴定、记录、翻译有误,不能构成犯罪。

（二）伪证罪认定时应注意的问题

1. 本罪与诬告陷害罪的区别。①犯罪主体不同。本罪的主体是特殊主体，限于刑事诉讼中的证人、鉴定人、记录人、翻译人；后罪是一般主体。②犯罪时间不同。本罪发生在整个刑事诉讼过程中；后罪发生在立案侦查之前，是引起立案侦查的原因。③犯罪目的不同。本罪的犯罪目的包括陷害他人和包庇罪犯两种；后罪的犯罪目的只能是陷害他人。④诬陷内容不同。本罪是在与案件有重要关系的情节上捏造犯罪事实或者隐匿罪证；后罪则是捏造整个犯罪的基本事实。⑤犯罪对象不同。本罪的对象是刑事犯罪嫌疑人或被告；后罪的对象可以是任何公民。

2. 既遂与未遂。本罪为行为犯，只要刑事诉讼的证人、鉴定人、记录人、翻译人对与案件有重要关系的情节，实行了故意作虚假证明、鉴定、记录、翻译，意图陷害他人或者隐藏罪证的行为，即为既遂。至于该行为是否实际影响到案件的正确处理，不妨碍本罪的成立。

（三）伪证罪的刑事责任

根据《刑法》第305条的规定，犯本罪的，处3年以下有期徒刑或者拘役；情节严重的，处3年以上7年以下有期徒刑。

二、辩护人、诉讼代理人毁灭证据、伪造证据、妨害作证罪

（一）辩护人、诉讼代理人毁灭证据、伪造证据、妨害作证罪的概念与特征

辩护人、诉讼代理人毁灭证据、伪造证据、妨害作证罪，是指在刑事诉讼中，辩护人、诉讼代理人毁灭、伪造证据，帮助当事人毁灭、伪造证据，威胁、引诱证人违背事实改变证言或者作伪证的行为。本罪的主要特征是：

1. 侵犯的客体是国家司法机关正常的刑事诉讼活动。

2. 客观方面表现为在刑事诉讼中辩护人和诉讼代理人毁灭、伪造证据，或者帮助当事人毁灭、伪造证据或者威胁、引诱证人作伪证。所谓"毁灭证据"，是指使证据不复存在或无从查找，如烧毁、砸烂、丢弃、易地转移、异地出售、改变得面目全非等。所谓"伪造证据"，是指制作虚假证言或物证。所谓"帮助当事人毁灭、伪造证据"，是指辩护人或诉讼代理人虽未亲自毁灭、伪造证据，但以教唆、提供方便条件的方式使当事人毁灭、伪造证据。此外，唆使当事人以外的人帮助当事人毁灭、伪造证据也属于帮助行为。所谓"威胁、引诱证人违背事实改变证言或者作伪证"，是指以暴力相威胁，以金钱等物质利益相引诱，使证人违背事实推翻原来真实的证词，改变证言或者作伪证。但是，对证人明确说明伪证应负的法律责任，这不是"威胁"。如果为了帮助证人回忆经历的情况而作一些提示甚至诱导启发，不能认为是"引诱"。

3. 本罪主体是特殊主体，即参与刑事诉讼的辩护人、诉讼代理人，以及受犯罪嫌疑人聘请为其提供法律咨询、代理申诉、控告的律师。

4. 主观方面是故意。犯罪的动机可能不同，如袒护亲友、挟私报复、贪财图利等，故意毁灭、伪造证据，帮助当事人毁灭、伪造证据，威胁、引诱证人违背事实改变证言或者作伪证等，但动机不影响本罪的成立。

（二）辩护人、诉讼代理人毁灭证据、伪造证据、妨害作证罪认定时应注意的问题

1. 罪与非罪的区别。辩护人、诉讼代理人提供、出示、引用的证人证言或者其他证据失实，不是故意伪造的，而是由于缺乏经验、工作失误，或者证人提供虚假证言，辩护人、诉讼代理人不知情的等，因其主观上没有犯罪故意，因而不构成本罪。

2. 本罪与伪证罪的区别。二罪的共同之处都是故意犯罪，都发生在刑事诉讼过程中，主体方面都是特殊主体。二罪的区别在于：①主体不同。本罪的主体是辩护人、诉讼代理人；后

罪的主体是证人、鉴定人、记录人、翻译人。②主观方面不同。后罪必须是意图陷害他人或者隐匿罪证；本罪则不限于此。③客观表现不同。前者表现为毁灭、伪造、帮助毁灭、帮助伪造各种证据，使证人改变证言或作伪证；后罪只表现为对与案件有重要关系的情节，故意作虚假的证明、鉴定、记录、翻译，不存在威胁、引诱证人违背事实改变证言或者作伪证的情况。

3. 既遂与未遂。本罪是行为犯，只要在刑事诉讼中，辩护人、诉讼代理人实施了毁灭、伪造证据，帮助当事人毁灭、伪造证据，威胁、引诱证人违背事实、改变证言或者作伪证的行为之一的，即为既遂。至于该行为是否实际影响到案件的正确处理，不妨碍本罪的成立。

（三）辩护人、诉讼代理人毁灭证据、伪造证据、妨害作证罪的刑事责任

根据《刑法》第 306 条第 1 款的规定，犯本罪的，处 3 年以下有期徒刑或者拘役；情节严重的，处 3 年以上 7 年以下有期徒刑。

三、妨害作证罪

（一）妨害作证罪的概念与特征

妨害作证罪，是指采用暴力、威胁、贿买等方法阻止证人作证或者指使他人作伪证的行为。本罪的主要特征是：

1. 侵犯的客体是国家司法机关的正常诉讼活动和公民依法作证的权利。本罪的对象，是各类案件的证据、证人和他人。其中他人，泛指具备或不具备证人身份的人。

2. 客观方面表现为：①以暴力、威胁、贿买等方法阻止证人作证。即在刑事诉讼中，以暴力威胁、贿买等手段，阻止证人接受公安机关、检察机关等司法机关的依法调查、询问以及阻止证人出席法庭作证。在民事、经济和行政诉讼中，一般是指阻止证人出席法庭作证，从而妨害了法庭审理活动的行为。②指使他人作伪证，指使的含义比"教唆"更广。即不论被指使人是否已有作伪证的意图，只要是指使者出主意，要他人作伪证即可。而作伪证是指证人故意作出与自己经验、记忆相反的陈述。本罪是举止犯，行为人只要实施了符合上述构成要件、妨害作证的行为，就构成妨害作证罪，且为既遂。至于证人是否被劝止或阻止而没有作证，或者是否接受贿买或接受贿买后是否作证，均不影响本罪成立。同样，他人是否因为行为人的指使作伪证，或者是否接受贿买或接受贿买后是否作伪证也不影响本罪的成立，这些情节只是量刑时考虑的因素。此外，妨害作证罪不仅可以发生在诉讼提起以后的诉讼活动中，也可以发生在诉讼提起之前，因为行为人实施妨害作证的行为，同样会影响以后即将发生的诉讼活动，具有相当的社会危害性。妨害作证罪可以发生在刑事案件、民事案件中，也可以发生在经济案件、行政案件中，但不包括没有进入诉讼的违纪案件、行政案件等。

3. 犯罪主体是一般主体。

4. 主观方面是故意。即行为人具有阻止他人作证、制造虚假证据的故意。行为人往往出于个人利益或他人利益之动机，但动机的多样性并不影响本罪的成立。

（二）妨害作证罪认定时应注意的问题

1. 本罪与伪证罪的区别。两罪的区别在于：①犯罪主体不同。本罪为一般主体；后罪则是特殊主体，仅限于刑事诉讼中的证人、鉴定人、记录人、翻译人。②犯罪发生的诉讼程序不同。本罪既可发生在刑事诉讼中，也可发生在民事诉讼和行政诉讼中；后罪则只能发生在刑事诉讼中。③犯罪发生的时间不同。本罪可发生在诉讼提起之前，也可发生在诉讼过程中；后罪则只能发生在刑事诉讼过程中。④行为表现方式不同。本罪以暴力、威胁、贿买等方法阻止证人依法作证或指使他人作伪证；后罪则是对案件有重要关系的情节作虚假的证明、鉴定、记录、翻译。

2. 本罪与辩护人、诉讼代理人妨害作证罪的区别。两罪的区别在于：①犯罪主体不同。

本罪是一般主体；后罪则是特殊主体，仅限于刑事诉讼中的辩护人、诉讼代理人。②犯罪发生的诉讼程序不同。本罪既可发生在刑事诉讼中，也可发生在民事诉讼和行政诉讼中；后罪则只能发生在刑事诉讼中。③犯罪发生的时间不同。本罪可发生在诉讼提起之前，也可发生在诉讼过程中；后罪则只能发生在刑事诉讼过程中。④行为表现形式不同。本罪表现为使用暴力、威胁、贿买等手段阻止证人依法作证或指使他人作伪证；后罪则表现为采取毁灭、伪造证据，帮助当事人毁灭、伪造证据或威胁、引诱证人违背事实改变证言或作伪证。

（三）妨害作证罪的刑事责任

根据《刑法》第 307 条第 1 款的规定，犯本罪的，处 3 年以下有期徒刑或拘役；情节严重的，处 3 年以上 7 年以下有期徒刑。根据《刑法》第 307 条第 3 款的规定，司法工作人员犯本罪的，从重处罚。

四、帮助毁灭、伪造证据罪

（一）帮助毁灭、伪造证据罪的概念与特征

帮助毁灭、伪造证据罪，是指在诉讼活动中，其他人帮助当事人毁灭、伪造证据，情节严重的行为。本罪和辩护人、诉讼代理人妨害作证罪的主要区别在于：①犯罪主体不同。本罪的主体是一般主体；而后罪则是特殊主体，即辩护人、诉讼代理人。②犯罪对象不同，本罪是指各种案件的证据；后罪则是指刑事案件的证据。③辩护人、诉讼代理人在刑事诉讼中帮助当事人毁灭、伪造证据的，无论其是否已达到情节严重，均构成犯罪，而其他人帮助当事人毁灭、伪造证据，诉讼代理人在民事、行政诉讼中帮助当事人毁灭、伪造证据，情节严重才构成犯罪。

（二）帮助毁灭、伪造证据罪的刑事责任

根据《刑法》第 307 条第 2 款的规定，犯本罪的，处 3 年以下有期徒刑或者拘役。根据《刑法》第 307 条第 3 款的规定，司法工作人员犯本罪的，从重处罚。

五、虚假诉讼罪

（一）虚假诉讼罪的概念与特征

虚假诉讼罪，是指在民事诉讼中，以捏造的事实提起民事诉讼，妨害司法秩序或者严重侵害他人合法权益的行为。本罪的主要特征是：

1. 侵害的客体是司法机关在民事诉讼过程中的正常工作活动以及他人的合法权益。在民事诉讼中，如果有人伪造证据，恶意提起诉讼，不但会妨害司法机关的正常活动，而且会给恶意诉讼相对人造成经济和精神上的损害。

2. 客观方面表现为行为人在民事诉讼中，以捏造的事实提起民事诉讼，妨害司法秩序或者严重侵害他人合法权益的行为。其中包含三层意思：本罪是在民事诉讼中成立；如果是在刑事诉讼中，则可能成立伪造罪或者伪造证据犯罪；如果是在行政诉讼中，则不构成犯罪。

3. 犯罪主体是一般主体。如果行为人提起了恶意诉讼，则在法庭上一般会以原告或者被告的身份出现。

4. 主观方面是故意。即具有故意捏造事实，向人民法院提起民事诉讼，如果确实是因为各种原因错误地理解了证据，则不构成本罪。

（二）虚假诉讼罪在认定时应注意的问题

1. 本罪与诬告陷害罪的区别。①诉讼程序不同。本罪的发生在民事诉讼程序中；后罪是发生在刑事诉讼中。②犯罪目的不同。本罪的犯罪目的主要包括非法占有他人财产以逃避合法债务；后罪的犯罪目的只能是陷害他人。③捏造事实不同。本罪是在捏造一个民事案件的事实；后罪则是捏造整个犯罪的基本事实。④犯罪可能造成的后果不同。本罪可能造成的后果是非法占有他人财产以逃避合法债务；后罪可能造成的后果是他人受到刑事处罚。

2. 本罪与伪证罪的区别。①诉讼程序不同。本罪的发生在民事诉讼程序中，后罪是发生在刑事诉讼中。②犯罪目的不同。本罪的犯罪目的主要包括非法占有他人财产以逃避合法债务；后罪的犯罪目的是意图陷害他人或者使他人逃脱法律的追究。③客观行为方式不同。本罪是伪造一定的证据提起民事诉讼；本罪是在与案件有重要关系的情节上捏造犯罪事实或者隐匿罪证。④犯罪可能造成的后果不同。本罪可能造成的后果是非法占有他人财产以逃避合法债务；后罪可能造成的后果是他人受到刑事处罚或者逃脱刑事追究。

3. 既遂与未遂。本罪为行为犯，只要行为人伪造了事实并且提起了民事诉讼，即为既遂。至于该行为是否实际影响到案件的正确处理，不妨碍本罪的成立。

（三）虚假诉讼罪的刑事责任

根据《刑法》第307条之一规定，犯本罪，处3年以下有期徒刑、拘役或者管制，并处或者单处罚金；情节严重的，处3年以上7年以下有期徒刑，并处罚金。单位犯前款罪的，对单位判处罚金，并对其直接负责的主管人员和其他直接责任人员，依照前款的规定处罚。有第1款行为，非法占有他人财产或者逃避合法债务，又构成其他犯罪的，依照处罚较重的规定定罪从重处罚。司法工作人员利用职权，与他人共同实施前3款行为的，从重处罚；同时构成其他犯罪的，依照处罚较重的规定定罪从重处罚。

六、打击报复证人罪

（一）打击报复证人罪的概念与特征

打击报复证人罪，是指故意对证人进行打击报复的行为。本罪的主要特征是：

1. 侵犯的客体是公民的人身权利和国家司法活动的正常秩序。侵害的对象，只限于证人。知悉案情但尚未作证的人，不是本罪的对象。证人的亲友本不是本罪的对象，但是通过加害证人亲友的方式打击报复证人，可按本罪处理。

2. 客观方面表现为对证人进行捆绑、殴打、伤害、禁闭等袭击或人身强制的暴力行为，或者对证人财物进行毁坏，或者散布谣言，对证人名誉进行损毁等打击报复的行为。情节严重是指给证人的人身造成重大伤害或者财物遭受重大损失，或者名誉造成极大贬损，使证人无法履行向国家司法机关作证的义务，或者使证人违心地去改变证言，或作伪证的情形。

3. 犯罪主体是一般主体。

4. 主观方面是直接故意。并且行为人必须具有打击报复证人的目的才构成。

（二）打击报复证人罪的刑事责任

根据《刑法》第308条的规定，犯本罪的，处3年以下有期徒刑或者拘役；情节严重的，处3年以上7年以下有期徒刑。

七、泄露不应公开的案件信息罪

（一）泄露不应公开的案件信息罪的概念与特征

泄露不应公开的案件信息罪，是指司法工作人员、辩护人、诉讼代理人或者其他诉讼参与人，泄露依法不公开审理的案件中不应当公开的信息；造成信息公开传播或者其他严重后果的行为。本罪的主要特征是：

1. 侵犯的客体是公民的人身权利和国家司法活动的正常秩序和公民的隐私等合法权益。侵害的对象是依法不公开审理的案件中不应当公开的信息。非法泄露依法不公开审理的案件中不应当公开的信息，不但会对案件的审理造成影响，而且会对公民的隐私等合法权益造成损害。

2. 客观方面表现为行为人泄露依法不公开审理的案件中不应当公开的信息，造成信息公开传播或者其他严重后果的行为。泄露一般是指让人知道了不该知道的事，透露出去。《东周列国志》第四回："祭足曰：'主公才智兼人，此事必非坐视，只因大庭耳目之地，不便泄露。子贵戚之卿也，若私叩之，必有定见。'"清朝的叶名沣《桥西杂记·内阁规制职掌》："雍正七年，青海用兵，以内阁在太和门外，事虑洩露，设军需房於隆宗门内。"不公开审理，是指人民法院在进行诉讼活动时，根据法律规定或者其他正当事由，对案件不进行公开审理的司法审判制度。《刑事诉讼法》规定，下列案件不公开审判：①有关国家秘密的案件。②有关个人隐私的案件。③审判的时候被告人不满18周岁的案件，不公开审理；但是，经未成年被告人及其法定代理人同意，未成年被告人所在学校和未成年人保护组织可以派代表到场。④对当事人提出申请的确属涉及商业秘密的案件，法庭可以决定不公开审理。不应当公开的信息是指依照刑诉法规定不予公开的信息。

3. 犯罪主体是特别主体。司法工作人员、辩护人、诉讼代理人或者其他诉讼参与人。

4. 主观方面是直接故意。过失不构成本罪。

（二）泄露不应公开的案件信息罪的刑事责任

根据《刑法》第308条之一的规定，犯本罪的，处3年以下有期徒刑、拘役或者管制，并处或者单处罚金。有前款行为，泄露国家秘密的，依照本法第398条的规定定罪处罚。单位犯前款罪的，对单位判处罚金，并对其直接负责的主管人员和其他直接责任人员，依照第1款的规定处罚。

八、披露、报道不应公开的案件信息罪

（一）披露、报道不应公开的案件信息罪的概念与特征

披露、报道不应公开的案件信息罪，是指行为人具有披露、报道依法不公开审理的案件中不应当公开的信息，情节严重的行为。本罪的主要特征是：

1. 侵犯的客体是公民的人身权利和国家司法活动的正常秩序和公民的隐私等合法权益。侵害的对象是依法不公开审理的案件中不应当公开的信息。披露、报道依法不公开审理的案件中不应当公开的信息，不但会对案件的审理造成影响，而且会对公民的隐私等合法权益造成损害。

2. 客观方面表现为行为人具有披露、报道依法不公开审理的案件中不应当公开的信息，情节严重的行为。披露，是指公开揭示其隐蔽或隐私，有陈述、宣布、暴露的意思。报道，是指公开通过报纸、杂志、广播、电视或其他形式向公众报告，把新闻告诉群众或指用书面或广播、电视形式发表的新闻稿。情节严重，是指：①对案件的审理造成严重影响；②对公民的隐私权造成严重损害；③造成严重的社会影响和国际影响。

3. 犯罪主体是一般主体。但是以媒体工作者居多。

4. 主观方面是故意。

（二）披露、报道不应公开的案件信息罪的刑事责任

根据《刑法》第308条之一第3款、第4款的规定，犯本罪的，处3年以下有期徒刑、拘役或者管制，并处或者单处罚金。单位犯前款罪的，对单位判处罚金，并对其直接负责的主管人员和其他直接责任人员，依照第1款的规定处罚。

九、扰乱法庭秩序罪

（一）扰乱法庭秩序罪的概念与特征

扰乱法庭秩序罪，是指在法庭审理案件过程中，聚众哄闹、冲击法庭，殴打司法工作人员或者诉讼参与人，侮辱、诽谤、威胁司法工作人员或者诉讼参与人，不听法庭制止，严重扰乱法庭秩序，毁坏法庭设施，抢夺、损毁诉讼文书、证据等扰乱法庭秩序，情节严重的行为。本

罪的主要特征是：

1. 侵犯的客体是人民法院庭审活动的正常秩序。

2. 客观方面表现为在法庭上聚众哄闹、冲击法庭，殴打司法工作人员或者诉讼参与人，侮辱、诽谤、威胁司法工作人员或者诉讼参与人，不听法庭制止，严重扰乱法庭秩序，毁坏法庭设施，抢夺、损毁诉讼文书、证据等扰乱法庭秩序，情节严重的行为。只要行为人实施了下列情形之一，即可构成本罪：①聚众哄闹、冲击法庭的；②殴打司法工作人员或者诉讼参与人的；③侮辱、诽谤、威胁司法工作人员或者诉讼参与人，不听法庭制止，严重扰乱法庭秩序的；④有毁坏法庭设施，抢夺、损毁诉讼文书、证据等扰乱法庭秩序行为，情节严重的。从犯罪时间看，犯罪行为只能发生在法庭开庭审理过程中；从犯罪地点看，本罪限于开庭审理案件的法庭内，既包括犯罪行为和犯罪结果都发生在法庭内，也包括犯罪行为或犯罪结果之一发生在法庭内的行为。如果行为和结果都不发生在法庭内的不构成本罪。哄闹、冲击法庭的行为必须以聚众的形式表现出来，单个人哄闹、冲击法庭不构成本罪。但对于殴打司法工作人员则不要求聚众，单个人也可以构成犯罪。构成本罪，要求"严重扰乱法庭秩序"。所谓"严重扰乱法庭秩序"，是指法庭秩序严重混乱，案件无法继续正常审理，或者案件审理被迫中断等情形。

3. 犯罪主体是一般主体。一般为案件的当事人、诉讼参与人、其他与案件有利害关系的人以及其他人员。

4. 主观方面为故意，即行为人明知自己的行为会严重扰乱法庭秩序，而希望或者放任这种后果的发生。

（二）扰乱法庭秩序罪认定时应注意的问题

1. 本罪与聚众扰乱社会秩序罪的区别。从本质上讲，干扰法庭秩序也是扰乱社会秩序的一种表现形式。但是刑法将扰乱法庭秩序从扰乱社会秩序中分离出来，专门加以规定，所以对于扰乱法庭秩序情节严重的，按照特别条文优于一般条文，应按扰乱法庭秩序罪处理。同时，扰乱法庭秩序必然妨害有关国家工作人员如审判人员依法执行公务。两罪的区别在于：①本罪只发生在人民法院对案件开庭审判的各阶段；后罪则可发生在任何时候，没有时间上的限制。②本罪致使法庭审判无法继续进行；后罪则致使工作、生产、营业、教学、科研工作无法正常进行，其范围更为广泛。③本罪对构成犯罪的全部行为人均予以法律制裁；后罪则处罚其中的首要分子和积极参与者。

2. 本罪与妨害公务罪的区别。二者的共同之处在于客观上有其重合的一面。如殴打司法工作人员，扰乱法庭秩序的行为也必然妨害了国家工作人员即司法人员依法执行任务。但两罪的区别在于：①本罪发生在法庭开庭审判过程中，即人民法院宣布开庭审理至宣布闭庭的整个过程；后罪则发生在国家工作人员依法执行职务的过程中，即已着手执行至尚未结束之前。②本罪的空间范围仅限于法庭内；后罪则为国家工作人员执行职务的场所，范围更广。③本罪表现为聚众哄闹、冲击法庭，或者殴打司法工作人员，行为人采取的既有暴力方式，也有非暴力方式，如起哄、大声喧哗、吵闹等；后罪则一般表现为暴力方式，即行为人采取暴力、威胁等手段阻碍国家工作人员依法执行公务。

（三）扰乱法庭秩序罪的刑事责任

根据《刑法》第309条的规定，犯本罪的，处3年以下有期徒刑、拘役、管制或者罚金。

十、窝藏、包庇罪

（一）窝藏、包庇罪的概念与特征

窝藏、包庇罪，是指明知是犯罪分子而为其提供隐蔽处所、财物，帮助其逃匿或者作假证明包庇的行为。本罪的主要特征是：

1. 侵犯的客体是国家司法机关同犯罪分子作斗争的正常活动。窝藏的对象，必须是实施犯罪行为应受刑罚处罚的人，包括在逃尚未归案的犯罪人，已被采取刑事强制措施或者已被判处刑罚而被剥夺、限制自由的犯罪嫌疑人、刑事被告人、罪犯。如果窝藏的对象是有一般违法行为、尚不构成犯罪的人，如劳教人员和行政拘留人员，对此不能以窝藏罪论处。

2. 客观方面表现为具有为犯罪分子提供隐蔽处所、财物，或提供其他条件帮助其藏匿或者作假证明包庇，以逃避制裁的行为。窝藏，是指为犯罪分子提供隐蔽处所或为其提供金钱、交通工具或者其他方便条件，以使其逃避侦查、起诉、审判的行为。窝藏行为，必须是在犯罪分子犯罪以后，而且事先没有通谋。如果事先答应罪犯，作案后帮助其窝藏，就应以共同犯罪论处，而不定窝藏罪。因为，这种事先答应窝藏，起一种精神上的鼓励作用，也就是精神上的帮助。包庇是用各种方式帮助犯罪分子掩盖其犯罪事实。包庇的方法有"作假证明"的方法，如明知是犯罪分子，却为其申报临时户口，说他是出差办事的，掩盖其罪犯的身份；还有帮助犯罪分子毁灭罪迹，洗净血衣，掩埋被害人尸体、掩藏凶器等。其目的都是要帮助罪犯掩盖犯罪事实，逃避制裁。

3. 犯罪主体是一般主体。

4. 主观方面是故意，即明知是犯罪分子，而故意加以窝藏。不知是犯罪分子，而为其提供了住所，不构成犯罪。但是，一旦发现是犯罪分子，仍不检举、揭发，继续将其留住，则应以窝藏罪论处。

（二）窝藏、包庇罪认定时应注意的问题

1. 罪与非罪的界限。实践中，应当注意窝藏、包庇罪与知情不举报的界限。知情不举报是明知是犯罪分子而不检举、揭发，在客观上起着包庇罪犯的作用。但是，两者是有区别的：①知情不举报是消极的不作为，而包庇则是积极的作为。②知情不举报虽然无助于司法机关揭露和抓获罪犯，但也不为此制造困难。而窝藏、包庇罪则不同，它可以为侦破案件增加困难。因此，单纯的知情不举报行为不构成本罪。

2. 本罪与伪证罪的区别。两罪在主观上都有帮助犯罪人掩盖罪行，逃避法律制裁的目的，客观上都有向司法机关提供虚假证明的行为。两罪的区别在于：①本罪为一般主体，可以是任何一个具备刑事责任能力的人；后罪则是特殊主体，限于证人、鉴定人、记录人、翻译人。②本罪包庇的对象既可以是犯罪后未被羁押、逮捕归案畏罪潜逃的犯罪嫌疑人，也可以是已被依法羁押、拘禁而逃跑出来的未决犯和已决犯；后罪包庇的对象只能是刑事诉讼中的未决犯。③本罪的行为既可以发生在犯罪分子被侦查、审判之前，也可以发生在侦查、起诉、审判中至判决后服刑之中；后罪只能发生在刑事诉讼中，即侦查、起诉、审判过程中。

3. 本罪与帮助毁灭、伪造证据罪的区别。两罪的区别主要在于：①本罪只限于在刑事案件中；后罪可以发生在任何诉讼案件中。②作假证明是伪造证据的情形之一，根据特殊优于普通的原则，对以作假证明的方式包庇犯罪分子的，构成包庇罪。

4. 窝藏罪、包庇罪的异同。

（1）相同点在于：①犯罪主体都是一般主体，任何达到刑事责任年龄、具备刑事责任能力的自然人均可构成本罪。②犯罪的主观方面都表现为故意，即明知是犯罪分子而进行窝藏、包庇。如果不知道是犯罪分子，而为其提供便利条件，客观上帮助犯罪分子逃避法律制裁者，不构成本罪。③侵犯的客体都是司法机关对犯罪分子的追诉活动。窝藏、包庇的对象都是实施犯罪行为应受刑罚处罚的人，包括在逃尚未归案的犯罪人、已被采取刑事强制措施或者已被判处刑罚而被剥夺、限制自由的犯罪嫌疑人、刑事被告人和罪犯。

（2）不同点在于：①窝藏罪主要表现为积极实施为犯罪分子提供隐蔽处所、财物，帮助其藏匿，以逃避制裁的行为。所谓"提供隐藏处所、财物"，是指把犯罪的人藏匿于一定的处所或为犯罪的人提供金钱和物质。所谓"帮助其藏匿"，是指除上述提供隐藏处所、财物之外的其他帮助犯罪的人逃匿的行为，如为犯罪的人指示逃跑路线、方向。为犯罪的人提供隐藏处所，这里的"处所"是否为行为人所有或占用、使用，不影响窝藏的性质。行为人既可以把犯罪的人藏匿于自己所用或占有、使用的地方，如自己的家中、租用的房子、使用的单位宿舍或办公室等，也可以把犯罪的人藏匿于他人所控制和使用的地方，如朋友、同学、亲戚等人的室中或宿舍等，还可以将其藏匿于其他地方，如山洞、树林等。②包庇罪在客观方面主要表现为明知是犯罪分子，而向司法机关作假证明的行为。所谓"为犯罪的人作假证明"，是指自己向司法机关和有关组织出具口头或书面的假证明，意图使犯罪的人逃避法律追究。如果行为人不是自己提供假证明，而是帮助犯罪的人隐匿、毁灭、伪造证据，则可能构成其他罪，不构成包庇罪。

5. 根据《刑法》第310条第2款的规定，对于事先通谋，即在他人犯罪之前与之约定事后为其提供隐藏处所或者财物，或者以作假证明方式掩盖其罪行的，不能以本罪论处，而应认定为其他犯罪的共犯。

6. 根据《刑法》第362条的规定，旅馆业、饮食服务业、文化娱乐业、出租汽车业等单位的人员，在公安机关查处卖淫、嫖娼活动时，为违法犯罪分子通风报信，情节严重的，依照《刑法》第310条的规定定罪处罚。

7. 根据《刑法》第349条的规定，包庇走私、贩卖、运输、制造毒品犯罪分子的，不定窝藏、包庇罪，而应按包庇毒品犯罪分子罪定罪处罚。

（三）窝藏、包庇罪的刑事责任

根据《刑法》第310条第1款的规定，犯窝藏、包庇罪的，处3年以下有期徒刑、拘役或者管制；情节严重的，处3年以上10年以下有期徒刑。所谓"情节严重"，一般是指：窝藏包庇犯罪分子多人的；一贯或者多次实施窝藏、包庇行为的；窝藏、包庇犯罪性质严重或者罪行严重的犯罪分子的；隐匿、毁灭重大或者大量罪证的；窝藏、包庇的动机、手段恶劣的等。

十一、拒绝提供间谍犯罪、恐怖主义犯罪、极端主义犯罪证据罪

（一）拒绝提供间谍犯罪、恐怖主义犯罪、极端主义犯罪证据罪的概念与特征

拒绝提供间谍犯罪、恐怖主义犯罪、极端主义犯罪证据罪，是指明知他人有间谍犯罪、恐怖主义犯罪、极端主义犯罪行为，在司法机关向其调查有关情况、收集有关证据时，拒绝提供，情节严重的行为。本罪的主要特征是：

1. 侵犯的客体是国家安全和社会公共安全。间谍活动是危害国家安全的犯罪。我国《国家安全法》明确规定，向国家安全机关如实提供有关危害国家安全的情况和证据，是每个公民和组织的义务，不得拒绝。恐怖主义犯罪、极端主义犯罪，极易造成社会公共安全的危害。

2. 客观方面表现为行为人具有明知他人有间谍犯罪、恐怖主义犯罪、极端主义犯罪行为，在司法机关向其调查有关情况、收集有关证据时，拒绝提供，情节严重的行为。本罪是一种不作为犯罪，即司法机关向其调查有关情况收集有关证据时，行为人没有履行这一特定义务。拒不提供的表现是各种各样的，如佯装不知情，公然不说，拒不出示证据，谎称未见过罪证等。构成本罪必须是情节严重。

3. 本罪的主体是一般主体，但必须是明知他人有间谍犯罪、恐怖主义犯罪、极端主义犯罪行为的人。

4. 主观方面是故意，即明知他人有间谍犯罪、恐怖主义犯罪、极端主义犯罪行为，而在司法机关向其调查收集有关情况和证据时，故意拒绝提供。

（二）拒绝提供间谍犯罪、恐怖主义犯罪、极端主义犯罪证据罪的刑事责任

根据《刑法》第 311 条的规定，犯本罪的，处 3 年以下有期徒刑、拘役或者管制。

十二、掩饰、隐瞒犯罪所得、犯罪所得收益罪

（一）掩饰、隐瞒犯罪所得、犯罪所得收益罪的概念与特征

掩饰、隐瞒犯罪所得、犯罪所得收益罪，是指明知是犯罪所得的赃物或者由赃物而产生的收益而予以窝藏、转移、收购、代为销售或者以其他方法掩饰、隐瞒的行为。本罪的主要特征是：

1. 侵犯的客体是司法机关的正常活动。犯罪对象必须是犯罪所得的赃物或者由赃物而产生的收益。从广义上讲，一切非法制造、买卖、运输和获取的，应予追缴、没收的财物都是赃物。但是并非都能成为窝藏、转移、收购、销售赃物罪的对象。作为本罪对象的赃物应有如下几个特征：①不论是因侵犯财产罪而得到的财物，还是其他犯罪而取得的财物，都是赃物，甚至伪造、变造的公文、证件、印章，伪造的国家货币等，虽然其本身的经济价值不大，但一般也可视为赃物，成为窝藏、转移、收购、销售赃物罪的对象。也就是说，这种物品必须由他人违法犯罪行为而得到。即使无责任能力人，用上述方法取得的财物，也是赃物。犯罪分子自用的犯罪物品，如凶器、撬门锁的钳子，或其他各种用品都不是本罪的犯罪对象。窝藏、转移、收购、代为销售这类物品的，不能构成本罪，而有可能构成包庇罪或者伪证罪。②用犯罪方法获得财物的行为人，一旦财物到手，其犯罪目的即可达到。即使对该财物进行加工，或以物换物，以钱购物，以物卖钱后，这些钱物，仍改变不了其赃物的性质。③犯罪获得的财物，原来都是归国家、集体或者他人所有的，但不一定都有"返还请求权"。比如通过索贿、受贿等方法所获得的财物，违法犯罪所得的违禁品等。如果明知是毒品犯罪所得赃物，而为犯罪分子窝藏、转移、隐瞒，因为刑法有特别规定，所以不构成本罪。

2. 客观方面表现为为他人犯罪所得赃物进行窝藏、转移、收购或者代为销售。"窝藏"，是指行为人为犯罪分子藏匿赃物；"转移"，是指行为人把犯罪分子犯罪所得赃物由甲地运往乙地，由乙地运往丙地等；"收购"，是指行为人购买犯罪分子犯罪所得的赃物；"销售"，是指行为人代犯罪分子将犯罪所得的赃物卖出；"其他方法掩饰、隐瞒"，是指除上述方法以外的方法。行为人只要具备其中之一即构成本罪，但即使同时兼有以上数种形式的，也只是一罪无须数罪并罚。事先和犯罪分子有通谋，应按共同犯罪处理。

3. 犯罪主体是一般主体，但只能是赃物持有人以外的其他人。如果犯罪分子本人将犯罪所得的赃物予以窝藏、转移、销售，不能构成本罪。根据《刑法》第 312 条第 2 款的规定，单位犯前款罪的，对单位判处罚金，并对其直接负责的主管人员和其他直接责任人员，依照前款的规定处罚。因此，单位也可以成为本罪的主体。

4. 主观方面是故意，即明知是犯罪所得的赃物或者其收益而仍加以窝藏、转移、收购、代为销售或者以其他方法掩饰、隐瞒。如何认定本罪的故意和如何认定"明知"，有两种不同的观点：一种观点认为，"明知是赃物"，是指确实知道是赃物，只有直接故意才能定本罪。另一种通行的观点认为，这种认识可以是不确定的，即认识到可能是赃物就够了。也就是说，本罪在主观上不一定出自确定故意，出自未必故意（间接故意的一种）也行。这种"明知"不一定要由赃物持有人明白说出，可以是心照不宣，有时还可以由具体情况来推定。例如，在非法交易市场，以极低价卖出紧俏商品的，一般就可以推定其为赃物。因此，判断行为人是否明知是赃物，不能单凭他的口供，也不能以犯罪分子是否明确告诉他是赃物为准，司法机关只要有充足的事实证据，能够证明行为人在当时不可能不知道是赃物，也可以认定他明知是赃物，而予以定罪。如果行为人不知是犯罪所得的赃物而予以窝藏、转移、收购、代为销售或者

以其他方法掩饰、隐瞒，则不构成本罪。

（二）掩饰、隐瞒犯罪所得、犯罪所得收益罪认定时应注意的问题

在共同犯罪的场合，因为分工的不同，可能有的共同犯罪人专门负责赃物的窝藏、转移、收购、销售或者以其他方法掩饰、隐瞒。此种共犯中的窝藏、转移、收购、销售或者以其他方法掩饰、隐瞒赃物的行为与本罪的客观表现十分类似。但关键区别在于：共同犯罪中负责窝藏、转移、收购、销售或者以其他方法掩饰、隐瞒赃物的人与其他共同犯罪人有共谋，只是分工不同而已；而本罪的行为人虽然明知自己窝藏、转移、收购、销售或者以其他方法掩饰、隐瞒的是赃物，但没有与其他犯罪人事前通谋。如果行为人与其他犯罪人事前有通谋，即按照分工不同来窝藏、转移、收购、销售或者以其他方法掩饰、隐瞒赃物的话，就应对其按共同犯罪论处。

（三）掩饰、隐瞒犯罪所得、犯罪所得收益罪的刑事责任

根据《刑法》第312条第1款的规定，犯本罪的，处3年以下有期徒刑、拘役或者管制，并处或者单处罚金；情节严重的，处3年以上7年以下有期徒刑，并处罚金。根据《刑法》第312条第2款的规定，单位犯前款罪的，对单位判处罚金，并对其直接负责的主管人员和其他直接责任人员，依照前款的规定处罚。

十三、拒不执行判决、裁定罪

（一）拒不执行判决、裁定罪的概念与特征

拒不执行判决、裁定罪，是指有能力执行而拒不执行人民法院已经发生法律效力的判决或者裁定，情节严重的行为。本罪的主要特征是：

1. 侵犯的客体是人民法院的正常执行活动。拒不执行的对象是人民法院已经发生法律效力的判决或者裁定。"人民法院的判决、裁定"，是指人民法院依法作出的具有执行内容并已发生法律效力的判决、裁定以及人民法院为依法执行支付令、生效的调解书、仲裁裁决、公证债权文书等所作的裁定。

2. 客观方面表现为行为人具有拒不执行人民法院已经发生法律效力的判决或者裁定，情节严重的行为。"有能力执行而拒不执行，情节严重"的情形是指：①被执行人隐藏、转移、故意毁损财产或者无偿转让财产、以明显不合理的低价转让财产，致使判决、裁定无法执行的；②担保人或者被执行人隐藏、转移、故意毁损或者转让已向人民法院提供担保的财产，致使判决、裁定无法执行的；③协助执行义务人接到人民法院协助执行通知书后，拒不协助执行，致使判决、裁定无法执行的；④被执行人、担保人、协助执行义务人与国家机关工作人员通谋，利用国家机关工作人员的职权妨害执行，致使判决、裁定无法执行的；⑤其他有能力执行而拒不执行，情节严重的情形。国家机关工作人员有上述第4项行为的，以拒不执行判决、裁定罪的共犯追究刑事责任。国家机关工作人员收受贿赂或者滥用职权，有上述第4项行为的，同时又构成《刑法》第385、397条规定之罪的，依照处罚较重的规定定罪处罚。[1]

3. 犯罪主体是一般主体，一般是诉讼当事人。对于除当事人或负有执行义务的"其他人"以外的人，以暴力、威胁或者其他方法帮助当事人阻碍判决、裁定执行的，以共同犯罪论处。

4. 主观方面是故意。

（二）拒不执行判决、裁定罪认定时应注意的问题

1. 本罪与妨害公务罪的区别。两罪的共同之处在于客观上都采取了暴力、威胁等方法阻

---

[1] 参见全国人民代表大会常务委员会《关于〈中华人民共和国刑法〉第三百一十三条的解释》。

碍公务的执行。其主要区别在于：①本罪侵犯的是人民法院裁判的执法活动；后罪侵犯的则是其他公务活动。②本罪不以暴力、威胁方法为必备要件；后罪限于使用暴力、威胁方法。③本罪是特殊主体，即是有执行法院判决、裁定义务的人以及对法院判决、裁定负有协助执行义务的人；后罪是一般主体。

2. 本罪与故意伤害罪的区别。行为人以暴力方式拒不执行判决、裁定，造成轻伤的，仍定拒不执行判决、裁定罪；如果将执行人员打成重伤或者致人死亡的，为牵连犯，应从一重罪处罚。

（三）拒不执行判决、裁定罪的刑事责任

根据《刑法》第313条规定，犯本罪的，处3年以下有期徒刑、拘役或者罚金；情节特别严重的，处3年以上7年以下有期徒刑，并处罚金。单位犯前款罪的，对单位判处罚金，并对其直接负责的主管人员和其他直接责任人员，依照前款的规定处罚。

十四、非法处置查封、扣押、冻结的财产罪

（一）非法处置查封、扣押、冻结的财产罪的概念与特征

非法处置查封、扣押、冻结的财产罪，是指隐藏、转移、变卖、故意毁损已被司法机关查封、扣押、冻结的财产，情节严重的行为。本罪的主要特征是：

1. 侵犯的客体是国家司法机关的正常活动。具体对象是司法机关查封、扣押、冻结的财产。"查封"，是指对财产清点后，加贴封条就地封存或易地封存，可以是动产和不动产；"扣押"，是指将财产就地扣留或易地扣留；"冻结"，是指通知当事人在户银行、信用社的存款，不准提取。

2. 客观方面表现为行为人具有隐藏、转移、变卖、毁损已被查封、扣押、冻结的财产，逃避和破坏查封、扣押、冻结工作的行为。"隐藏"，是指将财产就地隐蔽、收藏起来，使司法机关难以发现；"转移"，是指将财产从一个处所转移到另一个处所；"变卖"，是指将财产作价出卖；"毁损"，是指毁灭、损坏，使被毁灭的财产从物质形态上消失，或者失去或者减少其价值。只要行为人采取了其中一种行为，情节严重的即构成本罪。所谓"情节严重"，一般是指数额大，给当事人以及给国家和人民造成重大经济损失等。

3. 犯罪主体是一般主体。

4. 主观方面是故意。

（二）非法处置查封、扣押、冻结的财产罪的刑事责任

根据《刑法》第314条的规定，犯本罪的，处3年以下有期徒刑、拘役或者罚金。

十五、破坏监管秩序罪

（一）破坏监管秩序罪的概念与特征

破坏监管秩序罪，是指依法被关押的罪犯，破坏监管秩序，情节严重的行为。本罪的主要特征是：

1. 侵犯的客体是监狱的管理秩序。

2. 客观方面表现为行为人实施了破坏监管秩序的行为。其具体表现为以下形式：①殴打监管人员；②组织其他被监管人破坏监管秩序；③聚众闹事，扰乱正常监管秩序；④殴打、体罚或者指使他人殴打、体罚其他被监管人。行为人只要实施了前述四种行为之一，情节严重的，构成本罪。所谓"情节严重"，主要是指：①当众殴打监管人员，产生恶劣影响的；殴打监管人员多次或多人的；等等。②多次组织他人或组织多人抗拒、破坏监管秩序的。③聚集多人起哄闹事，使监管人员无法正常管理监所的。④多次殴打、体罚其他被监管人的，或者多次指使他人殴打、体罚其他被监管人的等。

3. 犯罪主体是特殊主体，即依法被关押的犯罪嫌疑人、被告人和罪犯。

4. 本罪的主观方面为故意。

(二) 破坏监管秩序罪的刑事责任

根据《刑法》第315条的规定，犯本罪的，处3年以下有期徒刑。

十六、脱逃罪

(一) 脱逃罪的概念与特征

脱逃罪，是指依法被关押的罪犯、被告人、犯罪嫌疑人从羁押、刑罚执行场所或者押解途中逃走的行为。本罪的主要特征是：

1. 侵犯的客体是司法机关的正常监管活动。

2. 客观方面表现为逃离羁押、刑罚执行场所。羁押场所主要是指看守所。刑罚执行场所、改造场所主要指监狱、劳动改造管教队、少年犯管教所等。另外，押解犯罪分子的路途中，也应视为监管场所范围。如被逮捕的罪犯在被押送至人民法院应诉受审的途中脱身逃跑的；被判刑的罪犯在被押解至刑罚执行场所服刑的途中脱逃的均属脱逃行为。行为人的逃跑方法有使用暴力脱逃与未使用暴力脱逃两种。未使用暴力脱逃，是指行为人寻找机会，创造条件，乘司法工作人员不备而逃跑。使用暴力脱逃，是指行为人通过对司法工作人员施以殴打、捆绑等暴力行为，或者威胁、恐吓等胁迫行为，而摆脱其监管控制。脱逃行为是否得逞，主要应看行为人是否逃出了羁押、刑罚执行场所，是否摆脱了看管人员的控制。已经逃离羁押或刑罚执行场所的范围，摆脱了看守人员监视控制的，就是脱逃既遂；实施脱逃，如果在羁押改造场所内被发现，或者虽然逃出了羁押刑罚执行场所的范围，但是在看守人员直接监视下被抓回的，是脱逃未遂。区别既遂与未遂，是裁量刑罚的一个重要依据。

3. 犯罪主体是特殊主体，即必须是被关押的罪犯、被告人、犯罪嫌疑人。也就是包括依法被拘留、逮捕的未决犯和已被判处拘役以上刑罚，正在刑罚执行场所服刑的已决犯。只有上述两种人才能成为本罪的主体。被行政拘留或劳动教养的人逃跑的，不构成本罪。被司法机关采取拘传、取保候审或监视居住等强制措施后逃走的，或者在被群众押送途中挣脱逃走的，也不构成脱逃罪。

4. 主观方面是直接故意。其目的是逃避继续羁押与刑罚处罚。不具有此目的，则不构成本罪。逃避羁押应理解为永久的逃避而不是暂时地离开羁押场所。

(二) 脱逃罪的刑事责任

根据《刑法》第316条第1款的规定，犯本罪的，处5年以下有期徒刑或者拘役。

十七、劫夺被押解人员罪

(一) 劫夺被押解人员罪的概念与特征

劫夺被押解人员罪，是指其他人以夺走、纵放被押解人员为目的，使用暴力、胁迫或者其他方法劫夺押解途中的罪犯、被告人、犯罪嫌疑人的行为。本罪的主要特征是：

1. 侵犯的客体是国家对人犯的监督管理秩序。

2. 客观方面表现为劫夺押解途中的罪犯、被告人、犯罪嫌疑人的行为。行为的对象是押解途中的罪犯、被告人、犯罪嫌疑人，劫夺监狱、看守所等关押场所的罪犯、被告人、犯罪嫌疑人，不构成本罪。"劫夺"，是指使用暴力、胁迫或者其他方法夺取或者释放被押解人，以使其脱离押解人员控制的行为。"押解途中"，是指将被依法关押的人自关押场所押解出来后直至押解入关押场所前的全过程。它包括法庭、法院、司法机关等狱外的任何地方。如将犯罪分子从看守所押解到劳改场所执行有期徒刑，押解途中即指从看守所出来后直到关押进劳改场所前的整个过程。劫夺的对象是押解途中的罪犯、被告人、犯罪嫌疑人，即法院判决认定实施了犯罪的人；被人民检察院、自诉人指控实施了犯罪行为的人；公安机关、国家安全机关或人民检察院在案件侦查过程中，怀疑其实施了犯罪行为的人。后两种人，可能是有罪的，也可能最后证明其无罪。即使劫夺最后被证明无罪的人，也应构成本罪。因为劫夺这种人，也妨害司法机关活动，危害社会。情节严重是本罪的加重情节，"情节严重"，一般指劫夺多名人犯或致多名人犯逃逸的，劫夺重大案件人犯的，持械劫夺人犯的等。

3. 犯罪主体是一般主体。

4. 主观方面是故意。

(二) 劫夺被押解人员罪的刑事责任

根据《刑法》第316条第2款的规定，犯本罪的，处3年以上7年以下有期徒刑；情节严重的，处7年以上有期徒刑。

十八、组织越狱罪

(一) 组织越狱罪的概念与特征

组织越狱罪，是指在押的罪犯秘密地、有组织、有计划地以非暴动方式越狱逃跑的行为。本罪的特征是：

1. 侵犯的客体是监狱的正常管理秩序。

2. 客观方面表现为被关押的罪犯在首要分子的组织和秘密策划下，有组织有计划地逃往狱外的行为。这里所说的"狱"，不仅是指监狱、劳改队、看守所，而且包括押解罪犯的途中和执行死刑的场所等。因而，在押解途中，罪犯有组织、有计划地逃跑，也属于组织越狱的行为。越狱的方式是多种多样的，如冲闯狱门、翻越狱墙、挖掘地道等。只要是多名在押罪犯有组织越狱行为，无论采取什么方式，都不影响本罪的成立。

3. 犯罪主体是特殊主体，即只能由在监狱、劳改队等关押场所的罪犯构成，其他人员不能构成本罪的主体。

4. 主观方面是故意，行为的目的在于逃避被羁押、被改造。

(二) 组织越狱罪认定时应注意的问题

1. 组织越狱罪与脱逃罪的区别。组织越狱罪与脱逃罪在形式上都表现为在押的犯罪分子逃离监管、羁押场所。两者的区别是：①主体不完全相同。本罪的主体仅指依法被关押的罪犯，而脱逃罪的主体除此之外，还包括依法被关押的被告人、犯罪嫌疑人。②行为方式不同。本罪在客观方面表现为有计划、有组织地进行，而脱逃罪在客观方面往往采取秘密逃跑的方式。③本罪是多数在押犯勾结在一起，在首要分子的指挥、策划下，有组织、有计划地集体逃跑越狱的行为，只能是共同犯罪。而脱逃罪可能是共同犯罪，但通常情况下，更多的是单个实施犯罪行为。而且多人共同脱逃时，一般不具有组织、策划的特征。

2. 一罪与数罪。如果在组织越狱过程中有杀害、伤害监管人员的，应按牵连犯的处理原则，从一重罪处罚，不实行数罪并罚。

(三) 组织越狱罪的刑事责任

根据《刑法》第317条第1款的规定，犯本罪的，对其首要分子和积极参加的，处5年以上有期徒刑；其他参加的，处5年以下有期徒刑或者拘役。

十九、暴动越狱罪

(一) 暴动越狱罪的概念与特征

暴动越狱罪，是指在押的罪犯有组织地以公开发动暴动的方式，以武力强行越狱逃跑的行为。本罪通常表现为监狱、劳改队等关押场所的罪犯在首要分子的策划、指挥下，有预谋、有组织、有计划地采用暴力共同越狱逃跑的行为。对于个别监管人员为越狱的罪犯提供帮助或方便条件的,应按暴动越狱罪的共犯处理。"暴动",是指有组织、猛烈的暴力行为。如破坏监舍,杀伤监管人员,抢夺枪支弹药等行为。如果事先未预谋共同使用暴力,在实施组织越狱犯罪过程中,个别犯罪分子使用暴力的,不属于暴动越狱。

(二) 暴动越狱罪的刑事责任

根据《刑法》第317条第2款的规定,犯本罪的首要分子和积极参加者,处10年以上有期徒刑或者无期徒刑;情节特别严重的,处死刑;其他参加的,处3年以上10年以下有期徒刑。

二十、聚众持械劫狱罪

(一) 聚众持械劫狱罪的概念与特征

聚众持械劫狱罪,是指监狱外的人聚众持械劫夺被依法关押在狱中的罪犯的行为。这里所称的"狱"同样应作广义理解,即除监狱、劳改队、看守所等监管场所外,还应包括押解罪犯的途中和执行死刑的场所等。本罪客观方面表现为狱外的人有组织地纠集多人有计划地携带、使用凶器、武器和破坏性工具从狱外冲击或偷袭专门集中关押罪犯的场所,劫夺在押罪犯的行为,可以概括为两方面:聚众性和持械暴力方式,如果不以聚众形式持械劫狱的,或者聚众从狱中劫夺罪犯但未持械的均不构成本罪。由于专门集中关押罪犯的场所都有武装人员警戒,所以狱外的人员不采取聚众持械的方式不可能对监狱等场所的安全构成威胁。凶器包括棍棒、刀斧等;武器包括枪支、弹药、爆炸物等。在劫狱过程中出现的杀人、伤人或者毁坏重大公私财物的行为,如聚集多人冲进监狱,杀伤监管人员,捣毁监狱设施等,这些行为根据吸收原则,视为本罪的从重情节,不按数罪并罚处理。

(二) 聚众持械劫狱罪的刑事责任

根据《刑法》第317条第2款的规定,犯本罪的,对其首要分子和积极参加的,处10年以上有期徒刑或者无期徒刑;情节特别严重的,处死刑;其他参加的,处3年以上10年以下有期徒刑。

第四节 妨害国(边)境管理罪

一、组织他人偷越国(边)境罪

(一) 组织他人偷越国(边)境罪的概念与特征

组织他人偷越国(边)境罪,是指违反国家出入国(边)境管理法规;非法组织他人偷越国(边)境的行为。本罪的主要特征是:

1. 侵犯的客体是国家对国(边)境的正常管理秩序。国家对国(边)境管理的正常秩序,维系着国家主权、领土完整和国(边)境的安全以及社会秩序的稳定。为此,我国制定了《出境入境管理法》《出境入境边防检查条例》等一系列法规。这些法规明确规定,任何人出入我国的国(边)境,必须依照法律规定,履行必要的申办手续,经有关部门签发出入国(边)境的证件,在规定的时间、地点出入我国国(边)境。

2. 客观方面表现为行为人具有非法组织他人偷越国(边)境的行为。"组织",是指采取煽动、串连、拉拢、引诱、欺骗、强迫等手段,策划联络安排他人偷越国(边)境。例如,安排他人偷越国(边)境的交通运输工作;为他人偷越国(边)境出谋划策,拟定偷越国(边)境的具体行动计划;确定偷越国(边)境的时间、路线,指示偷越国(边)境的具体地点;等等。行为人通常实施上述一系列组织他人偷越国(边)境行为方式的一部或者全部行为。

近年来，组织他人偷越国（边）境的犯罪活动日益向着集团化的方向发展。犯罪分子往往互相勾结，严密分工，密切配合，形成共同组织他人偷越国（边）境的行为。

《刑法》第318条第2款规定："犯前款罪，对被组织人有杀害、伤害、强奸、拐卖等犯罪行为，或者对检查人员有杀害、伤害等犯罪行为的，依照数罪并罚的规定处罚。"杀害、伤害、强奸、拐卖等犯罪与组织他人偷越国（边）境罪是数罪关系，因此，对该条款规定的情况，应当按照组织他人偷越国（边）境罪和另外实施的故意杀人，故意伤害，强奸，拐卖妇女、儿童的犯罪行为，分别定罪判刑，然后实行并罚。

3. 犯罪主体是一般主体。

4. 主观方面是直接故意。犯罪目的是要将他人非法送出或引进国（边）境。实践中，组织他人偷越国（边）境的犯罪一般是以营利为目的。但也不能排除不以营利为目的而实施的组织他人偷越国（边）境的行为，如以走私、拐卖人口、诈骗等犯罪活动为目的，而实施组织他人偷越国（边）境的行为。

（二）组织他人偷越国（边）境罪的司法认定

1. 组织他人偷越国（边）境罪与运送他人偷越国（边）境罪的界限。组织他人偷越国（边）境罪在客观方面表现为通过拉拢、串连、诱使、煽动等方式，有组织、有计划地安排他人偷越国（边）境的行为；而运送他人偷越国（边）境罪在客观方面则表现为，行为人采用步行的方式陪伴偷渡者或者用车辆、船只、航空器等交通运输工具将偷渡者带出或者运送出入国（边）境的行为。因而，如果行为人组织了一批人偷越国（边）境后，又运送另一批人偷越国（边）境的，则具备了两种犯罪的构成要件，应以组织他人偷越国（边）境罪和运送他人偷越国（边）境罪两个罪名，实行数罪并罚；但如果行为人既组织、又运送同一批人偷越国（边）境的，则属刑法理论中的牵连行为，根据牵连犯从一重处断的原则，以组织他人偷越国（边）境罪论处；对于直接参与组织他人偷越国（边）境而分工负责运送的，亦应以组织他人偷越国（边）境罪定罪量刑。

2. 组织他人偷越国（边）境罪与偷越国（边）境罪的界限。

（1）犯罪主体不同。组织他人偷越国（边）境罪的主体尽管是一般主体，但实际上只有偷越国（边）境犯罪活动的组织者，即从事组织他人偷越国（边）境犯罪活动的"蛇头"，才能构成组织他人偷越国（边）境罪；而偷越国（边）境罪的犯罪主体在立法上无任何特殊要求，只要是达到刑事责任年龄、具备刑事责任能力，实施了偷越国（边）境行为的自然人，均可成为偷越国（边）境罪的犯罪主体。所以，如果不是从事组织他人偷越国（边）境犯罪活动的"蛇头"有组织、有计划地煽动、拉拢、串连、动员、安排他人偷越国（边）境，而是在共同偷越国（边）境的过程中，出于江湖义气或亲友私情，为个别偷越国（边）境的人员提供有关帮助的行为，不构成组织他人偷越国（边）境罪，其中情节严重者，以偷越国（边）境罪的共犯处理。

（2）犯罪客观方面的表现形式不同。组织他人偷越国（边）境罪在客观方面表现为，以拉拢、串连、诱使、煽动等方式，有组织、有计划地安排他人偷越国（边）境的行为；而偷越国（边）境罪在客观方面则表现为，违反国（边）境管理法规，偷越国（边）境的行为。

3. 偷越国（边）境罪与叛逃罪的界限。

（1）犯罪主体不同。偷越国（边）境罪的犯罪主体是一般主体；而叛逃罪的犯罪主体则是特殊主体，即国家机关工作人员，不仅包括在国家机关依法从事公务的人员，还包括国家机关内的非从事公务的人员。

（2）犯罪主观故意的内容不同。偷越国（边）境罪在主观方面表现为，行为人明知偷越国（边）境的行为是违法行为，会给国家对国（边）境的正常管理秩序造成破坏，而仍然希望这一危害社会的结果的发生；而叛逃罪直接故意的内容是，行为人明知自己是国家机关工作人员不应叛逃，而仍然故意为之。

（3）犯罪客观方面的表现形式不同。偷越国（边）境罪在客观上表现为，违反国（边）境管理法规，偷越国（边）境的行为；叛逃罪在客观方面则表现为，国家机关工作人员在履行公务期间，擅离岗位，叛逃出境或者在境外叛逃，危害中华人民共和国国家安全的行为。

（4）犯罪客体不同。偷越国（边）境罪侵犯的直接客体是国家对国（边）境的正常管理秩序；而叛逃罪侵犯的客体则是中华人民共和国的国家安全。

（三）组织他人偷越国（边）境罪的刑事责任

根据《刑法》第318条第1款的规定，犯本罪的，处2年以上7年以下有期徒刑，并处罚金；有下列情形之一的，处7年以上有期徒刑或者无期徒刑，并处罚金或者没收财产：①组织他人偷越国（边）境集团的首要分子；②多次组织他人偷越国（边）境或者组织他人偷越国（边）境人数众多的；③造成被组织人重伤、死亡的；④剥夺或者限制被组织人人身自由的；⑤以暴力、威胁方法抗拒检查的；⑥违法所得数额巨大的；⑦有其他特别严重情节的。

二、骗取出境证件罪

（一）骗取出境证件罪的概念与特征

骗取出境证件罪，是指以劳务输出、经贸往来或者其他名义，弄虚作假，骗取护照、签证等出境证件，为组织他人偷越国（边）境使用的行为。本罪的主要特征是：

1. 侵犯的客体是国家机关对出境证件的正常管理活动和对国（边）境的正常管理秩序。本罪的犯罪对象仅限于准许出境的护照、签证及其他出境证件和出境证明等。

2. 客观方面表现为行为人具有以劳务输出、经贸往来或者出国考察、观光旅游等名义，弄虚作假，从国家主管机关骗取护照、签证等出国（边）境所必需的出境证件，而且行为人将骗取的出境证件交给组织他人偷越国（边）境的犯罪分子用于犯罪活动的行为。行为人弄虚作假，以欺骗手段，使国家出入境管理机关的有关工作人员发生错误认识，为其办理出境证件，从而合法地获取出境证件。这是骗取出境证件罪的本质特征，也是骗取出境证件罪区别于其他犯罪的重要标志。只有在行为人采用了欺骗手段的情况下，才能构成骗取出境证件罪。"虚构事实"，是指以语言、文字或者某种举动故意捏造根本不存在的事实或者故意夸大事实，使人把根本不存在的事实误认为存在或把夸大的事实误以为真。"隐瞒真相"，是指故意掩盖客观存在的事实，从而使有关国家机关工作人员上当受骗。

3. 犯罪主体是一般主体，单位和个人均可构成。

4. 主观方面是故意，即明知他人用于组织偷越国（边）境犯罪，而故意为其骗取出境证件，该罪的成立不要求必须以营利为目的。骗取出境证件的目的是为组织他人偷越国（边）境使用。如果行为人骗取出境证件的目的不是为组织他人偷越国（边）境使用，则不构成本罪。无论行为人在事实上是否已将骗取的出境证件供组织他人偷越国（边）境使用，只要行为人主观上具有为组织他人偷越国（边）境使用的目的，就构成本罪。但在行为人还未将骗取的出境证件供组织他人偷越国（边）境使用的情况下，应根据行为人的行为综合判断行为人是否有此目的。

（二）骗取出境证件罪的刑事责任

根据《刑法》第319条第1款的规定，犯本罪的，处3年以下有期徒刑，并处罚金；情节严重的，处3年以上10年以下有期徒刑，并处罚金。

三、提供伪造、变造的出入境证件罪

（一）提供伪造、变造的出入境证件罪的概念与特征

提供伪造、变造的出入境证件罪，是指故意为他人提供伪造、变造的护照、签证等出入境证件的行为。本罪的主要特征是：

1. 侵犯的客体是国家对国（边）境的正常管理秩序。本罪的犯罪对象为伪造、变造的出入境证件。出入境证件包括准许出境和入境的护照、签证等。

2. 客观方面表现为行为人实施了向他人提供伪造、变造的护照、签证等出入境证件的行为。所提供的出入境证件必须是伪造或经过变造的虚假或无效的证件。所谓伪造出入境证件，是指仿照正式的护照、签证等出入境证件的形状、图案、文字和色彩等制作假的护照、签证等出入境证件；所谓变造出入境证件，是指对已过期失效或者他人的护照、签证等出入境证件采用剪贴、拼接等方法，变造出入境证件。提供伪造、变造的假证件，无论是本人伪造、变造，还是他人伪造、变造的，对提供者构成本罪均无影响。如果行为人自己伪造、变造后又向他人提供的，其伪造、变造行为又构成伪造、变造公文、证件、印章罪，此罪与向他人提供伪造、变造的出入境证件罪之间形成牵连关系，按处理牵连犯的原则，从一重罪处断。如果是组织他人偷越国（边）境犯罪集团中的个别成员分工伪造、变造出入境证件供犯罪集团使用的，应以组织他人偷越国（边）境的共犯论处。

3. 犯罪主体是一般主体。

4. 主观方面是故意，即明知为他人提供伪造、变造的护照、签证等出入境证件是危害国家对国（边）境的正常管理秩序，而故意向他人提供伪造、变造的护照、签证等出入境证件。其主观上大多具有营利目的，但也可能出于其他目的。因此不要求必须具有营利目的。

（二）提供伪造、变造的出入境证件罪的司法认定

提供伪造、变造的出入境证件罪与骗取出境证件罪的界限在于：①犯罪对象不同。前罪对象是伪造、变造的出入境证件，后罪的对象是出境证件。前罪犯罪对象的证件既有出境证件，也有入境证件，且证件本身并不是真实、合法、有效的，而是伪造、变造的；而作为后罪犯罪对象的证件则只是出境证件，且证件本身是真实、合法、有效的。②犯罪行为特征不同。前罪特征是"向他人提供"，至于行为人如何弄到伪造、变造的出入境证件的，与定罪无关；而后罪的行为特征是"骗取"，只有行为人弄虚作假，骗取出境证件的，才构成犯罪。

（三）提供伪造、变造的出入境证件罪的刑事责任

根据《刑法》第 320 条的规定，犯本罪的，处 5 年以下有期徒刑，并处罚金；情节严重的，处 5 年以上有期徒刑，并处罚金。

四、出售出入境证件罪

（一）出售出入境证件罪的概念与特征

出售出入境证件罪，是指出于营利的目的，出售护照、签证等出入境证件的行为。本罪的主要特征是：

1. 侵犯的客体是国家对出入境证件的管理秩序。本罪犯罪对象是出入境证件。既包括出境证件，又包括入境证件。所谓出入境证件，是指公安部、外交部、港务监督局及其他授权的有关机关根据申请人的申请审查核实后所签发的允许其出入国（边）境的证明，如护照、签证或者其他的有效出入境证件，其中，"护照"，是指一国或某些特别地区为其出国公民所核发的用以证明其属于本国或本地区公民的证明件，属于本国或本地区公民出入国境或在国外居留、旅行的合法身份证明及国籍证明，其由本国外交主管机关发给。"签证"，是指一国在本国或外国公民所持的护照或其他旅行证件上签注或盖印，表示准许其出入本国国境。在我国国

外，由大使馆、领事馆或者外交部授权的其他驻外机关签发。外国人入境，依照国务院的规定，也可以向中国政府主管机关指定口岸的签证机关申请办理签证。在国内，则由公安机关签发，其他有效出入境证件，是指除护照、签证之外的可以凭其出入境的证明，如相邻边境地区常常持有的过境通行证、边境公务通行证、前往港澳通行证、往来港澳通行证、港澳同胞回乡证、出入境通行证，等等。

2. 客观方面表现为具有出售护照、签证等出入境证件的行为。"出售"，即出卖，是指把手中的出入境证件出卖给他人，以换取金钱、财物或其他物质性利益的行为。既包括先收集、购买、骗取后再出卖，也包括将自己的护照、签证等出入境证件出卖。但行为人出卖的必须是真实的、合法的出入境证件，即由国家机关依法颁发的出入境证件。至于该真实的证件是否超过有效期限，则不影响本罪成立。倘若出卖的是伪造或变造的出入境证件，则不应构成本罪，对之应当以提供伪造、变造的出入境证件罪论处。

3. 犯罪主体是一般主体。自然人和单位均可构成。

4. 主观方面是故意。只要行为人出于营利目的实施出售出入境证件行为，犯罪即属既遂。

(二) 出售出入境证件罪的刑事责任

根据《刑法》第 320 条的规定，犯本罪的，处 5 年以下有期徒刑，并处罚金；情节严重的，处 5 年以上有期徒刑，并处罚金。

五、运送他人偷越国（边）境罪

(一) 运送他人偷越国（边）境罪的概念与特征

运送他人偷越国（边）境罪，是指违反国家出入国（边）境管理法规，非法运送他人偷越国（边）境的行为。本罪的主要特征是：

1. 侵犯的客体是国家有关出入国（边）境的管理制度。行为对象是他人。他人既可能是中国人，亦可以是外国人；既可以是 1 人、2 人，也可以是 3 人以上的多人，但不包括行为人自己。行为人在运送他人偷越国（边）境时，也必然偷越了国（边）境，但其行为应被主行为吸收，不再构成独立的偷越国（边）境罪，而应以运送他人偷越国（边）境罪论处，不实行数罪并罚，行为人如在组织后又运送被组织的人偷越国（边）境的，则属牵连犯罪，对之应择重处罚而以组织他人偷越国（边）境罪定罪。

2. 客观方面表现为具有非法运送他人偷越国（边）境的行为。"非法"，是指违反国家有关出入国（边）境的管理法规。如果没有违反法律规定，而运送了符合条件的出入境人员，就不构成本罪。另外，虽然违反了有关法规，而以不正当的方式运送了不是偷越国（边）境的人员，也不能构成本罪。"运送"，是指以车、船、航空器等交通工具或其他方法，如徒步带领，将越境的违法犯罪分子偷运送出或接入国（边）境的行为。

3. 犯罪主体是一般主体。

4. 主观方面是故意，即明知他人企图偷越国（边）境而仍决意予以运送。过失不能构成本罪。如果不知是偷越国（边）境的人员而运送其出入国（边）境的，则不构成本罪。至于其动机可多种多样，但动机不影响本罪成立。

(二) 运送他人偷越国（边）境罪的刑事责任

根据《刑法》第 321 条第 1 款的规定，犯本罪的，处 5 年以下有期徒刑、拘役或者管制，并处罚金；有下列情形之一的，处 5 年以上 10 年以下有期徒刑，并处罚金：①多次实施运送行为或者运送人数众多的；②所使用的船只、车辆等交通工具不具备必要的安全条件，足以造成严重后果的；③违法所得数额巨大的；④有其他特别严重情节的。根据第 321 条第 2 款的规定，在运送他人偷越国（边）境中造成被运送人重伤、死亡，或者以暴力、威胁方法抗拒检查的，处 7 年以上有期徒刑，并处罚金。根据第 321 条第 3 款的规定，犯前两款罪，对被运送人有杀害、伤害、强奸、拐卖等犯罪行为，或者对检查人员有杀害、伤害等犯罪行为的，依照数罪并罚的规定处罚。

六、偷越国（边）境罪

（一）偷越国（边）境罪的概念与特征

偷越国（边）境罪，是指违反国家出入国（边）境管理法规，偷越国（边）境，情节严重的行为。本罪的主要特征是：

1. 侵犯的客体是国家对出入国（边）境的管理制度。"国境"，是指我国与邻国的交界。"边境"，是指祖国大陆与我国香港、澳门、台湾等地区的分界。国（边）境是出入国家的门户，为了维护国家主权、安全和社会管理秩序，我国政府采取了许多措施来加强对出入国（边）境的管理。按照法律的有关规定，一切中国公民或外国人出入境时，都应向有关主管部门提出出境或入境的申请，并办理一切有关手续，违反上述法律规定，非法出入国（边）境者，都是对我国出入国（边）境管理秩序的侵犯，这是法律所不允许的。

2. 客观方面表现为行为人具有偷越国（边）境，情节严重的行为。"偷越国（边）境"，是指违反国（边）境管理法规，非法出入国（边）境的行为。其偷越国（边）境的手段和方法可以是多种多样的，一般表现为在不准通过的地点秘密出入境，有用船偷渡的，也有靠车马或步行偷越的；有的虽然是在指定的地点通过，但伪造、涂改、冒用出入境证件或用其他蒙骗手段蒙混过关的。如果行为人只是涂改、伪造了出入境文件，还没有进一步实施偷越国（边）境行为的，就不能构成本罪。

3. 犯罪主体是一般主体，中国公民和外国人均可构成。

4. 主观方面是故意。即明知是国（边）境线却仍决意偷越的。如果行为人不明确或不知道是国（边）境线，而误出或误入的，不能构成本罪。

（二）偷越国（边）境罪的刑事责任

根据《刑法》第 322 条规定，犯本罪的，处 1 年以下有期徒刑、拘役或者管制，并处罚金。为参加恐怖活动组织、接受恐怖活动培训或者实施恐怖活动，偷越国（边）境的，处 1 年以上 3 年以下有期徒刑，并处罚金。

七、破坏界碑、界桩罪

（一）破坏界碑、界桩罪的概念与特征

破坏界碑、界桩罪，是指故意破坏国家边境的界桩、界碑的行为。本罪的主要特征是：

1. 侵犯的客体是国家边境的正常管理秩序。犯罪的对象仅限于国家边境的界碑、界桩。界碑、界桩是在我国与邻国接壤地区设置的用以划分两国疆界线的标志物。它涉及两国领土范围的问题，任何人不得擅自移动和破坏，否则，就有可能引起两国间的领土纠纷，给国家和人民在政治上造成重大损失，这一点是本罪与一般破坏公私财物罪的主要区别。

2. 客观方面表现为行为人具有破坏国家边境界碑、界桩的行为。"破坏行为"，主要是指捣毁、盗窃、拆除、损坏、掩埋、移动位置，等等。不论采取什么方法，只要使国家边境的界碑、界桩失去了原有的作用，都应视作破坏行为。本罪的行为对象必须是国家边境的界碑、界桩。国家边境上的界碑、界桩，是标志国家领土范围的标记，它既可以是永久性的，也可以是根据条约规定埋设的，还可以是按照历史形成的管辖范围埋设的。

3. 犯罪主体是一般主体。

4. 主观方面是故意。即明知是界碑、界桩而故意加以破坏。至于犯罪动机则可能是多种多样的，如有的是贪财，有的是泄愤，有的是报复私仇进行栽赃陷害等，但动机不影响本罪的成立。

（二）破坏界碑、界桩罪的刑事责任

根据《刑法》第323条的规定，犯本罪的，处3年以下有期徒刑或者拘役。

八、破坏永久性测量标志罪

（一）破坏永久性测量标志罪的概念与特征

破坏永久性测量标志罪，是指故意破坏国家边境的永久性测量标志的行为。本罪的主要特征是：

1. 侵犯的客体是国家对永久性测量标志的正常管理活动。测量是从事工农业生产、国防建设和某些科学研究工作的必不可少的手段。在测量工作中，常常需要设置一定的测量标志。擅自移动或者破坏这些测量标志，就会使有关数据资料失去准确性，影响国家的经济建设、国防建设和有关的科学研究工作。所以，有必要加强测量标志的保护，维护国家对测量标志的正常管理。本罪侵犯的对象必须是永久性测量标志。所谓永久性测量标志，是指国家和军队在全国各地进行测量过程中所设置的永久性标志。包括各种等级的天文点、重力点、水准点、三角点、导线点、海控点、炮控点等，有木质的、钢质的、铜质的、石质的等。也包括地形测图的固定标志。近年来设立的人造卫星观测点，也属于永久性测量标志。

2. 客观方面表现为行为人具有破坏永久性测量标志的行为。"破坏"，是指拆毁、损坏、改变、移动、掩盖等。其手段可以是多种多样的，只要其行为足以使上述永久性测量标志丧失其原有作用的，就应视为破坏，构成犯罪。按照国务院、中央军委《关于长期保护测量标志的通告》（简称《通告》）的规定精神，拆迁永久性测量标志，"必须持有省、市、自治区测绘主管部门或军区测绘主管部门的证明函件，经保管单位和保管人验证后"，方可进行。凡违背《通告》的上述精神，非法拆迁永久性测量标志的，也构成本罪。

3. 犯罪主体是一般主体。

4. 主观方面是故意，即明知是永久性测量标志而故意加以破坏的，才构成犯罪。如果因不知是永久性测量标志而过失加以破坏的，就不能视作故意破坏，也就不构成本罪。

（二）破坏永久性测量标志罪的刑事责任

根据《刑法》第323条的规定，犯本罪的，处3年以下有期徒刑或者拘役。

第五节 妨害文物管理罪

一、故意损毁文物罪

（一）故意损毁文物罪的概念与特征

故意损毁文物罪，是指明知是国家保护的珍贵文物或者被确认为全国重点文物保护单位、省级文物保护单位的文物而予以故意损毁的行为。本罪的主要特征是：

1. 侵犯的客体是国家文物管理秩序。本罪的对象是国家保护的珍贵文物和被确定为全国重点文物保护单位、省级文物保护单位的文物。"国家保护的珍贵文物"，是指具有重大历史、科学、艺术价值的文物。根据《文物藏品定级标准》的规定，文物藏品分为珍贵文物和一般文物。珍贵文物分为一、二、三级。具有特别重要历史、艺术、科学价值的代表性文物为一级文物；具有重要历史、艺术、科学价值的为二级文物；具有比较重要历史、艺术、科学价值的为三级文物。具有一定历史、艺术、科学价值的为一般文物。[1]

2. 客观方面表现为故意损毁国家保护的珍贵文物或者被确定为全国重点文物保护单位、省级文物保护单位的文物的行为。"损毁"，是指使珍贵文物或者被确定为全国重点文物保护单位、省级文物保护单位的文物部分破损、损害或者毁灭。文物的损毁情况比较复杂，损毁的程度有轻有重，造成的后果各有不同，社会影响也有差异。处理时要作具体分析，认真区分违法和犯罪的界限。应鉴别遭到损毁的是否是其主要的、关键的部分，对其外观的破坏程度等，从经济价值、社会影响、危害后果等各种因素进行综合考虑。对某些损坏很轻、影响不大，或者被损坏后易于修复，情节显著轻微的，亦可以不认为是犯罪。

3. 犯罪主体是一般主体。

4. 主观方面是故意。行为人的动机可能不尽相同，但动机不影响本罪成立。如果行为人不知是文物将其损坏，或者虽然知道，但由于过失将其损毁，不构成本罪。

（二）故意损毁文物罪的刑事责任

根据《刑法》第324条第1款的规定，犯本罪的，处3年以下有期徒刑或者拘役，并处或者单处罚金；情节严重的，处3年以上10年以下有期徒刑，并处罚金。所谓"情节严重"，一般是指：多次损毁、屡教不改的；损毁国宝级文物的；损毁大量珍贵文物或致使国家重点文物保护单位的文物毁损严重的；损毁文物动机极其恶劣的等。

二、故意损毁名胜古迹罪

（一）故意损毁名胜古迹罪的概念与特征

故意损毁名胜古迹罪，是指明知是国家保护的名胜古迹而予以损毁，情节严重的行为。本罪的主要特征是：

1. 侵犯的客体是国家对名胜古迹的管理秩序。本罪的对象则为国家保护的名胜古迹。"名胜古迹"，包括风景名胜及文物古迹。"风景名胜"，是指具有观赏、文化或科学价值，自然景物、人文景物比较集中，环境优雅、具有一定规模和范围，可供人们游览、休息或进行科学文化活动的地区。根据其观赏、文化或科学价值的大小，环境质量的高低，规模大小，游览条件的优劣等，可分为国家重点、省级和市县级三级风景名胜区。"文物古迹"，是指与名人事迹、历史大事有关而值得后人登临凭吊的胜地、建筑物以及文物保护单位。文物保护单位，根据其历史、艺术、科学价值，可分为国家重点文物保护单位，省、自治区、直辖市级文物保护单位及县、自治区、市级文物保护单位。属于本罪对象的名胜古迹，应是国家保护的名胜古迹，其范围宜控制在全国重点与省级两级内，县、市级的名胜古迹，一般不能构成本罪的对象。

2. 客观方面表现为故意损毁国家保护的名胜古迹，情节严重的行为。"损毁"，是指损坏、毁坏、毁灭等。具体行为方式有：捣毁、砸碎、拆除、污损、挖掘、刻划、焚烧、炸毁等。一般表现为作为方式，如损毁景物、建筑物；破坏园林植物等。损毁国家保护的名胜古迹，情节严重的构成本罪。所谓"情节严重"，主要是指多次损毁国家保护的名胜古迹的；因其行为造成国家保护的名胜古迹严重损坏的；造成名胜古迹大面积损毁的；造成恶劣影响的；出于卑鄙动机损毁的；抗拒他人制止的等。

3. 犯罪主体是一般主体。

4. 主观方面是直接故意，即明知是国家保护的名胜古迹而加以损毁。间接故意和过失不构成本罪。

---

[1] 具体一级、二级、三级文物的范围请参阅《文物藏品定级标准》（文化部2001年第19号令）的规定。

(二) 故意损毁名胜古迹罪的刑事责任

根据《刑法》第 324 条第 2 款的规定，犯本罪的，处 5 年以下有期徒刑或者拘役，并处或者单处罚金。

三、过失损毁文物罪

(一) 过失损毁文物罪的概念与特征

过失损毁文物罪，是指过失损毁国家保护的珍贵文物或者被确定为全国重点文物保护单位、省级文物保护单位的文物，造成严重后果的行为。本罪的主要特征是：

1. 侵害的客体是国家有关珍贵文物的管理秩序。对象是国家保护的珍贵文物及被确定为全国重点文物保护单位、省级文物保护单位的文物。

2. 客观方面表现为损毁国家保护的珍贵文物，或者被确定为全国重点文物保护单位、省级文物保护单位的文物，造成严重后果的行为。"损毁"，是指由自己的过失行为致使文物损坏、毁坏和毁灭。"造成严重后果"，是指造成国家特别珍贵的文物损毁或者损毁珍贵文物数量较多以及国家重点文物保护单位的文物损毁或者省级文物保护单位的文物损毁数量较大的等情况。虽有过失损毁的行为，但所造成的后果不属严重，不构成本罪。

3. 犯罪主体是一般主体。

4. 主观方面是过失，即应当预见自己的行为可能损毁珍贵文物，却因疏忽大意没有预见或者虽然预见自己的行为可能损毁珍贵文物，但却轻信能够避免，以致造成珍贵文物损毁，并造成严重后果。行为人如果出于故意，则不构成本罪，应构成故意损毁文物罪。

(二) 过失损毁文物罪的刑事责任

根据《刑法》第 324 条第 3 款的规定，犯本罪的，处 3 年以下有期徒刑或者拘役。

四、非法向外国人出售、赠送珍贵文物罪

(一) 非法向外国人出售、赠送珍贵文物罪的概念与特征

非法向外国人出售、赠送珍贵文物罪，是指违反文物保护法规，将收藏的国家禁止出口的珍贵文物私自出售或者私自赠送给外国人的行为。本罪的主要特征是：

1. 侵犯的客体是国家对珍贵文物的管理活动。我国《文物保护法》第 60 条规定："国有文物、非国有文物中的珍贵文物和国家规定禁止出境的其他文物，不得出境；但是依照本法规定出境展览或者因特殊需要经国务院批准出境的除外。"该法第 61 条规定："文物出境，应当经国务院文物行政部门指定的文物进出境审核机构审核。经审核允许出境的文物，由国务院文物行政部门发给文物出境许可证，从国务院文物行政部门指定的口岸出境。任何单位或者个人运送、邮寄、携带文物出境，应当向海关申报；海关凭文物出境许可证放行。"该法第 64 条规定："违反本法规定，有下列行为之一，构成犯罪的，依法追究刑事责任：……④将国家禁止出境的珍贵文物私自出售或者送给外国人的；……"

2. 客观方面表现为违反文物保护法规，将收藏的国家禁止出口的珍贵文物私自出售或者私自赠送给外国人的行为。根据《文物保护法》的规定，个人收藏的文物可以由文化行政管理部门指定的单位收购，其他任何单位或者个人不得经营文物收购业务，私人收藏的文物，严禁倒卖牟利，严禁私自卖给外国人。"私自出售"，是指未经批准将禁止出口的珍贵文物有偿出卖给外国人。私自赠送，是指未经批准，无偿地将珍贵文物送给外国人。

3. 犯罪主体是一般主体，自然人和单位均可构成本罪。

4. 主观方面是故意。行为人明知是禁止出口的珍贵文物而私自出售、赠送给外国人。如果行为人主观上确实不知是珍贵文物或者被他人欺骗利用，因其主观上没有犯罪的故意，不应按本罪处罚。行为人私自出售、赠送给外国人珍贵文物的动机有无不影响本罪的成立。

(二) 非法向外国人出售、赠送珍贵文物罪的刑事责任

根据《刑法》第 325 条的规定，犯本罪的，处 5 年以下有期徒刑或者拘役，可以并处罚金。单位犯本罪的，对单位处罚金，并对其直接负责的主管人员和其他直接责任人员依照上述规定处罚。

五、倒卖文物罪

(一) 倒卖文物罪的概念与特征

倒卖文物罪，是指以牟利为目的，倒卖国家禁止经营的文物，情节严重的行为。本罪的主要特征是：

1. 侵犯的客体是国家的文物管理制度。国家的文物管理制度，主要是以《文物保护法》为核心的一系列有关文物保护的法规。根据法律、法规的规定，中华人民共和国境内地下、内水和海中遗存的一切文物，属于国家所有。古文化遗址、古墓葬、石窟寺属于国家所有。国家机关、部队、全民所有制企业、事业组织收藏的文物，属于国家所有。文物只能由文化行政主管部门指定的单位收购，其他任何单位或者个人不得经营文物收购业务。本罪的对象是国家禁止经营的文物。"国家禁止经营的文物"，是指受国家保护的并由国家有关主管部门核定公布的属于禁止经营的文物。1992 年国家文物局等部门就曾下发《关于加强文物市场管理的通知》，规定了部分禁止经营的文物的具体范围，是指未经许可不得经营的一、二、三级珍贵文物以及其他受国家保护的具有重大历史、文化、科学价值的文物。

2. 客观方面表现为倒卖国家禁止买卖的文物，情节严重的行为。"倒卖"，是指以牟利为目的出售、购买国家禁止经营的文物。行为人倒卖的如果不是国家禁止经营的文物，就不构成本罪。构成本罪，还要求必须情节严重。"情节严重"，是指倒卖三级文物的，非法获利数额较大的，非法经营数额较大的，或者多次倒卖三级以下文物、倒卖三级以下文物多件的等情节。倒卖二级文物的、倒卖一级文物的、非法获利数额巨大的、非法经营数额巨大的，或者倒卖稀世国宝的等，属于情节特别严重。

3. 犯罪主体是一般主体，自然人和单位均可构成本罪。

4. 主观方面是故意，且以牟利为目的。对于不知是禁止买卖的文物而买卖的，也不以犯罪论处。对于不以牟利为目的，纯粹因为个人兴趣爱好而买卖的，可不以犯罪论处。

(二) 倒卖文物罪的刑事责任

根据《刑法》第 326 条的规定，犯本罪的，处 5 年以下有期徒刑或者拘役，并处罚金；情节特别严重的，处 5 年以上 10 年以下有期徒刑，并处罚金。单位犯本罪的，对单位判处罚金，并对其直接负责的主管人员和其他直接责任人员，依照上述规定处罚。

六、非法出售、私赠文物藏品罪

(一) 非法出售、私赠文物藏品罪的概念与特征

非法出售、私赠文物藏品罪，是指国有博物馆、图书馆等单位，违反文物保护法规，非法出售或者私自赠送国家保护的文物藏品给非国有单位或者个人的行为。本罪的主要特征是：

1. 侵犯的客体是国家的文物管理制度。《文物保护法》第 64 条规定："违反本法规定，有下列行为之一，构成犯罪的，依法追究刑事责任：……③擅自将国有馆藏文物出售或者私自送给非国有单位或者个人的；……"本罪的犯罪对象是国有博物馆、图书馆等单位收藏的文物。出售或者私自赠送文物的对方只能是非国有单位或者中国公民，如是国有单位，则不构成本罪。如果出售或者私自赠送文物的对方是外国组织或者个人，则依照第 325 条规定，构成非法向外国人出售、赠送珍贵文物罪。

2. 客观方面表现为违反文物保护法规，将国家保护的文物藏品出售或者私自赠送给非国

有单位或者个人的行为。"出售"，是指将馆藏文物有偿让与。"私自送给"，是指将馆藏文物无偿赠送。"非国有单位"，是指国有以外的所有单位，如私营单位、集体所有制单位、中外合作经营单位、中外合资单位、外资单位以及联营单位等。

3. 犯罪主体是特殊主体，即国有博物馆、图书馆等单位，非国有单位不能成为本罪的主体。

4. 主观方面是故意，即明知是国家保护的文物藏品违反规定而出售或赠送给他人。犯罪动机不影响本罪的成立。

（二）非法出售、私赠文物藏品罪的刑事责任

根据《刑法》第327条的规定，犯本罪的，对单位判处罚金，并对其直接负责的主管人员和其他直接责任人员，处3年以下有期徒刑或者拘役。

七、盗掘古文化遗址、古墓葬罪

（一）盗掘古文化遗址、古墓葬罪的概念与特征

盗掘古文化遗址、古墓葬罪，是指盗掘具有历史、艺术、文化、科学价值的古文化遗址、古墓葬的行为。本罪的主要特征是：

1. 侵犯的客体是国家对古文化遗址、古墓葬的管理制度。犯罪对象是具有历史、艺术、科学价值的古文化遗址、古墓葬。根据2015年《文物保护法》第2条的规定，"古文化遗址、古墓葬"，具体指清代和清代以前的具有历史、艺术、科学价值的古文化遗址、古墓葬及辛亥革命以后与著名历史事件有关的名人墓葬遗址和纪念地。其中古文化遗址包括石窟、地下城、古建筑等，古墓葬包括皇帝陵墓、革命烈士墓等。如果行为侵犯的不是上述古文化遗址、古墓葬，而是其他有关文物的，不构成本罪。

2. 客观方面表现为盗掘古文化遗址、古墓葬的行为。所谓"盗掘"，是指未经国家文化主管部门批准的私自掘取的行为。其行为方式有的是秘密的，有的是公开进行掘取。本罪是行为犯，只要行为人实施了盗掘古文化遗址、古墓葬的行为就已构成本罪。在实践中，盗掘古文化遗址、古墓葬行为一般都会对古文化遗址、古墓葬造成破坏或者严重破坏，但即使未造成破坏，也应认定构成本罪。

3. 犯罪主体是一般主体。

4. 主观方面是故意，即明知是古文化遗址、古墓葬而进行盗掘。行为人一般以非法占有古文化遗址、古墓葬中的文物为目的。但是犯罪目的不影响本罪成立。

（二）盗掘古文化遗址、古墓葬罪的司法认定

1. 罪与非罪的界限。可以从两个方面对其加以区分：①看其盗掘古文化遗址、古墓葬行为是故意实施的还是过失实施的，如果属于过失行为则不构成犯罪。②看其盗掘古文化遗址、古墓葬行为是否经过了国家文化主管部门的批准，如果属于经过批准的行为，即便在盗掘过程中造成古文化遗址、古墓葬毁坏的，一般也不构成犯罪，如果情节严重的可以按玩忽职守罪等其他罪论处。

2. 盗掘古文化遗址、古墓葬罪与盗窃罪的界限。

（1）侵犯的客体不同。盗掘古文化遗址、古墓葬罪侵犯的客体是复杂客体，即国家对古文化遗址、古墓葬的管理制度和国家的财产所有权；而盗窃罪侵犯的是单一客体，即公私财产所有权。前者侵犯的对象是古文化遗址、古墓葬，是不可再生物，一般是不能以金额计算的，一旦遭到破坏，损失无法挽回；后者侵犯的对象是一般的公私财物。

（2）客观表现不同。前者表现为违反文物保护法规，未经国家文化主管部门批准，私自挖掘古遗址、古墓葬的行为，其行为方式可以是秘密的，也可以是公开的，而且不论是否窃得

文物，只要实施了盗掘行为，就构成本罪。后者则表现为秘密窃取公私财物，构成犯罪必须以盗窃数额较大为前提，如果未窃取到财物，就是盗窃未遂。

3. 盗掘古文化遗址、古墓葬罪与故意损毁文物、故意损毁名胜古迹罪的界限。

（1）犯罪对象不同。盗掘古文化遗址、古墓葬罪限于古文化遗址、古墓葬；故意损毁文物、名胜古迹罪对象则限于珍贵文物、名胜古迹。

（2）在客观方面，盗窃古文化遗址、古墓葬罪表现为私自掘取的行为，其行为方式多为秘密的；故意损毁文物、名胜古迹罪则表现为损毁行为，其具体表现形式多种多样，包括捣毁、损坏、污损、拆除、挖掘、焚烧等行为。

（3）在主观方面，盗掘古文化遗址、古墓葬罪一般具有非法占有古文化遗址、古墓葬中文物的目的，故意损毁珍贵文物、名胜古迹罪则只是出于损毁的故意，其动机可能多种多样，但并无对文物非法占有的目的。

（三）盗掘古文化遗址、古墓葬罪的刑事责任

根据《刑法》第328条第1款的规定，犯本罪的，处3年以上10年以下有期徒刑，并处罚金；情节较轻的，处3年以下有期徒刑、拘役或者管制，并处罚金；有下列情形之一的，处10年以上有期徒刑或者无期徒刑，并处罚金或者没收财产：①盗掘确定为全国重点文物保护单位和省级文物保护单位的古文化遗址、古墓葬的；②盗掘古文化遗址、古墓葬集团的首要分子；③多次盗掘古文化遗址、古墓葬的；④盗掘古文化遗址、古墓葬，并盗窃珍贵文物或者造成珍贵文物严重破坏的。

八、盗掘古人类化石、古脊椎动物化石罪

（一）盗掘古人类化石、古脊椎动物化石罪的概念与特征

盗掘古人类化石、古脊椎动物化石罪，是指盗掘国家保护的具有科学价值的古人类化石和古脊椎动物化石的行为。本罪的主要特征是：

1. 侵犯的客体是国家有关古人类化石、古脊椎动物化石罪的管理秩序。犯罪对象是古人类化石和古脊椎动物化石。"古人类化石、古脊椎动物化石"，是指古代人类、古代脊椎动物的遗体、遗物或者遗迹埋藏地下因年代久远而变成的跟石头一样的物品。古人类化石、古脊椎动物化石，对研究古人类、古生物的起源和进化，古人类、古生物生存环境的变迁和演变，以及人类文明发展和进步的历史，地层年代的确定等具有重要的科学研究价值。其数量极其有限，根据我国《文物保护法》第2条第3款的规定，"具有科学价值的古脊椎动物化石和古人类化石同文物一样受国家保护"。

2. 客观方面表现为盗掘古人类化石、古脊椎动物化石的行为。"盗掘"，是指违反文物保护法规，不经主管部门批准，非法私自挖掘。本罪为行为犯，只要行为人在客观上实施了盗掘的行为，就可构成本罪。

3. 犯罪主体是一般主体。

4. 主观方面是故意，即明知是古人类化石或者古脊椎动物化石而进行盗掘。"明知"，既包括确知，即确实知道是古人类化石或者古脊椎动物化石；又包括可能知，即知道所盗掘的可能是古人类化石或古脊椎动物化石。行为人盗掘的目的，一般是为了非法占有古人类化石、古脊椎动物化石，当然亦不排除行为人有其他目的。但是犯罪目的不影响本罪的成立。

（二）盗掘古人类化石、古脊椎动物化石罪的刑事责任

根据《刑法》第328条第2款的规定，犯本罪的，依照盗掘古文化遗址、古墓葬罪的法定刑处罚。

九、抢夺、窃取国有档案罪

(一) 抢夺、窃取国有档案罪的概念与特征

抢夺、窃取国有档案罪,是指以非法占有为目的,乘人不备公然夺取或者采取秘密手段获取国家所有的档案的行为。本罪的主要特征是:

1. 侵犯的客体是国家对档案的管理制度。犯罪对象是国家所有的档案。根据《档案法》第2条的规定,档案是指过去和现在的国家机构、社会组织以及个人从事政治、经济、军事、科学、技术、文化、宗教等活动直接形成的对国家和社会有保存价值的各种文字、图表、声像等不同形式的历史记录。"国家所有的档案",是指国家档案馆保管且所有权属于国家的档案。归集体、个人所有的档案不是本罪的对象。根据我国《档案法》第3条的规定,一切国家机关、武装力量、政党、社会团体、企事业单位、公民都有保护档案的义务。任何抢夺、窃取国家所有的档案的行为,都严重侵犯了国家的档案管理秩序。

2. 客观方面表现为抢夺、窃取国家所有的档案的行为。"抢夺",是指趁人不备,公然夺取国有档案。"窃取",是指行为人使用秘密的方法,取得国家所有档案的行为。

3. 犯罪主体是一般主体。

4. 主观方面是故意,即明知是国家所有的档案而进行抢夺或窃取。如果行为人不知抢夺或窃取的是国家档案的,不构成本罪。

(二) 抢夺、窃取国有档案罪的刑事责任

根据《刑法》第329条第1款的规定,犯本罪的,处5年以下有期徒刑或者拘役。第3款规定,犯本罪,同时又构成本法规定的其他犯罪的,依照处罚较重的规定定罪处罚。

十、擅自出卖、转让国有档案罪

(一) 擅自出卖、转让国有档案罪的概念与特征

擅自出卖、转让国有档案罪,是指违反档案法的规定,擅自出卖、转让国家所有的档案,情节严重的行为。本罪的主要特征是:

1. 侵犯的客体是国家对档案的管理制度。《档案法》第17条第1款规定,禁止出卖属于国家所有的档案。

2. 客观方面表现为违反档案法的规定,擅自出卖、转让国家所有的档案的行为。"出卖",是指以牟利为目的,将国有档案出售给他人的行为。"转让",是指将档案的所有权转给他人的行为。擅自出卖、转让国家档案的行为只有情节严重的才构成犯罪。"情节严重",一般是指出卖、转让有关国家政治、军事、经济、科学、技术、文化、宗教等活动的重要档案的;多次出卖、转让国有档案的;出卖、转让国有档案牟利较大的;出卖、转让国有档案造成恶劣社会或者政治影响的;因出卖、转让国有档案受过行政处分不思悔改又实施这种行为的;将国有档案出卖、转让给境外机构或人员的;等等。

3. 犯罪主体是一般主体。

4. 主观方面是故意,即明知是国家所有的档案而擅自出卖或转让。如果行为人不知出卖或转让的是国家档案的,不构成本罪。

(二) 擅自出卖、转让国有档案罪的刑事责任

根据《刑法》第329条第2款的规定,犯本罪的,处3年以下有期徒刑或者拘役。第3款规定,犯本罪,同时又构成本法规定的其他犯罪的,依照处罚较重的规定定罪处罚。

第六节　危害公共卫生罪

一、妨害传染病防治罪

(一) 妨害传染病防治罪的概念与特征

妨害传染病防治罪，是指违反传染病防治法规定，引起甲类传染病传播或者有传播严重危险的行为。本罪的主要特征是：

1. 侵犯的客体是国家关于传染病防治的管理制度。传染病是由病原性细菌、病毒立克次体和原虫引起的，能在人与人之间、动物间或者人与动物间相互传播的一种疾病，是一种流行性危害比较严重的疾病，其种类繁多，传染病防治法规定管理的传染病有甲、乙、丙三类。各类传染病不同程度地侵害人们的身体健康，影响传染病流行地区人们的生产和生活，因此，世界上许多国家都已将传染病防治管理法律化。违反传染病防治法规定的行为，不仅侵犯了传染病防治的管理制度，同时也可引起各类传染病的传播，造成传染病流行的严重危险。因此，依法打击违反传染病防治法规定的行为很有必要。

2. 客观方面表现为违反国家传染病防治法规定，引起甲类传染病传播或者有传播严重危险的行为。本罪在具体行为方式上表现为下述四种情形：①供水单位供应的饮用水不符合国家规定的卫生标准的；②没有按照卫生防疫机构提出的卫生要求，对传染病病原体污染的污水、污物、粪便进行消毒处理的；③准许或者纵容传染病病人、病原携带者和疑似传染病病人从事国务院卫生行政部门规定禁止从事的易使该传染病扩散的工作；④拒绝执行卫生防疫机构依照传染病防治法提出的预防、控制措施的。

本罪是结果犯，必须以发生法定的危害结果，即引起甲类传染病传播或者有传播严重危险的为必备构成要件。甲类传染病，就目前而言，包括鼠疫和霍乱两种。引起甲类传染病传播和引起甲类传染病传播的严重危险是本罪危害结果的选择性构成要件。其中引起甲类传染病传播属刑法理论中的实害结果，其对应的犯罪形态是实害犯；引起甲类传染病传播的严重危险属刑法理论中的危险结果（具体危险结果），其对应的犯罪形态是危险犯（具体危险犯）。在司法实践中，具备上述二种危害结果之一种，并同时符合本罪的其他构成特征，即可构成本罪。

3. 犯罪主体是一般主体。根据司法实践，一般是指供水单位及有关机关、企事业单位、人民团体等单位的直接责任人员，只有他们才能直接涉及供水、对病原体污染物的消毒处理等各项极易使传染病传播的具体工作。

4. 主观方面表现为过失，即行为人对引起甲类传染病传播或传播严重危险这一结果是不明知的。但行为人违反传染病防治法规定的行为则是故意的。如果行为人明知会引起甲类传染病传播或传播严重危险而仍实施违反传染病防治法规定的行为的，则不能以本罪论处，而应以危害公共安全罪论处。如果故意传播突发传染病病原体，危害公共安全的，依照《刑法》第114条、第115条第1款的规定，按照以危险方法危害公共安全罪定罪处罚。患有突发传染病或者疑似突发传染病而拒绝接受检疫、强制隔离或者治疗，过失造成传染病传播，情节严重，危害公共安全的，依照《刑法》第115条第2款的规定，按照过失以危险方法危害公共安全罪定罪处罚。[1]

(二) 妨害传染病防治罪的刑事责任

根据《刑法》第 330 条第 1 款的规定，犯本罪的，处 3 年以下有期徒刑或者拘役；后果特别严重的，处 3 年以上 7 年以下有期徒刑。

二、传染病菌种、毒种扩散罪

(一) 传染病菌种、毒种扩散罪的概念与特征

传染病菌种、毒种扩散罪，是指从事实验、保藏、携带、运输传染病菌种、毒种的人员，违反国务院卫生行政部门的有关规定，过失造成传染病菌种、毒种扩散，后果严重的行为。本罪的主要特征是：

1. 侵犯的客体是国家关于传染病防治的管理制度，具体是国家的传染病菌种、毒种管理制度。在整个传染病防治工作中，传染病菌种、毒种的分离、引进、培养、试验以及传染病菌苗、疫苗的生物制品研制开发、生产使用占据着重要一环。如果疏于对传染病菌种、毒种实验、保藏、携带、运输工作进行规范、严格、科学、细致的管理，一旦造成传染病菌种、毒种扩散失控，则不但无法实现从事这项工作以防治传染病的善良愿望，反而会变成传染病发生、传播乃至流行的肇因，酿成严重危害或威胁公众生命健康安全以及公私财产安全的恶果，并导致整个传染病防治工作的失败。国家对传染病菌种、毒种的引进、供应、保藏、携带、运输、实验以及菌苗、疫苗等生物制品的生产、储存、运输、销售、供应、使用等制定了一系列严格的管理制度。

本罪的对象是传染病菌种、毒种。所谓传染病菌种、毒种，根据《传染病防治法实施办法》第 16 条的规定，分为下列三类：一类是鼠疫耶尔森氏菌、霍乱弧菌；天花病毒、艾滋病病毒。二类是布氏菌、炭疽菌、麻风杆菌、肝炎病毒、狂犬病毒、出血热病毒、登革热病毒；斑疹伤寒立克次体。三类是脑膜炎双球菌、链球菌、淋病双球菌、结核杆菌、百日咳嗜血杆菌、白喉棒状杆菌、沙门氏菌、志贺氏菌、破伤风梭状杆菌；钩端螺旋体、梅毒螺旋体；乙型脑炎病毒、脊髓灰质炎病毒、流感病毒、流行性腮腺炎病毒、麻疹病毒、风疹病毒。

2. 客观方面表现为行为人违反国务院卫生行政部门的有关规定，造成传染病菌种、毒种扩散，后果严重的行为。①行为人必须是违反国务院卫生行政部门的规定，造成传染病菌种、毒种扩散的才能构成本罪。这里，国务院卫生行政部门的有关规定，主要是指违反传染病防治及其实施办法等有关规定。传染病菌种、毒种的实验、保藏、携带、运输，必须按照国务院卫生行政部门的规定严格管理。②必须是造成传染病菌种、毒种扩散，且后果严重。"传染病菌种、毒种扩散"，是指造成储存传染病菌种、毒种的密封器破损、丢失、被盗，或被传染病菌种、毒种所污染的物品未经消毒、灭菌处理而被带入公共场所。"后果严重"，是指引起甲类传染病、艾滋病、肺炭疽传播或有传播严重危险的；造成艾滋病、肺炭疽之外的乙类、丙类传染病大面积传播的；造成大量传染病菌种、毒种扩散的；因传染病菌种、毒种扩散造成国家关于传染病防治管理秩序严重混乱的；致使公私财产遭受巨大损失的等。

3. 犯罪主体是特殊主体，只限于从事实验、保藏、携带、运输传染病菌种、毒种的人员，而且只能是依照国家有关规定从事传染病菌种、毒种实验、保藏、携带、运输工作的单位直接负责的主管人员和其他直接责任人员。不具有从事传染病菌种、毒种实验、保藏、携带、运输

---

[1] 参见最高人民法院、最高人民检察院《关于办理妨害预防、控制突发传染病疫情等灾害的刑事案件具体应用法律若干问题的解释》(2003 年 5 月 13 日最高人民法院审判委员会第 1269 次会议、2003 年 5 月 13 日最高人民检察院第十届检察委员会第 3 次会议通过，2003 年 5 月 15 日起施行)。

的资格，而擅自从事上述事务，因而引起传染病菌种、毒种扩散的，不能以本罪论。单位不能成为本罪主体。

4. 主观方面是过失。即行为人对其违反国务院卫生行政部门的有关规定造成的后果是出于过失的心理态度。至于行为人违反规定的行为本身当然是故意的，但由于行为人对损害结果的发生出于过失，所以本罪仍然属于过失犯罪。

（二）传染病菌种、毒种扩散罪的司法认定

传染病菌种、毒种扩散罪与危险物品肇事罪的区别在于：①两者侵害的主要客体不同。前罪侵害的主要客体是国家关于传染病防治的管理制度；后罪侵害的主要客体则是公共安全。②犯罪对象的性质不同。作为危险物品肇事罪的犯罪对象之一毒害性物品应是指敌敌畏、敌百虫、砒霜、氰化钾、氰化钠、氧化乐甲等无机物，强调的是其剧毒性；传染病菌种、毒种属有机物，其主要特点是传染性，两者存在显著差异。③犯罪主体不同。前罪的犯罪主体是特殊主体，即只限于从事实验、保藏、携带、运输传染病菌种、毒种的人员；后罪的犯罪主体是一般主体，任何具备刑事责任能力的自然人均可构成该罪。

（三）传染病菌种、毒种扩散罪的刑事责任

根据《刑法》第 331 条的规定，犯本罪的，处 3 年以下有期徒刑或者拘役；后果特别严重的，处 3 年以上 7 年以下有期徒刑。

三、妨害国境卫生检疫罪

（一）妨害国境卫生检疫罪的概念与特征

妨害国境卫生检疫罪，是指违反国境卫生检疫规定，引起检疫传染病传播或者有传播严重危险的行为。本罪的主要特征是：

1. 侵犯的客体是国家对国境卫生检疫的正常管理活动。我国于 1986 年 12 月公布了《国境卫生检疫法》（于 2009 年 8 月 27 日修正），规定在我国国际通航的海港和机场所在地，以及陆地边境和国界江河的进出口岸，设立国境卫生检疫机关，对进出国境的人员和交通工具、行李、货物实施医学检查、卫生检查和必要的卫生处理，以保护我国人民的生命财产安全。违反国境卫生检疫规定，足以引起检疫传染病传播的行为，就是对我国国境卫生检疫管理活动的破坏。

2. 客观方面表现为实施了违反国境卫生检疫规定，引起检疫传染病的传播，或者有传播严重危险的行为。"违反国境卫生检疫规定"，是指入境、出境时采取逃避、蒙混或者其他手段，不接受国境卫生检疫机关对人身或者物品的医学检查、卫生检查和必要的卫生处理，以及其他不接受国境卫生检疫义务的行为。引起检疫传染病传播或者有传播严重危险是构成本罪的结果条件。"检疫传染病"，是指鼠疫、霍乱、黄热病、艾滋病以及国务院确定和公布的其他传染病。引起检疫传染病传播，是指实际造成了传播的后果，也就是说使他人感染上了检疫传染病，但感染的人数没有要求，也不要求被传播的人发生死亡等严重后果。"有传播严重危险"，是指虽然尚未实际造成检疫传染病的传播，但具有造成检疫传染病传播的极大的现实可能性，一般表现为散播了大量检疫传染病病菌或者病毒，对公共卫生构成严重威胁的情况。

3. 犯罪主体是一般主体，但一般必须是出入国（边）境的人才可能构成本罪。单位也可以成为本罪主体。

4. 主观方面是故意，即行为人明知应当接受卫生检疫检查而故意逃避或拒绝。行为人明知自己应当接受国境卫生检疫检查或必要的卫生处理就足以构成故意，而并不要求行为人必须明知自己是染疫人或染疫嫌疑人。

（二）妨害国境卫生检疫罪的刑事责任

根据《刑法》第332条的规定，犯本罪的，处3年以下有期徒刑或者拘役，并处或者单处罚金；单位犯本罪的，对单位判处罚金，并对其直接负责的主管人员和其他直接责任人员，依上述规定处罚。

四、非法组织卖血罪

（一）非法组织卖血罪的概念与特征

非法组织卖血罪，是指违反血液制品管理规定，非法组织他人出卖血液的行为。本罪的主要特征是：

1. 侵犯的客体是国家血液管理制度，同时也对公共卫生造成妨害。根据2006年3月1日生效的《血站管理办法》第65条的规定，血液，是指全血、血液成分和特殊血液成分。脐带血，是指与孕妇和新生儿血容量和血循环无关的，由新生儿脐带扎断后的远端所采集的胎盘血。脐带血造血干细胞库，是指以人体造血干细胞移植为目的，具有采集、处理、保存和提供造血干细胞的能力，并具有相当研究实力的特殊血站。为加强血站管理，保证血液质量，维护社会公共卫生安全，我国颁布了一系列的法规规章来建立我国的血液管理制度。其中最主要的是2006年3月1日起施行的《血站管理办法》。该法第5条规定："国家卫生计生委根据全国医疗资源配置、临床用血需求，制定全国采供血机构设置规划指导原则，并负责全国血站建设规划的指导。省、自治区、直辖市人民政府卫生计生行政部门应当根据前款规定，结合本行政区域人口、医疗资源、临床用血需求等实际情况和当地区域卫生发展规划，制定本行政区域血站设置规划，报同级人民政府批准，并报国家卫生计生委备案。"该法第9条第1款规定，中心血站应当设置在设区的市。其主要职责是：①按照省级人民政府卫生计生行政部门的要求，在规定范围内开展无偿献血者的招募、血液的采集与制备、临床用血供应以及医疗用血的业务指导等工作；②承担供血区域范围内血液储存的质量控制；③对所在行政区域内的中心血库进行质量控制；④承担卫生计生行政部门交办的任务。该法第59条规定，有下列行为之一的，属于非法采集血液，由县级以上地方人民政府卫生计生行政部门按照《献血法》第18条的有关规定予以处罚；构成犯罪的，依法追究刑事责任：①未经批准，擅自设置血站，开展采供血活动的；②已被注销的血站，仍开展采供血活动的；③已取得设置批准但尚未取得《血站执业许可证》即开展采供血活动，或者《血站执业许可证》有效期满未再次登记仍开展采供血活动的；④租用、借用、出租、出借、变造、伪造《血站执业许可证》开展采供血活动的。非法组织卖血，既违反了国家血液管理制度，又会对公共卫生造成严重的妨害。

2. 客观方面表现为非法组织他人出卖血液的行为。"非法"是指违反我国献血法规定的无偿献血制度。无偿献血是一种纯属无私奉献的献血行为，因此组织他人卖血的行为是非法的。非法组织他人出卖血液的行为，具体说来，是行为人在组织他人卖血过程中实施了策划、指挥、领导的行为。在实践中，这种行为一般表现为动员、拉拢、联络、串联、制订计划、下达命令、分配任务、出谋划策等形式。

3. 犯罪主体是一般主体，自然人和单位均可构成。

4. 主观方面是故意，过失不能构成本罪。至于本罪是否以牟利为目的，本条未作规定，一般而言，非法组织他人出卖血液的行为多以牟利为目的，但并不以此目的为构成要件。

（二）非法组织卖血罪的司法认定

1. 非法组织卖血罪与强迫卖血罪的区别。两罪在主体上都是一般主体，主观上都是出于故意，客体上都直接侵犯了国家对献血工作的管理制度。但它们又有明显的不同：①客体不完全相同。非法组织卖血罪没有侵犯卖血者的人身权利；而强迫卖血罪则侵犯了卖血者的人身权利。②客观方面不同。非法组织卖血罪中的被组织者是自愿卖血的；而强迫卖血罪中的卖血者则是被迫的。③行为方式不同。前罪表现为组织行为；而后罪表现为以暴力、威胁方法强迫的行为。

2. 非法组织卖血罪与非法采集、供应血液、制作、供应血液制品罪的区别。两罪都是血液方面的危害公共卫生罪，主观上都出于故意，客观方面也表现出一定的相似之处，主体都是一般主体，客体也基本相同，但二者是有明显区别的：①犯罪对象不完全相同。前罪的对象只能是血液，不包括血液制品；后罪的对象不仅包括血液，还包括血液制品。②行为方式不同。前罪表现为将血液作为商品加以出卖而破坏无偿献血制度；后罪表现为没有采供血液资格或制作、供应血液制品的资格而非法进行采供或制作、供应而破坏采供血以及血液制品管理制度。③前罪是行为犯；后罪是危险犯，必须足以危害人体健康的才能构成犯罪。④前罪的主体在理论上属于组织犯；后罪的主体在理论上属于实行犯。

（三）非法组织卖血罪的刑事责任

根据《刑法》第333条的规定，犯本罪的，处5年以下有期徒刑，并处罚金。有前款行为，对他人造成伤害的，依照故意伤害罪定罪处罚。

五、强迫卖血罪

（一）强迫卖血罪的概念与特征

强迫卖血罪，是指以暴力、威胁方法强迫他人出卖血液的行为。本罪的主要特征是：

1. 侵犯的是复杂客体，其主要客体是国家对血液的管理制度，次要客体是公共卫生以及被强迫人的人身权利。《献血法》明确规定我国实行无偿献血制度，以暴力、威胁方法强迫他人出卖血液，即是对上述制度的直接违反和破坏。本罪还侵犯了被强迫人的人身权利。以暴力、威胁方法强迫他人出卖血液，必然会侵犯他人的健康权利、人身自由权利以及其他人身权利。

2. 客观方面表现为行为人具有以暴力、威胁方法强迫他人出卖血液的行为。"暴力"，是指对他人人身进行打击或实施强制，如殴打、捆绑等。"威胁"，是指以杀害、伤害、毁坏财产、破坏名誉等手段进行要挟，迫使他人接受自己的意志，从而实施卖血行为。强迫卖血罪同非法组织卖血罪一样，由于受到非法牟利动机的支配，必然会无视上述规定，置公共卫生以及卖血者健康于不顾，因此对这些血液犯罪要予以严惩。应注意的是，本罪是行为犯，故犯罪的成立不以发生实害后果为条件。

3. 犯罪主体是一般主体。自然人和单位均可构成本罪。

4. 主观方面是直接故意。本罪虽然多以牟利为犯罪目的，但犯罪目的不影响本罪成立。

（二）强迫卖血罪的刑事责任

根据《刑法》第333条的规定，犯本罪的，以暴力、威胁方法强迫他人出卖血液的，处5年以上10年以下有期徒刑，并处罚金。有前款行为，对他人造成伤害的，依照故意伤害罪定罪处罚。

六、非法采集、供应血液、制作、供应血液制品罪

（一）非法采集、供应血液、制作、供应血液制品罪的概念与特征

非法采集、供应血液、制作、供应血液制品罪，是指非法采集、供应血液或者制作、供应血液制品，不符合国家规定的标准，足以危害人体健康的行为。本罪的主要特征是：

1. 侵犯的客体是复杂客体，既包括国家对血液和血液制品的管理制度，又包括公共卫生。本罪侵犯的对象，是血液和血液制品。

2. 客观方面表现为非法采集、供应血液或制作、供应血液制品，不符合国家规定的标准，

足以危害人体健康的行为。①必须有非法采集、供应血液或者制作、供应血液制品的行为。"非法",不仅指违反操作规定,而且指未经国家主管部门批准,不具有采集、供应血液或者制作、供应血液制品的资格。非法采集、供应血液或者制作、供应血液制品的行为,包括非法采集、供应血液的行为和非法制作、供应血液制品的行为。非法采集、供应血液的行为,既可以由不具备采集、供应血液的单位和个人为之,也可以由依法成立的血站、单采血浆站工作人员为之。不符合国家规定的标准,主要是相对于非法采集、供应的血液和非法制作、供应的血液制品的质量而言的。血液、血液制品质量的好坏,集中表现在有效性和安全性两方面,这是由其本身的性质和纯度而定的。有效性是发挥治疗效果的基本条件,安全性是保证其充分发挥作用而又减少损伤和不良影响的必要条件。②足以危害人体健康。行为人非法采集、供应血液或者制作、供应血液制品的行为只有与他人人体健康足以受到侵害的危险状态之间具有刑法上的因果关系,才能构成本罪。

3. 犯罪主体是一般主体。单位则不能成为本罪主体,对于不具有采集、供应血液或者制作、供应血液制品资格的单位所从事的采集、供应血液或者制作、供应血液制品,不符合国家规定的标准,足以危害人体健康的行为,只追究有关直接责任人员的刑事责任。

4. 主观方面是故意,即行为人明知自己违反有关操作规定,或者明知自己没有资格从事采集、供应血液或者制作、供应血液制品活动仍决意为之。

(二)非法采集、供应血液、制作、供应血液制品罪的刑事责任

根据《刑法》第334条第1款的规定,犯本罪的,处5年以下有期徒刑或者拘役,并处罚金;对人体健康造成严重危害的,处5年以上10年以下有期徒刑,并处罚金;造成特别严重后果的,处10年以上有期徒刑或者无期徒刑,并处罚金或者没收财产。

七、采集、供应血液、制作、供应血液制品事故罪

(一)采集、供应血液、制作、供应血液制品事故罪的概念与特征

采集、供应血液、制作、供应血液制品事故罪,是指经国家主管部门批准采集、供应血液或者制作、供应血液制品的部门,不依照规定进行检测或者违背其他操作规定,严重危害他人身体健康的行为。本罪的主要特征是:

1. 侵犯的客体是复杂客体,既侵犯了国家对血液、血液制品的管理制度,又侵犯了公共卫生。国家有关行政主管部门对于采集、供应血液或者制作、供应血液制品工作,制定了一系列的检测、操作规定。比如《献血者健康检查标准》《供血浆者健康检查标准》《血液制品管理条例》等,从而为血液、血液制品的采集、制作、供应工作建立了一整套的管理制度。然而,实践中有些单位仍违反检测、操作规定,不仅侵犯了国家对血液、血液制品的管理制度,而且往往会产生危害他人身体健康的严重后果,具有严重的社会危害性。因此,本法增设了本罪,有利于抑制这类单位犯罪活动。本罪侵犯的对象是血液和血液制品。

2. 客观方面表现为采集、供应血液或者制作、供应血液制品时,不依照规定进行检测或者违背其他操作规定,造成危害他人身体健康的后果。①经国家主管部门批准采集、供应血液或者制作、供应血液制品的血站(库)、单采血浆站及血液制品生产单位,不依照有关规定进行检测、操作。②本罪属于实害犯。只有实际上造成了危害人民群众的身体健康的后果,才能构成本罪。所谓"造成危害他人身体健康的后果",法律没有明文规定,通常是指由于血液或血液制品的质量问题而致使不特定受血者、使用者正常的生理机能遭受严重损害,或者由于采血器材、医疗器械材料的卫生清洁问题,或采血制血的具体技术、手法问题而导致供血者、受血者等正常的生理机能遭受严重损害。

3. 犯罪主体是特殊主体,即必须是经国家主管部门批准的有权从事采集、供应血液或者

制作、供应血液制品活动的单位，包括采供血机构和血液制品生产单位。采供血机构，是指采集、储存血液，并向临床或血液制品生产单位供血的医疗卫生机构。血液制品生产单位，是经国家主管部门批准而从事制作、供应血液制品的单位。

4. 主观方面是过失，即依法从事血液采集、供应或血液制品制作、供应的单位，应当预见本单位不依照规定进行检测或者违背其他操作规定的行为，可能造成危害他人身体健康的后果，但因为疏忽大意而没有预见，或者已经预见但轻信能够避免，以致发生他人身体健康遭受损害的后果。

（二）采集、供应血液、制作、供应血液制品事故罪的刑事责任

根据《刑法》第334条第2款的规定，犯本罪的，对单位判处罚金，并对其直接负责的主管人员和其他直接责任人员，处5年以下有期徒刑或者拘役。

八、医疗事故罪

（一）医疗事故罪的概念与特征

医疗事故罪，是指医务人员由于严重不负责任，造成就诊人死亡或者严重损害就诊人身体健康的行为。本罪的主要特征是：

1. 侵犯的客体是医疗单位的工作秩序，以及公民的生命健康权利。犯罪对象是接受医疗人员治疗的人。

2. 客观方面表现为严重不负责任，造成就诊人死亡或者严重损害就诊人身体健康的行为。

（1）医务人员在诊疗护理工作中有严重不负责任的行为。严重不负责任，是指在诊疗护理工作中违反规章制度和诊疗护理常规。医疗事故案件中常见的违反规章制度的情况有：错用药物、错治病人、错报输血、错报病情、擅离职守、交接班草率、当班失职等。诊疗护理常规，是指长期以来在诊疗护理实践中被公认的行之有效的操作习惯与惯例。各项诊疗操作和护理，均有一定的操作规程的要求，这些规程是为了保障操作稳准，避免失误而制定的，在诊疗操作和护理工作中必须遵照执行，否则就有可能导致医疗事故的发生。

（2）因严重不负责任行为造成医疗事故。有下列情形之一的，不属于医疗事故：①在紧急情况下为抢救垂危患者生命而采取紧急医学措施造成不良后果的；②在医疗活动中由于患者病情异常或者患者体质特殊而发生医疗意外的；③在现有医学科学技术条件下，发生无法预料或者不能防范的不良后果的；④无过错输血感染造成不良后果的；⑤因患方原因延误诊疗导致不良后果的；⑥因不可抗力造成不良后果的。

（3）严重不负责任行为与病人重伤、死亡之间必须存在刑法上的因果关系。医疗事故行为是造成严重后果的主要原因。

3. 犯罪主体是特殊主体，是指具有刑事责任能力的实施了违章医疗行为的医务人员。医务人员是指具有一定医学知识和医疗技能，取得行医资格，直接从事医疗护理工作的人员，包括医院医务人员及经批准的个体行医者。未取得医生执业许可证的非法行医者，不能成为本罪的主体。

4. 主观方面是过失，即行为人主观上对病人伤亡存在重大业务过失。在这里，本罪要求行为人主观上存在重大过失而不是一般过失，即从主观上过失程度之轻重来说，行为人主观上存在严重过失。临床医疗活动本身有特殊的导致人身伤亡的危险性，医务人员稍有不慎即会发生不幸后果，如果把一般过失行为确定为犯罪，于情理上有失公平、于法律上则过于严苛。

（二）医疗事故罪的认定

1. 医疗事故罪与一般医疗事故的界限。医疗事故是指医疗机构及其医务人员在医疗活动中，违反医疗卫生管理法律、行政法规、部门规章和诊疗护理规范、常规，过失造成患者人身

损害的事故。根据我国刑法的规定，医疗事故罪是指医务人员严重不负责任，过失造成就诊人死亡或者严重损害就诊人身体健康的行为。它与一般医疗事故的质的界限主要在于医疗事故行为造成的危害结果的严重性是否达到造成就诊人死亡或者严重损害就诊人身体健康的程度。构成医疗事故罪，患者人身损害的危害结果必须与医务人员严重不负责任的诊疗护理有必然的联系，即两者存在刑法上的因果关系，即医疗事故行为是造成严重后果的主要原因。如果医务人员有严重的违章行为，而没有上述的危害结果发生；或者虽有危害结果，而医务人员没有严重的违章行为，或者虽有违章但不严重，均不构成犯罪。

2. 医疗事故罪与医疗事故相近事故的界限。

（1）医疗事故罪与医疗技术事故的界限。医疗技术事故是指在诊疗护理工作中，因医务工作者的技术过失，造成病员死亡、残废或功能障碍的事故。在医疗技术事故中，由于医务人员在诊疗护理过程中已尽其责，没有违反工作制度和技术规程，只是由于在现有医学科学技术条件下，设备或医务技术水平的限制发生了无法预料或者不能防范的不良后果。由于行为人不具备构成医疗事故罪的主客观要件，因而医疗技术事故不能作为有罪处理。

（2）医疗事故罪与医疗差错的界限。医疗差错是指虽有诊疗护理错误，但未造成病员死亡、残废、功能障碍的情形。由于没有造成医疗事故罪的法定的危害结果，医疗差错不具备构成医疗事故罪的客观方面的要件而不构成犯罪。

（3）医疗事故罪与医疗意外的界限。医疗意外是指在医疗活动中由于患者病情异常或者患者体质特殊而发生的难以预料和防范的不良后果。在医疗意外中，由于医务人员没有主观罪过，故不属犯罪。这种情形刑法理论称"意外事件"或"不可抗力事件"。

（4）医疗事故罪与并发症的界限。并发症一般指医疗过程中难以避免和防范的不良后果，如某一种疾病在治疗过程中，发生了与这种疾病有关的另一种或几种疾病。如果因此出现病人死亡、残废或功能障碍等情形，由于这些结果的产生不是医务人员的诊疗护理过失所致，因而不属医疗事故，也不能作为犯罪处理。这种情形也属刑法理论上的"意外事件"或"不可抗力事件"。

（5）医疗事故罪与抢救行为的界限。抢救行为是指在紧急情况下为抢救垂危患者生命而采取紧急医学措施造成的不良后果，如医务人员为了挽救病员生命、治愈疾病，在采取其他措施不能达到目的时，不得不冒较小的风险，有时还不得不采取损害病员较小利益的方法，以保护其生命健康免遭损害的行为。这种情况下如果造成病人死亡、残废或功能障碍等后果，由于医务人员没有犯罪的故意或过失，故不能认定为有罪。

3. 医疗事故罪与其他相似罪的界限。

（1）医疗事故罪与故意杀人罪的界限。故意杀人罪侵犯的客体是他人的生命权利，而医疗事故罪侵犯的客体是医疗管理秩序和就诊人的生命权利；故意杀人罪的客观方面表现为非法剥夺他人生命的行为，医疗事故罪则表现为医务人员严重不负责任，致使就诊人死亡的行为；故意杀人罪的主体为一般主体，即达到一定年龄并具有责任能力的自然人，医疗事故罪的主体是特殊主体，即取得医生执业资格的医务人员；故意杀人罪的主观方面只能由故意构成，而医疗事故罪的行为人必须有诊疗护理工作过失。实践中，有些犯罪分子利用医疗工作的机会，实施杀人的犯罪行为，应定故意杀人罪。如某镇卫生院一医生值夜班时，众人送来一采石中被砸伤的急重病人，该医生立即开始抢救，在处理伤者面部血迹创口时，该医生发现伤者是自己的仇人，便立即停止清创缝合直至伤者死亡。

（2）医疗事故罪与重大责任事故罪的界限。两罪都是过失犯罪，在客观上都造成了严重后果。但二罪有明显的区别：医疗事故罪的主体是医务人员，而重大责任事故罪的主体是工矿企业等单位的职工；医疗事故罪的客观方面表现为医务人员严重不负责任而致使就诊人死亡或者严重损害就诊人身体健康的行为，重大责任事故罪的客观方面表现为行为人在生产、作业活动中不服管理、违反规章制度，或者强令工人违章冒险作业，因而发生重大伤亡事故或造成其他严重后果的行为；医疗事故罪侵犯的客体是就诊人的生命健康权利和医疗管理秩序，而重大责任事故罪所侵犯的客体是工矿企业等单位的生产安全；医疗事故罪侵害的对象是到医院就诊人员的安全，重大责任事故罪侵害的对象是工矿企业等单位不特定的多数人的人身安全和公私财产的安全。

（3）医疗事故罪与非法行医罪的界限。两罪都违反了相似的法律、行政法规，都侵害了国家正常的医疗秩序。它们的不同点主要是：医疗事故罪的主体是取得医生执业资格的医务人员，非法行医罪的主体是未取得医生执业资格的人；医疗事故罪的主观方面是过失，非法行医罪在主观方面是故意，表现为行为人对自己非法行医的行为是明知的，但对造成患者人身损害结果则是过失的，否则，就可能构成其他罪而不构成非法行医罪；医疗事故罪的客观方面表现为积极的作为或者消极的不作为，而非法行医罪在客观方面表现为积极的作为。在司法实践中，凡领有国家许可执照的个体医生，在行医中发生重大医疗事故的应认定为医疗事故罪；无医疗许可执照的如江湖游医，在合法行医中发生重大医疗责任事故则不能定医疗事故罪，而应根据具体情况定罪；具有医师身份的人，如不在正常医疗活动中发生医疗事故，如为他人偷取节育环、私自为他人堕胎等，也不构成医疗事故罪，应根据其具体犯罪情节确定罪名。

（4）医疗事故罪与玩忽职守罪的区别。玩忽职守罪，是指国家机关工作人员严重不负责任，不履行或不正确履行职责，致使公共财产、国家和人民利益遭受重大损失的行为，它与医疗事故罪都表现为严重不负责任，都可能出现造成人员伤亡的严重后果。二罪的区别在于：①主体不同。前罪的主体是医务人员，后罪的主体是国家机关工作人员。②客体不同。前罪的主要客体是医疗机构的管理秩序，后罪的客体是国家机关的正常管理活动。③主观过失的内容不同。前罪是在诊疗护理工作中出现的过失，后罪是在行政管理过程中出现的过失。④客观表现不同。前罪表现为在诊疗护理工作中违反规章制度或诊疗操作常规，后罪表现为在行政管理工作中严重不负责任，不履行或不正确履行自己的职责。⑤危害后果不同。前罪的危害后果仅限于就诊人死亡或身体健康严重受损，而后罪的后果既可以是人员伤亡，也可以是财产损失，还可以是恶劣的政治影响。

（三）医疗事故罪的刑事责任

根据《刑法》第335条的规定，犯本罪的，处3年以下有期徒刑或者拘役。

九、非法行医罪

（一）非法行医罪的概念与特征

非法行医罪，是指未取得医生执业资格的人非法行医，为他人治病，情节严重的行为。本罪的主要特征是：

1. 侵犯的客体是复杂客体，既侵犯国家对医疗卫生工作的管理制度，又侵犯他人的身体健康权。行医是关系到人民生命健康的特殊职业，因此，国家对这一行业的管理极为严格。不仅对行医者的资格加以严格限制，要求行医者除了要有良好的政治思想条件外，还要具备一定的技术资格，以保证医疗质量，保障人民的生命健康安全。非法行医，不仅扰乱了业已建立的良好的医疗卫生工作管理秩序，而且还由于非法行医者不具备执业的资格和条件，医疗服务质量差，侵犯了就诊人的身体健康和生命安全。

2. 客观方面表现为非法行医，情节严重的行为。"非法行医"，是指无医生执业资格从事诊疗活动，包括在医疗机构中从事诊疗活动和擅自开业从事诊疗活动。有医生执业资格而未取得开业执照行医的，不属本条所称非法行医。"情节严重"，一般指非法行医，屡教不改的；骗取大量钱财的；损害就诊人身体健康的；等等。"严重损害就诊人身体健康的"，是指国务院于2002年9月1日起施行的《医疗事故处理条例》第4条规定的一级、二级医疗事故。未取得医师执业资格非法行医，具有造成突发传染病病人、病原携带者、疑似突发传染病病人贻误诊治或者造成交叉感染等严重情节的，依照《刑法》第336条第1款的规定，依法从重处罚。[1]

3. 犯罪主体是特殊主体。即"未取得医生执业资格的人"。[2]

4. 主观方面是故意。行为人对自己没有医生执业资格是明知的。对病人在得不到有效及时治疗时会伤残直至死亡则包括间接故意和过失。

(二) 非法行医罪的刑事责任

根据《刑法》第336条第1款的规定，犯本罪的，处3年以下有期徒刑、拘役或者管制，并处或者单处罚金；严重损害就诊人身体健康的，处3年以上10年以下有期徒刑，并处罚金；造成就诊人死亡的，处10年以上有期徒刑，并处罚金。

十、非法进行节育手术罪

(一) 非法进行节育手术罪的概念与特征

非法进行节育手术罪，是指未取得医生执业资格的人擅自为他人进行节育复通手术、假节育手术、终止妊娠手术或者摘取宫内节育器，情节严重的行为。本罪的主要特征是：

1. 侵犯的是复杂客体，既侵犯国家的计划生育政策和制度，又侵犯他人的身体健康权。实行计划生育是我国的一项基本国策。切实掌握落实节育措施，不仅可以控制人口增长，同时也有利于保护人体健康，提高人口素质，促进民族繁荣。未取得医生执业资格的人，必然对公众的健康、生命安全造成现实的威胁。

2. 客观方面表现为擅自为他人进行节育复通手术、假节育手术、终止妊娠手术或者摘取宫内节育器，情节严重的行为。擅自为他人进行节育复通手术，是指没有医师资格的人，违反计划生育政策和制度，为他人进行输卵（精）管复通手术的行为。擅自为他人进行假节育手术，是指没有医师资格的人，违反计划生育政策和制度，为他人进行假结扎输卵（精）管手术的行为。"情节严重"，一般是指多次为他人进行节育复通等手术，致使多人超计划生育；使用不合卫生标准或医疗标准的方法，致使就诊人遭受重大痛苦或者损害就诊人健康。"情节严重"是本罪的构成要件。

3. 犯罪主体是一般主体。但必须是未取得医生执业的人。如果已经取得医生执业资格的人实施破坏计划生育的行为，不构成本罪。

4. 主观方面是故意，即明知自己未取得医生执业资格，仍然为他人实施计划生育手术。

(二) 非法进行节育手术罪的刑事责任

根据《刑法》第336条第2款的规定，犯本罪的，处3年以下有期徒刑、拘役或者管制，并处或者单处罚金；严重损害就诊人身体健康的，处3年以上10年以下有期徒刑，并处罚金；造成就诊人死亡的，处10年以上有期徒刑，并处罚金。

---

[1] 参见最高人民法院、最高人民检察院《关于办理妨害预防、控制突发传染病疫情等灾害的刑事案件具体应用法律若干问题的解释》（2003年5月13日最高人民法院审判委员会第1269次会议、2003年5月13日最高人民检察院第十届检察委员会第3次会议通过，2003年5月15日起施行）。

[2] 关于本罪特殊主体的解释，请参阅后文"学术视野"部分。

十一、妨害动植物防疫、检疫罪

(一) 妨害动植物防疫、检疫罪的概念与特征

妨害动植物防疫、检疫罪，是指违反动植物检疫法的有关国家规定，引起重大动植物疫情的，或者有引起重大动植物疫情危险，情节严重的行为。本罪的主要特征是：

1. 侵犯的客体是我国动植物防疫、检疫制度。

2. 客观方面表现为违反有关动植物防疫、检疫的国家规定，引起重大动植物疫情的，或者有引起重大动植物疫情危险，情节严重的行为。①违反动植物防疫、检疫法的规定。如1991年10月30日全国人大常委会通过的《进出境动植物检疫法》，该法第2条规定："进出境的动植物、动植物产品和其他检疫物，装载动植物、动植物产品和其他检疫物的装载容器、包装物，以及来自动植物疫区的运输工具，依照本法规定实施检疫。"②逃避动植物检疫，是指未经口岸动植物检疫机关的许可擅自进出境动植物的行为。③引起了重大动植物疫情或者有引起重大动植物疫情危险。重大动植物疫情，法律没有明确规定，通常认为是指如下几种情况：引起的动植物疫情，难于治理，对农林牧渔业生产危害很大；引起的动植物疫情，过去没有发生过，对农林牧渔业生产危害很大；引起动植物疫情造成的实际经济损失巨大。

3. 犯罪主体是一般主体，自然人和单位均可构成。

4. 主观方面是过失，即行为人对其逃避或拒绝接受国境卫生检疫检查是故意的，但是对引起重大动植物疫情这一结果是出于过失。

(二) 妨害动植物防疫、检疫罪的刑事责任

根据《刑法》第337条的规定，犯本罪的，处3年以下有期徒刑或者拘役，并处或者单处罚金。单位犯本罪的，对单位判处罚金，并对其直接负责的主管人员和其他直接责任人员，依上述规定处罚。

第七节 破坏环境资源保护罪

一、污染环境罪

(一) 污染环境罪的概念与特征

污染环境罪，是指违反国家规定，向土地、水体、大气排放、倾倒或者处置有放射性的废物、含传染病病原体的废物、有毒物质或者其他有害废物，严重污染环境的行为。本罪的主要特征是：

1. 侵犯的客体是国家防治环境污染的管理制度。为了防治环境污染、保护和改善生活、生态环境，国家先后制定了《环境保护法》《大气污染防治法》《水污染防治法》《海洋环境保护法》《固体废物污染环境防治法》等法律、法规。本罪的对象为危险废物，具体包括放射性废物、含传染病病原体的废物、有毒物质或者其他危险废物。所谓危险废物，是指列入国家危险废物名录或者根据国家规定的危险废物鉴别标准和鉴别方法认定的具有危险特性的废物。放射性废物，是指放射性核素超过国家规定限值的固体、液体和气体废弃物；含传染病病原体的废物，是指含有传染病病菌的污水、粪便等废物；有毒物质，是指对人体有毒害，可能对人体健康和环境造成严重危害的固体、泥状及液体废物；其他危险废物，则是指上述列举之外的，列入国家危险废物名录或者根据国家规定的危险废物鉴别标准和鉴别方法认定的具有危险特性的废物。放射性废物主要包括放射性废水、废气和固体废物。含传染病病原体的废物（亦称传染性废物），是指带有病菌、病毒等病原体的废物。病原体亦称病原物或病原生物，是对能引

起疾病的微生物和寄生虫的统称，主要包括病菌、寄生虫和病毒三类。有毒物质是对机体发生化学或物理化学的作用，因而损害机体，引起功能障碍、疾病，甚至死亡的物质。其他危险废物则是指上述列举之外的，列入国家危险废物名录或根据国家规定的危险废物鉴别标准和鉴别方法认定的具有危险特性的废物。

2. 客观方面表现为违反国家规定，向土地、水体、大气排放、倾倒或者处置有放射性的废物、含传染病病原体的废物、有毒物质或其他有害废物，严重污染环境的行为。"排放"，是指把各种危险废物排入土地、水体、大气的行为，包括泵出、溢出、泄出、喷出、倒出等。"倾倒"，是指通过船舶、航空器、平台或者其他载运工具，向土地、水体、大气倾卸危险废物的行为。"处置"，是指以焚烧、填埋或其他改变危险废物属性的方式处理危险废物或者将其置于特定场所或者设施并不再取回的行为。

3. 犯罪主体是一般主体，自然人和单位均可构成本罪。

4. 主观方面是过失。行为人对违反国家规定排放、倾倒、处置危险废物这一行为本身可能是故意的，但对造成环境污染事故，致公私财产遭受重大损失或者人身伤亡严重后果而言，行为人主观上是过失。

(二) 污染环境罪的司法认定

1. 污染环境罪与重大责任事故罪的区别。两罪的相同之处在于都是结果犯，且都要求造成严重后果。两罪的区别在于：①犯罪主体不同。前罪是自然人，也可以是单位；后罪只能是自然人。②客观表现行为不同。前罪表现为违反国家规定，向土地、水体、大气排放、倾倒或者处置危险废物的行为；后罪表现为违反规章制度，因而发生重大事故的行为。③犯罪的时间不同。前罪发生的结果可以是长期向土地、水体、大气排放、倾倒或者处置危险废物，在时间上可以表现为长期性；后罪的结果是在生产、作业过程中，一次性的责任事故所造成的，在时间上表现为一次性、偶然性。

2. 污染环境罪与危险物品肇事罪的区别。两罪的相同之处在于都是结果犯，且都要求造成严重后果。两罪的区别在于：①犯罪主体不同。前罪是自然人或单位；后罪只能是自然人。②犯罪的对象不同。前罪是危险废物；后罪是危险物品。③犯罪发生的时间不同。前罪是在排放、倾倒、处置危险废物过程中发生的；后罪则是在危险物品的生产、运输、保管、使用过程中发生的。④发生的结果有所不同。前罪是造成重大环境污染事故；后罪可以是重大环境污染事故，也可以是其他的重大事故，如发生重大爆炸、中毒等事故。

(三) 污染环境罪的刑事责任

根据《刑法》第338条的规定，犯本罪的，处3年以下有期徒刑或者拘役，并处或者单处罚金；后果特别严重的，处3年以上7年以下有期徒刑，并处罚金。

二、非法处置进口的固体废物罪

(一) 非法处置进口的固体废物罪的概念与特征

非法处置进口的固体废物罪，是指违反国家规定，将境外的固体废物进境倾倒、堆放、处置的行为。本罪的主要特征是：

1. 侵犯的客体是国家防治固体废物污染环境的管理制度。我国先后颁布了一系列法规，如1991年国家环保局、海关总署发布的《关于严格控制境外有害废物转移到我国的通知》、1995年10月30日第八届全国人民代表大会常务委员会第16次会议通过的《固体废物污染环境防治法》等。本罪的犯罪对象是境外的各种可用作原料的固体废物。

2. 客观方面表现为违反国家规定，将境外的固体废物进境倾倒、堆放、处置的行为。①违反国家规定。②实施了将境外的固体废物倾倒、堆放、处置的行为。"倾倒"，是指通过船舶、汽车等运载工具向我国境内任何地方倾卸固体废物的行为;"堆放",是指将境外的固体废物任意堆存在我国境内的任何地方;"处置",是指在中国境内将中国境外的固体废物进行焚烧和用其他方法改变固体废物物理、化学、生物特性的方法,达到减少已产生的固体废物数量,缩小固体废物体积,减少或者消除其危险成分的活动,或者将固体废物最终置于符合环境保护规定要求的场所或者设施不再回取的活动。本罪属行为犯,只要实施了进境倾倒、堆放、处置固体废物的行为,即构成犯罪。

3. 犯罪主体是一般主体,自然人和单位均可构成本罪。实践中,本罪的主体大多为废物进口单位或废物利用单位。个人构成本罪的情况极为少见。

4. 主观方面是故意。

(二) 非法处置进口的固体废物罪的司法认定

1. 非法处置进口的固体废物罪与擅自进口固体废物罪的区别。两罪的对象都是固体废物,都是从境外运输进境。两罪的区别在于:①是否批准不同。前罪是经过国务院有关部门批准;后罪是没有经过批准,属于擅自进口。②客观行为表现不同。前罪有将境外固体废物进境倾倒、堆放、处置境外固体废物的行为;后罪只要求擅自进口。③犯罪既遂形态不同。前罪是行为犯,只要有在境内倾倒、堆放、处置固体废物的行为,即可构成本罪;后罪是结果犯,只有造成重大环境污染事故,致使公私财产遭受重大损失或者严重危害人体健康的,才构成本罪。④主观故意内容不同。前罪表现为意图将境外的固体废物进境倾倒、堆放、处置;后罪表现为意图将固体废物进口作为原料使用。

2. 非法处置进口的固体废物罪与走私废物罪的区别。两罪的相同之处在于进口的都是固体废物。两罪的区别在于:①犯罪的对象不同。前罪是可用作原料的固体废物。后罪的对象,根据《刑法》第339条第3款的规定,是不能用作原料的固体废物、液态废物和气态废物。②客观方面的表现不同。前罪表现为违反国家规定,将中国境外的固体废物进境倾倒、堆放、处置的行为。后罪表现为违反海关法规,逃避海关监管,走私不能用作原料的固体废物、液态废物和气态废物进境的行为。

(三) 非法处置进口的固体废物罪的刑事责任

根据《刑法》第339条的规定,犯本罪的,处5年以下有期徒刑或者拘役,并处罚金;造成重大环境污染事故,致使公私财产遭受重大损失或者严重危害人体健康的,处5年以上10年以下有期徒刑,并处罚金;后果特别严重的,处10年以上有期徒刑,并处罚金。

三、擅自进口固体废物罪

(一) 擅自进口固体废物罪的概念与特征

擅自进口固体废物罪,是指未经国务院有关主管部门许可,擅自进口固体废物用作原料,造成重大环境污染事故,致使公私财产遭受重大损失或者严重损害人体健康的行为。本罪的主要特征是:

1. 侵犯的客体是国家对固体废物污染环境的防治制度。根据《固体废物污染环境防治法》的规定,国家禁止进口不能用作原料的废物,限制进口可以用作原料的固体废物。国务院环境保护主管部门会同国务院对外经济贸易主管部门制定、调整并公布可以用作原料进口的固体废物的目录,未列入该目录的固体废物禁止进口。

2. 客观方面表现为未经国务院有关主管部门许可,擅自进口固体废物用作原料,造成重大环境污染事故,致使公私财产遭受重大损失或者严重损害人体健康的行为。申请进口废物的主体必须是依法成立的企业法人,并具有利用进口废物的能力和相应的污染防治设备。"未经国务院有关部门许可",是指未向国务院有关部门申请,或者申请未获许可;"擅自进口固体废物",是指行为人未经有关部门许可,超越自身职权,独立决定进口固体废物的行为;"用作原料",是指用于从事进口废物加工利用。以原料利用为名,进口不能用作原料的固体废物、液态废物和气态废物的,依照《刑法》第152条第2、3款的规定定罪处罚。

本罪为结果犯,擅自进口固体废物用作原料的行为必须是已经造成重大环境污染事故,致使公私财产遭受重大损失或者严重损害人体健康的,才构成犯罪。

3. 犯罪主体是一般主体,自然人和单位均可构成本罪。

4. 主观方面是过失。行为人擅自进口固体废物用作原料可能是故意,但是对造成严重后果,主观上是过失。

(二)擅自进口固体废物罪的刑事责任

根据《刑法》第339条第2款、第346条的规定,犯本罪的,处5年以下有期徒刑或者拘役,并处罚金;后果特别严重的,处5年以上10年以下有期徒刑,并处罚金。单位犯本罪的,对单位判处罚金,并对其直接负责的主管人员和其他直接责任人员,依照上述规定处罚。

四、非法捕捞水产品罪

(一)非法捕捞水产品罪的概念与特征

非法捕捞水产品罪,是指违反保护水产资源法规,在禁渔区、禁渔期或者使用禁用的工具、方法捕捞水产品,情节严重的行为。本罪的主要特征是:

1. 侵犯的客体是国家保护水产资源的管理制度。水产资源,包括具有经济价值的水生动物和水生植物,是国家的一项宝贵财富。为了加强对水产资源的保护,国家通过立法对水产资源繁殖、养殖和捕捞等方面作了具体的规定。国家鼓励、扶持外海和远洋捕捞业的发展,合理安排内水和近海捕捞。在内水、近海从事捕捞业的单位和个人,必须按照捕捞许可证关于作业类型、场所、时限和渔具数量的规定进行作业。不得在禁渔区和禁渔期进行捕捞,不得使用禁用的渔具、捕捞方法和小于规定的最小网目尺寸的网具进行捕捞。

2. 客观方面表现为违反保护水产资源法规,在禁渔区、禁渔期或者使用禁用的工具、方法捕捞水产品的行为。"禁渔区",是指由国家法令或者地方政府规定,对某些重要鱼、虾、蟹、贝、藻以及其他重要水生生物的产卵场、索饵场、越冬场和洄游通道,划定一定的范围,禁止所有渔业生产作业的区域,或者禁止某种渔业生产作业的区域。"禁渔期",是指对某些重要水生生物的产卵场、索饵场、越冬场和洄游通道,规定禁止渔业生产作业或者限制作业的一定期限。"禁用的工具",是指禁止使用的超过国家对不同捕捞对象所分别规定的最小网目尺寸的渔具。"禁用的方法",是指禁止采用的损害水产资源正常繁殖、生长的方法,如炸鱼、毒鱼、电鱼等。本罪必须达到情节严重的程度才构成。

3. 犯罪主体是一般主体,自然人和单位均可构成本罪。

4. 主观方面是故意。

(二)非法捕捞水产品罪的司法认定

应注意非法捕捞水产品罪与投放危险物质罪、爆炸罪的区别。在一般情况下,它们的区别非常明显,但如果行为人用投毒、爆炸方法在禁渔区、禁渔期非法捕捞水产品的,则容易发生混淆。我们认为,在此情况下,区分的关键在于投毒、爆炸行为是否足以危害公共安全,如果行为人的投毒、爆炸行为足以危害公共安全的,就构成投放危险物质罪、爆炸罪;如果行为人的投毒、爆炸行为不足以危害公共安全的,则构成非法捕捞水产品罪。

(三)非法捕捞水产品罪的刑事责任

根据《刑法》第340条的规定,犯本罪的,处3年以下有期徒刑、拘役、管制或者罚金。单位犯本罪的,对单位判处罚金,并对其直接负责的主管人员和其他直接责任人员,依照上述规定处罚。

五、非法猎捕、杀害珍贵、濒危野生动物罪

（一）非法猎捕、杀害珍贵、濒危野生动物罪的概念与特征

非法猎捕、杀害珍贵、濒危野生动物罪，是指违反野生动物保护法规，猎捕、杀害国家重点保护的珍贵、濒危野生动物的行为。本罪的主要特征是：

1. 侵犯的客体是国家重点保护的珍贵、濒危野生动物的管理制度。珍贵、濒危野生动物是国家的一项宝贵的自然资源，不仅具有重要的经济价值，而且具有重要的文化价值、社会价值以及政治价值，因此，国家通过制定一系列保护野生动物的法律法规，对珍贵、濒危野生动物予以重点保护。

2. 客观方面表现为非法捕猎、杀害国家重点保护的珍贵、濒危野生动物的行为。非法捕杀珍贵、濒危野生动物的行为方式多种多样，但可以归纳为三类：猎捕珍贵、濒危的陆生野生动物；捕捞珍贵、濒危的水生野生动物；杀害珍贵、濒危的陆生或水生野生动物。本罪为行为犯，只要行为人实施了非法捕杀珍贵、濒危野生动物的行为，就构成犯罪。

3. 犯罪主体是一般主体，自然人和单位均可构成本罪。

4. 主观方面是故意，过失不构成本罪。行为人可能是出于出卖牟利、自食自用、馈赠亲友或者取乐的目的，但犯罪目的不影响本罪的成立。

（二）非法猎捕、杀害珍贵、濒危野生动物罪的刑事责任

根据《刑法》第341条的规定，犯本罪的，处5年以下有期徒刑或者拘役，并处罚金；情节严重的，处5年以上10年以下有期徒刑，并处罚金；情节特别严重的，处10年以上有期徒刑，并处罚金或者没收财产。单位犯本罪的，对单位判处罚金，并对其直接负责的主管人员和其他直接责任人员，依照上述规定处罚。实施《刑法》第341条规定的犯罪，又以暴力、威胁方法抗拒查处，构成其他犯罪的，依照数罪并罚的规定处罚。非法猎捕、杀害珍贵、濒危野生动物具有下列情形之一的，属于"情节严重"：①达到最高人民法院《关于审理破坏野生动物资源刑事案件具体应用法律若干问题的解释》（简称《解释》）附表所列相应数量标准的；②非法猎捕、杀害不同种类的珍贵、濒危野生动物，其中两种以上分别达到附表所列"情节严重"数量标准一半以上的。非法猎捕、杀害珍贵、濒危野生动物具有下列情形之一的，属于"情节特别严重"：①达到《解释》附表所列相应数量标准的；②非法猎捕、杀害不同种类的珍贵、濒危野生动物，其中两种以上分别达到附表所列"情节特别严重"数量标准一半以上的。非法猎捕、杀害珍贵、濒危野生动物构成犯罪，具有下列情形之一的，可以认定为"情节严重"；非法猎捕、杀害、收购、运输、出售珍贵、濒危野生动物符合《解释》第3条第1款的规定，并具有下列情形之一的，可以认定为"情节特别严重"：①犯罪集团的首要分子；②严重影响对野生动物的科研、养殖等工作顺利进行的；③以武装掩护方法实施犯罪的；④使用特种车、军用车等交通工具实施犯罪的；⑤造成其他重大损失的。

六、非法收购、运输、出售珍贵、濒危野生动物、珍贵、濒危野生动物制品罪

（一）非法收购、运输、出售珍贵、濒危野生动物、珍贵、濒危野生动物制品罪的概念与特征

非法收购、运输、出售珍贵、濒危野生动物、珍贵、濒危野生动物制品罪，是指违反野生动物保护法规，收购、运输、出售国家重点保护的珍贵、濒危野生动物及其制品的行为。本罪的主要特征是：

1. 侵犯的客体是国家重点保护的珍贵、濒危野生动物的管理制度。本罪的对象只能是国家重点保护的珍贵、濒危野生动物及其制品。所谓"制品"，是指对捕获或得到的珍贵、濒危

野生动物通过某种加工手段而获得的成品和半成品，如标本、皮张和其他有极高经济价值的动物部位、肉食等。

2. 客观方面表现为违反野生动物保护法规，收购、运输、出售珍贵、濒危野生动物及其制品的行为。"收购"，包括以营利、自用等为目的的购买行为；"运输"，包括采用携带、邮寄、利用他人、使用交通工具等方法进行运送的行为；"出售"，包括出卖和以营利为目的的加工利用行为。

3. 犯罪主体是一般主体，自然人和单位均可构成本罪。

4. 主观方面是故意，过失不构成本罪。实践中，一些非专业人员对野生动物领域了解不多，因而通常对何种动物为野生动物的认识不够，也因此对该种动物制品缺乏认识，在这种情况下实施了非法收购、运输、出售自己认为是珍贵、濒危野生动物及其制品的，一般不以本罪论处；如果行为人实施了非法收购、运输、出售自己认为不是珍贵、濒危野生动物及其制品，而事实上确实是珍贵、濒危野生动物及其制品的，亦不宜以本罪论处。

（二）非法收购、运输、出售珍贵、濒危野生动物、珍贵、濒危野生动物制品罪的刑事责任

根据《刑法》第341条的规定，犯本罪的，处5年以下有期徒刑或者拘役，并处罚金；情节严重的，处5年以上10年以下有期徒刑，并处罚金；情节特别严重的，处10年以上有期徒刑，并处罚金或者没收财产。单位犯本罪的，对单位判处罚金，并对其直接负责的主管人员和其他直接责任人员，依照上述规定处罚。非法收购、运输、出售珍贵、濒危野生动物具有下列情形之一的，属于"情节严重"：①达到《解释》附表所列相应数量标准的；②非法收购、运输、出售不同种类的珍贵、濒危野生动物，其中两种以上分别达到附表所列"情节严重"数量标准一半以上的。非法收购、运输、出售珍贵、濒危野生动物具有下列情形之一的，属于"情节特别严重"：①达到《解释》附表所列相应数量标准的；②非法收购、运输、出售不同种类的珍贵、濒危野生动物，其中两种以上分别达到附表所列"情节特别严重"数量标准一半以上的。非法收购、运输、出售珍贵、濒危野生动物构成犯罪，具有下列情形之一的，可以认定为"情节严重"；非法收购、运输、出售珍贵、濒危野生动物符合《解释》第4条的规定，并具有下列情形之一的，可以认定为"情节特别严重"：①犯罪集团的首要分子；②严重影响对野生动物的科研、养殖等工作顺利进行的；③以武装掩护方法实施犯罪的；④使用特种车、军用车等交通工具实施犯罪的；⑤造成其他重大损失的。《解释》第3条规定，非法收购、运输、出售珍贵、濒危野生动物制品具有下列情形之一的，属于"情节严重"：①价值在10万元以上的；②非法获利5万元以上的；③具有其他严重情节的。非法收购、运输、出售珍贵、濒危野生动物制品具有下列情形之一的，属于"情节特别严重"：①价值在20万元以上的；②非法获利10万元以上的；③具有其他特别严重情节的。

七、非法狩猎罪

（一）非法狩猎罪的概念与特征

非法狩猎罪，是指违反狩猎法规，在禁猎区、禁猎期或者使用禁用的工具、方法进行狩猎，破坏野生动物资源，情节严重的行为。本罪的主要特征是：

1. 侵犯的客体是国家保护野生动物资源的管理制度。本罪的对象是指除珍贵、濒危的陆生野生动物和水生野生动物以外，有益的或者有重要经济、科学研究价值的陆生野生动物。行为人非法狩猎的对象如果属于国家重点保护的珍贵、濒危野生动物，应按非法猎捕、杀害珍贵、濒危野生动物罪论处。

2. 客观方面表现为违反狩猎法规，在禁猎区、禁猎期或者使用禁用的工具、方法进行狩

猎，破坏野生动物资源，情节严重的行为。"禁猎区"，是指国家对适宜野生动物栖息繁殖或者野生动物资源贫乏和破坏比较严重的，为保护野生动物而划定的禁止狩猎区域。"禁猎期"，是指按法定程序规定，禁止进行狩猎活动的一定时间期限。禁猎期由县级以上人民政府或其野生动物行政主管部门规定。"禁用的工具"，是指足以破坏野生动物资源，危害人畜安全以及破坏森林的工具。"禁用的方法"，是指破坏、妨害野生动物正常繁殖和生长的方法，如投毒、爆炸、火攻、烟熏、掏窝、拣蛋、夜间照明行猎、歼灭性围攻等。

3. 犯罪主体是一般主体。自然人和单位均可构成本罪。

4. 主观方面是故意，即明知是在禁猎区、禁猎期或者使用禁止的工具、方法进行狩猎。至于是为了营利还是其他目的，均不影响本罪的成立。

（二）非法狩猎罪的刑事责任

根据《刑法》第341条第2款的规定，犯本罪的，处3年以下有期徒刑、拘役、管制或者罚金。单位犯本罪的，对单位判处罚金，并对其直接负责的主管人员和其他直接责任人员，依照上述规定处罚。

八、非法占用农用地罪

（一）非法占用农用地罪的概念与特征

非法占用农用地罪，是指违反土地管理法规，非法占用耕地、林地等农用地，改变被占用土地用途，数量较大，造成耕地、林地等农用地大量毁坏的行为。本罪的主要特征是：

1. 侵犯的客体是国家的农用地管理制度。本罪的对象是农用地。耕地资源分为已开垦的已耕地和尚未开发利用的后备耕地。已开垦的耕地包括熟地、当年新开荒地、连续撂荒未满3年的耕地、当年的休闲田、以种植农作物为主并附带其他作物的土地和沿海沿湖地区围垦利用的海涂湖田等。根据1998年12月24日国务院通过的《基本农田保护条例》第10条，基本农田所包含的耕地范围分别是：国务院有关主管部门和县级以上地方人民政府批准确定的粮、棉、油生产基地内的耕地；有良好的水利与水土保持设施的耕地；正在实施改造计划以及可以改造的中、低产田；蔬菜生产基地；农业科研、教学实验田。

2. 客观方面表现为行为人具有违反土地管理法规，非法占用耕地、林地等农用地，改变被占用土地用途，数量较大，造成耕地、林地等农用地大量毁坏的行为。具体包括以下几个方面：①违反土地管理法规。违反土地管理法规，是指违反土地管理法、森林法、草原法等法律以及有关行政法规中关于土地管理的规定。②要有非法占用耕地、林地等农用地，改变被占用土地用途的行为。"非法占用农用地"，是指未经法定程序，办理有关登记、批准手续，而非法占用集体所有的农用地或归他人个人使用的农用地。"改变被占用土地用途"，是指将非法占用的农用地改变其农用地的性质、用途，用作他用。如非法从事露天开采；破坏土地表面肥土层；从事副业生产时，乱挖乱倒土石；从事水利、铁路、交通、工矿、电力建设时，未妥善处理废弃的土、石、沙料和矿渣等，致使农用地造成严重损害；在农用地上非法进行建设或建设其他设施，致使土地板结，肥土丧失。③必须造成了数量较大的农用地被改作他用，且造成了数量较大农用地毁坏的后果。非法占用农用地"数量较大"，是指非法占用基本农田5亩以上或者非法占用基本农田以外的农用地10亩以上。非法占用农用地"造成农用地大量毁坏"，是指行为人非法占用农用地建窑、建坟、建房、挖沙、采石、采矿、取土、堆放固体废弃物或者进行其他非农业建设，造成基本农田5亩以上或者基本农田以外的农用地10亩以上种植条件严重毁坏或者严重污染。[1]

3. 犯罪主体是一般主体，自然人和单位均可构成。

4. 主观方面是故意，即明知占用耕地改作他用的行为违反土地管理法规，而且对于占用耕地改作他用会造成大量耕地被毁坏的结果也是明知的。

（二）非法占用农用地罪的司法认定

非法占用农用地罪与非法转让、倒卖土地使用权罪的区别在于：①犯罪客观方面的表现不同。前罪表现为违反土地管理法规，非法侵占耕地、林地等农用地，改变被占用土地用途，数量较大，造成耕地、林地等农用地大量毁坏的行为；后罪表现为违反土地管理法规，非法转让、倒卖土地使用权，情节严重的行为。②犯罪主观特征上有所不同。虽然两罪都表现为故意，但是，前罪故意的内容、犯的目的和动机不影响犯罪的成立；后罪是目的犯，必须以牟利为目的才可构成本罪。③两罪既遂形态不同。前罪是结果犯；后罪是行为犯，只要有情节严重的非法转让、倒卖土地使用权的行为即构成既遂。④两罪在刑罚处罚上有所不同。对两罪的处罚虽都采取了判处有期徒刑和罚金的刑罚方法，但前罪没有明确的罚金标准；而后罪则采取的是倍比罚金制的方式。

（三）非法占用农用地罪的刑事责任

根据《刑法》第342条的规定，犯本罪的，处5年以下有期徒刑或者拘役，并处或者单处罚金。单位犯本罪的，对单位判处罚金，并对其直接负责的主管人员和其他直接责任人员，依照上述规定处罚。

九、非法采矿罪

（一）非法采矿罪的概念与特征

非法采矿罪，是指违反矿产资源保护法的规定，未取得采矿许可证擅自采矿的，擅自进入国家规划矿区、对国民经济具有重要价值的矿区和他人矿区范围采矿的，擅自开采国家规定实行保护性开采的特定矿种，情节严重的行为。本罪的主要特征是：

1. 侵犯的客体是国家对矿产资源和矿业生产的管理制度以及国家对矿产资源的所有权。根据我国《宪法》和《矿产资源法》的规定，矿产资源属于国家所有，国家保障矿产资源的合理开发利用，禁止任何组织或个人用任何手段破坏矿产资源。本罪的对象是矿产资源，是指在地质运动过程中形成的，蕴于地壳之中的，能为人们用于生产和生活的各种矿物质的总称。包括各种呈固态、液态或气态的金属、非金属矿产、燃料矿产和地下热能等。

2. 客观上表现为违反矿产资源法的规定，未取得采矿许可证擅自采矿，擅自进入国家规划矿区，对国民经济具有重要价值的矿区和他人矿区范围采矿，擅自开采国家规定实行保护性开采的特定矿种，情节严重的行为。具体表现为四种情形：①未取得采矿许可证擅自采矿的；②擅自进入国家规划矿区，对国民经济具有重要价值的矿区和他人矿区范围采矿的；③擅自开采国家规定实行保护性开采的特定矿种，经责令停止开采后仍拒不停止开采，造成矿产资源严重破坏的；④"越界采矿"的行为。"越界采矿"，是指虽持有采矿许可证，但违反采矿许可证上所规定的采矿地点、范围和其他要求，擅自进入他人矿区，进行非法采矿的行为。根据《矿产资源法》规定，任何单位和个人不得进入他人依法设立的国有矿山企业和其他矿山企业矿区范围采矿。"经责令停止开采后拒不停止开采"，是指经有关矿产管理部门三令五申或作出行政处罚后，仍然开采的。"造成矿产资源破坏"，是指在矿区乱采滥挖，使整个矿床及依

---

[1] 参见最高人民法院《关于审理破坏土地资源刑事案件具体应用法律若干问题的解释》（2000年6月16日最高人民法院审判委员会第1119次会议通过，2000年6月22日起施行）。

据矿床设计的采矿方法受到破坏，造成矿产不能充分开采；在储存有共生、伴生矿产的矿区采取采主矿弃副矿的采矿方法，对应综合开采、综合利用的矿产不采，使矿产不能充分合理利用；对暂不能综合开采或必须同时采出而暂时还不能综合利用的矿产，以及含有有用成分的尾矿，不采取有效的保护措施，造成损失破坏；不按合理的顺序采矿，采富矿弃贫矿、采厚层矿弃薄层矿、采易采矿弃难采矿、采林矿体弃小矿体而失去大量矿产资源；不按合理的开采方法采矿，造成开采回采率低、采矿贫化率高，与设计指标相差甚多，造成资源浪费；不按合理的选矿工艺，造成选矿回收率低，与设计指标相差甚多，造成资源浪费；对一些特殊矿产，不按有关部门颁发的技术规范中规定的方法采矿，造成资源破坏、浪费等情况。

3. 犯罪主体是一般主体，自然人和单位均可构成本罪。

4. 主观方面是故意。

（二）非法采矿罪的刑事责任

根据《刑法》第343条第1款的规定，犯本罪，情节严重的，处3年以下有期徒刑、拘役或者管制，并处或者单处罚金；情节特别严重的，处3年以上7年以下有期徒刑，并处罚金。单位犯本罪的，对单位判处罚金，并对其直接负责的主管人员和其他直接责任人员，依照上述规定处罚。

十、破坏性采矿罪

（一）破坏性采矿罪的概念与特征

破坏性采矿罪，是指违反矿产资源法的规定，采取破坏性的开采方法开采矿产资源，造成矿产资源严重破坏的行为。本罪的主要特征是：

1. 侵犯的客体是国家对矿产资源的管理制度。国家对矿产资源的管理活动主要包括：①对全部国有矿产资源进行统一规划、合理布局；②对采矿权主体进行资格审查，授予采矿权、颁发采矿许可证，依法保护正当的采矿权；③对采矿单位或者个人进行全面的技术监督，保证采矿活动的科学性和计划性，防止破坏矿产资源。凡违反上述及其他有关矿产资源保护的法律制度以及管理的活动，均视为对矿产资源管理制度的侵犯。

2. 客观方面表现为违反矿产资源法的规定，采取破坏性的开采方法开采矿产资源，造成矿产资源严重破坏的行为。"违反矿产资源法的规定"，是指违反《矿产资源法》《矿产资源监督管理暂行办法》《放射性矿产资源勘查登记管理暂行办法》《放射性矿山企业采矿登记发证实施细则》《煤炭法》和国务院《关于对黄金矿产实行保护性开采的通知》等。"破坏性开采"，是指违反《矿产资源法》规定，采用国家及其主管部门禁止使用的开采方法采矿；或者按禁止使用的开采顺序采富弃贫、采厚弃薄、采易弃难；或者在矿区乱开采造成矿产资源严重破坏和浪费或者使矿藏受到严重破坏。本罪是结果犯。

3. 犯罪主体是一般主体，自然人和单位均可构成本罪。

4. 主观方面是故意。

（二）破坏性采矿罪的司法认定

非法采矿罪与破坏性采矿罪两罪的相同之处在于所侵害的都是国家的矿产资源，犯罪的主体特征都既可以是单位也可以是自然人。两罪不同之处主要表现在客观特征上，前罪是违反矿产资源法，在无证的情况下非法采矿，或者进入国家规划矿区、对国民经济具有重要价值的矿区和他人矿区范围采矿，或者开采国家规定实行保护性开采的特定矿种，经责令停止开采后拒不停止开采的行为；而后罪，则是在持有采矿许可证的前提下，违反矿产资源法的规定，采取破坏性的开采方法开采矿产资源的行为。

(三) 破坏性采矿罪的刑事责任

根据《刑法》第343条第2款的规定，犯本罪的，处5年以下有期徒刑或者拘役，并处罚金。单位犯本罪的，对单位判处罚金，并对其直接负责的主管人员和其他直接责任人员，依照上述规定处罚。

十一、非法采伐、毁坏国家重点保护植物罪

(一) 非法采伐、毁坏国家重点保护植物罪的概念与特征

非法采伐、毁坏国家重点保护植物罪，是指违反国家规定，非法采伐、毁坏珍贵树木或者国家重点保护的其他植物的行为。本罪的主要特征是：

1. 侵犯的客体是国家对珍贵植物资源的保护秩序。

2. 客观方面表现为行为人具有违反国家规定，非法采伐、毁坏珍贵树木或者国家重点保护的其他植物的行为。"非法采伐"，是指违反国家规定，未经林业主管部门批准擅自砍伐珍贵的树木。"毁坏"，是指采用剥皮、取脂、砍枝等方式使树木死亡或者影响其正常生长、使珍贵树木的价值或使用价值部分丧失或者全部丧失等。"珍贵树木"，包括由省级以上林业主管部门或者其他部门确定的具有重大历史纪念意义、科学研究价值或者年代久远的古树名木，国家禁止、限制出口的珍贵树木以及列入国家重点保护野生植物名录的树木。[1]

3. 犯罪主体是一般主体。自然人和单位均可构成。

4. 主观方面是故意。

(二) 非法采伐、毁坏国家重点保护植物罪的司法认定

非法采伐、毁坏国家重点保护植物罪与盗伐林木罪、滥伐林木罪的区别在于：①犯罪对象不同。前罪侵害的对象只能是国家重点保护的植物；而后罪侵害的对象是森林和其他林木。②客观行为表现不同。前罪表现为非法采伐、毁坏行为；而后罪表现为盗伐、滥伐行为。③犯罪既遂形态不同。前罪是行为犯；后罪是结果犯。

(三) 非法采伐、毁坏国家重点保护植物罪的刑事责任

根据《刑法》第344条的规定，犯本罪的，处3年以下有期徒刑、拘役或者管制，并处罚金；情节严重的，处3年以上7年以下有期徒刑，并处罚金。单位犯本罪的，对单位判处罚金，并对其直接负责的主管人员和其他直接责任人员，依照上述规定处罚。具有下列情形之一的，属于非法采伐、毁坏珍贵树木行为"情节严重"：①非法采伐珍贵树木2株以上或者毁坏珍贵树木致使珍贵树木死亡3株以上的；②非法采伐珍贵树木2立方米以上的；③为首组织、策划、指挥非法采伐或者毁坏珍贵树木的；④其他情节严重的情形。[2]

十二、非法收购、运输、加工、出售国家重点保护植物、国家重点保护植物制品罪

(一) 非法收购、运输、加工、出售国家重点保护植物、国家重点保护植物制品罪的概念与特征

非法收购、运输、加工、出售国家重点保护植物、国家重点保护植物制品罪，是指违反国家规定，非法收购、运输、加工、出售珍贵树木或者国家重点保护的其他植物及其制品的行为。本罪的主要特征是：

1. 侵犯的客体是国家对珍贵植物资源的保护秩序。

---

[1] 参见最高人民法院《关于审理破坏森林资源刑事案件具体应用法律若干问题的解释》(2000年11月17日最高人民法院审判委员会第1141次会议通过)。

[2] 参见最高人民法院《关于审理破坏森林资源刑事案件具体应用法律若干问题的解释》(2000年11月17日最高人民法院审判委员会第1141次会议通过)。

2. 客观方面表现为行为人具有非法收购、运输、加工、出售珍贵树木或者国家重点保护的其他植物及其制品的行为。

3. 犯罪主体是一般主体。自然人和单位均可构成本罪的犯罪主体。

4. 主观方面是故意。

（二）非法收购、运输、加工、出售国家重点保护植物、国家重点保护植物制品罪的刑事责任

根据《刑法》第344条的规定，犯本罪的，处3年以下有期徒刑、拘役或者管制，并处罚金；情节严重的，处3年以上7年以下有期徒刑，并处罚金。

根据《刑法》第346条的规定，单位犯本罪的，对单位判处罚金，并对其直接负责的主管人员和其他直接责任人员，依照上述规定处罚。

十三、盗伐林木罪

（一）盗伐林木罪的概念与特征

盗伐林木罪，是指违反国家《森林法》及相关法律的规定，盗伐森林或者其他林木，数量较大的行为。本罪的主要特征是：

1. 侵犯的客体是国家对森林资源的管理活动和林木的所有权。犯罪的对象是《森林法》规定的森林及其他林木，包括防护林、用材林、经济林、薪炭林、特种用途林等。不属于《森林法》调整范围的个人房前屋后种植的零星树木，不属于本罪的犯罪对象。个人承包全民所有和集体所有的宜林荒山荒地造林的，承包后种植的树木归承包人个人所有，但这些林木已构成国家林业资源的组成部分，同样可作为盗伐林木罪的犯罪对象。

2. 客观方面表现为行为人具有违反国家《森林法》及相关法律的规定，盗伐森林或者其他林木，数量较大的行为。"盗伐"，是指擅自砍伐。根据1987年9月5日最高人民法院、最高人民检察院发布的《关于办理盗伐、滥伐林木案件应用法律的几个问题的解释》规定，盗伐林木罪是指"擅自砍伐森林或他人林木的行为"。可见，这里强调的只是盗伐行为的非法性，而未限制行为的手段，以秘密方式采伐固然是盗伐，但以暴力威胁或公然的砍伐行为也应属于盗伐的性质。根据最高人民法院《关于审理破坏森林资源刑事案件具体应用法律若干问题的解释》，盗伐林木"数量较大"，以2~5立方米或者幼树100~200株为起点；盗伐林木"数量巨大"，以20~50立方米或者幼树1000~2000株为起点；盗伐林木"数量特别巨大"，以100~200立方米或者幼树5000~10 000株为起点。

3. 犯罪主体是一般主体。自然人和单位均可构成本罪。

4. 主观方面是故意，而且只能是直接故意。

（二）盗伐林木罪的刑事责任

根据《刑法》第345条第1款的规定，盗伐森林或者其他林木，数量较大的，处3年以下有期徒刑、拘役或者管制，并处或者单处罚金；数量巨大的，处3年以上7年以下有期徒刑，并处罚金；数量特别巨大的，处7年以上有期徒刑，并处罚金。而根据《刑法》第346条的规定，单位犯本罪的，对单位判处罚金，并对其直接负责的主管人员和其他直接责任人员，依照上述规定处罚。根据《刑法》第345条第4款的规定，盗伐国家级自然保护区的森林或者其他林木的，从重处罚。

十四、滥伐林木罪

（一）滥伐林木罪的概念与特征

滥伐林木罪，是指违反森林法的规定，未经林业行政主管部门及法律规定的其他主管部门批准并核发采伐许可证，或者虽持有采伐许可证，但违背采伐许可证所规定的地点、数量、树

种、方式等任意采伐本单位所有或管理的,以及本人自留山上的森林或者其他林木,数量较大的行为。本罪的主要特征是:

1. 侵犯的客体是国家保护林业资源的管理制度。本罪的犯罪对象包括防护林、用材林、经济林、薪炭林、特种用途林等。

2. 客观方面表现为行为人具有违反森林法的规定,未经林业行政主管部门及法律规定的其他主管部门批准并核发采伐许可证,或者虽持有采伐许可证,但违背采伐许可证所规定的地点、数量、树种、方式等任意采伐本单位所有或管理的,以及本人自留山上的森林或者其他林木,数量较大的行为。具体包括以下几个方面:①行为违反森林法。所谓"违反森林法",主要是指违反《森林法》《森林法实施条例》《森林采伐更新管理办法》。②具有未经林业行政主管部门批准并核发采伐许可证而任意采伐的行为。具体包括:一是未经林业行政主管部门及法律规定的其他主管部门批准并核发林木采伐许可证,或者虽持有林木采伐许可证,但违反林木采伐许可证规定的时间、数量、树种或者方式,任意采伐本单位所有或者本人所有的森林或者其他林木的;二是超过林木采伐许可证规定的数量采伐他人所有的森林或者其他林木的;三是林木权属争议一方在林木权属确权之前,擅自砍伐森林或者其他林木,数量较大的。所谓"未经林业行政主管部门批准并核发采伐许可证而任意采伐的行为",主要是指"无证采伐",即没有经有关林业行政管理部门,以及其他有权批准采伐的主管部门批准并核发采伐许可证,而擅自砍伐本单位和本人所有或所管理的林木。"虽持有采伐许可证,但违背采伐许可证所规定的地点、数量、树种、方式而任意采伐本单位或本人所有或管理的森林或者其他林木行为",是指"有证滥伐"的行为,即虽有有关部门批准采伐并核发的采伐许可证,但违背了许可证上所规定的地点、数量、树种和方式等进行的采伐行为。③滥伐林木数量较大。"数量较大",以10~20立方米或者幼树500~1000株为起点;滥伐林木"数量巨大",以50~100立方米或者幼树2500~5000株为起点。[1]

3. 犯罪主体是一般主体,自然人和单位均可构成本罪主体。

4. 主观方面是故意。

(二) 滥伐林木罪的司法认定

滥伐林木罪与盗伐林木罪的区别在于:①侵害的对象不完全相同。前罪侵害的对象是行为人享有所有权或采伐权的林木;后罪侵害的对象是行为人既不享有所有权,也不享有采伐权的林木。②主观目的不同。前罪在主观方面不一定都具有非法占有的目的;后罪在主观上一般具有非法占有的目的。③犯罪客观方面不同。前罪表现为没有按森林法及相关法规的规定去砍伐;后罪是擅自砍伐,一般具有秘密性,但不以此为要件。④处罚不同。两罪最高法定刑虽然都为7年,但前罪处最高刑要求数量巨大,而后罪数量较大即可处以最高刑。

(三) 滥伐林木罪的刑事责任

根据《刑法》第345条第2款的规定,犯本罪的,处3年以下有期徒刑、拘役或者管制,并处或者单处罚金;数量巨大的,处3年以上7年以下有期徒刑,并处罚金。根据该条第4款的规定,滥伐国家级自然保护区的森林或者其他林木的,从重处罚。而根据《刑法》第346条的规定,单位犯本罪的,对单位判处罚金,并对其直接负责的主管人员和其他直接责任人员,依照上述规定处罚。

---

[1] 参见最高人民法院《关于审理破坏森林资源刑事案件具体应用法律若干问题的解释》(2000年11月17日最高人民法院审判委员会第1141次会议通过)。

十五、非法收购、运输盗伐、滥伐的林木罪

（一）非法收购、运输盗伐、滥伐的林木罪的概念与特征

非法收购、运输盗伐、滥伐的林木罪，是指违反国家规定，非法收购、运输明知是盗伐、滥伐的林木，情节严重的行为。本罪的主要特征是：

1. 侵犯的客体是国家对森林资源的管理活动。犯罪对象是盗伐、滥伐的林木。

2. 客观方面表现为行为人具有违反国家规定，非法收购、运输明知是盗伐、滥伐的林木，情节严重的行为。具有下列情形之一的，属于在林区非法收购盗伐、滥伐的林木"情节严重"：①非法收购盗伐、滥伐的林木 20 立方米以上或者幼树 1000 株以上的；②非法收购盗伐、滥伐的珍贵树木 2 立方米以上或者 5 株以上的；③其他情节严重的情形。具有下列情形之一的，属于在林区非法收购盗伐、滥伐的林木"情节特别严重"：①非法收购盗伐、滥伐的林木 100 立方米以上或者幼树 5000 株以上的；②非法收购盗伐、滥伐的珍贵树木 5 立方米以上或者 10 株以上的；③其他情节特别严重的情形。[1]

3. 犯罪主体是一般主体。

4. 主观方面是故意，而且是直接故意，即明知是盗伐、滥伐的林木而予以非法收购、运输。这里的"明知"，是指知道或者应当知道。具有下列情形之一的，可以视为应当知道，但是有证据证明确属被蒙骗的除外：①在非法的木材交易场所或者销售单位收购木材的；②收购以明显低于市场价格出售的木材的；③收购违反规定出售的木材的。[2]

（二）非法收购、运输盗伐、滥伐的林木罪的刑事责任

根据《刑法》第 345 条第 3 款的规定，犯本罪的，处 3 年以下有期徒刑、拘役或者管制，并处或者单处罚金；情节特别严重的，处 3 年以上 7 年以下有期徒刑，并处罚金。根据《刑法》第 346 条的规定，单位犯本罪的，对单位判处罚金，并对其直接负责的主管人员和其他直接责任人员，依照上述规定处罚。

第八节 走私、贩卖、运输、制造毒品罪

一、走私、贩卖、运输、制造毒品罪

（一）走私、贩卖、运输、制造毒品罪的概念与特征

走私、贩卖、运输、制造毒品罪，是指明知是毒品而故意实施走私、贩卖、运输、制造的行为。本罪的主要特征是：

1. 侵犯的客体是国家对毒品的管理制度和人民的生命健康。由于鸦片、海洛因、甲基苯丙胺等麻醉药品和精神药品既有医用价值，又能使人形成瘾癖，使人体产生依赖性，所以我国陆续颁布了一系列的法律、法规，严格控制麻醉药品、精神药物的进出口、供应、运输、生产等活动，严禁非法走私、贩卖、运输、制造毒品活动。如《药品管理法》《麻醉药品和精神药品管理条例》《麻醉药品生产管理办法（试行）》《麻醉药品经营管理办法》等。本罪的对象是毒品。《刑法》第 357 条第 1 款规定："本法所称的毒品，是指鸦片、海洛因、甲基苯丙胺（冰

---

[1] 参见最高人民法院《关于审理破坏森林资源刑事案件具体应用法律若干问题的解释》（2000 年 11 月 17 日最高人民法院审判委员会第 1141 次会议通过）。

[2] 参见最高人民法院《关于审理破坏森林资源刑事案件具体应用法律若干问题的解释》（2000 年 11 月 17 日最高人民法院审判委员会第 1141 次会议通过）。

毒)、吗啡、大麻、可卡因以及国家规定管制的其他能够使人形成瘾癖的麻醉药品和精神药品。"目前,联合国关于麻醉药品种类表中规定了 128 种麻醉药品,精神药品种类表中共规定了 99 种精神药品。在我国的麻醉药品、精神药品种类表中,不但规定了联合国规定的麻醉药品、精神药品,而且根据我国的情况,增加规定了一些公约中未规定的药品种类。除以上所列 6 种常见的毒品外,同时还明确将"国家规定管制的其他能够使人形成瘾癖的麻醉药品和精神药品"列为毒品。1987 年 11 月和 1988 年 11 月国务院发布的对麻醉药品和精神药品的管理办法中规定,麻醉药品是指连续使用后易产生身体依赖性,能形成瘾癖的药品,包括阿片类、可卡因类、大麻类、合成麻醉药品类及卫生部指定的其他易成瘾癖的药品、药用原植物及其制剂,如鸦片、海洛因、吗啡、可卡因、杜冷丁等。精神药品是指直接作用于中枢神经系统,使之兴奋或抑制,连续使用能产生依赖性的药品,如甲基苯丙胺(冰毒)、安钠咖、安眠酮等。

2. 客观方面表现为行为人进行走私、贩卖、运输、制造毒品的行为。

(1) 走私毒品,是指非法运输、携带、邮寄毒品进出国(边)境的行为。行为方式主要是输入毒品与输出毒品,此外对在领海、内海运输、收购、贩卖国家禁止进出口的毒品以及直接向走私毒品的犯罪人购买毒品的,应视为走私毒品。

(2) 贩卖毒品,是指有偿转让毒品或者以贩卖为目的而非法收购毒品。有偿转让毒品,即行为人将毒品交付给对方,并从对方处获取物质利益。贩卖方式既可能是公开的,也可能是秘密的;既可能是直接交付给对方,也可能是间接交付给对方。贩卖的对方没有限制。出于贩卖目的而非法收买毒品的,也应认定为贩卖毒品。如果是无偿转让毒品,如赠与等,则不属于贩卖毒品。

(3) 运输毒品,是指采用携带、邮寄、利用他人或者使用交通工具等方法在我国领域内将毒品从此地转移到彼地。运输毒品必须限制在国内,而且不是在领海、内海运输国家禁止进出口的毒品,否则便是走私毒品。

(4) 制造毒品,一般是指使用毒品原植物制作毒品。它包括以下几种情况:①将毒品以外的物作为原料,提取或制作成毒品,如将罂粟制成为鸦片。②毒品的精制,即去掉毒品中的不纯物,使之成为纯毒品或纯度更高的毒品。如去除海洛因中所含的不纯物。③使用化学方法使一种毒品变为另一种毒品。如使用化学方法将吗啡制成海洛因。④使用化学方法以外的方法使一种毒品变为另一种毒品。如将蒸馏水加入盐酸吗啡,使之成为注射液。⑤非法按照一定的处方针对特定人的特定情况调制毒品。上述五种行为都属于制造毒品。

本罪是选择性罪名。对多次走私、贩卖、运输、制造毒品,未经处理的,毒品数量累计计算。"未经处理"既包括未经刑罚处理,也包括未作行政处理。根据《刑法》第 357 条第 2 款的规定,毒品的数量以查证属实的毒品数量计算,不以纯度折算。

3. 犯罪主体是一般主体,自然人和单位均可构成。根据《刑法》第 17 条第 2 款的规定,已满 14 周岁未满 16 周岁的未成年人贩卖毒品的,应当负刑事责任。

4. 主观方面是故意,且是直接故意,即明知是毒品而走私、贩卖、运输、制造,过失不构成本罪。如果行为人主观上不知是毒品,而是被人利用实施了走私、贩卖、运输、制造的行为,就不构成犯罪。一般是以营利为目的,但也不能排除其他目的,法律没有要求构成本罪必须以营利为目的。

(二) 走私、贩卖、运输、制造毒品罪的司法认定

1. 对被抓获的犯罪人称其携带的物品自己不知道是毒品,是否构成犯罪的认定。毒品犯罪中,判断被告人对涉案毒品是否明知,不能仅凭被告人供述,而应当依据被告人实施毒品犯罪行为的过程、方式、毒品被查获时的情形等证据,结合被告人的年龄、阅历、智力等情况,

进行综合分析判断。

具有下列情形之一，被告人不能作出合理解释的，可以认定其"明知"是毒品，但有证据证明确属被蒙骗的除外：①执法人员在口岸、机场、车站、港口和其他检查站点检查时，要求行为人申报为他人携带的物品和其他疑似毒品物，并告知其法律责任，而行为人未如实申报，在其携带的物品中查获毒品的；②以伪报、藏匿、伪装等蒙蔽手段，逃避海关、边防等检查，在其携带、运输、邮寄的物品中查获毒品的；③执法人员检查时，有逃跑、丢弃携带物品或者逃避、抗拒检查等行为，在其携带或者丢弃的物品中查获毒品的；④体内或者贴身隐秘处藏匿毒品的；⑤为获取不同寻常的高额、不等值报酬为他人携带、运输物品，从中查获毒品的；⑥采用高度隐蔽的方式携带、运输物品，从中查获毒品的；⑦采用高度隐蔽的方式交接物品，明显违背合法物品惯常交接方式，从中查获毒品的；⑧行程路线故意绕开检查站点，在其携带、运输的物品中查获毒品的；⑨以虚假身份或者地址办理托运手续，在其托运的物品中查获毒品的；⑩有其他证据足以认定行为人应当知道的。

2. 走私、贩卖、运输、制造毒品罪同诈骗罪的区别。对于将假毒品冒充真毒品，诱骗他人上当而购买，因其主观上有诈骗的故意，客观上实施了诈骗行为，对其应以诈骗罪论处。对于不知是假毒品，而误认为真毒品进行走私、贩卖、运输、制造的，属对象认识错误，不影响该罪名的成立，但应以未遂处理。对于将精制毒品稀释后贩卖，或者以土法加工毒品，因提炼不纯而含有较多杂质的，不论其中有多少其他成分，只要含有毒品，就应当以毒品犯罪认定。

3. 走私、贩卖、运输、制造毒品罪的既遂与未遂。

（1）走私毒品罪的既遂与未遂。走私毒品主要分为输入毒品与输出毒品，输入毒品分为陆路输入与海路、空路输入。陆路输入应当以越过国境线、使毒品进入本国领域内为既遂标准。海路、空路输入毒品，装载毒品的船舶到达本国港口或航空器到达本国领土内时为既遂，否则为未遂。

（2）贩卖毒品罪的既遂与未遂。贩卖以毒品实际上转移给买方为既遂。转移毒品后行为人是否已经获取了利益，并不影响既遂的成立。毒品实际上没有转移时，即使已经达成转移的协议，或者行为人已经获得了利益，也不能认为是既遂。

（3）运输毒品罪的既遂与未遂。行为人以将毒品从甲地运往乙地为目的，开始运输毒品时，是运输毒品罪的着手，由于行为人意志以外的原因没有到达目的地，属于犯罪未遂；毒品到达目的地时是犯罪既遂，到达目的地后，即使由于某种原因而将毒品运回原地或者其他地方，也是犯罪既遂。[1]

（4）制造毒品罪的既遂与未遂。制造毒品罪应以实际上制造毒品为既遂标准，至于制造出来的毒品数量多少、纯度高低等，都不影响既遂的成立。着手制造毒品后，没有实际上制造出毒品的，则是制造毒品罪未遂。

（三）走私、贩卖、运输、制造毒品罪的刑事责任

根据《刑法》第347条的规定，走私、贩卖、运输、制造毒品，无论数量多少，都应当追究刑事责任，予以刑事处罚。

走私、贩卖、运输、制造毒品，有下列情形之一的，处15年有期徒刑、无期徒刑或者死刑，并处没收财产：①走私、贩卖、运输、制造鸦片1000克以上、海洛因或者甲基苯丙胺50克以上或者其他毒品数量大的；②走私、贩卖、运输、制造毒品集团的首要分子；③武装掩护

---

[1] 详细内容请参考后文"学术视野"运输毒品罪的既遂与未遂。

走私、贩卖、运输、制造毒品的;④以暴力抗拒检查、拘留、逮捕,情节严重的;⑤参与有组织的国际贩毒活动的。

走私、贩卖、运输、制造鸦片 200 克以上不满 1000 克、海洛因或者甲基苯丙胺 10 克以上不满 50 克或者其他毒品数量较大的,处 7 年以上有期徒刑,并处罚金。

走私、贩卖、运输、制造鸦片不满 200 克、海洛因或者甲基苯丙胺不满 10 克或者其他少量毒品的,处 3 年以下有期徒刑、拘役或者管制,并处罚金;情节严重的,处 3 年以上 7 年以下有期徒刑,并处罚金。

利用、教唆未成年人走私、贩卖、运输、制造毒品,或者向未成年人出售毒品的,从重处罚。

对多次走私、贩卖、运输、制造毒品,未经处理的,毒品数量累计计算。

二、非法持有毒品罪

(一)非法持有毒品罪的概念与特征

非法持有毒品罪,是指明知是鸦片、海洛因、甲基苯丙胺或者其他毒品,而非法持有且数量较大的行为。本罪的主要特征是:

1. 侵犯的客体是国家对毒品的管制和他人的身体健康。

2. 客观方面表现为非法持有毒品数量较大的行为。"持有毒品",是指行为人持有毒品没有合法的根据;或者说,行为人持有毒品,不是基于法律、法令、法规的规定或允许。如果行为人合法持有毒品,则不构成犯罪。即依法生产、使用、研究毒品的人持有毒品的,是正当行为,不构成犯罪。持有毒品具体表现为占有、携带、藏匿或者以其他方法持有、支配毒品。持有并不要求行为人对毒品具有所有权,所有权虽属他人,但事实上置于行为人支配之下时,行为人即持有毒品。此外,持有并不要求直接持有,即使介入第三者,也不影响持有的成立。如行为人认为自己管理毒品不安全,将毒品委托给第三人保管时,行为人与第三者均持有该毒品。持有是一种持续行为,只有当毒品在一定时间内由行为人支配时,才构成持有,至于时间的长短,则并不影响持有的成立,只是一种量刑情节,但如果时间过短,不足以说明行为人事实上支配着毒品时,则不能认为是持有。非法持有毒品达到一定数量才构成犯罪。即非法持有鸦片 200 克以上、海洛因或者甲基苯丙胺 10 克以上或者其他毒品数量大的。

3. 犯罪主体是一般主体。

4. 主观方面是故意。即行为人明知是国家禁止非法持有的毒品而故意持有。如果行为人确实不知道自己持有的是毒品,则不构成本罪。非法持有毒品行为人的动机、目的多种多样,因此故意的具体内容不限。

(二)非法持有毒品罪的司法认定

1. 非法持有毒品罪与运输毒品罪的区别。所谓"持有",是指占有、执有、携有、存有或藏有毒品的行为。持有毒品的行为,不仅仅指将毒品收放于隐秘处、藏而不露,也包括把毒品携带在身边,还包括将毒品寄放(包括存放和偷放)在其他处所,如寄存处或其他人的房屋或物品里。所谓"数量较大",是指持有鸦片 200 克以上、海洛因 10 克以上或者数量较大的其他毒品。[1] 不难看出,运输毒品罪和非法持有毒品罪在客观方面的表现有时候是重合的,例如携有毒品,又例如在火车上查获毒品,但无证据证明行为人是要贩卖、走私毒品,在这些情况下,我们能够将静态的持有行为认定为非法持有毒品罪,将动态的持有行为认定为运输毒品

---

[1] 罗庆东:《刑事立案标准》,中国民主法制出版社 2003 年版,第 485 页。

罪吗？显然不能，否则就有客观归罪之嫌。所以，运输毒品罪只能限定在有证据证明不知毒品用途，只是负责从甲地运到乙地的情况下才能构成运输毒品罪，不能证明的只能以非法持有毒品罪论处。那种认为只要是移动中的毒品就是运输毒品的观点显然具有盲目性。

2. 非法持有毒品罪与窝藏毒品罪的区别。非法持有毒品罪与窝藏毒品罪最为相似，特别是两者的外在表现完全一致，均为非法存有毒品。其区别主要是在主观目的上。非法持有毒品罪的主观目的主要表现为两种情况：①行为人持有毒品是为了自己吸食；②行为人持有毒品是一种司法机关在现实条件下难以查明的目的。但是窝藏毒品在主观方面的表现尤为明显，即只是为其他毒品犯罪分子藏匿赃物，从而逃避司法机关的追查。此外，二罪在毒品数量的要求及刑事责任的规定上也有所不同。

窝藏毒品罪是指将犯罪分子的毒品、毒赃窝藏在自己的住所或者其他隐蔽的场所，以逃避司法机关的追查。本罪窝藏的对象是特定的，仅限于毒品和毒赃。对于符合本罪构成要件的行为，不能认定为掩饰、隐瞒犯罪所得罪。其中，"情节严重"是重罪情节，大体包括以下几种情形：①窝藏、转移、隐瞒毒品、毒赃数量大的；②多次窝藏、转移、隐瞒毒品、毒赃，形成毒品犯罪"中转站"的；③为重大毒品犯罪案件的犯罪分子窝藏、转移、隐瞒毒品、毒赃的；④为毒品犯罪集团窝藏、转移、隐瞒毒品、毒赃的；⑤窝藏、转移、隐瞒毒品、毒赃系查获有关毒品犯罪案件的关键性证据的；⑥缉毒人员或者国家机关工作人员窝藏、转移、隐瞒毒品、毒赃的；⑦具有其他严重情节的。[1]

非法持有毒品与窝藏毒品的主要区别在于行为人的主观目的不同，具体体现在以下几个方面：①持有毒品的行为人如果是为了自己吸食或其他难以查明的目的而持有，应当以非法持有毒品罪论处；如果是为其他犯罪分子藏匿毒品，以逃避司法机关的惩处，即为进行毒品犯罪的行为人窝藏毒品而持有，应当按照窝藏毒品罪处罚。②非法持有毒品在主观上是单纯持有，既不是为进行其他毒品犯罪而持有，也不是为其他犯罪分子而持有；窝藏毒品罪的行为人在主观上是为了走私、贩卖、运输、制造毒品的犯罪分子窝藏毒品。③如果行为人所窝藏的毒品本身是他人非法持有的毒品，而不是走私、贩卖、运输、制造毒品的犯罪分子所有的毒品，由于毒品不是赃物，因而不构成窝藏毒品罪，只能以非法持有毒品罪论处。

3. 非法持有毒品罪与抢劫、抢夺、盗窃毒品犯罪行为的区别。通说认为：①盗窃、抢夺、抢劫他人财物时附带获取毒品的，如果在来不及清理赃物或不知犯罪所得中有毒品的，应按盗窃罪或抢夺罪或抢劫罪定罪处罚；②明知获取的赃物中有毒品而非法持有的，应按盗窃罪或抢夺罪或抢劫罪和非法持有毒品罪实行数罪并罚。如果事先明知他人有毒品，而实施盗窃、抢夺、抢劫行为得手后又非法持有的，应按抢劫罪论处。[2] 这里有个问题，如一人明知是毒品而去抢劫，定抢劫罪，而不明知的情况下，如为了抢钱包而得毒品、不交出则数罪并罚。笔者认为，显然前一行为的主观恶性要比后一行为大得多，但处罚却轻，罪行不相适应。所以，笔者认为应该把后面不交毒品的行为认为保护赃物的行为，不应该数罪并罚，而仍然以抢劫罪论处。其中自己持有毒品的行为只是为自己窝藏而已，在别的罪名下几乎都不会处罚。

4. 非法持有毒品罪与走私、贩卖、运输、制造、窝藏毒品罪的区别。行为人实施走私、贩卖、运输、制造、窝藏毒品的行为都是以非法持有为前提的。在司法实践中，有证据能够证实已构成走私、贩卖、运输、制造、窝藏毒品罪中的任何一种罪，即以该罪论处，而不应再定

---

[1] 胡耀晋、梁晋云：《毒品违法、犯罪案件认定处罚、立案标准及法律依据与相关规定》，中国人民公安大学出版社 2004 年版，第 40 页。
[2] 赵秉志、于志刚：《毒品犯罪》，中国人民公安大学出版社 2003 年版，第 89 页。

非法持有毒品罪。在犯罪分子拒不供认，又无证据认定构成走私、贩卖、运输、制造、窝藏毒品罪中任何一种罪的情况下，才能认定其构成非法持有毒品罪。可以说非法持有毒品罪在一些情况下是以兜底条款的面孔面对毒品犯罪的。另外，还需注意的是，构成非法持有毒品罪有法定的数量标准，达不到法定标准的只能按违法处理。然而，走私、贩卖、运输、制造、窝藏毒品罪只要有行为即构成犯罪，无须毒品数量达到较大。

（三）非法持有毒品罪的刑事责任

根据《刑法》第348条的规定，非法持有鸦片1000克以上、海洛因或者甲基苯丙胺50克以上或者其他毒品数量大的，处7年以上有期徒刑或者无期徒刑，并处罚金；非法持有鸦片200克以上不满1000克、海洛因或者甲基苯丙胺10克以上不满50克或者其他毒品数量较大的，处3年以下有期徒刑、拘役或者管制，并处罚金；情节严重的，处3年以上7年以下有期徒刑，并处罚金。

根据《刑法》第356条的规定，因走私、贩卖、运输、制造、非法持有毒品罪被判过刑，又犯非法持有毒品罪的，从重处罚。[1]

三、包庇毒品犯罪分子罪

（一）包庇毒品犯罪分子罪的概念与特征

包庇毒品犯罪分子罪，是指明知是走私、贩卖、运输、制造毒品的犯罪分子，而向司法机关作假证明掩盖其罪行，或者帮助其毁灭罪证，以使其逃避法律制裁的行为。本罪的主要特征是：

1. 侵犯的客体是司法机关同毒品犯罪分子作斗争的正常活动。包庇毒品犯罪分子的社会危害性就在于不仅妨碍了司法机关对毒品犯罪分子的及时惩办，而且这种行为使毒品犯罪分子逍遥法外，逃避法律的制裁，继续作恶，危害社会。

2. 客观方面表现为行为人必须对走私、贩卖、运输、制造毒品罪的犯罪分子提供保护，使其逃避法律制裁的行为。"包庇"，是指向司法机关作假证明掩盖走私、贩卖、运输、制造毒品的犯罪分子的罪行，或者帮助其毁灭罪证，以使其逃避法律制裁的行为。在实践中，明知某人是公安机关正在追捕的走私、贩卖、运输、制造毒品的案犯，仍向其提供资助或者交通工具，帮助该案犯潜逃，或者帮助毒品犯罪分子隐匿、转移、销毁罪证等，也都是包庇毒品犯罪分子的行为。包庇毒品犯罪分子的行为，只能发生在被包庇者实施犯罪之后，如果事前、事中通谋，应以共同犯罪论处。

3. 犯罪主体是一般主体。

4. 主观方面是故意。行为人的动机多种多样，无论出于何种动机，只要明知是走私、贩卖、运输、制造毒品的犯罪分子而予以包庇的，均构成本罪。犯罪的目的是帮助毒品犯罪分子逃避法律的制裁。

（二）包庇毒品犯罪分子罪的刑事责任

根据《刑法》第349条第1款的规定，犯本罪的，处3年以下有期徒刑、拘役或者管制；情节严重的，处3年以上10年以下有期徒刑。缉毒人员或者其他国家机关工作人员掩护、包庇走私、贩卖、运输、制造毒品的犯罪分子的，依照前款的规定从重处罚。"缉毒人员"是指负责查处毒品犯罪的国家工作人员。"掩护"是指缉毒人员或其他国家机关工作人员采取警戒、牵制、压制等手段帮助毒品犯罪分子逃避法律制裁。由于缉毒人员或者其他国家机关工作

---

[1] 我国非法持有毒品罪的法定刑相对于国外刑法而言似乎偏高，有关国家的法定刑多在5年以下。

人员身份特殊，他们掩护、包庇毒品犯罪分子，有着更大的危害性，因此应从重处罚。

根据《刑法》第356条的规定，因走私、贩卖、运输、制造、非法持有毒品罪被判过刑，又犯包庇毒品犯罪分子罪的，从重处罚。

四、窝藏、转移、隐瞒毒品、毒赃罪

（一）窝藏、转移、隐瞒毒品、毒赃罪的概念与特征

窝藏、转移、隐瞒毒品、毒赃罪，是指明知是毒品或者毒品犯罪所得的财物而为犯罪分子窝藏、转移、隐瞒的行为。本罪的主要特征是：

1. 侵犯的客体是国家对毒品的管制和国家司法机关的正常活动。窝藏毒品、毒赃的行为，不仅帮助犯罪分子隐匿罪证，妨害司法机关调查取证，使犯罪分子逃避法律的制裁，而且为毒品犯罪分子继续犯罪提供物质条件。本罪的犯罪对象是犯罪分子用作犯罪的毒品、毒赃。"毒赃"，是指犯罪分子进行毒品犯罪所得财物以及由非法所得获取的收益。由非法所得获取的收益，是指利用毒品违法犯罪所得的财物从事孳息或者经营活动所获取的财物以及有关财产方面的利益。

2. 客观方面表现为行为人为走私、贩卖、运输、制造毒品的犯罪分子窝藏、转移、隐瞒毒品、毒赃的行为。"窝藏"，是指将犯罪分子的毒品、毒赃窝藏在自己的住所或者其他隐蔽的场所，以逃避司法机关的追查。"转移"，是指将犯罪分子的毒品、毒赃从一地转移到另一地，以抗拒司法机关对毒品、毒赃的追缴，帮助犯罪分子逃避法律的制裁，或者便于犯罪分子进行毒品交易等犯罪活动。"隐瞒"，是指在司法机关询问、调查有关犯罪分子的情况时，自己明知犯罪分子的毒品、毒赃藏在何处，而有意对司法机关进行隐瞒。只要行为人实施了其中任一行为，就构成本罪。

3. 犯罪主体是一般主体。

4. 主观方面是故意。即行为人明知是用于走私、贩卖、运输、制造的毒品、毒赃而故意予以窝藏、转移、隐瞒，这是区分罪与非罪的标志之一。如果事前有通谋的，属于共同犯罪中的帮助犯，以共犯论处。

（二）窝藏、转移、隐瞒毒品、毒赃罪的刑事责任

根据《刑法》第349条第1款的规定，犯本罪的，处3年以下有期徒刑、拘役或者管制；情节严重的，处3年以上10年以下有期徒刑。缉毒人员或者其他国家机关工作人员掩护、包庇走私、贩卖、运输、制造毒品的犯罪分子的，从重处罚。

根据《刑法》第356条的规定，因走私、贩卖、运输、制造、非法持有毒品罪被判过刑，又犯窝藏、转移、隐瞒毒品、毒赃罪的，从重处罚。

五、非法生产、买卖、运输制毒物品、走私制毒物品罪

（一）非法生产、买卖、运输制毒物品、走私制毒物品罪的概念与特征

非法生产、买卖、运输制毒物品、走私制毒物品罪，是指违反国家规定，非法生产、买卖、运输、走私醋酸酐、乙醚、三氯甲烷或者其他用于制造毒品的原料、配剂，或者携带上述物品进出境，情节较重的行为。本罪的主要特征是：

1. 本罪侵犯的客体是国家对醋酸酐、乙醚、三氯甲烷或者其他用于制造毒品的原料或者配剂进出口的管制。醋酸酐、乙醚、三氯甲烷或者其他用于制造毒品的原料或者配剂既是医药和工农业生产的原料，又是制造毒品不可缺少的物品。我国政府十分重视对制造毒品的原料或者配剂的进出口管理工作，实行由国家统一归口管理制度，严禁任何单位和个人非法运输、携带制毒化学物品进出国（边）境。我国1989年加入的《联合国禁止非法贩运麻醉药品和精神药物公约》中第3条第1款规定，明知其用途或目的是生产或制造麻醉药品或精神药品而制

造、运输、分销设备、材料或表1和表2所列的化学品，各缔约国应采取可能必要的措施将其故意行为确定为国内法中的刑事犯罪。我国是该公约的缔约国，所以本法明文将其规定为独立的犯罪，以利于打击非法运输、携带制毒化学物品进出国（边）境的犯罪分子。本罪的犯罪对象是国家统一管制的醋酸酐、乙醚、三氯甲烷或者其他用于制造毒品的原料或配剂。

2. 客观方面表现为违反国家规定，非法生产、买卖、运输、走私醋酸酐、乙醚、三氯甲烷或者其他用于制造毒品的原料、配剂，或者携带上述物品进出境，情节较重的行为。"违反国家规定"，是指违反国家制毒物品管理法规和海关法规。"运输制毒物品进出境"，是指利用飞机、火车、汽车、船只等交通工具，将制毒物品从境外运入境或由境内运往境外。"携带制毒物品进出境"，是指过境人员将制毒物品随身带入境或者带出境。这两种行为并不要求全部具备，只要实施其中之一，即可构成犯罪。

3. 犯罪主体是一般主体，自然人和单位均可构成本罪。

4. 主观方面是故意，即行为人明知是国家管制的用于制造毒品的原料或配剂，仍非法生产、买卖、运输、携带制毒物品进出国（边）境的行为。如果明知他人制造毒品，而故意为其运输、携带制毒物品进出境的，则应以制造毒品罪的共犯处罚。另外明知他人收买上述物品是为了非法生产、买卖、运输、携带进出境，仍向其提供或者出售的，以走私制毒物品罪的共犯论处。

（二）非法生产、买卖、运输制毒物品、走私制毒物品罪的刑事责任

根据《刑法》第350条的规定，犯本罪的，处3年以下有期徒刑、拘役或者管制，并处罚金；情节严重的，处3年以上7年以下有期徒刑，并处罚金；情节特别严重的，处7年以上有期徒刑，并处罚金或者没收财产。明知他人制造毒品而为其生产、买卖、运输前款规定的物品的，以制造毒品罪的共犯论处。单位犯前两款罪的，对单位判处罚金，并对其直接负责的主管人员和其他直接责任人员，依照前两款的规定处罚。

根据《刑法》第356条的规定，因走私、贩卖、运输、制造、非法持有毒品罪被判过刑，又犯走私制毒物品罪的，从重处罚。

六、非法种植毒品原植物罪

（一）非法种植毒品原植物罪的概念与特征

非法种植毒品原植物罪，是指明知是罂粟、大麻等毒品原植物而非法种植且数量较大，或者经公安机关处理后又种植，或者抗拒铲除的行为。本罪的主要特征是：

1. 侵犯的客体是国家对毒品原植物种植的管制。国家历来对非法种植罂粟、大麻等毒品原植物严厉禁止，并先后发布了一系列的法规、法令和通知。如2005年8月3日国务院颁布施行的《麻醉药品和精神药品管理条例》规定，除本条例另有规定的外，其他任何单位、个人不得种植麻醉药品药用原植物。本罪的对象是毒品原植物。我国非法种植的毒品原植物主要是罂粟，少数地区也种植大麻。

2. 客观方面表现为行为人实施了违反国家有关法规，非法种植毒品原植物数量较大的，或经公安机关处理后又种植以及抗拒铲除的行为。所谓种植，是指播种、施肥、灌溉、收割等，不论行为人实施了上述全部行为还是只实施了一种行为，都可视为种植。有下列情形之一的，构成犯罪：①种植罂粟500株以上不满3000株或者其他毒品原植物数量较大的；②经公安机关处理后又种植的；③抗拒铲除的，即对公安机关或毒品原植物种植的主管部门依法强制铲除时，以暴力威胁或其他手段抗拒铲除。如果在抗拒中造成执法人员重伤或死亡，应以故意伤害罪（重伤）或故意杀人罪处罚。

3. 犯罪主体是一般主体。

4. 主观方面是故意，即行为人明知是制造毒品的原植物而非法种植。不论行为人目的是营利还是满足个人享用，均构成本罪。

（二）非法种植毒品原植物罪的刑事责任

根据《刑法》第351条的规定，犯本罪的，处5年以下有期徒刑、拘役或者管制，并处罚金。非法种植罂粟3000株以上或其他毒品原植物数量大的，处5年以上有期徒刑，并处罚金或者没收财产。非法种植罂粟或者其他毒品原植物，在收获前自动铲除的，可以免除处罚。

根据《刑法》第356条的规定，因走私、贩卖、运输、制造、非法持有毒品罪被判过刑，又犯非法种植毒品原植物罪的，从重处罚。

七、非法买卖、运输、携带、持有毒品原植物种子、幼苗罪

（一）非法买卖、运输、携带、持有毒品原植物种子、幼苗罪的概念与特征

非法买卖、运输、携带、持有毒品原植物种子、幼苗罪，是指违反国家规定，非法买卖、运输、携带、持有未经灭活的毒品原植物种子或者幼苗，数量较大的行为。本罪的主要特征是：

1. 侵犯的客体是国家对毒品原植物种子、幼苗的管理制度。本罪的对象是未经灭活的毒品原植物种子或者幼苗。

2. 客观方面表现为行为人实施了违反国家有关法规，非法买卖、运输、携带、持有毒品原植物种子或者幼苗，数量较大的行为。"非法买卖"，是指以金钱或者实物作价非法购买或者出售未经灭活的毒品原植物种子或者幼苗的行为。"非法运输"，是指未经国家有关部门批准，私自从事未经灭活的罂粟等毒品原植物种子或者幼苗运输的行为，包括国内运输和在国境、边境非法输入、输出。"非法携带、持有"，是指违反国家规定，没有合法的携带权、持有权而占有、携带、藏有或者以其他方式携带、持有未经灭活的罂粟等毒品原植物种子或幼苗的行为。还必须符合数量较大的条件。

3. 犯罪主体是一般主体。

4. 主观方面是故意。

（二）非法买卖、运输、携带、持有毒品原植物种子、幼苗罪的刑事责任

根据《刑法》第352条的规定，犯本罪的，处3年以下有期徒刑、拘役或者管制，并处或者单处罚金。根据《刑法》第356条的规定，因走私、贩卖、运输、制造、非法持有毒品罪被判过刑，又犯本罪的，从重处罚。

八、引诱、教唆、欺骗他人吸毒罪

（一）引诱、教唆、欺骗他人吸毒罪的概念与特征

引诱、教唆、欺骗他人吸毒罪，是指通过引诱、教唆、欺骗的方法使他人吸食、注射毒品的行为。本罪的主要特征是：

1. 侵犯的客体是复杂客体，不仅侵犯社会治安管理秩序，而且还侵犯他人的身心健康。本罪的对象是未染上吸毒恶习或者虽染上吸毒恶习但已经戒除的人。

2. 客观方面表现为行为人通过向他人宣扬吸食、注射毒品后的感觉等方法，非法实施引诱、教唆、欺骗他人吸食、注射毒品的行为。"引诱"，是指以金钱、物质及其他利益诱导、拉拢原本没有吸毒意愿的人吸食、注射毒品的行为；"教唆"，是指以劝说、授意、怂恿等手段，鼓动、唆使原本没有吸毒意愿的人吸食、注射毒品的行为；"欺骗"，是指用隐瞒事实真相或者制造假象等方法，使原本没有吸毒意愿的人上当吸食、注射毒品的行为。如暗地里在香烟中掺入毒品，或在药品中掺入毒品，供人吸食和使用，使他人在不知不觉中染上毒瘾。

3. 犯罪主体是一般主体。

4. 主观方面是故意。犯罪目的和动机多种多样，但不论行为人出于何种动机和目的，都构成犯罪。

(二) 引诱、教唆、欺骗他人吸毒罪的刑事责任

根据《刑法》第353条第1款的规定，犯本罪的，处3年以下有期徒刑、拘役或者管制，并处罚金；情节严重的，处3年以上7年以下有期徒刑，并处罚金。

根据《刑法》第353条第3款的规定，引诱、教唆、欺骗未成年人吸毒的，从重处罚。

根据《刑法》第356条的规定，因走私、贩卖、运输、制造、非法持有毒品罪被判过刑，又犯引诱、教唆、欺骗他人吸毒罪的，从重处罚。

九、强迫他人吸毒罪

(一) 强迫他人吸毒罪的概念与特征

强迫他人吸毒罪，是指违背他人意志，使用暴力、胁迫或者其他强制手段迫使他人吸食、注射毒品的行为。本罪的主要特征是：

1. 侵犯的客体是社会治安管理秩序和他人的身体健康，属于复杂客体。强迫他人吸毒，往往使人染上毒瘾，成为吸毒者，而吸毒成瘾严重损害身心健康，使吸毒者身体虚弱、智能减退、人格扭曲，而且吸毒还是艾滋病传播的途径之一。同时，吸毒会诱发盗窃、抢劫、赌博、卖淫等其他犯罪活动。

2. 本罪在客观方面表现为行为违背他人的意志，使用暴力、胁迫或者其他强制手段迫使他人吸食、注射毒品的行为。"暴力"，是指犯罪分子对被害人身体实施强制，迫使其违背自己的意志吸食、注射毒品。"胁迫"，是指犯罪分子以实施暴力相威胁，实行精神强制，使被害人产生恐惧不敢抗拒而吸食、注射毒品。"其他强制方法"，是指除了暴力、胁迫方法以外的其他方法，如醉酒、麻醉等方法，使被害人不知抗拒而吸食和注射毒品的行为。

3. 犯罪主体是一般主体。

4. 主观方面是故意，即行为人明知是毒品，而故意强迫他人吸毒。强迫他人吸毒的动机多种多样，但动机不影响犯罪的成立。

(二) 强迫他人吸毒罪的刑事责任

根据《刑法》第353条第2款的规定，犯本罪的，处3年以上10年以下有期徒刑，并处罚金。根据《刑法》第353条第3款的规定，强迫未成年人吸毒的，从重处罚。根据《刑法》第356条的规定，因走私、贩卖、运输、制造、非法持有毒品罪被判过刑，又犯强迫他人吸毒罪的，从重处罚。

十、容留他人吸毒罪

(一) 容留他人吸毒罪的概念与特征

容留他人吸毒罪，是指为他人吸食、注射毒品提供场所的行为。本罪的主要特征是：

1. 侵犯的客体是社会的正常管理秩序和人们的身心健康。容留他人吸毒，主要指的是人们通常所说的开设地下烟馆或变相烟馆的行为。近几年来，一些宾馆、舞厅也成为吸毒的场所，导致吸毒人数上升。

2. 客观方面表现为行为人实施了容留他人吸毒的行为。"容留他人吸毒"，是指给吸毒者提供吸毒的场所。既可以是行为人主动提供，也可以是在吸毒者要求时或主动前来时被动提供；既可以是有偿提供，也可以是无偿提供。提供的地点，既可以是自己的住所，也可以是其亲戚朋友或由其指定的其他隐藏的场所，一般是行为人专门为吸毒者准备的某种比较固定的场所，如利用住宅、居所或租赁他人房屋让他人吸毒；饭店、宾馆、咖啡馆、酒吧、舞厅等营业性场所的经营、服务人员利用经营性场所容留他人吸毒；航空器、轮船、火车、汽车的司机管

理人员利用交通工具让他人吸毒等。

3. 犯罪主体是一般主体。

4. 主观方面是故意。

(二) 容留他人吸毒罪的刑事责任

根据《刑法》第354条的规定,犯本罪的,处3年以下有期徒刑、拘役或者管制,并处罚金。根据《刑法》第356条的规定,因走私、贩卖、运输、制造、非法持有毒品罪被判过刑,又犯容留他人吸毒罪的,从重处罚。

十一、非法提供麻醉药品、精神药品罪

(一) 非法提供麻醉药品、精神药品罪的概念与特征

非法提供麻醉药品、精神药品罪,是指依法从事生产、运输、管理、使用国家管制的麻醉药品、精神药品的单位和个人,明知他人是吸毒者,而向其提供国家管制的能够使人成瘾的麻醉药品、精神药品的行为。本罪的主要特征是:

1. 侵犯的客体是国家对麻醉药品、精神药品的管理制度。联合国《1961年麻醉品单一公约》《1971年精神药物公约》和《禁止非法贩运麻醉药品和精神药物公约》,都对麻醉药品和精神药物的生产、使用、输出、输入等作了详细的规定。我国对麻醉药品和精神药物的管制是根据我国的实际情况以及参照联合国公约制定的。

2. 客观方面表现为违反国家规定,向吸毒者提供国家规定管制的能够使人成瘾的麻醉药品、精神药品。"违反国家规定",是指违反《麻醉药品和精神药品管理条例》等有关规定。行为人提供毒品的行为必须利用了职务或工作上的便利,即利用了自己从事生产、运输、管理、使用上述药品的职务或工作之便利,如医生、药剂师利用职务之便,违反规定向吸毒的人提供麻醉药品或精神药品。如果行为人没有利用职务之便,如医生利用自己熟悉药品库房的机会,深夜从库房盗取药品后提供给吸毒的人,则不构成本罪。行为人提供给吸毒者以麻醉药品或精神药品,必须是无偿的。如果是有偿提供,不属于本罪的非法提供行为,其性质实为一种贩卖毒品的行为。

3. 犯罪主体是特殊主体,即依法从事生产、运输、管理、使用国家管制的麻醉药品、精神药品的人员和单位。单位也可以成为本罪主体,单位包括生产厂家以及销售、运输、管理、教学科研、医疗部门等。

4. 主观方面是故意,即明知对方是吸食、注射毒品的人,而故意提供麻醉药品、精神药品。如果擅自提供给用于医疗、科研、教学的人以及需要使用麻醉药品、精神药品的病人,尽管违反了法律规定,亦不构成本罪。

(二) 非法提供麻醉药品、精神药品罪的刑事责任

根据《刑法》第355条的规定,犯本罪的,处3年以下有期徒刑或者拘役,并处罚金;情节严重的,处3年以上7年以下有期徒刑,并处罚金。单位犯本罪的,对单位判处罚金,并对其直接负责的主管人员和其他直接责任人员依照上述规定处罚。

根据《刑法》第356条的规定,因走私、贩卖、运输、制造、非法持有毒品罪被判过刑,又犯非法提供麻醉药品、精神药品罪的,从重处罚。

第九节　组织、强迫、引诱、容留、介绍卖淫罪

一、组织卖淫罪

（一）组织卖淫罪的概念与特征

组织卖淫罪，是指以招募、雇佣、引诱、容留等手段，组织、策划、指挥他人从事卖淫的行为。本罪的主要特征是：

1. 侵犯的客体是社会治安管理秩序。本罪的犯罪对象是"他人"，但主要指妇女。

2. 客观方面表现为行为人实施了组织、策划、指挥他人卖淫的行为。"组织"，是指将卖淫者进行集中和控制，或者将分散的卖淫人员串联组合成一个比较固定的卖淫团伙或者集团从事卖淫活动。"策划"，是指为组织卖淫活动进行谋划、计划的行为。如为组织卖淫制订计划、拟订具体方案、物色卖淫妇女，以及为建立卖淫窝点而进行决策。"指挥"，是指领导、命令、调度实施卖淫活动。上述组织、策划、指挥三种行为，都是组织卖淫的行为，都具有明显的组织性，行为人只要具备其中一种或者数种行为，就可认定其实施了组织卖淫行为。组织他人卖淫的具体手段，主要包括招募、雇佣、强迫、引诱、容留等手段。各种手段既可以同时使用，也可以只使用其中一种或者数种，但都不影响本罪的成立。

3. 犯罪主体是一般主体。构成本罪必须是卖淫的组织者，即俗称的"老鸨""窝主"。卖淫的组织者可以是一个人，也可以是一个团伙。是否是组织者，关键是看其在卖淫活动中是否起组织者的作用。有些被组织的卖淫者，同时又积极参与组织他人卖淫，对此，应按组织卖淫罪的共犯处理。

4. 主观方面是故意。行为人明知自己是在实施组织他人进行卖淫活动的行为。行为人的犯罪动机可能各不相同，但犯罪动机不影响本罪的成立。

（二）组织卖淫罪的刑事责任

根据《刑法》第358条的规定，犯本罪的，处5年以上10年以下有期徒刑，并处罚金；组织他人卖淫，情节严重的，处10年以上有期徒刑或者无期徒刑，并处罚金或者没收财产。如果组织他人卖淫，并有杀害、伤害、强奸、绑架等犯罪行为的，依照数罪并罚的规定处罚。根据《刑法》第361条的规定，旅馆业、饮食服务业、文化娱乐业、出租汽车业等单位的人员，利用本单位的条件，组织、强迫、引诱、容留、介绍他人卖淫的，依照《刑法》第358、359条的规定定罪处罚。前款所列单位的主要负责人，犯前款罪的，从重处罚。

二、强迫卖淫罪

（一）强迫卖淫罪的概念与特征

强迫卖淫罪，是指以暴力、胁迫或者其他手段，迫使他人卖淫的行为。本罪的主要特征是：

1. 侵犯的客体是社会治安管理秩序和他人的人身权利及性的不可侵犯的权利。

2. 客观方面表现为使用暴力、胁迫或者其他方法，违背他人意志，迫使他人卖淫。实践中的暴力、胁迫方法主要有对他人殴打、虐待、捆绑或以实施杀害、伤害、揭发隐私、断绝生活来源相威胁，或利用他人走投无路的情况采用挟持的方法迫使他人卖淫。如果仅仅是用物质引诱、暗示、鼓动他人卖淫，没有违背他人意志的，不构成本罪。

3. 犯罪主体是一般主体。

4. 主观方面是直接故意。一般行为人都是以营利为目的的，但犯罪目的不影响本罪的成立。

（二）强迫卖淫罪的刑事责任

根据《刑法》第358条的规定，犯本罪的，处5年以上10年以下有期徒刑，并处罚金；情节严重的，处10年以上有期徒刑或者无期徒刑，并处罚金或者没收财产。如果组织他人卖淫，并有杀害、伤害、强奸、绑架等犯罪行为的，依照数罪并罚的规定处罚。根据《刑法》第361条的规定，旅馆业、饮食服务业、文化娱乐业、出租汽车业等单位的人员，利用本单位的条件，组织、强迫、引诱、容留、介绍他人卖淫的，依照《刑法》第358、359条的规定定罪处罚。前款所列单位的主要负责人，犯前款罪的，从重处罚。

三、协助组织卖淫罪

（一）协助组织卖淫罪的概念与特征

协助组织卖淫罪，是指为组织卖淫的人招募、运送或者有其他协助他人组织卖淫的行为。本罪的主要特征是：

1. 侵犯的客体是社会治安管理秩序。

2. 客观方面表现为具有协助他人组织卖淫犯罪活动的行为。协助，是指在实施组织卖淫犯罪活动中准备犯罪工具、创造犯罪条件，在组织卖淫犯罪活动中起到辅助作用的行为，如为组织卖淫犯罪行为人充当打手、保镖、管账人员等。

3. 犯罪主体是一般主体。

4. 主观方面是故意，即行为人明知自己是在进行协助组织他人卖淫的犯罪活动，而为组织他人卖淫犯罪提供帮助、创造条件，具有"协助故意"。行为人的犯罪动机可能各不相同，但动机不影响本罪的成立。

（二）协助组织卖淫罪与组织卖淫罪的共犯之间的区别

司法实践中认定协助组织卖淫的犯罪即组织卖淫罪的帮助犯时，一定要注意将其与在犯罪中起次要作用的从犯相区别。起帮助作用的从犯和起次要作用的从犯在共同犯罪中的地位与主犯相比都是次要、从属的地位。但是，起次要作用的从犯是具体参与实施了本法分则规定的构成要件客观方面的实行行为的人员，只是参与程度、对犯罪完成所起的作用、直接造成的危害等比主犯轻；而帮助犯是没有具体参与实施本法分则规定的构成要件客观方面的实行行为的人员。在组织卖淫犯罪中，构成要件的实行行为是指以招募、雇佣、引诱、容留等手段，控制多人从事卖淫的行为。组织卖淫罪中的帮助犯即协助组织卖淫的人员是指没有具体参与实施上述行为而只是为他人实施上述行为提供物质上的、体力上的或者精神上帮助的行为人员，如充当爪牙、望风放哨等协助组织卖淫行为。在组织卖淫罪共犯中起次要作用的从犯是指在一定程度上参与了组织卖淫行为但作用相对次要的人员，比如在组织卖淫集团中实施"拉皮条"、网罗卖淫人员等行为。对于组织卖淫犯罪中起次要作用的从犯，应根据本法总则的规定，以组织卖淫罪定罪处刑。

我们认为，上述区别虽然在理论上可以进行区分，但是在司法实践中由于证据的原因，要进行区分就较为困难。如果有的犯罪分子既有协助行为，又有起次要作用的组织卖淫行为，定罪就比较困难。在理论上就应该定两罪，即起次要作用的组织卖淫罪和起辅助作用的协助组织卖淫罪。但是如此定罪，又与刑法总则共同犯罪的理论不相一致。因此笔者认为，应将起辅助作用的协助组织卖淫罪取消，统一按照共同犯罪的理论定为组织卖淫罪的共犯。

（二）协助组织卖淫罪的刑事责任

根据《刑法》第358条第4款的规定，犯本罪的，处5年以下有期徒刑，并处罚金；情节严重的，处5年以上10年以下有期徒刑，并处罚金。

四、引诱、容留、介绍卖淫罪

（一）引诱、容留、介绍卖淫罪的概念与特征

引诱、容留、介绍卖淫罪，是指利用金钱、物质以及其他利益等诱使他人卖淫，或者为他人卖淫提供场所，或者在卖淫者和嫖客之间进行牵线搭桥，撮合卖淫嫖娼的行为。本罪的主要特征是：

1. 侵犯的客体是社会治安管理秩序。

2. 客观方面表现为引诱、容留、介绍他人卖淫的行为。"引诱"，是指行为人利用金钱、物质利益或非物质利益作诱饵，或者采取其他手段，拉拢、勾引、劝导、怂恿、诱惑、唆使他人从事卖淫活动。"容留"，是指行为人为他人卖淫提供场所或者其他便利条件的行为。"提供场所"，是指行为人安排专供他人卖淫的处所或者其他指定的场所。这里的场所，不仅仅限于房屋，其他诸如汽车、船舶等交通工具亦可作为提供的场所。"提供其他便利"，是指行为人为他人卖淫提供需要的物品、用具及其他一些条件，如为他人卖淫把风望哨等。"介绍"，是指在卖淫者和嫖客之间牵线搭桥、沟通撮合，使他人卖淫活动得以实现的行为，俗称"拉皮条"。介绍一般是双向介绍，如将卖淫者引见给嫖客，或将嫖客领到卖淫者住处当面撮合，但也可以单向介绍，如单纯地向卖淫者提供信息，由卖淫者自行去勾搭嫖客。

3. 犯罪主体是一般主体。

4. 主观方面是故意。行为人一般是以营利为目的，但犯罪目的不影响本罪的成立。

（二）引诱、容留、介绍卖淫罪的刑事责任

根据《刑法》第359条的规定，犯本罪的，处5年以下有期徒刑、拘役或者管制，并处罚金；情节严重的，处5年以上有期徒刑，并处罚金。

五、引诱幼女卖淫罪

（一）引诱幼女卖淫罪的概念与特征

引诱幼女卖淫罪，是指引诱不满14周岁的幼女进行卖淫的行为。本罪的主要特征是：

1. 侵犯的客体是社会治安管理秩序和幼女的身心健康。引诱幼女卖淫罪不仅危害社会治安管理秩序，同时也严重摧残了幼女的身心健康。本罪的犯罪对象是不满14周岁的幼女。

2. 客观方面表现为行为人具有引诱幼女卖淫的行为。"引诱"，是指行为人利用金钱或其他手段，勾引、诱惑、劝导、怂恿幼女从事卖淫活动。行为人只有引诱幼女向他人卖淫，才能构成本罪，若是引诱幼女与自己发生性关系，则应依具体案情以强奸罪论处。行为人的行为方式仅限于引诱，若是组织、强迫、容留、介绍幼女卖淫的，则应分别以组织卖淫罪、强迫卖淫罪和容留、介绍卖淫罪论处。

3. 犯罪主体是一般主体。

4. 主观方面是故意。行为人明知对方是幼女而引诱其卖淫。引诱幼女卖淫一般是以营利为目的，但犯罪目的不影响本罪的成立。

（二）引诱幼女卖淫罪的刑事责任

根据《刑法》第359条第2款的规定，犯本罪的，处5年以上有期徒刑，并处罚金。

六、传播性病罪

（一）传播性病罪的概念与特征

传播性病罪，是指明知自己患有梅毒、淋病等严重性病而进行卖淫、嫖娼的行为。本罪的主要特征是：

1. 侵犯的客体是复杂客体，既侵犯社会治安管理秩序，又侵犯他人的身体健康。

2. 客观方面表现为行为人明知自己患有严重性病而实施卖淫、嫖娼的行为。本罪是行为

犯，只要行为人在明知自己患有严重性病的情况下，故意实施了卖淫、嫖娼行为，即构成犯罪。至于实际上是否已造成将性病传染给他人的结果，不影响本罪的成立。

3. 犯罪主体是特殊主体，即已满16周岁、具有刑事责任能力，且明知自己患有梅毒、淋病等严重性病的人。

4. 主观方面是故意，过失不构成本罪。行为人明知自己患有严重性病，而出于某种动机或为达到某种目的，仍然向他人卖淫或嫖娼。"明知"，可以是确切知道自己患有某种严重性病，也可以是其知道可能患有某种严重性病。如果行为人未被确诊为患有严重性病，但根据其知识、阅历能证明其明知可能患有严重性病的，也应视为"明知"。如何认定行为人是"明知"：①有证据证明曾到医院就医，被诊断为患有严重性病的；②通过其他方法能够证明行为人是"明知"的。如根据行为人实际患病的严重程度，行为人应当知道自己患有严重性病。如果行为人确实不知道自己患有严重性病而卖淫、嫖娼的，则不构成本罪。

（二）传播性病罪的司法认定

在司法实践中区别传播性病罪与非罪，可以从以下几方面进行区分：①行为人是否患有严重性病。现在，国际公认的性传播疾病有二十多种，我国卫生部门提供的材料中认定为性病的有十多种。其中属于严重性病的有艾滋病、梅毒、淋病等。卖淫、嫖娼者只有患有严重性病，才有可能构成传播性病罪。患有一般性病的，不能构成本罪。②行为人客观上是否实施了卖淫、嫖娼行为。如果行为人是在夫妻性生活或通奸、恋爱等性关系中将性病传染给他人，由于客观上不存在卖淫、嫖娼行为，也不构成本罪。③行为人主观上是否明知自己患有严重性病。如果行为人不知自己患有严重性病，即使实施了卖淫、嫖娼行为，也不构成本罪。④行为人是否自愿实施了卖淫、嫖娼行为。行为人虽患有严重性病，但如果是被强迫卖淫的，由于主观上没有犯罪故意，也不构成本罪。

（三）传播性病罪的刑事责任

根据《刑法》第360条的规定，犯本罪的，处5年以下有期徒刑、拘役或者管制，并处罚金。

第十节 制作、贩卖、传播淫秽物品罪

一、制作、复制、出版、贩卖、传播淫秽物品牟利罪

（一）制作、复制、出版、贩卖、传播淫秽物品牟利罪的概念与特征

制作、复制、出版、贩卖、传播淫秽物品牟利罪，是指以牟利为目的，制作、复制、出版、贩卖、传播具体描绘性行为或者露骨宣扬色情的诲淫性的书刊、影片、录像带、录音带、图片及其他淫秽物品的行为。本罪的主要特征是：

1. 侵犯的客体是国家对文化娱乐市场淫秽物品的管理秩序。本罪的犯罪对象是淫秽物品。所谓淫秽物品，根据《刑法》第367条的规定，是指具体描绘性行为或者露骨宣扬色情的诲淫性的书刊、影片、录像带、录音带、图片及其他淫秽物品。有关人体生理、医学知识的科学著作不是淫秽物品。包含有色情内容的有艺术价值的文学、艺术作品不视为淫秽物品。

2. 客观方面表现为行为人实施了制作、复制、出版、贩卖、传播淫秽物品的行为。

（1）制作淫秽物品的行为。"制作"，即制造，是指通过某种方式、利用某种有形形式、带有创作性地导致淫秽物品产生的行为。制作淫秽物品的行为有两个要素：①行为带有创作性或原创性。淫秽物品可以看做是行为人的作品，行为人将一定的想法、观念或情感通过构思、

取舍、选择、安排、设计或组合在淫秽物品中表现出来。因而淫秽物品所具有的特征"诲淫性",即行为人在制作中的主观见之于客观的过程,是一种严重违背社会道德、破坏社会管理秩序的创作行为。②利用某种有形形式,即要有一定的载体或是一种实物。有形形式包括:文字形式,如书刊、报纸以及剧本等;绘画形式,如图片;音像形式,如电影;摄影形式,如照片、电视、录像、录音,国际互联网也可看做是这一形式;实物形式,如雕塑、淫具、淫药等。淫秽物品具有有形形式,使之与非有形形式的淫秽行为(如表演)、宣扬淫秽内容的口头作品区分开来。

(2)复制淫秽物品的行为。"复制",是指以印刷、复印、临摹、拓印、录像、翻录、翻拍等方式将某一物品制作多份的行为。复制淫秽物品,指对已有的淫秽物品进行仿造或重复制作,使之再现。复制行为往往具有重复性。即行为人利用同一方式将已有的淫秽物品进行重复制造。

(3)出版淫秽物品的行为。"出版",是指将作品编辑加工后,经过制作向公众发行。淫秽物品的出版一般是非法进行的,即行为人私自制作后向社会发行。也有以合法的形式出版的,即合法的出版单位将淫秽物品制作成合法的出版物予以出版发行。出版单位在社会上公开发行淫秽出版物,其形式上是合法的,如具有国家统一的书号,其发行、流传也是通过合法、公开的途径进行的。当然,并不能因为其具有合法名义而否认其实质的违法性。

(4)贩卖淫秽物品的行为。"贩卖",是指向特定的人或不特定的人有偿转让淫秽物品的行为。行为方式包括零售、批发、出售和交换等方式。

(5)传播淫秽物品的行为。"传播",是指以公开的或半公开的方式在一定范围内广泛散布淫秽物品的行为。行为具有相对公开性和广泛性。行为方式有播放、出租、出借、承运、邮寄、携带等。近年来,随着国际互联网的普及,一些不法分子利用互联网传播淫秽物品,其社会危害性更大且犯罪手段隐蔽,是一种新的传播方式。

3. 犯罪主体是一般主体,自然人和单位均可构成本罪。

4. 主观方面是故意,即行为人知道或者应当知道是淫秽物品而进行制作、复制、出版、贩卖、传播,同时行为人在实施本罪的犯罪行为时还必须以牟利为目的。

(二)制作、复制、出版、贩卖、传播淫秽物品牟利罪的刑事责任

根据《刑法》第363条第1款的规定,犯本罪的,处3年以下有期徒刑、拘役或者管制,并处罚金;情节严重的,处3年以上10年以下有期徒刑,并处罚金;情节特别严重的,处10年以上有期徒刑或者无期徒刑,并处罚金或者没收财产。

二、为他人提供书号出版淫秽书刊罪

(一)为他人提供书号出版淫秽书刊罪的概念与特征

为他人提供书号出版淫秽书刊罪,是指违反国家规定,为他人提供书号、刊号,造成淫秽书刊出版的行为。本罪的主要特征是:

1. 侵犯的客体是国家对书刊出版的管理秩序。近年来,一些出版单位为了牟取暴利,不按国家规定,对书号申请人的身份、目的、书号的使用范围以及书稿的内容不进行认真审查,随意向他人提供书号,甚至公开出卖书号,致使大量淫秽书刊出版,在社会上蔓延,危害极大。本罪的对象是淫秽书刊。

2. 客观方面表现为违反国家关于书号管理的各种规定,向单位或个人违法提供书号,导致淫秽书刊出版的行为。所谓"书号",是指中国标准书号,它是由一个国际标准书号(ISBN)和一个图书分类号两部分组成。其中,国际标准书号是中国标准书号的主体,可以独立使用。国际标准书号由组号(代表出版者的国家、地理区域、语种或其他细分特征,如中国的

组号为7)、出版者（代表组区内的具体出版者，如人民出版社为01）、书名号（代表某出版者出版的具体出版物）和校验位（用以检查ISBN编号转录过程中的错误）组成。图书分类号由图书所属学校的分类号和该类号下的种次号两段组成。书号，是图书出版上市的通行证，任何书刊必须有统一的编号，才可以印刷、出版发行。我国对书号的管理原则是书号在一般情况下只能由出版机构自己使用，只有在协作出版的情况下，才允许出版机构将书号提供给他人。

3. 犯罪主体是一般主体，自然人和单位均可成为本罪的主体。由于书号不被一般人或单位掌握，所以能够提供书号进而构成本罪的，主要为国家新闻出版单位及其主要负责人。

4. 主观方面是过失。行为人提供书号是故意的，但是书号被用于出版淫秽书刊是不明知的。如果行为人明知他人是用于出版淫秽书刊而为其提供书号，则行为人的行为构成出版淫秽物品牟利罪。[1]

（二）为他人提供书号出版淫秽书刊罪的刑事责任

根据《刑法》第363条第2款的规定，犯本罪的，处3年以下有期徒刑、拘役或者管制，并处或者单处罚金。

三、传播淫秽物品罪

（一）传播淫秽物品罪的概念与特征

传播淫秽物品罪，是指不以牟利为目的，在社会上传播淫秽的书刊、影片、音像、图片或者其他淫秽物品，情节严重的行为。本罪的主要特征是：

1. 侵犯的客体是国家对淫秽物品的管理秩序。本罪的对象是淫秽的书刊、影片、音像、图片或者其他淫秽物品。"其他淫秽物品"，包括具体描绘性行为或者露骨宣扬色情的诲淫性的视频文件、音频文件、电子刊物、图片、文章、短信息等互联网、移动通讯终端电子信息和声讯台语音信息。[2]

2. 客观方面表现为行为人具有传播淫秽的书刊、影片、音像、图片或者其他淫秽物品，情节严重的行为。传播方式包括播放、出借、展览、发布、发表、散布、邮寄等。利用计算机网络和手机等进行传播，是近年来传播淫秽物品的新动向。《计算机信息网络国际联网安全保护管理办法》规定，任何单位和个人不得利用国际联网制作、复制、查阅和传播淫秽的信息。如果行为人有这种行为，情节较轻的给予行政处罚；构成犯罪的，依法追究刑事责任。"情节严重"，主要是指多次地、经常地传播淫秽物品；所传播的淫秽物品数量较大；虽然传播淫秽物品数量不大、次数不多，但被传播的对象人数众多，造成的后果严重；在未成年人中传播，造成严重后果的；等等。

3. 犯罪主体是一般主体，自然人和单位均可构成本罪。

4. 主观方面是故意，但行为人不以牟利为目的。如果行为人是以牟利为目的，则构成传播淫秽物品牟利罪。

（二）传播淫秽物品罪的刑事责任

根据《刑法》第364条第1、4款的规定，犯本罪的，处2年以下有期徒刑、拘役或者管制。向不满18周岁的未成年人传播淫秽物品的，从重处罚。

---

[1] 参见最高人民法院《关于审理非法出版物刑事案件具体应用法律若干问题的解释》。
[2] 参见最高人民法院、最高人民检察院《关于办理利用互联网、移动通讯终端、声讯台制作、复制、出版、贩卖、传播淫秽电子信息刑事案件具体应用法律若干问题的解释》。

四、组织播放淫秽音像制品罪

（一）组织播放淫秽音像制品罪的概念与特征

组织播放淫秽音像制品罪，是指组织、召集多人观看、收听淫秽的电影、录像等音像制品的行为。本罪的主要特征是：

1. 侵犯的客体是国家对淫秽音像制品的管理秩序。

2. 客观方面表现为行为人具有组织播放淫秽音像制品的行为。所谓"组织播放"，是指组织、策划、指挥他人播放或者收看淫秽音像制品的行为。具体地讲，所谓播放，就是以放映机、放录机、录音机等机器来进行传播。行为人是播放的组织、策划、指挥者。播放的时间和场所不受限制，收看的人数也不受限制。

3. 犯罪主体是一般主体，自然人和单位均可构成本罪。

4. 主观方面是故意。本罪不以牟利为目的。如果以牟利为目的，则构成传播淫秽物品牟利罪。

（二）组织播放淫秽音像制品罪的刑事责任

根据《刑法》第364条第2、3款的规定，犯本罪的，处3年以下有期徒刑、拘役或者管制，并处罚金；情节严重的，处3年以上10年以下有期徒刑，并处罚金。制作、复制淫秽的电影、录像等音像制品组织播放的，从重处罚。

五、组织淫秽表演罪

（一）组织淫秽表演罪的概念与特征

组织淫秽表演罪，是指策划、纠集、指挥、控制他人进行淫秽表演的行为。本罪的主要特征是：

1. 侵犯的客体是社会道德风尚和社会公共治安秩序。在社会上组织淫秽表演会对人民的身心健康造成危害，也极易诱发违法犯罪活动，依法打击组织淫秽表演的犯罪行为，对于维护社会治安，净化社会环境，保护人民的身心健康，促进精神文明，具有重要意义。本罪的对象可以是任何人，但主要是青年妇女。

2. 客观方面表现为组织他人当众进行色情淫荡、挑动人们性欲的形体或动作表演。所谓"组织"，是指以招募、雇佣、引诱、容留等手段纠集他人进行淫秽表演。淫秽表演必须是在公共场所公开地进行。

3. 犯罪主体是一般主体，自然人和单位均可构成本罪。本罪的主体是淫秽表演的组织者而非表演者，在实践中一般是文化娱乐场所、饮食服务行业的经营者，如歌厅、舞厅、夜总会的老板。

4. 主观方面是故意。行为人一般以牟利为目的，但是犯罪动机不影响本罪的成立。

（二）组织淫秽表演罪的刑事责任

根据《刑法》第365条的规定，犯本罪的，处3年以下有期徒刑、拘役或者管制，并处罚金；情节严重的，处3年以上10年以下有期徒刑，并处罚金。所谓"情节严重"，主要是指多次组织淫秽表演；虽然次数不多，但被传播的对象人数众多，造成的后果严重；在未成年人中传播，造成严重后果的。

> **学术视野**

一、聚众斗殴罪的既遂与未遂

第一种观点认为，聚众斗殴罪存在未遂。在本章下文"案例分析示范"之案例二中，如顾某等人多次寻找周某等人未果，而未能进行打架斗殴，如何认定？对此有观点认为不构成犯罪，因为顾某等人未实施聚众斗殴的行为，未扰乱社会公共秩序；有观点认为构成聚众斗殴罪，属犯罪预备，因为行为人只为聚众斗殴进行预谋，制造条件；有观点认为属聚众斗殴罪未遂，因为聚众斗殴为行为犯，只要实施了聚众斗殴的行为即构成聚众斗殴罪既遂，无需造成严重后果，因此，是否构成聚众斗殴罪不以是否造成严重后果论。另外，聚众斗殴罪客观方面行为包括"聚众"和"斗殴"两个方面，正如前文所述，"斗殴"是指双方当事人间进行互相殴斗。双方当事人间没有相互殴斗的行为，或只是一方对另一方进行殴打伤害，不属"斗殴"。本案中，行为人已经"聚众"，却因意志以外的原因未能实施"斗殴"行为，应为犯罪着手后的未遂而非着手前的预备，且此时行为人的行为已对社会公共安全造成严重威胁。因此，在这种情况下，顾某等人构成聚众斗殴的未遂犯。

第二种观点认为，聚众斗殴不存在未遂。聚众斗殴罪属于行为犯。所谓行为犯，是指以实施一定的侵害行为作为犯罪构成要件或既遂标志的犯罪形态。根据刑法条文要义，聚众斗殴罪不以发生实际的危害后果作为犯罪构成要件。行为人只要实行了斗殴的行为，即构成犯罪。据此，可以认为，聚众斗殴罪中的斗殴行为既是犯罪构成的要件，也是既遂的标志，只要斗殴行为实际发生，即可认为本罪的犯罪构成要件齐备，本罪不存在未遂状态，斗殴行为是本罪的目的行为。因此，只有双方开始实施斗殴的行为，才能被认为"已经着手"实行犯罪，一旦双方实际发生斗殴，犯罪即为既遂。因此，只要双方已经着手实施斗殴行为，犯罪即为既遂，而在斗殴前的所有行为均为预备行为。如聚众，购买、分配械具，参与斗殴的人员纠集至斗殴地点直至双方两阵对峙准备斗殴等。可见，犯罪人因意志以外的原因而斗殴未成的情形，只能发生在预备阶段，故本罪不存在未遂形态。

二、寻衅滋事罪的认定暨此罪与彼罪的区分

寻衅滋事罪的四种行为方式应作如下理解和认定：

1. 随意殴打他人，情节恶劣的。此项规定是指无故殴打他人，尚未造成轻伤以上后果但是严重扰乱社会秩序因而应当受到刑罚处罚的行为。如果行为人无故殴打他人的伤害行为致人轻伤以上的危害结果（包括轻伤、重伤和死亡），则分别按照故意伤害罪和故意杀人罪定罪处罚，不管是出于流氓动机和寻衅滋事的故意还是其他的非法动机和故意；如果行为人出于无故寻衅的动机故意杀人的，仍定故意杀人罪，而没有必要在确定罪名时区分行为人是否出于流氓动机。

2. 追逐、拦截、辱骂、恐吓他人，情节恶劣的。此项规定是指尚未达到强制猥亵、侮辱罪、非法拘禁罪、侮辱罪的犯罪标准，但是严重破坏社会秩序而应当受到刑罚处罚的行为。如果行为人采取暴力、胁迫等足以使被害人不敢反抗或不知反抗的方法猥亵、侮辱受害人的，则构成强制猥亵、侮辱罪；如果行为人故意非法剥夺他人自由，则构成非法拘禁罪；如果行为人以辱骂的方法公然损害特定的他人人格，情节严重的，则构成侮辱罪；如果行为人辱骂不特定人，严重扰乱社会秩序的，则以本罪论处。

3. 强拿硬要或者任意毁损、占用公私财物，情节严重的。此项规定是指：①采取轻微暴力或者胁迫手段强行取得公私财物、尚未达到抢劫罪和敲诈勒索罪犯罪标准但严重破坏社会秩序的行为；②故意毁损财物尚未达到故意毁坏财物罪但严重扰乱社会秩序的行为；③占用公私财物，严重扰乱社会秩序的行为。如果上述前两种行为达到了抢劫罪、敲诈勒索罪和故意毁坏财物罪的犯罪标准，则分别以这三种罪名论处。

4. 在公共场所起哄闹事，造成公共场所秩序严重混乱的。此项规定是指尚未构成其他犯罪，但严重破坏社会秩序的起哄闹事行为。本罪与聚众扰乱社会秩序罪和聚众扰乱公共场所秩序、交通秩序罪的区别主要是后两罪要求聚众实施而本罪无此要求。

三、传授犯罪方法罪与教唆犯罪的区别

二者的区别主要在于：①前罪侵犯的是社会治安管理秩序；教唆罪侵犯的是不确定的，取决于被教唆犯罪的性质。②前罪的实质在于把犯罪的方法、手段、技能、经验传授给他人，可以在他人产生犯意之后实施；教唆犯的实质在于引起他人的犯罪意图，必须在他人产生故意之前实施。③对犯罪主体的要求不同。传授犯罪方法罪的主体是一般主体。对于教唆犯，已年满14周岁不满16周岁的人如果教唆他人实施《刑法》第17条第2款规定的罪，能够构成教唆罪的主体。④主观方式不同。本罪只能由直接故意构成；教唆犯可以由直接故意或者间接故意构成。⑤犯罪既遂的标准不同。本罪属于行为犯，行为人只要实施了传授犯罪方法的行为，就构成既遂，被传授者是否接受犯罪方法并实施犯罪并不影响本罪的成立；教唆罪则有既遂未遂之分，随被教唆者的犯罪行为而定。只有当被教唆者实施被教唆的犯罪时，才构成教唆犯罪的既遂，否则为未遂。⑥定罪处罚不同。本罪是独立的犯罪，应根据法律规定的量刑幅度，依照情节轻重以一罪处罚，不受所传授之罪法定刑的限制；而教唆罪不是独立的犯罪，是共同犯罪，应按教唆犯教唆的罪名定性，并按其在共同犯罪中所起的作用量刑。⑦二者可构成的罪数不同。对传授犯罪方法罪来说，无论行为人向他人传授一种犯罪方法还是多种犯罪方法，都只能构成一个罪，不存在数罪并罚的问题；就教唆罪而言，对同一个被教唆人，教唆实施一种犯罪构成一个教唆罪，教唆实施数种不同的犯罪，则构成数个不同的教唆犯罪，存在数罪并罚的问题。

在实践中，同一行为人往往既实行过传授犯罪方法的行为，也实行过教唆犯罪的行为。对此应区分两种情况处理：

第一，在行为人向同一对象实施的情况下，①如果行为人先实行教唆犯罪的行为，然后为了保证被教唆人顺利实施犯罪，又传授了犯教唆之罪的方法，或者边教唆边传授的，就成立教唆犯罪和传授犯罪方法罪的牵连犯；②如果行为人先实行传授犯罪方法的行为，然后又教唆被传授人利用学会的犯罪方法实行犯罪的，排除行为人在实行传授行为之前或之时已具有在传授后再实施教唆行为的故意的情况（对这种情况，当然应按其中的重罪论处）外，由于行为人的传授故意和教唆故意是在先后不同的时间产生的，传授行为和教唆行为也无刑法意义上的联系，因此，应认定构成传授犯罪方法罪和教唆犯罪，实行数罪并罚；③如果行为人先后或同时向同一对象实行了传授犯罪方法的行为和教唆犯彼罪的行为，就构成传授犯罪方法罪和教唆犯罪，实行数罪并罚。

第二，在行为人向不同对象分别实施传授行为和教唆犯罪的情况下，不管所传授的犯罪方法和所教唆的犯罪是否属于同种犯罪，都构成传授犯罪方法罪和教唆犯罪两罪，应实行数罪并罚。

四、赌博罪的缺陷及其完善

(一) 客观方面的立法缺陷

1. "聚众赌博"的规定极不科学。根据最高人民法院、最高人民检察院《关于办理赌博刑事案件具体应用法律若干问题的解释》，"聚众赌博"具体分为四种情形："①组织3人以上赌博，抽头渔利数额累计达到5000元以上的；②组织3人以上赌博，赌资数额累计达到5万元以上的；③组织3人以上赌博，参赌人数累计达到20人以上的；④组织中华人民共和国公民10人以上赴境外赌博，从中收取回扣、介绍费的。"这里存在两方面的问题。首先，理论界和司法实务中通常理解的"聚众赌博"是指提供赌场或赌具，组织、引诱他人进行赌博，本人从中抽头渔利的行为，俗称"赌头"。该解释所列举的四种情形与"开设赌场"罪状的外延多有交叉，对"开设赌场"只列举了网络上开设赌博网站的情形，不能视为对"开设赌场"

的总体规定,因而在实践中遇到多人赌博的情况如何理解肯定存在疑义。其次,赌博作为一种必要共犯,必然是聚众进行的。聚众赌博属于必要共犯的一种,但与必要共犯并不是同一回事。我国刑法中的聚众犯罪分两种类型:①聚众进行犯罪,是共同犯罪的一种形式,所有参加者均构成犯罪,只是处罚有所不同;②聚集众人的犯罪,只有组织者、首要分子、积极参加者才构成犯罪。凡赌博均有聚众,立法者使用"聚众赌博"一词,反而体现不出其对组织者和参加者区别对待的本意。应将罪状中关于"聚众赌博"的规定改为"组织赌博",而把聚集一定的人数作为处罚情节考虑更为合理。当然也可以参照《日本刑法》第186条将这种行为单独确定为聚集赌徒罪。

2."以赌博为业"的规定缺乏可操作性。"以赌博为业",是指以赌博为生活或主要经济来源者,既包括没有正式职业和其他正当收入而以赌博为生的人,也包括那些虽然有职业或其他收入而其经济收入的主要部分来自于赌博活动的人。有学者以列举的方式来说明以赌博为业:①专门从事赌博活动,以赌博所得作为主要生活来源者;②连续半年以上有业不务,有工不就,专事赌博活动者;③连续半年以上参加赌博活动,赌博所得超过其合法收入者;④经常赌博,屡教不改者;等等。我们长期将"常业"作为赌博罪的一个定罪要件而固定地将赌博罪理解为常业犯。所谓常业犯又称营业犯,是以营利为目的,反复实施一定犯罪行为作为其业务的犯罪形态。常业犯的成立条件之一是行为人现行反复多次实施的同种行为本身已属犯罪行为。"常业"本身是一种中性现象,不属于负面因素,将"常业"作为赌博罪的基本要件是不适当的。如果将其仅作为一个量刑因素,并且其标准由司法解释加以明确规定的话,该问题就能得到较为清晰的解决。

3."聚众赌博""开设赌场"和"以赌博为业"并列规定极易造成混乱。①三者在概念上有交叉和混同,在法理上不易区分其犯罪形态和情节,司法实践中也很难掌握其犯罪标准。②未正确区分选择性罪名和排列式罪名。我国《刑法》中的赌博罪应属于排列式罪名。然而,无论是理论上还是实践中,我们却将其认定为选择性罪名,概括使用并统称为赌博罪,这是不妥当的。③不符合罪名设置规则。"聚众赌博"和"开设赌场"可以因一次行为而构成赌博罪,但"以赌博为业"不是只有一次行为就构成犯罪的。

(二)未规定单位可以成为犯罪主体不尽合理

在我国,尽管开设赌场的行为不被允许,但不排除有些单位为了自己的利益非法开设赌场,或者一些经过合法批准的游戏娱乐场所,超越经营范围,与游戏参与者进行赌博,或者允许游戏参与者之间利用游戏进行赌博而从中渔利,这样的情况完全可以构成单位犯罪。因此,刑法有必要确定以单位的名义集体研究决定并且从事赌博的行为,单位应当承担相应的刑事责任,采取双罚制的原则处罚。

(三)主观方面的立法缺陷

我国刑法普遍没有将犯罪目的规定为故意犯罪构成的必要要件。而刑法一旦将特定的犯罪目的规定为犯罪构成的必要要件,特定的犯罪目的在定罪上就具有了关键性的作用,成为划分罪与非罪、此罪与彼罪的重要标志之一。根据《刑法》第303条第1款的规定,构成赌博罪必须是以营利为目的,如果不是以营利为目的,不能以赌博罪追究刑事责任。"以营利为目的"成了认定赌博罪的关键因素。最高人民法院、最高人民检察院《关于办理赌博刑事案件具体应用法律若干问题的解释》第9条规定:"不以营利为目的,进行带有少量财物输赢的娱乐活动,以及提供棋牌室等娱乐场所只收取正常的场所和服务费用的经营行为等,不以赌博罪论处。"这一规定只是对认定以营利为目的的经营活动在范围上稍加限制。在司法实践中要认定是否以营利为目的困难很大。赌博犯罪本身就是一种利欲性犯罪,如《德国刑法典》就把赌博称为是一种"应处罚的利欲性犯罪"。参赌者必抱着营利的目的，只不过是数额的大小有所控制而已。赌博行为一经查获后，除了从犯罪嫌疑人的口供入手和对涉案物品、金钱或其他利益的数额进行分析判断之外，难以有足够的其他证据认定犯罪嫌疑人是否具有营利的目的，而且当前人们的支付手段越来越发达，对此司法解释并没有具体规定如何认定主观上是否具有营利目的。

五、对"伪证"的界定

解决这个问题的关键就在于对所谓"虚伪"的认识。国内外刑法理论对此有三种观点：客观说、主观说和折中说。客观说认为，只有陈述内容与客观事实不相符合的，才是虚伪的。具体地讲，客观说以陈述的内容是否符合客观真实性为标准，只要陈述内容与客观事实有出入，那么陈述就是虚伪的；而即使陈述人主观上故意作伪陈述，但只要不违反客观真实性，没有实际的危害结果，此陈述也被认为是真实的。主观说则认为判断陈述内容是否虚伪，并不决定于陈述内容是否符合客观事实，而决定于陈述者主观上是否将其所经历的事实作准确无误的陈述。如是，则陈述就是真实的，即使与客观事实不符，也不影响其真实性；反之，如果陈述是违反其经历事实的，即使陈述内容符合客观真实，也是虚伪的。而折中说则认为，既有主观故意，又违背客观事实的陈述才是虚伪的陈述；主观上有故意，但陈述并未违背客观事实的，应视为真实；主观上没有故意，但陈述违背客观事实的，亦不在虚伪之列。

目前，国内较为通行的是折中说。但此说的观点颇值得商榷。行为人作伪证必须通过积极作为的方式来进行，如果不作为就是拒不作证，既然并未提供证据，就无所谓"真""伪"之分，且陈述违反证人记忆但符合客观事实也只是巧合，而非其本意。所以只要其主观上欲故意作伪证，客观上就必须积极地实施一定行为，那么在这种心理状态下实施的就应该是"危害行为"。而依我国《刑法》第305条之规定，只要行为人有故意行为，且意图陷害他人或隐匿罪证，即可构成本罪。可见，法律强调的是行为人歪曲事实的主观意图和客观行为，对是否造成实际危害则并不过问。因此，我国刑法所规定的伪证罪是行为犯而不是结果犯。折中说显然是以是否产生危害结果来认定伪证罪是否成立，但实际上构成伪证罪的客观要件是危害行为而非危害结果。折中说虽然顾及了主客观两个方面的因素，但在对客观因素的认定上发生了错误，从而偏离了刑法规定的本意，这正是折中说的失误所在。客观说则有失偏颇，如果依其观点，那么无论行为人主观上是何种心理状态，只要其提供的证据与客观事实不符，即成立伪证罪。换言之，过失亦可构成伪证罪，这无异于一柄双刃剑。一方面，有利于准确认定案件事实，较好地保障了司法活动的正确性；另一方面，对证据提供者的约束过于严格，反而使其抵触情绪增加，给司法活动的正常开展带来诸多不便。权衡利弊，这种客观归罪的做法显然有矫枉过正之虞，并没有太大的实践意义。因此，相比较而言，主观说就显得更为合理了。只要行为人在刑事诉讼中为了陷害他人或隐匿罪证而对与案件有重要关系的情节提供不实证据的，即犯有伪证罪，而不论是否造成了他所希望的危害结果。若因客观条件限制而使证人的记忆发生错误，导致其所作证据与客观事实不符，由于其不具备犯罪故意，故不构成伪证罪；如果证人故意作与记忆不符的假证明，即使此证据与客观事实恰巧相符合，仍不能阻却伪证罪的成立。只是由于未造成危害后果，因而可以认为情节比较轻微而已。

六、对其他主体伪证行为的认识及策略

法定的证据包括如下八种：①物证；②书证；③证人证言；④被害人陈述；⑤犯罪嫌疑人、被告人供述和辩解；⑥鉴定意见；⑦勘验、检查、辨认、侦查实验等笔录；⑧视听资料、电子数据。因此证人、记录人、鉴定人、翻译人、被害人和犯罪嫌疑人、被告人都是证据的重要来源，那么这些人就都有作伪证的可能。我国刑法已就前四种人的故意作伪证行为规定了伪

证罪及其处罚,而对于被害人与犯罪嫌疑人、被告人这几个潜在的伪证行为主体,虽然我国刑事诉讼法规定,凡是伪造证据、隐匿罪证或者毁灭证据的,无论属于何方都必须受法律追究,但刑法却并没有指出对被害人和犯罪嫌疑人、被告人在刑事诉讼中的伪证行为应当如何处理,这显然不利于刑事司法活动的正常进行。因此,有人认为应对下列人员规定伪证罪:

(一) 对犯罪嫌疑人、被告人规定伪证罪

根据我国刑事诉讼法的规定,在刑事诉讼中,犯罪嫌疑人对侦查人员的讯问,应当如实回答,没有保持沉默的权利;而被害人也有如实向司法机关陈述案件事实的义务。同时,依据刑事诉讼证据理论,犯罪嫌疑人、被告人对自己所实施的犯罪行为的供述和被害人亲历犯罪行为发生而提供的证言或陈述都属于直接证据,具有较强的证明力,能够单独直接证明案件的主要事实,是公安司法机关认定案件事实,对案件进行处理的重要依据。虽然不能要求犯罪嫌疑人、被告人证明自己有罪,但是当犯罪嫌疑人、被告人在有罪供述或检举揭发时故意作伪,情况就不一样了。我国《刑法》分别在第67、68条规定了对自首和立功的处理:被采取强制措施的犯罪嫌疑人、被告人和正在服刑的罪犯,如实供述司法机关还未掌握的本人其他罪行的,以自首论,并可从轻或减轻处罚;犯罪分子有揭发他人犯罪行为,查证属实的,或者提供重要线索,从而得以侦破其他案件等立功表现的,可以从轻或减轻处罚。那么如果他们提供了虚假的新情况,又应如何处理呢?笔者认为对于其有关供述应该认定为是作证行为。对属于证人证言性质的检举揭发,若有故意作伪行为,应当以伪证罪进行论处。

(二) 对被害人规定伪证罪

被害人陈述,是指被害人就自己遭受犯罪行为侵害的事实和所了解的犯罪分子的情况向公安司法机关所作的陈述。刑事诉讼开始之前的被害人陈述,是公安司法机关立案的根据;在刑事诉讼过程之中的被害人陈述,则是重要的证据来源。由于被害人是犯罪行为直接侵害的对象,因此一般对案件事实了解得比较详细、具体,特别是在强奸、流氓、伤害、诈骗等案件中,被害人与犯罪分子大都有过直接的接触。他们不仅了解犯罪的时间、地点、手段、过程、后果,而且还了解犯罪分子本人的许多具体情况,有时甚至可以明确告发或指认谁是犯罪人。因此,被害人陈述对于公安司法机关判断案件性质,确定侦查方向和重点,收集核实其他证据,都有着重要的作用。如果是在刑事诉讼中,受外因的影响,或被威逼利诱,或出于与犯罪分子的特殊关系,抑或是为了报复、泄愤等,而有意将案件事实缩小或夸大,将情节减轻或加重,由于此时刑事诉讼已经启动,所以此类行为应属于故意作伪证。被害人的这些虚伪陈述都有可能导致案件性质发生改变,对案件事实的认定发生错误等严重后果,这对于司法机关的正常活动有着相当大的妨害,因此同样应规定为伪证罪。

七、国内外关于伪证罪的不同规定

当今世界各国刑法几乎都有关于伪证罪的规定,与我国相比较,存在着诸多的不同点,并且有一定的借鉴意义。在主体方面,泰国《刑法》、印度1953年《刑法》和法国1810年《刑法》对伪证罪的主体均不加限制,即为一般主体;在主观方面,有些国家的刑法没有写明罪过形式是故意还是过失,如法国、西班牙、日本、朝鲜等,保加利亚1915年《刑法》甚至明文规定了过失伪证罪;在客观方面,很多国家强调证人、鉴定人、翻译人在陈述之前或之后需要依法宣誓,保证真实陈述或保证所作陈述是真实的;关于伪证罪发生的诉讼阶段的规定也不仅仅局限于在刑事诉讼中。另外,许多国家的刑法都未规定伪证须是针对案件的重要情节,更有甚者,瑞士《刑法》第307条第3款规定:"虚伪陈述与法官判决之事无关者,处3个月以下轻惩役。"在量刑方面,各国都相对较重:日本、美国为10年以下,泰国为7年以下并有罚金刑,法国为5年以上10年以下,加拿大则为14年以下。总之,外国刑法对伪证罪的规定在适用范围上、打击面上和处罚程度上都超过了我国。

八、脱逃罪主体的认定

(一)"依法"被关押的含义

从脱逃罪的罪状表述上来看,脱逃罪的主体:依法被关押的罪犯、被告人、犯罪嫌疑人。这里的"依法",是依据实体法还是程序法,法学界有不同的意见。传统观点认为,"依法被关押",应当是依据事实和法律,按照正当程序应当被关押(的人犯)。因此,如果那些被非法关押者或者根本无罪却被错误地作为犯罪嫌疑人而加以关押者从被关押处所逃逸的,就不能按犯罪论处。[1] 这种观点认为,关押应依据实体法和程序法的规定进行,但是强调实体法,即脱逃罪的主体必须是事实上有罪的人,事实上无罪的人不能成为脱逃罪的主体。也有人认为,"依法"被关押所依据的法律只能是程序法即刑事诉讼法。[2] 我们赞同传统的观点,程序法虽然具有其自身一定的独立价值,但是其整体是建立在实体法之上的,离开了实体法,单纯去讨论诉讼法的结果,岂不成了"皮之不存,毛将焉附"。

(二)被超期羁押的被告人、犯罪嫌疑人能否成为脱逃罪的主体

有的学者认为,尽管超期羁押是违法现象,但是不能成为行为人混淆罪责、逃避刑罚的借口。在人民法院尚未最终作出判决前,行为人仍有义务接受国家的审判,而不能通过脱逃行为来逃避制裁;而且对于超期羁押,行为人可以通过寻求律师的帮助,申请国家赔偿等途径获得救济。[3] 我们认为被超期羁押的被告人、犯罪嫌疑人脱逃的,不能构成脱逃罪。刑事诉讼法对逮捕、拘留的羁押期限作出了明确规定,超期羁押不仅严重侵犯了刑事诉讼法的规定,而且还严重侵犯了被告人、犯罪嫌疑人的人身权利,是当然的违法行为。因其超期羁押的违法性,根本不再符合"依法被关押"的条件,被超期羁押的被告人、犯罪嫌疑人显然不能成为脱逃罪的主体;有人将被超期羁押的被告人、犯罪嫌疑人的脱逃行为理解为是针对不法侵害所进行的正当防卫。[4]

(三)"罪犯、被告人、犯罪嫌疑人"的含义

从脱逃罪的特征看,脱逃罪的主体为"依法被关押的罪犯、被告人、犯罪嫌疑人"。若仅从其字面表述上看,脱逃罪的主体无疑是明确的。但是对于依法被关押的实质无罪的人是否能成为脱逃罪的主体,学界存在着不同的观点。

第一种观点认为,凡是依法被关押的罪犯、被告人、犯罪嫌疑人,不论其先前是否有罪,均可成为脱逃罪的主体。因为"将被告人、犯罪嫌疑人规定为脱逃罪的主体,是为了维护看守所、拘留所的监管秩序和司法机关办案的严肃性和权威性。被依法关押的被告人、犯罪嫌疑人,一旦实施脱逃行为,即使在以后的审判活动中实际无罪,仍应追究其脱逃罪的刑事责任"。[5] 第二种观点认为,脱逃罪是指依法被关押的在押犯逃避羁押和监管的行为。这里依法被关押的罪犯、被告人、犯罪嫌疑人包括已决犯和未决犯。未决犯犯脱逃罪必须是依法构成犯罪的分子,才能认定为脱逃罪,如果是无罪而被关押的人脱逃的,不构成本罪。[6]

我们赞同第二种观点,即无罪而被关押的人脱逃的不构成脱逃罪。之所以会出现两种不同

---

[1] 高铭暄、马克昌主编:《刑法学》,北京大学出版社、高等教育出版社2000年版,第563页。
[2] 郎胜:《〈中华人民共和国刑法〉释解》,群众出版社1997年版,第421页。
[3] 孟伟:"论脱逃罪的主体",载《杭州师范学院学报(社会科学版)》2005年第5期。
[4] 孟伟:"论脱逃罪的主体",载《杭州师范学院学报(社会科学版)》2005年第5期。
[5] 郎胜:《〈中华人民共和国刑法〉释解》,群众出版社1997年版,第421页。
[6] 陈兴良:《刑法疏议》,中国人民公安大学出版社1997年版,第499页。

的观点，实际上是刑法两种价值取向的反映。如果刑法侧重保护社会和国家的利益，则应取肯定的观点，如果刑法侧重保护个人的利益，则应取否定的观点。在我国现阶段的国情下，刑法应更多地关注民生。

九、组织他人偷越国（边）境罪立法规定的反思

我国现行《刑法》第318条第1款规定，组织他人偷越国（边）境……有下列情形之一的，处7年以上有期徒刑或者无期徒刑，并处罚金或者没收财产：……③造成被组织人重伤、死亡的；④剥夺或者限制被组织人人身自由的；⑤以暴力、威胁方法抗拒检查的；……此外，该条第2款又规定，犯前款罪，对被组织人有杀害、伤害、强奸、拐卖等犯罪行为，或者对检查人员有杀害、伤害等犯罪行为的，依照数罪并罚的规定处罚。上述规定在罪数形态方面是否符合我国罪数形态理论？学术界有一定的争论。

在组织他人偷越国（边）境的犯罪活动过程中，行为人以暴力、威胁方法抗拒检查的，行为人在客观上实际实施了两个行为：①组织他人偷越国（边）境罪的实行行为，即组织行为；②妨害公务罪的实行行为，即以暴力、威胁的方法阻碍国家机关工作人员依法执行对出入国（边）境人员进行检查的公务活动的行为。主观上分别出自两个不同的犯罪故意：①组织他人偷越国（边）境的直接故意；②妨害公务的直接故意。并且，上述两个行为的实施，侵犯的是两个不同的犯罪客体：①我国国（边）境的正常管理秩序；②国家工作人员依法对出入国（边）境的人员进行检查的公务活动。因而行为人的上述行为分别具备组织他人偷越国（边）境罪和妨害公务罪的构成要件，根据我国刑法一贯倡导的一罪与数罪的区分标准——"犯罪构成要件说"，行为人的行为已构成组织他人偷越国（边）境罪和妨害公务罪两罪，应当实行并罚。然而，我国现行《刑法》第318条第1款后半段却规定此种情形以组织他人偷越国（边）境罪的情节加重犯处理，不以上述两罪实行并罚。那么，这一规定是否符合罪数形态理论呢？对此，有学者解释说，现行《刑法》第318条第1款后半段规定的这一情形是牵连犯，由于组织他人偷越国（边）境罪的法定刑重于妨害公务罪的法定刑，根据牵连犯"从一重罪处断"的基本处罚原则，最终以组织他人偷越国（边）境罪定罪并从重处罚，并无悖于罪数形态理论。

我们认为，牵连犯是指犯一罪而其犯罪手段或犯罪结果又牵连触犯其他罪名的情况。即是说，行为人为达到一个犯罪目的，其犯罪的手段或结果行为又触犯了他罪的，叫牵连犯。例如伪造公文证件后又进行诈骗的，即是其典型适例。为了达到诈骗的目的，犯罪方法又触犯了伪造公文、证件、印章罪。牵连犯为理论上的数罪（实质上的数罪），处断上的一罪。其构成要件是：首先，必须是所犯之罪与其手段（方法）或结果行为有牵连关系存在。所谓牵连关系，也就是手段与目的、原因与结果的关系。这种牵连关系在客观上必须是一种内在的、必然的联系。此外，主观上犯意的继续也是必不可少的。那种认为凡是行为人现实所犯的两罪，只要形式上具有"手段或者结果"关系的，就都可以构成牵连犯的观点是错误的。对于那些形式上具有手段和目的的关系，但两种行为之间实际上并无内在的、必然的和直接联系的，就不能构成牵连犯。例如，为达到杀人目的而盗窃枪支的，这种情况的前行为与后行为从表面上看都是围绕着一个目的进行，但实际上它们之间并无内在的、必然的联系。因为，盗窃枪支并不一定非杀人不可。故盗窃枪支与杀人之间，一般不能构成牵连犯。其次，牵连犯的另一个要件是犯罪的手段或结果行为触犯不同的罪名。只有上述两个要件同时具备，牵连犯才能成立。[1]

---

[1] 马克昌等主编：《刑法学全书》，上海科学技术文献出版社1993年版，第157页。

组织他人偷越国（边）境罪中的组织行为，仅表现为鼓动、策划、拉拢、联络他人偷越国（边）境，为他人偷越国（边）境制订偷越计划，或者确定偷越时间、地点、人员、方式，等等。这一行为方式并不必然会发生以暴力、威胁方法抗拒检查的结果，而组织他人偷越国（边）境的目的，也并不是必须采取暴力、威胁方法抗拒检查的方式才能实现。换言之，组织他人偷越国（边）境的行为与以暴力、威胁方法抗拒检查的妨害公务的行为之间，并不具有一种内在的、本质的、必然的联系。所以，主张现行《刑法》第318条第1款后半段第5项规定的情形属于牵连犯的主张，不能成立。

近年来，又有学者对此提出一种新的观点，认为现行《刑法》第318条规定的上述情形属于包容犯。所谓包容犯，是法条竞合的一种，即包容竞合而构成的犯罪。包容竞合，也称为全部竞合，表现为一个罪名概念的外延是另一罪名概念外延的一部分，但犯罪构成的内容已超出外延窄的罪名概念的情形。在包容竞合的情况下，两个法条之间具有整体与部分的从属关系，即整体法规定的是属罪名，部分法规定的是种罪名。在包容竞合的两个罪名概念中，外延窄的那个罪名概念（种罪名）由于法律规定将其涵括在外延宽的那个罪名概念（属罪名）中，致使其在特定条件下丧失独立存在的意义，包容于属罪名之中，因而两者之间存在吸收关系。当犯罪人实施某一犯罪行为，完全符合全部法规定的构成要件时，其行为的一部分必然也同时符合部分法规定的构成要件，从而形成法条竞合。[1] 在组织他人偷越国（边）境罪中包含的"以暴力、威胁方法抗拒检查的"情形中，组织他人偷越国（边）境罪的法条是全部法，妨害公务罪的法条是部分法。我们认为，包容犯既然是法规竞合的一种，那么将之单独作为一种犯罪形态，对罪数形态理论的发展与完善来说，并无什么实质性的建树和价值。所以，我们不主张包容犯的提法，也不同意将上述情形视为包容犯的主张。

此外，关于上述规定，还有一种说法：如果将上述情形以组织他人偷越国（边）境罪和妨害公务罪实行数罪并罚，法定最高刑无论如何到不了无期徒刑；而将妨害公务罪的行为事实作为组织他人偷越国（边）境罪的情节加重犯，则可对此种情形规定重于基本构成的组织他人偷越国（边）境罪的法定刑，从而可以更好地贯彻罪责刑相适应的刑法基本原则。

我国现行刑法分则第三章"破坏社会主义市场经济秩序罪"第二节规定的"走私罪"侵犯的同类客体虽然是国家对外贸易管理秩序，组织他人偷越国（边）境罪侵犯的直接客体是国家对出入国（边）境的正常管理秩序，但综合两罪的所有构成要素来看，两罪的社会危害性是大体相当的，因而现行刑法典对两罪规定的法定刑和确定的量刑幅度也基本相同。根据现行《刑法》第151条的规定，情节较轻的走私罪的法定刑是3年以上7年以下有期徒刑，并处罚金；走私武器、弹药、核材料或者伪造的货币的法定刑是7年以上有期徒刑，并处罚金或者没收财产；而组织他人偷越国（边）境罪的法定刑，根据现行《刑法》第318条的规定，则是2年以上7年以下有期徒刑，并处罚金。可是，在实施走私犯罪活动的过程中，如果行为人以暴力、威胁方法抗拒缉私的，现行《刑法》第157条第2款却规定，"以走私罪和本法第277条规定的阻碍国家机关工作人员依法执行职务罪，依照数罪并罚的规定处罚"。社会危害性相当的两种犯罪，在实施犯罪的过程中，均以暴力、威胁方法抗拒国家工作人员依法执行职务，一个规定实行数罪并罚，另一个却按照情节加重犯来处理。

我们认为，现行《刑法》第318条第1款后半段第5项的规定，不仅与我国刑法理论中的罪数形态理论相矛盾，而且也与我国刑法一贯倡导的罪责刑相适应的基本原则相悖，并在一定

---

[1] 赵秉志：《侵犯财产罪研究》，中国法制出版社1998年版，第79页。

程度上破坏了我国刑法典的内在逻辑体系。此外，对在组织他人偷越国（边）境过程中，剥夺或者限制他人人身自由的处罚规定，也存在着同样的问题。因而我们认为应取消前述情节加重犯的规定模式，对在组织他人偷越国（边）境的犯罪活动过程中，行为人又剥夺或者限制被组织人人身自由的，或者以暴力、威胁方法抗拒检查的，依照数罪并罚的规定处罚。

十、盗掘古文化遗址、古墓葬罪适用中的几个问题

盗掘古文化遗址、古墓葬罪，是指盗掘具有历史、艺术、文化、科学价值的古文化遗址、古墓葬的行为。该罪名是由全国人大常委会于1991年通过的《关于惩治盗掘古文化遗址、古墓葬犯罪的补充规定》（现已失效）中予以确立的，修订后的刑法对此予以了保留。尽管《刑法》第328条对盗掘古文化遗址、古墓葬罪有了明确的规定，但由于其对象的特定性和复杂性，在具体司法实践中涉及的一些问题仍存有争议。

（一）主观方面

本罪主观方面为直接故意还是包括直接故意与间接故意，存在较大的分歧。一种观点认为，本罪的主观方面只能是直接故意，即行为人明知是古文化遗址、古墓葬而盗掘，间接故意不构成本罪；另一种观点认为，只要行为人的盗掘行为出于故意，其对盗掘的对象是否属于古文化遗址、古墓葬即使是不确定的，也可以构成本罪，即构成本罪的主观方面也可以是间接故意。我们认为，将盗掘古文化遗址、古墓葬罪的主观方面限定为直接故意是不妥当的。行为人明知自己行为侵害的可能是古文化遗址、古墓葬而予以盗掘，对是否真的会发生和造成危害后果持放任态度，应该构成本罪，即间接故意也可以构成本罪。当然，如果行为人对古文化遗址、古墓葬缺乏明知（包括应知），就不构成本罪。

（二）罪名

对盗掘古文化遗址、古墓葬罪罪名的适用应不同于其他刑法规定的选择性罪名，如持有、使用假币罪，走私、贩卖、运输、制造毒品罪等。这是因为古墓葬与古文化遗址之间存在特殊的关系，如何认定罪名应区别不同情况分别对待。"古文化遗址"，是指古代人类各种活动留下的遗迹；"古墓葬"，泛指人类采取一定方式对死者进行埋葬的遗迹，包括墓穴、葬具、随葬器物和墓地。从两者的概念不难看出，古文化遗址包含的范围大，它是指古代人类各种活动留下的遗迹，古墓葬只是古文化遗址中的一个部分，当然这是针对同一文化年代、同一地点或区域而言。在这种情况下，古墓葬和古文化遗址是一个有机的整体。我们认为，盗掘古文化遗址内的古墓葬，不仅破坏了古墓葬，也相应地破坏了古文化遗址，对此应认定为盗掘古文化遗址、古墓葬罪，而不是单单以盗掘古墓葬来认定；如果盗掘的是古文化遗址，没有盗掘古墓葬的，就以盗掘古文化遗址罪认定；如果既盗掘古文化遗址，又盗掘古墓葬的，也以盗掘古文化遗址、古墓葬罪认定；如果古文化遗址中的古墓葬是另一时期或年代的，与古文化遗址毫不相干，没有任何联系，那么，盗掘古文化遗址中的古墓葬应单独定盗掘古墓葬罪。简单地按行为对象来认定罪名而不顾两者间相互关系的做法，不符合古文化遗址和古墓葬这种特殊文物的固有特性。

（三）"多次"盗掘的认定

第一种观点认为，"多次"是指只要盗掘的次数超过3次，不管盗掘对象是同一的还是不同的；第二种观点认为，对不同对象实施3次以上的才能认为是多次。我们同意第二种观点。古文化遗址、古墓葬特别是古墓葬的特殊性决定了盗掘一般是一个循序渐进的过程，很少是一蹴而就的，这与盗窃、抢劫等作案方式有所区别。不少盗掘人为挖掘古墓用了好多次好多天，对这种情况如果按第一种意见，就应该认定多次。这显然会导致量刑过重，也忽略了盗掘行为具有连续性的特点，因为多次的行为都基于相同的目的，是相同犯罪行为，又是针对相同的行

为对象，所反映的是盗掘的过程。

（四）古墓葬的鉴定标准

根据刑法规定，盗窃具有历史、艺术、科学价值的古墓葬才构成犯罪，其前提是：①必须要有历史、艺术、科学价值；②必须是古墓葬。那么，判断这个标准需要专门的人员及专门的知识和科学手段，也就是需要专门的鉴定部门才能予以确认。但对古墓葬的鉴定，司法实践中存在两种意见：一种意见是以古墓葬中的文物来推断和确定古墓葬的性质；另一种意见是必须对古墓本身予以鉴定和确认。我们认为，只鉴定古墓中挖掘出来的文物为何年代、属几级保护文物，未对古墓本身作详细鉴定，这不够严密和科学。假设现代墓主人是个文物爱好者，或具有一定地位的人物，他死后陪葬品中有文物，据此推断这是古墓，岂不是一叶障目？这种以偏概全的鉴定方式不能让人信服。而且由于古墓年代久远，有的已难以分辨是否为古墓葬，从中挖掘出来的文物有可能是地下埋藏物、地下文物，也有可能是陪葬品，具有不确定性，以此来鉴定而推断为古墓葬就可能违背客观事实。因此，我们认为古墓葬不仅仅通过随葬品予以体现，它更多的是通过其本身的结构、材料等能标志特定年代的物品来体现，司法实践中就不能以挖掘的文物来推定其是古墓葬的文物，也不能轻易认定是古墓葬。古墓葬的鉴定对整个案件的处理十分重要，如果盗掘的不是古墓葬，就不适用《刑法》第328条的规定。

十一、医疗事故罪的法定刑缺陷及其完善

（一）医疗事故罪的法定刑缺陷

根据《刑法》第335条的规定，医疗事故罪的法定刑是"3年以下有期徒刑或者拘役"。从这一规定可以看出，这一法定刑配置存在以下两点不足：

1. 法定刑刑种单一。由于医疗本身所具有的特殊性、专业性，使得引起医疗事故的原因具有多样性，从而会出现事故的结果和原因行为的不一致性。法定刑刑种的单一性就使得针对具体案件的刑罚可选择性较小，这就不利于处理纷繁复杂的医疗事故行为。

2. 法定刑幅度过窄、最高刑偏低。由于业务行为的特殊性和专业性，所以通常情况下，业务过失犯罪的客观危害、主观恶性都要大于其他普通过失犯罪，因而对业务过失犯罪的处罚应当重于普通过失犯罪。我国现行刑法对医疗事故罪仅仅规定了单一的法定刑幅度，即3年以下有期徒刑，最高刑为3年有期徒刑。这一法定刑幅度和最高刑的刑期明显不合理。比如重大责任事故罪的法定刑幅度规定为"3年有期徒刑"和"3年以上7年以下有期徒刑"；交通肇事罪、过失致人死亡罪的法定刑幅度和最高刑的刑期都较医疗事故罪要大。

（二）医疗事故罪法定刑配置的立法完善

1. 设立罚金刑。在现实生活中，医疗事故的发生不仅是由于医疗技术和医疗水平较低的原因所致，还在于有些医生纪律观念和医德观念淡薄，"红包"现象泛滥成灾。所以，从这个角度来看，有些医疗事故罪带有贪利性犯罪的性质，对责任人员处以罚金刑是必要的。

2. 设立资格刑。对从事特殊职业的人，如医生、律师等职业犯罪施以资格刑是有必要的，通过施以资格刑可以加大刑罚的威慑力。而且这一处罚原则也为其他国家刑法所适用，所以，笔者认为我国刑法也应适用资格刑。

3. 提高法定刑幅度。医疗事故罪处罚的行为是违反注意义务，严重不负责任而导致严重后果的医疗行为。提高法定刑幅度一方面有利于维护患者的合法权益，另一方面有利于加强医疗人员的责任感，有利于医疗事业的健康发展。

十二、非法行医罪的主体范围及特征

根据《刑法》第336条第1款的规定，未取得医生执业资格的人非法行医，情节严重的，即构成非法行医罪。根据法条的规定，非法行医罪的主体必须是未取得医生执业资格的人，即既可以是无医疗技术的一般公民,也可以是具有一定的医学专业技术,但尚未取得执业资格的人,还可以是取得执业资格,但不具有从事特定医疗业务资格的人。从该法律条文的表述上看,"医生执业资格"显然并不等同于"医师资格"或者"执业医师资格",而应当是两种资格的统一,也就是说只有同时具有医师资格和取得执业证书,才能被认定取得了"医生执业资格"。由此可以看出,只要缺少医师资格或者执业资格的人行医,即可成为非法行医罪的主体。基于同样的理由,同时具有上述两种资格的人,由于某种原因被有关行政主管机关依法取消其中一种或两种资格后仍然行医的,也可成为本罪的主体。综上所述,我们可以看出,本罪的主体,是"未取得医生执业资格的人",这显然是一种特殊主体,同时本罪的特殊主体是一种消极的身份,即具有医生执业资格的人,不可能成为本罪的实行犯,立法原意将其主体限定在未取得医生执业资格的人的范围之内,即排除了取得医生执业资格的人实施本罪的可能性。

此外还可以进行探析的问题有:

1. 单位可否成为非法行医罪的主体。单位可成为非法行医罪的主体,理由是:①依照最高人民法院《关于审理单位犯罪案件具体应用法律有关问题的解释》第1条的规定,依法设立的公司、企业、事业单位且具有法人资格,不论其所有制性质,均可构成单位犯罪主体。②非法行医包括多种情形,既有个人在未取得《医疗机构执业许可证》情况下的行医行为,又有在取得《医疗机构执业许可证》后,医疗机构负责人任用非卫生技术人员从事诊疗活动,或任用其他未在医疗机构人员名单中列明的人从事诊疗活动等。在后一种情况下,如果医疗机构本身依法成立,且经过工商行政部门注册登记,具有法人资格,那么该医疗机构就符合单位犯罪主体资格。

2. 在依法成立的医疗机构内,非卫生技术人员从事诊疗活动、卫生技术人员从事本专业以外的诊疗活动,是否构成非法行医罪的主体。"卫生技术人员"是指依法取得卫生技术资格或者职称的人员,"诊疗活动",是指通过各种检查,使用药物、器械及手术等方法,对疾病作出判断和消除疾病、缓解病情、减轻病痛、改善功能、延长生命、帮助患者恢复健康的活动。非卫生技术人员当然不具备卫生技术资格或职称,虽在依法成立的医疗机构内,也不能从事诊疗活动,否则符合非法行医罪主体条件。如由于其从事诊疗活动给患者(就诊人)造成严重后果的,该医疗机构主要负责人应成为该罪的共犯。至于卫生技术人员从事本专业以外的诊疗活动,其行为性质相当于医疗机构超出其登记的诊疗科目范围,只有在急诊和急救的紧迫情况下才可以成为例外,否则,卫生技术人员从事本专业以外的诊疗活动,行为人应对自己的行为负责,符合非法行医罪的主体条件。而医疗机构超出其诊疗科目范围开展诊疗活动,医疗机构主要负责人应对该行为负责,也符合非法行医罪的主体条件。

3. 美容服务机构中开展医疗美容业务的人是否构成非法行医罪的主体。"医疗美容"是指使用药物、手术、物理和其他损伤性或者侵入性等手段进行的美容。美容服务机构开展医疗美容服务,必须接受医疗机构管理法规的调整。美容服务机构如果超出其登记的范围,擅自开展医疗美容,行为人无论有无《医师执业证书》或医师职称,都符合非法行医罪的主体条件,对其主要负责人或雇佣人应以该罪的共犯论处。如果行为人未有《医师执业证书》或医师职称,即使在有医疗美容服务范围的美容机构中从事医疗美容工作,也符合非法行医罪的主体条件,该医疗机构主要负责人也构成共犯。

十三、规定非法占用农用地罪的危险犯

我国刑法应该将非法占用农用地罪规定为危险犯,这样能有效地保障国家耕地数量、质量,继而保障国家的粮食安全。耕地资源的破坏在很多情况下是不可恢复的,农用地的非农建设使用是不可逆转的,恢复为农用地的可逆性较差,尤其是因此减少的耕地面积对于粮食的减

少而言更是刚性的，并且在耕地面积减少的比例中是较大的。农用地尤其是耕地资源利用的这种特点，决定了只要非法占用的农用地数量较大，就应当作为犯罪加以对待。

我国人均耕地1.3亩，不足世界人均耕地的1/2，其中有1亿亩山坡地和边远劣地；人均耕地大于2亩的有12个省区，全都分布在东北和西北地区，日照和雨水等自然条件较差，除吉林、黑龙江两省能够调出粮食外，其他10个省只能自给甚至调入粮食；人均耕地1亩以下的7个省、市在东南沿海，其耕地质量好，但多数为耕地大幅度减少的地区。666个县人均耕地面积低于联合国确立的0.8亩警戒线，463个县人均耕地低于0.5亩的危险线。因此，"保护耕地，就是保护农业综合生产能力，就是保障国家粮食安全"。耕地保障粮食安全的法律本位，需要刑法对非法占用耕地的行为予以打击和制裁，预防耕地被大量破坏。

将非法占用农用地犯罪规定为行为犯，可以防患于未然，使农用地得到及时的保护，以充分发挥刑法的预测、指引作用，使人们能预知自己的行为可能产生的刑法上的后果。实际上，《土地管理法》就将非法占用土地作为犯罪行为规定。该法第76条规定："未经批准或者采取欺骗手段骗取批准，非法占用土地……构成犯罪的，依法追究刑事责任。"刑法应是其他法律的保障。这样，非法占用土地作为犯罪行为应当得到刑法的肯定，非法占用农用地罪作为行为犯才更符合《土地管理法》的本意。

十四、运输毒品罪的既遂与未遂

根据学理解释，运输毒品罪的客观方面表现为"将毒品从一地运往另一地"的行为，[1] 即"甲地"往"乙地"。但是，运输行为作为一个有一定时间阶段性的行为过程，在哪一个"点"属于运输的完成，也即运输毒品罪的既遂历来是学术界争议很大的一个问题。一种观点认为，"行为人以将毒品从甲地运往乙地为目的的，开始运输时，是运输毒品的着手，由于行为人意志以外的原因没有到达目的地时，属于犯罪未遂，毒品到达目的地时是犯罪既遂，到达目的地后，即使由于某种原因而将毒品运回原地或其他地方的，也是犯罪既遂"，[2] 即"到达目的地既遂说"。另一种观点认为，"运输毒品罪的既遂与否，应以毒品是否起运为准，而不以是否到达目的地来判断。凡是毒品已经起运，进入运输途中，就是既遂，由于行为人意志以外的原因尚未起运的，则是未遂或者预备"，[3] 即"起运既遂说"。

根据第一种观点，除了将毒品运到目的地——"乙地"这个"点"属于运输毒品罪的犯罪既遂外，从"甲地往乙地"整个移动的运输过程始终属于运输毒品罪的未完成形态。第一种观点把运输毒品罪划为过程行为犯，过程行为犯认为行为人实施并完成了刑法分则所规定的构成要件的全部行为的为犯罪既遂，因为意志以外的原因没有将全部行为实行完毕的为犯罪未遂。即该观点将运输视为一个完整、不可分割的过程，同时将运输行为的完成同运输目的的实现视为同一概念。但是，这种观点没有考虑到运输毒品客观方面表现的多样化，对实际发生的许多运输毒品案件无法解释。例如，运输毒品的运输行为中，包含有邮寄、托运等方式，行为人主观上有运输毒品的故意，客观上实施了伪装毒品、办理邮寄、托运手续等自己能够在主观支配下实施的所有起运行为，毒品到达邮寄、托运目的地，当然构成运输毒品罪的既遂。但是，即便在行为人的行为完成后、运输目的地到达前，被邮政部门、托运部门发现或遗失而没有实现运输的目的，由于行为人的起运行为是行为人主观控制下的全部运输行为，而真正的从甲地到乙地的运输行为是由不以行为人的意志为转移的第三人来完成的，在这个过程中不可能

---

[1] 高铭暄、马克昌主编：《刑法学》，北京大学出版社、高等教育出版社2000年版，第61页。
[2] 高格：《定罪与量刑》，中国方正出版社1999年版，第1页。
[3] 赵秉志：《毒品犯罪研究》，中国人民大学出版社1993年版，第132页。

存在犯罪未遂和中止的未完成形态，因此仍然应当构成运输毒品罪的既遂。如果按照第一种观点，认定这种情况为未遂，显然不符合主客观相一致的犯罪理论。又如，随着打击毒品犯罪力度的加大和无线通信设备的发展，指挥运输毒品的行为人（可能是走私者、制造者或贩卖者）对运输毒品行为人通常采取设定路线与遥控指挥相结合的方法，即给运输毒品行为人配置手机，让其按照设定好的路线行进，交货地点临时通知。在这种情况下，"乙地"可能是设定路线的终点，也可能是运输途中的任何一地，按照第一种观点，运输行为的完成同运输目的的实现将出现分离，即运输目的地还没有到达时，毒品已经处于随时到达的状况，即运输目的已经实现。按照第一种观点，如果运输毒品行为人在运输目的地尚未到达前已被抓获，只能认定为犯罪未遂，但是从运输目的实现的角度考虑，运输毒品行为人携带毒品按照指定的路线行进的行为已经实现了运输毒品的目的，应该认定为犯罪既遂。因此，当运输目的地不确定时，第一种观点将自相矛盾。

根据第二种观点，除了在毒品运输的起运地——"甲地"这个"点"可能存在运输毒品罪的未完成形态外，从"甲地往乙地"整个移动的运输过程都应当认定为运输毒品犯罪的既遂形态。第二种观点值得商榷。①这种观点在对法律词汇的理解上发生了偏差。汉语词汇中"运输"的精确含义应当是一个行为的过程，即"运到"而不是"运往"，当然，所"运到"的地方是不是运输的真正目的地应当不影响运输行为的成立；"起运"的概念按照《现代汉语词典》的解释则正是第二种观点对所谓"运输"的理解——"已经起运，进入运输途中"，只是持该观点的人为了把"运输"提前到"起运"阶段，而人为地把"起运"提前到了"起运"的准备阶段，如购票、办理手续等行为，显然有扩张解释的嫌疑。如果按照该种观点，刑法应当将"运输毒品罪"规定为"起运毒品罪"，这样就减少了学理上的争议，更便于实务中的操作。②"起运既遂说"与"运输"对距离的要求发生矛盾。根据通常的解释，"运输是从一地到另一地间的毒品的空间转移，这两地之间的距离不能过短，如从同一城区内一家房屋内到另一房屋内的毒品转移，显然不能以运输论"[1]但是，如果行为人在汽车、火车刚刚发车、尚未离开车站或该城区时即被查获携带有毒品或主动下车放弃犯罪，按照"起运既遂说"仍应当认定为运输毒品罪既遂，但是按照运输对距离的要求则不应当认定为运输毒品罪的既遂，而应当认定为犯罪的未遂或中止，显然自相矛盾。③"起运既遂说"不符合主客观相一致的理论。在行为人一直控制毒品的运输行为中，行为人随时都有中止犯罪的可能性。例如，初次运输毒品的犯罪分子对运输毒品的危害认识并不充分，在运输过程中，听到或看到有关宣传后，出于自身恐惧或畏罪心理主动将毒品交出或遗弃的，完全符合犯罪中止关于在犯罪过程中自动放弃犯罪的规定，将其认定为既遂，有客观归罪的嫌疑。

我们认为，要分清运输毒品罪的犯罪形态，首先要对运输的各种行为方式进行科学的分类，在科学分类的基础上对不同的运输方式进行研究，才能真正解决这一问题。

前文所述运输毒品的行为方式从运输过程中人货是否分离的角度可以分为两种：

第一种：运输毒品行为人同运输毒品的承担者不一致，运输过程中人货完全分离。此即上述第三种运输行为方式——利用公共传输社会服务系统进行运输。因为在这种情况下，在运输行为人完成对毒品的伪装、办理完托运、邮寄手续并将毒品交由该系统控制以后，主观支配下的客观方面所需要的所有运输毒品犯罪行为即告完成，因而成立运输毒品罪的既遂。在这种情况下，对毒品进行伪装的行为应视为运输毒品犯罪的着手，从开始办理托运、邮寄手续到将毒

---

[1] 赵秉志、于志刚：《毒品犯罪》，中国人民公安大学出版社2003年版，第158页。

品交由系统控制前，由于行为人意志以外的原因使运输毒品未得逞的成立犯罪未遂，如果系统控制人员在交验毒品过程中即发现了毒品，因为这时候毒品还未被系统所控制，同样成立犯罪未遂。当然，既遂前的这两个阶段中行为人自动放弃犯罪的成立犯罪中止。

第二种：人货不分离的状态。在这种情况下，行为人在整个运输过程中始终控制毒品，运输毒品是行为人主观上运输毒品的故意和客观上实行运输毒品行为的统一，在运输过程中，不管行为人有主观上的运输毒品故意但客观上终止运输毒品行为，或是虽然客观上处于运输毒品的状态但主观上已经放弃运输毒品的故意，都不能成立犯罪的既遂。第一种情况，例如行为人在运输过程中丢失毒品或被抓获，而无法将毒品由甲地运输到乙地；第二种情况，例如行为人在运输过程中出于畏罪的心理而向当地公安机关投案。当然，如果行为人在运输过程中主观上放弃运输毒品的故意，客观上也放弃运输毒品的行为，当然不可能成立运输毒品犯罪的既遂，如乘坐交通工具的行为人在运输过程中出于畏罪的心理主动将毒品交给乘务人员、乘警，或主动将毒品遗弃（导致无法找回的结果）。上述观点只能发生在从"甲地往乙地"的运输毒品的过程中。如果所运输的毒品尚未进入从"甲地"往"乙地"的运输状态，也即运输毒品行为人尚在运输阶段之前的起运阶段，因其本身不是运输，因此只能是运输毒品的着手，即构成运输毒品犯罪的预备形态。而当运输行为的完成同运输目的的实现一致时，到达"乙地"即构成既遂，上述行为如果在到达乙地后实施不影响既遂的成立。

十五、一般累犯与毒品犯罪再犯的异同

1. 两者的相同之处：①两者在主观上都具有恶性，并且犯罪的社会危害性均极大；②从犯罪形态上看，两者犯罪的次数都在两次以上，均是重新犯罪的一种，即两者都曾经犯过罪被判过刑，而后又犯罪；③就量刑角度而言，二者都是法定的从重处罚情节；④两者在后次所犯的罪名上可以与前罪相同，也可以不同。在与初犯所判之刑的罪名的比照上均没有限制。

2. 两者的不同之处：①两者对前后罪的种类规定不同。一般累犯前后罪的罪种，除过失与危害国家安全罪以外，前后罪都是普通刑事犯罪，或其中一罪是普通刑事犯罪，另一罪是刑法上任何一种故意犯罪，都具备构成一般累犯的要件；毒品犯罪的再犯先后所犯的罪限定为《刑法》第356条规定的那五种形式，即走私、贩卖、运输、制造、非法持有毒品，前后罪只要有一点不符合，即不再采用毒品再犯的从重来加以定罪量刑。②二者在刑罚上的要求不同。一般累犯明确要求犯罪分子所犯的前罪与后罪所判处的或应判处的刑罚在有期徒刑以上，这是一般累犯的刑度条件。也就是说，构成累犯的前罪被判处的刑罚与后罪应当判处的刑罚均须是有期徒刑以上刑罚，否则不构成累犯。前罪"被判处有期徒刑以上刑罚"是指人民法院根据犯罪的全面情况，最后在判决书中所判处的刑罚；而后罪"应当被判处有期徒刑以上刑罚"，是指根据后罪社会危害性的大小，人民法院最后确定其宣告刑是否为有期徒刑以上的刑罚。毒品犯罪的再犯，对前后罪所受刑罚的轻重没有加以规定。只要求前罪是判过刑，至于被判处的是主刑或附加刑、实刑或缓刑没有限制，且后罪应判何罪何刑也没有要求。③两者时间间隔的要求不同。一般累犯之后罪必须在前罪刑罚执行完毕或赦免以后5年内实施；毒品犯罪再犯却没有对前后罪的时间间隔加以限制，不论经过多少年，只要再犯《刑法》第356条规定之罪的，都要从重从严处罚。④法定从重规定的要求不同。《刑法》第74、81条分别规定，对于累犯，不适用缓刑，一般累犯除了应当从重处罚以外，还不能适用缓刑和假释。这是因为累犯的主观恶性大，适用缓刑、假释难以防止其再犯新罪，而且要对其从重处罚，只有通过关押才能有效地对其实行改造；毒品犯罪再犯却仅有从重处罚的规定，这不及一般累犯法定从重的程度与要求严格。

十六、传播淫秽物品罪与组织播放淫秽音像制品罪的区别

1. 两罪所规定的淫秽物品的范围不同。传播淫秽物品罪所规定的范围不仅包括音像制品，还包括淫秽书刊、照片等其他淫秽物品。组织播放淫秽音像制品罪规定的淫秽物品只限于淫秽电影、录像等音像制品。

2. 两罪的犯罪行为方式不同。传播淫秽物品罪的行为方式包括播放、出借、展览、发布、发表、散布、邮寄，利用计算机网络和手机等进行传播等方式。组织播放淫秽音像制品罪的行为方式限于组织播放。

3. 定罪标准不同。传播淫秽物品罪只有在"情节严重"的情况下才构成犯罪。组织播放淫秽音像制品罪是行为犯，只要行为人组织实施了播放淫秽音像制品的行为，就构成犯罪。

十七、组织淫秽表演罪与组织播放淫秽音像制品罪的区别

两罪的犯罪客体、犯罪主体具有一致之处，主观上都表现为直接故意，在客观上都有组织行为，两罪的主要区别是组织内容不同。组织淫秽表演罪组织的是淫秽表演，属于现场表演；而后罪组织的内容是播放淫秽音像制品。而且在组织淫秽表演罪中如果没有组织行为，仅淫秽表演行为本身不构成犯罪；而在组织播放淫秽音像制品罪中，若没有组织行为，播放淫秽音像制品的行为仍然可构成传播淫秽物品牟利罪或传播淫秽物品罪。在司法实践中，行为人在组织淫秽表演的同时，往往为了增强演出效果，配之以音乐、灯光或画面，而这些画面、音乐往往属于淫秽音像制品。因此，行为人在构成组织淫秽表演罪的同时，又构成了组织播放淫秽音像制品罪。由于两行为之间具有目的行为和手段行为的牵连关系，构成牵连犯，按照牵连犯的处理原则，应从一重罪从重处断。但两罪的法定刑幅度完全相同，在这种情况下，宜以目的行为构成的犯罪定罪并从重处断，即按组织淫秽表演罪论处，从重处罚。

十八、组织淫秽表演罪与聚众淫乱罪的区别

聚众淫乱罪，是指行为人聚集男女多人进行集体淫乱的行为。在司法实践中，行为人在组织他人进行淫乱活动的同时又组织他人进行观看的，行为人虽有两个犯意，但一般认为只构成一个组织淫秽表演罪。两罪都具有组织性质，因而具有形式上的相似性。区分两罪的关键是：

1. 组织淫秽表演罪中被组织者进行淫秽活动的目的在于表演，或者更确切地说，行为人将这些表演者组织起来，意在让他人进行淫秽表演，并由此决定了这种行为的公开性，即能够为组织内部以外的其他人看到、听到，且行为人主观上一般具有牟利的目的。而聚众淫乱罪尽管可以发生于公开场合，但聚众淫乱的行为并不在于进行表演供他人观赏，而在于行为人以及参加淫乱活动的人自己得到某种精神上的满足，以填补其精神空虚，不具有牟利的目的。

2. 在行为表现方式上，组织淫秽表演罪中除进行性淫乱行为以外，常见的方式多为脱衣舞、裸体舞表演；而聚众淫乱罪中淫乱行为虽常伴有脱衣、裸体行为，但这种行为主要在于为淫乱服务，行为内容主要是男女性交以及其他有关淫秽下流的行为。

3. 在犯罪主体上，聚众淫乱罪只处罚淫秽表演的组织者，对淫秽表演者不予定罪处罚；聚众淫乱罪处罚的则是首要分子或多次参加者。另外，本罪中组织者往往并不直接参与淫秽表演，而在聚众淫乱罪中，首要分子一般直接参与淫乱活动。

理论思考与实务应用

一、理论思考

（一）名词解释

妨害公务罪　招摇撞骗罪　伪造、变造、买卖国家机关公文、证件、印章罪　伪造、变造、买卖身份证件罪　非法生产、买卖警用装备罪　非法获取国家秘密罪　非法持有国家绝密、机密文件、资料、物品罪　非法侵入计算机信息系统罪　破坏计算机信息系统罪　聚众扰乱社会秩序罪　聚众冲击国家机关罪　投放虚假危险物质罪　编造、故意传播虚假恐怖信息罪　聚众斗殴罪　寻衅滋事罪　组织、领导、参加黑社会性质组织罪　入境发展黑社会组织罪　包庇、纵容黑社会性质组织罪　传授犯罪方法罪　非法集会、游行、示威罪　侮辱国旗、国徽罪　组织、利用会道门、邪教组织、利用迷信破坏法律实施罪　盗窃、侮辱尸体罪　赌博罪　伪证罪　辩护人、诉讼代理人毁灭证据、伪造证据、妨害作证罪　打击报复证人罪　扰乱法庭秩序罪　窝藏、包庇罪　掩饰、隐瞒犯罪所得、犯罪所得收益罪　拒不执行判决、裁定罪　破坏监管秩序罪　脱逃罪　组织他人偷越国（边）境罪　骗取出境证件罪　提供伪造、变造的出入境证件罪　出售出入境证件罪　运送他人偷越国（边）境罪　偷越国（边）境罪　故意损毁文物罪　非法向外国人出售、赠送珍贵文物罪　倒卖文物罪　非法出售、私赠文物藏品罪　盗掘古文化遗址、古墓葬罪　抢夺、窃取国有档案罪　擅自出卖、转让国有档案罪　妨害传染病防治罪　传染病菌种、毒种扩散罪　妨害国境卫生检疫罪　非法组织卖血罪　强迫卖血罪　非法采集、供应血液、制作、供应血液制品罪　医疗事故罪　非法行医罪　非法进行节育手术罪　污染环境罪　非法处置进口的固体废物罪　擅自进口固体废物罪　非法捕捞水产品罪　非法狩猎罪　非法占用农用地罪　非法采矿罪　盗伐林木罪　滥伐林木罪　非法收购、运输盗伐、滥伐的林木罪　走私、贩卖、运输、制造毒品罪　非法持有毒品罪　窝藏、转移、隐瞒毒品、毒赃罪　引诱、教唆、欺骗他人吸毒罪　容留他人吸毒罪　非法提供麻醉药品、精神药品罪　组织卖淫罪　强迫卖淫罪　协助组织卖淫罪　引诱、容留、介绍卖淫罪　传播性病罪　制作、复制、出版、贩卖、传播淫秽物品牟利罪　为他人提供书号出版淫秽书刊罪　传播淫秽物品罪　组织播放淫秽音像制品罪　组织淫秽表演罪

（二）简答题

1. 简述妨害公务罪与聚众阻碍解救被收买的妇女、儿童罪的界限。
2. 简述招摇撞骗罪与诈骗罪的区别。
3. 简述寻衅滋事罪与聚众扰乱社会秩序罪的区别。
4. 简述非法集会、游行、示威罪与聚众扰乱社会秩序罪、聚众冲击国家机关罪、聚众扰乱公共场所秩序、交通秩序罪的区别。
5. 简述伪证罪与诬告陷害罪的区别。
6. 简述辩护人、诉讼代理人毁灭证据、伪造证据、妨害作证罪与伪证罪的区别。
7. 简述妨害作证罪与伪证罪的区别。
8. 简述窝藏罪、包庇罪的异同。
9. 简述拒不执行判决、裁定罪与妨害公务罪的区别。
10. 简述组织越狱罪与脱逃罪的区别。
11. 简述组织他人偷越国（边）境罪的构成特征。
12. 简述偷越国（边）境罪的特征。
13. 简述盗掘古文化遗址、古墓葬罪与盗窃罪的界限。
14. 简述盗掘古文化遗址、古墓葬罪与故意损毁文物罪、故意损毁名胜古迹罪的界限。
15. 简述传染病菌种、毒种扩散罪与危险物品肇事罪的区别。
16. 简述非法组织卖血罪与强迫卖血罪的区别。
17. 简述非法组织卖血罪与非法采集、供应血液、制作、供应血液制品罪的区别。
18. 简述非法处置进口的固体废物罪与擅自进口固体废物罪的区别。
19. 简述非法采矿罪与破坏性采矿罪的区别。

20. 简述非法采伐、毁坏国家重点保护植物罪与盗伐林木罪、滥伐林木罪的区别。
21. 简述滥伐林木罪与盗伐林木罪的区别。
22. 简述污染环境罪与重大责任事故罪的区别。
23. 简述污染环境罪与危险物品肇事罪的区别。
24. 简述非法处置进口的固体废物罪与走私废物罪的区别。
25. 简述非法捕捞水产品罪与投放危险物质罪、爆炸罪的区别。
26. 简述非法占用农用地罪与非法转让、倒卖土地使用权罪的区别。
27. 简述非法持有毒品罪与运输毒品罪的区别。
28. 简述非法持有毒品罪与窝藏毒品罪的区别。
29. 简述非法持有毒品罪与抢劫、抢夺、盗窃毒品犯罪的区别。
30. 简述非法持有毒品罪与走私、贩卖、运输、制造毒品罪的区别。
31. 简述介绍卖淫罪与组织卖淫罪的区别。
32. 简述介绍卖淫罪与强迫卖淫罪的界限。
33. 简述引诱、容留、介绍他人卖淫犯罪的严重情节有哪些。
34. 简述制作、复制、出版、贩卖、传播淫秽物品牟利罪的概念和特征。
35. 简述为他人提供书号出版淫秽书刊罪的概念和特征。
36. 简述传播淫秽物品罪的概念和特征。
37. 简述组织播放淫秽音像制品罪的概念和特征。
38. 简述组织淫秽表演罪的概念和特征。
39. 简述传播淫秽物品罪与组织播放淫秽音像制品罪的区别。
40. 简述组织淫秽表演罪与组织播放淫秽音像制品罪的区别。
41. 简述组织淫秽表演罪与聚众淫乱罪的区别。

(三) 论述题
1. 试论述赌博罪的缺陷及其完善。
2. 论脱逃罪主体的范围。
3. 论医疗事故罪的认定。

二、实务应用
(一) 案例分析示范

案例一

2003年3月8日,王某在村路边摊点上销售猪肉。镇生猪屠宰管理办公室主任姜某(系当地国家机关委托从事行政执法活动的事业编制的人员)及稽查员程某、汪某骑摩托车到此地检查,发现王某销售的系未经卫生检疫的猪肉,决定扣押。王某拒不配合,与程某发生揪打,致程某右大腿被刀划破,王某又用刀刺破汪某的摩托车轮胎,稽查工作被迫中断。

问:本案王某的行为构成什么罪,为什么?

【评析】在本案的审理中,对王某的行为是否构成妨害公务罪,在定性上有人认为王某的行为不构成妨害公务罪。其理由是:妨害公务罪侵害的客体是国家机关工作人员的公务活动。程某、汪某是当地镇政府聘请的稽查员,不具备国家机关工作人员身份,而姜某虽是受政府委托从事执法的事业编制人员,身份也符合国家工作人员的要件,但王某未直接与其发生揪打。故王某的行为不构成妨害公务罪。

我们认为被告人王某的行为构成妨害公务罪。①姜某等人的行为属于依法执行职务的公务活动。本案中，姜某系当地国家机关委托从事行政执法活动的事业编制的人员，其身份与最高人民检察院《关于以暴力威胁方法阻碍事业编制人员依法执行行政执法职务是否可对侵害人以妨害公务罪论处的批复》规定的被侵害人的身份条件相符。姜某等人系一个执法整体，虽然三人的身份不同，但他们的职责是同一的，不能将三人的行为或身份孤立开来分析。因而，应当认定姜某带领当地政府聘请的稽查人员程某、汪某进行稽查的行为属于依法执行职务的公务活动。②王某的行为侵犯的客体是国家机关的管理活动，妨害公务行为侵犯的对象可以是符合国家工作人员身份的执法人员，也可以是配合国家工作人员执法的其他人员，还可以是用于执法活动的交通运输工具、通信工具、机器设备等。王某虽然没有对姜某实施暴力，但其行为已经侵犯了国家机关的正常执法活动。在本案中，被告人王某为达到使自己销售的未检疫的猪肉不被扣押，殴打程某，致使稽查工作被迫中断，显然侵犯了国家机关的管理活动。其行为符合妨害公务罪的全部构成要件，因此，王某的行为构成妨害公务罪。

案例二

顾某与王某等人于 2000 年 12 月 3 日夜，在某市舞厅与周某、颜某等人因争强斗胜发生争执。次日，顾某、王某约请一伙人携带械具准备找周某等人斗殴，以决胜负。结果，在某舞厅门口与周某、颜某一伙人相遇。顾某一伙上前对周某等人进行殴打，双方遂发生殴斗，导致公共场所秩序严重混乱，并有数人受轻伤。

问：本案顾某和王某等人行为的性质应如何认定？

【评析】在上述案例中，顾某、王某为争强好胜，约请一伙人找周某、颜某等人殴斗，其主观上存在聚众斗殴的直接故意；结果顾某一伙与周某等人在公共场所发生了殴斗，客观上也具备了"聚众"和"互殴"的行为，且该行为严重扰乱了公共秩序，因此，对顾某等人应以聚众斗殴罪定罪处罚。而周某、颜某等人虽没有事前的"聚众"行为和"斗殴"的预谋，但事中临时纠集在一起与对方进行殴斗，主观上已产生聚众斗殴的故意，因此周某一伙的行为应认定为聚众斗殴罪。

案例三

2004 年 2 月 11 日 19 时许，孙某持伪造的北京市公安局工作证及非法购买的手铐和电警棍，以查处嫖娼为名，进入北京市海淀区某居民住宅楼 601 室梁某（女，17 岁）住处，确定梁某是卖淫女后，孙某亮出假工作证谎称自己是警察，用手铐将梁某和当时在场的另一卖淫女马某铐住，以罚款和拘留相威胁，迫使被害人交出现金人民币 700 元。后经被害人举报，孙某被公安机关抓获。

问：本案应如何定性？

【评析】在上述案例中，对本案的定性，主要有三种不同的观点：第一种观点认为应定敲诈勒索罪；第二种观点认为应定抢劫罪；第三种观点认为应定招摇撞骗罪。笔者认为，根据本案实际情况，孙某的行为构成招摇撞骗罪。①孙某的行为是以"骗"为特征，行为的特征在于欺骗性，重点不在于对被害人造成心理的压力，而在于使被害人产生屈从、信服的心理，被害人在受骗后往往是出于自愿交出财物或者出让其合法权益。因此，本案不能定敲诈勒索罪。②孙某虽然使用手铐等警具，但其行为的性质不是属于抢劫罪中的暴力，抢劫罪中使用暴力的目的在于劫取财物，但这里使用手铐更主要的目的是使其冒充公安人员的身份更具有欺骗性。因此，本案不能认定为抢劫罪。③孙某不但使用了伪造的公安民警的工作证，而且为了让被害人不怀疑自己的身份，还购买、使用了警用器械，并且向被害人声称自己是警察，其行为足以认定为冒充公安民警的行为。他利用了被害人有违法行为的情形，以处罚被害人为由，以罚款形式骗取钱财，本质上说，主要是骗取了被害人对其身份的信任，使被害人自愿交出钱财。本案应认定为招摇撞骗罪。

案例四

2002年12月17日晚，孙某酒后与朋友来到一个理发店洗头。该理发店服务员张某没有辱骂孙某，但孙某称张某对其进行辱骂，欲殴打张某，被该店老板杜某及孙某的朋友劝走。后孙某纠集党某、乔某再次来到店中，欲殴打张某，杜某上前阻止。党某、乔某不分青红皂白对杜某进行殴打，分别用随身携带的砍刀对杜某连砍数刀。孙某在明知打错人的情况下未对党某、乔某进行制止。经鉴定杜某属于轻伤。

问：本案应如何定罪？

【评析】在上述案例中，一种意见认为：三人的行为均触犯《刑法》第234条的规定，构成故意伤害罪。另一种意见认为：三人的行为均触犯《刑法》第293条的规定，构成寻衅滋事罪。

我们认为：故意伤害罪是指故意伤害他人身体的行为，而在寻衅滋事行为中经常也会发生伤害后果，在这种情况下如何定罪呢？这就涉及寻衅滋事罪与故意伤害罪的区分问题，笔者认为两罪有以下不同：①主观方面不同。故意伤害罪与寻衅滋事罪在主观方面虽然都是故意，但两罪的故意内容有重要差别。故意伤害罪在主观上必须是有伤害的故意，必须是故意使他人身体健康受到损害，伤害的动机则是多样的。寻衅滋事罪的故意，指行为人明知自己的行为会发生破坏公共秩序的危害后果，而积极希望并促使这种结果发生，犯罪目的是破坏公共秩序，向整个社会进行有意识的挑战，犯罪动机是耍威风、取乐等。②客观方面不同。故意伤害罪表现为非法损害他人身体健康的行为。寻衅滋事罪表现为寻衅滋事、破坏社会秩序的行为。根据《刑法》第293条的规定，寻衅滋事罪主要指下列四种情况：一是随意殴打他人，情节恶劣的；二是追逐、拦截、辱骂、恐吓他人，情节恶劣的；三是强拿硬要或者任意损毁、占用公私财物，情节严重的；四是在公共场所起哄闹事，造成公共场所秩序严重混乱的。③犯罪行为造成人体伤害限度不同。寻衅滋事罪仅限于造成人体轻伤的后果，故意伤害罪造成人体伤害的结果则分轻伤、重伤和死亡三种。

在本案中，从主观上说，孙某等三人具有寻衅滋事的故意，其行为系追求精神刺激，出于耍威风、出风头的动机。孙某在理发店服务员没有对其进行辱骂的情况下，无理取闹、挑衅发泄，在被劝走后，纠集党某、乔某再次上门进行打骂，三人均以满足他们的精神刺激为动机。从客观上说，孙某等三人在公共场所无事生非，对理发店营业员肆意挑衅，用随身携带的砍刀砍伤他人，属于《刑法》第293条规定的随意殴打他人。从犯罪对象看，孙某第一次寻衅的对象是该店的服务员张某，再次到店中时孙某在明知打错人的情况下也未对党某、乔某进行制止，这说明其寻衅的对象是不特定的。另外，党某、乔某来到店中，在并未确认是张某的情况下随意殴打他人，从心理状态看，其主要是无理取闹、寻求精神刺激，刻意伤害张某的意愿并不强烈。因此，孙某等三人均应构成寻衅滋事罪。

案例五

1997年4月份，吕某加入国内黑客组织。1998年1～2月份，吕某使用自己的手提电脑，盗用邹某、王某、何某、朱某的账号和使用另外2个非法账号，分别在某省图书馆多媒体阅览室及自己家中登录上网，利用从互联网上获取的方法攻击广州主机。在成功入侵该主机系统并取得最高权限后，吕某非法开设了2个具有最高权限的账号和1个普通用户账号，以便长期占有该主机系统的控制权。期间，吕某于2月2~27日多次利用gzlittle账号上网入侵广州主机，对该主机系统的部分文件进行修改、增加、删除等一系列操作，非法开设了gzfifa、gzmicro、gzasia3个账号送给袁某（另案处理）使用，并非法安装和调试网络安全监测软件，未遂。2月25、26日，吕某先后3次非法修改广州主机系统的root密码，致使该主机系统最高权限密码3次失效，造成该主机系统管理失控约15个小时。当广州主机网管员第一次发现使用自己设置的root密码无法进入主机的超级用户状态对主机进行管理时，吕某上网主动要求与网管员对话，询问网管员是否将密码丢失了，声称他能将密码修改回来。当网管员询问其是否将网管员设置的密码修改了时，吕某矢口否认。在此情况下，网管员为能进入并操作主机，只得同意吕某"帮助"他将密码修改回来。吕某随即将root密码已经改为root123密码一事通知了网管员。网管员经试验root123密码可用后，为安全起见，又把root123设置为另一密码。但是网管员随后即发现，他刚改过的这一密码，又被改回为只有吕某和网管员知道的root123密码。2月26日下午，广州主机采取了封闭普通用户登录进入该主机的措施后，只有吕某仍能以非法手段登录进入，期间该主机的root密码第三次失效，吕某再次主动与网管员交谈，虽然仍否认自己修改了主机的密码，但是将能够进入主机的新root密码告诉了网管员。吕某实施了入侵行为后，把其使用的账号记录删除，还将拨号信息文件中的上网电话号码改为12345678或00000000，以掩盖其入侵行为。此外，1998年2月12日，被告人吕某还利用Lss程序和所获得的密码对蓝天BBS主机进行攻击，在取得该主机的最高权限后提升LP账号为最高权限用户账号，以便长期取得该主机的最高权限。

问：本案应如何认定？

【评析】在上述案例中，我们认为，国务院1994年2月18日发布的《计算机信息系统安全保护条例》第7条规定："任何组织或个人，不得利用计算机信息系统从事危害国家利益、集体利益和公民合法利益的活动，不得危害计算机信息系统的安全。"吕某违反这一规定，利用其掌握的知识入侵广州主机、某BBS主机信息系统，取得控制该系统的最高权限，实施了增设最高权限的账户和普通账户，对广州主机存储、处理和传输的数据进行删改、监测，3次修改广州主机的最高权限密码等三种破坏行为。吕某对计算机信息系统上的账号和密码进行修改、增加，其行为触犯了《刑法》第286条第1款的规定。而吕某在广州主机系统中安装并调试网络安全监测软件，则是对计算机信息系统中存储、处理或者传输的应用程序进行删除、修改、增加的操作，其行为触犯了第286条第2款的规定。吕某的行为已经危害了计算机信息系统的安全，造成广州主机管理失控、不能正常运行的严重后果，构成破坏计算机信息系统罪。

案例六

被告人向某为一村民小组组长，在其所在的小组内有一座预制构件厂。该预制构件厂所占土地的权属有关部门已明确规定属于村委会所有，而不归村委会下属的村民小组所有。2000年12月6日~2001年12月，向某以要求县政府解决预制构件厂的土地权属问题为由，先后十余次组织同组村民窜至预制构件厂，采取挖断进厂公路、推倒围墙、往施工场地倒土或开田、砸烂施工设施长线台桌等方法，致使工厂无法生产，停工停产长达1年之久，直接经济损失达21 826元，间接经济损失26万余元。

问：本案向某的行为应如何认定？

【评析】在上述案例中，有人认为，向某应被认定为破坏生产经营罪。本案中向某纠集同组村民，采取挖断进厂公路、往施工场地倒土或开田、砸烂施工设施长线台桌等方法，破坏预制构件厂的正常生产经营活动，这是破坏生产经营罪客观方面的典型表现，构成破坏生产经营罪。笔者认为，向某的行为应定性为聚众扰乱社会秩序罪。本案从表面上看为破坏生产经营罪，但实际上应认定为聚众扰乱社会秩序罪。聚众扰乱社会秩序罪与破坏生产经营罪的主要区别在于：①犯罪主体要求不同。聚众扰乱社会秩序罪要求首要分子组织、纠集3人以上进行扰乱活动；破坏生产经营罪则不要求多人。②犯罪目的不同。聚众扰乱社会秩序罪，行为人的目的是想通过聚众扰乱行为，迫使机关、企业等满足其无理要求；破坏生产经营罪的目的是行为人出于泄愤报复或者其他个人目的，使生产经营无法正常进行。③犯罪后果要求不同。聚众扰乱社会秩序罪要求情节严重，并且造成严重后果；破坏生产经营罪则并不要求情节严重。

聚众扰乱社会秩序罪与破坏生产经营罪存在着牵连犯的情形。即通过破坏生产经营的方法达到扰乱社会秩序的目的，是方法行为和目的行为的牵连。在本案中，向某以要求政府解决土地权属问题为借口，先后十余次组织、纠集多名村民聚众冲击工厂，采取挖断进厂公路、往施工场地倒土等方法阻碍企业正常生产，致使企业长达1年时间不能生产。破坏企业的正常生产经营并不是他的目的，其根本目的是借此扰乱社会管理秩序，并企图以此作为砝码要挟政府答应其无理要求。向某在实施犯罪中起组织、策划、指挥作用，为首要分子。按牵连犯的处理原则，对向某应以聚众扰乱社会秩序罪定罪处罚。

案例七

2004年8月的一天，刘某和陈某邀请胡某（女）到郊区一饭店为张某祝贺生日。当晚10时，刘某和陈某将胡某灌醉后强奸，然后二人逃离现场。当晚11时，胡某在醉酒的情况下，独自徒步回家，不慎跌入深沟溺水而亡。刘某第二天得知胡某已死，并将事情经过告诉其姑丈李某。李某约请朋友吴某（系某律师事务所律师）至刘某家。刘某将事情经过告诉在场的吴某、张某。吴某听后，授意刘某、张某在公安机关做笔录时，要讲没有将胡某灌醉，与胡某发生性关系是双方自愿的。后证人张某向司法机关提供了虚假证言。案发后，公安机关根据刘某的供述将吴某抓获。

问：本案中对吴某的行为应如何定性？

【评析】在上述案例中，有人认为吴某的行为构成辩护人妨害作证罪。理由是：吴某系执业律师，其明知刘某和陈某灌醉胡某并实施了奸淫，却授意证人张某向司法机关作虚假证言，而且事后张某确实向司法机关提供虚假的陈述，因此吴某的行为符合辩护人妨害作证罪的构成特征。也有人认为吴某的行为构成妨害作证罪。理由是：吴某不是以辩护律师的身份，而是以朋友的身份，授意证人张某作虚假的证言，其行为符合妨害作证罪的构成特征。

我们认为，吴某的行为构成伪证罪。①在本案中，吴某没有与刘某办理刑事案件委托代理协议，其并不是刘某案件的委托代理人，只是以朋友的身份帮忙，因此其不符合辩护人妨害作证罪的主体要件，不能认定吴某构成辩护人妨害作证罪。②妨害作证罪的妨害行为是以暴力、威胁、贿买等方法阻止证人作证或指使他人作伪证。吴某并没采取这些手段指使证人作伪证，因此吴某也不构成妨害作证罪。吴某的行为符合我国刑法有关教唆犯的规定。吴某在主观上存在教唆他人作伪证的故意。在客观上有教唆他人作伪证的行为。其授意张某向司法机关提供与案件有重要关系的虚假陈述，并且被教唆人张某实施了所教唆的犯罪。因此，在本案中，吴某与张某构成了共同的伪证罪。

案例八

张某为报复将李某杀死，在逃离现场的途中，遇到了其兄张某某。张某遂将杀李某的事告诉了张某某。此后，张某离家外逃。数日后，张某被公安机关抓获归案，但张某对杀人一事矢口否认。公安机关找到张某某询问情况。张某某称，不知道张某外出的原因，更不知道张某是否杀人。此后，公安机关经多方侦查，并收集、提取大量证据后，再次询问张某某，张某某才如实陈述了案发后张某告诉其杀人经过的事实。

问：本案中张某某行为的性质应如何认定？

【评析】 在上述案例中，对于张某某是否构成包庇罪，存在两种不同意见：一种是张某某的行为构成包庇罪，另一种是张某某的行为属于"知情不举"，但不构成犯罪。我们认为，本案主要分清"包庇罪"与"知情不举"的区别。包庇罪是指明知是犯罪的人而向司法机关作假证明，掩盖犯罪分子的罪行以使其逃避法律制裁的行为。而"知情不举"是指明知是犯罪分子而没有主动告发、检举。包庇罪与知情不举在主观心态上有重合之处，在"知情"却"不举"的原因中，不乏包庇案中常有的行为人期望被包庇者免受法律追究的动因。但是"包庇"和"知情不举"在客观行为上有明显的区别。包庇罪在客观方面表现为明知是犯罪分子而向司法机关作假证明，掩盖其罪行，或者帮助其湮灭罪迹，隐匿、毁灭罪证，以使其逃避法律制裁的行为。包庇罪客观上属于积极的作为犯罪。在本案中，张某作案后，将犯罪经过告诉了张某某，而张某某在接受公安机关询问时，未将所知的一切和盘托出，而是采取了回避的态度，没有向公安机关提供其所知的线索，没有积极主动地协助配合公安机关侦破案件，但不能就此认为张某某的行为就是妨害司法机关正常活动。诚然，依据法律规定，公民有作证义务，但这只是义务，未尽义务并不足以让公民承受刑事责任的后果，因此，对张某某消极对待司法机关询问的行为应当认定为"知情不举"。

案例九

2002年6月~2002年10月中旬，靳某、王某伙同王乙（另案处理），多次在王乙开办的化工厂厂门口地下通过的中原油田的输油管线上盗放原油，累计窃取原油60余吨，价值11万余元。被告人靳某对起诉书指控的事实，当庭辩称自己只是给老板王乙开车，每月只拿1200元左右的工资，没有参与盗窃，自己的行为不构成盗窃罪。被告人王某对起诉书指控的事实，当庭辩称在王乙开办的化工厂内，自己只是烧锅炉，王乙每次盗放原油，自己都不知道，自己的行为不构成盗窃罪。

问：本案被告人行为应如何定性？

【评析】 在上述案例中，有人认为应定靳某构成盗窃罪。因为靳某、王某身为该化工厂职工，在该厂工作4个多月，对老板王乙盗窃原油的事实应该是明知的；王某作为厂内的锅炉工，厂里是否生产，且生产多少，都应是清楚的；靳某在明知老板王乙所开办的化工厂并不生产原油的情况下，在该化工厂工作的4个多月内，仍旧帮助其向油罐车内装原油，并为其代为交付其他人。后来公安人员发现，从王乙开办的化工厂外经过的中原油田输油管线被打孔一处并安装有窃油钢管。在王乙的化工厂内装有窃油阀门、电泵，钢管直通到化工厂里带有夹层的20吨油罐内。且二被告人曾相互供认，每次往油罐车内装原油时，都帮助王乙从油罐往罐车中装过油。根据本案的案情可以看出，靳某、王某是王乙盗窃原油一案的从犯，只是分工的不同，并不影响本案盗窃罪的性质。因此，对靳某、王某应以盗窃罪定罪处罚。

我们认为，对二被告人的行为应定为掩饰、隐瞒犯罪所得罪。从现有证据看，靳某、王某并未直接参与盗窃原油，且没有足够证据可以证实靳某、王某事先与王乙通谋盗窃。其明知所转移的原油是王乙盗窃的赃物，这正是构成掩饰、隐瞒犯罪所得罪的要件之一，不能仅仅因为靳某、王某帮助实施了转移赃物的行为，就把该行为看做是盗窃犯罪的一部分。掩饰、隐瞒犯罪所得犯罪与盗窃犯罪的区别,主要在于行为人事先是否有通谋。而在这一点上,本案的证据恰是不充分的。故应将靳某、王某的行为定为掩饰、隐瞒犯罪所得罪。

案例十

2002年7月25日,10岁儿童王某将盗窃的价值2300元的手机、影碟机及相机等物放于谢某租赁的屋内,谢某明知其系盗窃所得仍代为保管,直至案发。

问:本案中谢某的行为是否构成犯罪?

【评析】在上述案例中,有人认为谢某的行为不构成犯罪。理由是:在本案中,盗窃者王某未满16周岁,其盗窃行为不构成犯罪,因此其所盗得的赃物也不是犯罪所得的赃物。根据《刑法》第312条第1款"明知是犯罪所得及其产生的收益而予以窝藏……"的规定,从法律条文语义上理解,明知是犯罪所得的赃物而予以窝藏的行为能构成掩饰、隐瞒犯罪所得罪,如果不是犯罪所得的赃物而予以窝藏的行为不能构成掩饰、隐瞒犯罪所得罪,故谢某的窝藏行为不构成犯罪。

我们认为,谢某的行为构成掩饰、隐瞒犯罪所得罪。在本案中,盗窃者王某虽然年仅10岁,但是其盗窃赃物价值达2300元,超过500元的定罪标准,其行为应系犯罪行为,因其未达刑事责任年龄,故不追究其刑事责任。王某的行为属于我国刑法规定的构成犯罪而不予追究刑事责任的情形,但其行为构成犯罪这一点是肯定的。谢某明知是犯罪所得的赃物而予以窝藏,其行为构成了掩饰、隐瞒犯罪所得罪。

案例十一

周某系某局局长,2001年7月6日因贪污罪被判处有期徒刑3年。入狱服刑后,因患糖尿病于2002年12月8日经有关部门批准保外就医1个月。但周某自保外就医期满已有9个月之久,一直未归监服刑。期间,公安司法机关多次口头、书面传唤或派人去他家。周某家人均以周某"外出做工"无法通知为借口推诿。监管机关责令保证人限期找回,保证人也以周某"下落不明"无法找到为由敷衍,致使周某长期逍遥法外,逃避监管。公安司法机关经过多方努力,终于将周某捉拿归监,并以脱逃罪定性,将该案移送检察机关审查起诉。

问:本案中周某的行为应如何定性?

【评析】在上述案例中,周某获准保外就医期满不归的行为显然妨害了司法机关的正常管理秩序,其社会危害是十分明显的。周某"期满不归"实质上是摆脱监管机关和监管人员的控制,其犯罪主观、客观要件均符合脱逃罪要件。根据我国《刑法》第316条的规定,脱逃罪是指依法被关押的罪犯、被告人、犯罪嫌疑人从被关押的场所逃走或以其他方式不归监的行为。本案中的周某在保外就医期满后,既未继续服刑,又未办理延保手续,其"保外就医期满故意不归"的行为应构成脱逃罪。

案例十二

陈某,原系福建省南安市人,后加入菲律宾共和国国籍,住菲律宾马尼拉市。高某,化名李加洛、里拉、西玛,台湾地区台北县人,住台北县新庄市,来厦门后暂住鼓浪屿鹿礁路。高某于1985年来大陆旅游探亲,在福建省漳州市遗失旅行证,经多方申报未能补办,以致长期不能回到台湾,遂产生通过民间途径购买菲律宾护照出入国(边)境回台湾的念头,并通过朋友购买了一本菲律宾护照。1998年底,高某结识了陈某,即委托陈某帮助他在菲律宾办理签证手续。陈某办理妥当后,即向高某提议由高某物色欲出境的人员,收集相片等有关资料,自己则负责通过非法途径在菲律宾购买假护照，共同牟利。高某表示同意。其后，陈、高二人为林某、周某、郑某、王某、包某提供伪造的菲律宾护照，收取人民币 84 500 元、港币 1000 元、美元 700 元。法院判决陈某犯提供伪造、变造的出入境证件罪，判处有期徒刑 2 年，驱逐出境，罚金人民币 10 000 元；高某犯提供伪造、变造的出入境证件罪，判处有期徒刑 8 个月，罚金人民币 10 000 元。

问：法院对上述案例的判决是否正确？

【评析】在上述案例中，陈某、高某互相勾结，以营利为目的，通过非法途径，积极为他人购买伪造或变造的假护照，帮助他人偷越国（边）境，侵犯了我国对出入国（边）境的管理制度，法院以"提供伪造、变造的出入境证件罪"对他们定罪判刑是正确的。鉴于这类犯罪属于贪利性犯罪，为了不使犯罪分子在经济上占便宜，剥夺他们赖以犯罪的物质基础，法律规定对这类罪犯应当并处罚金。同时，《刑法》第 35 条规定："对于犯罪的外国人，可以独立适用或者附加适用驱逐出境。"法院根据本案的具体情况，在对二被告人判处主刑的同时，附加判处罚金各 1 万元，对陈某附加适用驱逐出境，以消除其在我国境内再犯罪的可能性，确保国家和人民的利益不受侵犯。

案例十三

董某伙同他人虚构事实，伪造有关单位的外事、商务考察派遣书、法人证书、营业执照及国外一些公司、团体的邀请函、行程表、担保书等虚假材料，先后为几十人骗取出国签证，并具体实施了组织偷渡客偷越国境的行为。为了提高偷渡的成功率，董某还对偷渡人员进行了一系列的培训。董某的行为使部分偷渡客成功偷渡。

问：董某的行为应如何定性？

【评析】在上述案例中，对董某的行为应如何定性，主要有两种分歧意见：第一种意见认为，董某为达到组织他人偷越国境的犯罪目的，采用了骗取出境证件的犯罪方法，这属于刑法理论中的牵连犯，根据牵连犯从一重处断的原则，应认定为组织他人偷越国境罪。第二种意见认为，董某骗取出境证件，为组织他人偷越国境使用，其行为符合骗取出境证件罪的构成要件，考虑到刑法已对骗取出境证件罪单列了罪名，因此应认定为骗取出境证件罪。

笔者赞同第一种意见。组织他人偷越国（边）境罪与骗取出境证件罪两罪之间有着密切的联系。从组织他人偷越国（边）境罪角度看，组织他人偷越国（边）境，有可能需要伪造或者骗取出境证件，否则很难达到组织偷渡客偷越境外的犯罪目的。从骗取出境证件罪角度看，构成该罪要求犯罪分子主观上必须具备骗取出境证件后，将这些证件用于组织他人偷越国（边）境的目的，如果不具备该目的，也就无法成立骗取出境证件罪。至于犯罪分子骗取出境证件后，是自己接着实施进一步的组织他人偷越国（边）境的犯罪行为，还是将这些证件交由他人，由他人来实施组织他人偷越国（边）境的犯罪行为，刑法对此没有明文规定，这也是造成难以界定组织他人偷越国（边）境罪与骗取出境证件罪的症结所在。我们认为，应当将组织行为与骗取出境证件的行为作为一个整体来看待，不应将两者割裂开来。本案中被告人董某在实施骗取出境证件行为之前就开始谋划如何妥善地组织偷越，骗取出境证件是实现其组织他人偷越国境目的一个不可或缺的犯罪手段。第二种意见的错误在于，扩大化地理解了骗取出境证件罪中"为组织他人偷越国（边）境使用的"要件的含义，认为行为人骗取出境证件后用于自己实施的组织他人偷越国（边）境的，也应认定为骗取出境证件罪。我们认为，"为组织他人偷越国（边）境使用的"仅限于两种情况：①骗取出境证件后尚未来得及实施组织他人偷越国（边）境行为的；②骗取出境证件后提供给他人，由他人用来组织偷越国（边）

境的。由于刑法特别规定了骗取出境证件罪，当出现上述两种情况时，不宜将骗取出境证件的行为人认定为组织他人偷越国（边）境罪的共犯。至于行为人在骗取出境证件后用于自己实施的组织他人偷越国（边）境的，应将其骗取出境证件的行为视为手段行为，将其组织他人偷越国（边）境的行为视为目的行为，两者之间具有牵连犯手段行为与目的行为的牵连关系，按照牵连犯从一重处断原则，应当只认定为组织他人偷越国（边）境罪。如果将骗取出境证件后用于自己组织他人偷越国（边）境的情形也认定为骗取出境证件罪，这无疑缩小了组织行为的范围，同时也使犯罪分子实施的其他组织行为无法得到刑法的惩罚，造成轻纵犯罪分子的后果。因此，我们认为，董某的行为即属于该情形，骗取出境证件是实现其组织他人偷越国境目的的方法行为，属于牵连犯，因而应当认定为董某构成组织他人偷越国（边）境罪。

案例十四

1999年12月，某县法院为做好档案达标工作，重新装订已归档的案件卷宗。被聘用参加此项工作的王某（法院领导胡某某的亲戚）将准备重新装订的27册卷宗（内有刑事案卷25册、执行案卷2册）放在该法院图书室内。兰某、李某借机盗出这些卷宗，由兰某谎称"废纸"送往周某家存放。事后，兰某、李某草拟了一封信，让李某的二叔帮忙在兰某的宿舍重新抄写后，复印数份发往有关部门，控告胡某某用人不当致使法院案卷丢失，胡某某还在事后包庇丢卷人王某。2000年12月，兰某、李某得知公安机关已着手侦查县法院档案丢失一事，遂将藏匿在周家的案件卷宗取走，丢弃在县法院门口的"极流"理发店屋顶上。2001年1月8日，经李某指认，公安机关将丢弃的案卷追回。经该县保密局鉴定，被盗的27册卷宗中，属绝密级的卷宗2卷，秘密级的卷宗4卷。

问：本案中兰某、李某的行为应如何认定？

【评析】在上述案例中，兰某、李某身为人民法院的干部，不仅明知他们窃取的是等待重新装订的诉讼档案，而且明知这些档案是属于国家所有的档案。兰某、李某实施窃取行为，并非想占有这些诉讼档案，只是以此来陷害本单位领导。刑法设定窃取国有档案罪，是要通过惩戒来禁止、杜绝窃取国有档案的行为，并非惩戒窃取行为造成的恶果。因此，只要行为人实施了窃取国有档案的行为即构成本罪，不问行为人的犯罪动机如何，也不问其窃取后如何处置国有档案。兰某、李某的行为已经触犯《刑法》第329条第1款的规定，构成窃取国有档案罪。

本案兰某、李某窃取的人民法院诉讼档案中，有绝密级卷宗2卷，秘密级卷宗4卷，故这一行为竞合了窃取国有档案罪与非法获取国家秘密罪。窃取国有档案罪的法定刑是5年以下有期徒刑或者拘役，非法获取国家秘密罪的法定刑是3年以下有期徒刑、拘役、管制或者剥夺政治权利。根据《刑法》第329条第3款关于"依照处罚较重的规定定罪处罚"的规定，对兰某、李某的行为，不以非法获取国家秘密罪论处。

案例十五

女医生程某参加工作后一直在医院从事妇产工作，1998年程某办理内部退养手续。同年6月1日程某经市卫生局批准，在家中开办"程医生诊所"并取得了《医疗机构执业许可证》，1999年市卫生局将程某诊所执业许可证收回。卫生行政机关未作出停业、注销、吊销程某的《医疗机构执业许可证》的具体行政行为，并告知程某。2000年12月30日省卫生厅签发了程某的《医师资格证书》，此证书由程某的丈夫周某于2001年12月10日代程某领取。2001年11月16日早晨6时许，产妇袁某的丈夫与卫某将其送到程某家，程某为产妇做产前检查，认为即将分娩，即为袁某做接生的准备工作。产妇袁某于下午2时许产下一男婴。产后，袁某感到不舒服，程某为袁某缝扎并注射缩宫素和使用止血药后仍不能有效止血。之后，程某叫丈夫周某拨打"120"急救电话，市人民医院救护车来后，将袁某送往县人民医院抢救。下午4时许，袁某经抢救无效死亡。程某将产妇袁某送到医院后，借机离开医院。当晚，袁某之夫与卫某到公安机关报案，2001年11月18日市公安分局法医尸表检查，袁某会阴部阴道口正下方有一5厘米皮肤撕裂口，已用羊肠线缝合3针（2针已脱落）。检查结论为产后大出血、失血性休克死亡。2001年12月9日程某主动到公安机关说明情况。

问：程某行为的性质应如何认定？

【评析】在上述案例中，程某非法行医罪罪名是否成立，有人认为，程某未取得医师执业资格，私自为她人接生，造成了被害人袁某死亡的严重后果，其行为构成非法行医罪。我们认为，程某具备行医资质，其上述行医行为的主、客观方面均不构成非法行医罪的构成要件。非法行医罪是未取得执业医师资格的人，为牟利而未经卫生行政主管部门的批准而私自行医，其客观方面表现为未经批准而私设诊所或私自挂牌行医；主观方面是故意犯罪，即行为人明知自己没有取得执业资格仍开业行医。本案中女医生程某在《执业医师法》颁布实施前经当地卫生行政主管部门批准开设了诊所，《执业医师法》实施后，当地卫生行政主管部门虽然为整顿医疗机构而收回了程某的《医疗机构执业许可证》，但并未作出停业或注（吊）销其《医疗机构执业许可证》的具体行政行为，亦未告知其在整顿期间不得行医，且在整顿期间省卫生厅已发给程某《医师资格证书》，程某具备《执业医师法》第13条规定的申请《医师执业证书》的资质。故我们认为本案中程某开设诊所行医的行为，从主、客观方面看均不具备非法行医罪的构成要件，不应构成非法行医罪。

另据《执业医师法》的规定，行医必须取得医师资格后向当地卫生行政部门申请注册，取得《医师执业证书》，否则属非法行医，而《母婴保健法》第33条规定，"……从事家庭接生的人员，必须经过县级以上地方人民政府卫生行政部门的考核，并取得相应的合格证书"。根据特别法优于普通法的精神及上述两部法律对行医和助产接生的准入条件和批准程序可以看出，行医应受《执业医师法》规范，而助产接生则应受《母婴保健法》的规范。程某于1997年6月1日经考试合格取得《母婴保健技术考核合格证书》，其进行助产接生符合《母婴保健法》规定。因在本案中程某为产妇袁某助产接生过程中是否存在违反规章制度和助产接生常规等严重不负责任的行为，尚无足够证据证实。故我们认为本案程某不构成非法行医罪。

案例十六

贾某在任某乡周港村卫生员期间，没有取得计划生育上岗证，但曾多次私自为妇女摘取节育环。周港村下湾村民组村民刘某因上节育环后身体不适，2001年3月17日中午在母亲的陪同下找到贾某，刘某私下塞给贾某100元钱，请贾某帮她取出节育环。贾某推辞不过，于当日下午1时许在医疗室自己的办公桌上，用自制的铜丝钩子等工具，私自给刘某摘取节育环，致使刘某子宫大出血，导致重度失血性休克。当天下午4时30分左右，刘某被先后送往乡卫生院、县人民医院，经抢救无效，于当晚10时许死亡。案发后，贾某主动到乡派出所投案。

问：贾某的行为应如何认定？

【评析】在上述案例中，贾某的行为已构成非法进行节育手术罪。贾某符合本罪的主体要件，即必须是未取得医生职业资格的人。未取得医生职业资格的人，是指根据《医疗机构管理条例》的规定，未依法取得《医疗机构执业许可证》的人。贾某虽是村卫生员，但并未取得计划生育手术上岗证，无权为妇女摘取节育环，但贾某在医疗室的办公桌上用自制的铜丝钩子等工具，擅自为刘某摘取节育环，造成刘某子宫穿孔大出血，导致重度失血性休克，经抢救无效死亡。其行为已构成非法进行节育手术罪。

案例十七

患者鄂某因患细菌性痢疾住某市某医院内科传染病室治疗，入院后口服磺胺脒、鲁米那痢特灵等药物治疗，服药后当天即出现全身皮疹，即停药。主管医生陈某、住院医生张某均认为系药过敏性皮疹，但未在病历上作记录，未注明是何种药物过敏，改用其他药物治疗，5天后鄂某病情好转，过敏性皮疹消失。后因鄂某睡眠不好，夜班值班医生给鄂某服用了鲁米那0.06克。鄂某当日再度发生全身性皮疹，渗出严重，烦躁不安。次日上午主管医师上班后，听取了夜班医生的汇报，又指示护士给鄂某注射鲁米那0.1克，之后鄂某皮疹加剧，全身红肿，出现大量炎性渗出物，体温39℃，病情危重。主管医生陈某和住院医生张某均未引起重视，也未追溯患者过敏根源。直到家属探视时看到鄂某情况不好，急忙找陈某、张某诊视。虽陈某、张某立即采取抢救措施，但为时已晚，鄂某终因药物过敏性休克，药物过敏性皮疹严重而死亡。

问：陈某的行为应如何认定？

【评析】在上述案例中，陈某身为主管医生，在患者入院治疗后发生第一次全身性皮疹后，即已肯定为药物性过敏皮疹，但不在病历上作出记录和过敏药物的标记，以致造成夜班值班医生从病历上无据可考，再次使用鲁米那0.06克，发生更严重的全身性皮疹。当第二天上午交接班，夜班值班医生详细汇报病人的病情后，陈某又指使护士给鄂某注射鲁米那0.1克，造成鄂某药物性过敏性休克，全身红肿，严重渗出，生命垂危而又未能引起重视。待家属探视时发现鄂某垂危，经叫医生才来抢救，终因抢救无效死亡。这种对工作严重不负责和对病人生死漠不关心的行为到了不能容忍的程度，陈某对鄂某的死亡负主要责任，已构成医疗事故罪。

案例十八

杨某独资开办的天马纸厂自投产以来，一直没有配置污水处理设备，生产过程中产生的含有挥发酚等有毒物质的污水，都积存在工厂附近的坑里，靠自然蒸发、渗入地下或者排入引黄干渠进行处理。天马纸厂因向引黄干渠中排放污水，曾经受到引黄管理局的经济处罚。1997年10月上旬，天马纸厂的污水坑决口，大量污水流入与引黄干渠一闸之隔的壕沟，将壕沟中的引黄支渠淹没。10月14日下午，杨某在明知壕沟里积存着大量污水的情况下，指派该厂工人以修理引黄干渠闸门启闭机上的传动齿轮为由，借故将闸门提起，致使壕沟里的部分污水流入引黄干渠。10月15日上午，引黄管理局站长刘某发现干渠内进入污水后，找到杨某，责令即时排除污水。杨某虽然采取了排污措施，但是未能将污水完全排净，亦未将闸门堵严。当天下午3时许，引黄管理局五级站开机通过引黄干渠向水库管委会管辖的樊村水库供水两个多小时。10月16日早6时许，当引黄水流流入樊村水库时，引黄管理局工作人员看到有大量污水同时进入水库，库存的41万方水被污染，遂逆流而上查看，发现污水来自天马纸厂积存污水的壕沟中。由于引黄管理局在发现污水进入樊村水库后，未能及时将此情况通知水库管委会，因此水库管委会又将被污染的水供给供水公司，使该公司的供水系统被严重污染。为避免发生饮水事故，供水公司只得将北城区的供水中断3天。引黄管理局供给樊村水库的水共计41万方，价值246万元，已被水库管委会拒付水费。水库管委会为清除污染支付各项费用73 495元，后将41万方被污染的水以36万元卖给运城盐化局。扣除所卖水费，水库管委会的实际经济损失为37 495元。供水公司因污染遭受各项经济损失共计1076万元，其中有2000元是为清除污染而购置特种工具使用。法院判决认定杨某犯污染环境罪，判处有期徒刑2年，并处罚金5万元人民币，附带民事赔偿250余万元。

问：本案中杨某的行为应如何定性？

【评析】 在上述案例中，杨某从事造纸业，应当清楚挥发酚是有毒物质。杨某违反国家关于水污染防治的法律规定，将含有有毒物质的污水排入引黄干渠，严重污染了水体，构成环境污染罪。杨某的犯罪行为给引黄管理局和水库管委会造成了经济损失。供水公司的其他经济损失，主要系杨某的犯罪行为所致，但是引黄管理局未能及时通知，亦有一定责任。《刑法》第36条第1款规定："由于犯罪行为而使被害人遭受经济损失的，对犯罪分子除依法给予刑事处罚外，并应根据情况判处赔偿经济损失。"

案例十九

2001年1月～2002年3月黄某使用"铁猫子"（捕杀工具）和土铳等猎具在湖北远安县荷花镇山林中非法猎捕红腹锦鸡9只，并将其制皮。2001年8月～2002年4月，褚某使用土铳在湖北远安县洋坪镇、河口乡等地山林中，非法猎捕红腹锦鸡5只，亦将其制皮。经有关部门鉴定，黄某、褚某猎捕的红腹锦鸡系国家二级保护野生动物。

问：本案中黄某、褚某的行为应如何定性？

【评析】 在上述案例中，黄某、褚某分别非法猎捕国家重点保护的珍贵、濒危野生动物红腹锦鸡9只、5只，其行为均构成非法猎捕珍贵、濒危野生动物罪，且黄某属情节特别严重，褚某属情节严重。野生动物，特别是珍贵、濒危野生动物是国家的一项宝贵自然资源，不仅具有昂贵的经济价值，而且具有丰富的文化内涵，尤其具有重要的观赏价值及社会价值。红腹锦鸡系国家重点保护的二级野生动物，它既不能作为商品买卖，也不能当成一般商品运输，只能保护。危害珍贵、濒危野生动物，使珍贵、濒危野生动物濒临灭绝，显然侵犯了我国对珍贵、濒危野生动物的重点保护制度，因此必须严惩。依据最高人民法院《关于审理破坏野生动物资源刑事案件具体应用法律若干问题的解释》第3、4条对非法猎捕、杀害、收购、运输、出售珍贵、濒危野生动物刑事案件"情节严重""情节特别严重"的数量认定标准，黄某、褚某非法猎捕国家重点保护的珍贵、濒危野生动物红腹锦鸡的行为分别属于情节特别严重和情节严重的行为。

案例二十

2003年5月，因星塘村架设高压电线资金不足，宋某（村党支部书记）提议出卖村集体所有的林木，经村主任同意，并召开村党支部会和村委会决定，将界盘岭、高岭山、大山岭、佛山、野猪岭5个山场的松杂树招标出卖。之后，由宋某起草出卖合同，该村村民宋某某以45 005元中标，并与村委会签订了《星塘村出卖松杂树合同》。合同规定：上列山场的最小用材高2米，尾口直径7厘米的松杂树一概出卖，村委会负责向林业部门办理采伐许可证。在该村申请采伐指标的过程中，枧头林业站指出，星塘村出卖的林木估计有500～600立方米，而该村在2003年度只有100立方米的采伐指标，只能砍大山岭一个山场，其余的明年再砍。同年8月2日，宋某某经村委会同意，将合同转让给宋某，宋某即组织人员进行采伐。在采伐期间，该村先后只从枧头林业站办理了100立方米的采伐许可证，但宋某某等仍按原合同让宋某砍伐。2003年8月19日～11月6日，宋某组织人员共砍伐了大山岭、界盘岭等5个山场的松杂树，滥伐面积207.8亩，原木材积445.918立方米，超伐原木材积345.918立方米，折合立木材积699.836立方米。2003年10月，县林业主管部门将已滥伐尚未销售的松杂树予以扣押，并由村委会通知宋某：山场林木待处理后再砍，后因山场林木不断被盗，宋某便不听劝阻，于2004年1月22～28日，又组织人员继续砍伐，滥伐的原木材积达60.57立方米，折合立木材积 121.142 立方米。案发后，宋某滥伐的 60 余立方米林木中，有 30 余立方米已由行政主管部门作出行政处罚。

问：本案中宋某的行为应如何定性？

【评析】在上述案例中，我们认为，宋某为首提出砍伐林木，并起草林木出售合同，在明知林业部门只能批给 100 立方米指标，只许砍伐一个山场的情况下，仍坚持按原合同实施，造成滥伐数百立方米林木的后果，情节特别严重，其行为已构成滥伐林木罪。本案是新类型案件，与一般的滥伐林木案件有所不同。一般的滥伐林木案件，其行为人是采伐林木的人，而本案中的被告人宋某则是出卖林木的人。因此在本案审理过程中，控辩双方争执的焦点是：宋某的行为是否构成犯罪？控方认为，宋某的行为严重违反《森林法》，触犯了《刑法》第 345 条第 2 款的规定，构成滥伐林木罪。辩方则认为宋某的行为不构成犯罪，理由有二：①宋某为集体公益事业（架设高压电线）筹款，提议出卖集体林木，经村主任同意，并召开村党支部会和村委会，决定招标出售林木。宋某主观上没有过错，客观上无违法行为。②对于滥伐林木，宋某没有直接责任。由此本案提出了两个具有普遍意义的问题：①由买卖青山出售活林木所导致的毁林案件其性质如何认定？这在《森林法》及相关法律、法规中没有具体明确的规定。但在司法实践中，这种由买卖青山出售活林木引起滥伐林木的现象则较为多见。我们认为，出售活林木是适应社会主义市场经济发展、建立森林市场、开展产品交易的有效形式，但在买卖活动中必须遵守林业政策、法规。在出售活林木时，必须经当地林业主管部门审查、签证；采伐林木必须向林业主管部门申请采伐许可证，经批准后方可采伐。如果采伐超出许可范围，即为滥伐林木，情节严重的，这种买卖行为就构成滥伐林木罪。宋某在代表星塘村出售林木时，明知采伐指标不够，仍按原合同执行，造成严重的滥伐林木的后果，其行为已构成滥伐林木罪。②由集体组织买卖青山出售活林木导致的毁林案件，其直接责任人员如何认定？目前村一级的集体组织出售活林木一般都是经过村委会或村民代表大会决定的，在程序上符合《村民委员会组织法》的规定，在意思表示上是集体成员共同的意思表示。如果由此而发生滥伐林木的结果，我们认为，参照有关的司法解释，由该集体组织中的主管人员或直接责任人员承担责任为好。就本案而言，宋某身为星塘村的党支部书记，又是该村出售林木的具体经办人，在明知采伐指标不够的情况下，仍然坚持按原合同执行，造成滥伐林木的严重后果，对此他负有不可推卸的直接责任。

案例二十一

2003 年 4～6 月间，游某等四人携带刨刀、柴刀、电工刀等作案工具，先后 4 次窜入光泽县某国有林场"燎岩"和"太阮"山场，盗剥厚朴树皮 434.2 千克，价值 5331.6 元，厚朴树 225 株，计材积 9.804 立方米，并将部分厚朴树皮出售，从中牟利。案发后，游某等四人到公安机关投案自首，如实供述自己的犯罪事实，未能及时出售的厚朴树皮被公安机关追缴，并返还给林业所有权单位。经林业技术部门鉴定，225 棵厚朴树被盗剥树皮后已全部死亡。

问：本案应如何定性？

【评析】在上述案例中，对案件的定性存在着几种不同的意见：第一种意见认为，游某等四人的行为构成盗窃罪，其理由是游某等四人以非法占有为目的，采取秘密手段，获取国有林场厚朴树皮 434.2 千克，价值 5331.6 元，根据最高人民法院《关于审理破坏森林资源刑事案件具体应用法律若干问题的解释》第 15 条"非法实施采种、采脂、挖笋、掘根、剥树皮等行为，牟取经济利益数额较大的，依照《刑法》第 264 条的规定，以盗窃罪定罪处罚"之规定，应以盗窃罪追究游某等四人的刑事责任。第二种意见认为，游某等四人的行为构成故意毁坏财物罪。其理由是游某等四人主观上明知自己的行为会毁坏林木的生长，却放任这一结果的发生，客观上采用刨刀、电工刀、柴刀等作案工具实施剥树皮行为，致使厚朴树无法生长甚至死亡，应以故意毁坏财物罪追究游某等四人的刑事责任。第三种意见认为，游某等四人的行为构成盗伐林木罪。其理由是游某等四人以非法占有为目的，在未取得林业主管部门获准的采伐许可证的情况下，擅自盗剥国有林场厚朴树皮，实际上已导致林木死亡，林木死亡数量达到9.804立方米的材积，达到了数额较大的起刑点，并且游某等四人明知盗剥厚朴树皮会导致林木的死亡结果的发生，却放任这一结果的发生，不仅严重侵犯了国有林场的经济利益，而且还侵犯林业管理制度，应按盗伐林木罪追究游某等四人的刑事责任。

我们认为，游某等四人的行为构成非法采伐国家重点保护植物罪。最高人民法院《关于审理破坏森林资源刑事案件具体应用法律若干问题的解释》第15条规定，"非法实施采种、采脂、挖笋、掘根、剥树皮等行为，牟取经济利益数额较大的，依照《刑法》第264条的规定，以盗窃罪定罪处罚"。即被告人有该条规定的情形之一，以盗窃罪论处。但没有规定对于剥树皮后造成树木死亡的行为如何处罚。根据我国刑法"罪刑法定"原则，游某等四人的行为不宜以盗窃罪处罚。游某等四人的行为也不构成盗伐林木罪。盗伐林木罪与非法采伐国家重点保护植物罪的主要区别在于，前者砍伐的林木是普通林木，而后者采伐的是特定的国家重点保护的植物。除非法采伐国家重点保护植物数额特别巨大的按盗伐林木罪处罚外，其他的均按非法采伐国家重点保护植物罪处罚；如果行为人的行为同时构成非法采伐国家重点保护植物罪、盗伐林木罪，则应当实行数罪并罚。本案游某等四人盗剥厚朴树皮数量未达到巨大，且游某等四人明知厚朴树皮为珍贵药材，故不存在定盗伐林木罪的问题。根据《国家重点保护野生植物名录》的规定，厚朴树属国家二级保护的37种珍贵树木之一，厚朴树皮则属于珍贵药材。采伐厚朴树需经省林业厅办理采伐珍稀植物许可证后方可采集，地方林业主管部门无权办理。游某等四人主观上明知厚朴树皮是一种价格昂贵的药材，出售后有高额利益可图，且该树是国家二级保护植物，在没有办理采伐许可证的情况下，客观上实施了剥树皮并导致正在生长的厚朴树死亡的行为。因此，游某等四人的行为应按非法采伐国家重点保护植物罪追究刑事责任。

案例二十二

2000年7月中旬，汪某、钟某伙同林某（同案被告人，已判刑）在某省某市共谋贩卖毒品，其中汪某出资7500元，钟某出资6500元，林某出资1万元。汪某、钟某携款到广州市后，向他人购得海洛因350克，交由张某（同案被告人，已判刑）携带，共同返回某市。汪某分得海洛因120克，钟某分得海洛因70克，林某分得海洛因160克。汪某、钟某除将部分毒品用于吸食外，将其余海洛因单独或指使张某等人（均为同案被告人，已判刑）贩卖给吸毒人员。2000年8月22日，汪某、钟某伙同张某再次携款前往广州市购买毒品，其中汪某出资12 800元，林某出资12 000元。在广州市，经钟某联系购得海洛因后，交由张某携带，共同乘车返回某市。同年8月24日14时许，当车行至某市某征费站时，汪某、钟某与张某被守候的公安人员抓获，当场缴获海洛因394克。

问：本案被告人的行为应如何定性？

【评析】在上述案例中，我们认为，汪某、钟某伙同他人贩卖、运输海洛因的行为，均已构成贩卖、运输毒品罪。贩卖、运输毒品数量大，应依法惩处。汪某参与共谋，两次出资并前往广州市购买毒品，单独或指使他人销售毒品，在共同犯罪中起主要作用，系主犯。钟某参与共谋，一次出资并两次前往广州市负责联系购买毒品，单独或指使他人销售毒品，在共同犯罪中亦起主要作用，系主犯。且汪某、钟某均曾因抢劫罪被判处有期徒刑，刑罚执行完毕后5年内又犯罪，均系累犯，依法应从重处罚。

案例二十三

江某、李某均系吸毒人员，二人自称系好友关系。2004年5月10日，李某因买不到毒品，问江某处是否有毒品，江某说有，李某遂以460元1克的价格从江某处购买海洛因5克用于吸食。此后一个月内，李某又先后9次以460元1克的价格从江某处购买海洛因，每次购买5克，均用于吸食。江某每次均以购买价卖给李某，未从中牟取利润。

问：本案中江某的行为应如何认定？

【评析】在上述案例中，有人认为江某的行为构成贩卖毒品罪，理由是：贩卖毒品罪无须行为人主观上以牟取利润为目的。《刑法》规定的"以牟利为目的"或"以营利为目的"，指的都不是犯罪"目的"，而是犯罪动机。因为任何故意犯罪（直接故意）的犯罪目的都是达到其希望、追求达到的犯罪后果。"以牟利为目的"或"以营利为目的"，指的是犯罪动机。凡是刑法要求主观上以牟利为目的的，均在法条中叙明，没有叙述的，则应理解为不要求主观上以牟利为必备要件。如《刑法》第175条高利转贷罪、第217条侵犯著作权罪等，均明文规定以牟利或营利为目的。主观上不以牟利为目的的，不构成上述犯罪。即使是对销售、倒卖等类型犯罪，刑法也明文规定主观上以牟利为目的才构成犯罪，如《刑法》第218条销售侵权复制品罪、第326条倒卖文物罪、第363条制作、复制、出版、贩卖、传播淫秽物品牟利罪，均明文规定要以牟利或营利为目的，主观上不以牟利或营利为目的实施的上述行为不构成犯罪。可见，并非刑法规定的销售、倒卖、贩卖类犯罪就必然是主观方面须以牟利为目的的，对于没有明文规定以牟利或营利为目的销售、贩卖类犯罪，不论行为人是否以牟利或营利为目的，只要实施上述刑法规定的行为，均构成犯罪。本案中江某虽然向李某出售毒品主观上并非以牟利为目的，但客观上实施了贩卖毒品的行为，完成了毒品交易，其出售毒品的犯罪目的已经实现，至于其主观上是希望牟利还是帮助朋友，只是江某贩卖毒品的动机，不影响犯罪成立。因此，江某的行为构成贩卖毒品罪。

我们认为，江某的行为不构成贩卖毒品罪。理由是：①牟利是"贩卖"行为的应有之义。②江某的行为是无偿转让毒品的行为，不是贩卖毒品行为。贩卖毒品是指以出卖为目的而购买毒品，再提高价格卖出。江某购买毒品时系为了自己吸食，并无出售的故意，其买进毒品行为不能称为"贩"。江某在吸毒过程中，是李某主动问江某是否有毒品，江某才出售给李某的，江某在购买时并未有出售的故意。此外，江某出售给李某并未牟利，而是原价转让，没有追求利润的故意，其行为的性质不属于"贩卖"中的"卖"。根据最高人民法院《全国法院审理毒品犯罪案件工作座谈会纪要》（简称《南宁会议纪要》）精神，为吸食毒品者代买毒品，没有从中牟利的，不以犯罪论处。即使江某在购买毒品时考虑到了要出售一部分给李某而多购买毒品，此时其购买毒品的故意也相当于为李某代买毒品，只不过是先为李某垫付毒资。把江某的行为视为无偿代买毒品行为，是符合《南宁会议纪要》精神的。③无偿转让毒品的社会危害与贩卖毒品的社会危害是有区别的。无偿转让毒品虽然也导致毒品流散，具有一定的社会危害，但因为行为人主观上没有以毒品交易作为牟利的手段，其主观恶性较贩卖毒品弱，从而阻却其刑事违法性。比如赠与毒品也导致毒品流散，对更多人造成身体伤害，但行为人如果没有引诱、强迫、欺骗、教唆他人吸毒行为的，则不构成犯罪。另外，江某与李某均系吸毒人员，他们之间为吸食而小量无偿转让毒品，互相"接济"，一般毒品交易量不会太大，与专门从事贩卖毒品生意的罪犯相比，其社会危害的区别也是明显的，自然在认定犯罪上也要区别对待。笔者认为，贩卖毒品罪不能仅仅从客观上考察是否有毒品交易行为，还要考察行为人的主观故意。江某客观上虽有毒品交易的行为，但主观上没有"贩卖"的故意，如果仅从客观行为认定江某构成贩卖毒品罪，似有客观归罪之嫌。

案例二十四

2003年5月嫌疑人刘某向广州"阿明"（在逃）求购毒品海洛因，并要求"阿明"将毒品邮寄至吸毒人员张某家中。同时刘某通知张某，有邮包寄至张某住处，要求张某收到邮包后送至他家中。同年5月7日19时许，张某将收到的邮包送至本市刘某的住处，刘某当着张某的面打开邮包，刘某、张某均见包内有1只铁罐，罐内有1包用塑料纸包着的白色块状物品。嗣后刘某将该物品分成39包，将其中20包（经检验净重155.05克，检出海洛因成分）装在1只马甲袋内委托张某带回家中代为保管。张某携上述物品离开刘某家后，在途中被守候的公安人员抓获，随后刘某也在其住处被公安人员抓获，并查获其余物品19包（经检验净重146.55克，检出海洛因成分）以及1.67克各色药片（检出甲基苯丙胺成分）、0.73克褐色块状物（检出大麻主要成分四氢大麻酚）。

问：本案中张某的行为应如何定性？

【评析】在上述案例中，对本案犯罪嫌疑人刘某构成非法持有毒品罪无异议，但对本案犯罪嫌疑人张某的定性，有几种不同的意见：一种意见认为，张某明知是毒品，仍为刘某转移、保管的行为已构成转移毒品罪。在本案中的毒品系被告人刘某所有，刘某将毒品交给张某是要张某对毒品进行保管，张某也实施了将毒品带走进行保管的行为。因此，张某的行为符合《刑法》第349条的规定，构成转移毒品罪。另一种意见认为，张某是为非法持有毒品的刘某转移、保管毒品，其行为触犯的是《刑法》第312条，应以掩饰、隐瞒犯罪所得、犯罪所得收益罪追究其刑事责任。

我们认为，张某明知刘某非法持有毒品仍然应刘某的要求为刘某转移、保管毒品，系非法持有毒品的共犯，应以《刑法》第348条非法持有毒品罪追究其刑事责任。①本案的张某曾是吸毒人员，也知道刘某吸毒，在将广州邮寄来的包裹送至刘某家中时，亲眼看见邮包内铁罐中的白色块状物品海洛因及刘某用秤称这些东西。嗣后，刘某将20包毒品（海洛因）装在1只马甲袋内委托张某带回家中代为保管。由此，可以推断张某具有明知委托保管的物品为海洛因的故意。②本案中张某有将毒品从刘某处带走的行为，即有转移毒品的行为。③《刑法》第349条第1款规定："包庇走私、贩卖、运输、制造毒品的犯罪分子的，为犯罪分子窝藏、转移、隐瞒毒品或者犯罪所得的财物的，处3年以下有期徒刑、拘役或者管制；情节严重的，处3年以上10年以下有期徒刑。"第3款规定："犯前两款罪，事先通谋的，以走私、贩卖、运输、制造毒品罪的共犯论处。"从该法条设置本身来看，其第1款中包庇毒品犯罪分子的对象严格限定为"走私、贩卖、运输、制造毒品的犯罪分子"，则其同款中规定的窝藏、转移、隐瞒毒品、毒赃罪的"为犯罪分子窝藏、转移、隐瞒毒品……"中的犯罪分子也应当是特指走私、贩卖、运输、制造毒品的犯罪分子；再者该条第3款"犯前两款罪，事先通谋的，以走私、贩卖、运输、制造毒品罪的共犯论处"的规定，更是明确了第1款中的窝藏、转移、隐瞒毒品、毒赃罪应仅仅是指为走私、贩卖、运输、制造毒品的犯罪分子窝藏、转移、隐瞒毒品，这里的"犯罪分子"特指走私、贩卖、运输、制造毒品的犯罪分子而不包括非法持有毒品罪的犯罪分子。因为如果事先与非法持有毒品的犯罪分子通谋的，只能认定为非法持有毒品罪的共犯而不能认定为走私、贩卖、运输、制造毒品罪的共犯。④《刑法》第312条第1款规定："明知是犯罪所得及其产生的收益而予以窝藏、转移、收购、代为销售或者以其他方法掩饰、隐瞒的，处3年以下有期徒刑、拘役或者管制，并处或者单处罚金；情节严重的，处3年以上

7 年以下有期徒刑，并处罚金。"因此，本案中张某的行为是为非法持有毒品罪的刘某转移、保管毒品的行为，应以非法持有毒品罪的共犯追究刑事责任。

案例二十五

2007 年 9 月 5 日，李某华、杜某（在逃）、张某（在逃）以介绍工作为名，将林某诱骗到被告人王某新在郑州经济技术开发区赵庄村经营的"红红足疗店"内，为强迫林某卖淫并防止林某逃跑，被告人王某新在李某华、杜某的担保下，强迫林某签订协议，后林某被迫卖淫。

2007 年 10 月 7 日，焦某（黑妞）、宋某（胖妞）被被告人杜某、占某（在逃）领到"红红足疗店"，在占某殴打宋某后，焦某和宋某被迫卖淫。2007 年 10 月 15 日，为防止焦某、宋某逃跑，被告人王某新在李某华、杜某、占某的担保下，强迫焦某、宋某签订协议。在此情况下，林某、焦某、宋某被迫在"红红足疗店"卖淫，于 2007 年 10 月 18 日晚被民警查获。

被告人李某华自 2007 年 9 月以来，伙同被告人杜某、占某等人先后组织林某、焦某、宋某到被告人王某新经营的"红红足疗店"内卖淫，并与被告人王某新约定林某、焦某、宋某卖淫所得嫖资由王某新直接与李某华、杜某、占某等人按四六比例分成，林某、焦某、宋某由被告人李某华、杜某、占某等人管理。被告人李某华、杜某、占某等人共从林某、焦某、宋某的卖淫中获利 2000 元。

问：被告人王某新、李某华的行为构成组织卖淫罪还是容留卖淫罪？

【评析】组织卖淫罪，是指行为人以招募、雇佣、强迫、引诱、容留等手段，将分散的卖淫人员纠集、控制起来，管理、安排她们进行卖淫。一般情况下，这些卖淫妇女本身带有一定的自愿性。组织卖淫罪有两种客观表现形式：第一种是开设固定场所组织卖淫；第二种是没有固定场所的组织他人卖淫，即组织者操纵、控制多名卖淫人员有组织地进行卖淫活动。无论哪一种形式，组织者都要有组织行为。组织性具体体现在以下三方面：①是否建立卖淫组织。无论是否具有固定的卖淫场所，组织卖淫必然要建立相应的卖淫组织。卖淫组织的建立一般首先是组织者采取各种手段纠集卖淫人员，纠集的方法有招募、雇佣、强迫、引诱等方式，实施的行为既可能是暴力性、欺骗性的，也可能是非暴力性、非欺骗性的。在纠集卖淫人员的过程中，组织者处于发起、负责的地位，目的是掌握一定的卖淫人员，以实现组织卖淫，从中牟利。②是否对卖淫者进行管理。组织者通过制定、确立相关的人、财、物管理方法，与卖淫人员之间形成组织和被组织、管理和被管理的关系。③是否组织、安排卖淫活动。主要是指组织者在卖淫组织中是否参与组织、安排具体的卖淫活动，具体方式有推荐、介绍卖淫活动，招揽嫖客、安排相关服务、提供物质便利条件等。

容留卖淫罪是指仅为卖淫人员提供进行卖淫活动的处所的行为。此罪没有形成卖淫组织，行为人没有组织、管理卖淫活动。组织卖淫的行为人有引诱、容留卖淫行为的，均应作为组织卖淫的手段之一，可作为量刑情节考虑，不实行数罪并罚。

被告人李某华先是采用欺骗手段将被害人林某骗到王某新开的"红红足疗店"，为控制其卖淫，由李某华、杜某、占某等做担保逼迫林某签订协议。李某华等与老板王某新达成协议，林某的坐台费由王某新和李某华等人四六分成，坐台费由李某华等领取，抽取利润后再给林某发。焦某、宋某来到该店后，也采取同样的方式进行管理。被告人李某华、杜某、占某等人为该店介绍小姐，并负责小姐的日常管理。李某华等人通过与被告人王某新结算嫖资，控制"小姐"的经济来源。本案的被告人有固定的场所"红红足疗店"，形成了分工明确的组织，组织性和管理性明显。王某新为幕后老板，经营足疗店并指使李某华等人纠集卖淫人员，指使占某殴打宋某，逼迫三名被害人签订"卖身协议"收取嫖资并管理"小姐"，符合组织、强迫卖淫罪的一切行为特征，但此罪为选择性罪名，选择最适合的罪名很重要。从行为特性看，被告人王某新作为组织者无疑，但其更严重的行为体现在指使打手殴打被害人，强迫签订"卖身协议"，这些暴力威胁手段直接导致了三名被害人不敢反抗，成为其顺利组织卖淫的工具。由此可见，强迫的行为特性更明显，性质更恶劣，社会危害性更大。从《刑法》第358条规定的加重情节也可看出，强迫多人卖淫或者多次强迫他人卖淫的，处10年以上有期徒刑或者无期徒刑，并处罚金或者没收财产。在同样的情况下，强迫卖淫的处罚更重，能更好地惩治这种严重侵害妇女人身权利和扰乱社会公共秩序的犯罪行为，更符合罪刑相适应的原则。因此，本案中，对罪行严重的王某新以强迫卖淫罪定罪。

对于被告人李某华，其最初的行为也有介绍他人卖淫的特性，但是其介绍的林某来到郑州后并无自愿卖淫的意愿，而是受到了王某新利用签订"卖身协议"、占某殴打宋某的影响而被迫卖淫。这与介绍卖淫罪仅仅牵线搭桥、沟通撮合促成卖淫而无精神强迫和容留卖淫罪仅是为卖淫人员提供处所有本质的区别，故不能定容留、介绍卖淫罪。李某华随后的行为体现出组织、安排、管理的特征，这也是将其定性为组织卖淫罪而非强迫、协助组织卖淫等罪的原因。具体体现在通过签订极具恐吓性的"卖身协议"控制了"小姐"的人身自由，在"小姐"不服从稍有反抗时应被告人王某新之邀来对小姐进行管教，与被告人王某新约定"小姐"卖淫的收入由他们和王某新按六四的比例分成，之后抽取利润，不允许"小姐"自行和王某新结账。这些行为具有典型的人身、财产控制性，至于强迫行为，从本案证据来看尚不能认定。由于其处于发起并招募卖淫人员、实际收费、实际控制的地位，是主要的实际的组织管理者，而非仅是充当保镖、打手、管账人等次要帮助角色，故亦不能按协助组织卖淫罪定罪。

案例二十六

2003年5月，富某伙同何某预谋组织妇女赴某市卖淫。为此，他们事先在某市租赁房屋一间，然后伪造了一张假介绍信，由何某持假介绍信到某县，以北京某大酒店招收女工为名，将女青年何某某、赵某、幼女王某（1989年6月24日生）从家中骗出，带到某市。为了控制这三名妇女，富某于6月1日晚乘买饭之机将安眠药放入饭中给三名妇女吃，当夜23时许，富某、何某以胁迫的手段，强行为三名妇女拍裸体照片。此后，富某又先后以暴力、胁迫的方法对这三名妇女多次奸淫，向她们灌输"卖身挣钱多"的思想，并在何某的配合下向她们传授拉客和性交的方法，强迫她们单独或跟随何某到某市火车站、公园等处拉客卖淫，将卖淫所得的钱交给自己。在富某的组织、强迫和何某的协助下，三名被害妇女在某市卖淫近40天。而后，富某将何某和三名被害妇女带回某县并捆于家中。三名被害妇女乘富某外出办事之机，挣脱绳索，到公安机关报案。公安机关将富某、何某抓获归案。

问：本案中富某、何某的行为应如何定性？

【评析】 在上述案例中，富某强迫多人多次卖淫，并奸淫妇女、幼女后迫使其卖淫，情节特别严重，其行为已构成组织卖淫罪。本案何某在与富某共同组织他人卖淫的过程中，以招工为名欺骗被害人，与富某合作传授拉客和性交方法，带领被害人外出卖淫，其行为在组织他人卖淫的共同犯罪中起帮助作用，已构成协助组织卖淫罪。

案例二十七

苏某，个体工商户。1998年6月，苏某租房开办"一品香餐馆"。同年8月更名为"一品香茶庄"，店内增设酒吧、卡拉OK包房。由于经营无起色，为了增加营业收入，苏某从10月份起以当歌厅小姐为名，招募、雇佣、引诱、容留、欺骗、强迫女青年谢某、李某、王某等11

人到该店从事卖淫活动。有些女青年开始时犹豫不决，苏某便进行煽动。有些女青年不同意，苏某便大打出手，并施以禁闭、冻饿等处罚，最终迫使其屈服。为了加强对这些卖淫女的控制，苏某制定了一套"店规"。苏某还动辄对违规的卖淫女予以打骂。此外，苏某还采取各种卑鄙手段"拉皮条"，网罗、勾引嫖娼者。1998年3月，卖淫女王某不堪忍受苏某的淫威，逃到公安机关举报。司法机关查明该店提供色情服务非法牟利达3.9万余元，嫖客达200余人次。

问：本案中苏某的行为应如何定性？

【评析】在上述案例中，有人认为，苏某的行为除构成组织卖淫罪之外，还构成强迫卖淫罪，应以两罪实行并罚。我们认为，根据《刑法》第358条的规定，所谓组织卖淫罪，是指以招募、雇佣、诱骗、强迫、引诱、容留等手段，纠集、控制多人，从事卖淫活动的行为。所谓强迫卖淫罪，是指以暴力、胁迫、虐待或其他手段，迫使他人卖淫的行为。两罪的区别主要体现在犯罪的客观方面：组织卖淫罪表现为以招募、雇佣、强迫、引诱、容留、介绍等手段，纠集、控制多人从事卖淫活动；强迫卖淫罪表现为以暴力、胁迫、虐待或者其他手段，迫使他人卖淫。组织卖淫罪是一个概括性罪名，其组织卖淫之"组织"行为亦包括强迫、引诱、容留、介绍等，那么，对这种情况如何处理呢？事实上，对于行为人采用强迫、引诱、容留、介绍等手段组织他人卖淫的行为，依据刑法理论也是应当仅以组织卖淫罪定罪处罚的。我们认为，上述情形属于刑法理论中的包容犯。所谓包容犯，是指整体法所规定的犯罪包含部分法所规定的犯罪，两者发生竞合，应以整体法所规定的犯罪论处的情形。当行为人以强迫、引诱、容留、介绍等手段组织他人卖淫时，强迫卖淫之强迫行为，均包含于组织卖淫之"组织"行为之中，故组织卖淫罪为整体法所规定之罪，而强迫卖淫罪属部分法规定之罪，两者发生竞合，根据整体法优于部分法之原则，应以整体法所规定的组织卖淫罪论处。

案例二十八

汪某于1999年10月结识了刘某（女，在逃），并了解到刘某在京组织妇女卖淫。2000年1月22日，刘某以回老家过年为由，向汪某提出让汪某帮忙给她管理的"小姐们"做饭，为"小姐"卖淫的钱记账、收钱，汪某表示同意。1月23～25日期间，汪某在路边找嫖客并讲好价钱，将嫖客带至卖淫女住地，让嫖客挑选卖淫女，由汪某收钱后，将嫖客与卖淫女锁在屋内，事后由汪某开门放出，汪某再与卖淫女对半分钱。如此，由卖淫女龚某、王某、夏某多次进行卖淫活动。25日晚，巡警接到群众举报将正在卖淫、嫖娼的龚某、王某、李某、冯某当场抓获。26日民警在龚某的带领下将汪某抓获归案。

问：本案中汪某的行为应如何认定？

【评析】在上述案例中，法院判决汪某构成介绍卖淫罪。其理由为汪某多次为卖淫女介绍嫖客。我们认为，本案中汪某的行为应以协助组织卖淫罪定罪。首先，本案中汪某明知卖淫女及卖淫场所均为刘某控制、管理，仍帮助刘某进行组织他人卖淫的活动。主观上具有协助组织卖淫的故意，客观上实施了帮助介绍嫖客，收取卖淫款项，充当护院、管账的行为。其行为特征明显，完全符合协助组织卖淫罪的构成要件。其次，本案不能认定为介绍卖淫罪。介绍卖淫罪是指使卖淫人员与嫖客发生联系，得以实现卖淫、嫖娼的行为。本案中汪某虽多次为卖淫女介绍嫖客，但其行为是为组织者刘某提供帮助，且汪某的行为还包括收取卖淫款，为卖淫、嫖娼人员锁门、开门，其行为实质是为组织者刘某护院、管账，而非单纯的介绍行为。

案例二十九

1998年6月初，王某在某市城区开办了一家美容美发厅，并在附近的国庆路136号租用房屋一套居住并作为卖淫场所。许某曾多次带本单位的人员前去美发厅接受美容美发等服务，以照顾王某的生意。1998年6月下旬的某日午后，许某带本单位职工李某到美发厅，当许某洗头、做面膜时，在王某的安排下，卖淫女周某将李某带至国庆路136号王某的宿舍卖淫、嫖娼。事后，许某知道了美发厅有卖淫活动。1998年7月的两个晚上，许某先后带本单位职工刘某、屠某到美发厅要求王某找"像样"的小姐"服务"。在王某的安排下，刘某、屠某二人分别与卖淫女陈某等二人在国庆路136号王某的宿舍卖淫、嫖娼各一次。其间，许某均陪同刘某、屠某二人前往卖淫嫖娼地点，并在另一房间等候。事后，许某还询问刘某、屠某二人给付王某"台费"及卖淫女嫖资等情况。1998年7月某日下午，王某还打寻呼机呼来卖淫女缪某，安排许某在国庆路136号宿舍与缪某卖淫、嫖娼一次。王某在介绍卖淫过程中，分别收取嫖客"台费"100元、50元不等。1998年11月6日案发后，王某揭发了许某的共同犯罪事实，许某于次日被公安机关传讯。

问：本案中许某的行为应如何定性？

【评析】在上述案例中，有人认为，许某的行为属介绍嫖娼，不是介绍卖淫。我们认为，许某明知美发厅是卖淫场所而带嫖客前去嫖娼，应属在卖淫女与嫖客之间牵线搭桥，其行为直接构成介绍卖淫罪。首先，许某在主观上有介绍他人卖淫的故意。1998年6月下旬，许某陪同本单位职工李某到美发厅洗头、做面膜后，已知美发厅是一卖淫场所，并从李某的口中得知王某所租的国庆路136号宿舍内住有卖淫女。1998年7月，许某又先后两次主动介绍并陪同本单位职工前往美发厅嫖娼，应当认为其主观上具有犯罪的直接故意。其次，许某在客观方面已经实施了为他人介绍卖淫的行为。介绍他人卖淫，是指在卖淫者和嫖客之间进行引见、沟通、撮合，使卖淫得以实现的行为。许某得知美发厅为卖淫场所后，先后两次主动介绍刘某、屠某前往美发厅，并要求王某找"像样"的小姐"服务"。刘某、屠某二人嫖娼时，均由许某陪同前往卖淫地点，并在另一房间等候。事后，许某还询问刘某、屠某二人给付王某"台费"及卖淫女嫖资等情况。其实，本案案情并不复杂，却引出一个值得探讨的问题，即许某的行为是否构成介绍卖淫罪。持否定意见者认为，介绍卖淫罪，是指在卖淫人员与嫖客之间牵线搭桥，使卖淫、嫖娼活动得以实现的行为，而本案许某只是向卖淫场所介绍嫖客，并没有与卖淫人员直接接触，从中引见、撮合。我国《刑法》只规定了介绍卖淫罪，并未规定介绍嫖娼罪，根据罪刑法定原则，对许某的行为不能认定为犯罪。持肯定意见者认为，许某在得知该美发厅是个卖淫场所后，不是仅仅告诉嫖客让他们自己去美发厅嫖娼，而是先后两次主动地带领其职工到该美发厅，并要求该美发厅的业主王某找"像样"的小姐"服务"，暗示王某安排"像样"的卖淫女供其职工嫖宿。他虽然没有在嫖客与卖淫女之间直接进行引见、撮合，但他与王某之间已经形成了介绍卖淫的共同犯意和共同行为，即形成了介绍卖淫的共同犯罪。所不同的是，由他介绍嫖客，由王某安排卖淫女，两人的共同行为促使卖淫、嫖娼活动得以实现。不仅如此，他还亲自陪同其职工前往卖淫地点，并在另一房间内等候。可见许某的行为并非一般的介绍嫖娼，而是王某介绍卖淫的共犯，应以介绍卖淫罪追究其刑事责任。

案例三十

何某原系某制药厂网络管理员，2003年3月，何某在网上向台湾人吴某购得淫秽光盘26张，由吴某从台湾邮寄给何某。何某收到淫秽光盘后，将这些淫秽光盘作为母盘进行复制，共复制了771张淫秽光盘并销售至北京等地,得赃款人民币61 893元。2003年4~5月,被告人何某又让吴某分两次从台湾邮寄淫秽光盘89张,均被海关查获并扣押。2003年5月21日,海关缉私局将何某抓获。

问:本案中何某的行为应如何定性?

【评析】在上述案例中,对何某如何定罪存在不同意见。一种意见认为,何某违反海关法规,逃避海关监管,以牟利为目的,走私国家禁止进口的淫秽光盘,应当以走私淫秽物品罪追究其刑事责任。被告人何某以牟利为目的复制淫秽光盘并向国内销售,情节严重,应当以复制、贩卖、传播淫秽物品牟利罪追究其刑事责任。故何某的行为构成走私淫秽物品罪及复制、贩卖、传播淫秽物品牟利罪,应予数罪并罚。另一种意见认为,何某虽然有走私淫秽物品的行为,但其并未通过该走私的淫秽物品以出售等形式直接牟利,因而其行为不构成走私淫秽物品罪,只能以复制、贩卖、传播淫秽物品牟利罪论处。我们认为,何某以走私淫秽物品为手段,通过复制走私的淫秽物品进行贩卖牟利,根据牵连犯的理论,按从一重罪处断原则,以复制、贩卖、传播淫秽物品牟利罪定罪。本案符合牵连犯特征。所谓牵连犯,是指行为人出于同一个犯罪目的,实施了数个犯罪行为,其犯罪的方法或者结果又触犯了其他罪名的犯罪。在本案中,何某既实施了走私淫秽物品的行为,又实施了复制、贩卖淫秽物品行为,但实际上,这两个行为有一个相同点,即主观上都是以最后的牟利为目的。走私淫秽物品的目的在于复制、贩卖淫秽物品,走私是为复制、贩卖服务的。走私进口淫秽光盘只是其复制、贩卖牟利的一种手段,其犯罪目的只有一个。如果何某贩卖了走私进口的部分淫秽物品直接牟利,将另一部分复制后再贩卖牟利,这时应对何某实行数罪并罚,因为在这种情况下,被告人何某出于数个犯罪故意,实施了数个犯罪行为,故而符合实质数罪的特征。本案被告人何某是通过走私手段获取淫秽光盘再进行复制,前者与后者间具有从属性。本案中走私淫秽物品罪和复制、贩卖、传播淫秽物品牟利罪的法定刑相比较,后罪重于前罪,根据牵连犯的理论,应以重罪复制、贩卖、传播淫秽物品牟利罪定罪。

(二) 案例分析实训

案例一

刘某,原任沈阳某集团董事长。2000年7月11日被市公安局刑事拘留,同年8月10日经市人民检察院批准逮捕。①1995年9、10月份,刘某为霸占某购物中心开办的超市,指使打手对购物中心经理吴某进行毒打,继而到吴家威胁和骚扰,逼迫吴某将花200多万元装修好的470平方米门面房"转租"给他;②之后,刘某又向别人勒索25万元,从中拿出5万元给吴某作为补偿;③1997年秋,为垄断香烟市场,刘某指使打手将业主李某、张某打伤,将铺面砸烂;④1998年5月,刘某授意宋某等3人到沈阳春天休闲广场打砸2个铺面;⑤1998年6月11日,刘某的打手在其授意下,对依法执行公务的省技术监督信息研究所的3名工作人员进行殴打,将其中2名打伤;⑥1999年5月,刘某取得某市中街部分商业开发权后,使用暴力手段,强行拆迁。并指使打手持藏刀、枪刺等凶器,在光天化日之下砸毁药房,砍伤值班经理和多名员工,临走时还把附近2家店铺的玻璃砸坏;⑦1999年10月,刘某因云雾山香烟销售情况不好,指使程某去市场查看并"收拾"经销同类香烟的业户,10月15日,宋某等人对经营云雾山香烟的业主王某进行殴打,致王某右肺门破裂,右心房破裂,急性失血性休克而死亡。据统计,刘某领导的黑社会性质组织从1995年末初步形成至2000年7月初被警方抓获的4年半时间里,刘某亲自参与或指使授意他人实施的犯罪行为共达27起。

2002年4月,刘某被市中级人民法院以组织、领导黑社会性质组织罪,故意伤害罪,非法经营罪,故意毁坏财物罪,行贿罪,妨害公务罪,非法持有枪支罪等多项罪名一审判处死刑。1年零4个月后的2003年8月,刘某被省高级人民法院改判死刑缓期二年执行。在刘某被改判死缓的2个月后,最高人民法院于2003年10月向刘某送达了再审决定书。12月22日上午,最高人民法院在另一市中级人民法院对刘某案再次审理并作出了判决,判处刘某死刑。

问:各级法院对本案的定性是否正确?

案例二

被告人韩某、刘某系夫妻,其子韩甲于2005年3月因涉嫌伤害罪被拘留,后因韩甲患气管炎病被取保候审,保证人是其父韩某。检察机关于2005年4月给被告人韩甲发传唤通知书通知其到庭,此时韩甲不在家。当被告人韩某、刘某接到检察机关的传唤通知书后,被告人刘某去检察机关跟承办人称其子韩甲不在家。2006年7月,韩甲回来后一直住在家中,不久二被告人又接到检察机关的传唤通知书,二被告人怕检察机关把韩甲关起来,因心疼韩甲从小有病,怕他受不了,就没有让韩甲去检察机关。

2006年11月20日22时30分,公安机关民警来到韩某、刘某住处抓捕韩甲,当时被告人韩某开门,见是警察,并看了他们的证件,然后把门关上,就跟刘某说:"分局来人了,快走。"后刘某迅速带着韩甲来到他家的后门,让韩甲从后门跑。当刘某见韩甲已经跑远了,正在锁她家后门时,警察进到了屋里,将二被告人带到公安分局。

问:本案中韩、刘二人的行为是包庇罪还是窝藏罪?

案例三

2002年9月25日,犯罪嫌疑人包某成立淄博六和信息咨询有限公司(以下简称"六和公司"),包某系法定代表人,陈某某任经理。公司成立后,经营状况欠佳。2006年初,包某、陈某某先后结识了几名韩国人,双方商定韩方负责向六和公司发假工作邀请函和安置赴韩打工人员,包某、陈某某负责招集出国打工人员办理出国证件,并收取一定费用。自2006年初到2007年8月间,几名韩国人先后以多家韩国企业名义发来假工作邀请函,包某、陈某某指使耿某某、李某某等六和公司职员,采用刻假印章、制作虚假的公司营业执照、编造虚假管理人员身份、在职证明并组织培训等手段,以商务考察的名义把招集来的有出国打工意向的78名农民或无业人员,分别伪造为多家公司的高级管理人员身份,骗取赴韩国商务考察签证,供上述人员赴韩国打工使用。被招集人员中,有68人成功偷渡到韩国打工,有5人被边防检查查获而被阻止出境,有7人被韩国遣返回国,有2人的商务签证正在骗取中。其中犯罪嫌疑人包某、陈某某参与了全部作案,骗取商务签证78本,非法获利859 250元,被告人耿某某、李某某等人参与了部分作案。

问:本案中六和公司、包某、陈某某构成什么罪?

案例四

2002年6月~2003年3月间,金某甲、李某某、金某乙、陈某某、郑某某以非法牟利为目的,伪造境外企业商务考察邀请函、境内企业在职证明及其他虚假材料,组织他人伪装成商务考察人员,骗取韩国驻上海领事馆签证,送往韩国从事非法务工。金某甲、李某某、陈某某分别拉拢、引诱欲出国人员,金某乙、陈某某负责将欲出国人员送往出境口岸和组织签证前的培训,金某甲负责伪造韩国企业邀请函件、国内企业虚假证明,部分交由郑海英打印成韩国文本。金某甲单独或分别伙同李某某、金某乙、陈某某、郑某某等人以每人人民币4~5万元不等的价格收取酬金，先后组织黄某某、姚某某等70余人次去韩国从事非法劳务。

问：本案中几个行为人是构成骗取出境证件罪，还是构成组织他人偷越国（边）境罪？

案例五

袁某，出生于浙江省某县，持有某国护照，原系某公司总经理助理。包某，无业。1997年10～12月间，袁某伙同包某，为组织他人偷越国（边）境，采取冒用"上海某珠宝玉器商行""上海某医学工程设备有限公司"等单位赴日本洽谈商务的手法，私刻公章，伪造上海市居民顾某等12人的出国派遣书、归国保证书，编造假材料，骗取出国签证。其中，顾某等5人偷渡出境后至今未归。

问：袁某、包某的行为应如何认定？

案例六

罗某华、罗某仔、罗某锋分别系某市某村委会副主任、村小组组长、村小组会计。2004年12月22日晚，三人商量修一条进村水泥公路，其明知修水泥路按原有的老路必须经过国家重点文物保护单位——某窑遗址，却未经上级政府及文物主管部门同意，仍规划按原老路修筑。次日，三人召开村民大会，决定由罗某（在逃）负责修路，并宣布了修路路线。同年12月30日下午，罗某请来挖掘机进行施工，致使某窑遗址受到部分损毁。经省文物局鉴定：某窑遗址因村民修路造成窑址东部长75米、宽6米的局部文化堆积层被严重破坏，并使许多青釉瓷和窑具标本暴露于地面，已造成较为严重的后果，但没有造成制瓷手工作坊和窑炉等重要遗迹的破坏。以上遭受破坏的遗存可在专家指导下作恢复原样的处理。

问：罗某华、罗某仔、罗某锋等人的行为应如何定性？

案例七

2004年2月份，农民孟某砍柴时发现了恐龙蛋化石，便在半年的时间里，疯狂挖掘了66枚藏匿在家中。同年8月，他来到郑州，找到一名曹姓男子，联系买卖恐龙蛋化石事宜，最终双方商谈好以每枚70元的价格成交。2002年10月5日，孟某接到曹姓男子的电话，说10月7日在郑州进行交易。10月7日早晨，孟某乘坐长途客车，将66枚恐龙蛋化石分装在10个大纸箱内，运至某市长途汽车客运总站。在准备转运至交货地点时，被车站工作人员当场查获。经鉴定，这些恐龙蛋化石为国家三级文物。

问：孟某的行为应如何定性？

案例八

2002年7月以来，犯罪嫌疑人次某（在逃）和司某多次商量偷窃古格王国遗址文物。同年10月，次某乘一辆小车带司某到古格王国遗址探路。11月6日下午，次某约司某第二天到古格王国遗址（古格王国遗址位于西藏某县境内，距今已有1000年的历史，1961年被列为全国首批重点文物保护单位）偷窃文物。次日，司某、次某带一个十字镐和废纸箱，徒步前往古格王国遗址所在地，晚上在古格王国遗址白宫宫殿用镐挖掉房顶东面土堆，从白宫宫殿屋顶盗走12块带有珍贵彩绘的天花板，并于当晚携带文物返回札达县，将4块天花板卖给一康巴商人，后司某又将其余的8块天花板以3000元的价格卖给次某。

问：本案中对二被告人的行为应如何认定？

案例九

1994年底，时任某文物发展公司（国有公司）总经理的邱某在A县出差期间，看上了A县文管所部分宋代汝瓷，表示愿意购买几件。1995年1月，在冯某的策划下，时任A县文管所所长的王某，经请示该县文化局主管副局长戚某后，以单位经济困难为由拟了一个"有偿调拨"文物的请示，拟将文管所征集文物的重复品按正当途径"有偿调拨"给上级单位。该县文化局盲目批准了文管所的请求。1995年1月11日，王某、戚某、冯某将A县文管所馆藏的一件天青釉洗（国家三级文物）、一件大青釉钵（国家二级文物）以3万元的价格卖给邱某的文物发展公司。1995年1月19日，王某经请示戚某同意，伙同冯某又将A县文管所的一件天青釉洗和一件大青釉钵卖给邱某的文物发展公司。邱某在明知这些文物系A县馆藏文物的情况下，仍指示该公司工作人员收购。1995年2月、1996年1月、1998年2月，该公司分3次将购自A县的4件馆藏文物在柜台上出售，致使国家4件馆藏文物至今下落不明。2001年上述四名犯罪嫌疑人被依法逮捕。

问：王某非法出售馆藏文物的行为构成倒卖文物罪还是非法出售文物藏品罪？

案例十

被告人王某系遵义县医院放射科医生。2002年12月21日晚，遵义县三合镇12岁女孩小莉（化名）在街上行走时被一辆三轮摩托车撞倒。当晚，小莉被送往县医院接受CT检查。当班医生王某在收受肇事车主200元红包后，出具了一张"颅内未见血肿或脑挫伤及颅骨骨折"的虚假报告单，并建议将伤者转院医治。小莉被送回镇医院治疗，医生受报告单误导而未采取及时有效的抢救措施。小莉于次日凌晨死亡。法医鉴定表明，小莉系"因颅脑损伤颅内出血死亡"。

问：本案中对王某的行为应如何处理？

案例十一

刘某从某市卫生学校毕业后，在未取得行医资格的情况下，擅自开办诊所，行医3年。在一次诊疗活动中，刘某为董某注射青霉素，因刘某认为一般人都不会出现过敏反应，即便出现过敏也能及时救治，故事先未做皮试。滴注进行20分钟后，董某出现不良反应。刘某查看输液情况，发现点滴速度正常，断定董某为过敏反应，当即进行抢救。在抢救过程中，患者亲属认为刘某的技术不行，便背负患者转院，患者在转院途中死亡。经法医鉴定，董某是在青霉素过敏反应休克情况下，因严重违背"休克病人应就地抢救，不能搬动"这一医疗技术原则而直接导致死亡的。

问：本案中对刘某的行为应如何处理？

案例十二

家住沈河区大南街的老张，平日喜欢摆弄些花鸟。去年10月中旬，老张在市场上花8元钱买了2只麻雀幼鸟和一只鸟笼子。10月22日一早，老张在家附近的一个广场上，将自制的鸟网支了起来，把麻雀幼鸟粘在网上当做"鸟诱子"。老张的举动被过路群众看见后，及时向市野生动物保护站进行了举报。野保站的工作人员随同公安人员赶到现场，此时，老张的鸟网上已经粘住3只麻雀。公安人员当场将老张带回审查，并将捕鸟网具予以没收。

问：老张的行为应如何处理？

案例十三

2001年3~6月间，王某未经林业部门批准，擅自雇请外籍人员张某等9人到白沙县元门乡元门村委会与红茂村委会交界的雅灵仙岭和南佬岭毁林开垦国有封山育林地13亩、红茂村委会集体林地48.95亩，非法占用林地共计61.95亩，伐毁胸径5厘米以上的林木231株，原木材积56.527立方米，木材蓄积量102.776立方米。经有关部门鉴定，伐毁林木材蓄积量价值人民币21 480元。

问：王某的行为如何定性？

案例十四

2003年3月23日，吸毒人员马某在某市城关区中山路13号院借住房内吸食毒品时，被来此核查户口的公安人员发现，并当场从其住处查缴海洛因23.3克，鸦片1.6克。

问：本案中马某的行为如何定性？

案例十五

周某在承包经营某市某菜馆期间，于2001年9月25日和2002年4月底，先后两次通过其妻妹全某，在某省黔东南州药材公司非法购买罂粟壳，共计5.25千克，携运来某市。周某明知食用罂粟壳对人体有害，但为了牟取私利，招揽顾客，从2002年5月开始，故意使用罂粟壳炖肉，或者把罂粟壳研成粉末作为火锅调料，欺骗顾客食用。2003年2月，周某将饭馆转包给他人经营，并将0.2千克罂粟壳也转交给经营者，使其在出售的食品中继续使用。自2002年5月至2003年4月的一年间，共计用掉罂粟壳1.5千克。案发后，查获其余罂粟壳3.5千克。

问：本案中周某的行为如何定性？

案例十六

甲在某市开了家旅馆，由于生意不好，甲张贴出招收年轻女服务员的广告，当天就招进了10名年轻姑娘。夜里，甲提出让她们接客卖淫，遭到拒绝后，甲于是当着其他姑娘的面将其中4名强奸，并指使帮手乙、丙对她们以破相相威胁，10名姑娘被迫屈从于甲。之后，甲还指使乙、丙每天对10名姑娘进行监视，防止她们逃走，强迫她们接客，发现稍有不从者即进行毒打。数月之后，公安机关接到群众举报，对该旅馆进行突击检查时，营救出了这10名姑娘，将甲、乙、丙一起抓获。

问：对甲、乙、丙的行为应如何定性？

案例十七

苏州市沧浪区检察院于2007年7月18日经批准，依法对蒋某等7名犯罪嫌疑人以涉嫌传播淫秽物品罪逮捕。2007年3月间，犯罪嫌疑人蒋某、李某通过网络聊天工具与"龙四"（网名"admin"，现在美国）取得联系，商定由"龙四"提供域名和服务器、构建网站框架并负责服务器维护，蒋某、李某负责网站宣传、人员招聘和日常管理，填充淫秽色情内容，由此创建了域名为"无名小站"的网站。截至2007年6月4日，"无名小站"共有注册会员83 377人，发帖51 737篇。通过对该网站发帖内容进行取证，认定大量图片为淫秽内容。犯罪嫌疑人蒋某、李某先后聘用犯罪嫌疑人陈某某、柳某某、缪某某、方某、陈某担任网站管理员、超级版主、版主等职务，分工合作，对该网站及其子栏目进行维护，并积极招收会员，从事发帖活动，造成淫秽色情信息大量传播的直接后果。

问：蒋某、李某等人的行为应如何处理？

第八章 危害国防利益罪

【本章概要】危害国防利益罪，是指故意或者过失危害国防利益，依照刑法应受刑罚处罚的行为。国防利益关系到国家的安全与社会的稳定，因此，1997年修订的《刑法》将相关的危害国防利益的犯罪行为确定为一类独立的犯罪加以认定。本章将危害国防利益的犯罪分为非战时危害国防利益的犯罪和战时危害国防利益的犯罪两大类型进行论述，着重研究刑法分则第七章所确定的各种危害国防利益的犯罪的概念、构成特征以及在认定这些犯罪时应当注意的问题，包括罪与非罪的界定，与类似的其他犯罪的区别，犯罪的停止形态以及罪数形态等，并介绍相关犯罪的刑事责任。

【学习目标】掌握本章各罪名的概念及构成特征；掌握本章各罪名在认定时应注意的问题；掌握本章各罪名的刑事责任。

第一节 危害国防利益罪概述

一、危害国防利益罪的概念

危害国防利益罪，是指故意或者过失危害国防利益，依照刑法应受刑罚处罚的行为。

二、危害国防利益罪的特征

（一）本类犯罪侵犯的客体是国防利益

国防利益，是指国家为了捍卫国家的主权、领土完整和安全，防御与抵抗侵略与颠覆，维护部队声誉而进行的军事活动以及与军事活动有关的各种活动的利益。包括国防物质基础、作战和军事行动、国防管理秩序、武装力量建设等方面的利益。

（二）本类犯罪在客观方面表现为实施危害国防利益的行为

实施危害国防利益的行为，可以是作为，也可以是不作为。具体表现为违反国防法律、法规，拒绝或者逃避履行国防义务，危害部队作战和军事行动，危害国防物质基础和国防建设活动，妨害国防管理秩序，损害部队声誉的行为。"拒绝、逃避履行国防义务"，是指预备役人员战时拒绝、逃避征召或者军事训练以及公民战时拒绝、逃避服役的具有严重危害性的行为。"危害部队作战和军事行动"，是指以暴力、威胁方法阻碍军人依法执行职务，故意向武装部队提供假情报，造谣惑众，扰乱军心，拒绝或者延误军事订货，拒绝军事征用等具有严重危害性的行为。"危害国防物质基础和国防建设活动"，是指破坏国防武器装备、军事设施，向部队提供不合格的武器装备、军事设施，或者盗窃、抢夺武装部队制式服装、车辆牌照等军用标志、情节严重的行为。"妨害国防管理秩序"，是指聚众冲击军事禁区或者军事管理区，煽动军人逃离部队，或者明知是逃离部队的军人而雇用，以及在征兵工作中徇私舞弊等具有严重危害性的行为。

（三）本类犯罪的主体多为一般主体

年满16周岁，具有刑事责任能力的自然人均可构成本类犯罪，并且一般都是非军人。但也有极少数犯罪只能由特殊主体构成，例如接送不合格兵员罪。此外，单位也可以成为某些危害国防利益罪的犯罪主体，比如故意提供不合格武器装备、军事设施罪等。

（四）本类犯罪在主观方面多为故意

本类犯罪基本上在主观上出于故意，有的犯罪还要求行为人具有营利的目的。比如故意提供不合格武器装备罪、冒充军人招摇撞骗罪。少数罪则由过失构成，如过失提供不合格武器装备、军事设施罪。

三、危害国防利益罪的种类

刑法分则第七章共分14条，规定了危害国防利益的各种犯罪，包括非战时危害国防利益的犯罪和战时危害国防利益的犯罪。具体包括：阻碍军人执行职务罪，阻碍军事行动罪，破坏武器装备、军事设施、军事通信罪，过失损坏武器装备、军事设施、军事通信罪，故意提供不合格武器装备、军事设施罪，过失提供不合格武器装备、军事设施罪，聚众冲击军事禁区罪，聚众扰乱军事管理区秩序罪，冒充军人招摇撞骗罪，煽动军人逃离部队罪，雇用逃离部队军人罪，接送不合格兵员罪，伪造、变造、买卖武装部队公文、证件、印章罪，盗窃、抢夺武装部队公文、证件、印章罪，非法生产、买卖武装部队制式服装罪，伪造、盗窃、买卖、非法提供、非法使用武装部队专用标志罪，战时拒绝、逃避征召、军事训练罪，战时拒绝、逃避服役罪，战时故意提供虚假敌情罪，战时造谣扰乱军心罪，战时窝藏逃离部队军人罪，战时拒绝、故意延误军事订货罪，战时拒绝军事征收、征用罪23个罪名。

第二节　非战时危害国防利益的犯罪

一、阻碍军人执行职务罪

（一）阻碍军人执行职务罪的概念与特征

阻碍军人执行职务罪，是指以暴力、威胁方法，阻碍军人依法执行职务的行为。本罪的主要特征是：

1. 本罪侵犯的客体是军人执行职务的行为。依法执行职务，是指军人依照上级合法军事命令而执行职务的行为。本罪的对象必须是正在执行职务的军人。军人是指中国人民解放军的现役军官、文职干部、士兵以及具有军籍的学员和中国人民武装警察部队的现役警官、文职干部、士兵以及具有军籍的学员。执行军事任务的预备役人员和其他人员，以军人论。

2. 本罪在客观方面表现为以暴力、威胁方法阻碍军人依法执行职务的行为。"暴力"，是指对军人的人身进行袭击或者强制的方法，如殴打、伤害、捆绑、拘禁等方式。"威胁"，是指行为人以实施暴力、损害财产、破坏名誉或者揭发隐私等手段相威胁实行精神上的强制，使军人产生恐惧心理，不能或无法履行职务，执行任务。至于威胁是直接还是间接，不影响本罪的成立。"阻碍军人依法执行职务"，是指对军人依法执行职务造成障碍，使其不能顺利地执行职务。本罪是行为犯，行为人只要实施了暴力、威胁方法阻碍军人依法执行职务，不论其是否造成严重后果，都构成犯罪的既遂。

3. 本罪主体为一般主体。凡年满16周岁，具有刑事责任能力的自然人均可成为本罪主体。

4. 本罪主观上出于故意，即明知是正在依法执行军事职务的军人而对其使用暴力、胁迫，迫使其停止、放弃执行军事职责的心理态度。至于行为人是出于何种目的、动机，均不影响本罪的成立。

（二）阻碍军人执行职务罪认定中应注意的问题

1. 阻碍军人执行职务罪与非罪的界限。阻碍军人执行职务罪是以行为人实施暴力、威胁为要件的。至于某些军人执行职务中与群众发生纠纷、顶撞以及其他不服从管理的行为，虽然对军人执行职务的行为有一定的阻碍，但不能以本罪论处。此外，人民群众对某些军人在执行公务中的违法行为进行阻碍，也不能以犯罪论处，因为该军人的行为本身不符合依法执行职务的要件。

2. 阻碍军人执行职务罪与妨害公务罪的界限。这两种犯罪的主要区别是：①侵犯的客体不同。本罪侵犯的客体是军人的职务活动，而妨害公务罪侵犯的客体是国家工作人员依法执行职务的活动。②本罪的对象是正在依法执行职务的军人，而妨害公务罪的犯罪对象则是正在执行职务的国家工作人员。

3. 阻碍军人执行职务罪与阻碍执行军事职务罪的界限。两罪的主要区别在于：①本罪是危害国防利益的犯罪，而阻碍执行军事职务罪则是违反军人职责的犯罪。②犯罪的对象不同。本罪侵害的是正在依法执行职务的现役军人，包括指挥人员和普通士兵；阻碍执行军事职务罪侵害的是正在执行职务的军事指挥人员或者正在值班、值勤的军人。③本罪的主体是一般主体，阻碍执行军事职务罪的主体是特殊主体，即军人。

（三）阻碍军人执行职务罪的刑事责任

根据《刑法》第368条第1款的规定，犯本罪的，处3年以下有期徒刑、拘役、管制或者罚金。

二、阻碍军事行动罪

（一）阻碍军事行动罪的概念与特征

阻碍军事行动罪，是指故意阻碍武装部队的军事行动，造成严重后果的行为。本罪的主要特征是：

1. 本罪侵犯的客体是武装部队的军事行动。所谓军事行动，是指为实现一定的政治目的而有组织地使用武装力量的行动。

2. 本罪在客观上表现为行为人实施了阻碍军事行动，造成严重后果的行为。"军事行动"，既指战时的军事行动，也指和平时期的相关军事行动，如部队的军事演习，军队平息叛乱、暴乱或者戒严。"严重后果"，一般指造成重大政治影响或造成重大经济损失，或者造成武装部队人员伤亡、武器装备遭受较大损失，在战时造成战役和战斗失利，军事任务未能完成等情况。本罪的行为方式既可以是作为，如破坏武器装备、破坏军事设施、破坏军事通信设施等；也可以是不作为，如拒不履行保管、维修义务而使武器装备遭到毁坏的行为。

3. 本罪主体为一般主体。凡年满16周岁，具有刑事责任能力的自然人，均可成为本罪的主体。

4. 本罪在主观上出于故意，即明知是武装部队的军事行动而予以阻碍。过失不构成本罪。

（二）阻碍军事行动罪认定中应注意的问题

1. 阻碍军事行动罪与非罪的界限。本罪是故意犯罪，过失阻碍军事行动的都不构成本罪。同时构成本罪必须要造成严重后果，因此虽然实施了故意阻碍军事行动的行为，但未造成严重后果的，不构成本罪。

2. 阻碍军事行动罪与有关犯罪的界限。

（1）阻碍军事行动罪与武装叛乱、暴乱罪的区别。以武装叛乱或者武装暴乱的方式阻碍军事行动，属于想象竞合犯，应按照从一重罪处罚的原则，以武装叛乱、暴乱罪定罪处罚。

（2）阻碍军事行动罪与阻碍执行军事职务罪的界限。二者的主要区别在于：本罪的客体是部队的军事行动,而阻碍执行军事职务罪所侵犯的客体是军人依法执行职务的行为。

(三)阻碍军事行动罪的刑事责任

根据《刑法》第368条第2款的规定,犯本罪的,处5年以下有期徒刑或者拘役。

三、破坏武器装备、军事设施、军事通信罪

(一)破坏武器装备、军事设施、军事通信罪的概念与特征

破坏武器装备、军事设施、军事通信罪,是指故意破坏武器装备、军事设施、军事通信,危害国防利益的行为。其主要特征是:

1. 本罪侵犯的客体是武装部队的物质保障的安全。本罪的犯罪对象是武装部队所使用的武器装备、军事设施、军事通信。

2. 本罪在客观上表现为实施破坏武器装备、军事设施、军事通信的行为。"武器装备",是指直接用于武装部队作战行动的武器、武器系统。"军事设施",是指直接用于军事目的的建筑、场地以及相关设备,如仓库、机场、靶场等。"军事通信",是指武装部队运用各种通信手段,为战斗指挥和军事行动而进行的信息传递。"破坏武器装备、军事设施、军事通信的行为",是指使武器装备、军事设施、军事通信全部或部分丧失使用功能,从而影响武装部队的物质保障等行为。本罪既可以作为的方式实施,也可以不作为的方式实施。

3. 本罪的主体是一般主体。凡年满16周岁,具有刑事责任能力的自然人,均可构成本罪。

4. 本罪在主观上出于故意,即明知是武器装备、军事设施、军事通信而进行破坏的心理态度。过失不构成本罪。

(二)破坏武器装备、军事设施、军事通信罪认定中应注意的问题

1. 本罪与破坏易燃易爆设备罪、破坏交通工具罪的界限。其主要的区别在于:①犯罪的客体不同。本罪的客体是军队的物质保障安全,而破坏易燃易爆设备罪、破坏交通工具罪是对公共安全的侵犯。②侵害的对象不同。本罪的对象是军用的武器装备、军事设施、军事通信,而破坏易燃易爆设备罪、破坏交通工具罪的犯罪对象是民用的交通工具以及易燃易爆设备。

2. 本罪与故意毁坏财物罪的区别。其主要的区别在于:①本罪侵犯的客体是军队的物质保障安全,故意毁坏财物罪则是侵犯公私财产所有权;②本罪侵犯的对象是军用的武器装备、军事设施、军事通信,故意毁坏财物罪侵犯的对象则是民用的财物。

3. 破坏武器装备、军事设施、军事通信罪与盗窃罪的区别。在司法实践中,应注意区分盗窃军事设施上的设备、器材犯罪与盗窃罪的区别。二者的区别在于,设备、器材是否固定在军事设施上,作为军事设施的一个不可缺少的组成部分。盗窃固定在军事设施上的设备、器材的,应以破坏武器装备、军事设施、军事通信罪论处,而盗窃存放在军事仓库等设施内的器材、物资等,则应定为盗窃罪。

(三)破坏武器装备、军事设施、军事通信罪的刑事责任

根据《刑法》第369条的规定,犯本罪的,处3年以下有期徒刑、拘役或者管制;破坏重要武器装备、军事设施、军事通信的,处3年以上10年以下有期徒刑;情节特别严重的,处10年以上有期徒刑、无期徒刑或者死刑。战时犯本罪的,从重处罚。

四、过失损坏武器装备、军事设施、军事通信罪

过失损坏武器装备、军事设施、军事通信罪,是指过失损坏武器装备、军事设施、军事通信,危害国防利益,造成严重后果的行为。本罪侵犯的客体是武装部队的物质保障的安全。犯罪对象是武装部队所使用的武器装备、军事设施、军事通信。本罪在客观上表现为实施破坏武器装备、军事设施、军事通信的行为。本罪主体是一般主体,本罪主观上出于过失。

根据《刑法》第369条第2款、第3款的规定,犯本罪的,处3年以下有期徒刑或者拘

役；造成特别严重后果的，处 3 年以上 7 年以下有期徒刑。战时犯本罪的，从重处罚。

五、故意提供不合格武器装备、军事设施罪

故意提供不合格武器装备、军事设施罪，是指明知是不合格的武器装备、军事设施，而故意向武装部队提供的行为。本罪侵犯的客体是国家武器装备、军事设施的管理制度以及武装部队的战斗力。本罪在客观方面表现为将不合格的武器装备、军事设施提供给武装部队的行为。"不合格"，是指行为人提供的武器装备、军事设施不符合国家以及武装部队有关部门对武器装备、军事设施质量与性能等方面的要求。本罪的主体是特殊主体，只有武器装备、军事设施的生产者和销售者才能构成本罪，单位也可以构成本罪。本罪在主观上出于故意，即明知是不合格的武器装备、军事设施，而仍然向武装部队提供。

根据《刑法》第 370 条第 1 款、第 3 款的规定，犯本罪的，处 5 年以下有期徒刑或者拘役；情节严重的，处 5 年以上 10 年以下有期徒刑；情节特别严重的，处 10 年以上有期徒刑、无期徒刑或者死刑。单位犯本罪的，对单位判处罚金，并对其直接负责的主管人员和其他直接责任人员，依照上述规定处罚。

六、过失提供不合格武器装备、军事设施罪

过失提供不合格武器装备、军事设施罪，是指由于过失而向武装部队提供了不合格的武器装备、军事设施，造成严重后果的行为。本罪侵犯的客体是国家武器装备、军事设施的管理制度以及武装部队的战斗力。本罪在客观上表现为向武装部队提供不合格的武器装备、军事设施，并且造成了严重后果的行为。"严重后果"，是指造成人员的伤亡，或者装备、设施严重损毁，造成较为严重的经济损失或者严重影响部队完成任务，等等。本罪的主体是特殊主体，只有武器装备、军事设施的生产者和销售者才能构成本罪，包括自然人和单位。本罪在主观上出于过失。

根据《刑法》第 370 条第 2 款的规定，犯本罪的，处 3 年以下有期徒刑或者拘役；造成特别严重后果的，处 3 年以上 7 年以下有期徒刑。

七、聚众冲击军事禁区罪

（一）聚众冲击军事禁区罪的概念与特征

聚众冲击军事禁区罪，是指聚众冲击军事禁区，严重扰乱军事禁区秩序的行为。本罪的主要特征是：

1. 本罪侵犯的客体是军事禁区的管理秩序。"军事禁区"，是指国家根据军事的需要而设置的，采取特殊措施予以保护的区域范围。

2. 本罪在客观上表现为聚众冲击军事禁区，严重扰乱军事禁区秩序的行为。"聚众"，是指纠集多人。"冲击"，是指强行闯入军事禁区。"造成严重后果"，是指造成恶劣的政治影响或者巨大的经济损失，或使军事禁区内的正常军事活动无法进行。

3. 本罪的主体为一般主体。年满 16 周岁，具有刑事责任能力的自然人均可构成本罪。本罪是聚众犯罪，因此，刑法只追究聚众冲击军事禁区的首要分子和其他积极参加者的刑事责任。

4. 本罪主观上出于故意，即明知是军事禁区而聚众冲击。

（二）聚众冲击军事禁区罪认定中应注意的问题

聚众冲击军事禁区罪与非罪的界限在于情节是否严重，行为人是否明知是军事禁区，是区分本罪与非罪的关键。行为人虽然有聚众冲击军事禁区的行为，但尚未严重扰乱军事禁区秩序，或者虽然聚众冲击军事禁区，严重扰乱军事禁区的秩序，但不知是军事禁区的，均不构成本罪。同时，应该注意的是，本罪是聚众犯罪，只有首要分子和积极参加者才构成本罪，一般的参与者不构成本罪。

(三) 聚众冲击军事禁区罪的刑事责任

根据《刑法》第371条第1款的规定，犯本罪的，对首要分子，处5年以上10年以下有期徒刑；对其他积极参加的，处5年以下有期徒刑、拘役、管制或者剥夺政治权利。

八、聚众扰乱军事管理区秩序罪

聚众扰乱军事管理区秩序罪，是指聚众扰乱军事管理区秩序，情节严重，致使军事管理区的正常工作无法进行，造成严重损失的行为。本罪侵犯的客体是军事管理区的管理秩序。"军事管理区"，是指重要的军事设施保护区域。本罪在客观上表现为聚众扰乱军事管理区秩序，情节严重，致使军事管理区内的正常工作无法进行，造成严重损失的行为。本罪的主体为一般主体，凡年满16周岁，具有刑事责任能力的自然人均可构成。本罪是聚众犯罪，只有首要分子和积极参加者才追究刑事责任。本罪在主观上出于故意，即明知是军事管理区而实施聚众扰乱军事管理区秩序的行为。

根据《刑法》第371条第2款的规定，犯本罪的，对首要分子，处3年以上7年以下有期徒刑；对其他积极参加的，处3年以下有期徒刑、拘役或者剥夺政治权利。

九、冒充军人招摇撞骗罪

冒充军人招摇撞骗罪，是指以牟取非法利益为目的，冒充军人招摇撞骗的行为。本罪侵犯的客体，是军队的良好威信和军人的良好形象以及军队的正常活动。本罪在客观上表现为冒充军人招摇撞骗的行为。"招摇撞骗"，是指冒充军人的身份，实施各种欺骗活动的行为。如穿着军人制服行骗，使用伪造的、过期的、变造的军人证件行骗等。本罪主体为一般主体，凡年满16周岁，具有刑事责任能力的自然人，均可构成本罪。本罪在主观上出于故意，且有牟取非法利益的目的。所谓非法利益，既包括物质上的利益，也包括非物质利益如社会地位、荣誉待遇、异性爱慕等。这是本罪与诈骗罪的一个显著区别。

根据《刑法》第372条的规定，犯本罪的，处3年以下有期徒刑、拘役、管制或者剥夺政治权利；情节严重的，处3年以上10年以下有期徒刑。

十、煽动军人逃离部队罪

煽动军人逃离部队罪，是指唆使、鼓动现役军人逃离部队，情节严重的行为。本罪侵犯的客体是我国的兵役制度和武装部队的正常管理秩序。本罪在客观上表现为煽动军人逃离部队，情节严重的行为。本罪可以以口头或书面等各种方式进行。"煽动"，是指以鼓励、唆使、怂恿、利诱等方式促使军人离开部队。"情节严重"，是指战时煽动军人逃离部队的；用欺骗、威胁等各种卑劣手段，煽动军人逃离部队；煽动军人逃离部队人数多、时间长、影响极坏的；煽动在重要岗位上或者指挥、值班、执勤人员逃离部队，使部队的军事行动或正常工作无法进行，后果严重的。本罪是行为犯，行为人只要实施了煽动军人逃离部队的行为，即构成既遂。本罪主体为一般主体，凡年满16周岁，具有刑事责任能力的自然人，均可构成本罪。本罪在主观上出于故意，即明知被煽动人是现役军人，而仍然实施煽动行为的。

根据《刑法》第373条的规定，犯本罪的，处3年以下有期徒刑、拘役或者管制。

十一、雇用逃离部队军人罪

雇用逃离部队军人罪，是指明知是逃离部队的军人而雇用，情节严重的行为。本罪侵犯的客体是我国的兵役制度和部队的正常管理秩序。本罪在客观方面表现为行为人实施了雇用逃离部队的军人，情节严重的行为。此处的"雇用"，是指通过给付逃离部队的军人一定形式的劳务报酬，而让其为自己劳动的行为。"情节严重"，一般指雇用多名逃离部队军人，或多次雇用逃离部队军人，造成严重后果的；抗拒部队将逃离部队的军人带走等行为。本罪的主体为一般主体，年满 16 周岁，具有刑事责任能力的自然人均可构成本罪。本罪在主观上出于故意，即明知是逃离部队的军人而予以雇用。过失不构成本罪。

根据《刑法》第 373 条的规定，犯本罪的，处 3 年以下有期徒刑、拘役或者管制。

十二、接送不合格兵员罪

（一）接送不合格兵员罪的概念与特征

接送不合格兵员罪，是指在征兵工作中弄虚作假、徇私舞弊，接送不合格兵员，情节严重的行为。本罪的主要特征是：

1. 本罪侵犯的客体是国家征兵工作的正常活动秩序。

2. 本罪在客观方面表现为在征兵工作中弄虚作假、徇私舞弊，接送不合格兵员，情节严重的行为。"征兵"，是指征集中国人民解放军和中国人民武装警察部队的现役兵员。本罪的具体表现形式包括弄虚作假、徇私舞弊，将不符合入伍标准的兵员征招到武装部队的行为。"情节严重"，一般是指接送不合格兵员严重影响部队建设或造成其他严重后果的，多次实施接送不合格兵员以及接送多名不合格兵员的，接送不合格兵员在部队造成恶劣影响的，等等。

3. 本罪的主体为特殊主体，只有在征兵工作中负有征兵职责的工作人员才能构成本罪，包括地方武装部门负责征兵的工作人员和武装部队中负责征兵工作的工作人员。

4. 本罪在主观上出于故意。

（二）接送不合格兵员罪的认定

1. 接送不合格兵员罪与非罪的界限。本罪在客观方面要求徇私舞弊与接送不合格兵员必须同时具备，且情节严重。对于虽有弄虚作假、徇私舞弊的行为，但接送的兵员质量合格；接送的兵员质量不合格，但没有弄虚作假、徇私舞弊的行为或虽然实施了徇私舞弊的行为，接送的兵员不合格，但尚未达到情节严重的程度的，均不构成本罪。

2. 接送不合格兵员罪与玩忽职守罪的区别。二罪的主要区别在于：①犯罪的主体不同，本罪的主体是负有征兵职责的工作人员，而玩忽职守罪的主体是国家机关工作人员；②犯罪的主观方面不同，本罪是故意犯罪，玩忽职守罪则只能由过失构成；③客观方面不同，本罪在客观上表现为在征兵工作中徇私舞弊，招收不合格兵员，严重危害国防利益的行为，而玩忽职守罪是国家机关工作人员严重不负责任，不履行或不正确履行职责，致使国家和人民的利益遭受严重损失的行为。

（三）接送不合格兵员罪的刑事责任

根据《刑法》第 374 条的规定，犯本罪的，处 3 年以下有期徒刑或者拘役；造成特别严重后果的，处 3 年以上 7 年以下有期徒刑。

十三、伪造、变造、买卖武装部队公文、证件、印章罪和盗窃、抢夺武装部队公文、证件、印章罪

伪造、变造、买卖武装部队公文、证件、印章罪，是指伪造、变造、买卖武装部队公文、证件、印章的行为。盗窃、抢夺武装部队公文、证件、印章罪，是指盗窃、抢夺武装部队公文、证件、印章的行为。二罪的构成特征如下：犯罪侵犯的客体是武装部队的公文、证件、印章的管理秩序，犯罪对象是武装部队的公文、证件、印章。在客观方面表现为行为人实施了伪造、变造、买卖或者盗窃、抢夺武装部队公文、证件、印章的行为。犯罪主体为一般主体，凡年满 16 周岁，具有刑事责任能力的自然人，均可构成这两种犯罪。二罪主观方面均为故意，其中，买卖武装部队公文、证件、印章罪必须以非法获利为目的，盗窃、抢夺武装部队公文、证件、印章罪，须具有非法占有的目的。

根据《刑法》第 375 条第 1 款的规定，犯本罪的，处 3 年以下有期徒刑、拘役、管制或者

剥夺政治权利；情节严重的，处3年以上10年以下有期徒刑。

十四、非法生产、买卖武装部队制式服装罪

本罪名系《刑法修正案（七）》第12条对《刑法》第375条第2款进行修改后所确定的罪名，原非法生产、买卖军用标志罪这一罪名被取消。非法生产、买卖武装部队制式服装罪，是指非法生产、买卖武装部队制式服装，情节严重的行为。本罪侵犯的客体，是武装部队的正常管理秩序和良好声誉。本罪在客观方面表现为行为人实施了非法生产、买卖武装部队制式服装，情节严重的行为。"非法生产、买卖武装部队制式服装"，是指按照国家和军队有关法规，无权生产、买卖武装部队制式服装的单位和个人违法、违规从事武装部队制式服装的生产、买卖行为。"情节严重"，是指非法生产、买卖武装部队制式服装数量较大，严重影响部队执行作战和训练等军事任务，扰乱部队和社会管理秩序，严重损害武装部队形象或者造成武装部队严重经济损失或造成其他恶劣影响的情形。本罪的主体为一般主体，凡年满16周岁，具有刑事责任能力的自然人，均可构成本罪。同时，单位也可以构成本罪。本罪在主观上出于故意。

根据《刑法》第375条第2款、第4款的规定，犯本罪的，处3年以下有期徒刑、拘役或者管制，并处或者单处罚金。单位犯本罪的，对单位判处罚金，并对其直接负责的主管人员和其他直接责任人员，依照上述规定处罚。

十五、伪造、盗窃、买卖、非法提供、非法使用武装部队专用标志罪

本罪系《刑法修正案（七）》第12条增设的罪名。伪造、盗窃、买卖、非法提供、非法使用武装部队专用标志罪，是指伪造、盗窃、买卖或者非法提供、使用武装部队车辆号牌等专用标志，情节严重的行为。本罪客体为武装部队的正常管理秩序和良好声誉。本罪在客观上表现为行为人实施了伪造、盗窃、买卖或者非法提供、使用武装部队车辆号牌等专用标志，情节严重的行为。《刑法修正案（七）》在本条增加的"非法提供、使用"军车号牌等专用标志的行为，既包括非法提供、使用假的军车号牌等专用标志，也包括将真的军车号牌等专用标志提供给没有使用资格的人使用的行为。无论提供的军车号牌是真是假，非法使用军车号牌的行为都会对部队形象、声誉造成损害，其社会危害性也是显而易见的。本罪的主体为一般主体，凡年满16周岁，具有刑事责任能力的自然人，均可构成本罪。本罪在主观上出于故意。根据《刑法》第375条第3款的规定，犯本罪的，处3年以下有期徒刑、拘役或者管制，并处或者单处罚金；情节特别严重的，处3年以上7年以下有期徒刑，并处罚金。

第三节 战时危害国防利益的犯罪

一、战时拒绝、逃避征召、军事训练罪

战时拒绝、逃避征召、军事训练罪，是指预备役人员在战时拒绝、逃避征召或者军事训练，情节严重的行为。本罪侵犯的客体是国家的兵役管理制度。本罪在客观方面表现为预备役人员在战时拒绝、逃避征召、军事训练，情节严重的行为。本罪只能发生在战时，所谓战时，是指国家宣布进入战争状态、部队领受作战任务、部队执行戒严或者处置突发性暴力事件时。本罪主体多为特殊主体，只能由预备役人员构成。本罪在主观上出于故意，且具有逃避履行军事义务的目的。

根据《刑法》第376条第1款的规定，犯本罪的，处3年以下有期徒刑或者拘役。

二、战时拒绝、逃避服役罪

战时拒绝、逃避服役罪，是指公民战时拒绝、逃避服兵役，情节严重的行为。本罪侵犯的

客体是国家的兵役管理制度和战时的军事利益。本罪在客观上表现为战时拒绝、逃避服兵役，情节严重的行为。本罪只能发生在战时，非战时逃避服役，不构成本罪。本罪的主体为依法应服兵役的公民。本罪在主观方面为故意。

根据《刑法》第376条第2款的规定，犯本罪的，处2年以下有期徒刑或者拘役。

三、战时故意提供虚假敌情罪

战时故意提供虚假敌情罪，是指战时故意向武装部队提供虚假的敌情，造成严重后果的行为。本罪侵犯的客体是武装部队的作战利益。本罪在客观方面表现为行为人在战时向武装部队提供虚假敌情，造成严重后果的行为。"虚假敌情"，是指与客观事实不符的敌方情报。"严重后果"，是指因提供虚假敌情而扰乱部队作战，干扰了部队的军事行动，破坏了军队指挥和作战计划的安排等。本罪是发生于战时，非战时不构成本罪。本罪的主体为普通公民，现役军人不构成本罪。本罪在主观上出于故意，即明知是虚假敌情而向武装部队提供的。过失不构成本罪。

根据《刑法》第377条的规定，犯本罪的，处3年以上10年以下有期徒刑；造成特别严重后果的，处10年以上有期徒刑或者无期徒刑。

四、战时造谣扰乱军心罪

战时造谣扰乱军心罪，是指战时造谣惑众，扰乱军心的行为。本罪侵犯的客体是武装部队的作战利益。本罪在客观方面表现为行为人实施了造谣惑众，扰乱军心的行为。"造谣惑众"，是指制造谣言，广为散布，造成参战官兵厌战、胆怯或产生恐怖情绪。"扰乱军心"，是指使我军军心发生动摇或者混乱。造谣惑众与扰乱军心必须同时具备才可构成本罪。本罪的主体为一般主体，凡年满16周岁，具有刑事责任能力的一般公民均可构成，现役军人不构成本罪。本罪在主观上出于故意，过失不构成本罪。

根据《刑法》第378条的规定，犯本罪的，处3年以下有期徒刑、拘役或者管制；情节严重的，处3年以上10年以下有期徒刑。

五、战时窝藏逃离部队军人罪

战时窝藏逃离部队军人罪，是指战时明知是逃离部队的军人而为其提供隐蔽处所、财物，情节严重的行为。本罪侵犯的客体是战时部队的正常管理秩序。本罪在客观方面表现为行为人在战时为逃离部队的军人提供隐蔽处所、财物，情节严重的行为。本罪主体为一般主体，凡年满16周岁，具有刑事责任能力的自然人，均可构成本罪。本罪在主观上出于故意，即明知是逃离部队的军人而予以窝藏的。过失不构成本罪。

根据《刑法》第379条的规定，犯本罪的，处3年以下有期徒刑或者拘役。

六、战时拒绝、故意延误军事订货罪

战时拒绝、故意延误军事订货罪，是指战时拒绝或者故意延误军事订货，情节严重的行为。本罪侵犯的客体为战时武装部队的作战利益。本罪在客观上表现为行为人战时拒绝或者故意延误军事订货，情节严重的行为。战时是本罪成立的前提。"军事订货"，是指武装部队向其他部门或者企业订购的，用于军事作战或者部队训练、科研、后勤保障等各方面的军用物资。本罪的主体为特殊主体，仅限于单位。负有订货义务的生产、销售单位直接负责的主管人员和其他直接责任人员才可构成本罪。本罪在主观上出于故意，过失不构成本罪。

根据《刑法》第380条的规定，犯本罪的，对单位判处罚金，并对其直接负责的主管人员和其他直接责任人员，处5年以下有期徒刑或者拘役；造成严重后果的，处5年以上有期徒刑。

七、战时拒绝军事征收、征用罪

战时拒绝军事征收、征用罪，是指战时拒绝军事征收、征用，情节严重的行为。本罪侵犯的客体是战时军事征收、征用的管理制度。"军事征收、征用"，是指国家和武装部队在特殊情况下，对国家机关、企事业单位、人民团体以及公民个人的物资、财产等进行强行征收、征用，以用于军事目的行为。本罪在客观上表现为行为人在战时拒绝军事征收、征用，情节严重的行为。"拒绝军事征收、征用"，是指行为人有能力提供物资、设备，而拒绝提供的行为。本罪主体为一般主体，凡年满16周岁，具有刑事责任能力的自然人，均可成为本罪主体。本罪在主观上出于故意，即明知是战时出于军队需要的目的予以征收、征用的物资而拒绝提供的。

根据《刑法》第381条的规定，犯本罪的，处3年以下有期徒刑或者拘役。

学术视野

冒充军人招摇撞骗罪与诈骗罪的界限

这两种犯罪都表现为欺骗行为，而且冒充军人招摇撞骗罪也可以如诈骗罪那样骗取财物，因而容易混淆。这两种犯罪的区别主要表现在：

1. 侵犯的客体不同。冒充军人招摇撞骗罪侵犯的客体主要是武装力量的威信及其正常活动；诈骗罪侵犯的客体仅限于公私财产的所有权。

2. 行为手段不同。冒充军人招摇撞骗罪的手段只限于冒充军人的身份或职务进行诈骗；诈骗罪的手段并无此限制，因而可以利用任何虚构事实、隐瞒真相的手段和方式进行。

3. 犯罪的主观目的有所不同。诈骗罪以非法占有他人财物为目的；冒充军人招摇撞骗罪的犯罪目的，是追求非法利益，其内容较诈骗罪的目的广泛一些，它可以包括非法占有公私财物，也可以包括其他非法利益。

4. 构成犯罪有无数额限制的不同。法律要求只有诈骗数额较大的公私财物的，才可构成诈骗罪；而对冒充军人招摇撞骗罪的构成并无数额较大的要求，这是因为这种犯罪未必一定表现为诈骗财物，而有可能是骗取其他非法利益。

然而，如果行为人冒充军人诈骗他人数额较大的财物，应当定诈骗罪还是冒充军人招摇撞骗罪呢？在这种情况下，二者之间存在想象竞合关系，应当视具体的情节择一重罪处罚。

理论思考与实务应用

一、理论思考

（一）名词解释

阻碍军事行动罪　聚众冲击军事禁区罪　接送不合格兵员罪　冒充军人招摇撞骗罪　战时拒绝、逃避服役罪

（二）简答题

1. 简述聚众冲击军事禁区罪与聚众扰乱军事管理区秩序罪的区别。
2. 简述伪造武装部队专用标志罪与伪造国家机关公文、印章、证件罪的区别。
3. 简述战时窝藏逃离部队军人罪与窝藏罪的区别。

（三）论述题

1. 论冒充军人招摇撞骗罪与诈骗罪的界限。
2. 外资企业能否成为战时拒绝、故意延误军事订货罪的主体？

3. 论阻碍军人执行职务罪与阻碍军事行动罪、妨害公务罪的界限。

二、实务应用

（一）案例分析示范

被告人：张某，原某部后勤处长。

张某因收受他人贿赂，被判处有期徒刑3年。刑满后，张某多次向有关部门申诉。某日，张某到中央某军事机关门口要求首长接见，被警卫人员阻挡。张某动手将一名警卫打伤，并抢夺警卫的枪支。

问：本案是妨害公务罪还是阻碍军人执行职务罪？

【评析】在本案中，警卫人员阻挡张某是履行其职责，是执行职务的行为。张某曾经是一名军人，明知军事机关不得任意闯入，在警卫对其阻挡时，使用暴力阻碍警卫人员执行职务，因此构成阻碍军人执行职务罪。

（二）案例分析实训

被告人：赵某某，男，1986年6月3日生，汉族，高中文化，农民。

经依法审查查明：2009年4月6～7日，被告人赵某某身穿武警制服，手持伪造的"上海市功能区域市容监察大队工作证"，在上海市区的偏远位置，先后4次以罚款为由骗取电动三轮车主（被害人）李某某、袁某、薛某以及王某某人民币共计380元。后被巡逻民警抓获。

问：本案中，赵某某的行为是否构成冒充军人招摇撞骗罪？

第九章

贪污贿赂罪

【本章概要】 贪污贿赂罪，是指国家工作人员利用职务上的便利，非法占有、使用公共财物，索取、收受贿赂或者取得其他非法利益，破坏职务的廉洁性的行为。贪污贿赂罪，是以贪污罪、贿赂罪为中心构成的一类犯罪，此外还有相关的行贿、介绍贿赂等犯罪。

中国刑法分则将贪污贿赂罪归为一类，主要是从反腐败的需要出发。贪污贿赂犯罪的共同特点在于侵犯了国家的廉政建设制度，即侵犯了国家工作人员职务的廉洁性，败坏了国家工作人员的声誉，损害了党和国家机关在人民群众中的威信。惩治贪污、受贿犯罪，是我国现阶段反腐败斗争的重点，在刑法分则中将贪污贿赂罪列为专门一章，作为独立的类罪，对于加强国家的廉政建设，突出反腐败的打击重点，有效地遏制职务犯罪，都具有积极的意义。

根据刑法分则第八章的规定，贪污贿赂罪共有14个具体罪名。这14种犯罪可分为两类：一类是贪污犯罪，包括贪污罪、挪用公款罪、巨额财产来源不明罪、隐瞒境外存款罪、私分国有资产罪和私分罚没财物罪；另一类是贿赂犯罪，包括受贿罪、单位受贿罪、利用影响力受贿罪、行贿罪、对有影响力的人行贿罪、对单位行贿罪、介绍贿赂罪、单位行贿罪。

【学习目标】 了解贪污贿赂罪的概念、特征和种类；掌握各种重点讲授的贪污贿赂犯罪的概念、特征；理解认定有关贪污贿赂犯罪时应当区别的各种界限和应当注意的问题。

第一节 贪污贿赂罪概述

一、贪污贿赂罪的概念与特征

贪污贿赂罪是指国家工作人员利用职务上的便利，非法占有、使用公共财物，收受贿赂或者取得其他非法利益，侵害职务行为廉洁性的行为。

贪污贿赂罪具有如下特征：

1. 贪污贿赂罪侵犯的客体是国家廉政建设制度，多数犯罪同时也侵犯了公共财产所有权。国家廉政建设制度是以恪尽职守、廉洁奉公、吏治清明、反对腐败为主要内容的。贪污贿赂罪的本质特征就在于以公权牟取私利，具有渎职性犯罪与贪利性犯罪的双重特点。反腐倡廉是我们党和国家一项长期的政治任务。贪污贿赂犯罪不仅破坏了党群关系，而且妨害了国家廉政建设制度，进一步威胁到社会主义建设事业的顺利进行。

2. 贪污贿赂罪客观方面表现为侵害国家廉政建设制度、情节严重的行为。其中多为国家工作人员利用职务上的便利贪污、受贿，或者拥有不能说明与合法收入差额巨大的财产或者支出的合法来源，或者私分国有资产或罚没财物的行为。但也有与国家工作人员受贿具有对向性或撮合性的行为，如介绍贿赂、行贿等行为。本章犯罪在行为形态上多数由作为构成，如贪污罪、贿赂罪、私分国有资产罪等；有个别犯罪可以由不作为构成，如隐瞒境外存款罪；还有个别犯罪如巨额财产来源不明罪则属于持有型犯罪，行为形态介于作为和不作为之间，属于第三种行为形态。

3. 贪污贿赂罪的主体绝大多数是特殊主体。如贪污罪、受贿罪、挪用公款罪、巨额财产来源不明罪、隐瞒境外存款罪、私分国有资产罪、私分罚没财物罪等，其主体都是特殊主体，即国家工作人员。少数与受贿具有对向性或撮合性的犯罪是一般主体，如利用影响力受贿罪、行贿罪、对单位行贿罪、对有影响力的人行贿罪和介绍贿赂罪。本章犯罪中，大多数犯罪只能由自然人实施，但少数犯罪如单位受贿罪、单位行贿罪则只能由单位实施。

4. 贪污贿赂罪的主观方面均为故意，过失不能构成本类犯罪。

二、贪污贿赂罪的种类

根据刑法分则第八章的规定，从第382～396条共15个条文（《刑法修正案（七）》在第388条后增加一条作为第388条之一，即利用影响力受贿罪；《刑法修正案（九）》在第390条后增加一条作为第390之一，即对有影响力的人行贿罪），规定了贪污贿赂罪的14个罪名，这些罪名是：①贪污罪；②挪用公款罪；③受贿罪；④单位受贿罪；⑤利用影响力受贿罪；⑥行贿罪；⑦对单位行贿罪；⑧介绍贿赂罪；⑨单位行贿罪；⑩对有影响力的人行贿罪；⑪巨额财产来源不明罪；⑫隐瞒境外存款罪；⑬私分国有资产罪；⑭私分罚没财物罪。从犯罪行为特征的角度，我们把贪污贿赂罪分为以下两类：①以贪污、挪用、私分等手段实施的贪污犯罪，当然这是从广义而言，不是指狭义的贪污，事实上其中部分犯罪与贪污没有直接关系，具体包括贪污罪、挪用公款罪、私分国有资产罪、私分罚没财物罪、巨额财产来源不明罪、隐瞒境外存款罪；②以受贿、行贿手段实施的贿赂犯罪，具体包括受贿罪、单位受贿罪、利用影响力受贿罪、行贿罪、对单位行贿罪、单位行贿罪、对有影响力的人行贿罪、介绍贿赂罪。

三、贪污贿赂罪的处罚

贪污贿赂罪的法定最高刑是死刑，共有两个死刑罪名。其他罪名规定了无期徒刑、有期徒刑、拘役，部分罪名规定了罚金或者没收财产。为应对贪污贿赂罪犯罪特点之变化，顺应我国当前反腐工作不断深入的形势，进一步完善反腐败立法规定，加大对腐败犯罪的惩治力度，继《刑法修正案（七）》增设利用影响力受贿罪并提高巨额财产来源不明罪的法定刑后，《刑法修正案（九）》又增设了对有影响力的人行贿罪，并对贪污贿赂犯罪的情节与量刑等方面进行了重大修改。不仅取消贪污、受贿罪定罪处罚的具体数额规定，代之以数额较大、巨大、特别巨大这样较为原则的规定，而且突出数额之外其他情节在定罪量刑中的作用。还对贪污贿赂罪中相关罪名增加了财产刑作为刑罚种类，体现了更加偏向于将贪污贿赂犯罪定位为经济犯罪的立法倾向。同时规定，对被判处死刑缓期执行的贪污贿赂罪犯，人民法院根据犯罪情节等情况可以同时决定在其死刑缓期执行二年期满依法减为无期徒刑后终身监禁，不得减刑、假释。

第二节 贪污犯罪

一、贪污罪

（一）贪污罪的概念与特征

贪污罪，是指国家工作人员或者受国家机关、国有公司、企业、事业单位、人民团体委托管理、经营国有财产的人员，利用职务上的便利，侵吞、窃取、骗取或者以其他手段非法占有公共财物的行为。其基本特征是：

1. 侵犯的客体是复杂客体。即国家工作人员职务行为的廉洁性和公共财产。公共财产，根据《刑法》的规定，是指国有财产、劳动群众集体所有的财产和用于扶贫及其他公益事业的社会捐助或者专项基金的财产；在国家机关、国有公司、企业、集体企业和人民团体管理、使用或者运输中的私人财产及公共财产等。

2. 客观方面表现为利用职务上的便利，侵吞、窃取、骗取或者以其他手段非法占有公共财物的行为。"利用职务上的便利"，是指行为人利用职务范围内的权力和地位所形成的主管、管理、经手、经营财物的有利条件，而不是利用与其职务无关的，仅因工作关系对作案环境比较熟悉、凭其身份便于进出单位、易于接近作案目标的方便条件。因此，利用职务上的便利可以分为以下四种情形：

（1）利用主管公共财物的便利。这里的主管，是指国家工作人员不具体负责经手、管理公共财物，但依其职权范围具有调拨、使用或者以其他方式支配公共财物的权力。

（2）利用管理公共财物的便利。这里的管理，是指具有监守或保管公共财物的职权。

（3）利用经营公共财物的便利。这里的经营，是指将公共财物投放市场进行营利活动，或者利用公共财物从事非营利活动。经营者在经营期间通常同时行使管理职权，对公共财物具有处置权。

（4）利用经手公共财物的便利。这里的经手，是指具有领取、支出等经办公共财物的流转事项的权限，经手人虽然不负责公共财物的管理和处置，但具有基于职务产生的对公共财物的临时控制权。

贪污罪在客观行为方式上多种多样。法律概括为侵吞、窃取、骗取或其他手段：

（1）侵吞是指利用职务上的便利，采取涂改账目、收入不记账的方法，将本人依职务主管、管理、经手的公共财物非法占为己有。

（2）窃取是指利用职务上的便利，采取监守自盗的方法，将本人依职务主管、管理、经手的公共财物非法占为己有。

（3）骗取是指利用职务上的便利，采取虚构事实或者隐瞒真相的方法，将本人依职务主管、管理、经手的公共财物非法占为己有。

（4）其他手段是指采取侵吞、窃取、骗取以外的方法，例如挪用公款以后携款逃跑等，将公共财物非法占为己有。

此外，根据《刑法》第394条的规定，国家工作人员在国内公务活动或者对外交往中接受礼物，依照国家规定应当交公而不交公，数额较大的，以贪污罪定罪处罚。《刑法》第183条第2款规定，国有保险公司工作人员和国有保险公司委派到非国有保险公司从事公务的人员，利用职务上的便利，故意编造未曾发生的保险事故进行虚假理赔，骗取保险金归自己所有，数额较大的，也应当以贪污罪论处。这是国家工作人员利用职务便利侵吞、骗取公共财物的特殊形式，应当以贪污罪论处。

3. 犯罪主体是特殊主体，即国家工作人员或者受国家机关、国有公司、企业、事业单位、人民团体委托管理、经营国有财产的人员。因此，贪污罪的主体包括以下两种人：

一类是国家工作人员。国家工作人员的本质特征是从事公务。根据《刑法》第93条的规定，国家工作人员，是指在国家机关中从事公务的人员。国有公司、企业、事业单位、人民团体中从事公务的人员和国家机关、国有公司、企业、事业单位委派到非国有公司、企业、事业单位、社会团体从事公务的人员，以及其他依照法律从事公务的人员，以国家工作人员论。由此可见，我国刑法中的国家工作人员又可以分为以下四种人员：

（1）国家机关工作人员，指各级国家权力机关、行政机关、审判机关、检察机关和军事机关中从事公务的人员，其他根据有关规定，参照公务员法进行管理的人员，应当以国家机关工作人员论。例如，根据中央和国务院有关规定，参照公务员法管理的各级党委、政协机关中从事公务的人员，应视为国家机关工作人员。此外，根据2002年12月28日全国人大常委会《关于〈中华人民共和国刑法〉第九章渎职罪主体适用问题的解释》，以下人员也视为国家机关工作人员：在依照法律、法规规定行使国家行政管理职权的组织中从事公务的人员，或者在受国家机关委托代表国家机关行使职权的组织中从事公务的人员，或者虽未列入国家机关人员编制但在国家机关中从事公务的人员。

（2）国有公司、企业、事业单位、人民团体中从事公务的人员。这里的国有公司，是指依照公司法成立，财产全部属于国家所有的公司。国有资本控股及参股的股份有限公司不属于国有公司。国有企业，是指财产全部属于国家所有，从事生产、经营活动的营利性的非公司化经济组织。国有事业单位，是指受国家机关领导，财产属于国家所有的非生产、经营性单位，包括国有医院、科研机构、体育、广播电视、新闻出版等单位。人民团体，是指由国家组织成立的、财产属于国家所有的各种群众性组织，包括乡级以上工会、共青团、妇联等组织。

（3）国家机关、国有公司、企业、事业单位委派到非国有公司、企业、事业单位、社会团体从事公务的人员，这里的委派是指受有关国有单位委任而被派往非国有单位从事公务。被委派的人员，在被委派以前可以是国家工作人员，也可以是非国家工作人员。不论被委派以前具有何种身份，只要被有关国有单位委派到非国有单位从事公务，就应视为国家工作人员。

（4）其他依照法律从事公务的人员。这类人员的特征是，在一定条件下代表国家行使国家管理职能。根据2000年4月29日全国人大常委会《关于〈中华人民共和国刑法〉第九十三条第二款的解释》的规定，村民委员会等村基层组织人员协助人民政府从事下列行政管理工作，属于《刑法》第93条第2款规定的"其他依照法律从事公务的人员"：①救灾、抢险、防汛、优抚、扶贫、移民、救济款物的管理；②社会捐助公益事业款物的管理；③国有土地的经营和管理；④土地征收征用补偿费用的管理；⑤代征、代缴税款；⑥有关计划生育、户籍、征兵工作；⑦协助人民政府从事的其他行政管理工作。除上述立法解释确定的人员以外，其他依照法律从事公务的人员，还包括：①依法履行职责的各级人民代表大会；②依法履行职责的各级人民政协委员；③依法履行审判职责的人民陪审员；④协助人民政府从事行政管理工作的居民委员会等基层组织人员；⑤其他由法律授权从事公务的人员。

另一类是受国家机关、国有公司、企业、事业单位、人民团体委托管理、经营国有财产的人员。这些人员主要是指以承包、租赁等方式，管理、经营国有公司、企业或者其中的某个部门等，以承包人、租赁人的身份，在承包、租赁合同约定的时间、权限范围内，管理、经营国有财产的人员。应当指出，受委托从事公务人员与受委派从事公务人员是有所不同的：受委托人员，不仅在被委托前不是国家工作人员，在被委托后也不是国家工作人员，因为委托是平等主体之间的一种民事法律关系；而受委派人员，无论在被委派前是否为国家工作人员，在被委派后都成为国家工作人员，因为委派是一种行政法律关系，委派单位与被委派人员之间存在行政上的隶属关系。《刑法》第382条第2款的规定是特别规定，通过这一规定使贪污罪的主体从国家工作人员扩大到受委托从事管理、经营国有财产的人员。因此，在其他以国家工作人员为主体的犯罪中，没有这种特别规定的，其主体范围不得扩大到受委托从事公务的人员。

无论是从事公务还是受委托从事公务，作为贪污罪主体的本质特征是从事公务。从事公务是指代表国家机关、国有公司、企业、事业单位、人民团体等单位履行组织、领导、监督、具体负责某项工作等职责。履行组织、领导、监督职责的人员通常担任一定职务，主管本单位或者本部门的工作，例如国有公司的董事、经理、监事等。履行具体负责某项工作职责的人员通常就某一方面或者某一项事务行使法律赋予或者国有单位授予的职权，例如国有公司、企业的会计、出纳、保管员等。

4. 主观方面表现为直接故意，并且具有非法占有公共财物的目的。是否具有非法占有公共财物的目的，是区分贪污罪和挪用公款罪的关键。贪污罪的故意，是指明知是公共财物而利用职务上的便利予以非法占有的主观心理状态。

（二）贪污罪的认定

1. 贪污罪与非罪的界限。《刑法修正案（九）》对贪污罪的量刑标准由原来的刚性数额标准改为更有弹性的"数额加情节"模式。

从我国贪污罪定罪量刑的立法变迁来看，"数额"与"情节"一直是量刑的两大主要标准，但是各个阶段的立法对于二者在量刑中的权重及具体设定不尽相同。1952年《中华人民共和国惩治贪污条例》（现已失效）对于贪污罪采取了"数额兼顾情节"的标准，设定了1亿元以上（情节特别严重的适用死刑）、5000万元以上不满1亿元、1000万元以上不满5000万元、不满人民币1000万元4个档次。1979年《刑法》延续了《中华人民共和国惩治贪污条例》以"数额、情节"作为贪污罪定罪量刑的标准，规定"国家工作人员利用职务上的便利，贪污公共财物的，处5年以下有期徒刑或者拘役；数额巨大、情节严重的，处5年以上有期徒刑；情节特别严重的，处无期徒刑或者死刑"。但1979年《刑法》对定罪的数额起点没有明确，对何为"数额巨大"、何为"情节严重"，立法未予以明确，造成了司法实践的混乱。1988年《关于惩治贪污罪贿赂罪的补充规定》（现已失效）针对1979年《刑法》有关贪污的缺陷进一步明确了贪污罪量刑的"数额、情节"标准，区分了5万元以上、1万元以上不满5万元、2000元以上不满1万元、不满2000元4个档次的数额标准。1997年《刑法》对贪污、受贿罪的定罪量刑进行了进一步的明确与细化，既秉承了1979年《刑法》及其补充规定的合理方面，又作了相应的发展，其中对入罪的数额起点相应作了提升，从2000元提升至5000元，而且在提升法定刑档次数额标准上，提高了数额标准。1997年《刑法》采用提高量刑数额的办法对1979年《刑法》及其补充规定进行修改，但是，这种刚性的立法技术远远无法应对当今社会发展的迅猛程度，容易导致法律的滞后，对司法实践产生不利的影响。《刑法修正案（九）》规定不再以数额作为区分贪污罪与非罪的界限，而是根据情节轻重确定是否构成犯罪，分别依照不同的情节予以相应的处罚。

2. 贪污罪与盗窃罪、诈骗罪、侵占罪的界限。贪污罪和盗窃罪、诈骗罪、侵占罪都是以非法占有为目的犯罪，而且贪污罪也可以采取上述犯罪的犯罪手段。但它们是有区别的：①侵犯客体不同。贪污罪是复杂客体，包括职务行为廉洁性和公共财产所有权；而盗窃等犯罪侵犯的则是公私财产所有权。②犯罪对象不同。贪污罪的行为对象只能是公共财物；而盗窃罪等的行为对象是公私财物。③客观方面不同。尽管贪污罪也可以采用盗窃、骗取、侵吞等手段非法占有公共财物，但必须利用职务上的便利来非法占有。是否利用职务便利也是区分贪污罪和盗窃等犯罪的重要条件。④犯罪主体不同。贪污罪是特殊主体，即国家工作人员；而盗窃等犯罪的主体是一般主体。

此外，还应注意贪污罪和职务侵占罪的区别。两者虽然都必须利用职务上的便利，但它们的犯罪主体和侵害的客体都不相同。

3. 共同犯罪的认定。《刑法》第382条第3款明确规定，与符合贪污罪主体资格的人相勾结，伙同贪污的，以贪污罪的共犯论处，即对所有共同犯罪人均以贪污罪定罪处罚。最高人民法院2000年6月30日颁布的《关于审理贪污、职务侵占案件如何认定共同犯罪几个问题的解释》进一步规定：行为人与国家工作人员勾结，利用国家工作人员的职务便利，共同侵吞、窃取、骗取或者以其他手段非法占有公共财物的，以贪污罪的共犯论处。公司、企业或者其他单位中，不具有国家工作人员身份的人与国家工作人员勾结，分别利用各自的职务便利，共同将本单位财物非法占为己有的，按照主犯的犯罪性质定罪，即主犯是国家工作人员的，均以贪污罪定罪处罚，主犯是非国家工作人员的，均以职务侵占罪论处。

(三) 贪污罪的刑事责任

根据《刑法》第383条的规定，对犯贪污罪的，根据情节轻重，分别依照下列规定处罚：①贪污数额较大或者有其他较重情节的，处3年以下有期徒刑或者拘役，并处罚金。②贪污数额巨大或者有其他严重情节的，处3年以上10年以下有期徒刑，并处罚金或者没收财产。③贪污数额特别巨大或者有其他特别严重情节的，处10年以上有期徒刑或者无期徒刑，并处罚金或者没收财产；数额特别巨大，并使国家和人民利益遭受特别重大损失的，处无期徒刑或者死刑，并处没收财产。对多次贪污未经处理的，按照累计贪污数额处罚。犯第1款罪，在提起公诉前如实供述自己罪行、真诚悔罪、积极退赃，避免、减少损害结果的发生，有第1项规定情形的，可以从轻、减轻或者免除处罚；有第2项、第3项规定情形的，可以从轻处罚。犯第1款罪，有第3项规定情形被判处死刑缓期执行的，人民法院根据犯罪情节等情况可以同时决定在其死刑缓期执行二年期满依法减为无期徒刑后，终身监禁，不得减刑、假释。

《刑法修正案（九）》对贪污受贿犯罪处罚的修改主要体现在以下几方面：

1. 修改贪污受贿犯罪的定罪量刑标准。1997年《刑法》根据当时惩治贪污贿赂犯罪的实际需要和司法机关的要求，对贪污受贿犯罪的定罪量刑标准规定了具体数额。但此类犯罪情节差别很大，情况复杂，单纯考虑数额，难以全面反映具体个罪的社会危害性。从实践的情况看，一些涉农补贴款、救灾款甚至救命款的贪污案件虽然涉案数额小，但直接侵害群众切身利益，影响极坏，群众反映强烈，由于法律规定数额明确具体，有的案件处罚较轻，社会效果不好。同时，立法规定贪贿犯罪具体数额标准不科学，贪贿数额标准各档次之间轻重衔接不合理。[1] 而且如果数额规定过死，有时难以根据案件的不同情况做到罪刑相适应，导致量刑不统一、不平衡。[2]

《刑法修正案（九）》按照党的十八届三中全会对加强反腐败工作，完善惩治腐败法律规定的要求，加大惩处腐败犯罪力度，进一步完善反腐败的制度规定，删去对贪污受贿犯罪规定的具体数额，对贪污罪罪状重新作出划分，不再具体列出贪污数额，而是分成贪污数额"较大""巨大""特别巨大"三档量刑，并对数额特别巨大，并使国家和人民利益遭受特别重大损失的，保留适用死刑。相比于此前5万元起刑点的数额阶梯量刑更科学，有利于惩治贪污数额较小但情节特别严重的犯罪行为。同时，兼顾到"其他较重情节""其他严重情节""其他特别严重情节"的量刑情节要素，有利于司法机关根据案件的不同情况，综合使用"数额+情节"量刑模式，有利于惩治贪污数额较小但情节特别严重的犯罪行为，综合考虑犯罪事实、情节等因素依法作出裁决，实现罪责刑相适应，使得定罪量刑与犯罪程度之间能够更加均衡，使量刑更科学，较好地适应了个案裁判的需求。[3]

2. 考虑到反腐斗争的实际需要，《刑法修正案（九）》第44条将"被追诉前"修改为"提起公诉之前"，事实上给了犯罪嫌疑人更宽松的司法政策，有利于鼓励犯贪污罪的犯罪嫌疑人如实悔罪，及时退赃、退赔。对犯贪污罪的犯罪嫌疑人，在提起公诉前如实供述自己罪行、真诚悔罪、积极退赃，避免、减少损害结果发生的，针对不同情形，可以从轻处罚、减轻或者免除处罚。

3. 增加规定，对犯贪污、受贿罪，被判处死刑缓期执行的，人民法院根据犯罪情节等情况可以同时决定在其死刑缓期执行二年期满依法减为无期徒刑后，终身监禁，不得减刑、假

---

[1] 张兆松："《刑法修正案（九）（草案）》对贪贿犯罪的修改述评"，载《山东警察学院学报》2015年第2期。
[2] 周光权："《刑法修正案（九）（草案）》的若干争议问题"，载《法学杂志》2015年第5期。
[3] 陈丽平："《刑法修正案（九）》七大亮点"，载法制网，2015年8月29日。

释。这一规定有利于体现罪刑相适应的刑法原则,维护司法公正,防止在司法实践中出现这类罪犯通过减刑等途径服刑过短的情形,符合宽严相济的刑事政策。

现实中,确有少数贪污贿赂罪犯,罪行严重,危害极大,在慎用死刑的政策下,被判处死缓后,通过屡次减刑,服刑较短就出狱,无法体现罪刑相适应原则,这对社会公众和办案干警的心理也是一个冲击,影响很坏。"终身监禁"的规定对严重贪污腐败犯罪,无疑是一记重拳。一方面可以逐步减少死刑立即执行的运用,另一方面对"罪大恶极"的贪污贿赂罪犯,也有足够的威慑力。[1] 应注意,终身监禁是一种刑罚执行措施,不是新设立的刑种。[2] 同时"终身监禁"的适用应当"特别慎重",只适用于少数确有必要的案件。适用对象应严格限定在数额特别巨大且情节特别严重,同时拒不认罪、拒不退赃被判处死缓的贪腐分子。对上述对象才可以同时决定在其死刑缓期执行二年期满依法减为无期徒刑后,终身监禁,不得减刑、假释。

二、挪用公款罪

(一) 挪用公款罪的概念与特征

挪用公款罪,是指国家工作人员利用职务上的便利,挪用公款归个人使用,进行非法活动的,或者挪用公款数额较大、进行营利活动的,或者挪用公款数额较大、超过3个月未还的行为。其基本特征是:

1. 侵犯客体是复杂客体,即国家工作人员职务行为的廉洁性、国家财经制度以及公款使用权。需要指出的是,挪用公款罪侵犯的是公款所有权中的占有权、使用权和收益权,并非公款所有权的全部。犯罪对象限于公款,即国家集体所有的货币、资金、用于扶贫和其他公益事业的社会捐助或者专项基金的货币。由国家机关、国有公司、企业、事业单位委派到非国有公司、企业、事业单位、社会团体从事公务的人员也可以构成本罪,因此上述非国有公司、企业、事业单位、社会团体的款项也可以成为挪用公款罪的犯罪对象。根据有关司法解释,挪用国库券的行为,以挪用公款罪论处。此外,根据2003年1月13日最高人民检察院通过的《关于挪用失业保险基金和下岗职工基本生活保障资金的行为适用法律问题的批复》的规定,国家工作人员利用职务上的便利,挪用失业保险基金和下岗职工基本生活保障资金归个人使用,构成犯罪的,应当依照《刑法》第384条的规定,以挪用公款罪追究刑事责任。因此,失业保险基金和下岗职工基本生活保障资金也可以成为本罪的犯罪对象。公物一般不能作为本罪的犯罪对象,挪用公物归个人使用的,一般应由主管机关按政纪处理。但如果挪用用于救灾、抢险等特种款物归个人使用,则应以挪用公款罪从重处罚。

2. 客观方面表现为利用职务上的便利,挪用公款归个人使用。这里的归个人使用既包括本人使用也包括给他人使用。关于是否包括给单位使用,2002年4月28日全国人大常委会《关于〈中华人民共和国刑法〉第三百八十四条第一款的解释》对挪用公款归个人使用的含义作出立法解释,规定有下列情形之一的,属于挪用公款"归个人使用":①将公款供本人、亲友或者其他自然人使用的;②以个人名义将公款供其他单位使用的;③个人决定以单位名义将公款供其他单位使用,谋取个人利益的。这一立法解释的精神是:将公款给其他自然人使用的,都属于归个人使用,而无须以个人名义与谋取个人利益。以个人名义将公款供其他单位使用的,属于归个人使用,而无须谋取个人利益。个人决定以单位名义将公款供其他单位使用的,只有谋取个人利益的才属于归个人使用。应当指出,这里的单位,既包括私有公司、企

---

[1] 周斌、李豪:"刑法修正案(九):终身监禁切断严重贪腐犯罪退路",载《法制日报》2015年9月7日。
[2] 荆龙:"刑法第九次大修实现精准打击",载《人民法院报》2015年8月30日。

业,也包括国有公司、企业以及集体公司、企业。刑法根据挪用公款的三种用途规定了构成犯罪的不同条件,包括三种不同情况:

(1) 挪用公款归个人使用,进行非法活动。这里的非法活动是指赌博、吸毒、嫖娼和非法经营、发放高利贷等为国家法律、行政法规所禁止的行为。挪用公款进行非法活动不论挪用数额大小、时间长短都构成挪用公款罪。当然如果挪用公款数额不大,时间很短,情节显著轻微危害不大的,不应作为犯罪处理。实践中,这种挪用公款的行为构成犯罪,以5000元~1万元为追究刑事责任的数额起点。

(2) 挪用公款数额较大,归个人进行营利活动。这里的营利活动是指存入银行、用于集资、购买股票、国债等。将挪用的公款用于归还个人在经营活动中的欠款,属于进行营利活动。此外,将挪用的公款用于公司出资等营利的预备活动的,也属于进行经营活动。营利活动必须是国家法律、法规允许的营利活动。至于经营性活动是否获利,不影响本罪的成立。此种情况的数额较大的起点为1万元~3万元。根据司法解释的规定,挪用公款数额较大,归个人进行营利活动的,构成挪用公款罪,不受挪用时间和是否归还的限制。在案发前部分或者全部归还本息的,可以从轻处罚;情节轻微的,可以免除处罚。

(3) 挪用公款归个人使用,数额较大,超过3个月未还的。这一般是指挪用公款用于非法活动、营利活动以外的其他合法事项,如个人消费、买车购房、支付医药费、还债等。"数额较大"的起点也是1万元~3万元。"未还",是指案发前(即被司法机关、主管机关或者有关单位发现前)未还。超期未还的必须超过3个月未还。多次挪用公款不还的,挪用公款数额累计计算;多次挪用公款,并以后次挪用的公款归还前次挪用的公款,挪用公款的数额以案发时尚未归还的实际数额认定。根据司法解释的规定,挪用正在生息或者需要支付利息的公款归个人使用,数额较大,超过3个月但在案发前全部归还本金的,可以从轻处罚或者免除处罚。给国家、集体造成的利息损失应予追缴。挪用公款数额巨大,超过3个月,案发前全部归还的,可以酌情从轻处罚。

3. 犯罪主体是特殊主体,即国家工作人员,其范围依据《刑法》第93条的规定予以确定。根据《刑法》第185条第2款的规定,国有金融机构工作人员和国有金融机构委派到非国有金融机构从事公务的人员挪用本单位或客户资金的,以挪用公款罪论处。挪用公款给他人使用,使用人与挪用人共谋,指使或者参与策划取得挪用款的,以挪用公款罪的共犯定罪处罚。但应注意,不应扩大使用人构成共犯的范围,对于使用人只是单纯提出借用公款的,不得认定为挪用公款罪的共犯。

4. 主观方面表现为故意,并且具有非法使用公款的目的。这里的故意,是指明知是公款而予以挪用的主观心理状态。由于刑法对挪用公款三种用途构成犯罪的条件作了不同的规定,因而对于挪用公款的用途也应具有认识。在挪用公款给他人或者其他单位使用的情况下,本人认识的用途与他人或者其他单位实际用途不一致时,应以本人的认识作为构成犯罪的根据。例如,他人以进行营利活动为名借用公款,而实际上进行非法活动的,国家工作人员应以本人认识的进行营利活动作为构成犯罪的根据。

(二) 挪用公款罪的认定

1. 挪用公款罪与非罪的界限。区分挪用公款罪与合法借款的关键在于行为人是否利用职务上的便利和是否履行了合法的借款手续。根据财务制度,履行了必要的借款手续后借用公款的,是合法借款。相反,如果行为人利用职务上的便利,未履行必要的借款手续,则构成挪用公款罪。

2. 挪用公款数额的累计计算。挪用公款是数额犯,在现实生活中往往发生多次挪用的情形。对此,最高人民法院《关于审理挪用公款案件具体应用法律若干问题的解释》第4条规定:"多次挪用公款不还,挪用公款数额累计计算;多次挪用公款,并以后次挪用的公款归还前次挪用的公款,挪用公款数额以案发时未还的实际数额认定。"根据这一规定,多次挪用公款的数额,在一般情况下应当累计计算,但如果是以后次挪用的公款归还前次挪用的公款,则不予累计,而以案发时未还的实际数额认定。

3. 挪用公款归个人使用的内涵。挪用公款罪的重要行为特征之一就是挪用公款归个人使用。除了挪用公款归挪用者本人使用外,2001年9月18日最高人民法院通过的《关于如何认定挪用公款归个人使用有关问题的解释》(现已失效)中规定:①国家工作人员利用职务上的便利,以个人名义将公款借给其他自然人或者不具有法人资格的私营独资企业、私营合伙企业等使用的,属于挪用公款归个人使用;②国家工作人员利用职务上的便利,为谋取个人利益,以个人名义将公款借给其他单位使用的,属于挪用公款归个人使用。后来,全国人大常委会在《关于〈中华人民共和国刑法〉第三百八十四条第一款的解释》中对"挪用公款归个人使用"的含义作出了立法解释,规定:"将公款供本人、亲友或其他自然人使用的""以个人名义将公款供其他单位使用的""个人决定以单位名义将公款供其他单位使用,谋取个人利益的",属于挪用公款"归个人使用"。在司法实践中,对于将公款供其他单位使用的,认定是否属于"以个人名义"不能只看形式,要从实质上把握是单位行为还是个人行为。对于个人逃避财务监管,或者与使用人约定以个人名义进行,或者借款、还款都以个人名义进行,将公款供其他单位使用的,应认定为"以个人名义"。"个人决定",既包括行为人在职权范围内决定,也包括超越职权范围决定。"谋取个人利益",一般认为应当包括非法利益和物质利益。

4. 挪用公款罪与贪污罪的界限。①两者的犯罪主体都是特殊主体,即国家工作人员。但是,贪污罪还包括受国家机关、国有公司、企业、事业单位、人民团体委托管理、经营国有财产的人员。②主观方面,挪用公款罪以暂时非法使用公款为目的,贪污罪以永久非法占有公共财物为目的。③挪用公款罪的结果是使公款的占有权、使用权、收益权受到暂时损害,所有人并不丧失公款。贪污罪的结果是使公共财产所有权的全部权能受到彻底损害。④客观方面的行为手段不同。挪用公款罪的行为手段是擅自私用公款,不存在做伪账、虚报账目等行为。贪污罪的行为手段是以侵吞、窃取、骗取等非法手段挪用公款后携款潜逃。

5. 在现实生活中,往往发生挪用公款后携款潜逃的情形,对此应如何定罪?司法解释规定:携带挪用的公款潜逃的,应以贪污罪论处。因为携款潜逃的,表明犯罪分子主观上不想归还,定贪污罪是适当的。但如何理解这里的携带挪用的公款潜逃?挪用公款后携款潜逃的,只能对所携之款以贪污罪论处,而对于潜逃之前挪用的公款,只要是因客观原因不能归还的,不能定贪污罪,只能定挪用公款罪。

6. 挪用型犯罪的主要区别。我国刑法在侵犯财产类犯罪和贪污贿赂类犯罪中分别规定了挪用资金罪、挪用特定款物罪和挪用公款罪。构成这三类犯罪都具有主体特定性、犯罪对象的特定性、侵犯的客体是财产的使用权而非所有权的特征。但是这三类犯罪也各有区别。挪用公款罪与挪用资金罪的区别主要体现在主体构成上,挪用公款罪以国家工作人员身份为前提,而挪用资金罪是以普通的、不具有从事公务性质的公司和其他单位工作人员(国有公司、企业或者其他国有单位中从事公务的人员和国有公司、企业或者其他国有单位委派到非国有公司、企业以及其他单位从事公务的人员除外)为前提。挪用特定款物罪实际上是单位犯罪,但追究挪用单位的直接责任人员,所以无论是国家工作人员、集体经济组织人员还是其他经手、管理该特定款物的人员都可以构成该罪的主体。挪用特定款物罪只限于特定款物,违反的必须是专款专用制度,如果行为人具有国家工作人员身份而挪用特定款物归自己或者他人使用,则构成挪用公款罪而非挪用特定款物罪。此外，挪用特定款物罪在客观上要求致使国家和人民利益遭受重大损害的结果发生。而挪用公款和挪用资金行为均分为三种情况，并分别规定了不同的犯罪的客观要件。

7. 挪用公款罪的共犯。挪用公款罪是身份犯，但不具有这种身份的人伙同挪用的，应以挪用公款罪的共犯论处。最高人民法院《关于审理挪用公款案件具体应用法律若干问题的解释》第8条规定："挪用公款给他人使用，使用人与挪用人共谋，指使或者参与策划取得挪用款的，以挪用公款罪的共犯定罪处罚。"这是关于使用人构成挪用公款罪共犯的规定。公款的使用人，其使用公款的行为并非犯罪，即使明知是挪用的公款而使用的，也不构成挪用公款罪。使用人只有与挪用人共谋，指使或者参与策划取得挪用款的，才构成挪用公款罪的共犯，即教唆犯和帮助犯。那么，非使用人如果与挪用人共谋，指使或者参与策划挪用公款的是否构成挪用公款罪的共犯？挪用公款罪的共犯并不限于使用人，非使用人只要在国家工作人员挪用公款中起到了教唆或者帮助作用，都应以共犯论处。

8. 单位行为不构成挪用公款罪。根据《刑法》及相关的司法解释，构成挪用公款罪必须是个人，单位不能构成挪用公款罪的主体。在司法实践中，应注意两种情况：①国家工作人员为了单位的利益，即其利益归属于单位，根据单位的集体意志，以单位的名义将公款借给自然人个人使用的，如将单位闲置资金供给他人炒股，为单位谋取高额利息等，这种行为应当视为单位行为，挪用行为人不构成挪用公款罪。如果上述挪用行为造成公款损失的，应当根据单位负责人在挪用公款时所具有的主观罪过的实际情况，依法认定相应的渎职类犯罪。②国家工作人员的挪用行为有证据证明并非为谋取个人利益，而是根据单位的意志来实施，将公款借给其他单位使用的，属于通常的单位之间的非法拆借行为，这属于单位行为，所以挪用行为人不构成挪用公款罪的主体。若挪用行为给国家造成损失的，应当依法追究该国家工作人员渎职犯罪的刑事责任。

对于那些不具备公款支配权但负有保管职责的国家工作人员（如单位的会计、出纳或者采购员等），实施挪用行为时未经单位同意，即使客观上为单位谋取了非法利益，因其挪用行为不能代表单位的整体意志，仍然属于个人行为，应当依法以挪用公款罪追究其刑事责任。

（三）挪用公款罪的刑事责任

根据《刑法》第384条的规定，犯本罪的，分三种情况分别处罚：

1. 挪用公款数额较大的，处5年以下有期徒刑或者拘役。挪用公款进行非法活动，起刑点为5000元~1万元。挪用公款的其他情形，数额较大指挪用公款1万元~3万元。

2. 挪用公款情节严重的，处5年以上有期徒刑。根据司法解释，情节严重主要是指：①挪用公款数额巨大；②数额虽未达巨大但手段恶劣；③多次挪用；④因挪用严重影响生产、经营；⑤造成严重损失等。挪用公款数额巨大指挪用公款15万元~20万元。

3. 挪用公款数额巨大不退还的，处10年以上有期徒刑或者无期徒刑。不退还是指因客观原因不能退还。如果行为人主观上就是不想还，妄图将挪用的公款据为己有的，行为人挪用公款后采取虚假发票平账、销毁有关账目等手段，使新挪用的公款难以在单位财务账目上反映出来，或者行为人有能力归还公款而在一审判决前拒不归还所挪用的公款，说明行为人的主观犯意已由非法使用公款转化为非法占有公款，行为的性质已发生了变化，应以贪污罪论处。根据司法解释，行为人"携带挪用的公款潜逃的"，对其携带挪用的公款部分，以贪污罪定罪处罚；对其没有携带的其他挪用的公款部分，仍然以挪用公款罪定罪处罚。

根据《刑法》第384条第2款的规定，挪用用于救灾、抢险、防汛、优抚、扶贫、移民、救济款物归个人使用的，从重处罚。

三、私分国有资产罪

（一）私分国有资产罪的概念与特征

私分国有资产罪，是指国家机关、国有公司、企业、事业单位、人民团体，违反国家规定，以单位名义将国有资产集体私分给个人，数额较大的行为。其基本特征是：

1. 本罪侵犯的客体是国家的廉政制度和国家的资产管理制度。私分国有财产罪的对象是国有资产。这里的国有资产是指国家依法取得和认定的，或者国家以各种形式对企业投资和取得投资收益、国家向行政事业单位拨款等形成的资产。

2. 私分国有资产罪的主体是国家机关、国有公司、企业、事业单位、人民团体。其他非国有单位和个人不能构成本罪。

3. 私分国有资产罪的客观方面是指违反国家规定，以单位名义将国有资产集体私分给个人的行为。这里的违反国家规定，是指违反国家有关管理、使用、保护国有资产方面的法律、行政法规规定。这里的以单位名义集体私分，是指由单位领导个人或者经领导集体讨论作出决定，将国有资产分给单位所有职工或者绝大多数职工。私分国有资产数额较大才构成犯罪，这里的数额较大，参照《人民检察院直接受理立案侦查案件立案标准的规定（试行）》（简称《立案标准》）的规定，是指累计数额在 10 万元以上。

4. 私分国有资产罪主观方面是故意，即明知是国有资产而予以私分。

（二）私分国有资产罪的刑事责任

根据《刑法》第 396 条第 1 款之规定，犯本罪的，对其直接负责的主管人员和其他直接责任人员，处 3 年以下有期徒刑或者拘役，并处或者单处罚金；数额巨大的，处 3 年以上 7 年以下有期徒刑，并处罚金。

四、私分罚没财物罪

（一）私分罚没财物罪的概念与特征

私分罚没财物罪，是指司法机关、行政执法机关违反国家规定，将应当上缴国家的罚没财物，以单位名义集体私分给个人，数额较大的行为。其基本特征是：

1. 本罪侵犯的客体是国家的廉政制度和国家的罚没财物管理制度。犯罪对象是罚没财物。

2. 客观方面表现为违反国家规定将应当上缴国家的罚没财物，以本单位的名义私分给单位的所有员工或大部分本单位成员。

3. 犯罪主体是司法机关和行政执法机关。

4. 主观方面是直接故意，具有非法占有罚没财物的目的。

（二）私分罚没财物罪的刑事责任

根据《刑法》第 396 条第 2 款之规定，犯本罪的，依照私分国有资产罪的规定处罚，即私分罚没财物数额较大的，对其直接负责的主管人员和其他直接责任人员，处 3 年以下有期徒刑或者拘役，并处或者单处罚金；数额巨大的，处 3 年以上 7 年以下有期徒刑，并处罚金。

五、巨额财产来源不明罪

（一）巨额财产来源不明罪的概念与特征

巨额财产来源不明罪，是指国家工作人员的财产、支出明显超过合法收入，差额巨大，而本人又不能说明其来源的行为。

1. 本罪侵犯的客体是国家机关的正常活动与威信和公私财物的所有权。即由于行为人非法拥有大量不能说明来源的财物，致使这些财物的所有权受到侵害。

2. 客观上表现为行为人拥有财物数额或者其本人的支出数额明显超过其自身的合法收入，差额巨大，而且行为人不能说明差额部分的来源。这里说的"拥有"就是一种非法持有，表现的是一种行为状态。"财产",是指行为人实际拥有的财产,包括住房、交通工具、存款等,名义上属于别人实质上是行为人的财产,应当属于行为人所拥有的财产。"支出",是指行为人已经对外支付的款物,包括赠与他人的款物。"合法收入",是指按法律规定应属于行为人合法占有的财物,如工资、奖金、继承的遗产、接受的馈赠、捐助等。巨额财产来源不明罪的罪量要素是超出合法收入的财产与合法收入的财产之间差额巨大,这里的差额巨大,根据《立案标准》的规定,是指30万元以上。未达到这一数额标准的,不构成本罪。在司法实践中计算巨额财产来源不明罪的犯罪数额时,可将行为人的全部财产与以往所有支出的总和减去已认定的犯罪所得(例如贪污、受贿数额)、合法收入及非法所得,剩余的就是来源不明的财产。如果行为人能够说明差额财产的来源,或者不能说明的差额财产数额不够巨大,都不构成本罪。如果行为人说明了财产属非法获得,且经司法机关查实,应按其行为的性质定罪量刑,不构成本罪。具体来说这里的不能说明,包括以下四种情形:①行为人拒不说明财产来源;②行为人分辨不出财产的具体来源而无法说明;③行为人说明了财产来源,经司法机关查证并不属实;④行为人说明了财产来源,因线索不具体等原因,司法机关无法查实。关于国家工作人员持有明显超出合法收入的财产,这里的合法收入包括法定收入、兼职收入以及各种灰色收入,包括货币收入、实物收入以及期权等其他收入。

3. 本罪犯罪主体是国家工作人员。

4. 本罪犯罪主观方面表现为故意,即无视国家的廉政制度,故意拥有超过合法收入的巨额财产,又拒不说明或不如实说明财产的来源,目的在于非法拥有公私财物。

(二) 巨额财产来源不明罪的刑事责任

根据《刑法》第395条第1款的规定,国家工作人员的财产、支出明显超过合法收入,差额巨大的,可以责令该国家工作人员说明来源,不能说明来源的,差额部分以非法所得论,处5年以下有期徒刑或者拘役;差额特别巨大的,处5年以上10年以下有期徒刑。财产的差额部分予以追缴。

六、隐瞒境外存款罪

(一) 隐瞒境外存款罪的概念与特征

隐瞒境外存款罪,指国家工作人员违反国家外汇管理法规和行政管理制度,将外汇存入外国银行,隐瞒不报,数额较大的行为。其基本特征是:

1. 本罪侵犯的客体是国家工作人员境外存款申报制度和国家的廉政制度。犯罪对象是境外存款,既包括在国外的存款,也包括在港、澳、台的存款。

2. 客观方面表现为行为人对境外存款予以隐瞒,不依照国家关于国家工作人员境外存款申报制度的规定进行申报,且数额较大的行为。本罪是一种不作为犯罪。

3. 犯罪主体仅限于国家工作人员,且必须负有申报境外存款的法定义务。

4. 主观方面表现为行为人明知应当申报,却有意隐瞒不申报,是故意犯罪。

(二) 隐瞒境外存款罪的认定

认定本罪时,首先,应注意区分罪与非罪的界限。隐瞒境外存款罪不以存款来源的违法性为构成要件,在境外取得的合法收入,也属于规定的境外存款,如依法继承的财产等。因为隐瞒境外存款罪的立法原则是对境外存款的监督,而不在于追究其财产来源是否有过错。构成隐瞒境外存款罪必须达到"数额较大"的标准,否则不构成隐瞒境外存款罪。隐瞒境外存款罪属于结果犯,必须具备隐瞒不报境外存款且数额较大的事实才能构成犯罪。因此,从犯罪形态看,这种犯罪只有既遂,没有未遂。其次,应注意区分一罪与数罪。对于国家工作人员在贪污、受贿后,将赃款转移出境,存入境外的银行的行为,法律已明确规定为犯罪。所以,如查明行为人已构成贪污罪或受贿罪,又将赃款偷偷转移存入境外,构成犯罪的,应分别定罪,实行数罪并罚。对确实查不出犯罪来源的"存款",可只以隐瞒境外存款罪定罪量刑。如果国家工作人员的境外存款明显超过其合法收入,差额巨大不能说明来源是合法的,则应以巨额财产来源不明罪并处。

(三) 隐瞒境外存款罪的刑事责任

根据《刑法》第395条第2款的规定,犯隐瞒境外存款罪的,处2年以下有期徒刑或者拘役;情节较轻的,由其所在单位或者上级主管机关酌情给予行政处分。

第三节 贿赂犯罪

一、受贿罪

(一) 受贿罪的概念与特征

受贿罪,是指国家工作人员利用职务上的便利,索取他人财物,或者非法收受他人财物,为他人谋取利益的行为。其主要特征是:

1. 侵犯的客体是国家工作人员职务行为的廉洁性。作为本罪犯罪对象的财物,即贿赂,应作广义解释,是指具有物质性利益的,并以客观形态存在的一切财物。这种利益既可以当即实现,也可以在将来实现。

2. 客观方面表现为行为人利用职务上的便利,索取他人财物或者非法收受他人财物,为他人谋取利益的行为。它包括三个方面的内容:

(1) "利用职务上的便利",是指利用本人职务范围内的权力,即自己职务上主管、负责或者承办某项公共事务的职权以及利用其职权或地位形成的便利条件。利用职权是利用本人职务范围内的权力,利用与职务有关的便利条件是指虽然不是直接利用职权,但是利用本人的职权或地位形成的便利条件。因此,利用本人职务上的便利包括以下两种情形:①直接利用本人职务上的便利,即以本人职务范围内的权力为请托人谋取利益而从中收受财物;②间接利用本人职务上的便利,即要求有职务上直接隶属、制约关系的其他国家工作人员利用职权为行贿人谋取利益。在这种情况下,从表面上看是通过他人的职务为请托人谋取利益,从而收受财物。但从实际上看,是利用了本人职务而产生的制约关系,这种制约关系可以影响被利用者的利益,使之就范。

(2) 客观上实施了索取他人财物或者非法收受他人财物的行为。①索取。索取是指主动索要并收取。可以是明示的,也可以暗示的。索取具有两个特点:一是主动性,是受贿人先提出贿赂的要求;二是由索要与收取两个行为构成,是一种复合行为。索取既可以是明示的,也可以是暗示的。明示是明火执仗地索要贿赂,如果对方不给贿赂,就不履行其职务行为,以此为要挟,迫使对方就范。暗示是暗度陈仓地索要贿赂,往往使用暗示的方法,使对方领会,从而乖乖地交付贿赂。无论是明示还是暗示,都应以索贿论处。②收受。收受是指被动地收取。因此,收受具有被动性,是在请托人主动交付贿赂的情况下消极地接受。

(3) 非法收受他人财物,同时"为他人谋取利益"的,才能构成受贿罪。为他人谋取的利益是否正当,能否实现,并不影响本罪成立。应当指出,索取财物构成的受贿罪不以为他人谋取利益为条件,而收受财物构成的受贿罪则以为他人谋取利益为条件。这里的为他人谋取利益,是指利用本人职务上的便利,为行贿人谋取各种好处,包括物质利益和非物质利益。而且,无论这种利益是合法利益还是非法利益,均不影响受贿罪的成立。为他人谋取利益具有以下三种情形：①允诺为他人谋取利益；②正在为他人谋取利益；③已经为他人谋取利益。只要具备上述情形之一，就视为具有为他人谋取利益这一条件。如果没有为他人谋取利益这一要件，即使收受他人财物的，也不构成受贿罪。例如感情投资、收受礼金等，属于收受赠贿，而不是收受贿赂。外国刑法中一般都有收受赠贿罪之设立，我国则未设这一罪名。在这种情况下，根据罪刑法定原则，不应以受贿罪论处。

3. 犯罪主体是特殊主体，即国家工作人员，包括在国家机关中从事公务的人员，国有公司、企业、事业单位、人民团体中从事公务的人员和国家机关、国有公司、企业、事业单位委派到非国有公司、企业、事业单位、社会团体从事公务的人员以及其他依照法律从事公务的人员。

4. 主观方面表现为直接故意，即行为人明知利用职务上的便利，索取他人财物或者非法收受他人财物，为他人谋取利益的行为是违法的，却故意为之。犯罪目的是谋取他人的财物。

（二）受贿罪的认定

1. 受贿罪与非罪的界限。正当馈赠与受贿区别的关键是行为人是否利用职务上的便利，为他人谋取利益。受贿是谋私利的犯罪行为，馈赠是亲友或一般同志联络情谊的表现，是无条件的赠与，是合法的民事行为。受贿是利用职务上的便利进行，客观上往往采取隐蔽的、不正常的方式进行。馈赠是正常的礼尚往来行为，没有利用职务之便的情况，而且都是以公开的、正常的方式进行。实践中区分二者应综合考虑：①是否存在亲友关系；②是否谋取利益；③是否利用职务的便利；④接受的财物的数额与价值。公民接受法律、政策允许范围内的合法报酬不构成受贿。此外，区分受贿罪和一般受贿行为的界限，需要查明受贿的数额大小和情节轻重。根据《刑法》第 383、386 条的规定，受贿数额较大或者有其他较重情节的，才构成受贿罪。如果没有较重情节，在数额未达到较大的情况下，属一般受贿行为。

2. 离退休国家工作人员构成受贿罪主体问题。1989 年司法解释中关于离退休国家工作人员斡旋受贿行为的规定现在已不具有法律效力。如果利用原来所任之职或地位所形成的特定条件，直接收受贿赂或者斡旋受贿，按现行法律，不应以受贿罪论处。但离退休国家工作人员在职期间利用职务上的便利为请托人谋取利益，并与其事先约定，离退休后收受请托人财物的，应以受贿罪论。国家工作人员利用职务之便为请托人谋取利益时，已经知悉其有事后感谢的意思表示，离退休后索取或者收受他人财物的，也应视为与请托人有事先约定，可以构成受贿罪主体。如果离退休国家工作人员又被原单位返聘，担任某种公共职务，其利用现任的职务上的便利，索取、收受他人财物的，应以受贿论。如果离退休国家工作人员又被其他单位聘用，担任一定职务，如果他利用现职收受贿赂，可分别构成受贿罪或非国家工作人员受贿罪。

3. 受贿罪与彼罪的界限。如果国家工作人员以利用职务上便利收受贿赂从而为他人谋取利益为名，骗取他人数额较大的财物，但并没有也不打算利用职务之便为他人谋取利益的，构成诈骗罪；如果国家工作人员以要挟、威胁的方式勒索他人财物，并没有利用职务上的便利，应构成敲诈勒索罪；如果主体不是国家工作人员而是公司、企业人员利用其职务上的便利索取或收受他人财物，数额较大的，构成非国家工作人员受贿罪。

4. 经济受贿。根据《刑法》第 385 条第 2 款的规定，"国家工作人员在经济往来中，违反国家规定，收受各种名义的回扣、手续费，归个人所有的，以受贿论处"。这是我国刑法关于经济受贿的规定。经济受贿是受贿罪的一种特殊表现形式，在认定经济受贿的时候，应当注意根据以下条件：

（1）回扣、手续费。回扣、手续费是经济受贿中贿赂的表现形式，应当正确界定。"回扣"是指在商品交易中，卖方在收取的价款中扣出一部分回送给买方或其委托代理人（经办人)。"手续费"是指在从事经济活动中,收取对方单位或者个人的费用。

(2) 经济交往。经济受贿发生在经济活动中,这是它与普通受贿的根本区别之一。这里的经济活动既包括国家经济管理活动,又包括国家工作人员参与的经济交往活动。关于经济受贿,《刑法》并未规定利用职务上的便利这一要件,但这并不意味着经济受贿可以不需要这一要件。实际上,国家工作人员在经济活动中从事各种经济活动本身就是依法从事公务活动,因而是职务行为。在经济活动中收受回扣、手续费的,必然以利用职务上的便利为前提。

(3) 违反国家规定。在经济交往中收受回扣、手续费,只有违反国家规定才构成受贿罪。这里的违反国家规定是指违反全国人民代表大会及其常委会制定的法律,国务院制定的行政法规和行政措施、发布的决定和命令。例如,1993年12月1日起施行的《反不正当竞争法》第8条第1款规定:"经营者不得采用财物或者其他手段进行贿赂以销售或者购买商品。在账外暗中给予对方单位或者个人回扣的,以行贿论处;对方单位或者个人在账外暗中收受回扣的,以受贿论处。"根据这一法律规定,账外暗中收受回扣是违法的,应以受贿论处。

(4) 归个人所有。回扣、手续费是否归个人所有,是认定经济受贿的重要条件之一。如果收受回扣、手续费用于集体福利或者奖励,包括对在经济活动中做出贡献的业务人员的奖励,或者收受回扣、手续费归单位所有,并有单位发票、按照会计制度进账的,不构成经济受贿。符合单位受贿罪构成要件的,应以该罪论处。只有收受回扣、手续费中饱私囊或者少数人私分的,才应以经济受贿论处。

5. 间接受贿。根据《刑法》第388条的规定,"国家工作人员利用本人职权或者地位形成的便利条件,通过其他国家工作人员职务上的行为,为请托人谋取不正当利益,索取请托人财物或者收受请托人财物的,以受贿论处"。这是我国刑法关于间接受贿的规定,也称斡旋受贿。间接受贿是受贿罪的一种特殊表现形式,认定间接受贿要注意把握以下要件:

(1) 利用本人职权或者地位形成的便利条件。这里的本人职权或地位形成的便利条件,是指行为人与相应的国家工作人员之间在职务上虽然没有直接隶属和制约关系,但是双方存在着基于职权和地位产生的影响和一定的工作联系。例如,单位内不同部门的国家工作人员之间,有工作联系的不同单位的国家工作人员之间等。间接受贿利用本人职权或者地位形成的便利条件与直接受贿利用职务上的便利是有所不同的,在利用职务上的便利的情况下,直接利用本人职权,当然不需要通过其他国家工作人员的职务行为为请托人谋取利益。而利用职权形成的便利条件,虽然也是通过其他国家工作人员的职务行为为请托人谋取利益,但这是以本人职务对他人职务存在着职务上的制约关系为前提的。而在间接受贿的情况下,本人职务对他人职务不存在这种制约关系,而是利用了本人职务对其他国家工作人员的影响。

(2) 通过其他国家工作人员职务上的行为。间接受贿中的通过其他国家工作人员职务上的行为,是指行为人本人不是直接利用自己职务范围内的权力为请托人谋取利益,而是让其他国家工作人员利用职务上的便利,为请托人谋取利益。

(3) 为请托人谋取不正当利益。普通受贿只要为他人谋取利益即可构成犯罪,而不论这种利益是否正当。但刑法规定间接受贿只有在为请托人谋取不正当利益的情况下才能构成。这里的不正当利益,是指请托人依照有关法律、法规或者规章、条例等规定,不应当得到的利益。

6. 受贿罪的共犯。受贿罪是身份犯,它以国家工作人员作为特殊主体。因此,非国家工作人员不能单独构成受贿罪。由于刑法对贪污罪的共犯有规定,而对受贿罪的共犯没有规定,因此刑法理论对非国家工作人员是否可以构成受贿罪的共犯提出疑问。共犯是一个刑法总则问题,《刑法》第382条第3款关于贪污罪的共犯的规定只是一个提示性规定而非特别规定,因此尽管刑法对受贿罪的共犯没有规定，并不妨害受贿罪的共犯的成立。在司法实践中，受贿罪的共犯问题，主要是与国家工作人员有财产共有关系的家庭成员和该国家工作人员共同受贿的问题。家庭成员参与受贿主要表现为：与国家工作人员共同商议收受贿赂，积极出谋划策；传递信息，沟通关系并收受财物；帮助国家工作人员向行贿人索取贿赂；诱导、劝说、催促甚至威逼国家工作人员索取财物，致使国家工作人员产生了受贿犯罪的故意，并实施了受贿行为；等等。家庭成员代请托人向国家工作人员转达请托事项，国家工作人员明知其收受了请托人的财物，仍按照家庭成员的要求利用职权为他人谋取利益的，应认定为受贿罪，家庭成员以受贿罪共犯论处。如果家庭成员没有以上行为，只是明知国家工作人员收受贿赂而与其共享的，属于知情不举，不构成受贿罪的共犯。与国家工作人员没有财产共有关系，但与国家工作人员相互勾结，由国家工作人员利用职务上的便利为请托人谋取利益，双方共同收受并占有请托人的财物的，构成受贿罪的共犯。与国家工作人员没有财产共有关系的人和国家工作人员相互勾结，促使行贿人向国家工作人员行贿，但没有与国家工作人员共同占有贿赂财物的，不能以受贿罪的共犯认定。构成其他犯罪的，依照有关规定定罪处罚。

（三）受贿罪的刑事责任

根据《刑法》第386条的规定，犯受贿罪的，根据受贿所得数额及情节，依照第383条的规定处罚。索贿的从重处罚。虽然本次《刑法修正案（九）》只对《刑法》第383条贪污罪的量刑进行了修改，但根据原《刑法》第386条的规定，受贿罪的量刑幅度、情节、刑期都直接适用第383条关于贪污罪的量刑规定。因此，受贿罪和贪污罪保持了统一，也不再以数额作为绝对的量刑标准。同时，受贿罪也可以适用"如实悔罪""退赃退赔"酌定量刑情节的规定。据此，受贿罪应区分以下情形处罚：

（1）个人受贿数额较大或者有其他较重情节的，处3年以下有期徒刑或者拘役，并处罚金。

（2）个人受贿数额巨大或者有其他严重情节的，处3年以上10年以下有期徒刑，并处罚金或者没收财产。

（3）个人受贿数额特别巨大或者有其他特别严重情节的，处10年以上有期徒刑或者无期徒刑，并处罚金或者没收财产；数额特别巨大，并使国家和人民利益遭受特别重大损失的，处无期徒刑或者死刑，并处没收财产。

对多次受贿未经处理的，按照累计受贿数额处罚。

个人受贿数额较大或者有其他较重情节，在提起公诉前如实供述自己罪行、真诚悔罪、积极退赃，避免、减少损害结果的发生的，可以从轻、减轻或者免除处罚；个人受贿数额巨大或者有其他严重情节，个人受贿数额特别巨大或者有其他特别严重情节，在提起公诉前如实供述自己罪行、真诚悔罪、积极退赃，避免、减少损害结果的发生的，可以从轻处罚。

个人受贿数额特别巨大或者有其他特别严重情节被判处死刑缓期执行的，人民法院根据犯罪情节等情况可以同时决定在其死刑缓期执行二年期满依法减为无期徒刑后，终身监禁，不得减刑、假释。

索贿的从重处罚。

二、利用影响力受贿罪

利用影响力受贿罪是《刑法修正案（七）》新增加的罪名。《刑法》第388条对国家工作人员利用本人职权或地位形成的便利条件，通过其他国家工作人员的职务行为为请托人谋取不正当利益，索取或收受请托人财物的犯罪作了规定。对于非国家工作人员收受贿赂追究刑事责任的问题，根据最高人民法院2003年《全国法院审理经济犯罪案件工作座谈会纪要》的规定，非国家工作人员与国家工作人员勾结，伙同受贿的，应当以受贿罪的共犯追究刑事责任。非国家工作人员是否构成受贿罪共犯，取决于双方有无共同受贿的故意和行为。国家工作人员的近亲属向国家工作人员代为转达请托事项，收受请托人财物并告知该国家工作人员的，或者国家工作人员明知其近亲属收受了他人财物，仍按照近亲属的要求利用职权为他人谋取利益的，对该国家工作人员应认定为受贿罪，其近亲属以受贿罪共犯论处。近亲属以外的其他人与国家工作人员通谋，由国家工作人员利用职务上的便利为请托人谋取利益，收受请托人财物后双方共同占有的，构成受贿罪共犯。

目前，在处理涉及腐败的案件时遇到了一些新问题。一些国家工作人员的配偶、子女打着老公、家长的旗号为请托人办事谋取不正当利益，收受请托人财物，事发以后，配偶、子女说收受财物为他人谋利益之事是背着老公、家长办的，老公、家长说不知道此事，使案件难以处理。此外，一些已经离职的国家工作人员，虽已不具备国家工作人员的身份，但他们或者其近亲属及关系密切的人利用其在职时形成的影响力，通过其他国家工作人员的职务行为为请托人谋取不正当利益，自己从中索取或者收受财物。这些行为严重败坏了党风、政风和社会风气，应作为犯罪追究。另外，我国已批准了《联合国反腐败公约》，其第18条对影响力交易犯罪也作了明确规定，要求各缔约国将"公职人员或者其他任何人员为其本人或者他人直接或间接索取或者收受任何不正当好处，以作为该公职人员或者该其他人员滥用本人的实际影响力或者被认为具有的影响力，从缔约国的行政部门或者公共机关获得任何不正当好处的条件"规定为犯罪。其中的"公职人员或者其他任何人员"就包括国家工作人员、离职的国家工作人员及其配偶、子女、亲朋好友等非国家工作人员。为适应反腐败的需要，《刑法》的有关条文规定应当修改完善，与《联合国反腐败公约》衔接，以促进我国履行应承担的国际公约义务。《刑法修正案（七）》中增加了与国家工作人员关系密切的人，或者是离职的国家工作人员，利用原来的地位、工作便利和影响力索取和收受贿赂的行为构成犯罪的规定，这次的补充是完善中国惩治腐败的法律规定的重要举措。

（一）利用影响力受贿罪的概念与特征

利用影响力受贿罪，是指国家工作人员的近亲属或者其他与该国家工作人员关系密切的人，通过该国家工作人员职务上的行为，或者利用该国家工作人员职权或者地位形成的便利条件以及离职的国家工作人员或者其近亲属、其他与其关系密切的人，利用该离职的国家工作人员原职权或者地位形成的便利条件，通过其他国家工作人员职务上的行为，为请托人谋取不正当利益，索取请托人财物或者收受请托人财物，数额较大或者有其他较重情节的行为。其主要特征是：

1. 侵犯客体主要是国家机关的正常管理活动和公众对国家工作人员廉洁依法办事的信赖或者说是国家工作人员的廉洁形象。利用影响力受贿罪的主体虽然不是国家工作人员，但其与国家工作人员有着特殊关系，实质上是变相或间接利用国家工作人员的职务便利，其所侵犯的客体与受贿罪所侵犯的客体存在着相似性。作为本罪犯罪对象的财物，即贿赂，应作广义解释，是指具有物质性利益的，并以客观形态存在的一切财物。

2. 客观方面表现为国家工作人员的近亲属或者其他与该国家工作人员关系密切的人，通过该国家工作人员职务上的行为，或者利用该国家工作人员职权或者地位形成的便利条件，通过其他国家工作人员职务上的行为，为请托人谋取不正当利益，索取请托人财物或者收受请托人财物，数额较大或者有其他较重情节的行为。本罪的犯罪主体在实施利用影响力受贿犯罪时的具体行为有所不同："国家工作人员的近亲属或者其他与该国家工作人员关系密切的人"，是通过该国家工作人员职务上的行为，或者利用该国家工作人员职权或者地位形成的便利条件，通过其他国家工作人员职务上的行为，为请托人谋取不正当利益，索取请托人财物或者收受请托人财物；而"离职的国家工作人员或者其近亲属以及其他与其关系密切的人"，则是利用该离职的国家工作人员原职权或者地位形成的便利条件，通过其他国家工作人员职务上的行为，为请托人谋取不正当利益，索取请托人财物或者收受请托人财物。

3. 犯罪主体为特殊主体，即"国家工作人员的近亲属或者其他与该国家工作人员关系密切的人"及"离职的国家工作人员或者其近亲属以及其他与其关系密切的人"。"离职的国家工作人员"，是指曾经是国家工作人员，但由于离休、退休、辞职、辞退等原因目前已离开了国家工作人员岗位的人。2007年7月最高人民法院、最高人民检察院在联合出台的《关于办理受贿刑事案件适用法律若干问题的意见》中使用了"特定关系人"一词，规定："特定关系人，是指与国家工作人员有近亲属、情妇（夫）以及其他共同利益关系的人。"法律委员会研究认为：国家工作人员（以及离职的国家工作人员）的"近亲属"及"其他与其关系密切的人"，是与国家工作人员（以及离职的国家工作人员）关系密切的非国家工作人员。之所以将这两种人利用影响力受贿的行为规定为犯罪，主要是考虑到他们与国家工作人员或有血缘、亲属关系，有的虽不存在亲属关系，但属情夫、情妇，或者彼此是同学、战友、老部下、老上级或者老朋友，交往甚密，有些关系密切到甚至可以相互称兄道弟，这些人对国家工作人员（以及离职的国家工作人员）的影响力自然也非同一般。以此影响力去为请托人办事，自己收受财物的案件屡见不鲜。如果将利用影响力受贿犯罪主体仅限于"特定关系人"的范围，内涵及外延显然变窄，不利于惩治人民群众深恶痛绝的腐败犯罪。按照《刑法修正案（七）》的规定，对利用影响力受贿罪犯罪主体的规定既突破了原有刑法中只有国家工作人员才能构成受贿罪主体的规定，又突破了2003年最高人民法院《全国法院审理经济犯罪案件工作座谈会纪要》中只有非国家工作人员与国家工作人员勾结，伙同受贿，才能以受贿罪的共犯论处的规定，也突破了前述《关于办理受贿刑事案件适用法律若干问题的意见》中特定关系人构成受贿共犯的规定。

由于利用影响力受贿罪的主体不是国家工作人员，因此最高人民法院、最高人民检察院《关于执行〈中华人民共和国刑法〉确定罪名的补充规定（四）》没有将本条适用于原有的受贿罪罪名。按照我国传统刑法通说，受贿罪属职务犯罪，必须由国家工作人员构成，非国家工作人员单独不能构成受贿罪。我国刑法现有受贿犯罪的罪名体系主要是以犯罪主体的身份差异为标准构建的，犯罪主体不同，成立的受贿罪名也不同。由于与国家工作人员关系密切的人既不属于国家工作人员，也不属于公司、企业的工作人员，因此，"两高"将与国家工作人员关系密切的人受贿的情况单独规定为利用影响力受贿罪。但是，由于利用影响力受贿的人利用的是国家工作人员的影响力，因此，在宏观体系中利用影响力受贿罪被规定在贪污贿赂罪一章中。

4. 主观方面表现为直接故意，即行为人明知利用国家工作人员职务上的便利，或明知利用离职的国家工作人员原职权或者地位形成的便利条件，通过其他国家工作人员职务上的行为，为请托人谋取不正当利益，索取请托人财物或者收受请托人财物的行为是违法的，却故意为之。犯罪目的是谋取他人的财物。

（二）利用影响力受贿罪的认定

利用影响力受贿罪罪名的增设，是在理论上对传统受贿罪的一次重大突破。本罪与受贿罪的主要区别有两方面：

1. 受贿罪的主体是现职国家工作人员。本罪的主体包括三类：①国家工作人员或者离职的国家工作人员的近亲属；②其他与国家工作人员或者离职的国家工作人员关系密切的人；

③离职的国家工作人员。这三类人员均不是国家工作人员，但也不是普通的老百姓，而是与国家工作人员密切相关的一些人员。需要注意的是，关系密切的人与特定关系人并不是同一概念，二者的范围不尽相同。在司法解释中，"特定关系人"是指与国家工作人员有近亲属、情妇（夫）以及其他共同利益关系的人，这种共同利益关系主要指经济利益关系。而在《刑法修正案（七）》中，立法规定的是"国家工作人员的近亲属或者其他与该国家工作人员关系密切的人"，立法在"近亲属"之后提及"关系密切的人"，将二者在法条中并列，说明"近亲属"不属于"关系密切的人"。而且，所谓"关系密切"，强调的是非国家工作人员与国家工作人员联系紧密或交往频繁，这种交往不局限于经济利益上的交往，还包括情感上的交流。因此，"关系密切的人"涵盖了"特定关系人"的部分内涵，二者并行不悖，各自在基本法律和司法解释的框架内适用。

2. 受贿罪表现为利用本人的职务之便索贿、收受贿赂。本罪表现为利用与该国家工作人员、离职国家工作人员的密切关系形成的影响力索贿或者收受贿赂。《刑法修正案（七）》将利用影响力受贿罪置于《刑法》第388条斡旋型受贿罪之后，说明二者具有密切联系。二者的行为方式相似，都是利用与国家工作人员的特殊关系和地位为他人谋取不正当利益，并收取财物的行为。也就是说，二者都是利用了国家工作人员的影响力实施犯罪。

所谓影响力，是指一个人在与他人交往的过程中，影响或改变他人心理和行为的一种能力。有学者将影响力分为权力性影响力和非权力性影响力。权力性影响力是指权力者所具有的与职务相关的影响力。权力性影响力具有一定的强制性，下级必须服从。同时，权力性影响力与职务相连，只有担任了一定的职务，才具有这种影响力。非权力性影响力来自于行为者自身的因素，其中包括品格、知识、才能、情感、资历等个人因素亦即个人威望所产生的影响力。权力性影响力可分为强制性权力影响力和非强制性权力影响力，在受贿罪中，行为人利用的是强制性权力影响力，而在利用影响力受贿罪中，行为人利用的是非强制性权力影响力。

3. 关于为请托人谋取不正当利益。《刑法修正案（七）》中规定的"不正当利益"是一个包括物质利益和非物质利益在内的极为宽泛的概念，它与受贿犯罪以"谋取利益"为条件的范畴是不同的。也就是说，如果行为人为请托人谋取的是"正当利益"，则不符合本罪的客观要件，所以，这也是本罪与受贿罪构成上的区别之一。

（三）利用影响力受贿罪的刑事责任

根据《刑法》第388条之一的规定，犯本罪的，处3年以下有期徒刑或者拘役，并处罚金；数额巨大或者有其他严重情节的，处3年以上7年以下有期徒刑，并处罚金；数额特别巨大或者有其他特别严重情节的，处7年以上有期徒刑，并处罚金或者没收财产。离职的国家工作人员或者其近亲属以及其他与其关系密切的人，利用该离职的国家工作人员原职权或者地位形成的便利条件实施前款行为的，依照前款的规定定罪处罚。

《刑法修正案（七）》中相关条文对利用影响力受贿罪不同量刑档次的条件的规定方式与当时贪污贿赂罪其他刑法条文不同：利用影响力受贿犯罪虽然也属贿赂犯罪，但本条只规定了"数额较大或者有其他较重情节的""数额巨大或者有其他严重情节的""数额特别巨大或者有其他特别严重情节的"这三个既考虑数额又考虑情节的量刑档次，而对具体数额标准没再作具体规定。这主要是考虑到受贿的数额可能不大，但给国家和人民的利益造成的损失可能是巨大的。因此，对受贿罪的量刑，除了要考虑数额，还应当考虑其他情节，具体的数额和情节规定，要由司法机关根据实践作出司法解释。这样一种规定方式，为《刑法修正案（九）》完善刑法对贪污贿赂等犯罪的量刑条件的规定提供了经验。

三、单位受贿罪

（一）单位受贿罪的概念与特征

单位受贿罪，是指国家机关、国有公司、企业、事业单位、人民团体，索取、非法收受他人财物，为他人谋取利益，情节严重的行为。

单位受贿罪侵犯的客体是国家机关、国有公司、企业、事业单位、人民团体职务行为的廉洁性。犯罪主体是国家机关、国有公司、企业、事业单位、人民团体。集体经济组织、中外合资企业、中外合作企业、外商独资企业和私营企业不能成为单位受贿罪的主体。犯罪客观方面表现为国家机关、国有公司、企业、事业单位、人民团体实施了索取、非法收受他人财物，为他人谋取利益，情节严重的行为。具体来说，单位受贿行为有以下两种情形：①索取、非法收受他人财物；②在经济往来中，在账外暗中收受各种名义的回扣、手续费。单位受贿罪主观方面是故意，并且具有非法占有财物的目的。根据《立案标准》的规定，涉嫌下列情形之一的，应予立案：①单位受贿数额在 10 万元以上的；②单位受贿数额不满 10 万元，但具有下列情形之一的：故意刁难、要挟有关单位、个人，造成恶劣影响的；强行索取财物的；致使国家或者社会利益遭受重大损失的。因此，凡具有上述情形的，应视为单位受贿情节严重。

（二）单位受贿罪的认定

单位受贿与自然人受贿的主要区别表现在：①主体不同，本罪的主体是单位即国家机关、国有公司、企业、事业单位、人民团体，受贿罪的主体是自然人即国家工作人员。②犯罪主观方面虽然都表现为直接故意，但本罪是经单位决策机构的授权和同意，由其直接负责的主管人员和其他直接责任人员故意收受或者索取贿赂的行为表现出来。犯罪动机是为单位的利益。如果以单位名义索取或者非法收受他人财物后将贿赂占为个人所有的，应以个人受贿罪论处。③客观方面不同，本罪除了索取、收受贿赂，为他人谋取利益外，还必须情节严重才构成犯罪，而自然人受贿构成犯罪没有情节严重的要求。此外，根据《刑法》第 387 条第 2 款的规定，上述单位在经济往来中，在账外暗中收受各种名义的回扣、手续费的，也构成单位受贿罪。④处罚不同，本罪采取的是双罚制，即除了对单位判处罚金外，对其直接负责的主管人员和其他直接责任人员也要追究刑事责任。

（三）单位受贿罪的刑事责任

根据《刑法》第 387 条的规定，犯本罪的，对单位判处罚金，并对其直接负责的主管人员和其他直接责任人员，处 5 年以下有期徒刑或者拘役。

四、行贿罪

（一）行贿罪的概念与特征

行贿罪，是指为谋取不正当利益，给予国家工作人员财物的行为。

行贿罪侵犯的客体是正常的公务活动的不可收买性。客观方面表现为行为人向国家工作人员行贿的行为，具体有两种情况：①为谋取不正当的利益而向国家工作人员赠送财物；②在经济往来中，给予国家工作人员财物或者回扣、手续费。因被勒索而给予国家工作人员财物，没有获得不正当利益的，不是行贿。犯罪主体是一般主体。主观方面是直接故意，目的是为谋取不正当利益。至于行为人实际上是否获取了不正当利益，对于犯罪的构成没有影响（被勒索的除外）。

（二）行贿罪的认定

1. 经济行贿。《刑法》第 389 条第 2 款规定，在经济往来中，违反国家规定，给予国家工作人员以财物，数额较大的，或者违反国家规定，给予国家工作人员以各种名义的回扣、手续费的，以行贿论处。这是我国刑法关于经济行贿的规定。经济行贿是行贿罪的一种特殊表现形式，经济行贿不同于普通行贿之处在于它发生在经济往来这一特定领域。应当指出，刑法对经济行贿并未规定为谋取不正当利益的目的。那么经济行贿构成犯罪是否在主观上不要求具有这一目的呢？回答是否定的。在经济交往中，无论是违反国家规定给予国家工作人员以财物，还是违反国家规定给予国家工作人员以各种名义的回扣、手续费，构成行贿罪主观上都必须具有谋取不正当利益的目的。若无此种目的，不构成行贿罪。

2. 《刑法》第389条第3款规定，因被勒索给予国家工作人员以财物，没有获得不正当利益的，不是行贿。从刑法理论上说，这是一种违法阻却事由。在这种情况下，虽然行为人给予国家工作人员以财物，但这种给予财物是因被勒索交付的，并且没有获得不正当利益，因而不是行贿。这里的"不是行贿"，不仅指其给予国家工作人员财物的行为不构成行贿罪，而且这种行为不具有行贿的性质。在认定这种违法阻却事由的时候，要注意掌握两个条件：①被勒索，指被索要或者被敲诈勒索；②没有获得不正当利益，指行为人主观上是为谋取不正当利益，但最后没有获得该不正当利益。

（三）行贿罪的刑事责任

《刑法修正案（九）》将《刑法》第390条修改为，犯本罪的，处5年以下有期徒刑或者拘役，并处罚金；因行贿谋取不正当利益，情节严重的，或者使国家利益遭受重大损失的，处5年以上10年以下有期徒刑，并处罚金；情节特别严重的，或者使国家利益遭受特别重大损失的，处10年以上有期徒刑或者无期徒刑，并处罚金或者没收财产。行贿人在被追诉前主动交待行贿行为的，可以从轻或者减轻处罚。其中，犯罪较轻的，对侦破重大案件起关键作用的，或者有重大立功表现的，可以减轻或者免除处罚。《刑法修正案（九）》加大了对行贿犯罪的处罚力度。主要表现在：

1. 增加了罚金刑。完善行贿犯罪财产刑规定，使犯罪分子在受到人身处罚的同时，在经济上也得不到好处。

2. 进一步严格对行贿罪从宽处罚的条件。将"行贿人在被追诉前主动交待行贿行为的，可以减轻处罚或者免除处罚"的规定修改为"行贿人在被追诉前主动交待行贿行为的，可以从轻或者减轻处罚。其中，犯罪较轻的，对侦破重大案件起关键作用的，或者有重大立功表现的，可以减轻或者免除处罚"。不再轻易"免除处罚"，既有利于打消严重行贿犯罪人员屡查屡犯，"只要如实交代，就能逃避制裁"的侥幸心理，也能促使其趋利避害，如实供述，这对受贿犯罪无疑是一种震慑。

五、对有影响力的人行贿罪

（一）对有影响力的人行贿罪的概念与特征

对有影响力的人行贿罪，是指为谋取不正当利益，向国家工作人员的近亲属或者其他与该国家工作人员关系密切的人，或者向离职的国家工作人员或者其近亲属以及其他与其关系密切的人行贿的行为。2009年的《刑法修正案（七）》，新增"利用影响力受贿罪"，适应了我国的反腐需求。但是，《刑法修正案（七）》仅规定了国家工作人员的近亲属以及其他与其关系密切的人受贿会受到何种刑事处罚，而对"请托人"也就是向其近亲属以及其他与其关系密切的人行贿的行贿者的处罚，法律并未涉及。《刑法修正案（九）》补足了上述"缺口"，规定了对有影响力的人行贿罪，有利于源头反腐，通过刑法的震慑作用，达到减少行贿、减少腐败的效果。其基本特征是：

1. 本罪侵犯的客体是正常的公务活动的不可收买性。行贿的对象是国家工作人员的近亲属或者其他与该国家工作人员关系密切的人，离职的国家工作人员或者其近亲属以及其他与其关系密切的人。

2. 本罪在客观上表现为行为人向国家工作人员的近亲属或者其他与该国家工作人员关系

密切的人，或者向离职的国家工作人员或者其近亲属以及其他与其关系密切的人行贿。

3. 本罪的主体为一般主体，已满16周岁、具有刑事责任能力的自然人和单位均可构成本罪。

4. 本罪主观方面是故意，并且具有谋取不正当利益的目的。至于行为人实际上是否获取了不正当利益，对于犯罪的构成没有影响。

（二）对有影响力的人行贿罪的刑事责任

根据《刑法》第390条之一，犯本罪的，处3年以下有期徒刑或者拘役，并处罚金；情节严重的，或者使国家利益遭受重大损失的，处3年以上7年以下有期徒刑，并处罚金；情节特别严重的，或者使国家利益遭受特别重大损失的，处7年以上10年以下有期徒刑，并处罚金。单位犯本罪的，对单位判处罚金，并对其直接负责的主管人员和其他直接责任人员，处3年以下有期徒刑或者拘役，并处罚金。

六、对单位行贿罪

（一）对单位行贿罪的概念与特征

对单位行贿罪，是指为谋取不正当利益，给予国家机关、国有公司、企业、事业单位、人民团体财物的，或者在经济往来中，违反国家规定，给予各种名义的回扣、手续费的行为。其基本特征是：

1. 本罪和行贿罪的主要区别在于本罪行贿的对象必须是国家机关、国有公司、企业、事业单位、人民团体，给予非国家机关、国有公司、企业、事业单位、人民团体财物，不能构成对单位行贿罪；而行贿罪行贿的对象是国家工作人员。

2. 本罪的主体既可以是自然人也可以是单位，而行贿罪的主体只能是自然人。

3. 构成单位犯罪的，必须是为单位谋取利益，且因行贿取得的利益归单位所有；如果为了个人利益而以单位名义行贿，或者因行贿取得的利益归个人所有，则应认定为自然人犯罪。

（二）对单位行贿罪的刑事责任

《刑法》第391条第1款规定，犯本罪的，处3年以下有期徒刑或者拘役，并处罚金。《刑法》第391条第2款规定，单位犯前款罪的，对单位判处罚金，并对其直接负责的主管人员和其他直接责任人员，依照前款的规定处罚。

七、介绍贿赂罪

（一）介绍贿赂罪的概念与特征

介绍贿赂罪，是指向国家工作人员介绍贿赂，对行贿人和受贿人进行沟通、撮合，促使行贿与受贿得以实现，情节严重的行为。其基本特征是：

1. 本罪在客观方面主要表现为以行贿人的名义，要求国家工作人员为某种违法失职的事，而由行贿人给予某种"补偿"，或者以受贿人的名义，向谋取非法利益的人提出"酬谢"的主张，或者代表行贿人向受贿人转送财物，或者组织双方会见，提供各种方便。如果双方的肮脏交易遇到障碍，介绍贿赂者便从中斡旋、撮合，使之成交。这些行为本身一般与行为人的职权无关，因而不属于渎职罪。

2. 从犯罪的目的和结果上看，介绍贿赂罪的目的和结果是使行贿和受贿得以实现，行为人可能从中获取一点经济利益，也可能获取一点非物质性的利益，有的并不计较是否获利，但这些情况都不影响介绍贿赂罪的成立。介绍贿赂行为必须情节严重才构成犯罪。

3. 主观方面表现为故意。即行为人明知行贿人或者国家工作人员具有行贿或者受贿的意图，而故意充当"掮客""穿针引线"，代为联络或传递贿赂财物，促使行贿、受贿双方的意图得以实现。至于行为人介绍贿赂的动机是为了自己从中谋利，还是出于其他目的，不影响本罪的成立。

（二）介绍贿赂罪的刑事责任

《刑法》第392条规定，犯本罪的，处3年以下有期徒刑或者拘役，并处罚金。介绍贿赂人在被追诉前主动交待介绍贿赂行为的，可以减轻处罚或者免除处罚。

八、单位行贿罪

（一）单位行贿罪的概念与特征

单位行贿罪，是指单位为谋取不正当利益而给予国家工作人员以财物或者在经济往来中，违反国家规定，给予国家工作人员各种名义的回扣、手续费，情节严重的行为。其基本特征是：

1. 本罪最大的特点是，单位为谋取不正当利益，以单位名义，用单位的财物实施犯罪。具体来说：①行贿的犯意体现了单位的意志；②以单位的名义实施犯罪；③行贿的财物属于单位所有，行贿主要谋取的不正当利益也属于单位。

2. 作为本罪主体的单位，可以是任何所有制性质的单位。

3. 成立本罪还要求具备情节严重这一特征。所谓情节严重，主要是指：单位行贿数额巨大的；单位行贿并实施了其他违法行为的；因单位行贿给国家和人民利益造成重大损失的；行贿手段恶劣，后果严重的等。

（二）单位行贿罪的刑事责任

《刑法》第393条规定，犯本罪的，对单位判处罚金，并对其直接负责的主管人员和其他直接责任人员，处5年以下有期徒刑或者拘役，并处罚金。因行贿取得的违法所得归个人所有的，依照行贿罪定罪处罚。

学术视野

一、关于贪污贿赂罪的定义

关于贪污贿赂罪，目前国内刑法理论界争议纷呈，定义不一。有学者主张贪污贿赂罪，是指国家工作人员利用职务上的便利贪污、受贿，或者拥有不能说明与合法收入差额巨大的财产或者支出的合法来源，或者私分国有资产或罚没财物，以及其他人员行贿、介绍贿赂的行为。有学者主张应定义为：国家工作人员或国有单位实施的贪污、受贿等侵犯国家廉政建设制度，以及其他人员或单位实施的与受贿具有对向性或撮合性的情节严重的行为。我们认为，贪污贿赂主要是国家工作人员实施的一类严重的经济犯罪，它不仅严重侵犯公共财产所有权，而且极大地败坏国家工作人员的声誉，损害党和政府在人民心目中的威信，因而具有严重的社会危害性。贪污贿赂犯罪的最大特征是对廉政建设制度的破坏。

二、贪污数额的累计计算

《刑法》第383条第2款规定："对多次贪污未经处理的，按照累计贪污数额处罚。"贪污数额，往往是多次贪污所得。根据刑法规定，只有对未经处理的贪污数额才能累计计算。这里的未经处理是指贪污行为未被发现或者虽经发现但未给予刑事处罚。对于已经受过行政处分的贪污数额是否可以累计计算？刑法规定的未经处理，仅指未经刑事处罚而不包括行政处分。因此，经行政处分的贪污数额仍应累计。对多次贪污未经处理的，累计贪污数额时，应依刑法有关追诉时效的规定执行，在追诉时效期限内的贪污数额应累计计算。已过追诉时效期限的贪污数额不予计算。贪污后至案发前，被贪污公款的新生利息，不应作为贪污的犯罪数额计算。但如果该利息是贪污给被害单位造成实际经济损失的一部分，应作为行为人的非法所得，连同其贪污的公款一并依法追缴。

三、贪污罪的共犯

《刑法》第382条第3款规定，非国家工作人员与国家工作人员和受委托管理、经营国有财产的人员勾结，伙同贪污的，以共犯论处。贪污罪是身份犯，不具有这种身份的人教唆、帮助国家工作人员和受委托管理、经营国有财产的人员利用职务上的便利贪污公共财物的，应当以贪污罪的共犯论处。如果不具有贪污罪的主体身份的人与国家工作人员和受委托管理、经营国有财产的人内外勾结利用国家工作人员和受委托管理、经营国有财产人员的职务便利，共同侵吞、窃取、骗取或者以其他手段非法占有公共财物，应如何处理，这是一个值得研究的问题。在这种情况下，不具有贪污罪主体身份的人并非贪污罪的共犯（教唆犯和帮助犯），而是共同实行了非法占有公共财物的行为，因而属于共同正犯。那么，不具有贪污罪主体身份的人是贪污罪的共同正犯还是盗窃罪的共同正犯？对此，以往司法解释规定是以主犯的身份定罪。但2000年6月27日最高人民法院通过的《关于审理贪污、职务侵占案件如何认定共同犯罪几个问题的解释》则规定："行为人与国家工作人员勾结，利用国家工作人员的职务便利，共同侵吞、窃取、骗取或者以其他手段非法占有公共财物的，以贪污罪共犯论处。"这里的共犯，实际上是指共同正犯。

在现实生活中，还经常发生国家工作人员和公司、企业或者其他单位人员共同勾结，贪污或者职务侵占本单位财物的情形。对此，前引司法解释规定："公司、企业或者其他单位中，不具有国家工作人员身份的人与国家工作人员勾结，分别利用各自的职务便利，共同将本单位财物非法占为己有的，按照主犯的犯罪性质定罪。"也就是说，主犯是国家工作人员的，对非国家工作人员应以贪污罪的共犯论处；主犯是非国家工作人员的，对国家工作人员应以职务侵占罪的共犯论处。当然，这种情况是以分别利用各自的职务便利为前提的。如果只利用国家工作人员的职务便利，则对非国家工作人员应以贪污罪的共犯论处；如果只利用非国家工作人员的职务便利，则对国家工作人员应以职务侵占罪的共犯论处。对于上述共同犯罪，以主犯的犯罪性质定罪。因此，主、从犯的认定直接影响定罪。在司法实践中，区分主、从犯有困难的，一般按照以下原则处理：①根据行为人的职务高低确定主、从犯，职务高的视为主犯；②行为人职务相同的，根据行为人的职权与被占有财物的关系确定主、从犯，行为人的职权与被占有财物联系更密切的，该行为人视为主犯。

四、贿赂范围

我国刑法将受贿客体表述为财物，这一范围比外国刑法规定的贿赂范围要窄。例如，日本刑法认为贿赂之所得，不一定限定为金钱、物品和其他财产利益，不论有形或者无形，以能满足人的需要、欲望的一切利益为范围。我国刑法则将受贿客体限定为财物，包括金钱、物品以及其他财产性利益，例如债权的设立、债务的免除等，但不包括非财产性利益。我国刑法理论界曾经讨论过性贿赂问题，存在肯定说与否定说之争。肯定说认为，性交可以被看成是某种利益。基于其特性，此种利益乃是一种无形的非物质性利益，但又与有形的物质性利益有着密切关系。因为性交的背后，隐藏着某种利益的交换。否定说则认为，将允诺性行为认定为受贿罪，显然不符合我国刑法的规定，况且我国刑法中的受贿罪是以收受一定数额的财物作为定罪量刑依据的，如果将性行为作为贿赂则无法确定受贿数额。根据现行刑法，性贿赂不能认定为受贿罪。

五、关于事后受贿，是否必须以事前约定为条件，在刑法理论上存在争议

受贿罪的责任形式是故意。这里的故意是指明知是利用职务上的便利索取他人财物或者收受他人财物为他人谋取利益的行为而有意实施的主观心理状态。在索取财物构成的受贿罪中，受贿故意内容是十分明显的，但在收受财物构成的受贿罪中，受贿故意如何认定则是一个较为

复杂的问题。我们认为收受财物的故意与受贿故意是有所不同的。在受贿故意内容中，除收受财物的故意以外，还应包括明知财物是本人利用职务上的便利为他人谋取利益的报答物而予以收受的故意。就利用职务上的便利为他人谋取利益与收受财物的关系而言，可以分为两种情况：①先收受财物后为他人谋取利益，即所谓事前受贿。在刑法理论上，这是一种收买性贿赂。这种事前受贿，收受财物与为他人谋取利益之间在客观上存在因果关系，并且行为人之间往往存在收受财物后为他人谋取利益的约定，即主观上明知是贿赂而予以收受。在这种情况下，受贿故意不难认定。②在为他人谋取利益后收受财物，即所谓事后受贿。在刑法理论上，这是一种酬谢性贿赂。关于这种事后受贿是否必须以事前约定为条件，在刑法理论上存在争议。这种事前没有约定而事后收受他人财物的事后受财行为不同于事后受贿，因为行为人主观上没有受贿故意而只有收受财物的故意。因此，事后受贿必须以事前约定为条件。当然，这里的事前约定，并不限于明示约定，也包括暗示约定。

六、受贿罪的罪数

国家工作人员收受贿赂为他人谋利益的行为往往触犯其他罪名，因而构成牵连犯。那么，对这种受贿罪的牵连犯是否实行并罚呢？《刑法》第399条第4款规定了司法工作人员贪赃枉法，即受贿以后徇私枉法或者枉法裁判的，依照处罚较重的规定定罪处罚。据此，比照这一规定，对于受贿后为他人谋取利益的行为又触犯其他罪名构成牵连犯的，应从一重罪处断，而不宜实行数罪并罚。

七、挪用公款罪的犯罪对象

根据《刑法》的规定，挪用公款罪的犯罪对象是公款与特定物。挪用一般公物归个人使用，数额较大，且超过3个月未还的行为，应当如何处理？根据通说，除了特定物，挪用一般公物不能构成挪用公款罪。如果行为给国家集体财产造成严重损失的，可以追究有关渎职罪的刑事责任。根据司法解释，挪用国库券的行为，以挪用公款罪论处。挪用金融凭证、有价证券用于质押，使公款处于风险之中，与挪用公款为他人提供担保没有实质区别，构成挪用公款罪，挪用公款数额，以实际或者可能承担的风险数额认定。

八、巨额财产来源不明罪的行为形式

巨额财产来源不明罪的行为是指国家工作人员的财产、支出明显超出合法收入，差额巨大，而本人又不能说明其来源。关于本罪的行为形式，在刑法理论上存在争议。第一种观点认为，本罪行为方式是持有，因此本罪是持有型犯罪，即国家工作人员持有来源不明的财产。第二种观点认为本罪行为方式是不作为，因此本罪是不作为犯罪，即国家工作人员不履行来源不明财产的说明义务。从现行《刑法》规定来看，本罪的行为形式理解为持有较为妥当。在本罪的客观行为中，国家工作人员持有明显超出合法收入的财产，并且差额巨大，是构成犯罪的关键。而本人不能说明其来源的，是本罪构成的另一个条件。如果本人能够说明其财产来源的合法性，则不构成犯罪。如果本人说明其财产来源系贪污、贿赂犯罪所得，且经司法机关查实，亦不构成本罪，而应按其行为的性质构成贪污罪或受贿罪。只有在本人不能说明其来源的情况下，才能表明其所拥有的财产系非法所得，因而构成本罪。

理论思考与实务应用

一、理论思考

（一）名词解释

国家工作人员　贿赂　斡旋受贿　不正当利益

(二) 简答题
1. 如何理解"利用职务上的便利"？
2. 如何理解"为他人谋取利益"？
3. 简述利用影响力受贿罪与受贿罪的主要区别。
4. 简述利用影响力受贿罪的概念、构成要件。
5. 如何理解"挪用公款归个人使用"？

(三) 论述题
1. 试述贪污罪的概念、构成要件，并比较贪污罪与职务侵占罪的区别。
2. 试述挪用公款罪的概念、构成要件，并比较挪用公款罪与挪用资金罪、挪用特定款物罪的区别。
3. 试述受贿罪的概念、构成要件，并比较本罪与非国家工作人员受贿罪的区别。
4. 简述行贿罪的概念和构成要件，认定行贿罪时应注意什么问题？
5. 试述巨额财产来源不明罪的概念、构成要件，并分析该罪名的立法价值。

二、实务应用

(一) 案例分析示范

案例一

赵某被聘在国有公司担任职务，后因该国有公司与某外商企业合资，国有公司占10%的股份，赵某被该国有公司委派到合资企业担任副总经理。在任职期间，赵某利用职务上的便利，将合资企业价值5万元的财物非法据为己有。

问：①如何认定贪污罪的主体？②赵某是否构成贪污罪？

【评析】行为主体的身份状态是贪污罪区别于其他侵犯财产罪的最根本的地方之一。根据刑法规定，贪污罪的主体是国家工作人员。《刑法》第93条规定："本法所称国家工作人员，是指国家机关中从事公务的人员。国有公司、企业、事业单位、人民团体中从事公务的人员和国家机关、国有公司、企业、事业单位委派到非国有公司、企业、事业单位、社会团体从事公务的人员，以及其他依照法律从事公务的人员，以国家工作人员论。"其中，国家机关、国有公司、企业、事业单位委派到非国有公司、企业、事业单位、社会团体从事公务的人员，这里的委派是指受有关国有单位委任而被派往非国有单位从事公务的行为。被委派的人员，在被委派以前可以是国家工作人员，也可以是非国家工作人员。不论被委派以前是何种身份，只要被有关国有单位委派到非国有单位从事公务，就应视为国家工作人员。

在本案中，赵某原被聘在国有公司任职，现被国有公司委派到该国有公司参股的合资企业任副总经理，属于《刑法》第93条规定的国家机关、国有公司、企业、事业单位委派到非国有公司、企业、事业单位、社会团体从事公务的人员，即属于国家工作人员。其利用职务上的便利，将所在单位的财物非法据为己有的行为是侵占公司财产的行为。根据《刑法》第271条第2款，应该适用《刑法》第382条，构成贪污罪。

案例二

钱某在国家机关任职，某乙有求于他的职务行为，给钱某送上5万元的好处费。钱某答应给某乙办事，但因故未办成。某乙见事未办成，要求钱某退回好处费，钱某拒不退还，并威胁某乙如果再来要钱，就告某乙行贿。

问：对钱某、某乙的行为应如何定罪？

【评析】 本案中，钱某并未虚构事实骗取某乙的好处费，而是某乙有求于钱某的职务行为，并自觉地给钱某送上好处费，所以钱某的行为不具有诈骗的性质；钱某也未强索某乙的财物，事后某乙要求退还，钱某拒绝退还并予以威胁的行为，并不能视为敲诈勒索罪，因为此时钱某已经占有了财物，其威胁行为并非强索财物的行为，而是受贿行为的后续。行为人非法收受他人财物，为他人谋取利益，是受贿罪的一种表现形式。至于为他人谋取的利益是否正当，是否实现，均不影响本罪的成立。诈骗罪最突出的特点就是行为人设法使被害人在认识上产生错觉，以致"自愿"地将自己所有或者所持有的财物交付给行为人。敲诈勒索罪是一种强索财物的行为。故钱某收受财物之后的行为不宜另作独立的一罪处理，所以钱某只构成受贿罪。

至于某乙的行为是否构成行贿罪，要看其谋取的利益的性质，若某乙为谋取不正当的利益而向钱某送上好处费，则构成行贿罪，反之，则不构成行贿罪，而是行贿行为。

案例三

继某找到在某国有公司任出纳员的朋友徐某，提出向该公司借款5万元用于购买假币，并许诺出售假币获利后给徐某好处费。徐某便擅自从自己管理的公司款项中借给继某5万元。继某拿到5万元之后，让丙从外地购得假币若干，然后在本地出售。出售一部分后，继某便送给徐某2万元的好处费。继某后来在出售假币的过程中被公安人员抓获。继某如实交代了让丙购买假币和自己出售假币的行为，还主动交代了自己使用面值5000元的假币购买家电产品的事实，但未能如实说明购买假币的5万元现金的来源。徐某得知继某被抓获后，担心受刑罚处罚，便携带10万元公款潜逃外地，后被司法机关抓获归案。

问：①如何认定挪用公款罪的共犯？②挪用公款罪与贪污罪定罪的区别是什么？

【评析】 本案中，继某找到徐某借款，并未与徐某共谋，也未指使徐某或者参与策划取得挪用款，故继某不能作为挪用公款罪的共犯。挪用公款给他人使用，使用人与挪用人共谋，指使或者参与策划取得挪用款的，以挪用公款罪的共犯定罪处罚。但明知是挪用款而使用，并不能说明有共同的挪用故意，故不一定构成共同犯罪。明知使用人用于营利活动或非法活动，应当认定为挪用人挪用公款进行营利活动或者非法活动。本案徐某挪用的公款用于贩卖假币是从事非法活动，应该认定继某挪用公款从事非法活动。

徐某明知继某用挪用的公款从事贩卖假币的活动，还积极为其提供挪用的公款，应构成挪用公款罪，后挪用公款10万元并携款潜逃，表明其主观已有非法占有公款的故意，而非仅仅是暂时使用，故构成贪污罪。不退还是指客观上无法退还，并不是有能力归还，而主观上不打算归还，并非法占有。根据司法解释，行为人携带挪用的公款潜逃的，对其携带挪用的公款部分，以贪污罪定罪处罚。

案例四

犯罪嫌疑人丁某，原系某市环卫局出纳员。丁某于1998～2002年期间，利用职务便利，采用转账不记账的手段，擅自从自己负责保管的公款账户中分数次挪出公款，累计金额达1000余万元。挪用公款后其先后设立两家公司，并投入大量资金购买股票和彩票，力图谋取利润，却始终未能如愿。最后，丁某在无力弥补所挪公款的情况下，主动到检察院投案。另据丁某交代，在挪用公款期间，其与朋友交往过程中的全部花销均由其支付；其还先后与情妇刘某、袁某姘居并挥金如土；其经常到高档娱乐场所消费并多次嫖娼。上述挥霍数额巨大，无法予以准确统计。

法院对丁某构成挪用公款罪已无异议，但是对其中纯系个人挥霍（包括部分非法活动如嫖娼）部分如何定罪存在分歧：一种意见认为，挪用公款中的个人挥霍部分为其事实上的占有，应认定为贪污罪；另一种意见则认为，对此部分定贪污罪于法无据，只能将其认定为挪用公款罪的加重情节。

问：挪用公款中的个人挥霍部分应如何定性？

【评析】对挪用公款中个人挥霍部分的定罪问题，存在分歧缘于司法实践中普遍存在的困惑：将个人挥霍部分认定为贪污于法无据，但将此部分认定为挪用又削弱了刑法惩治犯罪的功能。之所以存在上述困惑，一方面，缘于没有深入理解罪刑法定原则的法理基础，在思想上产生了困惑；另一方面，是由于立法本身的滞后性，使挪用公款罪和贪污罪之间的界限没有划清。

罪刑法定原则是我国刑法的基本原则之一，我国《刑法》第3条明确规定，法律没有明文规定为犯罪行为的，不得定罪处刑。而所谓"明文规定"，就是对具体行为、行为的对象、造成的结果等都有具体的规定，而且不需要再作解释。罪刑法定原则来源于刑法的基本理念，刑法是以刑罚作为强制手段的禁止性规定。刑罚的严厉性是远远超过其他法律制裁方法的，它不仅可以剥夺犯罪者的财产所有权和政治权利，限制其人身自由，还可以在一定期限内或终身剥夺其人身自由，甚至剥夺其生命。所以，罪刑法定原则是刑法的最高原则，是司法实践人员最高的指导原则，也是切实维护犯罪嫌疑人合法权益、防止刑罚滥用的根本。

在司法解释对个人挥霍部分的定性没有明确之前，在罪刑法定原则的指导下，这一问题的解决办法是明确的。按照该原则的要求，在无法确切判明主观要件时，对犯罪嫌疑人有利的定性应作为首选。因此，在司法实践中，如果能够根据案情确定犯罪嫌疑人的主观目的，则可以明确定性；如果不能明确判断犯罪嫌疑人的主观目的，就应该将其认定为挪用公款罪，因为此时若定贪污罪，就存在不当的可能，这与罪刑法定原则和刑法的基本理念是相悖的。所以，在立法对挪用公款罪的现行规定和相关司法解释修改完善之前，对于本案挪用公款中的个人挥霍部分，仍应以挪用公款罪定罪量刑。

案例五

吴某系国有煤矿供销科长，其月工资2000余元，妻子在农村，两个孩子在上学，家境贫寒，常申请补助。但一次吴某家被盗，破案后查明罪犯盗得其现金10万余元，香烟10余条，金项链3条。吴某涉嫌经济犯罪被捕，吴某供述上述财物均是受贿所得，但查证属实的受贿物品仅有7000余元。

问：①如何认定巨额财产来源不明罪？②吴某的行为构成什么罪？

【评析】巨额财产来源不明罪是指国家工作人员的财产、支出明显超过合法收入，差额巨大，本人不能说明其来源的行为。其犯罪客体是复杂客体，即国家工作人员职务行为的廉洁制度和公私财物的所有权；犯罪客观方面表现为国家工作人员的财产、支出明显超过合法收入，且差额巨大，本人不能说明其来源；犯罪主体是特殊主体，即国家工作人员；犯罪主观方面是故意，即行为人明知财产不合法而故意占有，案发后又故意拒不说明财产的真正来源，或者有意编造财产来源的合法途径。

本案中，吴某家境贫寒，却拥有现金10万余元，香烟10余条，金项链3条，经司法机关查证属实的吴某受贿物品仅有7000余元，其余部分吴某均不能说明其合法来源。巨额财产来源不明罪是在司法机关不能查明其非法所得是通过何种非法途径获得的情况下对国家工作人员财产来源或者支出明显超过其合法收入，差额巨大，本人不能说明其来源合法的情形下设定的一个罪名。如果行为人说明了财产属非法获得，且经司法机关查实，应按其行为的性质定罪量刑,不构成本罪。因此,吴某构成受贿罪和巨额财产来源不明罪。

案例六

某物资开发公司向某工商银行提出贷款 500 万元以扩大公司业务的申请。该行行长刘某为给本行职工谋福利,经与其他行领导商量,决定向该公司提出索要 200 套液化气罐的条件,该物资公司因急需贷款,不敢违抗。交付 200 套液化气罐后,银行把 500 万元贷给物资公司。

问:本案应如何处理?

【评析】本案中,该行行长刘某经与其他行领导商量,决定向该公司索要 200 套液化气罐给本行职工谋福利,符合单位受贿罪的客观要件。单位受贿罪,是指国家机关、国有公司、企业、事业单位、人民团体,索取、非法收受他人财物,为他人谋取利益,情节严重的行为。工商银行是国有公司、企业,符合单位受贿罪的主体要件。单位受贿罪是经单位决策机构的授权和同意,由其直接负责的主管人员和其他直接责任人员故意收受或者索取贿赂的行为。犯罪动机是为单位的利益。因此,该工商银行构成单位受贿罪,即除了对该工商银行判处罚金外,对其直接负责的主管人员刘某也要追究刑事责任。

案例七

侯某系 S 市市政工程公司的经理、法人代表,张某、董某系 S 市市政工程公司的副经理。该公司效益不错,公司经理侯某在职工"发钱发粮,不如分房"的要求下,也动心了。于是在 1998 年年初,经公司领导会议决定筹建职工宿舍大楼,公司拨款 100 万元,委托某房地产公司修建,每平方米造价 1000 元。大楼建成后,以侯某为主的公司直接负责人再次研究,以每平方米 400 元带产权凭证售给本单位职工,公司在这次建房中共负担 68 万元。1998 年底,市检察院发现该公司的问题,以市政公司的三位负责人为被告提起公诉。

问:对侯某三人的行为应如何定性?

【评析】本案中,市政工程公司是国有事业单位,符合私分国有资产罪的主体要件,以侯某为主的公司直接负责人经领导集体讨论作出决定,公司拨款 100 万元建房,以每平方米 400 元带产权凭证售给本单位职工,公司在这次建房中共负担 68 万元。实际上是将 68 万元国有资产私分给了单位职工,造成国有资产的流失。私分国有资产罪的主体是国家机关、国有公司、企业、事业单位、人民团体。本罪要求以单位名义集体私分,其是指由单位领导个人或者经领导集体讨论作出决定,将国有资产分给单位所有职工或者绝大多数职工。私分国有资产数额较大才构成犯罪,这里的数额较大,参照《立案标准》的规定,是指累计数额在 10 万元以上。私分国有资产罪主观方面是故意,即明知是国有资产而予以私分。因此,侯某三人的行为构成私分国有资产罪。

案例八

梅某系 A 股份公司固定资产管理处工程师(非国家工作人员),负责发包工程项目决算初审。B 冶金公司(国有控股公司)参与承建 A 公司热轧酸洗板产品项目,A 公司固定资产管理处负责该项目招投标与决算,直接决定 B 公司承接项目数量以及结算款数额,梅某负责决算初审。其间,梅某接受 C 建筑公司总经理张某请托,利用其与 B 公司密切的工作联系,向 B 公司总经理康某(国家工作人员)提出,能否在业务转包中给予张某商业机会和关照。尽管梅某对 B 公司没有制约作用,也不具有使 B 公司无法获取或者减少获取工程款的权力,但康某考虑到与梅某保持顺畅关系能确保结算进度,从而不造成工作拖拉,决定帮助张某从 B 公司获取业务。康某授意下属在《不锈钢工程承包单位施工任务分包申请表》中将C公司"工业与民用建筑工程施工总承包三级"资质擅自改为"二级",使其符合不锈钢工程行业规范以及本公司承包商资质要求。事后,C公司从B公司获取600余万元分包业务,梅某收受张某感谢费65万元。

问:(1) 如何认定"利用职务上的便利"?
(2) 如何认定利用影响力受贿罪中的"关系密切"?
(3) 如何认定"为请托人谋取不正当利益"?
(4) 对梅某的行为如何定性?

【评析】(1) 梅某的职务便利对B公司及其总经理康某无法形成直接制约关系,不符合"利用职务上的便利"要件。

无论是受贿罪还是非国家工作人员受贿罪,职务便利要件既包括利用本人职务上主管、负责、承办某项事务的职权,也包括利用其职务上具有隶属、制约关系的国家工作人员或者非国家工作人员的职权。如果梅某所具有的工程结算初审权能够直接制约B公司的业务来源或者经济收入,就可认定其符合非国家工作人员受贿罪中利用职务便利的要件。

但本案中梅某不具有工程发包权,而是根据施工合同、标的、图纸、审价报告等形式性文件进行工程结算初审工作,对B公司工程结算款不具有决定性影响,对于B公司项目及经济利益不会起到实质性作用。梅某事实上没有利用职务便利制约国家工作人员康某职务行为的权力基础,不符合职务便利要件的特征,无法构成非国家工作人员受贿罪。

(2) 利用影响力受贿罪中的"关系密切"指向的是一种紧密的人际联系,可以是特殊情感关系,也可以是客观、中性的共同利益、利害关系,还可是并非基于职权而形成的工作联系。

对于梅某利用影响力的行为是否符合《刑法》第388条及第388条之一的规定,有观点认为:①根据《刑法》第388条斡旋受贿的规定以及相关司法解释的意见,梅某不符合国家工作人员的主体身份,不能认定为斡旋受贿;②与国家工作人员关系密切的人,通过该国家工作人员职务上的行为,为请托人谋取不正当利益,索取或者收受请托人财物的,符合《刑法》第388条之一利用影响力受贿罪的构成要件。梅某与B公司及康某之间属于工作联系,符合《刑法》第388条的特征,却不属于《刑法》第388条之一利用影响力受贿罪中的"关系密切",故梅某不构成任何形式的受贿犯罪。

我们认为,利用职权或者地位产生的一定的工作联系应当属于利用影响力受贿罪中的"关系密切"。交往密切的亲属关系、共同利益关系、情妇(夫)等特定关系、恋爱关系、同事、同学、校友、朋友、战友等固然均可认定为"关系密切",但刑法解释不能仅仅局限在上述静态的层面机械理解"关系密切"。如果将斡旋受贿中的影响力或者工作联系排除在利用影响力受贿罪中的"关系密切"之外,非国家工作人员利用职权形成的工作联系影响其他国家工作人员职务活动的行为就会处于利用影响力受贿罪的规制盲区。

在实践中,超大型、大型国有控股公司核心部门的非国家工作人员与国有企业中的国家工作人员在工作上具有紧密联系,容易形成相当程度的影响力,进而实施影响力交易行为。"关系密切"概念的解释应当有利于严密法网,运用刑法规范、控制非国家工作人员利用影响力受贿的行为。从法条关系角度分析,利用影响力受贿罪中"关系密切的人"对国家工作人员产生的影响力,在法律特征上应能整体包容《刑法》第388条斡旋受贿中国家工作人员对其他国家工作人员的影响力。

本案中,梅某结算初审的进度对于B公司顺畅开展相关工作具有一定作用,其利用职权形成的工作联系影响国家工作人员康某的职务行为，符合利用影响力受贿罪关系密切人影响国家工作人员职务活动的行为要件特征。

(3) 关系密切人对于请托人谋取不正当利益没有明示反对的意思表示与具体行为的，即可认定符合"为请托人谋取不正当利益"，控方无须证明其明知或者要求国家工作人员为请托人谋取具体的不正当利益。

构成利用影响力受贿罪必须以关系密切人为请托人谋取不正当利益为前提。由于本案中梅某并没有明确要求康某为张某谋取不正当的商业机会，而只是概括地提出给予帮助，故对于梅某是否符合谋取不正当利益要件，存在肯定与否定两种意见。

我们认为，不超过行为主体预期或者与其意志不相抵触的不正当利益均可归责于关系密切人。利用影响力受贿罪构成要件中包括了关系密切人、国家工作人员、请托人三方当事人，法律关系极为复杂，司法认定过程中不可能要求三方当事人均对不正当利益问题达到明知程度。在控方证明请托人最后获取利益是不正当利益的情况下，作为犯罪主体的关系密切人必须证明其明确要求国家工作人员向请托人提供正当利益，明示请托人不可能为其谋取不正当利益并有相关实际行为进行补充证明。否则，关系密切人应当承担不利的法律后果，即符合谋取不正当利益要件。

根据最高人民法院、最高人民检察院《关于办理商业贿赂刑事案件适用法律若干问题的意见》第9条的规定，不正当利益可以是要求对方违反法律、法规、规章、政策、行业规范的规定提供帮助或者方便条件。本案中，康某授意下属擅自在申请文件中将C公司的资质从"三级"改为"二级"，从而使其获取巨额工程业务，属于提供违反行业规范规定的帮助，故应认定行贿人实际谋取了不正当利益。梅某在影响力交易过程中概括性地向康某提出为张某提供商业机会，没有明示反对不正当利益，应认定属于利用影响力受贿罪中的"为请托人谋取不正当利益"。

(4) 综上，非国家工作人员梅某利用职权形成的影响力与密切的工作联系，通过其他国家工作人员的职务行为为请托人谋取巨额不正当利益，符合《刑法》第388条之一的构成要件，应当认定为利用影响力受贿罪。

(二) 案例分析实训

案例一

北京市顺义牛栏山水泥厂是北京双峰建材集团下属公司（全民所有制企业）。2001年5月20日，李某某被牛栏山水泥厂聘为副厂长，主管厂办、企管及财务工作，同时还履行总会计师的职责。2003年12月20日，经北京市顺义区政府决定关闭牛栏山水泥厂，由北京双峰建材集团公司的另一个下属公司北京潮白新兴商贸有限公司负责牛栏山水泥厂关闭后的善后工作。

2002年8月28日~2003年1月9日间，李某某利用职务之便，未经单位集体讨论决定，3次以转账方式将本单位公款共计185万元挪给北京休闲俱乐部有限公司（以下简称"俱乐部"）进行营利活动。2003年6月15日，李某某伙同牛栏山水泥厂厂长彭某（另案处理）一起利用职务之便，将50万元公款以转账方式挪用给俱乐部进行营利活动。自2003年底至2004年底，李某某收受该俱乐部贵宾卡7张，其中5000元面额1张、3000元面额2张、2000元面额3张、无限额贵宾卡1张。上述被挪用款项已全部归还。2002年11月27日~2003年8月间，李某某利用职务之便，先后8次以转账、现金支付方式挪用本单位公款238万元给北京建材公司，供北京建材公司法人代表、北京建材公司股东张某（均另案处理）进行营利性活动。2003年5月起至案发，李某某无偿使用张某的一辆桑塔纳轿车，并于2004年4月取得北京建材公司 10% 股份。上述被挪用款项已全部归还。

问：（1）李某某利用职务便利，将公款借给俱乐部进行营利活动，并且收受贵宾卡谋取个人利益的行为，是否属于挪用公款"归个人使用"？

（2）李某某收取贵宾卡的行为是否应单独认定为受贿罪？

（3）本案应如何处理？

案例二

李某系某县银行一营业所会计人员，其采用涂改入账单据、票据、在往来账上添加数字等手法，私自挪用公款43次，借给9个集体企业用于购买生产资料、扩大经营等，总数额达22.6万元，每笔款项挪用时间最长达1年零2个月，最短达17天。

问：（1）以个人名义将公款供其他单位使用的行为应如何定性？

（2）对李某的行为应如何认定？

案例三

孙某某于1993年在从抚顺市财政局下派到黑河顺鑫经贸公司任副经理期间，以顺鑫经贸公司抚顺分公司与抚顺市望花区住宅开发公司联建的名义，借用开发公司的营业执照开发抚顺市新抚区站前小学和石油八公司住宅楼工程，1994年11月工程竣工后盈利303万多元。此后，孙某某工作变动后没有向上级汇报工程盈利情况，反而利用相关领导调任之机，隐瞒工程获取的高额利润。

2000年4月，孙某某将"执法办"资金100万元借给抚顺市地产房屋开发公司经理齐某某用于经营活动。当齐某某归还后，孙某某以个人名义将该款项存入银行占为己有。2001年底，孙某某又将剩余工程款203万元及利息37万多元经多次转存占为己有。

孙某某在任"执法办"主任期间，其朋友王某找他帮忙以车抵欠缴费，经其同意，王某于2001年10月用一辆凌志车及一台进口彩色复印机抵费57万余元。王某为表示感谢，送给孙某某3万元。2003年11月，抚顺市游泳运动管理中心的薛某找孙某某帮忙，将自己的一辆本田雅阁轿车以30万元的价格卖给胜利经济开发区财政局。薛某在收到卖车款后提出10万元送给孙某某。除给他人2万元外，余款均被孙某某占有。

问：孙某某的行为构成哪些罪？

案例四

闫某系养路费征稽员，应朋友麻某的请求，利用养路费稽征环节的漏洞，少征麻某养路费，二人约定每月每车缴纳1100元（实际应缴2700元），其中440元是给闫某的好处费，其余660元用于缴费，闫某实际缴费小于660元，将其中差额据为己有。2003~2005年间，闫某累计少征麻某养路费300万余元，获好处费30万余元，私下侵吞6万余元。

问：本案应如何定性？如何处罚？

案例五

2002年，某国有证券公司为防止员工在上班时间进行个人炒股影响工作，便组织成立了基金会，在个人自愿出资1000元左右的情况下，指定专人统一管理操作，专门为大家炒股，收益和分成按个人投资比例获得。后公司总经理（法人代表）赵某为获得高额利润，在既没有向主管领导请示也没有经领导班子集体研究的情况下，多次批准将本单位近3亿元资金转入基金会进行申购新股的业务。一年后该单位将申购新股的所得赢利400余万元以基金会的名义全部分给职工。

围绕本案的定性存在两种意见。一种意见认为，本案中该证券公司构成私分国有资产罪。另一种意见认为，本案中赵某构成挪用公款罪。

问：你认为哪种意见正确？为什么？

案例六

某县粮管所与一个体运输户卢某签订运输合同，要其将一批大米运往粮库。卢某多次在运送途中将一部分大米盗卖，累计获赃款8000余元。卢某的行为如何定性？

对此案的处理，有人认为，卢某应定贪污罪。理由是：卢某是受县粮管所委托，经手、管理公共财物的人员；卢某利用其经手、管理、运输的"职务"便利，侵吞了已成为公共财产的大米；卢某的行为侵犯了公共财产的所有权与所委托"职务"的廉洁性。

问：你是怎样认为的？

第十章 渎职罪

【本章概要】渎职罪是典型的职务犯罪，我国刑法中用专章对渎职罪进行了规定。本章内容是刑法分则第九章中规定的37个渎职犯罪罪名。按照犯罪发生领域和犯罪主体的不同，可以分为一般国家机关工作人员的渎职罪、司法工作人员的渎职罪和其他特定国家机关工作人员的渎职罪。

【学习目标】了解渎职罪的基本范围；掌握玩忽职守罪的要件；掌握滥用职权罪的要件；掌握徇私枉法罪的要件；了解普通渎职罪与特定渎职罪的区别。

第一节 渎职罪概述

一、渎职罪的概念

渎职罪，是指国家机关工作人员在公务活动中滥用职权、玩忽职守、徇私舞弊，妨害国家管理活动，致使公共财产或者国家与人民的利益遭受重大损失的行为。

二、渎职罪的特征

渎职罪是一种典型的职务犯罪，其构成特征如下：

1. 本类犯罪的客体是国家机关的正常管理活动。所谓国家机关的正常管理活动，是指各级国家机关依法行使国家管理职权的正常活动，如各级行政部门（包括工商、卫生、内外贸易、海关、教育、财政税收、交通、农林渔政等部门）、司法部门的正常管理活动。渎职罪是国家机关工作人员的严重亵渎公职行为，而这种行为显然是对国家机关正常管理活动的严重侵害。

2. 本类犯罪的客观方面，表现为行为人实施了滥用职权、玩忽职守、徇私舞弊（包括徇私枉法、徇情枉法等）并使公共财产、国家和人民利益遭受重大损失的行为。"滥用职权"，是指国家机关工作人员不依法行使职权而利用手中的权力胡作非为；"玩忽职守"，是指国家机关工作人员疏于职守，不按法律、法规或规章行使管理职权；"徇私舞弊"，则是指国家机关工作人员为了一己之私而徇情枉法。应当指出，一般的滥用职权、玩忽职守和徇私舞弊的行为并不都构成渎职罪，只有那些因为渎职行为而致使公共财产或者国家和人民利益遭受重大损失的行为才构成犯罪。

3. 本类犯罪的主体为特殊主体，或者说本罪为身份犯，即只有那些具有特定身份的人，才能成为这类犯罪的主体。但《刑法》第398条规定的故意泄露国家秘密罪和过失泄露国家秘密罪、第399条之一规定的依法承担仲裁职责的人员除外。所谓特定身份，在这类犯罪中是指国家机关的工作人员，即各级国家机关中的管理人员。具体来说，国家机关工作人员是指国家立法、行政、司法、军事等部门的公职人员，在我国政治体制里，还应当包括中国共产党的各级机关、中国人民政治协商会议的各级机关的公职人员。

4. 本类犯罪的主观方面，有的是故意，有的是过失。如由故意构成的罪名是：滥用职权罪，故意泄露国家秘密罪，徇私枉法罪，民事、行政枉法裁判罪，枉法仲裁罪，私放在押人员罪、徇私舞弊减刑、假释、暂予监外执行罪，徇私舞弊不移交刑事案件罪，滥用管理公司、证券职权罪，徇私舞弊不征、少征税款罪，徇私舞弊发售发票、抵扣税款、出口退税罪，违法提供出口退税证罪，违法发放林木采伐许可证罪，非法批准征收、征用、占用土地罪，非法低价出让国有土地使用权罪，放纵走私罪，商检徇私舞弊罪，动植物检疫徇私舞弊罪，放纵制售伪劣商品犯罪行为罪，办理偷越国（边）境人员出入境证件罪，放行偷越国（边）境人员罪，不解救被拐卖、绑架妇女、儿童罪，阻碍解救被拐卖、绑架妇女、儿童罪，帮助犯罪分子逃避处罚罪，招收公务员、学生徇私舞弊罪。只能由过失构成的罪名是：玩忽职守罪，过失泄露国家秘密罪，失职致使在押人员脱逃罪，国家机关工作人员签订、履行合同失职被骗罪，环境监管失职罪，传染病防治失职罪，商检失职罪，动植物检疫失职罪，失职造成珍贵文物损毁、流失罪。

三、渎职罪的种类

刑法分则第九章共有23个条文，计37个罪名。依据犯罪主体的具体身份不同，本章犯罪大体可分为如下几类：

1. 一般国家机关工作人员的渎职罪。这类犯罪有：滥用职权罪，玩忽职守罪，故意泄露国家秘密罪，过失泄露国家秘密罪，国家机关工作人员签订、履行合同失职被骗罪，非法批准征收、征用、占用土地罪，非法低价出让国有土地使用权罪，招收公务员、学生徇私舞弊罪，失职造成珍贵文物损毁、流失罪。

2. 司法工作人员的渎职罪。这类犯罪有：徇私枉法罪，民事、行政枉法裁判罪，枉法仲裁罪，执行判决、裁定失职罪，执行判决、裁定滥用职权罪，私放在押人员罪，失职致使在押人员脱逃罪，徇私舞弊减刑、假释、暂予监外执行罪。

3. 其他特定国家机关工作人员的渎职罪。所谓"特定国家机关"，是指以下机关：公司、证券管理部门，税务机关，林木采伐管理机关，环境保护机关，卫生防疫部门，海关，商检部门，出入境证件管理部门等。这类犯罪有：徇私舞弊不移交刑事案件罪，滥用管理公司、证券职权罪，徇私舞弊不征、少征税款罪，徇私舞弊发售发票、抵扣税款、出口退税罪，违法提供出口退税证罪，违法发放林木采伐许可证罪，环境监管失职罪，食品监督渎职罪，传染病防治失职罪，放纵走私罪，商检徇私舞弊罪，商检失职罪，动植物检疫徇私舞弊罪，动植物检疫失职罪，放纵制售伪劣商品犯罪行为罪，办理偷越国（边）境人员出入境证件罪，放行偷越国（边）境人员罪，不解救被拐卖、绑架妇女、儿童罪，阻碍解救被拐卖、绑架妇女、儿童罪，帮助犯罪分子逃避处罚罪。

第二节 一般国家机关工作人员的渎职罪

一、玩忽职守罪

（一）玩忽职守罪的概念与特征

玩忽职守罪，是指国家机关工作人员严重不负责任，不履行或者不认真履行职责，致使公共财产、国家和人民利益遭受重大损失的行为。本罪的主要特征是：

1. 本罪所侵犯的客体是国家机关对社会的管理职能。

2. 本罪的客观方面表现为行为人实施了玩忽职守的行为，并使公共财产、国家和人民利益遭受了重大损失。所谓玩忽职守，是指行为人严重不负责任，工作中草率马虎，不履行或者不正确履行公职。

根据最高人民检察院 1999 年 8 月 6 日通过的《关于人民检察院直接受理立案侦查案件立案标准的规定（试行）》规定，涉嫌下列情形之一的，应予立案：①造成死亡 1 人以上，或者重伤 3 人以上，或者轻伤 10 人以上的；②造成直接经济损失 30 万元以上的，或者直接经济损失不满 30 万元，但间接经济损失超过 100 万元的；③徇私舞弊，造成直接经济损失 20 万元以上的；④造成有关公司、企业等单位停产、严重亏损、破产的；⑤严重损害国家声誉，或者造成恶劣社会影响的；⑥海关、外汇管理部门的工作人员严重不负责任，造成巨额外汇被骗或者逃汇的；⑦其他致使公共财产、国家和人民利益遭受重大损失的情形；⑧徇私舞弊，具有上述情形之一的。

3. 本罪主体为特殊主体，即只有那些具有国家机关工作人员身份的人才能成为本罪主体。一般国家工作人员不能成为本罪的主体。

4. 本罪主观方面只能是过失。即行为人作为国家机关工作人员理应恪尽职守、尽心尽力，在履行公职中时刻保持必要注意，但行为人却持一种疏忽大意或过于自信的心态，对自己玩忽职守的行为可能导致公共财产、国家和人民利益遭受重大损失应当预见而没有预见，或者已经预见而轻信能够避免。

（二）玩忽职守罪认定中注意的问题

关于玩忽职守罪的认定需要注意以下几点：

1. 要分清生产、实验失败与玩忽职守犯罪。在现实生活中，特别是在科学研究领域，限于人类对自然规律认识的有限性，常有实验失败的情况，而一次大型科学实验的失败，往往会造成重大损失。对于这一类情况，由于行为人主观上并无过失，因而不能以玩忽职守罪论处。

2. 要分清工作失误与玩忽职守犯罪。工作失误，是指行为人因为业务水平和工作能力不足，从而决策不当，导致了公共财产、国家和人民利益的损失，就主观心态而言，行为人并无玩忽职守的心理意识，而常常是力求把事情做好，只是在善意的心境下因力不从心而出现工作失误。我们认为，此种情况下行为人的工作失误虽然造成了一定损失，但不宜以犯罪论处。

3. 要分清一般的玩忽职守行为与玩忽职守罪。二者的区别在于是否给公共财产、国家和人民利益造成了"重大损失"。如果行为人玩忽职守已造成"重大损失"，则对行为人应按玩忽职守罪定罪量刑；如果行为人虽然有玩忽职守的行为，但所引起的损失尚未达到"重大损失"的标准，那么对行为人就不能定罪处刑。

4. 注意区分玩忽职守罪与滥用职权罪的界限。玩忽职守罪与滥用职权罪都是《刑法》第 397 条所规定的犯罪，其主体、客体完全相同，结果要件都要求有"重大损失"，二者的主要区别在于：

（1）犯罪主观方面不同。本罪在主观方面是出于过失；滥用职权罪在主观方面则是出于故意。

（2）犯罪客观方面的表现形式不同。本罪在客观方面表现为，行为人对工作严重不负责任，不履行或者不正确履行职责，致使公共财产、国家和人民利益遭受重大损失的行为；滥用职权罪在客观方面则表现为，行为人实施了滥用职权或者超越职权，致使公共财产、国家和人民利益遭受重大损失的行为。

5. 本罪与重大责任事故罪的界限。两者的区别主要在于：

（1）犯罪客体不同。本罪侵犯的直接客体和同类客体都是国家机关的正常管理活动，属于渎职罪的范畴；而重大责任事故罪侵犯的直接客体是生产、作业安全，同类客体是公共安全，不属于渎职罪的范畴。

（2）犯罪客观方面的表现形式不同。本罪在客观方面表现为，行为人对工作严重不负责任,不履行或者不正确履行职责,致使公共财产、国家和人民利益遭受重大损失的行为,该行为只能发生在国家机关工作人员的管理活动过程中;重大责任事故罪在客观方面则表现为,由于在生产、作业中违反有关安全管理的规定,因而发生重大伤亡事故或者造成其他严重后果的行为,该行为只能发生在生产、作业过程中。

(3) 犯罪主体不同。本罪的主体是国家机关工作人员;重大责任事故罪的主体则一般是企业、事业单位的职工。

6. 本罪与本章规定的特殊的玩忽职守犯罪的界限。本罪仅是对国家机关工作人员玩忽职守犯罪的一个概括的规定,只适用于那些刑法分则没有明确规定的国家机关工作人员因玩忽职守构成犯罪的情况。如果刑法分则有明确规定的,由于这些规定与规定玩忽职守罪的法条形成法条竞合,那么应按特殊法优于普通法的原则处理,即适用该特别规定,而不再以玩忽职守罪论处。如负有环境保护监督管理职责的国家机关工作人员严重不负责任,导致发生重大环境污染事故,致使公私财产遭受重大损失或者造成人身伤亡的严重后果的,就不能以本罪处理,而应依照《刑法》第408条规定以环境监管失职罪论处。

(三) 玩忽职守罪的刑事责任

根据《刑法》第397条的规定,国家机关工作人员玩忽职守,致使公共财产、国家和人民利益遭受重大损失的,处3年以下有期徒刑或者拘役;情节特别严重的,处3年以上7年以下有期徒刑。本法另有规定的,依照规定。国家机关工作人员徇私舞弊,犯本罪的,处5年以下有期徒刑或者拘役;情节特别严重的,处5年以上10年以下有期徒刑。本法另有规定的,依照规定。

二、滥用职权罪

(一) 滥用职权罪的概念与特征

滥用职权罪,是指国家机关工作人员滥用职权,致使公共财产、国家和人民利益遭受重大损失的行为。本罪的主要特征是:

1. 本罪客观方面表现为滥用职权,致使公共财产、国家和人民利益遭受重大损失的行为。滥用职权,是指不法行使职务上的权限的行为,即就形式上属于国家机关工作人员一般职务权限的事项,以不当目的或者以不法方法,实施违反职务行为宗旨的活动。滥用职权应是滥用国家机关工作人员的一般职务权限,如果行为人实施的行为与其一般的职务权限没有任何关系,则不属于滥用职权。行为人或者是以不当目的实施职务行为或者是以不法方法实施职务行为。滥用职权的行为违反了职务行为的宗旨,或者说与其职务行为的宗旨相违背。滥用职权的行为主要表现为以下几种情况:①超越职权,擅自决定或处理没有具体决定、处理权限的事项;②玩弄职权,随心所欲地对事项作出决定或者处理;③故意不履行应当履行的职责,或者说任意放弃职责;④以权谋私、假公济私,不正确地履行职责。

根据《刑法》的规定,滥用职权行为,只有致使公共财产、国家和人民利益遭受重大损失的,才成立犯罪。根据2005年12月29日最高人民检察院通过的《关于渎职侵权犯罪案件立案标准的规定》,涉嫌下列情形之一的,应予立案:①造成死亡1人以上,或者重伤2人以上,或者重伤1人、轻伤3人以上,或者轻伤5人以上的;②导致10人以上严重中毒的;③造成个人财产直接经济损失10万元以上,或者直接经济损失不满10万元,但间接经济损失50万元以上的;④造成公共财产或者法人、其他组织财产直接经济损失20万元以上,或者直接经济损失不满20万元,但间接经济损失100万元以上的;⑤虽未达到第3、4两项数额标准,但第3、4两项合计直接经济损失20万元以上,或者合计直接经济损失不满20万元,但合计间接经济损失100万元以上的;⑥造成公司、企业等单位停业、停产6个月以上,或者破产的;⑦弄虚作假,不报、缓报、谎报或者授意、指使、强令他人不报、缓报、谎报情况,导致重特大事故危害结果继续、扩大,或者致使抢救、调查、处理工作延误的;⑧严重损害国家声誉,或者造成恶劣社会影响的;⑨其他致使公共财产、国家和人民利益遭受重大损失的情形。国家机关工作人员滥用职权,符合刑法第九章所规定的特殊渎职罪构成要件的,按照该特殊规定追究刑事责任;主体不符合刑法第九章所规定的特殊渎职罪的主体要件,但滥用职权涉嫌前款第1~9项规定情形之一的,按照《刑法》第397条的规定以滥用职权罪追究刑事责任。

2. 本罪的主体必须是国家机关工作人员。非国家机关工作人员滥用职权,致使公共财产、国家和人民利益遭受重大损失的,依性质与情节成立其他犯罪,不成立本罪。

3. 本罪主观方面必须出于故意,行为人明知自己滥用职权的行为会发生破坏国家机关的正常活动,损害国家机关工作人员职务活动的合法性、客观、公正性,并且希望或者放任这种结果发生。"致使公共财产、国家和人民利益遭受重大损失"的结果,不要求行为人希望或者放任这种结果发生。至于行为人是为了自己的利益滥用职权,还是为了他人利益滥用职权,则不影响本罪的成立。我们认为,滥用职权罪一般只能出于直接故意。

(二) 滥用职权罪认定中应注意的问题

根据刑法的规定,成立滥用职权罪,首先,一方面,行为人必须有滥用职权的行为,如果行为人没有滥用职权,完全是在具体的职权范围内依法、客观、公正地处理事项,则不能认定为滥用职权罪。但另一方面,不能为了给行为人开脱罪责,而扩大行为人的具体的职权范围;也不能以属于官僚主义、工作失误为由开脱行为人的罪责,因为官僚主义行为中包括了滥用职权的行为,因而包括了犯罪行为。其次,要求行为造成重大损失,对于没有造成重大损失的滥用职权行为,不能认定为滥用职权罪。另外,对作为本罪构成要件要素的"重大损失",一般仅限于有形的损失。

滥用职权罪与其他相近似犯罪主要应划清以下两个界限:①滥用职权罪与玩忽职守罪的界限。请见上文关于玩忽职守罪的论述。②滥用职权罪与本章规定的特殊的滥用职权的犯罪的界限。本罪仅是对国家机关工作人员滥用职权犯罪的一个概括的规定,只适用于那些刑法分则没有明确规定的国家机关工作人员因滥用职权构成犯罪的情况。如果刑法分则有明确规定的,由于这些规定与规定滥用职权罪的法条形成法条竞合,那么,应按特殊法优于普通法的原则处理,即适用该特别规定,而不再以滥用职权罪论处。如国家机关工作人员徇私舞弊,违反土地管理法规,滥用职权,非法批准征用、占用土地,或者非法低价出让国有土地使用权,情节严重的行为,就不能以本罪处理,而应依照《刑法》第410条的规定以非法批准征收、征用、占用土地罪或非法低价出让国有土地使用权罪论处。

(三) 滥用职权罪的刑事责任

根据《刑法》第397条的规定,国家机关工作人员滥用职权,致使公共财产、国家和人民利益遭受重大损失的,处3年以下有期徒刑或者拘役;情节特别严重的,处3年以上7年以下有期徒刑。本法另有规定的,依照规定。国家机关工作人员徇私舞弊,犯前款罪的,处5年以下有期徒刑或者拘役;情节特别严重的,处5年以上10年以下有期徒刑。本法另有规定的,依照规定。

三、故意泄露国家秘密罪

(一) 故意泄露国家秘密罪的概念与特征

故意泄露国家秘密罪,是指国家机关工作人员或非国家机关工作人员违反保守国家秘密法的规定,故意泄露国家秘密,情节严重的行为。本罪的主要特征是:

1. 本罪的客体是国家的保密制度。自古以来,世界各国为了维护自己国家的利益,无一不制定有关保守政治、军事、经济、科技等秘密的法律制度。我们这里所说的保密制度，就是指我国现行有效的保守国家秘密的法律、法规所形成的法律制度。我国现行的保守国家秘密的法律、法规主要有：《保守国家秘密法》《保守国家秘密法实施条例》《国家秘密技术出口审查规定》等，此外，在我国现行的《法官法》《检察官法》《人民银行法》《地图管理条例》等法律、法规中也含有保守国家秘密的规定。无论是国家机关工作人员，还是普通公民，都有义务保守国家秘密。如果有谁违反保密义务而故意泄露国家秘密，就严重侵犯了国家的保密制度，进而严重危害到国家整体利益。

2. 本罪的客观方面表现为行为人实施了违反保守国家秘密法的禁止性命令的行为，即实施了故意泄露国家秘密的行为。所谓违反保守国家秘密法的禁止性命令，是指行为人违反我国《保守国家秘密法》《保守国家秘密法实施条例》等法律、法规关于保守国家秘密的规定，故意将国家秘密泄露出去。总体上来讲，国家秘密是指国家法律、法规所规定的禁止泄露的有关国家安全、政治、经济、军事等各种利益的信息，这些信息在一定时间内严格限定于一定空间，即只允许特定范围的人员知悉。我国《保守国家秘密法》第2条把国家秘密概括为："国家秘密是关系国家安全和利益，依照法定程序确定，在一定时间内只限一定范围的人员知悉的事项。"该法第9条明确把以下事项规定为国家秘密：①国家事务重大决策中的秘密事项；②国防建设和武装力量活动中的秘密事项；③外交和外事活动中的秘密事项以及对外承担保密义务的秘密事项；④国民经济和社会发展中的秘密事项；⑤科学技术中的秘密事项；⑥维护国家安全活动和追查刑事犯罪中的秘密事项；⑦经国家保密行政管理部门确定的其他秘密事项。根据《保守国家秘密法》第10条的规定，国家秘密分为绝密、机密和秘密三个等级。绝密是国家的最高级机密，只允许极少数人员知悉；机密是仅次于绝密的国家重要信息，只允许特定的专门工作人员知悉；秘密是国家的不宜在社会上大范围传播而限于一定范围人员知悉的重要信息。应当指出，故意泄露国家秘密罪中的"国家秘密"，既包括绝密、机密，又包括秘密，"国家秘密"是对绝密、机密和秘密的总称。所谓泄露，是指知悉国家秘密的有关人员不顾法律禁止性规定，把国家秘密传递给无权知悉者，或者违反保密法规，使国家秘密被不被允许接触的人员接触而不能证明未被不应知悉者获知。泄露的具体方法多种多样，既可以用言词，也可以用文字，还可以通过录音、录像、复制等技术手段泄露。

3. 本罪的主体主要是国家机关工作人员，但非国家机关工作人员也可以成为本罪的主体。这里，非国家机关工作人员应作广义理解，是指一切知悉或了解国家秘密的非国家机关工作人员。

4. 本罪的主观方面为故意，即行为人明知是国家秘密而故意加以泄露。至于行为人出于何种目的和动机，并不影响犯罪的成立。但行为人如果出于危害国家安全的目的而故意将国家秘密提供给境外的机构、组织或人员的，则应按《刑法》第111条之规定定罪量刑。

根据2005年12月29日最高人民检察院通过的《关于渎职侵权犯罪案件立案标准的规定》，涉嫌下列情形之一的，属于情节严重，应予立案：①泄露绝密级国家秘密1项（件）以上的；②泄露机密级国家秘密2项（件）以上的；③泄露秘密级国家秘密3项（件）以上的；④向非境外机构、组织、人员泄露国家秘密，造成或者可能造成危害社会稳定、经济发展、国防安全或者其他严重危害后果的；⑤通过口头、书面或者网络等方式向公众散布、传播国家秘密的；⑥利用职权指使或者强迫他人违反国家保守秘密法的规定泄露国家秘密的；⑦以牟取私利为目的泄露国家秘密的；⑧其他情节严重的情形。

（二）故意泄露国家秘密罪认定中应注意的问题

认定本罪，应注意以下问题：

1. 本罪与非罪行为的界限。根据《刑法》的规定，只有故意泄露国家秘密情节严重的，才构成犯罪。因此，区分本罪与非罪行为的关键是看泄密的情节是否严重。如果泄密情节尚未达到严重程度，属于一般的违法、违纪行为，对行为人可以给予党纪、政纪处理，但不能以犯罪追究行为人的刑事责任。

2. 本罪与为境外窃取、刺探、收买、非法提供国家秘密、情报罪的界限。两者的区别主要在于：①侵犯的客体不同。前者侵犯的客体是国家的保密制度，属于渎职罪的范畴；而后者侵犯的客体是国家安全和利益，归危害国家安全罪的范畴。②犯罪对象不完全相同。前者的对象是涉及国家安全和利益的国家秘密；而后者的对象除了国家秘密外，还包括除国家秘密以外的影响国家安全的情报。③犯罪的行为表现不同。前者在客观方面表现为，违反国家保密法规，将自己了解和掌握的国家秘密泄露给他人的行为，其行为的主要特征是泄露国家秘密；而后者在客观方面则表现为，为境外的机构、组织、人员窃取、刺探、收买、非法提供国家秘密的行为，其法定行为方式是窃取、刺探、收买、非法提供。④构成犯罪的情节要求不同。前者要求泄露国家秘密的情节严重才能构成犯罪；后者则在构成犯罪上没有情节的要求。⑤犯罪主体不同。前者的主体主要是国家机关工作人员；后者的主体则为一般主体。

3. 本罪与侵犯商业秘密罪的界限。两者的区别主要表现在：①犯罪客体不同。前者侵犯的直接客体是国家保密制度；而后者侵犯的直接客体是权利人对商业秘密的专用权，同类客体是知识产权。②犯罪对象不同。前者的犯罪对象是国家秘密，即关系国家安全和利益，依照法定程序确定，在一定时间内只限一定范围的人员知悉的事项，它代表着国家利益；后者的犯罪对象则是商业秘密，即不为公众所知悉，能为权利人带来经济利益，具有实用性并经权利人采取保密措施的技术信息和经营信息，它代表权利人的经济利益。③犯罪客观方面的表现形式不同。前者在客观方面表现为，违反国家保密法规，使不应该知悉某项国家秘密的人员知悉了该项国家秘密，其行为特征是泄露；后者在客观方面的表现形式则比较复杂，不完全是泄露或披露，根据《刑法》的规定，主要包括：以盗窃、利诱、胁迫或其他不正当手段获取权利人的商业秘密的行为；披露、使用或者允许他人使用以前项手段获取的权利人的商业秘密的行为；违反约定或者违反权利人有关保守商业秘密的要求，披露、使用或者允许他人使用其所掌握的商业秘密。此外，明知或应知上述所列行为，仍然获取、使用或者披露他人的商业秘密的，也以侵犯商业秘密论。④犯罪主体不同。前者的主体只能是自然人，且以国家机关工作人员为主；后者的主体则既可以是自然人，也可以是单位。⑤犯罪主观方面有所不同。前者主观上只能是故意；而后者主观上既可以是故意，也可以是过失。如果国家机关工作人员违反保守国家秘密法的规定，披露属于国家秘密的商业秘密，则属于法条竞合，按照特别法优于普通法的原则，以故意泄露国家秘密罪论处。

4. 本罪与非法获取国家秘密罪的界限。它们之间除了在侵犯的客体、犯罪主体上有根本的不同和在犯罪主观方面有些不同外，区别的关键是具体实施的行为不同，前者是行为人将知悉的国家秘密向不应知悉的人泄露的行为，是由内向外的行为动向；后者是行为人通过窃取、刺探、收买的方法非法获取国家秘密的行为，是从外向内的行为动向。如果一个人出于泄露国家秘密的罪过心理，先非法获取国家秘密而又实施泄露国家秘密行为的，成立吸收犯，从一重罪处断。

（三）故意泄露国家秘密罪的刑事责任

根据《刑法》第398条的规定，国家机关工作人员违反保守国家秘密法的规定，故意泄露国家秘密，情节严重的，处3年以下有期徒刑或者拘役；情节特别严重的，处3年以上7年以下有期徒刑。非国家机关工作人员犯前款罪的，依照前款的规定酌情处罚。

四、过失泄露国家秘密罪

（一）过失泄露国家秘密罪的概念与特征

过失泄露国家秘密罪，是指国家机关工作人员或其他有关人员，违反保守国家秘密法的规定，过失泄露国家秘密，情节严重的行为。

本罪与故意泄露国家秘密罪的关键区别在于主观要件不同。本罪只能出于过失，即行为人应当预见自己的行为可能泄露国家秘密，但因为疏忽大意而没有预见，或者已经预见而轻信能够避免。

根据 2005 年 12 月 29 日最高人民检察院通过的《关于渎职侵权犯罪案件立案标准的规定》，涉嫌下列情形之一的，属于情节严重，应予立案追诉：①泄露绝密级国家秘密 1 项（件）以上的；②泄露机密级国家秘密 3 项（件）以上的；③泄露秘密级国家秘密 4 项（件）以上的；④违反保密规定，将涉及国家秘密的计算机或者计算机信息系统与互联网相连接，泄露国家秘密的；⑤泄露国家秘密或者遗失国家秘密载体，隐瞒不报、不如实提供有关情况或者不采取补救措施的；⑥其他情节严重的情形。

（二）过失泄露国家秘密罪的刑事责任

根据《刑法》第 398 条的规定，国家机关工作人员违反保守国家秘密法的规定，过失泄露国家秘密，情节严重的，处 3 年以下有期徒刑或者拘役；情节特别严重的，处 3 年以上 7 年以下有期徒刑。非国家机关工作人员犯前款罪的，依照前款的规定酌情处罚。

五、国家机关工作人员签订、履行合同失职被骗罪

（一）国家机关工作人员签订、履行合同失职被骗罪的概念与特征

国家机关工作人员签订、履行合同失职被骗罪，是指国家机关工作人员在签订、履行合同过程中，因严重不负责任被诈骗，致使国家利益遭受重大损失的行为。本罪的主要特征是：

1. 本罪主体必须是国家机关工作人员，如果是国有公司、企业、事业单位的直接负责的主管人员在签订、履行合同过程中因严重不负责任被诈骗，则成立《刑法》第 167 条的签订、履行合同失职被骗罪。

2. 本罪客观方面表现为在签订、履行合同过程中，因严重不负责任而被他人诈骗，并致使国家利益遭受重大损失。

3. 本罪主观方面只能是过失，故意不可能成立本罪。符合本罪构成要件的，不认定为玩忽职守罪。

根据 2005 年 12 月 29 日最高人民检察院通过的《关于渎职侵权犯罪案件立案标准的规定》，涉嫌下列情形之一的，属于"重大损失"，应予立案追诉：①造成直接经济损失 30 万元以上，或者直接经济损失不满 30 万元，但间接经济损失 150 万元以上的；②其他致使国家利益遭受重大损失的情形。

（二）国家机关工作人员签订、履行合同失职被骗罪的刑事责任

根据《刑法》第 406 条的规定，犯本罪的，处 3 年以下有期徒刑或者拘役；致使国家利益遭受特别重大损失的，处 3 年以上 7 年以下有期徒刑。

六、非法批准征收、征用、占用土地罪和非法低价出让国有土地使用权罪

（一）非法批准征收、征用、占用土地罪和非法低价出让国有土地使用权罪的概念

非法批准征收、征用、占用土地罪，是指国家机关工作人员徇私舞弊，违反土地管理法规，滥用职权，非法批准征收、征用、占用土地，情节严重的行为。非法低价出让国有土地使用权罪，是指国家机关工作人员徇私舞弊，违反土地管理法规，滥用职权，非法低价出让国有土地使用权，情节严重的行为。

"违反土地管理法规"，是指违反土地管理法、森林法、草原法等法律以及有关行政法规中关于土地管理的规定。"非法批准征收、征用、占用土地"，是指非法批准征收、征用、占用耕地、林地等农用地以及其他土地。根据最高人民法院 2000 年 6 月 16 日通过的《关于审理破坏土地资源刑事案件具体应用法律若干问题的解释》第 4、6 条的规定，非法批准征用、占用土地，具有下列情形之一的，属于"情节严重"，以非法批准征收、征用、占用土地罪定罪处罚：①非法批准征用、占用基本农田 10 亩以上的；②非法批准征用、占用基本农田以外的耕地 30 亩以上的；③非法批准征用、占用其他土地 50 亩以上的；④虽未达到上述数量标准，但非法批准征用、占用土地造成直接经济损失 30 万元以上，或者有造成耕地大量毁坏等恶劣情节的。非法低价出让国有土地使用权，具有下列情形之一的，属于"情节严重"，以非法低价出让国有土地使用权罪定罪处罚：①出让国有土地使用权面积在 30 亩以上，并且出让价额低于国家规定的最低价额标准的 60% 的；②造成国有土地资产流失价额在 30 万元以上的。

（二）非法批准征收、征用、占用土地罪和非法低价出让国有土地使用权罪的刑事责任

根据《刑法》第 410 条的规定，犯本罪的，处 3 年以下有期徒刑或者拘役；致使国家或者集体利益遭受特别重大损失的，处 3 年以上 7 年以下有期徒刑。根据上述司法解释，非法批准征用、占用土地，具有下列情形之一的，属于"致使国家或者集体利益遭受特别重大损失"：①非法批准征用、占用基本农田 20 亩以上的；②非法批准征用、占用基本农田以外的耕地 60 亩以上的；③非法批准征用、占用其他土地 100 亩以上的；④非法批准征用、占用土地，造成基本农田 5 亩以上，其他耕地 10 亩以上严重毁坏的；⑤非法批准征用、占用土地造成直接经济损失 50 万元以上等恶劣情节的。非法低价出让国有土地使用权，具有下列情形之一的，属于"致使国家和集体利益遭受特别重大损失"：①非法低价出让国有土地使用权面积在 60 亩以上，并且出让价额低于国家规定的最低价额标准的 40% 的；②造成国有土地资产流失价额在 50 万元以上的。

七、招收公务员、学生徇私舞弊罪

（一）招收公务员、学生徇私舞弊罪的概念

招收公务员、学生徇私舞弊罪，是指国家机关工作人员在招收公务员、学生中徇私舞弊，情节严重的行为。

根据 2005 年 12 月 29 日最高人民检察院通过的《关于渎职侵权犯罪案件立案标准的规定》，招收公务员、学生徇私舞弊，具有下列情形之一的，应予立案追诉：①徇私舞弊，利用职务便利，伪造、变造人事、户口档案、考试成绩或者其他影响招收工作的有关资料，或者明知是伪造、变造的上述材料而予以认可的；②徇私舞弊，利用职务便利，帮助 5 名以上考生作弊的；③徇私舞弊招收不合格的公务员、学生 3 人次以上的；④因徇私舞弊招收不合格的公务员、学生，导致被排挤的合格人员或者其近亲属自杀、自残造成重伤、死亡，或者精神失常的；⑤因徇私舞弊招收公务员、学生，导致该项招收工作重新进行的；⑥其他情节严重的情形。

（二）招收公务员、学生徇私舞弊罪的刑事责任

根据《刑法》第 418 条的规定，犯本罪的，处 3 年以下有期徒刑或者拘役。

八、失职造成珍贵文物损毁、流失罪

（一）失职造成珍贵文物损毁、流失罪的概念与特征

失职造成珍贵文物损毁、流失罪，是指国家机关工作人员严重不负责任，造成珍贵文物损毁或者流失，后果严重的行为。本罪的主要特征是：

1. 本罪主体必须是国家机关工作人员，通常是行使文物保护、管理、挖掘等职责的国家

机关工作人员。

2. 客观方面表现为严重不负责任，造成珍贵文物损毁或者流失，后果严重的行为。严重不负责任，是指不履行或者不正确履行文物保护、管理、挖掘等职责。损毁，是指导致珍贵文物的历史、科学、文化等价值减少或者丧失。流失，是指珍贵文物不知去向或者流往境外，因而使国家丧失对珍贵文物的所有权或者控制权。根据2005年12月29日最高人民检察院通过的《关于渎职侵权犯罪案件立案标准的规定》，"后果严重"主要是指：①导致国家一、二、三级珍贵文物损毁或者流失的；②导致全国重点文物保护单位或者省、自治区、直辖市级文物保护单位损毁的；③其他后果严重的情形。

3. 本罪主观方面只能是过失，即应当预见自己的行为可能造成珍贵文物损毁或者流失的危害结果，因为疏忽大意没有预见，或者已经预见而轻信可以避免。故意造成珍贵文物毁损或者流失的，视性质与情节认定为其他犯罪。

（二）失职造成珍贵文物损毁、流失罪的刑事责任

根据《刑法》第419条的规定，犯本罪的，处3年以下有期徒刑或者拘役。

第三节　司法工作人员的渎职罪

一、徇私枉法罪

（一）徇私枉法罪的概念与特征

徇私枉法罪，是指司法工作人员徇私枉法、徇情枉法，对明知是无罪的人而使他受追诉、对明知是有罪的人而故意包庇不使他受追诉，或者在刑事审判活动中故意违背事实和法律作枉法裁判的行为。本罪的主要特征是：

1. 本罪的客体为国家司法机关的正常活动和国家的司法公正。国家司法机关的正常活动，乃是司法机关依法办案、严格执法，实现国家刑事法律所体现的公正与公平的具体过程。只有正常的司法活动才能实现司法公正。由于行为人徇私枉法的行为违背了法律的正义要求，并造成任意出入罪的结果，因而严重妨害了国家司法活动的正常进行，当然也败坏了司法公正。

2. 本罪的客观方面表现为行为人在刑事司法活动中实施了徇私枉法、徇情枉法的行为。由于徇情枉法实际上也是徇私枉法，故这里我们重点分析徇私枉法便已足矣。具体来看，徇私枉法表现为如下行为：

（1）使无罪之人受刑事追诉。所谓无罪之人，既包括没有实施任何违法行为之人，也包括实施了违法行为但尚不构成犯罪之人。使无罪之人受刑事追诉，是指行为人明知是无罪之人而故意将其纳入刑事诉讼程序，即对无罪之人立案侦查、用刑事强制措施限制其人身自由、提起公诉、进行审判，等等。因此，本罪既可以发生在刑事侦查阶段、审查起诉阶段，也可以发生在审判阶段。

（2）包庇明知有罪之人而使其不受追诉。所谓包庇，既指行为人采取不正当的手段伪造、隐匿、毁灭有罪之人的犯罪证据、篡改有罪之人的有罪供述、威逼证人改变证词、为即将受到刑事追究的有罪之人通风报信使其逃逸等行为，也包括行为人出于一己之私而对有罪之人的犯罪行为不进行刑事追诉，还包括对犯罪嫌疑人违法变更或取消强制措施而使犯罪嫌疑人逃避刑事制裁等。

（3）违背事实和法律作枉法裁判。这是专门针对刑事审判人员而言的。违背事实和法律，是指行为人违背"以事实为根据，以法律为准绳"的办案原则，不以行为人的行为事实为根

据来依法认定行为人的行为性质。枉法裁判，则是指行为人故意作出违法的判决或裁定，即对有罪者作无罪判决，对无罪者作有罪判决，或者重罪轻判，轻罪重判以及将此罪判为彼罪，将彼罪判为此罪，等等。

3. 本罪的主体为司法机关工作人员。所谓司法机关，这里是指依法行使刑事执法权的特定机关，包括公安机关、安全机关、检察机关和审判机关。只有前述四种机关的侦查人员、检察人员、审判人员及其主管人员才能成为本罪的主体，司法机关中的财会人员、后勤人员等则不能独立成为本罪的主体。

4. 本罪的主观方面只能是故意。因此，如果行为人因过失造成对有罪者作无罪判决，对无罪者作有罪判决，或者重罪轻判，轻罪重判以及将此罪判为彼罪，将彼罪判为此罪等的，不能以犯罪论处。

根据 2005 年 12 月 29 日最高人民检察院通过的《关于渎职侵权犯罪案件立案标准的规定》，涉嫌下列情形之一的，应予立案追诉：①对明知是没有犯罪事实或者其他依法不应当追究刑事责任的人，采取伪造、隐匿、毁灭证据或者其他隐瞒事实、违反法律的手段，以追究刑事责任为目的立案、侦查、起诉、审判的；②对明知是有犯罪事实需要追究刑事责任的人，采取伪造、隐匿、毁灭证据或者其他隐瞒事实、违反法律的手段，故意包庇使其不受立案、侦查、起诉、审判的；③采取伪造、隐匿、毁灭证据或者其他隐瞒事实、违反法律的手段，故意使罪重的人受较轻的追诉，或者使罪轻的人受较重的追诉的；④在立案后，采取伪造、隐匿、毁灭证据或者其他隐瞒事实、违反法律的手段，应当采取强制措施而不采取强制措施，或者虽然采取强制措施，但中断侦查或者超过法定期限不采取任何措施，实际放任不管，以及违法撤销、变更强制措施，致使犯罪嫌疑人、被告人实际脱离司法机关侦控的；⑤在刑事审判活动中故意违背事实和法律，作出枉法判决、裁定，即有罪判无罪、无罪判有罪，或者重罪轻判、轻罪重判的；⑥其他徇私枉法应予追究刑事责任的情形。

（二）徇私枉法罪认定中应注意的问题

认定本罪，应注意以下问题：

1. 本罪与非罪行为的界限。司法实践中区分本罪与非罪行为的界限，关键是注意把本罪同具体司法工作中的误捕、误诉、误判等工作失误区别开来。区分的关键在于行为人主观上是否具有徇私枉法的故意。如果行为人是由于责任心不强，对证据、案情没有全面深入了解，致使应当查清的案件没有查清，或者把握事实不准；或者是业务水平不高，工作能力有限，对某一问题的理解有偏差等原因，造成误捕、误诉、误判的，一般不以犯罪处理。

2. 本罪与民事、行政枉法裁判罪的界限。两罪的区别主要在于：①犯罪发生的领域不同。前者发生在刑事诉讼的侦查、检察、审判领域之中；后者则发生在民事、行政审判领域之中。②犯罪的成立对犯罪情节的要求不同。前者的成立不以情节严重作为犯罪成立的必备构成要件，只要行为人实施了徇私枉法的行为即构成该罪，情节是否严重以及是否特别严重只是确定其应适用的量刑幅度的标准；而后者的成立，不仅要求行为人在民事、行政审判活动中实施了枉法裁判的行为，而且要求这一行为必须"情节严重"，否则不能成立该罪。

3. 本罪与报复陷害罪的界限。两者的主要区别在于：①侵犯的客体不同。前者侵犯的客体是司法机关的正常活动；而后者侵犯的是公民的民主权利。②犯罪的客观方面不同。前者是发生在刑事案件的追诉、审判过程中的枉法行为；后者则是针对特定的对象即控告人、申诉人、批评人、举报人采取各种打击报复手段进行陷害的行为。③犯罪主体不同。前者的主体只能是司法工作人员；而后者的主体包括司法工作人员在内的国家机关工作人员。司法工作人员为徇私情打击报复控告人、申诉人、批评人、举报人，明知是无罪的人而追究他们的刑事责任，应以徇私枉法罪论处。

4. 本罪与伪证罪的界限。两者的主要区别在于：①侵犯的客体不同。前者只是侵犯了司法机关的正常活动，属于渎职罪的范畴；后者侵犯的则是复杂客体，既妨害了司法机关的正常活动，又侵犯了公民的人身权利，属于妨害社会管理秩序罪的范畴。②犯罪的客观表现不同。前者在客观方面表现为司法工作人员对明知是无罪的人而使他受追诉，对明知是有罪的人而故意包庇使其不受追诉，或者在刑事审判活动中故意违背事实和法律作枉法裁判的行为；后者在客观方面则表现为在刑事诉讼中，证人、鉴定人、记录人、翻译人对与案件有重要关系的情节，故意作虚假证明、鉴定、记录、翻译，意图陷害他人或者隐匿罪证的行为。③犯罪主体不同。前者的主体是司法工作人员；后者的主体则是刑事诉讼中的证人、鉴定人、记录人、翻译人。

5. 本罪与包庇罪的界限。两者的区别主要在于：①行为发生的场合不同。前者只能发生在刑事案件的侦查、审查起诉过程中；后者则没有这种限制。②犯罪主体不同。前者的主体是特殊主体，即司法工作人员；而后者的主体是一般主体，无论是国家机关工作人员还是普通公民，只要是达到刑事责任年龄、具有刑事责任能力，实施了包庇犯罪分子行为的自然人，都可以成为包庇罪的犯罪主体。

（三）徇私枉法罪的刑事责任

根据《刑法》第399条第1款的规定，犯徇私枉法罪的，处5年以下有期徒刑或者拘役；情节严重的，处5年以上10年以下有期徒刑；情节特别严重的，处10年以上有期徒刑。

二、民事、行政枉法裁判罪

（一）民事、行政枉法裁判罪的概念与特征

民事、行政枉法裁判罪，是指司法工作人员在民事、行政审判活动中故意违背事实和法律作枉法裁判，情节严重的行为。本罪的主要特征是：

1. 本罪客观方面表现为在民事、行政审判活动中故意违背事实和法律作枉法裁判，如故意将应当败诉的一方判为胜诉，故意提高或者降低赔偿数额等。所应注意的是，这里的"民事审判"应是指适用民事诉讼程序的审判，因此包括经济审判在内。

2. 本罪的主体必须是司法工作人员，《刑法》第399条第2款虽然没有明文规定，但由于第2款是接着第1款规定的，故没有必要写明；况且第4款又有"司法工作人员……有前3款行为……"的规定，这也说明本罪主体必须是司法工作人员。

3. 本罪主观方面必须出于故意，过失不成立本罪。

4. 成立本罪还要求情节严重。根据2005年12月29日最高人民检察院通过的《关于渎职侵权犯罪案件立案标准的规定》，涉嫌下列情形之一的，属于情节严重，应予立案追诉：①枉法裁判，致使当事人或者其近亲属自杀、自残造成重伤、死亡，或者精神失常的；②枉法裁判，造成个人财产直接经济损失10万元以上，或者直接经济损失不满10万元，但间接经济损失50万元以上的；③枉法裁判，造成法人或者其他组织财产直接经济损失20万元以上，或者直接经济损失不满20万元，但间接经济损失100万元以上的；④伪造、变造有关材料、证据，制造假案枉法裁判的；⑤串通当事人制造伪证，毁灭证据或者篡改庭审笔录而枉法裁判的；⑥徇私情、私利，明知是伪造、变造的证据予以采信，或者故意对应当采信的证据不予采信，或者故意违反法定程序，或者故意错误适用法律而枉法裁判的；⑦其他情节严重的情形。

（二）民事、行政枉法裁判罪认定中应注意的问题

司法实务中需正确区分徇私枉法罪与民事、行政枉法裁判罪的界限。二者都有故意违背事实和法律作枉法裁判的行为，其主要区别有两点：①发生的审判领域不同：前者的枉法裁判发

生在刑事审判领域；后者的枉法裁判发生在民事、行政审判领域。②前者不要求情节严重，后者要求情节严重。

（三）民事、行政枉法裁判罪的刑事责任

根据《刑法》第399条第2款的规定，犯民事、行政枉法裁判罪的，情节严重的，处5年以下有期徒刑或者拘役；情节特别严重的，处5年以上10年以下有期徒刑。

三、枉法仲裁罪

（一）枉法仲裁罪的概念与特征

《刑法》第399条之一规定，依法承担仲裁职责的人员，在仲裁活动中故意违背事实和法律作枉法裁决，情节严重的，处3年以下有期徒刑或者拘役；情节特别严重的，处3年以上7年以下有期徒刑。本罪客观方面表现为在仲裁活动中故意违背事实和法律作枉法仲裁，包括：

1. 利用仲裁机会获取非法物质利益，包括：①利用仲裁机会，侵吞、窃取、骗取或者以其他手段非法占有仲裁费用及其孳息等财物；②利用仲裁机会，索取当事人及其代理人的财物；③利用仲裁机会，非法收受当事人及其代理人的财物，为其谋取利益；④违反国家规定，收受各种名义的回扣、手续费归个人所有。

2. 妨害仲裁程序，包括：①涂改、隐匿、伪造、偷换或者故意毁灭证据；②以暴力、威胁、贿买等方法阻止证人作证或者指使他人作伪证；③使用暴力等非法手段逼取证人证言；④故意违法侵犯或者剥夺当事人及其他仲裁参与人的程序权利。

3. 故意泄露仲裁信息，包括：①向当事人及其关系人泄露仲裁案件具体内容；②泄露当事人的商业秘密。本罪的主体必须是依法承担仲裁职责的人员，一般是仲裁委员会的仲裁员，仲裁委员会的其他组成人员或者工作人员不构成本罪主体。本罪主观方面必须出于故意，过失不成立本罪。

此外，成立本罪还要求情节严重。根据司法实践，具有下列情形之一的，属于"情节严重"：①枉法仲裁，致使公民财产损失或者法人或者其他组织财产损失重大的；②枉法仲裁，引起当事人及其亲属自杀、伤残、精神失常的；③伪造有关材料、证据，制造假案枉法仲裁的；④串通当事人制造伪证，毁灭证据或者篡改庭审笔录而枉法仲裁的；⑤其他情节严重的情形。

（二）枉法仲裁罪的刑事责任

根据《刑法》第399条之一的规定，犯枉法仲裁罪，情节严重的，处3年以下有期徒刑或者拘役；情节特别严重的，处3年以上7年以下有期徒刑。

四、执行判决、裁定失职罪和执行判决、裁定滥用职权罪

（一）执行判决、裁定失职罪的概念

执行判决、裁定失职罪，是指司法工作人员在执行判决、裁定活动中，严重不负责任，不依法采取诉讼保全措施、不履行法定执行职责，致使当事人或者其他人的利益遭受重大损失的行为。本罪应为过失犯罪，行为既可能表现为不作为，也可能表现为作为，如不正确地履行执行职责；行为使当事人或者其他人的利益遭受重大损失的，才成立本罪。

根据2005年12月29日最高人民检察院通过的《关于渎职侵权犯罪案件立案标准的规定》，涉嫌下列情形之一的，应予立案追诉：①致使当事人或者其近亲属自杀、自残造成重伤、死亡，或者精神失常的；②造成个人财产直接经济损失15万元以上，或者直接经济损失不满15万元，但间接经济损失75万元以上的；③造成法人或者其他组织财产直接经济损失30万元以上，或者直接经济损失不满30万元，但间接经济损失150万元以上的；④造成公司、企业等单位停业、停产1年以上，或者破产的；⑤其他致使当事人或者其他人的利益遭受重大损失

的情形。

（二）执行判决、裁定滥用职权罪的概念

执行判决、裁定滥用职权罪，是指司法工作人员在执行判决、裁定活动中，滥用职权，违法采取诉讼保全措施、强制执行措施，致使当事人或者其他人的利益遭受重大损失的行为。本罪应为故意犯罪。

根据 2005 年 12 月 29 日最高人民检察院通过的《关于渎职侵权犯罪案件立案标准的规定》，涉嫌下列情形之一的，应予立案追诉：①致使当事人或者其近亲属自杀、自残造成重伤、死亡，或者精神失常的；②造成个人财产直接经济损失 10 万元以上，或者直接经济损失不满 10 万元，但间接经济损失 50 万元以上的；③造成法人或者其他组织财产直接经济损失 20 万元以上，或者直接经济损失不满 20 万元，但间接经济损失 100 万元以上的；④造成公司、企业等单位停业、停产 6 个月以上，或者破产的；⑤其他致使当事人或者其他人的利益遭受重大损失的情形。

（三）执行判决、裁定失职罪和执行判决、裁定滥用职权罪的刑事责任

根据《刑法》第 399 条第 3 款、第 4 款的规定，犯上述罪的，处 5 年以下有期徒刑或者拘役；致使当事人或者其他人的利益遭受特别重大损失的，处 5 年以上 10 年以下有期徒刑。司法工作人员收受贿赂，犯上述罪，同时又构成受贿罪的，依照处罚较重的规定定罪处罚。

五、私放在押人员罪

（一）私放在押人员罪的概念与特征

私放在押人员罪，是指司法工作人员私放在押的犯罪嫌疑人、被告人或者罪犯的行为。

1. 本罪的客观方面表现为将在押的犯罪嫌疑人、被告人或者罪犯私自非法释放的行为。首先，释放的应是被关押的犯罪嫌疑人、被告人或者罪犯；释放被行政拘留、司法拘留的人员的，不成立本罪。其次，释放在押人员的行为利用了职务上的便利，既可以表现为作为，也可以表现为不作为。例如，私自释放在押的犯罪嫌疑人、被告人、罪犯，或者授意、指使、强迫他人释放在押的犯罪嫌疑人、被告人、罪犯；伪造、变造有关法律文书，以使在押的犯罪嫌疑人、被告人、罪犯脱逃；为在押的犯罪嫌疑人、被告人、罪犯通风报信、提供条件，帮助其脱逃；明知罪犯脱逃而故意不阻拦、不追捕。最后，释放行为具有非法性，即没有法律（文书）根据而释放在押的犯罪嫌疑人、被告人或者罪犯。根据有效的法律文书释放在押人员的，不成立犯罪。根据 2005 年 12 月 29 日最高人民检察院通过的《关于渎职侵权犯罪案件立案标准的规定》，涉嫌下列情形之一的，应予立案追诉：①私自将在押的犯罪嫌疑人、被告人、罪犯放走，或者授意、指使、强迫他人将在押的犯罪嫌疑人、被告人、罪犯放走的；②伪造、变造有关法律文书、证明材料，以使在押的犯罪嫌疑人、被告人、罪犯逃跑或者被释放的；③为私放在押的犯罪嫌疑人、被告人、罪犯，故意向其通风报信、提供条件，致使该在押的犯罪嫌疑人、被告人、罪犯脱逃的；④其他私放在押的犯罪嫌疑人、被告人、罪犯应予追究刑事责任的情形。

2. 本罪主体必须是司法工作人员，从实践上看，主要是负有监管在押人员职责的司法工作人员。根据最高人民检察院 2001 年 1 月 2 日通过的《关于工人等非监管机关在编监管人员私放在押人员行为和失职致使在押人员脱逃行为适用法律问题的解释》的规定，工人等非监管机关在编监管人员在被监管机关聘用受委托履行监管职责的过程中私放在押人员的，应以私放在押人员罪追究刑事责任。此外，对于未被公安机关正式录用，受委托履行监管职责的人员，受委派承担了监管职责的狱医，私放在押人员的，应以本罪论处。

3. 本罪主观方面必须出于故意，即明知是在押的犯罪嫌疑人、被告人或者罪犯，明知自

己的私放行为会使犯罪嫌疑人、被告人或者罪犯逃避监管,并且希望或者放任这种结果发生。

(二) 私放在押人员罪认定中应注意的问题

私放在押人员罪与脱逃罪的共犯应加以区别。非司法工作人员帮助在押人员脱逃的,应以脱逃罪的共犯论处;司法工作人员虽帮助在押人员脱逃,但没有利用职务之便的,也应以脱逃罪的共犯论处;此外,司法工作人员私放在押人员时,被释放的在押人员原则上构成脱逃罪,而不是成立私放在押人员罪的共犯。

司法工作人员利用职务上的便利,徇私枉法,对明知是有罪的人而故意包庇不使他受追诉或者故意宣告无罪,致使罪犯被放走的,应认定为徇私枉法罪。

(三) 私放在押人员罪的刑事责任

根据《刑法》第400条第1款的规定,犯本罪的,处5年以下有期徒刑或者拘役;情节严重的,处5年以上10年以下有期徒刑;情节特别严重的,处10年以上有期徒刑。

六、失职致使在押人员脱逃罪

(一) 失职致使在押人员脱逃罪的概念

失职致使在押人员脱逃罪,是指司法工作人员由于严重不负责任,致使在押的犯罪嫌疑人、被告人或者罪犯脱逃,造成严重后果的行为。

根据最高人民法院2000年9月14日通过的《关于未被公安机关正式录用的人员、狱医能否构成失职致使在押人员脱逃罪主体问题的批复》的规定,对于未被公安机关正式录用,受委托履行监管职责的人员,由于严重不负责任,致使在押人员脱逃,造成严重后果的,应当以本罪定罪处罚。不负监管职责的狱医,不构成失职致使在押人员脱逃罪的主体。但是,受委派承担了监管职责的狱医,由于严重不负责任,致使在押人员脱逃,造成严重后果的,应当以本罪论处。此外,工人等非监管机关在编监管人员在被监管机关聘用受委托履行监管职责的过程中,由于严重不负责任,致使在押人员脱逃,造成严重后果的,应以本罪追究刑事责任。

造成严重后果,是本罪的成立条件。根据2005年12月29日最高人民检察院通过的《关于渎职侵权犯罪案件立案标准的规定》,涉嫌下列情形之一的,应予立案追诉:①致使依法可能判处或者已经判处10年以上有期徒刑、无期徒刑、死刑的犯罪嫌疑人、被告人、罪犯脱逃的;②致使犯罪嫌疑人、被告人、罪犯脱逃3人次以上的;③犯罪嫌疑人、被告人、罪犯脱逃以后,打击报复报案人、控告人、举报人、被害人、证人和司法工作人员等,或者继续犯罪的;④其他致使在押的犯罪嫌疑人、被告人、罪犯脱逃,造成严重后果的情形。

(二) 失职致使在押人员脱逃罪的刑事责任

根据《刑法》第400条第2款的规定,犯本罪的,处3年以下有期徒刑或者拘役;造成特别严重后果的,处3年以上10年以下有期徒刑。

七、徇私舞弊减刑、假释、暂予监外执行罪

(一) 徇私舞弊减刑、假释、暂予监外执行罪的概念

徇私舞弊减刑、假释、暂予监外执行罪,是指司法工作人员徇私舞弊,对不符合减刑、假释、暂予监外执行条件的罪犯,予以减刑、假释或者暂予监外执行的行为。

具体表现为三种情况:①对在执行期间,没有认真遵守监规,接受教育改造,不具有悔改、立功表现的罪犯予以减刑;超过减刑的限度予以减刑,如将被判处4年有期徒刑的罪犯,减去3年刑期。②对没有认真遵守监规,接受教育改造,不具有悔改表现,假释后可能再危害社会的罪犯予以假释;对没有达到执行期限的罪犯予以假释;对累犯予以假释;对因暴力性犯罪被判处10年以上有期徒刑、无期徒刑的罪犯予以假释。③对不符合《刑事诉讼法》第254条规定的暂予监外执行条件的罪犯暂予监外执行。此外,由于刑法规定基层人民法院无权裁定

减刑与假释，因此，基层人民法院工作人员裁定减刑、假释的，应以本罪论处。

根据 2005 年 12 月 29 日最高人民检察院通过的《关于渎职侵权犯罪案件立案标准的规定》，涉嫌下列情形之一的，应予立案追诉：①刑罚执行机关的工作人员对不符合减刑、假释、暂予监外执行条件的罪犯，捏造事实，伪造材料，违法报请减刑、假释、暂予监外执行的；②审判人员对不符合减刑、假释、暂予监外执行条件的罪犯，徇私舞弊，违法裁定减刑、假释或者违法决定暂予监外执行的；③监狱管理机关、公安机关的工作人员对不符合暂予监外执行条件的罪犯，徇私舞弊，违法批准暂予监外执行的；④不具有报请、裁定、决定或者批准减刑、假释、暂予监外执行权的司法工作人员利用职务上的便利，伪造有关材料，导致不符合减刑、假释、暂予监外执行条件的罪犯被减刑、假释、暂予监外执行的；⑤其他徇私舞弊减刑、假释、暂予监外执行应予追究刑事责任的情形。

（二）徇私舞弊减刑、假释、暂予监外执行罪的刑事责任

根据《刑法》第401条的规定，犯本罪的，处 3 年以下有期徒刑或者拘役；情节严重的，处 3 年以上 7 年以下有期徒刑。

第四节　特定机关工作人员的渎职罪

一、徇私舞弊不移交刑事案件罪

（一）徇私舞弊不移交刑事案件罪的概念与特征

徇私舞弊不移交刑事案件罪，是指行政执法人员徇私舞弊，对依法应当移交司法机关追究刑事责任的不移交，情节严重的行为。本罪的主要特征是：

1. 本罪主体必须是行政执法人员，即依法具有执行行政法职权的行政机关的工作人员。

2. 本罪客观方面表现为徇私舞弊，对应当移交司法机关追究刑事责任的不移交，情节严重的行为。这是指行政执法人员在查处违法案件的过程中，发现行为构成犯罪应当追究刑事责任，但为了谋取私利而弄虚作假，不将案件移送司法机关处理。至于行为人是将案件作为一般违法行为处理，还是不作任何处理，一般不影响本罪的成立。

3. 本罪主观上必须是故意，即明知案件应当移交司法机关追究刑事责任而故意不移交。由于过失或者法律水平低而没有认识到案件应当移交司法机关的，不成立本罪。

4. 成立本罪还要求情节严重。根据 2005 年 12 月 29 日最高人民检察院通过的《关于渎职侵权犯罪案件立案标准的规定》，涉嫌下列情形之一的，属于"情节严重"，应予立案追诉：①对依法可能判处 3 年以上有期徒刑、无期徒刑、死刑的犯罪案件不移交的；②不移交刑事案件涉及 3 人次以上的；③司法机关提出意见后，无正当理由仍然不予移交的；④以罚代刑，放纵犯罪嫌疑人，致使犯罪嫌疑人继续进行违法犯罪活动的；⑤行政执法部门主管领导阻止移交的；⑥隐瞒、毁灭证据，伪造材料，改变刑事案件性质的；⑦直接负责的主管人员和其他直接责任人员为谋取本单位私利而不移交刑事案件，情节严重的；⑧其他情节严重的情形。

（二）徇私舞弊不移交刑事案件罪的刑事责任

根据《刑法》第402条的规定，犯本罪的，处 3 年以下有期徒刑或者拘役；造成严重后果的，处 3 年以上 7 年以下有期徒刑。

二、滥用管理公司、证券职权罪

（一）滥用管理公司、证券职权罪的概念

滥用管理公司、证券职权罪，是指国家有关主管部门的国家机关工作人员，徇私舞弊，滥

用职权，对不符合法律规定条件的公司设立、登记申请或者股票、债券发行、上市申请，予以批准或者登记，致使公共财产、国家和人民利益遭受重大损失的行为。上级部门强令登记机关及其工作人员实施上述行为的，对其直接负责的主管人员，以本罪论处。

根据 2005 年 12 月 29 日最高人民检察院通过的《关于渎职侵权犯罪案件立案标准的规定》，涉嫌下列情形之一的，应予立案追诉：①造成直接经济损失 50 万元以上的；②工商行政管理部门的工作人员对不符合法律规定条件的公司设立、登记申请，违法予以批准、登记，严重扰乱市场秩序的；③金融证券管理机构的工作人员对不符合法律规定条件的股票、债券发行、上市申请，违法予以批准，严重损害公众利益，或者严重扰乱金融秩序的；④工商行政管理部门、金融证券管理机构的工作人员对不符合法律规定条件的公司设立、登记申请或者股票、债券发行、上市申请违法予以批准或者登记，致使犯罪行为得逞的；⑤上级部门、当地政府直接负责的主管人员强令登记机关及其工作人员，对不符合法律规定条件的公司设立、登记申请或者股票、债券发行、上市申请予以批准或者登记，致使公共财产、国家或者人民利益遭受重大损失的；⑥其他致使公共财产、国家和人民利益遭受重大损失的情形。

（二）滥用管理公司、证券职权罪的刑事责任

根据《刑法》第 403 条的规定，犯本罪的，处 5 年以下有期徒刑或者拘役。

三、徇私舞弊不征、少征税款罪

（一）徇私舞弊不征、少征税款罪的概念与特征

徇私舞弊不征、少征税款罪，是指税务机关的工作人员徇私舞弊，不征或者少征应征税款，致使国家税收遭受重大损失的行为。本罪的主要特征为：本罪客观方面表现为徇私舞弊，不征或者少征应征税款，致使国家税收遭受重大损失的行为。应征税款，是指根据法律、行政法规规定的税种、税率，税务机关应当向纳税人征收的税款。不征，是指违反税法规定，不向纳税人征收应征税款，包括擅自免征税款的行为。少征，是指违反税法规定，降低税收额或征税率进行征收，包括擅自减征税款。

不征或者少征应征税款的行为，必然使国家税收遭受损失，但根据刑法规定，只有造成重大损失的，才成立本罪。根据 2005 年 12 月 29 日最高人民检察院通过的《关于渎职侵权犯罪案件立案标准的规定》，涉嫌下列情形之一的，属于"重大损失"，应予立案追诉：①徇私舞弊不征、少征应征税款，致使国家税收损失累计达 10 万元以上的；②上级主管部门工作人员指使税务机关工作人员徇私舞弊不征、少征应征税款，致使国家税收损失累计达 10 万元以上的；③徇私舞弊不征、少征应征税款不满 10 万元，但具有索取或者收受贿赂或者其他恶劣情节的；④其他致使国家税收遭受重大损失的情形。

对于税务机关的工作人员与逃税等犯罪人相勾结的，有人主张按逃税等罪的共同犯罪定罪处罚。然而，逃税罪、抗税罪、逃避追缴欠税罪的法定最高刑第一档为 3 年有期徒刑、第二档为 7 年有期徒刑，而本罪的法定最高刑第一档为 5 年有期徒刑、第二档为 15 年有期徒刑；而且，与逃税等犯罪人相勾结不征或者少征应征税款的，其行为的危害程度更为严重，如果按逃税等罪的共犯处理，反而处罚更轻。因此，本书认为，对这种行为仍应以本罪论处，不能认定为逃税等罪的共犯。

（二）徇私舞弊不征、少征税款罪的刑事责任

根据《刑法》第 404 条的规定，犯本罪的，处 5 年以下有期徒刑或者拘役；造成特别重大损失的，处 5 年以上有期徒刑。

四、徇私舞弊发售发票、抵扣税款、出口退税罪和违法提供出口退税证罪

（一）徇私舞弊发售发票、抵扣税款、出口退税罪的概念

徇私舞弊发售发票、抵扣税款、出口退税罪，是指税务机关的工作人员违反法律、行政法规的规定，在办理发售发票、抵扣税款、出口退税工作中，徇私舞弊，致使国家利益遭受重大损失的行为。

根据 2005 年 12 月 29 日最高人民检察院通过的《关于渎职侵权犯罪案件立案标准的规定》，涉嫌下列情形之一的，应予立案追诉：①徇私舞弊，致使国家税收损失累计达 10 万元以上的；②徇私舞弊，致使国家税收损失累计不满 10 万元，但发售增值税专用发票 25 份以上或者其他发票 50 份以上或者增值税专用发票与其他发票合计 50 份以上，或者具有索取、收受贿赂或者其他恶劣情节的；③其他致使国家利益遭受重大损失的情形。符合本罪构成要件同时又符合徇私舞弊不征、少征税款罪的，应认定为本罪，不实行数罪并罚。

（二）违法提供出口退税证罪的概念

违法提供出口退税证罪，是指税务机关工作人员以外的其他国家机关工作人员，违反国家规定，在提供出口货物报关单、出口收汇核销单等出口退税凭证的工作中，徇私舞弊，致使国家利益遭受重大损失的行为。

根据 2005 年 12 月 29 日最高人民检察院通过的《关于渎职侵权犯罪案件立案标准的规定》，涉嫌下列情形之一的，应予立案追诉：①徇私舞弊，致使国家税收损失累计达 10 万元以上的；②徇私舞弊，致使国家税收损失累计不满 10 万元，但具有索取、收受贿赂或者其他恶劣情节的；③其他致使国家利益遭受重大损失的情形。

（三）徇私舞弊发售发票、抵扣税款、出口退税罪和违法提供出口退税证罪的刑事责任

根据《刑法》第 405 条的规定，犯上述罪的，处 5 年以下有期徒刑或者拘役；致使国家利益遭受特别重大损失的，处 5 年以上有期徒刑。

五、违法发放林木采伐许可证罪

（一）违法发放林木采伐许可证罪的概念

违法发放林木采伐许可证罪，是指林业主管部门的工作人员违反《森林法》的规定，超过批准的年采伐限额发放林木采伐许可证或者违反规定滥发林木采伐许可证，情节严重，致使森林遭受严重破坏的行为。

根据 2000 年 11 月 17 日最高人民法院通过的《关于审理破坏森林资源刑事案件具体应用法律若干问题的解释》规定，具有下列情形之一的，属于"情节严重，致使森林遭受严重破坏"，以违法发放林木采伐许可证罪定罪处罚：①发放林木采伐许可证允许采伐数量累计超过批准的年采伐限额，导致林木被采伐数量在 10 立方米以上的；②滥发林木采伐许可证，导致林木被滥伐 20 立方米以上的；③滥发林木采伐许可证，导致珍贵树木被滥伐的；④批准采伐国家禁止采伐的林木，情节恶劣的；⑤其他情节严重的情形。

（二）违法发放林木采伐许可证罪认定中应注意的问题

林业主管部门工作人员之外的国家机关工作人员，违反《森林法》的规定，滥用职权或者玩忽职守，致使林木被滥伐 40 立方米以上或者幼树被滥伐 2000 株以上，或者致使防护林、特种用途林被滥伐 10 立方米以上或者幼树被滥伐 400 株以上，或者致使珍贵树木被采伐、毁坏 4 立方米或者 4 株以上，或者致使国家重点保护的其他植物被采伐、毁坏后果严重的，或者致使国家严禁采伐的林木被采伐、毁坏情节恶劣的，按照《刑法》第 397 条的规定以滥用职权罪或者玩忽职守罪追究刑事责任。

（三）违法发放林木采伐许可证罪的刑事责任

根据《刑法》第407条的规定，犯本罪的，处3年以下有期徒刑或者拘役。

六、环境监管失职罪

（一）环境监管失职罪的概念

环境监管失职罪，是指负有环境保护监督管理职责的国家机关工作人员严重不负责任，导致发生重大环境污染事故，致使公私财产遭受重大损失或者造成人身伤亡的严重后果的行为。

根据2005年12月29日最高人民检察院通过的《关于渎职侵权犯罪案件立案标准的规定》，涉嫌下列情形之一的，属于"公私财产遭受重大损失或者造成人身伤亡的严重后果"，应予立案追诉：①造成死亡1人以上，或者重伤3人以上，或者重伤2人、轻伤4人以上，或者重伤1人、轻伤7人以上，或者轻伤10人以上的；②导致30人以上严重中毒的；③造成个人财产直接经济损失15万元以上，或者直接经济损失不满15万元，但间接经济损失75万元以上的；④造成公共财产、法人或者其他组织财产直接经济损失30万元以上，或者直接经济损失不满30万元，但间接经济损失150万元以上的；⑤虽未达到第3、4两项数额标准，但第3、4两项合计直接经济损失30万元以上，或者合计直接经济损失不满30万元，但合计间接经济损失150万元以上的；⑥造成基本农田或者防护林地、特种用途林地10亩以上，或者基本农田以外的耕地50亩以上，或者其他土地70亩以上被严重毁坏的；⑦造成生活饮用水地表水源和地下水源严重污染的；⑧其他致使公私财产遭受重大损失或者造成人身伤亡严重后果的情形。

（二）环境监管失职罪的刑事责任

根据《刑法》第408条的规定，犯本罪的，处3年以下有期徒刑或者拘役。

七、传染病防治失职罪

（一）传染病防治失职罪的概念

传染病防治失职罪，是指从事传染病防治的政府卫生行政部门的工作人员严重不负责任，导致传染病传播或者流行，情节严重的行为。

根据2005年12月29日最高人民检察院通过的《关于渎职侵权犯罪案件立案标准的规定》，涉嫌下列情形之一的，属于"情节严重"，应予立案追诉：①导致甲类传染病传播的；②导致乙类、丙类传染病流行的；③因传染病传播或者流行，造成人员重伤或者死亡的；④因传染病传播或者流行，严重影响正常的生产、生活秩序的；⑤在国家对突发传染病疫情等灾害采取预防、控制措施后，对发生突发传染病疫情等灾害的地区或者突发传染病病人、病原携带者、疑似突发传染病病人，未按照预防、控制突发传染病疫情等灾害工作规范的要求做好防疫、检疫、隔离、防护、救治等工作，或者采取的预防、控制措施不当，造成传染范围扩大或者疫情、灾情加重的；⑥在国家对突发传染病疫情等灾害采取预防、控制措施后，隐瞒、缓报、谎报或者授意、指使、强令他人隐瞒、缓报、谎报疫情、灾情，造成传染范围扩大或者疫情、灾情加重的；⑦在国家对突发传染病疫情等灾害采取预防、控制措施后，拒不执行突发传染病疫情等灾害应急处理指挥机构的决定、命令，造成传染范围扩大或者疫情、灾情加重的；⑧其他情节严重的情形。

（二）传染病防治失职罪的刑事责任

根据《刑法》第409条的规定，犯本罪的，处3年以下有期徒刑或者拘役。

八、放纵走私罪

（一）放纵走私罪的概念与特征

放纵走私罪，是指海关工作人员徇私舞弊，放纵走私，情节严重的行为。本罪的主要特征是：

1. 本罪主体必须是海关工作人员。

2. 客观方面表现为徇私舞弊，放纵走私的行为。所谓"徇私舞弊，放纵走私"，是指为贪图钱财、袒护亲友或者其他私利、私情，弄虚作假，放任、纵容走私的行为。如放行走私罪犯，不缉查走私货物、物品，不征收关税等。被放纵的是走私罪还是一般走私行为，不影响本罪的成立。

3. 本罪主观方面必须出于故意，即明知是走私而放纵。

4. 成立本罪还要求情节严重，根据 2005 年 12 月 29 日最高人民检察院通过的《关于渎职侵权犯罪案件立案标准的规定》，涉嫌下列情形之一的，属于"情节严重"，应予立案追诉：①放纵走私犯罪的；②因放纵走私致使国家应收税额损失累计达 10 万元以上的；③放纵走私行为 3 起次以上的；④放纵走私行为，具有索取或者收受贿赂情节的；⑤其他情节严重的情形。

（二）放纵走私罪的认定中应注意的问题

1. 对于海关工作人员故意放纵走私，不依法征收关税的，应认定为放纵走私罪，而不认定为徇私舞弊不征、少征税款罪。对于海关工作人员故意放行走私犯罪人的，应认定为放纵走私罪。但是，海关工作人员在办理走私案件的过程中，发现行为构成走私罪，应当移交司法机关追究刑事责任而不移交的行为性质，还需要进一步研究。由于放纵走私罪的法定刑高于徇私舞弊不移交刑事案件罪，故应对这两种犯罪的成立范围作出符合罪刑法定原则、罪刑相适应原则的限定。本书认为，海关工作人员在办理走私案件中，发现行为构成走私罪，但徇私舞弊，既不将案件移交司法机关追究刑事责任，也不按海关法作出处理的，应认定为放纵走私罪；如果徇私舞弊不将案件移交司法机关追究刑事责任，但按海关法作出处理的，则应认定为徇私舞弊不移交刑事案件罪。前一种行为的危害程度严重，而且确实放纵了走私，故按照法定刑较重的放纵走私罪处理；后一种行为的危害程度相对轻微，而且依海关法作出了一定处理，不能认定为放纵走私，故按照法定刑较轻的徇私舞弊不移交刑事案件罪处理。

2. 海关工作人员事前与走私罪犯通谋，为走私罪犯提供方便的，应认定为走私罪的共犯，而不能认定为放纵走私罪。

（三）放纵走私罪的刑事责任

根据《刑法》第 411 条的规定，犯放纵走私罪的，处 5 年以下有期徒刑或者拘役；情节特别严重的，处 5 年以上有期徒刑。

九、商检徇私舞弊罪

（一）商检徇私舞弊罪的概念

商检徇私舞弊罪，是指国家商检部门、商检机构的工作人员徇私舞弊，伪造检验结果的行为。这是一种故意的无形伪造，即有权作出商检结果的人，故意作出与事实不相符的检验结果，如将不合格商品检验为合格商品，或者将合格商品检验为不合格商品。

根据 2005 年 12 月 29 日最高人民检察院通过的《关于渎职侵权犯罪案件立案标准的规定》，涉嫌下列情形之一的，应予立案追诉：①采取伪造、变造的手段对报检的商品的单证、印章、标志、封识、质量认证标志等作虚假的证明或者出具不真实的证明结论的；②将送检的合格商品检验为不合格，或者将不合格商品检验为合格的；③对明知是不合格的商品，不检验而出具合格检验结果的；④其他伪造检验结果应予追究刑事责任的情形。

（二）商检徇私舞弊罪的刑事责任

根据《刑法》第 412 条第 1 款的规定，犯本罪的，处 5 年以下有期徒刑或者拘役；造成严重后果的，处5年以上10年以下有期徒刑。

十、商检失职罪

（一）商检失职罪的概念

商检失职罪，是指国家商检部门、商检机构的工作人员严重不负责任，对应当检验的物品不检验，或者延误检验出证、错误出证，致使国家利益遭受重大损失的行为。这是一种过失犯罪。根据2005年12月29日最高人民检察院通过的《关于渎职侵权犯罪案件立案标准的规定》，涉嫌下列情形之一的，应予立案追诉：①致使不合格的食品、药品、医疗器械等商品出入境，严重危害生命健康的；②造成个人财产直接经济损失15万元以上，或者直接经济损失不满15万元，但间接经济损失75万元以上的；③造成公共财产、法人或者其他组织财产直接经济损失30万元以上，或者直接经济损失不满30万元，但间接经济损失150万元以上的；④未经检验，出具合格检验结果，致使国家禁止进口的固体废物、液态废物和气态废物等进入境内的；⑤不检验或者延误检验出证、错误出证，引起国际经济贸易纠纷，严重影响国家对外经贸关系，或者严重损害国家声誉的；⑥其他致使国家利益遭受重大损失的情形。

（二）商检失职罪的刑事责任

根据《刑法》第412条第2款的规定，犯本罪的，处3年以下有期徒刑或者拘役。

十一、动植物检疫徇私舞弊罪

（一）动植物检疫徇私舞弊罪的概念

动植物检疫徇私舞弊罪，是指动植物检疫机关的检疫人员徇私舞弊，伪造检疫结果的行为。这也是一种故意的无形伪造。

根据2005年12月29日最高人民检察院通过的《关于渎职侵权犯罪案件立案标准的规定》，涉嫌下列情形之一的，应予立案追诉：①采取伪造、变造的手段对检疫的单证、印章、标志、封识等作虚假的证明或者出具不真实的结论的；②将送检的合格动植物检疫为不合格，或者将不合格动植物检疫为合格的；③对明知是不合格的动植物，不检疫而出具合格检疫结果的；④其他伪造检疫结果应予追究刑事责任的情形。

（二）动植物检疫徇私舞弊罪的刑事责任

根据《刑法》第413条第1款的规定，犯本罪的，处5年以下有期徒刑或者拘役；造成严重后果的，处5年以上10年以下有期徒刑。

十二、动植物检疫失职罪

（一）动植物检疫失职罪的概念

动植物检疫失职罪，是指动植物检疫机关的检疫人员严重不负责任，对应当检疫的检疫物不检疫，或者延误检疫出证、错误出证，致使国家利益遭受重大损失的行为。

根据2005年12月29日最高人民检察院通过的《关于渎职侵权犯罪案件立案标准的规定》，涉嫌下列情形之一的，应予立案追诉：①导致疫情发生，造成人员重伤或者死亡的；②导致重大疫情发生、传播或者流行的；③造成个人财产直接经济损失15万元以上，或者直接经济损失不满15万元，但间接经济损失75万元以上的；④造成公共财产或者法人、其他组织财产直接经济损失30万元以上，或者直接经济损失不满30万元，但间接经济损失150万元以上的；⑤不检疫或者延误检疫出证、错误出证，引起国际经济贸易纠纷，严重影响国家对外经贸关系，或者严重损害国家声誉的；⑥其他致使国家利益遭受重大损失的情形。

（二）动植物检疫失职罪的刑事责任

根据《刑法》第413条第2款的规定，犯本罪的，处3年以下有期徒刑或者拘役。

十三、放纵制售伪劣商品犯罪行为罪

（一）放纵制售伪劣商品犯罪行为罪的概念

放纵制售伪劣商品犯罪行为罪，是指对生产、销售伪劣商品犯罪行为负有追究职责的国家机关工作人员，徇私舞弊，不履行法律规定的追究职责，情节严重的行为。

本书认为，本罪的主体不包括司法工作人员，主体应是最先查处生产、销售伪劣商品犯罪行为的有关行政机关的工作人员，如工商行政管理部门的工作人员，产品质量监督机关的工作人员等。

不履行法律规定的追究职责包括两种情况：①不履行法律规定的追究刑事责任的职责，主要表现为不将该犯罪提交司法机关处理；②不履行法律规定的追究其他法律责任的职责。如果行为又符合徇私舞弊不移交刑事案件罪的构成要件，则应从一重罪论处。

根据最高人民法院、最高人民检察院 2001 年 4 月 9 日发布的《关于办理生产、销售伪劣商品刑事案件具体应用法律若干问题的解释》的规定，具有下列情形之一的，属于《刑法》第 414 条规定的"情节严重"：①放纵生产、销售假药或者有毒、有害食品犯罪行为的；②放纵依法可能判处 2 年有期徒刑以上刑罚的生产、销售伪劣商品犯罪行为的；③对 3 个以上有生产、销售伪劣商品犯罪行为的单位或者个人不履行追究职责的；④致使国家和人民利益遭受重大损失或者造成恶劣影响的。

（二）放纵制售伪劣商品犯罪行为罪的刑事责任

根据《刑法》第 414 条的规定，犯本罪的，处 5 年以下有期徒刑或者拘役。

十四、办理偷越国（边）境人员出入境证件罪、放行偷越国（边）境人员罪

（一）办理偷越国（边）境人员出入境证件罪、放行偷越国（边）境人员罪的概念

办理偷越国（边）境人员出入境证件罪，是指负责办理护照、签证以及其他出入境证件的国家机关工作人员，对明知是企图偷越国（边）境的人员，予以办理出入境证件的行为。放行偷越国（边）境人员罪，是指边防、海关等国家机关工作人员，对明知是偷越国（边）境的人员，予以放行的行为。

（二）办理偷越国（边）境人员出入境证件罪、放行偷越国（边）境人员罪的刑事责任

根据《刑法》第 415 条的规定，犯本罪的，处 3 年以下有期徒刑或者拘役；情节严重的，处 3 年以上 7 年以下有期徒刑。

十五、不解救被拐卖、绑架妇女、儿童罪

（一）不解救被拐卖、绑架妇女、儿童罪的概念

不解救被拐卖、绑架的妇女、儿童罪，是指对被拐卖、绑架的妇女、儿童负有解救职责的国家机关工作人员，接到被拐卖、绑架的妇女、儿童及其亲属的解救要求或者接到其他人的举报，而对被拐卖、绑架的妇女、儿童不进行解救，造成严重后果的行为。

根据 2005 年 12 月 29 日最高人民检察院通过的《关于渎职侵权犯罪案件立案标准的规定》，涉嫌下列情形之一的，应予立案追诉：①导致被拐卖、绑架的妇女、儿童或者其家属重伤、死亡或者精神失常的；②导致被拐卖、绑架的妇女、儿童被转移、隐匿、转卖，不能及时进行解救的；③对被拐卖、绑架的妇女、儿童不进行解救 3 人次以上的；④对被拐卖、绑架的妇女、儿童不进行解救，造成恶劣社会影响的；⑤其他造成严重后果的情形。

（二）不解救被拐卖、绑架妇女、儿童罪的刑事责任

根据《刑法》第 416 条第 1 款的规定，犯本罪的，处 5 年以下有期徒刑或者拘役。

十六、阻碍解救被拐卖、绑架妇女、儿童罪

（一）阻碍解救被拐卖、绑架妇女、儿童罪的概念

阻碍解救被拐卖、绑架的妇女、儿童罪，是指对被拐卖、绑架的妇女、儿童负有解救职责的国家机关工作人员利用职务阻碍解救被拐卖、绑架的妇女、儿童的行为。

根据2005年12月29日最高人民检察院通过的《关于渎职侵权犯罪案件立案标准的规定》，涉嫌下列情形之一的，应予立案追诉：①利用职权，禁止、阻止或者妨碍有关部门、人员解救被拐卖、绑架的妇女、儿童的；②利用职务上的便利，向拐卖、绑架者或者收买者通风报信，妨碍解救工作正常进行的；③其他利用职务阻碍解救被拐卖、绑架的妇女、儿童应予追究刑事责任的情形。

（二）阻碍解救被拐卖、绑架妇女、儿童罪的刑事责任

根据《刑法》第416条第2款的规定，犯本罪的，处2年以上7年以下有期徒刑；情节较轻的，处2年以下有期徒刑或者拘役。

十七、帮助犯罪分子逃避处罚罪

（一）帮助犯罪分子逃避处罚罪的概念

帮助犯罪分子逃避处罚罪，是指有查禁犯罪活动职责的国家机关工作人员，向犯罪分子通风报信、提供便利，帮助犯罪分子逃避处罚的行为。

根据2005年12月29日最高人民检察院通过的《关于渎职侵权犯罪案件立案标准的规定》，涉嫌下列情形之一的，应予立案追诉：①向犯罪分子泄露有关部门查禁犯罪活动的部署、人员、措施、时间、地点等情况的；②向犯罪分子提供钱物、交通工具、通信设备、隐藏处所等便利条件的；③向犯罪分子泄露案情的；④帮助、示意犯罪分子隐匿、毁灭、伪造证据，或者串供、翻供的；⑤其他帮助犯罪分子逃避处罚应予追究刑事责任的情形。

（二）帮助犯罪分子逃避处罚罪认定中应注意的问题

本罪与窝藏罪的区别在于：①本罪的主体是有查禁犯罪活动职责的国家机关工作人员；而窝藏罪的主体为一般主体。②本罪的行为表现为向犯罪分子通风报信、提供便利；窝藏罪表现为为犯罪人提供隐藏处所、财物，帮助其逃匿。本罪与徇私枉法罪中的包庇有罪的人不受追诉行为的主要区别也在于犯罪主体不同、行为内容不同。如果行为同时触犯本罪与徇私枉法罪，则应从一重罪论处。

（三）帮助犯罪分子逃避处罚罪的刑事责任

根据《刑法》第417条的规定，犯本罪的，处3年以下有期徒刑或者拘役；情节严重的，处3年以上10年以下有期徒刑。

学术视野

一、玩忽职守罪与过失危害公共安全犯罪的界限

刑法分则第二章规定了一些过失危害公共安全的犯罪，如重大责任事故罪、重大劳动安全事故罪、工程重大安全事故罪、消防责任事故罪等，两者的区别界限主要在于：玩忽职守罪的主体必须是国家机关工作人员，而后者不限于国家机关工作人员；前者一般发生在各种公共事务的管理过程中，后者一般发生在各种特定的生产、作业以及直接从事指挥、现场作业的过程中。

二、故意泄露国家秘密罪与非法获取国家秘密罪的界限

两者的关键区别在于：前一罪是将知悉的国家秘密泄露给不应当知悉的人员，主体对于国家秘密的知悉可能是合法的，但是却故意泄露给不合法的人员知悉；后一罪是以窃取、刺探、

收买方法非法获取国家秘密的行为，行为人知悉国家秘密是非法的。如果行为人非法获取国家秘密又故意泄露的，应当从一重罪处罚。

三、徇私枉法罪与包庇罪的界限

两者的区别主要有：徇私枉法罪是利用司法职务的便利包庇有罪的人使其不受追诉，包庇罪是通过司法机关作假证明包庇有罪的人；徇私枉法罪发生在刑事诉讼的侦查、起诉、审判阶段，而包庇罪没有阶段和时间上的限制。

四、徇私舞弊不移交刑事案件罪与徇私枉法罪的界限

徇私舞弊不移交刑事案件罪与徇私枉法罪中"明知是有罪的人而故意包庇不使他受追诉"的行为有相似之处，二者的关键区别在于以下三点：

1. 犯罪主体不同。徇私舞弊不移交刑事案件罪只能是行政执法人员；而徇私枉法罪的主体必须是司法工作人员。需要注意的是公安机关的工作人员的性质：如果他们是对犯罪负有侦查职责的人，则是司法工作人员；如果他们是负责行政法实施的人，则是行政执法人员。例如，公安人员在执行《治安管理处罚法》的过程中，明知行为已构成犯罪，应当移交公安机关的侦查部门进行侦查，但徇私舞弊不移交，仅给予治安处罚的，就构成徇私舞弊不移交刑事案件罪。反之，刑事犯罪的侦查人员遇到犯罪嫌疑人是自己的亲友，而故意包庇不使其受追诉，擅自不作为刑事案件处理的，成立徇私枉法罪。

2. 犯罪行为方式不同。徇私舞弊不移交刑事案件罪只限于将应当移交司法机关追究刑事责任的不移交；而徇私枉法罪的行为方式没有特殊限定。

3. 对犯罪情节要求不同。徇私舞弊不移交刑事案件罪的成立以情节严重为构成要件；而徇私枉法罪的成立不以情节严重为构成要件。

理论思考与实务应用

一、理论思考

（一）名词解释

渎职罪　玩忽职守罪　滥用职权罪　故意泄露国家秘密罪　徇私枉法罪

（二）简答题

1. 简述渎职罪的要件特征。
2. 简述玩忽职守罪的要件特征。
3. 简述故意泄露国家秘密罪的要件特征。
4. 简述徇私枉法罪的要件特征。

（三）论述题

1. 请论述一般渎职罪与特定渎职罪的关系。
2. 请论述渎职罪与刑法上其他相关过失犯罪的关系。
3. 请论述徇私枉法罪与包庇罪的关系。

二、实务应用

（一）案例分析示范

案例一

被告人王某在任房山宾馆总经理、法定代表人期间，于1997年11月，私自以房山宾馆的名义两次为立成工艺品有限公司（以下简称"立成公司"，法定代表人孟某，在逃）向中国农业银行北京市分行房山支行申请贷款人民币600万元提供担保，并签订了担保合同。该笔贷款

到期后立成公司没有偿还中国农业银行北京市分行房山支行本金及利息，立成公司也因1999年没有年检于2000年被吊销执照，孟某因涉嫌贷款诈骗在逃。后该笔贷款债权转移给长城资产管理公司，由该公司负责追要该笔贷款本金及利息，至2002年8月20日长城资产管理公司对房山宾馆的债权为10 784 721.2元。房山宾馆于2003年10月28日被人民法院宣告破产。北京市房山区人民检察院于2003年11月10日以被告人王某犯签订、履行合同失职被骗罪向本院提起公诉。被告人王某否认自己犯有签订、履行合同失职被骗罪，他的担保行为也没有给房山宾馆造成损失；起诉书对其没有对房山区良乡的"明福"酒楼进行审计、评估的情况下即以232万元的价格承租"明福"酒楼，造成房山宾馆经济损失130余万元人民币的指控也不成立。经审理查明：①1997年11月间，立成公司法人代表孟某伙同杨某（均在逃）先后两次从中国农业银行北京市分行房山支行骗取贷款共计600万元，被告人王某身为房山宾馆的总经理，在没有调查、了解立成公司资质信誉也没有经过房山宾馆集体研究讨论的情况下，个人擅自决定以房山宾馆的名义为立成公司向中国农业银行北京市分行房山支行贷款提供担保，造成房山宾馆1000余万元的经济损失。②被告人王某在担任房山宾馆总经理期间，经班子成员研究，于1999年1月在没有对房山区良乡的"明福"酒楼进行审计、评估的情况下即以232万元的价格承租了"明福"酒楼，经评估该酒楼装修及设备为110余万元。

在本案的审理中有两种意见，一种意见认为被告人王某构成签订、履行合同失职被骗罪，理由是王某身为国有企业的主管人员，在签订合同中因严重不负责任而被骗致使国家利益遭受重大损失，应构成签订、履行合同失职被骗罪；另一种意见认为被告人王某构成玩忽职守罪，理由是王某身为国有企业的主管人员超越职权范围，不正确履行职责致使国家利益遭受重大损失，应构成玩忽职守罪。

问：王某的行为构成何罪？

【评析】 我们同意第二种意见，即被告人王某构成玩忽职守罪。王某虽不在国家机关工作，但应以国家工作人员论。而签订、履行合同失职被骗罪的主体为国有公司、企业、事业单位直接负责的主管人员，但此案中王某虽在国有企业工作，却属于国家工作人员；玩忽职守罪侵害了国家公务职权，签订、履行合同失职被骗罪侵害了国有公司、企业、事业单位的经营、管理权。王某身为国家工作人员，在担任房山宾馆总经理期间，在没有调查、了解立成公司资信，也没有经过房山宾馆集体研究讨论的情况下，利用职权擅自以房山宾馆的名义为立成公司向中国农业银行北京市分行房山支行贷款提供担保，使立成公司从该行骗取人民币600万元，导致房山宾馆损失1000余万元。其行为符合玩忽职守罪的构成要件，应定玩忽职守罪。

案例二

被告人李某（公安派出所民警），在2000年5月~2002年6月间，为完成所里规定的罚款任务，以维护社会治安为名，不履行治安处罚手续，多次采取传唤并利用威胁、体罚、拘禁等手段，先后处罚卖淫嫖娼行政案件22起，罚款79 000余元；处罚乱搞男女关系4起，罚款16 000余元；处罚男女单独在一起似为关系不正常22起，罚款63 000余元；处罚容留和怀疑容留卖淫嫖娼2起，罚款3000元，并导致一人跳楼造成轻伤；处罚赌博14起，没收赌资31 000余元；另外还扣押移动电话7部，价值人民币7000余元。

此案在处理过程中，应如何定性意见有三。第一种意见认为：李某的行为构成滥用职权罪。依照《人民警察法》的规定，对有违法犯罪嫌疑的人员，人民警察有权将其带至公安机关进行盘问，盘问时间不得超过24小时，特殊情况，经县级以上公安机关批准可延长至48小时。被告人李某所处理的治安案件，追求的目的就是罚款。李某把人带回派出所盘问、取材料是合法的，但是在盘问过程中实施了非法限制他人人身自由，非法使用戒具、体罚等非法行为，所有这些方面均可以被滥用职权涵盖并吸收，因此应定滥用职权罪。第二种意见认为：李某的行为构成滥用职权罪和非法拘禁罪。因为被告人李某把违反社会治安的嫌疑人带回派出所盘问完毕以后，不交钱就不放人，非法拘禁是从这开始的。受利益驱动，在滥用职权的过程中，又触犯了非法拘禁罪，在整个案件中有多起可以定非法拘禁罪，因此应定滥用职权罪和非法拘禁罪。第三种意见认为：李某的行为应定非法拘禁罪。理由是：从滥用职权的角度看，派出所在审批程序上有很大的随意性，根据滥用职权的立案标准，本案只能涉及"造成恶劣社会影响"这一项。此案中，李某虽然是为了派出所的利益，但罚款违反法定程序，李某的行为也构成滥用职权罪。然而，李某只是一个执行者，传唤、罚款、是否放人都由派出所负责人来定，派出所负责人负有主要责任，李某负次要责任，李某情节轻微可不认定是犯罪。但是，李某在实施违法行为的过程中，有多起案件，对当事人实施了戴戒具、殴打、侮辱行为，强行要钱，不给钱不放人，违规限制人身自由，致使有的当事人产生自杀念头后跳楼，这些行为都是李某具体实施的，其行为完全符合非法拘禁罪的犯罪特征，因此应定非法拘禁罪。

问：李某的行为构成何罪？

【评析】我们同意第一种意见。①被告人李某的行为完全符合滥用职权罪的构成特征。首先，李某违反规定处理公务的行为侵犯了国家机关的正常活动，也侵犯了公民的人身权、财产权及其他合法权益。其次，李某为了小团体利益和个人私利，采取了不加选择、毫无节制地以非法手段从事违反职务权限的行为，如对他人滥施关押、乱罚款、一口价、个人说了算，从不需要任何手续，等等。最后，作为一名公安正式民警，明知法律的规定和自己的职权范围，也明知自己的行为将会发生的危害后果，但李某放任这种结果的发生，如限制他人人身自由时致使一人跳楼造成轻伤的严重后果。②根据《治安管理处罚法》的规定，李某有权处理治安案件，也就是说凡是发生在李某管辖区内的违反治安管理处罚法的案件，李某都有权处理。从表面上看其行为符合行政行为构成要件，在主体、权限、内容上均符合法律规定，但是，有法可依、执法必严是处理治安案件的前提，本案中李某所处理的60余起治安案件，罚款和限制他人人身自由，均没有履行法定程序，期间实施了威胁、体罚、拘禁等手段，其目的非常明确，就是"罚款"。交钱就放人，不交钱就体罚、拘禁、殴打，这是李某的一贯做法，其行为完全符合滥用职权的主观违法、不正当地行使权力的本质特征。李某的行为造成了恶劣的社会影响。③李某的行为有非法拘禁之嫌，但属于牵连犯。所谓牵连犯，是指实现某一犯罪目的，其方法行为或结果行为又触犯其他罪名的犯罪形态。对于牵连关系的认定，应从主客观相统一的角度出发，主观上，牵连犯要求行为人必须认识到其所实施的数个行为都是为了一个最终的目的，其所实施的数个行为只不过是实现该目的的手段；客观上，牵连犯所涉及的数个行为有一个是主行为，其余行为均为从行为，从行为所产生的效果附着于主行为之上，为主行为的实施或犯罪目的的实现提供便利、创造条件。本案中李某实施威胁、戴戒具、限制人身自由的所有行为，最终都是为了达到罚款之目的。根据"从一重处断"的原则，则应以处罚较重的滥用职权罪处罚。所以，李某的行为应定滥用职权罪。

案例三

1999年12月4日，某县农民周某、李某某、梁某某、杨某、黄某某因合伙走私、贩卖鸦片95 300克，被某县公安局缉毒大队侦破抓获。在审查中，梁某某、杨某、黄某某向许某某（某县缉毒队队长）提出，他们去年搭救过一位与犯罪分子搏斗中受伤的缉毒队员，请求释放他们。许某某认为他们所说的"有理"，便将自己打算释放他们之中一人的想法报告了局教导员和缉毒大队党支部书记。两位领导听后没有表示异议。许某某便伙同该队副队长来到看守所，把梁某某、杨某、黄某某三人带到预审室，将可以释放他们之中一人的打算和盘托出。许某某对他们说："我只能搭救你们中的一人出去，考虑到杨某的小孩没人管，想放她出去，如果你们同意我的意见，我要重新写材料，证明她没有参与贩毒活动。"梁某某、黄某某听后，当即表示同意推翻原来的供述。按照许某某的口述，梁某某、黄某某二人统一了口径，改写了原来的供述。随后，许某某将上述情况报告了两位领导。第二天，许某某又将梁某某、黄某某二人的翻供材料重新进行修改，并将杨某有罪的供述修改后重抄。而后将三人修改后的供述归入卷宗。在移送全案材料报捕时，把三名罪犯第一次供认的有罪笔录从卷中抽出，致使杨某得以"无罪"释放。

问：许某某的行为构成何罪？

【评析】要分清徇私枉法罪与《刑法》第307条规定的妨害作证罪、帮助毁灭、伪造证据罪及《刑法》第310条规定的窝藏、包庇罪的界限。徇私枉法罪中的包庇行为也可能表现为利用威胁、贿买等方法阻止证人提供证明犯罪分子有罪的证据、帮助犯罪分子逃匿等行为，与妨害作证罪、帮助毁灭、伪造证据罪及窝藏、包庇罪有相似之处。但相互之间的区别也较为突出：①侵犯客体不同。前者的客体是司法机关的正常活动与司法公正，后三者的客体为社会管理秩序中的司法秩序。②客观表现也有明显差异。前者整个活动都与行为人职务有关，而后三者行为与行为人职务并无关系。如果司法机关的工作人员在职务活动以外实施帮助毁灭、伪造证据及窝藏、包庇行为的，应以《刑法》第307、310条论处；如果在职务活动之中实施帮助毁灭、伪造证据及窝藏、包庇行为的，则属于一行为触犯数罪名的情况，应按从一重罪处断的原则处理。③主体不同。前者主体限于司法机关的工作人员，后三者主体没有此种限制。

本案中，许某某的行为已构成徇私枉法罪。所谓徇私枉法罪，是指司法工作人员徇私枉法、徇情枉法，对明知是无罪的人而使他受追诉，对明知是有罪的人而故意包庇不使他受追诉的行为。

(1) 本案中，许某某符合本罪的主体要件。本罪的主体是司法工作人员。根据我国《刑法》第94条规定："本法所称司法工作人员，是指有侦查、检察、审判、监管职责的工作人员。"因而本罪的主体主要是司法工作人员中从事侦查、检察、审判工作的人员。侦查人员，即对刑事案件行使侦查权的专门机关的工作人员，如公安机关和人民检察院负责侦查工作的人员。其职权是搜集证据，揭露和证实犯罪，查缉犯罪嫌疑人，并实施必要的强制措施。检察人员，主要是指检察员或负有检察职责的人员。他们的职责是对检察院直接受理和公安机关移送的刑事案件进行侦查、补充侦查、审查起诉、提起公诉和出庭支持公诉等，根据宪法和法律的规定，对公安机关的侦查、人民法院的审判活动以及案件判决、裁定的执行和监狱、看守所的执行等是否合法实行监督。审判人员，是指在法院行使审判权的工作人员。只有上述人员，才有可能在立案、侦查、预审、起诉、审判活动中徇私枉法、徇情枉法。本案中，许某某是负有侦查职责的人员，且为侦查机关缉毒大队的队长，符合本要件。

(2) 本案中，许某某的行为符合本罪的客体要件。本罪侵犯的客体是国家司法机关的正常活动。司法机关是人民民主专政的重要工具，是国家机构的重要组成部分，具有保护人民、打击敌人，制裁犯罪，保护社会主义现代化建设的职能。司法工作人员手中握有执法权，依法享有侦查、预审、逮捕、起诉、审判的权力。这就需要他们在执法时，刚正不阿，忠于国家和人民的利益，忠于法律制度，忠于事实真相，严格依法办事，力求做到事实清楚，证据确凿，定性准确，程序合法，不枉不纵。如果他们滥用职权，徇私枉法，就会破坏国家司法机关的正常活动，损害在人民群众中的威信，破坏社会主义法治。司法机关是指行使国家赋予的审判权和法律监督权力的机关。在我国,司法机关是人民法院、人民检察院和公安机关的总称。人民法院是国家的审判机关,依法行使审判权;人民检察院是国家的法律监督机关,依法行使检察权;公安机关是国家的司法行政机关,负责部分刑事案件的侦查、拘留、预审。公、检、法三机关分工负责、互相配合、互相制约。本案中,许某某的行为已严重损害了司法机关的正常活动。

(3) 本案中,许某某的行为符合本罪的主观要件。本罪在主观方面表现为故意。过失和间接故意不构成本罪。犯罪的目的是放纵罪犯,或者冤枉好人;动机是徇私、徇情,具体表现多种多样:有的是图谋私利,贪赃受贿;有的是报复陷害他人;有的是徇私情,袒护、包庇亲友;有的是横行霸道,逞威、逞能等。司法工作人员如果不是出于徇私、徇情动机,造成错押、错捕当事人的,一般不构成本罪,但应根据不同情节,区别对待:对于出于严重官僚主义,极端不负责,草率从事,造成严重后果的,可按玩忽职守罪论处;对于情节严重,造成一定后果的,可由所在单位酌情给予行政处分;对于因缺乏经验,思想方法主观片面,或因任务紧、案件多而粗枝大叶,调查研究不深入细致,事实证据不清,或因政策水平低,缺乏专业能力等原因而造成的,则应作为一般工作错误,给予批评教育,使其总结经验教训,提高政策水平和业务能力,改进工作,必要时,予以纪律处分。本案中,许某某明知杨某是有罪的人而故意包庇使其不受追诉,其主观故意可以确认。

(4) 本案中,许某某的行为符合本罪的客观要件。本罪的客观方面表现为司法工作人员利用职权徇私、徇情枉法的行为。徇私、徇情枉法的行为特征为:①徇私行为,即司法工作人员利用承办案件的便利条件,谋取私利或者其他个人目的的行为。根据最高人民法院的司法解释,主要是指为贪图钱财、袒护亲友、泄愤报复或者其他私情、私利。②枉法行为,即司法工作人员故意歪曲事实,违反法律,使无罪的人受追诉、使有罪的人不受追诉。行为人的作为和不作为均可构成徇私枉法罪。具体表现为两种情况:一是利用司法权,对明知是无罪的人而使他受到追诉,如对不应立案的人进行立案,对不应逮捕的人加以逮捕,对不应起诉的人加以起诉等。二是利用司法权,对明知是有罪的人而故意包庇使他不受到追诉。如对有罪依法应当予以立案、逮捕、起诉的人不予立案、逮捕、起诉等。本案中,许某某利用手中职权,明知杨某为有罪之人,却将杨某有罪的供述修改后重抄,并将第一次供认的有罪笔录从卷中抽出,使其不受追诉,已符合本要件。

综上,许某某的行为构成徇私枉法罪。

(二) 案例分析实训

案例一

犯罪嫌疑人王某是某市运政稽查中队的队长,负有查禁本市非法营运车辆的职责。2003年7月,某市公安交管部门出于安全考虑,发出《通告》,要求:①坚决查处本市范围内非法营运的正三轮机动车;②对非法营运的此类车辆予以扣押并处5000元以上2万元以下罚款;③不收取此类车辆2004年的交通规费;④对此类车辆不予年检。犯罪嫌疑人王某在执法的过程中,收取了此类车辆的养路费用,但未对此类非法营运的正三轮机动车进行扣押和罚款,而是对非法营运的车主予以口头教育数次,并责令写保证书,不得从事营运活动。2004年9月,正三轮车车主张某在驾驶改装过的此类车辆从事营运活动中,因车轴断裂,发生了导致5死3伤的特大交通事故,张某被法院以交通肇事罪判处有期徒刑。王某后被抓捕,检察院提起公诉。

问:王某的行为应当如何处理?

案例二

现年 34 岁的吕某是某计生办副主任，分管计生统计工作。2008 年 3 月的一天晚上，吕某被孙某邀请到一家豪华酒店吃饭。其间，孙某请求吕某帮忙超生二胎，吕某爽快答应。随后，吕某利用自己职务便利条件，进入本办事处计划生育健康查体服务管理系统，找到孙某妻子的信息，通过复制他人的信息，粘贴到孙某妻子的信息栏里，证明其已经进站检查未孕，从而使孙某妻子得以于 2008 年 8 月违法超生一男孩。其间，吕某收受孙某的好处费 4000 元。截至 2009 年 4 月，吕某采用同样手段，篡改计生信息数据，造成 8 人非法生育。2009 年 4 月 9 日，因他人举报而案发，吕某被当地检察机关立案侦查，4 月 22 日被逮捕。2009 年 7 月 6 日，吕某被提起公诉。

问：吕某的行为应当如何处理？

案例三

被告人卢某，男，无业。2002 年 2 月，周某因涉嫌盗窃罪被公安机关刑事拘留并逮捕。该案移送检察机关审查起诉后，周某的亲属找承办该案的检察员黄某说情，黄某便为周某办理了取保候审手续。周某被取保后逃走。该案被法院提起公诉后，因周某在逃，法院将案件退回检察院。黄某将该案卷宗压在自己手中直到 2004 年 4 月。因抓捕周某未果，黄某为了了结此案，便和保证人一起找到无业人员卢某，出钱让卢某冒充周某出庭，卢某答应。黄某将周某的基本情况、犯罪事实写在纸上让卢某背熟应付开庭。2004 年 4 月 13 日，卢某冒充周某出庭受审。4 月 18 日，法院判处"周某"拘役一个月 15 天，并处罚金 4000 元。后卢某、黄某被抓获。

问：卢某的行为应当如何处理？

第十一章
军人违反职责罪

【本章概要】 军人违反职责罪，是指军人违反职责，危害国家军事利益，依照法律应当受刑罚处罚的行为。本章军人违反职责的犯罪分为战时违反军人职责的犯罪和非战时违反军人职责的犯罪两大类型进行论述，着重研究刑法分则第十章所确定的各种军人违反职责的犯罪的概念、构成特征，以及在认定这些犯罪时应当注意的问题，包括罪与非罪的界定，与类似的其他犯罪的区别，犯罪的停止形态以及罪数形态等，并介绍相关犯罪的刑事责任。

【学习目标】 掌握本章各罪名的概念及构成特征；掌握本章各罪名在认定时应注意的问题；掌握本章各罪名的刑事责任。

第一节 军人违反职责罪概述

一、军人违反职责罪的概念

军人违反职责罪，是指军人违反职责，危害国家军事利益，依照法律应当受刑罚处罚的行为。

二、军人违反职责罪的特征

（一）本类犯罪的客体是国家的军事利益

所谓国家的军事利益，是指国家在国防建设、作战行动、演习训练、武器装备管理、后勤物资保障、军事科学研究等各方面的利益。国家的军事利益，与国家利益有直接关系，直接关系到国家的生死存亡、主权与领土完整。军人违反职责罪的实质在于破坏武装力量的建设，削弱部队的战斗力，从而危害国家军事利益。

（二）本类犯罪在客观方面表现为违反军人职责，危害国家军事利益的行为

军人的职责是每一名军人根据国家的法律、法规以及军队的条令、条例和自己承担的职务所必须承担的责任和应当履行的义务。它包括一般职责和具体职责。军人的一般职责，是指每一个武装部队的军人所应当具备的职责。比如，《中国人民解放军内务条令》规定，军人必须保卫社会主义祖国，在任何情况下决不背叛祖国，服从命令、听从指挥，英勇战斗、不怕牺牲，执行军队的条令、条例和规章制度，爱护武器装备，保守军事秘密等。军人的具体职责，是指军队中各种不同人员执行不同任务时所应当承担的职责。不同的军兵种以及不同职务的军人都有各自具体的职责。本类犯罪多数表现为作为的行为方式，也有少数犯罪表现为不作为，如遗弃伤病军人罪。还有少数犯罪，既可以由作为构成，也可以由不作为构成，如违抗命令罪。

（三）本类犯罪为特殊主体的犯罪，犯罪主体为军人

根据《刑法》第450条的规定，本章适用于中国人民解放军的现役军官、文职干部、士兵及具有军籍的学员和中国人民武装警察部队的现役警官、文职干部、士兵及具有军籍的学员以及执行军事任务的预备役人员和其他人员。其他人员，是指部队机关、院校、医院、基地等单

位的工作人员以及临时征用或者受委托执行军事任务的人员。

（四）本类犯罪多数出于故意

本类犯罪大多出于故意，少数犯罪也可以由过失构成，如武器装备肇事罪。

三、军人违反职责罪的类型

军人违反职责罪可以分为战时违反军人职责的犯罪和非战时违反军人职责的犯罪两种类型。战时违反军人职责的犯罪包括：战时违抗命令罪，隐瞒、谎报军情罪，拒传、假传军令罪，投降罪，战时临阵脱逃罪，违令作战消极罪，拒不救援友邻部队罪，战时造谣惑众罪，战时自伤罪，遗弃伤病军人罪，战时拒不救治伤病军人罪，战时残害居民、掠夺居民财物罪，私放俘虏罪，虐待俘虏罪。非战时军人违反职责的犯罪包括：擅离、玩忽军事职守罪，阻碍执行军事职务罪，指使部属违反职责罪，军人叛逃罪，非法获取军事秘密罪，为境外窃取、刺探、收买、非法提供军事秘密罪，故意泄露军事秘密罪，过失泄露军事秘密罪，逃离部队罪，武器装备肇事罪，擅自改变武器装备编配用途罪，盗窃、抢夺武器装备、军用物资罪，非法出卖、转让武器装备罪，遗弃武器装备罪，遗失武器装备罪，擅自出卖、转让军队房地产罪，虐待部属罪。

第二节 战时军人违反职责的犯罪

一、战时违抗命令罪

（一）战时违抗命令罪的概念与特征

战时违抗命令罪，是指战时违抗命令，对作战造成危害的行为。本罪的主要特征是：

1. 本罪侵犯的客体是军事武装部队的作战指挥秩序与作战利益。下级服从上级是作战秩序的具体体现，也是取得作战胜利的保障。而违抗命令的行为，正是对战场作战秩序的破坏，从而最终影响作战利益的取得。

2. 本罪在客观上表现为战时违抗命令，对作战造成危害的行为。违抗命令的行为只有发生在战时才构成犯罪。"战时违抗命令"，是指在战时拒不执行上级命令，或者拖延执行上级命令，或者故意篡改上级命令的行为。"命令"，既包括作战命令，也包括与作战有关的一系列命令，如物资调遣、后勤保障、伤员救助等命令。要构成本罪，必须同时具备违抗命令、对作战造成危害两个条件。"对作战造成危害"，是指由于行为人违抗命令的行为，使部队在战役或者战斗中失利或者遭受严重损失，或者贻误战机，影响作战任务的完成。

3. 本罪主体为特殊主体，领受作战任务的军人方可构成本罪。本罪的主体不仅包括参加战斗的人员，还应该包括为战斗服务的各类人员，如救护人员、勤杂人员等。

4. 本罪在主观上出于故意，即明知是上级下达的命令而予以违抗，拒不执行的。

（二）战时违抗命令罪的刑事责任

根据《刑法》第421条的规定，犯本罪的，处3年以上10年以下有期徒刑；致使战斗、战役遭受重大损失的，处10年以上有期徒刑、无期徒刑或者死刑。

二、隐瞒、谎报军情罪

隐瞒、谎报军情罪，是指故意隐瞒、谎报军情，对作战造成危害的行为。本罪侵犯的客体为武装部队的作战秩序。本罪客观上表现为隐瞒、谎报军情，并给作战造成危害的行为。本罪主体为特殊主体，即负有军情报告义务的侦察员、通讯员、机要人员以及其他负有报告军情义务的人员。本罪在主观上出于故意，即了解军情而隐瞒不报或者谎报。

根据《刑法》第 422 条的规定，犯本罪的，处 3 年以上 10 年以下有期徒刑；致使战斗、战役遭受重大损失的，处 10 年以上有期徒刑、无期徒刑或者死刑。

三、拒传、假传军令罪

拒传、假传军令罪，是指拒不传递军令，或者故意伪造、篡改上级命令而进行传递，对作战造成危害的行为。本罪的客体是武装部队的作战秩序。本罪客观上表现为拒不传递上级军令，或者伪造上级命令，或者篡改上级命令而进行传递的行为。本罪主体为特殊主体，负有军令传递职责的军人方可构成本罪。本罪在主观上出于故意。

根据《刑法》第 422 条的规定，犯本罪的，处 3 年以上 10 年以下有期徒刑；致使战斗、战役遭受重大损失的，处 10 年以上有期徒刑、无期徒刑或者死刑。

四、投降罪

投降罪，是指在战场上贪生怕死，自动放下武器，向敌人投降的行为。本罪侵犯的客体，是军人的作战义务。作为一名军人，不怕流血牺牲，用自己的生命捍卫国家和人民的利益，是其义不容辞的职责。而投降敌人，正是对这种神圣职责的背叛。本罪在客观上表现为在战场上投降敌人的行为，即行为人在战场上贪生怕死，自动放下武器。本罪主体为军职人员，但是在战场上因负伤而丧失战斗能力，因此被敌人俘获的军人不能成为本罪主体。本罪在主观上出于故意。

根据《刑法》第 423 条的规定，犯本罪的，处 3 年以上 10 年以下有期徒刑；情节严重的，处 10 年以上有期徒刑或者无期徒刑；投降敌人后为敌人效劳的，处 10 年以上有期徒刑、无期徒刑或者死刑。

五、战时临阵脱逃罪

（一）战时临阵脱逃罪的概念与特征

战时临阵脱逃罪，是指武装部队人员在战时面临战斗任务脱离岗位，逃避参加战斗的行为。本罪的主要特征是：

1. 本罪侵犯的客体是武装部队的作战秩序。

2. 本罪在客观上表现为战时面临战斗任务而脱离岗位，逃避参加战斗的行为。面临战斗任务，是指正在进行战斗或者已领受作战任务。脱离战斗岗位，是指逃离作战区域或者逃离参战部队。

3. 本罪主体是参战的武装部队人员。不仅战斗部队人员可以构成本罪，而且非直接战斗人员，如后勤部、医疗、通讯人员，只要在临阵状态下逃跑的，都可以构成本罪。

4. 本罪主观上出于故意。

（二）战时临阵脱逃罪认定中应注意的问题

1. 分清战时临阵脱逃罪与投降罪的界限。战时临阵脱逃罪是临阵脱逃，而投降罪是在战场上投降敌人。临阵脱逃是脱离战斗岗位或者脱离战斗部队，而投降罪则是投降敌人。

2. 分清战时临阵脱逃罪与战时违抗命令罪的界限。这两种罪的主要区别在于客观行为方式的不同。战时违抗命令罪是公然抗拒执行上级的命令，但并不一定脱离战斗岗位和战斗部队；临阵脱逃罪则必须脱离战斗岗位或者战斗部队，逃避参加战斗。如果抗拒执行坚守阵地命令而临阵脱逃的，则构成想象竞合犯，择一重罪处罚，应以战时违抗命令罪论处。

（三）战时临阵脱逃罪的刑事责任

根据《刑法》第 424 条的规定，犯本罪的，处 3 年以下有期徒刑；情节严重的，处 3 年以上 10 年以下有期徒刑；致使战斗、战役遭受重大损失的，处 10 年以上有期徒刑、无期徒刑或者死刑。

六、违令作战消极罪

违令作战消极罪，是指军事指挥人员违抗命令，临阵畏缩，作战消极，造成严重后果的行为。本罪侵犯的客体是武装部队的作战秩序。本罪在客观上表现为违抗命令，临阵畏缩，作战消极并且造成严重后果的行为。"造成严重后果"，是指因行为人的行为致使我军损失重大、贻误战机等。本罪主体为特殊主体，只有指挥人员才能构成本罪，普通士兵不能成为本罪的主体。本罪主观上出于故意。

根据《刑法》第428条的规定，犯本罪的，处5年以下有期徒刑；致使战斗、战役遭受重大损失或者有其他特别严重情节的，处5年以上有期徒刑。

七、拒不救援友邻部队罪

拒不救援友邻部队罪，是指在战场上明知友邻部队处境危急请求支援，能救援而不救援，致使友邻部队遭受重大损失的行为。本罪侵犯的客体是武装部队的作战利益和作战秩序。本罪在客观方面表现为在战场上明知友邻部队处境危急请求救援，能救援而不救援，致使友邻部队遭受重大损失的行为。本罪主体为特殊主体，即负有战场指挥职责的军官，普通士兵不能构成本罪。本罪主观上出于故意，即明知友邻部队处境危急而不救援。

根据《刑法》第429条的规定，犯本罪的，处5年以下有期徒刑。

八、战时造谣惑众罪

战时造谣惑众罪，是指战时造谣惑众，动摇军心的行为。本罪侵犯的客体是武装部队作战秩序与军事利益。本罪在客观上表现为造谣惑众，动摇军心的行为。"造谣惑众"，是指捏造事实，散布虚假信息，使部队军心发生动摇。本罪只有在战时才可构成。本罪主体为特殊主体，现役军人才能构成本罪。本罪在主观上出于故意。

根据《刑法》第433条的规定，犯本罪的，处3年以下有期徒刑；情节严重的，处3年以上10年以下有期徒刑；情节特别严重的，处10年以上有期徒刑或者无期徒刑。

九、战时自伤罪

战时自伤罪，是指战时自伤身体，逃避军事义务的行为。本罪侵犯的客体是武装部队的作战利益和军人的军事义务。本罪在客观上表现为在战时自伤身体，逃避军事义务的行为。"自伤身体，逃避军事义务"，是指行为人使自己身体受到伤害，以此来逃避军事义务的行为。在实践中，行为人相互之间实施伤害行为，逃避军事义务，也构成本罪。本罪主体为特殊主体，只有现役军人才能构成本罪。本罪在主观上出于故意，并且有逃避军事义务的目的。

根据《刑法》第434条的规定，犯本罪的，处3年以下有期徒刑；情节严重的，处3年以上7年以下有期徒刑。

十、遗弃伤病军人罪

遗弃伤病军人罪，是指在战场上故意遗弃伤病军人，情节恶劣的行为。本罪侵犯的客体是伤病军人的正当权利。伤病军人在战场上有获得救助的权利。而遗弃伤病军人，正是对伤病军人的此项权利的侵犯。本罪在客观上表现为在战场上遗弃伤病军人，情节恶劣的行为。"情节恶劣"，是指由于遗弃伤病军人的行为，导致被遗弃军人死亡、残疾、被俘或者被杀，或者导致军心涣散。本罪主体为特殊主体，即承担救助伤病军人的医护人员以及作战指挥人员。本罪在主观上出于故意，既可以是直接故意，也可以是间接故意。

根据《刑法》第444条的规定，犯本罪的，对直接责任人员，处5年以下有期徒刑。

十一、战时拒不救治伤病军人罪

战时拒不救治伤病军人罪，是指战时在救护治疗职位上，有条件救治而拒不救治危重伤病军人的行为。本罪侵犯的客体是伤病军人的生命健康权利。本罪在客观上表现为战时在救护治疗职位上，有条件救治而拒不救治危重伤病军人的行为。如果确无能力救治伤病军人的，不构成犯罪。本罪主体为特殊主体，具有救护、治疗职责的现役军人，如军医、护理人员等才能构成本罪。本罪主观上出于故意。

根据《刑法》第445条的规定，犯本罪的，处5年以下有期徒刑或者拘役；造成伤病军人重残、死亡或者有其他严重情节的，处5年以上10年以下有期徒刑。

十二、战时残害居民、掠夺居民财物罪

战时残害居民、掠夺居民财物罪，是指战时在军事行动区，残害无辜居民或者掠夺无辜居民财物的行为。本罪侵犯的客体是军事行动区无辜居民的人身、财产权利。本罪在客观上表现为战时在军事行动区，残害无辜居民或者掠夺无辜居民财物的行为。"无辜居民"，是指在军事行动区域内对武装部队无敌对行动的居民群众。"残害"，是指对无辜居民实施伤害、强奸、残杀等暴行。"掠夺"，是指以暴力、胁迫等手段抢劫无辜居民财物的行为。本罪主体为特殊主体，只有现役军人才能构成本罪。本罪在主观上出于故意。

根据《刑法》第446条的规定，犯本罪的，处5年以下有期徒刑；情节严重的，处5年以上10年以下有期徒刑；情节特别严重的，处10年以上有期徒刑、无期徒刑或者死刑。

十三、私放俘虏罪

私放俘虏罪，是指违反军事纪律，私自释放俘虏的行为。本罪侵犯的客体是武装部队对俘虏的管理制度。本罪在客观上表现为违反军事纪律，私自释放俘虏的行为。"俘虏"，是指在战斗中被俘获的敌方人员。"私放"，是指未经批准，擅自释放的行为。本罪主体为特殊主体，只有承担管理、看护俘虏职责的现役军人才能构成本罪。本罪主观上出于故意。

根据《刑法》第447条的规定，犯本罪的，处5年以下有期徒刑；私放重要俘虏、私放俘虏多人或者有其他严重情节的，处5年以上有期徒刑。

十四、虐待俘虏罪

虐待俘虏罪，是指违反军事纪律，虐待俘虏，情节恶劣的行为。本罪侵犯的客体是武装部队的战俘管理制度以及被俘人员的人身权利。本罪在客观上表现为违反军事纪律，虐待战俘，情节恶劣的行为。"情节恶劣"，一般指以特别残忍的手段虐待战俘，或者虐待战俘多人，或者多次虐待战俘，或者导致被虐待的战俘重伤、死亡或者造成其他严重后果。本罪主体为特殊主体，一般只有承担战俘管理职责的现役军人才能构成本罪。本罪主观上出于故意。

根据《刑法》第448条的规定，犯本罪的，处3年以下有期徒刑。

第三节 非战时违反军人职责的犯罪

一、擅离、玩忽军事职守罪

擅离、玩忽军事职守罪，是指武装部队的指挥人员和值班、值勤人员擅离职守或者玩忽职守，造成严重后果的行为。本罪侵犯的客体是军职人员的岗位责任制度。本罪的客观方面表现为指挥人员或者值班、值勤人员擅离职守、玩忽职守，并造成严重后果的行为。"擅离职守"，是指擅自离开自己的岗位。"玩忽职守"，是指不履行或不认真履行岗位职责。"严重后果"，是指因擅离职守、玩忽职守的行为而造成严重后果，如作战失利、遭受严重损失、贻误战机等。本罪主体为特殊主体，负有指挥职责和正在值班、值勤等的军职人员方能构成本罪。本罪主观上出于过失。

根据《刑法》第425条的规定，犯本罪的，处3年以下有期徒刑或者拘役；造成特别严重后果的，处 3 年以上 7 年以下有期徒刑。战时犯本罪的，处 5 年以上有期徒刑。

二、阻碍执行军事职务罪

阻碍执行军事职务罪，是指以暴力、威胁方法阻碍指挥人员或者值班、值勤人员执行职务的行为。本罪侵犯的客体为武装军事职务的正常执行活动。本罪所侵犯的对象，是正在执行军事职务的指挥人员或者值班、值勤人员。本罪在客观上表现为以暴力、威胁方法阻碍指挥人员或者值班、值勤人员执行职务的行为。本罪主体为现役军人。本罪在主观上只能出于故意。

根据《刑法》第 426 条的规定，犯本罪的，处 5 年以下有期徒刑或者拘役；情节严重的，处 5 年以上 10 年以下有期徒刑；情节特别严重的，处 10 年以上有期徒刑或者无期徒刑。战时从重处罚。

三、指使部属违反职责罪

指使部属违反职责罪，是指武装部队中的指挥人员滥用职权，指使部属进行违反职责的活动，造成严重后果的行为。本罪侵犯的客体为武装部队的指挥秩序。本罪在客观上表现为滥用职权，指使部属进行违反职责的活动，造成严重后果的行为。"滥用职权"，是指行为人超越职权范围行使职权，或者不正当行使职权。要构成本罪，还要求造成严重后果。本罪主体为特殊主体，在武装部队中承担指挥、领导职责的现役军人方能构成本罪。本罪在主观上出于故意。

根据《刑法》第 427 条的规定，犯本罪的，处 5 年以下有期徒刑或者拘役；情节特别严重的，处 5 年以上 10 年以下有期徒刑。

四、军人叛逃罪

（一）军人叛逃罪的概念与特征

军人叛逃罪，是指现役军人在履行公务期间，擅离岗位，叛逃境外或者在境外叛逃，危害国家军事利益的行为。本罪的主要特征是：

1. 本罪侵犯的客体是国防安全利益。军人担负着保卫国家的神圣使命，军人叛逃的行为，背叛了国家，背弃了军人的神圣职责，直接危害了国防安全利益。

2. 本罪在客观上表现为在履行公务期间，擅离岗位，叛逃境外或者在境外叛逃，危害国家军事利益的行为。"叛逃"，是指背叛国家，逃往境外的行为。"叛逃境外"，是指行为人从境内逃往境外。"在境外叛逃"，是指军人利用在境外的机会叛逃。

3. 本罪主体为特殊主体，只有现役军人才能构成本罪。

4. 本罪在主观上出于故意。

（二）军人叛逃罪认定中应注意的问题

要注意区别军人叛逃罪与投敌叛变罪的界限，二者的主要区别在于军人叛逃罪并不要求行为人一定是投奔敌人；投敌叛变罪，则要求行为人在主观上必须有投奔敌人，危害国家安全的目的。

（三）军人叛逃罪的刑事责任

根据《刑法》第 430 条的规定，犯本罪的，处 5 年以下有期徒刑或者拘役；情节严重的，处 5 年以上有期徒刑；驾驶航空器、舰船叛逃的，或者有其他特别严重情节的，处 10 年以上有期徒刑、无期徒刑或者死刑。

五、非法获取军事秘密罪

非法获取军事秘密罪，是指以窃取、刺探、收买方法，非法获取军事秘密的行为。本罪侵犯的客体为武装部队的军事秘密的管理制度。本罪在客观上表现为行为人以窃取、刺探、收买方法，非法获取军事秘密的行为。本罪主体为特殊主体，只有现役军人才能构成本罪。本罪在主观上出于故意，过失不构成本罪。

根据《刑法》第431条第1款的规定，犯本罪的，处5年以下有期徒刑；情节严重的，处5年以上10年以下有期徒刑；情节特别严重的，处10年以上有期徒刑。

六、为境外窃取、刺探、收买、非法提供军事秘密罪

为境外窃取、刺探、收买、非法提供军事秘密罪，是指军职人员为境外的机构、组织、人员窃取、刺探、收买、非法提供军事秘密的行为。本罪侵犯的客体是武装部队的军事秘密管理制度。本罪在客观上表现为为境外的机构、组织、人员窃取、刺探、收买、非法提供军事秘密的行为。本罪主体为特殊主体，只有现役军人才能构成本罪。本罪主观上出于故意，即行为人明知是境外的机构、组织、个人而为其窃取、刺探、收买、非法提供军事秘密的。过失不构成本罪。

根据《刑法》第431条第2款的规定，犯本罪的，处10年以上有期徒刑、无期徒刑或者死刑。

七、故意泄露军事秘密罪

故意泄露军事秘密罪，是指违反保守国家秘密法规，故意泄露军事秘密，情节严重的行为。本罪侵犯的客体为国家军事秘密的管理制度。本罪在客观上表现为违反保守国家秘密法规，故意泄露军事秘密，情节严重的行为。本罪主体为特殊主体，只有现役军人才能构成本罪。本罪主观上出于故意。

根据《刑法》第432条的规定，犯本罪的，处5年以下有期徒刑或者拘役；情节特别严重的，处5年以上10年以下有期徒刑。战时犯本罪的，处5年以上10年以下有期徒刑；情节特别严重的，处10年以上有期徒刑或者无期徒刑。

八、过失泄露军事秘密罪

过失泄露军事秘密罪，是指违反保守国家秘密法规，过失泄露国家军事秘密，情节严重的行为。本罪侵犯的客体是国家军事秘密的管理制度。本罪在客观上表现为违反保守国家秘密法规，泄露军事秘密的行为。本罪主体为特殊主体，只有现役军人才能构成本罪。本罪在主观上出于过失。

根据《刑法》第432条的规定，犯本罪的，处5年以下有期徒刑或者拘役；情节特别严重的，处5年以上10年以下有期徒刑。战时犯本罪的，处5年以上10年以下有期徒刑；情节特别严重的，处10年以上有期徒刑或者无期徒刑。

九、逃离部队罪

逃离部队罪，是指违反兵役法规，逃离部队，情节严重的行为。本罪侵犯的客体是国家兵役管理制度。本罪在客观上表现为违反兵役法规，逃离部队，情节严重的行为。逃离部队，是指擅自离开部队，逃避军事义务的行为。本罪只有情节严重才构成犯罪，对情节轻微的逃离部队的行为，不能按照犯罪予以处置。本罪主体为特殊主体，只有现役军人才能构成本罪。本罪在主观上出于故意，并有逃避服兵役的目的。

根据《刑法》第435条的规定，犯本罪的，处3年以下有期徒刑或者拘役。战时犯本罪的，处3年以上7年以下有期徒刑。

十、武器装备肇事罪

（一）武器装备肇事罪的概念与特征

武器装备肇事罪，是指违反武器装备使用规定，情节严重，因而发生责任事故，致人重伤、死亡或者造成其他严重后果的行为。本罪的主要特征是：

1. 本罪侵犯的客体是武器装备的使用、管理制度。

2. 本罪在客观上表现为违反武器装备使用规定，情节严重，因而发生责任事故，致人重伤、死亡或者造成其他严重后果的行为。首先，行为人必须实施了违反武器装备使用规定的行为，这是构成本罪的前提。其次，违反武器装备使用规定的行为必须是情节严重的行为。最后，应当造成严重后果。"严重后果"，是指发生重大责任事故，致人重伤、死亡或者造成其他严重后果。

3. 本罪主体为特殊主体，只有现役军人才能构成本罪，主要是武器装备的操作、管理人员。

4. 本罪在主观上出于过失。

（二）武器装备肇事罪认定中应注意的问题

1. 区分武器装备肇事罪与非罪的界限。武器装备肇事罪必须情节严重才能构成犯罪，而一般的违反武器装备使用规定的行为并不要求造成人员重伤、死亡或其他严重后果。

2. 区分武器装备肇事罪与意外事件的界限。二者的主要区别在于前者在主观上有过失，而因为意外事件造成武器装备事故的，则是由于不能预见的原因，行为人在主观上并没有过错。

3. 区分武器装备肇事罪与交通肇事罪的界限。行为人驾驶部队的车辆造成重大交通事故，致人重伤或死亡的，应按交通肇事罪处理。但行为人驾驶坦克车辆、装甲运兵车、火炮牵引车等机动车辆在执行任务的过程中发生重大交通事故，则应按武器装备肇事罪处理。

（三）武器装备肇事罪的刑事责任

根据《刑法》第436条的规定，犯本罪的，处3年以下有期徒刑或者拘役；后果特别严重的，处3年以上7年以下有期徒刑。

十一、擅自改变武器装备编配用途罪

擅自改变武器装备编配用途罪，是指违反武器装备管理规定，擅自改变武器装备的编配用途，造成严重后果的行为。本罪侵犯的客体是武装部队的武器装备使用、管理制度。本罪在客观上表现为违反武器装备管理规定，擅自改变武器装备的编配用途，造成严重后果的行为。"擅自改变武器装备的编配用途"，是指行为人自作主张，改变武器装备用途，影响武器装备的正常使用。本罪主体为特殊主体，只有现役军人才能构成本罪。同时本罪主体一般都是在武装部队中承担武器装备的保管、使用、看护职责的现役军人。本罪在主观上出于过失，行为人故意改变武器装备的编配用途，但行为人对由于擅自改变武器装备的编配用途而造成的严重后果则是持过失的态度。

根据《刑法》第437条的规定，犯本罪的，处3年以下有期徒刑或者拘役；造成特别严重后果的，处3年以上7年以下有期徒刑。

十二、盗窃、抢夺武器装备、军用物资罪

盗窃、抢夺武器装备、军用物资罪，是指以非法占有为目的，盗窃、抢夺武器装备、军用物资的行为。本罪侵犯的客体是武装部队的武器装备、军用物资的所有权以及武器装备、军用物资的管理制度。本罪客观上表现为盗窃、抢夺武器装备、军用物资的行为。"盗窃"，是指以秘密方式窃取。"抢夺"，是指趁人不备，公然夺取。行为人盗窃、抢夺枪支、弹药、爆炸物的，按照盗窃、抢夺枪支、弹药、爆炸物罪论处。本罪主体为特殊主体，只有现役军人才能构成本罪。本罪在主观上出于故意，并且具有非法占有的目的。

根据《刑法》第438条的规定，犯本罪的，处5年以下有期徒刑或者拘役；情节严重的，处5年以上10年以下有期徒刑；情节特别严重的，处10年以上有期徒刑、无期徒刑或者死刑。

十三、非法出卖、转让武器装备罪

非法出卖、转让武器装备罪，是指违反武器装备管理规定，非法出卖、转让军队武器装备的行为。本罪侵犯的客体是武装部队的武器装备的所有权以及武器装备的管理制度。本罪在客观上表现为非法出卖、转让军队武器装备的行为。此处所指的出卖、转让武器装备，是指行为人将自己管理或者掌握的武器装备予以出卖、转让的行为。如果行为人出卖、转让的是盗窃、抢夺来的武器装备，则应当构成盗窃、抢夺武器装备罪。本罪主体为特殊主体，只有现役军人才能构成本罪。本罪在主观上出于故意，行为人一般有牟利的目的。

根据《刑法》第439条的规定，犯本罪的，处3年以上10年以下有期徒刑；出卖、转让大量武器装备或者有其他特别严重情节的，处10年以上有期徒刑、无期徒刑或者死刑。

十四、遗弃武器装备罪

遗弃武器装备罪，是指违抗命令，遗弃武器装备的行为。本罪侵犯的客体为武装部队的武器装备管理制度。本罪在客观方面表现为违抗命令，遗弃武器装备的行为。遗弃武器装备，是指故意抛弃武器装备的行为。本罪中所指的遗弃行为，一般应发生在执行作战任务或者军事行动时期。本罪主体为特殊主体，只有现役军人才能构成本罪。本罪在主观上出于故意。

根据《刑法》第440条的规定，犯本罪的，处5年以下有期徒刑或者拘役；遗弃重要或者大量武器装备的，或者有其他严重情节的，处5年以上有期徒刑。

十五、遗失武器装备罪

遗失武器装备罪，是指遗失武器装备，不及时报告或者有其他严重情节的行为。本罪侵犯的客体是武装部队的武器装备管理制度。本罪在客观上表现为遗失武器装备，不及时报告或者有其他严重情节的行为。"不报告"，是指武器装备遗失以后，隐瞒事实，拒不报告，意图逃避责任的行为。"其他严重情节"，是指因遗失武器装备而导致无法完成战斗任务，或者遗失的武器装备被敌人所利用而造成严重后果。本罪主体为特殊主体，只有现役军人才能构成本罪。本罪主观上出于过失。

根据《刑法》第441条的规定，犯本罪的，处3年以下有期徒刑或者拘役。

十六、擅自出卖、转让军队房地产罪

擅自出卖、转让军队房地产罪，是指违反规定，擅自出卖、转让军队房地产，情节严重的行为。本罪侵犯的客体是武装部队房地产的管理制度。本罪在客观上表现为违反规定，擅自出卖、转让军队房地产，情节严重的行为。"情节严重"，是指由于出卖、转让军队房地产而使军事利益遭受很大损失的情况。本罪的主体是特殊主体，只有现役军人才能构成本罪。并且，构成本罪的主体一般只能是在武装部队担任领导职务，具有决策权力的现役军人。本罪在主观上出于故意。

根据《刑法》第442条的规定，犯本罪的，对直接责任人员，处3年以下有期徒刑或者拘役；情节特别严重的，处3年以上10年以下有期徒刑。

十七、虐待部属罪

虐待部属罪，是指滥用职权，虐待部属，情节恶劣，致人重伤、死亡或者造成其他严重后果的行为。本罪侵犯的客体是部属的人身权利，包括部属的生命权利、健康权利、人格权、名誉权等。本罪在客观上表现为滥用职权，虐待部属，情节恶劣，致人重伤、死亡或者造成其他严重后果的行为。"其他严重后果"，一般是指造成部队军心涣散，导致军事利益遭受严重损害。本罪主体为特殊主体，只有现役军人之中承担一定领导职责的人才能构成本罪。本罪在主观上出于故意。

根据《刑法》第443条的规定，犯本罪的，处5年以下有期徒刑或者拘役；致人死亡的，

处 5 年以上有期徒刑。

学术视野

为境外窃取、刺探、收买、非法提供军事秘密罪与为境外窃取、刺探、收买、非法提供国家秘密、情报罪的区别在于：首先，对象不同。为境外窃取、刺探、收买、非法提供军事秘密罪的对象是军事秘密。而为境外窃取、刺探、收买、非法提供国家秘密、情报罪的对象是国家秘密以及情报。后者的范围大于前者。其次，二者的主体不同。前者为特殊主体的犯罪，即军职人员才能构成本罪。而后者则是一般主体的犯罪。因此，如果是军职人员为境外窃取、刺探、收买、非法提供军事秘密以外的国家秘密、情报的，应当以为境外窃取、刺探、收买、非法提供国家秘密、情报罪论处。同样，非军职人员为境外窃取、刺探、收买、非法提供军事秘密的，也应当以为境外窃取、刺探、收买、非法提供国家秘密、情报罪论处。

理论思考与实务应用

一、理论思考

（一）名词解释

投降罪　战时自伤罪　擅离、玩忽军事职守罪　军人叛逃罪　武器装备肇事罪

（二）简答题

1. 简述阻碍执行军事职务罪与妨害公务罪的界限。
2. 简述战时临阵脱逃罪与投降罪的界限。
3. 简述军人叛逃罪与投敌叛变罪的界限。

（三）论述题

试述武器装备肇事罪与相关犯罪的区别。

二、实务应用

（一）案例分析示范

张某，男，某部机枪连战士。

某日，张某与本连战士周某、陈某在宿舍聊天，张某与陈某开玩笑道："你怕不怕死？"陈某说："不怕！"于是，张某走到室内的枪架上，将一挺重机枪对准陈某说："你真的不怕？"陈某说："真的不怕！"张某于是将一颗私藏的子弹装入机匣盖，并拉动枪栓，想吓唬陈某。在拉枪栓的过程中，张某意识到子弹上膛后有危险，因此在枪栓未到位的情况下松了手，致使枪栓在回位中自动击发，子弹击中陈某，致其当场死亡。

问：张某构成何罪？

【评析】本案的关键在于张某构成的是武器装备肇事罪还是过失致人死亡罪。在本案中，导致他人死亡的武器装备肇事罪与过失致人死亡罪之间存在着法条竞合的关系，张某在构成武器装备肇事罪的同时，其行为也完全符合过失致人死亡罪的特征。根据处理法条竞合关系的一般原则，特别法优于普通法，对于张某的行为，应当按照武器装备肇事罪定罪量刑。

（二）案例分析实训

被告人胡某，某边防团战士。

某日凌晨 5 时，边防战士胡某因欠钱太多，无颜面对即将来队看望他的父母，便乘站岗之机携带执勤用的 81 式半自动步枪一支和私藏的 21 发子弹逃离连队，进入他国境内，后来在企

图越境回国时被邻国边防人员抓获。经过交涉,他国将其本人及枪、弹一并交还我方。[1]

问:对于胡某行为性质的认定,有四种不同观点:①认为构成逃离部队罪,持枪逃跑可作为量刑的从重情节;②认为构成军人叛逃罪,并将被告人盗窃(监守自盗)武器装备的行为作为军人叛逃罪的一个从重处罚情节认定;③构成逃离部队罪和非法持有、私藏枪支罪;④构成盗窃武器装备罪。究竟哪一种观点更加确切?

---

[1] 李翔主编:《刑事疑案探究》,上海人民出版社2008年版,第295页。

参考文献

1. ［日］宫本英修：《刑法大纲（总论）》，弘文堂1935年版。
2. ［日］团藤重光：《刑法纲要总论》（第三版），创文社1996年版。
3. ［日］大塚仁：《刑法概说（总论）》（第三版），有斐阁1997年版。
4. ［意］贝卡里亚：《论犯罪与刑罚》，黄风译，中国大百科全书出版社1993年版。
5. ［意］杜里奥·帕多瓦尼：《意大利刑法学原理》，陈忠林译，法律出版社1998年版。
6. ［苏］阿列克谢耶夫：《法的一般理论》（下），黄良平等译，法律出版社1991年版。
7. ［美］哈特：《惩罚与责任》，王勇等译，华夏出版社1989年版。
8. ［英］边沁：《立法理论——刑法典原理》，孙力等译，中国人民公安大学出版社1993年版。
9. 杨春洗、杨敦先主编：《中国刑法论》，北京大学出版社1994年版。
10. 高铭暄主编：《中国刑法学》，中国人民大学出版社1989年版。
11. 苏惠渔主编：《刑法学》，中国政法大学出版社1994年版。
12. 何秉松主编：《刑法教科书》，中国法制出版社1995年版。
13. 张明楷：《刑法学》，法律出版社2007年版。
14. 高铭暄、马克昌主编：《刑法学》，北京大学出版社、高等教育出版社2007年版。
15. 严励主编：《刑法案例教程》，法律出版社2006年版。
16. 陈浩然：《应用刑法学》，华东理工大学出版社2005年版。

声　明	1. 版权所有，侵权必究。
	2. 如有缺页、倒装问题，由出版社负责退换。

图书在版编目（CIP）数据

刑法分论：理论·实务·案例/严励主编.—2版.—北京：中国政法大学出版社，2017.11
ISBN 978-7-5620-6820-4

Ⅰ.①刑… Ⅱ.①严… Ⅲ.①刑法—分则—中国 Ⅳ.①D924.3

中国版本图书馆CIP数据核字(2017)第173512号

出 版 者	中国政法大学出版社
地　　址	北京市海淀区西土城路25号
邮　　箱	fadapress@163.com
网　　址	http://www.cuplpress.com（网络实名：中国政法大学出版社）
电　　话	010-58908435(第一编辑部) 58908334(邮购部)
承　　印	固安华明印业有限公司
开　　本	787mm×1092mm 1/16
印　　张	24.75
字　　数	665千字
版　　次	2017年11月第2版
印　　次	2017年11月第1次印刷
印　　数	1~4000册
定　　价	56.00元